에듀윌과 함께 시작하면,
당신도 합격할 수 있습니다!

대학 진학 후 진로를 고민하다 1년 만에
서울시 행정직 9급, 7급에 모두 합격한 대학생

다니던 직장을 그만두고
어릴 적 꿈이었던 경찰공무원에 합격한 30세 퇴직자

용기를 내 계리직공무원에 도전해
4개월 만에 합격한 40대 주부

직장생활과 병행하며 7개월간 공부해
국가공무원 세무직에 당당히 합격한 51세 직장인까지

누구나 합격할 수 있습니다.
시작하겠다는 '다짐' 하나면 충분합니다.

마지막 페이지를 덮으면,

에듀윌과 함께
공무원 합격이 시작됩니다.

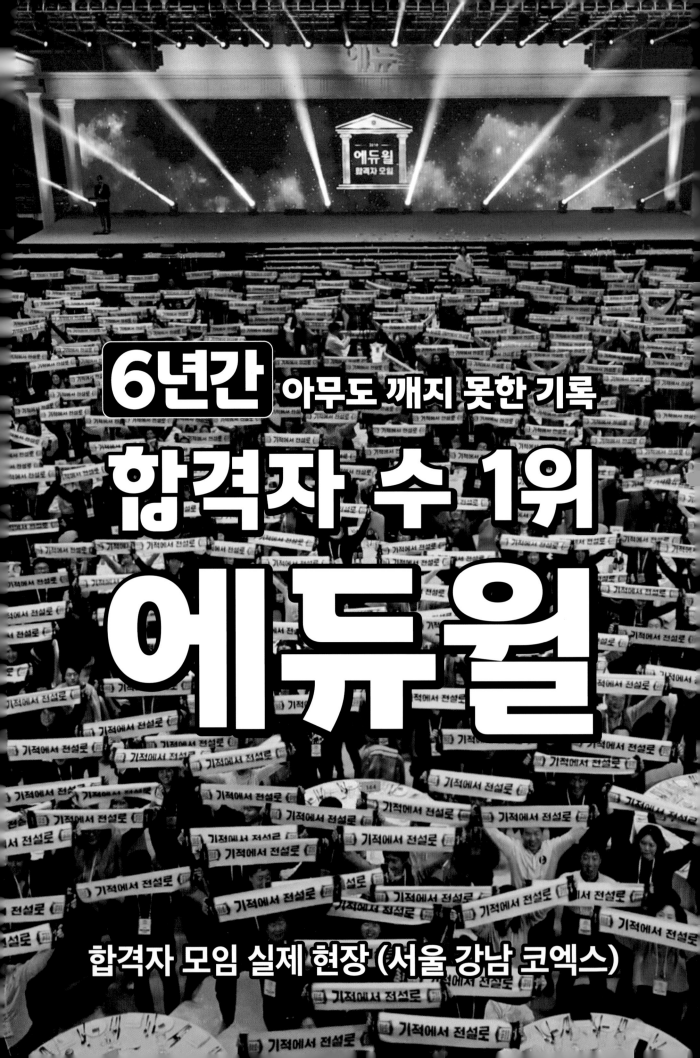

에너지
ENERGY
에듀윌이
너를
지지할게

세상을 움직이려면
먼저 나 자신을 움직여야 한다.

– 소크라테스(Socrates)

합격을 당기는 전략

기출회독 최종점검

문제풀이 집중훈련

2023

에듀윌 9급공무원

단원별 기출&예상 문제집

사회

시간이 없는데,
풀어야 할 것도 많은데

·
·

"단원별 기출 & 예상 문제집,
왜 반드시 풀어야 할까요?"

REASON 1

약점을 알아야 합격이 빨라진다!

'질러가는 길이 돌아가는 길이다.'라는 말이 있습니다. 본인의 취약점은 모른 채 단순히 학습 커리큘럼만 따라가면 합격에서 점점 멀어질 수 있습니다. 단원별 문제풀이를 통해 본인의 약점을 파악하고 이를 집중적으로 학습하는 것이 합격으로 빨리 가는 효율적인 길입니다.

REASON 2

개념을 안다고 문제가 바로 풀리지 않는다!

분명 수업 시간에 배운 개념인데 막상 문제를 보면 어떻게 풀어야 할지 막막하기만 한가요? 합격을 위해서는 무작정 개념만을 학습하기보다는 체계적으로 설계된 문제를 통해 학습한 개념을 문제에 직접 접목할 수 있는 '적용력'을 키우는 것이 더 중요합니다.

REASON 3

문제 해결 능력을 키워야 '실전'이 두렵지 않다!

어떤 단원에서, 어떤 유형이 출제될지 두렵고 막연하기만 한 공시!
따라서 어떤 문제가 출제되어도 해결해 낼 수 있는 힘을 키우는 것이 매우 중요합니다. 단원별로 구성된 기출 문제와 기출 기반의 예상 문제를 통해 문제에 대한 자신감을 키워야 합니다.

정교한 반복 학습은
합격을 위한 필수 트레이닝!

우리가 실전에서 시험이 끝난 후에 흔히 '아쉽다, 실수했다.'라고 말합니다. 이는 인지 심리의 관점으로 볼 때, 기억의 과정 중 인출 실패에 해당합니다. 이러한 실수 즉, 인출에 실패하는 원인은 두 가지로 볼 수 있습니다. 첫 번째, 단기기억에서 장기기억으로의 저장 실패, 두 번째, 시험장에서의 과도한 긴장으로 인한 주의력 분산입니다.

이에 시험을 보다 철저하게 대비하기 위해서는 학습 시기에 따라 '무엇을 학습할 것인 가?', '어떻게 학습할 것인가?'를 생각해 보아야 합니다. 정치와 법, 경제, 사회·문화 각 과 목에 대한 개념이 어느 정도 암기가 되어 있다면, 이제는 과목별 빈출 주제들에 대한 자료 분석과 문제풀이 집중 훈련을 통한 정교한 반복 학습이 필요합니다.

〈2023 에듀윌 9급공무원 단원별 기출 & 예상 문제집 사회〉는 과목별 및 단원별 5개년 기출 문제와 양질의 출제예상 문제로 구성하였습니다. 또한, 핵심 빈출 주제들로 구성한 실전동형 모의고사 3회분을 특별 부록으로 수록하여 실전 감각을 높일 수 있도록 하였습 니다. 기출 문제와 출제예상 문제, 그리고 실전동형 모의고사 3회분을 모두 학습해 나간 다면 그동안 흩어져 있던 개념들을 정리하고 약점을 보완하여 장기기억으로 견고히 저장 하는 데 많은 도움이 될 수 있을 것이라 생각합니다.

또 실전에서 지나치게 긴장한다면 스스로 부족한 부분이 있다는 것을 감각적으로 느끼 는 것은 아닌지에 대해 점검해 보는 것도 중요합니다. 시험장에서 떨지 말아야 한다는 생 각으로 스스로를 통제하는 것이 아닌 평소 정교한 반복 학습과 체계적인 문제풀이 훈련을 통해 과도한 긴장을 자연스럽게 극복하는 전략이 필요합니다. 본 교재는 다양한 유형의 문제를 풀고 분석하며 새로운 환경에 스스로를 노출시켜 시험장에서의 긴장감을 줄이도록 도와줄 것입니다.

여러분들이 시험이라는 무대에서 최상의 컨디션으로, 최고의 실력을 발휘하여 합격하기를 진심으로 응원합니다.

편저자 안기선

STRUCTURE | 구성과 특징

| 문제편 | 필수기출&출제예상 문제

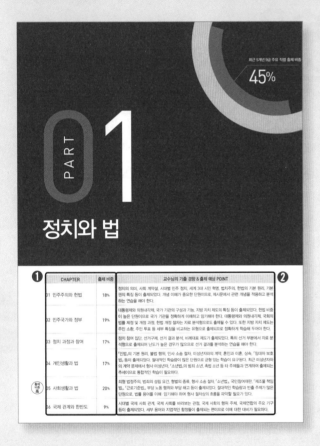

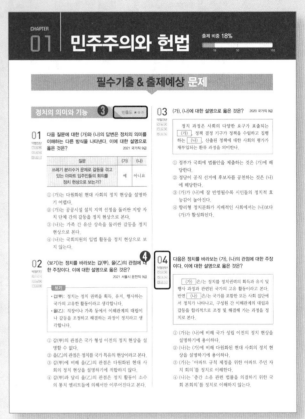

단원별 기출 문제로 약점을 파악하고 기출 기반의 예상 문제로 약점을 공략한다!

❶ 단원별 출제 비중
단원별 출제 비중을 통해 어떤 단원이 얼마나 출제되었는지 파악하여 전략적으로 학습할 수 있다.

❸ 빈출도 ★★★
단원 내에서 어떤 부분이 자주 출제되는지 한 번 더 파악할 수 있고, 빈출도가 높은 부분을 집중적으로 학습할 수 있다.

❷ 교수님의 기출 경향&출제 예상 POINT
기출 문제의 분석을 통해 도출해 낸 최신 출제 경향을 제시하여 기출 트렌드를 숙지할 수 있다. 또한 출제가 예상되는 개념을 제시하여 실전에 빈틈없이 대비할 수 있다.

❹ 3회독 약점진단 ◉△☒
각 문항마다 정확히 알고 맞힌 문제는 ◉, 헷갈려서 찍은 문제는 △, 완전히 몰라서 틀린 문제는 ☒로 표기하여 문제풀이 후 △, ☒ 문항은 다시 풀어 볼 수 있다.

| 정답과 해설 |

자세한 풀이로 정답을 확실하게 골라내어 실전에 대비한다!

❶ **3회독 약점진단표**
단원별 문제풀이 후 약점진단 결과를 적어 자신의
약점과 약점 공략 과정을 한눈에 파악할 수 있다.

❷ **개념 카테고리**
카테고리를 제시하여 더 자세하게 알고 싶은 개념을
기본서와 연계하여 학습할 수 있다.

❸ **매력적 오답**
오답률이 높은 선지를 짚어 주어 함정 문제의 유형을
파악하고 함정을 피해 확실하게 정답을 고를 수 있다.

❹ **문항별 난이도**
출제예상 문제는 해설에 문항별 난이도를 상, 중, 하로
기재하여 학습 시 참고할 수 있다.

*단원별 문제풀이를 모두 마친 후 직접 시간을 재며
실전과 비슷한 환경에서 풀어 보세요!*

실전 마무리까지 확실하게 책임지는
실전동형 모의고사

- 실전동형 모의고사 3회분
- 정답과 해설
- 실전동형 모의고사 전용 OMR 카드
- 1초 합격예측 서비스! 모바일 성적분석표 제공

주요 직렬 최근 5개년 출제 경향

*2022~2018년도 서울시 운전직/서울시 행정직/국가직/지방직 9급

출제 비중

사회·문화
28%

사회

정치와 법
45%

경제
27%

출제 분석

공무원 시험에서 사회는 정치와 법 10문제, 경제 5문제, 사회·문화 5문제 정도의 출제 비중을 꾸준히 유지하고 있으며, 파트별로 1~2문제 정도 차이가 있는 편이다. 각 파트에서 중요 주제가 고르게 출제되므로 특정 주제에 편중된 학습을 하기보다는 전 범위를 균형 있게 학습하는 것이 중요하다. 특히 정치와 법의 개념 이해와 암기, 경제의 그래프 분석, 사회·문화의 여러 관점 및 이론 이해와 자료 분석 등 파트별 특성에 최적화된 학습법을 숙지하고 반복 훈련하는 것이 필요하다.

잠깐! 미리보는 2023 기출트렌드

지난 5개년의 출제 경향으로 볼 때, 빈출 주제가 꾸준히 출제되는 흐름을 유지할 것으로 보인다. 정치와 법의 근로 계약서 분석, 형사 절차의 비교, 경제의 보조금 정책 전후의 시장 상황 비교 등 개념을 응용·분석하는 문제의 비중이 증가하는 추세이므로, 기출 문제와 출제예상 문제풀이를 통한 훈련이 필요하다. 전체적인 난도가 높다기보다 2~3문제의 자료 분석형 문제로 변별력을 확보할 가능성이 높다. 따라서 빈출 개념의 이해를 기본으로 실전에서 자료를 분석할 수 있도록 대비하는 것이 필요하다.

파트별 합격 전략

PART 01   정치와 법   45%

정치와 법은 사회 과목의 45%가 출제될 정도로 출제 비중이 가장 높으면서도 학습해야 할 개념의 양도 가장 많은 파트이다. 정치 부분에서는 정부 형태, 선거 제도, 정치 참여 집단의 특징에 대해 정확하게 이해하고 암기함으로써 실전에서 시간을 효율적으로 활용할 수 있을 것이다. 또한 법 부분에서는 기본권, 국가 기관의 권한, 불법 행위, 혼인과 이혼, 형사 절차, 근로 기준법, 국제 기구의 특징 등과 관련된 핵심 내용을 이해하고 꾸준하게 암기하는 것과 더불어 자료를 분석하는 학습이 필요하다.

PART 02   경제   27%

경제는 사회 과목의 출제 비중 대비 자료 분석형 문제가 출제되는 비율이 높고, 상대적으로 난도도 높은 편이기에 체감 난이도가 높은 파트이다. 변별력 있는 문제들이 주로 경제 파트에서 출제되는 경향이 있으므로 고득점을 하기 위해서는 반드시 철저한 대비가 필요하다. 수요와 공급의 원리, 외부 효과, 보조금 정책 전후의 잉여 비교, 무역 발생 이론 등 기본 개념을 바탕으로 다양한 그래프 및 자료 분석 훈련을 통한 대비가 중요하다.

PART 03   사회·문화   28%

사회·문화는 사회 과목 중 수험생들이 상대적으로 부담을 적게 갖는 파트이다. 하지만 기본적인 출제 비중을 염두에 두고, 정치와 법, 경제와 함께 균형 있는 학습이 뒷받침되어야 실수를 줄일 수 있다. 특히 사회·문화는 사회·문화 현상을 바라보는 관점, 일탈을 바라보는 관점, 사회 계층에 대한 관점, 사회 변동을 바라보는 관점 등 다양한 관점에 대한 이해와 선지 분석이 중요하다. 또한 최근 1~2문제는 계층표, 빈곤표 등을 분석하는 문제가 출제되고 있으므로 자료 분석형 문항을 대비하는 학습이 필요하다.

CONTENTS | 차례

출제
비중
高

합격을 당기는 전략

기출회독 최종점검

문제풀이 집중훈련

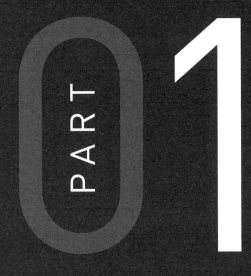

45%

PART 01

정치와 법

CHAPTER	출제 비중	교수님의 기출 경향 & 출제 예상 POINT
01 민주주의와 헌법	18%	정치의 의미, 사회 계약설, 시대별 민주 정치, 세계 3대 시민 혁명, 법치주의, 헌법의 기본 원리, 기본권의 특징 등이 출제되었다. 개념 이해가 중요한 단원이므로, 제시문에서 관련 개념을 적용하고 분석하는 연습을 해야 한다.
02 민주국가와 정부	19%	대통령제와 의원내각제, 국가 기관의 구성과 기능, 지방 자치 제도의 특징 등이 출제되었다. 헌법 비중이 높은 단원이므로 국가 기관을 정확하게 이해하고 암기해야 한다. 대통령제와 의원내각제, 국회의 법률 제정 및 개정 과정, 헌법 개정 절차는 자료 분석형으로도 출제될 수 있다. 또한 지방 자치 제도는 주민 소환, 주민 투표 등 세부 특징을 비교하는 유형으로 출제되므로 정확하게 학습해 두어야 한다.
03 정치 과정과 참여	17%	정치 참여 집단, 선거구제, 선거 결과 분석, 비례대표 제도가 출제되었다. 특히 선거 부분에서 자료 분석형으로 출제되어 난도가 높은 경우가 많으므로 선거 결과를 분석하는 연습을 해야 한다.
04 개인생활과 법	17%	「민법」의 기본 원리, 불법 행위, 민사 소송 절차, 미성년자와의 계약, 혼인과 이혼, 상속, 「임대차 보호법」 등이 출제되었다. 절대적인 학습량이 많은 단원으로 균형 있는 학습이 요구된다. 최근 미성년자와의 계약 문제에서 형사 미성년자, 「소년법」의 범죄 소년, 촉법 소년 등 타 주제들과 연계하여 출제되는 추세이므로 통합적인 학습이 필요하다.
05 사회생활과 법	20%	죄형 법정주의, 범죄의 성립 요건, 형벌의 종류, 형사 소송 절차, 「소년법」, 국민참여재판, 「제조물 책임법」, 「근로기준법」, 부당 노동 행위와 부당 해고 등이 출제되었다. 절대적인 학습량과 빈출 주제가 많은 단원으로, 법률 용어를 이해·암기해야 하며 형사 절차상의 흐름을 파악할 필요가 있다.
06 국제 관계와 한반도	9%	시대별 국제 사회 관계, 국제 사회를 바라보는 관점, 국제 사회의 행위 주체, 국제연합의 주요 기구 등이 출제되었다. 세부 용어와 지엽적인 함정들이 출제되는 편이므로 이에 대한 대비가 필요하다.

출제 비중 高

필수기출 & 출제예상 문제

정치의 의미와 기능   빈출도 ★☆☆

01 다음 질문에 대한 (가)와 (나)의 답변은 정치의 의미를 이해하는 다른 방식을 나타낸다. 이에 대한 설명으로 옳은 것은?   2021 국가직 9급

약점진단
ㅇ△✕
ㅇ△✕
ㅇ△✕

질문	(가)	(나)
쓰레기 분리수거 문제로 갈등을 겪고 있는 아파트 입주민들의 회의를 정치 현상으로 보는가?	예	아니요

① (가)는 다원화된 현대 사회의 정치 현상을 설명하기 어렵다.
② (가)는 공공시설 설치 지역 선정을 둘러싼 지방 자치 단체 간의 갈등을 정치 현상으로 본다.
③ (나)는 가족 간 유산 상속을 둘러싼 갈등을 정치 현상으로 본다.
④ (나)는 국회의원의 입법 활동을 정치 현상으로 보지 않는다.

02 〈보기〉는 정치를 바라보는 갑(甲), 을(乙)의 관점에 대한 주장이다. 이에 대한 설명으로 옳은 것은?   2021 서울시 운전직 9급

약점진단
ㅇ△✕
ㅇ△✕
ㅇ△✕

> **보기**
> • 갑(甲): 정치는 정치 권력을 획득, 유지, 행사하는 국가의 고유한 활동이라고 생각합니다.
> • 을(乙): 직장이나 가족 등에서 이해관계의 대립이나 갈등을 조정하고 해결하는 과정이 정치라고 생각합니다.

① 갑(甲)의 관점은 국가 형성 이전의 정치 현상을 설명할 수 없다.
② 을(乙)의 관점은 정치를 국가 특유의 현상이라고 본다.
③ 갑(甲)에 비해 을(乙)의 관점은 다원화된 현대 사회의 정치 현상을 설명하기에 적합하지 않다.
④ 갑(甲)과 달리 을(乙)의 관점은 정치 활동이 소수의 통치 엘리트들에 의해서만 이루어진다고 본다.

03 (가), (나)에 대한 설명으로 옳은 것은?   2020 국가직 9급

약점진단
ㅇ△✕
ㅇ△✕
ㅇ△✕

> 정치 과정은 사회의 다양한 요구가 표출되는 (가) , 정책 결정 기구가 정책을 수립하고 집행하는 (나) , 산출된 정책에 대한 사회의 평가가 재투입되는 환류 과정을 의미한다.

① 정부가 국회에 법률안을 제출하는 것은 (가)에 해당한다.
② 정당이 공직 선거에 후보자를 공천하는 것은 (나)에 해당한다.
③ (가)가 (나)에 잘 반영될수록 시민들의 정치적 효능감이 높아진다.
④ 향리형 정치문화가 지배적인 사회에서는 (나)보다 (가)가 활성화된다.

04 다음은 정치를 바라보는 (가), (나)의 관점에 대한 주장이다. 이에 대한 설명으로 옳은 것은?

약점진단
ㅇ△✕
ㅇ△✕
ㅇ△✕

> (가) 은/는 정치를 정치권력의 획득과 유지 및 행사 과정과 관련된 국가의 고유 활동이라고 본다. 반면 (나) 은/는 국가를 포함한 모든 사회 집단에서 정치가 나타나고, 구성원 간 이해관계의 대립과 갈등을 합리적으로 조정 및 해결해 가는 과정을 정치로 본다.

① (가)는 (나)에 비해 국가 성립 이전의 정치 현상을 설명하기에 용이하다.
② (나)는 (가)에 비해 다원화된 현대 사회의 정치 현상을 설명하기에 용이하다.
③ (가)는 '아파트 규칙 제정을 위한 아파트 주민 자치 회의'를 정치로 이해한다.
④ (나)는 '층간 소음 관련 법률을 의결하기 위한 국회 본회의'를 정치로 이해하지 않는다.

05 정치를 바라보는 갑, 을의 관점에 대한 설명으로 옳은 약점진단 것만을 〈보기〉에서 모두 고르면?
□△✕
□△✕
□△✕

> 갑: 회사와 노동조합이 단체 협상을 진행하는 과정은 정치라고 볼 수 없습니다. 국가와 국가 이외의 사회 집단은 본질적으로 다르기 때문입니다.
> 을: 국가의 활동이 국가 이외의 사회 집단의 활동과 다른 특수성을 갖는다고 생각하지 않습니다. 오히려 정치는 모든 사회 집단에서 나타날 수 있습니다.

보기

> ㄱ. 갑의 관점은 다원화된 현대 사회의 정치 현상을 설명하기에 적합하다.
> ㄴ. 을의 관점은 정치를 국가만의 고유한 활동으로 본다.
> ㄷ. 갑과 을의 관점은 모두 국무회의에서 시행령 개정안을 심의하는 활동을 정치로 본다.
> ㄹ. 을의 관점은 갑의 관점과 달리 국가 형성 이전에 나타나는 정치 현상을 설명하는 데 적합하다.

① ㄱ, ㄴ   ② ㄴ, ㄷ
③ ㄴ, ㄹ   ④ ㄷ, ㄹ

국가의 의미와 형성 이론

빈출도 ★★☆

06 국가의 구성 요소인 주권에 대한 설명으로 옳은 것만 약점진단 을 모두 고르면?   2020 지방직(= 서울시) 9급
□△✕
□△✕
□△✕

> ㄱ. 일반 사회 집단도 소유할 수 있다.
> ㄴ. 국가 원수로서 대통령만이 갖는 권한이다.
> ㄷ. 민주주의 국가에서는 그 소재가 국민에게 있다.
> ㄹ. 주권은 대내적으로 최고성, 대외적으로 독립성을 갖는다.

① ㄱ, ㄴ   ② ㄱ, ㄹ
③ ㄴ, ㄷ   ④ ㄷ, ㄹ

07 〈보기〉의 근대 사회 계약론자 갑(甲), 을(乙)에 대한 설 약점진단 명으로 가장 옳은 것은?   2020 서울시 운전직 9급
□△✕
□△✕
□△✕

보기

> • 갑(甲): 자연 상태는 강제할 수 있는 선악의 기준이 전혀 없는 상태이다. 따라서 자연 상태는 일종의 전쟁 상태이고, 인간이 자기 보존을 위해 자연권을 갖고 있다고 해도 오히려 생명의 위험에 처하는 상태가 발생한다. 그러므로 인간은 계약을 맺어 자연권을 포기하고 각 사람이 가지는 힘을 모아 좀 더 큰 집단적 힘을 가지는 정치 사회를 만든다.
> • 을(乙): 사람들이 계약에 따라 사회를 이룩한 것은 자연 상태에 대한 절망에서가 아니라 불편함 때문이다. 즉, 자연 상태에서는 누구나 자연법의 집행권을 갖고 있으므로 자기 소유물을 지키는 데 불안을 느끼게 된다. 따라서 계약의 절차를 밟아 통치자를 세우는 데 동의하고, 또 통치자에게 자연권을 위임하는 동시에 자연권의 보호를 맡긴다. 통치자와 국민의 관계는 동의와 신탁 위에서만 성립한다.

① 갑(甲)은 국가가 사회 계약을 위반한다면 국민은 국가를 부정할 권리를 가진다고 본다.
② 을(乙)은 국가 권력은 위임 목적에 맞게 행사되도록 분립되어야 한다고 본다.
③ 갑(甲)과 달리 을(乙)은 일반 의지에 의한 통치를 강조한다.
④ 갑(甲), 을(乙) 모두 국가를 수단이 아닌 목적으로 간주한다.

08
약점진단
◯△✕
◯△✕
◯△✕

〈보기〉와 같은 글을 쓴 근대 사상가에 대한 설명으로 가장 옳은 것은?   2019 서울시 운전직 9급

> **보기**
>
> 인간은 자연 상태에서는 자유롭고 행복하고 선량하지만, 스스로 만든 사회 제도나 문화에 의해 억압당하는 불행한 삶을 살고 있다. …… 다른 사람과 더불어 살면서 자신의 신체와 재산을 지키고 자신에게만 복종하는, 마치 자연 상태와 같이 자유로우려면 사회 계약을 통해 국가를 만들어야 한다. …… 국가는 국민의 자유 의사로 만들어진다. 주권자인 국민의   ⊙   에 의해 형성된 국가는 특수한 개인이나 집단의 의지를 초월하는 보편적 가치를 지닌다.   -「인간 불평등 기원론」中 -

① ⊙에는 '보통 선거'가 적절하다.
② 프랑스 혁명의 영향을 받은 사상가이다.
③ 자연 상태를 '만인에 대한 만인의 투쟁'으로 보았다.
④ 국가는 개인의 자유로운 계약으로 형성된다고 보았다.

09
약점진단
◯△✕
◯△✕
◯△✕

〈보기〉의 근대 사회 계약론자 (가), (나)에 대한 설명으로 가장 옳은 것은?   2018 서울시 운전직 9급

> **보기**
>
> (가) 인간은 각자의 신체와 재산을 보호하는 결합 형태를 필요로 하고, 그 속에서 각 개인은 자기 자신에게만 복종하고 자유로워지게 된다.
> (나) 인간은 자연법에 따라 자신의 자연권을 향유하지만, 실정법, 재판관, 집행 권력이 없으면 개인의 권리는 안전하게 보호될 수 없다. 이에 개인들은 입법권을 확립하여 정부를 구성하는 계약에 동의하게 된다.

① (가)는 죽음에 대한 공포가 국가 성립의 동기라고 본다.
② (나)는 절대군주제의 필요성을 강조하였다.
③ (가)와 (나) 모두 국가 권력의 분립을 주장하였다.
④ 개인들이 국가에 권리를 양도한 정도는 (가)보다 (나)가 크다.

10
약점진단
◯△✕
◯△✕
◯△✕

사회 계약론에 대한 설명으로 옳지 <u>않은</u> 것은?   2019 국가직 9급

① 홉스는 사람들이 무정부 상태에서 스스로를 지키기 위해 지배자에게 자연권을 모두 양도했다고 주장하였고, 루소는 사람들이 국가를 만들기 위해 지배자와의 계약을 통해 주권을 양도했다고 주장하였다.
② 홉스는 인간의 본성이 본래 악하다고 보았고, 루소는 인간의 본성이 본래 선하다고 보았다.
③ 홉스는 자연 상태를 '만인에 대한 만인의 투쟁' 상태로 보았고, 로크는 자연 상태를 평화롭지만 불안정한 상태로 보았다.
④ 사회 계약론은 국가 권력의 원천을 국민의 동의에 두고 있다.

11
약점진단
◯△✕
◯△✕
◯△✕

(가)~(다)의 근대 정치 사상에 대한 설명으로 옳은 것은?   2019 지방직 9급

> (가) 자연 상태에서 인간은 자연적 권리를 무제한적으로 행사함으로써 끝없이 서로 투쟁하고, 그 결과 항상 죽음의 공포 속에 살아간다. 이러한 상태를 벗어나기 위해 개인들은 권리를 양도하는 계약을 맺어 국가를 세우게 된다.
> (나) 인간은 자연 상태에서는 자유롭게 태어났으나 사회 속에서 자유를 갖지 못하고 구속받는다. 자연 상태와 같이 자유로우려면 사회 계약을 통해 일반 의지를 형성하고 국가를 만들어야 한다.
> (다) 자연 상태는 평화로우나 일부 탐욕스러운 사람들에 의해 권리의 보장이 불안정한 상태이다. 국가는 이러한 불안정한 상태를 예방하고 자유와 평등을 안전하게 보장하기 위해 사회 구성원의 계약을 통해 만들어진 것이다.

① (가)에서는 절대군주제의 폐지를 주장한다.
② (나)에서는 개인의 직접적인 정치 참여를 옹호한다.
③ (다)에서는 자연권을 침해한 정부에 대한 저항권을 부정한다.
④ (가), (다)에서는 국민 주권론을 주장한다.

12 다음은 근대 정치 사상가 갑과 을의 주장이다. 이들의 견해에 대한 진술로 옳은 것은?　　2018 국가직 9급

약점진단
ㅇㅿ✕
ㅇㅿ✕
ㅇㅿ✕

> 갑: 인간은 자유롭게 태어났지만 어디에서나 쇠사슬에 얽매여 있다. 따라서 인간은 자유와 평등을 제도적으로 보장받기 위하여 계약을 통해 일반 의지에 입각한 국가를 구성한다.
> 을: 자연 상태에서 인간은 만인에 대한 만인의 투쟁으로 인하여 야수적이며 단명하는 삶을 영위한다. 이러한 상태에서 벗어나기 위하여 인간은 자신의 권리를 양도하는 계약을 맺고 국가를 수립한다.

① 을: 정치권력의 정당성은 구성원의 동의에 근거한다.
② 을: 국가는 수단이 아니라 목적이다.
③ 갑: 이상적인 정치 형태는 입헌군주정이다.
④ 갑: 일반 의지는 소수의 이익을 대변한다.

13 다음 글과 관계 깊은 사상을 〈보기〉에서 모두 고르면?　　2016 서울시 행정직 9급

약점진단
ㅇㅿ✕
ㅇㅿ✕
ㅇㅿ✕

> 국가가 결성되기 이전의 자연 상태에서 개인은 아무런 제약이나 차별 없이 자유롭고 평등하다. 이러한 자유와 평등을 제도적으로 보장하기 위하여 사람들이 계약을 맺어 국가를 구성한다. 이 국가는 국민들이 일반 의지를 실현하려는 기구이다.

━━ 보기 ━━
㉠ 사회 계약설　　㉡ 실정권 사상
㉢ 자연권 사상　　㉣ 국민 주권 사상

① ㉠, ㉡
② ㉠, ㉣
③ ㉠, ㉢, ㉣
④ ㉡, ㉢, ㉣

14 다음은 어느 근대 사상가의 주장을 나타낸 것이다. 이에 대한 분석으로 옳지 <u>않은</u> 것은?

약점진단
ㅇㅿ✕
ㅇㅿ✕
ㅇㅿ✕

> 사람들은 생명, 자유, 재산을 안전하게 누리기 위해 자연 상태에서 가지고 있던 자연법을 스스로 포기하고 정치적 사회에 가입하여 입법권을 세운다. 입법권은 모든 국가에서 최고의 권력이지만, 위임받은 것 이상으로 권력이 행사될 수 없다. 왜냐하면 입법권이란 원래 각 구성원의 권력을 한 곳으로 결집시켜, 이것을 입법자인 개인이나 집회(集會)에 위임한 것이기 때문이다. 따라서 입법권은 국민의 생명, 자유, 재산을 자의적으로 다룰 수 있는 권력이 아니다.

① 국가가 계약을 위반하면 인민은 저항할 권리를 갖는다.
② 자연 상태에서 인간은 침해당하거나 양도할 수 없는 천부적 자연권을 가진다.
③ 시민 권리의 안정적 보호를 위해 개인이 자연권을 일부 양도해야 한다고 강조한다.
④ 국가 권력의 2권 분립을 주장하였고 개인 간 평등을 위해 사유 재산권의 제한을 인정하였다.

15 다음은 어느 근대 사상가의 국가론을 나타낸 것이다. 이에 대한 설명으로 옳은 것은?

약점진단
ㅇㅿ✕
ㅇㅿ✕
ㅇㅿ✕

> 인간은 태어날 때부터 자유롭지만 온갖 속박으로 가득 찬 세상에 살고 있다. 개인을 보호할 것으로 여겨졌던 국가가 일단 세워지고 나면 개인을 예속하고 주인 노릇을 하기 때문이다. 한편, 국가 성립 이후에도 개인이 자유를 보존할 수 있는 길은 국가의 명령이 각 개인의 의지로부터 나오게 하는 것이다. 이를 위해 개인은 공동체에 자기 자신을 완전히 이양하고 공동체의 일부분이 되어야 한다. 이런 과정으로 만들어진 공동체의 의지는 공동선을 결정함에 있어서 항상 옳으며, 어떤 경우에도 실수하지 않는다.

① 공동체의 의지는 사적 의지를 나타내는 것이라 본다.
② 국가는 목적이 아니라 수단이라는 입장을 취한다.
③ 자연 상태를 '만인의 만인에 대한 투쟁 상태'로 보고 있다.
④ 정부의 권력이 엄격한 3권 분립을 통해 제한되어야 한다고 본다.

16 갑과 을은 근대 사회의 대표적인 사회 계약론자이다. 이에 대한 설명으로 옳은 것은?

약점진단
◯△☓
◯△☓
◯△☓

> 갑: 인간은 태어날 때부터 자유롭지만 스스로 만든 사회 제도나 문화에 의하여 억압당하는 삶을 살고 있다. 이를 벗어나기 위해서는 개인들 간의 자유로운 사회 계약을 통해 일반 의지에 의해 움직이는 국가를 만들어야 한다.
>
> 을: 인간이 자연 상태의 불완전성으로부터 생명, 자유, 재산을 안전하게 보장받기 위한 유일한 길은 자신의 자연적 자유를 정치 공동체에 일부 양도하여 구속을 받아들이는 것이다. 이를 위해 다른 사람들과 결합하여 시민 사회를 형성하고, 정부에 권력을 위임하기로 합의한다.

① 갑은 국가를 인위적 질서가 아니라 자연적 질서로 본다.
② 을은 국가 권력 간 견제와 균형을 위해 권력 분립을 강조한다.
③ 갑에게 국가는 개인에게 필요한 수단이지만, 을은 국가를 개인이 추구하는 목적으로 본다.
④ 갑과 을 모두 시민의 권리 보호를 위한 저항권을 인정한다.

17 갑~병은 대표적인 근대 사회 계약론자이다. 이들에 대한 설명으로 옳은 것은?

약점진단
◯△☓
◯△☓
◯△☓

> 갑: 인간은 서로 위협하는 투쟁 상태로부터 질서와 평화를 세우고 보존하기 위해 계약을 통해 절대 권력을 지닌 국가를 만든다.
>
> 을: 인민은 자연권을 확실히 보장받기 위해 계약을 맺고 자신의 자연권을 국가에 신탁하며, 국가가 이러한 신탁을 어기고 행동할 때 인민은 판관이 되어 행동할 수 있다.
>
> 병: 일반 의지에 의해 형성된 국가는 특수한 개인이나 집단의 의지를 초월하는 보편적 가치를 지니며, 일반 의지에 의해 움직이는 국가의 명령에 따라 사회 질서가 유지되어야 한다.

① 갑은 국민 주권론을 옹호한다.
② 을은 입헌 군주정을 옹호한다.
③ 병은 을과 달리 국가를 목적이 아닌 수단으로 간주한다.
④ 갑은 을과 달리 직접 민주 정치를 옹호한다.

18 다음은 어느 근대 사회 계약론자의 주장이다. 이에 대한 설명으로 옳은 것은?

약점진단
◯△☓
◯△☓
◯△☓

> 개인을 보호하기 위해 만들어진 국가가 일단 세워지고 나면 자유롭게 태어난 인간을 속박한다. 국가 성립 이후에도 개인의 자유를 보존하는 방법은 국가의 명령이 각 개인의 의지로부터 나오게 하는 것이다. 이를 위해 개인은 공동체에 자기 자신을 완전히 이양하고 공동체의 일부분이 되어야 한다. 이러한 과정으로 만들어진 '일반 의지'는 항상 옳은 결정을 내리게 된다.

① 인민의 신탁을 위배한 국가에 대해 저항권을 행사할 수 있다고 주장한다.
② 국가를 인위적 질서가 아니라 자연 발생적 질서로 간주한다.
③ 자연 상태에서 가장 지배적인 인간의 본성은 두려움이나 경쟁이라고 본다.
④ 인민의 의사는 대표될 수 없다고 주장한다.

민주주의의 원리와 유형

빈출도 ★☆☆

19
약점진단
ㅁㅁㅁ
ㅁㅁㅁ
ㅁㅁㅁ

〈보기〉의 (가)와 (나)는 민주 정치의 참여 방식이다. 이에 대한 설명으로 가장 옳지 <u>않은</u> 것은?

2019 서울시 운전직 9급

보기

(가) 주권자인 국민은 선거를 통해 그들이 선출한 대표에게 국가 의사 및 정책의 결정권을 전적으로 위임한다.

(나) 대의제하에서는 국민의 다양한 의사를 정치 과정에 투입하는 데 한계가 있다. 그러므로 국민 투표, 국민 발안, 국민 소환 제도를 도입하여 대의제를 보완한다.

① (가)의 정치 방식은 민주주의에 부합하지 않는다.
② (나)는 (가)에 비해 정책 결정의 정당성이 증진될 수 있다.
③ (가)는 모든 국민이 국가의 의사결정에 참여하는 것은 비현실적이라고 생각한다.
④ (나)의 정치 방식은 시민의 정치적 무관심을 극복하려고 한다.

20
약점진단
ㅁㅁㅁ
ㅁㅁㅁ
ㅁㅁㅁ

우리나라에 도입된 직접 민주제적 요소에 대한 설명으로 옳은 것은?

2019 국가직 9급

① 국민의 대표 기관인 국회가 제정한 법률에 기초하여 국가 권력이 행사된다.
② 국민이 대통령이나 국회의원을 임기 만료 전이라도 투표로 반영 해임할 수 있다.
③ 대통령은 필요하다고 인정할 때에는 외교·국방·통일·기타 국가 안위에 관한 중요 정책을 국민 투표에 부의할 수 있다.
④ 국회의원 선거권자 과반수의 찬성으로 법률 제·개정안을 발의할 수 있다.

21
약점진단
ㅁㅁㅁ
ㅁㅁㅁ
ㅁㅁㅁ

다음은 민주주의의 유형 A~C에 대한 내용이다. 이에 대한 설명으로 옳은 것만을 〈보기〉에서 모두 고른 것은? (단, A~C는 각각 고대 아테네 민주 정치, 근대 민주 정치, 현대 민주 정치 중 하나이다.)

• '국민 주권주의를 강조하는가?'라는 질문에 대한 응답은 A와 B가 같다.
• '보통 선거 제도가 확립되었는가?'라는 질문에 대한 응답은 B와 C가 다르다.

보기

ㄱ. A와 C에서는 모두 여성의 정치 참여가 제한되었다.
ㄴ. A는 사회 계약설과 계몽사상의 영향을 받아 발전하였다.
ㄷ. C는 입헌주의를 강조하는 민주 정치이다.
ㄹ. A는 근대 민주 정치, B는 고대 아테네 민주 정치, C는 현대 민주 정치이다.

① ㄱ, ㄴ
② ㄱ, ㄷ
③ ㄴ, ㄷ
④ ㄷ, ㄹ

22
약점진단
□△✕
□△✕
□△✕

(가)~(다)에 제시된 시대별 자유 개념에 대한 설명으로 옳은 것만을 〈보기〉에서 모두 고르면?

(가) 자유는 '외적 강압의 부재'이다. 시민 사회가 성립할 무렵 개인에게 외적 강압의 실체는 국가였기 때문에 자유는 결국 국가의 강압으로부터 벗어나는 것을 의미한다.

(나) 자유는 '최대한의 자아실현'을 목적으로 한다. 이는 개인들이 소극적으로 있으면 달성되는 것이 아니라 공동체나 국가 운영에 참여해야 가능하다는 생각에 바탕을 둔다.

(다) 자유는 '최소한의 인간다운 삶을 보장받아야 한다.'라는 사고에서 시작되었다. 이는 인간의 기본적 자유가 실현될 수 있는 사회적 조건을 국가가 제공해야 한다는 사고에 바탕을 둔다.

보기

ㄱ. 선거권이 확대되고 대중 민주주의가 활발해지기 시작한 것은 (가)보다 (나)가 확대되면서부터이다.

ㄴ. 오늘날 신자유주의는 (다)의 과잉을 비판하면서 (가)를 중시하는 정책을 전개하고 있다.

ㄷ. 국민의 지지와 정당성 획득을 통한 민주주의 원리 실현은 (나)보다 (가)와 관련 있다.

ㄹ. 복지 국가는 (다)보다 (나)에 바탕을 두고 사회적 약자의 권리를 보장하고자 한다.

① ㄱ, ㄴ   ② ㄱ, ㄷ
③ ㄴ, ㄷ   ④ ㄷ, ㄹ

민주 정치의 발전　　　　　　　빈출도 ★☆☆

23
약점진단
□△✕
□△✕
□△✕

그림의 (가)~(다)에 대한 설명으로 옳은 것은? (단, (가)~(다)는 고대 아테네 민주 정치, 근대 민주 정치, 현대 민주 정치 중 하나이다.)　　2020 국가직 9급

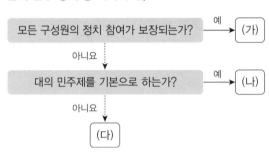

① (가)는 시민이 직접 국가를 운영하는 정치 형태이다.
② (나)의 사상적 배경은 계몽사상과 사회 계약설이다.
③ (가), (나)의 공통점은 보통 선거 제도를 확립한 것이다.
④ (가), (다)의 공통점은 여성의 정치 참여가 제도화된 것이다.

24
약점진단
□△✕
□△✕
□△✕

다음에서 권력 분산 효과를 기대할 수 있는 정치 제도의 변화만을 모두 고른 것은?　　2018 국가직 9급

ㄱ. 단원제에서 양원제로 의회 제도를 바꾸었다.
ㄴ. 중앙 정부에서 지방 정부로 인사권과 예산 편성권을 이양하였다.
ㄷ. 소수대표제에서 다수대표제로 대표 결정 방식을 바꾸었다.
ㄹ. 행정부로부터 중앙은행의 정책 결정 권한을 독립시켰다.

① ㄱ, ㄴ, ㄷ   ② ㄱ, ㄴ, ㄹ
③ ㄱ, ㄷ, ㄹ   ④ ㄴ, ㄷ, ㄹ

25
약점진단
◯△✕
◯△✕
◯△✕

자료는 민주 정치의 역사적인 발전 형태를 질문에 따라 (가)~(다)로 구분한 것이다. 이에 대한 설명으로 옳은 것은?

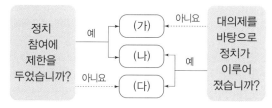

① (가)에서 입헌주의와 직접 민주주의가 시행되었다.
② (가)와 달리 (나)에서 성인 여성은 정치에 참여할 수 없었다.
③ 영국의 차티스트 운동은 (나)에서 (다)로 발전하는 데 기여했다.
④ (가)와 (나)를 (다)와 구별해 주는 것은 평등 선거 원칙의 적용 유무이다.

26
약점진단
◯△✕
◯△✕
◯△✕

다음 자료에 대한 설명으로 옳은 것만을 〈보기〉에서 모두 고르면?

민주 정치는 아테네의 민주 정치 이후 17~18세기 시민 혁명을 거쳐 오늘날과 같은 형태로 발전해 왔다. 아테네에서는 　(가)　을/를 설치하여 전쟁, 외교, 과세, 선출 등 대부분의 공적 업무를 결정하였다. ㉠ 근대 시민 혁명 과정에서 사회의 주도권을 새롭게 장악한 시민 계급은 전제와 억압으로부터의 해방, 즉 자유 이념을 주장하였다. 특히 1789년~1794년에 일어난 프랑스 혁명은 '인간은 태어나면서부터 자유롭고 평등한 권리를 가진다.'는 천부 인권 사상을 내세웠다. 오늘날의 민주 정치는 대의 민주제를 기본으로 한다. 하지만 의회주의의 위기 등으로 인하여 대의 민주제에 대한 우려가 커지면서, 이를 보완하기 위해 직접 민주제의 요소인 　(나)　이/가 가미되었다.

보기

ㄱ. (가)는 주권이 국민에게 있다는 원리를 기초로 한다.
ㄴ. (나)는 국민 투표, 국민 발안, 국민 소환이 포함된다.
ㄷ. ㉠의 사상적 배경에는 계몽사상과 사회 계약설이 있다.
ㄹ. ㉠ 이후 차티스트 운동의 결과로 19세기 후반 영국에서 보통 선거 제도가 확립되었다.

① ㄱ, ㄴ　　② ㄱ, ㄷ　　③ ㄴ, ㄷ　　④ ㄷ, ㄹ

27
약점진단
◯△✕
◯△✕
◯△✕

(가)와 (나)는 서로 다른 유형의 법치주의이다. 이에 대한 설명으로 옳은 것은?　　2017 서울시 행정직 9급

(가) 법을 통치자의 의사를 실현하는 도구나 수단으로 사용할 수 있다는 점에서 진정한 의미의 법치주의라고 볼 수 없다. 절대 왕정 시대의 법은 곧 왕의 의지를 의미하였고 중국의 법가 사상은 법을 전제 군주의 통치 수단으로 보았다.
(나) 누구도 법과 동등한 권위를 지닐 수 없고, 통치자를 비롯한 모든 사람이 법에 종속된다는 의미를 지니므로 진정한 의미의 법치주의에 해당한다. 여기서 법은 국민의 대표 기관인 의회를 통해 법률로 구체화되므로, 법은 곧 국민의 뜻으로 보았다.

① (가)의 논리는 독재 정부의 지배를 정당화할 수 있다.
② (나)의 논리는 '악법도 법이다.'라는 주장을 지지한다.
③ (가)는 자연법 사상, (나)는 실정법 사상에 입각한 것이다.
④ (가)와 (나)는 모두 정치권력의 합법성과 정당성을 강조한다.

28
약점진단
◯△✕
◯△✕
◯△✕

다음 표는 법치주의의 유형 (가), (나)를 질문에 따라 구분한 것이다. 이에 대한 설명으로 옳은 것은?

유형　　　질문	(가)	(나)
법의 목적과 내용이 정의에 합치되어야 하는가?	예	아니요
A	예	아니요

① (가)는 '법에 의한 지배'보다 '법의 지배'를 강조한다.
② (가)는 법의 형식적 합법성을, (나)는 법의 실질적 정당성을 중시한다.
③ A에는 '적법한 절차에 따라 법을 제정해야 하는가?'가 들어갈 수 있다.
④ (나)는 (가)와 달리 의회 다수당의 횡포나 독재를 견제하는 수단으로 사용될 수 있다.

29

약점진단
◻◻◻
◻◻◻
◻◻◻

법치주의의 유형 A, B에 대한 설명으로 옳은 것만을 〈보기〉에서 모두 고른 것은?

법치주의의 등장으로 의회가 제정한 법률에 따른 지배를 강조하면서 시민들의 기본권 보장도 이루어지게 되었다. 그러나 초기의 법치주의는 형식적 합법성만을 강조하여 법률 자체의 목적이나 내용을 문제 삼지 않았기 때문에 법치주의가 독재 체제를 옹호하는 논리로 활용되기도 하여 이를 [A](이)라고 비판하였다. 이에 대한 반성으로 형식적인 합법성뿐만 아니라 법률의 목적과 내용도 정의와 헌법 이념에 부합해야 함을 강조하는 [B]이/가 등장하였다.

보기

ㄱ. A는 통치자를 포함한 모든 국민이 법에 구속되어야 한다고 본다.
ㄴ. B는 통치의 정당성보다 합법성을 중시한다.
ㄷ. A와 달리 B는 위헌 법률 심사제 도입의 필요성을 강조한다.
ㄹ. A와 B 모두 국민의 기본권 제한 시 법률에 근거해야 한다고 본다.

① ㄱ, ㄴ 　　② ㄱ, ㄷ
③ ㄴ, ㄹ 　　④ ㄷ, ㄹ

30

약점진단
◻◻◻
◻◻◻
◻◻◻

A, B에 대한 설명으로 옳은 것만을 〈보기〉에서 모두 고르면?

교사: 법치주의의 유형으로 A, B가 있었죠? A와 달리 B에만 부합하는 특징을 발표해 봅시다.
갑: 통치의 합법성을 중시합니다.
을: 정당한 절차를 거쳐 제정된 법에 의한 기본적 침해의 가능성을 방지하고자 합니다.
병: 자의적인 국가 권력의 행사로부터 기본권을 보장하는 것을 목적으로 합니다.
교사: 한 사람만 옳게 특징을 발표하였어요.

보기

ㄱ. A는 법의 목적과 내용이 정의에 부합해야 함을 강조한다.
ㄴ. B는 독재를 정당화하는 논리로 악용될 우려가 있다.
ㄷ. A와 B는 법률로 금지되는 행위를 미리 규정하도록 하여 법적 안정성을 보장한다.
ㄹ. B는 A와 달리 위헌 법률 심사제의 필요성을 강조한다.

① ㄱ, ㄴ 　　② ㄱ, ㄷ
③ ㄴ, ㄹ 　　④ ㄷ, ㄹ

우리나라 헌법의 기초 이해   빈출도 ★★☆

31 다음 헌법 조항이 공통적으로 추구하는 헌법의 기본
약점진단 원리에 대한 설명으로 옳지 **않은** 것은?
⚪△✕   2021 지방직(= 서울시) 9급
⚪△✕
⚪△✕

> 제34조 ① 모든 국민은 인간다운 생활을 할 권리
> 를 가진다.
> 제119조 ② 국가는 균형있는 국민 경제의 성장 및
> 안정과 적정한 소득의 분배를 유지하
> 고, 시장의 지배와 경제력의 남용을 방
> 지하며, 경제 주체 간의 조화를 통한 경
> 제의 민주화를 위하여 경제에 관한 규
> 제와 조정을 할 수 있다.

① 권력 분립과 적법 절차 원리에 의해 실현된다.
② 근로자에 대한 적정 임금 보장과 관련 있다.
③ 자유와 평등의 실질적 보장을 추구한다.
④ 공공 부조, 사회 보험 제도와 관련 있다.

32 〈보기 1〉과 관련된 우리나라 헌법의 기본 원리를 실현
약점진단 하기 위한 내용으로 옳은 것을 〈보기 2〉에서 모두 고
⚪△✕ 른 것은?   2020 서울시 운전직 9급
⚪△✕
⚪△✕

> **보기 1**
>
> 헌법 재판소는 공연장, 박물관, 미술관, 문화재
> 등의 시설을 관람하거나 이용하는 사람에게 특별
> 부담금을 부과하도록 한 구(舊)「문화예술진흥법」의
> 해당 조항을 위헌으로 결정하였다.

> **보기 2**
>
> ㄱ. 국가는 평생 교육을 진흥하여야 한다.
> ㄴ. 국가는 문화의 보호 및 발전을 위해 노력해야
> 한다.
> ㄷ. 국가는 균형 있는 국민 경제의 성장 및 안정과
> 적정한 소득의 분배를 유지해야 한다.
> ㄹ. 의료, 교육, 고용 등의 분야에서 국가가 적극적
> 으로 나서야 한다.

① ㄱ, ㄴ   ② ㄱ, ㄷ
③ ㄴ, ㄹ   ④ ㄷ, ㄹ

33 우리나라 헌법의 기본 원리 중 국제 평화주의에 대한
약점진단 설명으로 옳지 **않은** 것은?
⚪△✕   2019 지방직 9급
⚪△✕
⚪△✕

① 국민은 항구적인 세계 평화와 인류 공영에 이바지
한다.
② 대한민국은 국제 평화의 유지에 노력하고 일체의
전쟁을 부인한다.
③ 외국인은 국제법과 조약이 정하는 바에 의하여 그
지위가 보장된다.
④ 헌법에 의하여 체결·공포된 조약과 일반적으로 승
인된 국제법규는 국내법과 같은 효력을 가진다.

34 〈보기〉의 밑줄 친 ㉠과 관련하여 우리 헌법에서 규정
약점진단 하고 있는 제도는?
⚪△✕   2020 서울시 운전직 9급
⚪△✕
⚪△✕

> **보기**
>
> 헌법은 법 위의 법이다. 헌법의 목적은 법을 만
> 들고 실행하는 정치가나 관료들이 자신들에게 주어
> 진 권한을 남용하거나 기본 원칙들을 위반하는 것
> 을 막는 것이다. 그러므로 ㉠ 의회에서 어떤 특정한
> 법안을 통과시킬 때는 그 법안이 헌법이 정한 테두
> 리를 벗어나지 않는지를 먼저 확인하여야 한다. 또
> 한 정부가 함부로 헌법을 바꾸지 못하도록 여러 가
> 지 제도적 장치들을 마련해 놓고 있다. 헌법은 정
> 권이 바뀔 때마다 제정되는 것이 아니며, 가장 기
> 본적이고 신성한 영역으로 간주되어야 한다.

① 탄핵 심판
② 권한 쟁의 심판
③ 위헌 법률 심판
④ 위헌 정당 해산 심판

35

약점진단
□△✕
□△✕
□△✕

다음은 우리나라 헌법 조항이다. 이에 대한 분석으로 옳은 것은?

2017 서울시 행정직 9급

보기

제52조 국회의원과 정부는 법률안을 제출할 수 있다.

제53조 ② 법률안에 이의가 있을 때에는 대통령은 제1항의 기간 내에 이의서를 붙여 국회로 환부하고, 그 재의를 요구할 수 있다. 국회의 폐회 중에도 또한 같다.

제62조 ① ㉠ 국무총리 · ㉡ 국무위원 또는 정부위원은 국회나 그 위원회에 출석하여 국정처리 상황을 보고하거나 의견을 진술하고 질문에 응답할 수 있다.

제66조 ① ㉢ 대통령은 국가의 원수이며, 외국에 대하여 국가를 대표한다.

① ㉠은 국회 내 과반수 의석을 차지한 정당의 대표가 맡는다.

② 국회는 ㉠ 또는 ㉡의 해임을 대통령에게 건의할 수 있다.

③ ㉢은 국가적 위기 상황에서 비상 조치권과 국회 해산권을 갖는다.

④ 헌법 제52조, 제53조 ②, 제62조 ①은 의원내각제 요소에 해당한다.

36

약점진단
□△✕
□△✕
□△✕

자료에 공통으로 부각되는 우리나라 헌법의 기본 원리를 실현하기 위한 방안으로 옳은 것만을 〈보기〉에서 모두 고르면?

• 국가와 지방 자치 단체는 보호자와 더불어 영유아를 건전하게 보육할 책임을 지며, 이에 필요한 재원을 안정적으로 확보하도록 노력하여야 한다.

• 사용자는 임신 중이거나 산후 1년이 지나지 아니한 여성과 18세 미만자를 도덕상 또는 보건상 유해 · 위험한 사업에 사용하지 못한다.

보기

ㄱ. 적정한 소득 분배를 위해 규제·조정을 한다.

ㄴ. 저소득층의 주거 안정을 위한 법률을 제정·시행한다.

ㄷ. 국제 평화 유지를 위해 국제 기구에서 적극적으로 활동한다.

ㄹ. 모든 국민이 법률이 정하는 바에 의하여 공무 담임권을 가지도록 한다.

① ㄱ, ㄴ   ② ㄱ, ㄷ   ③ ㄴ, ㄷ   ④ ㄷ, ㄹ

37

약점진단
□△✕
□△✕
□△✕

우리나라 헌법의 기본 원리인 A, B에 대한 설명으로 옳은 것은?

 A 은/는 국가 권력을 조직하고 행사하는 것은 항상 국민의 의사에서 비롯되어야 함을 의미하는 것으로, 구체적으로는 국가의 의사를 결정하는 주권이 국민에게 있다는 원리이다. 한편, A 에 비해 늦게 등장한 B 은/는 산업화 이후 가난 · 질병 · 노령 · 장애 등으로 나타나는 사회적 위험으로부터 국민을 보호하기 위해 등장한 원리이다.

① A는 B와 달리 현대 복지 국가에서 강조되었다.

② A와 B 모두 국가 권력 행사의 최소화를 강조한다.

③ B의 실현 방안으로 최저 임금제 실시, 사회 보장 제도 운영 등을 들 수 있다.

④ A가 강조된 헌법 조항으로 '모든 국민은 인간다운 생활을 할 권리를 가진다.'를 들 수 있다.

38

약점진단
□△✕
□△✕
□△✕

다음 자료에 대한 설명으로 옳지 않은 것은?

 우리나라 헌법 전문(前文)은 ㉠ 최고 규범성을 지닌 헌법을 비롯한 모든 법령 해석의 기준이 되고, 입법 · 행정권 행사의 한계를 제시하며 나아가 모든 국가 기관과 국민이 존중하고 지켜가야 하는 최고의 가치 규범을 제시하고 있다.

 구체적으로 헌법 전문은 우리나라 헌법의 기본 원리를 밝히고 있는데, '자율과 조화를 바탕으로 자유 민주적 기본 질서를 더욱 확고히 하여…'는 우리 헌법이 A 을/를 기본 원리로 하고 있음을 제시하고 있다. 그리고 '안으로는 국민 생활의 균등한 향상을 기하고…'를 통해 B 을/를, '밖으로는 항구적인 세계 평화와 인류 공영에 이바지함으로써…'를 통해 C 을/를 기본 원리로 채택하고 있음을 밝히고 있다.

① 위헌 법률 심판 제도는 ㉠을 보장하기 위한 것이다.

② B는 A와 달리 '국가에 의한 자유'를 실현하기 위한 원리이다.

③ 국민 기초 생활 보장 제도의 시행은 B를 구현하기 위한 것이다.

④ C는 분단이라는 현실을 반영하여 우리 헌법만이 가지는 특유의 원리이다.

국민의 기본권과 의무
빈출도 ★★★

39
약점진단
⬜△✕
⬜△✕
⬜△✕

〈보기〉의 밑줄 친 헌법상 기본권 A~C에 대한 설명으로 가장 옳은 것은? (단, A~C는 각각 자유권, 사회권, 청구권 중 하나이다.)
2020 서울시 운전직 9급

> **보기**
>
> 갑(甲)은 과거 시민 단체에서 인권 운동가로 활동했는데, 국가 기관이 갑(甲)의 인적 사항, 가족 사항, 정당 및 사회 활동, 대인 접촉 관계, 집회 또는 시위 참가 활동 내역 등을 수집하였다는 것을 알게 되어 A를 침해한다고 보았다. 그리하여 갑(甲)은 B를 바탕으로 국가를 상대로 소송을 제기하였고, 대법원은 국가의 책임을 인정하였다. 지친 심신을 회복하기 위해 도시 근교로 이사를 갔지만 주변 공장으로 인한 환경 공해와 자동차 행상들의 확성기 사용으로 인한 소음 공해가 매우 심각하다고 느껴 C 역시 침해 받고 있다.

① A는 소극적·열거적 성격의 권리이다.
② B는 국가에 특정 행위를 요구할 수 있는 절차적 권리이다.
③ C는 민주주의 이념 중 하나로 다른 기본권 보장의 전제 조건이 되는 기본권이다.
④ A는 B와 C의 보장과 실현을 위한 수단적 성격의 권리이다.

40
약점진단
⬜△✕
⬜△✕
⬜△✕

〈보기〉의 ㄱ~ㄹ에 대한 설명 중 옳은 것을 모두 고른 것은?
2018 서울시 운전직 9급

> **보기**
>
> ㄱ. 국가 권력으로부터 부당한 구속을 당하지 않을 자유는 적극적 자유에 해당한다.
> ㄴ. 현대 사회에서는 국가의 정책 결정 과정에 적극적으로 참여할 수 있는 자유도 중시되고 있다.
> ㄷ. 개인의 차이와 능력에 따른 실질적이고 적극적인 배려를 형식적 평등이라고 한다.
> ㄹ. 국가 권력은 헌법에 의해 정당화되고, 헌법에 의해 제한된다는 것은 입헌주의의 원리이다.

① ㄱ, ㄴ
② ㄱ, ㄷ
③ ㄴ, ㄹ
④ ㄷ, ㄹ

41
약점진단
⬜△✕
⬜△✕
⬜△✕

다음 헌법상 기본권의 특징으로 옳은 것은?
2021 지방직(= 서울시) 9급

> 제31조 ① 모든 국민은 능력에 따라 균등하게 교육을 받을 권리를 가진다.
> 제32조 ① 모든 국민은 근로의 권리를 가진다.
> 제35조 ① 모든 국민은 건강하고 쾌적한 환경에서 생활할 권리를 가지며, 국가와 국민은 환경 보전을 위하여 노력하여야 한다.

① 국가의 적극적 개입을 정당화한다.
② 헌법에 열거되지 않아도 보장되는 포괄적 권리다.
③ 다른 모든 기본권을 보장하는 데 전제가 된다.
④ 다른 기본권 보장을 위한 기본권으로서 수단적 권리다.

42
약점진단
⬜△✕
⬜△✕
⬜△✕

헌법상 기본권에 대한 설명으로 옳지 <u>않은</u> 것은?
2019 국가직 9급

① 참정권은 국정에 참여할 수 있는 능동적 권리로 선거권, 공무 담임권 등이 이에 속한다.
② 국민의 자유와 권리는 헌법에 열거되지 아니한 이유로 경시되지 아니한다.
③ 과잉 금지의 원칙에서 수단의 적합성을 충족하지 못하더라도 침해의 최소성과 법익의 균형성을 충족한 국가 작용은 합헌적인 국가 작용이다.
④ 국민의 기본권을 제한하는 경우에도 기본권의 본질적인 내용을 침해할 수 없다.

43

약점진단
ㅇ△✕
ㅇ△✕
ㅇ△✕

(가)~(다)에 제시된 기본권에 대한 설명으로 옳은 것은?

2019 지방직 9급

> (가) 모든 국민은 직업 선택의 자유를 가진다.
> (나) 모든 국민은 법률이 정하는 바에 의하여 공무 담임권을 가진다.
> (다) 모든 국민은 법률이 정하는 바에 의하여 국가 기관에 문서로 청원할 권리를 가진다.

① (가)는 국가의 적극적인 개입을 통해 실현되는 권리이다.
② (나)는 현대 복지 국가 헌법에서 비로소 등장한 권리이다.
③ (다)는 다른 기본권을 보장하기 위한 수단적 권리이다.
④ (가)~(다)는 어떠한 경우에도 법률로써 제한할 수 없다.

44

약점진단
ㅇ△✕
ㅇ△✕
ㅇ△✕

〈보기 1〉의 (가), (나)에 대한 옳은 설명을 〈보기 2〉에서 모두 고른 것은?

2018 서울시 행정직 9급

보기 1

기본권	관련 헌법 조항
(가)	제33조 ① 근로자는 근로 조건의 향상을 위하여 자주적인 단결권·단체 교섭권 및 단체 행동권을 가진다.
(나)	제30조 타인의 범죄 행위로 인하여 생명·신체에 대한 피해를 받은 국민은 법률이 정하는 바에 의하여 국가로부터 구조를 받을 수 있다.

보기 2

ㄱ. (가)는 인간다운 생활을 보장하기 위한 사회권이다.
ㄴ. (나)는 기본권 보장을 위한 기본권이다.
ㄷ. (나)는 (가)와 달리 수단적이고 절차적 권리라는 성격을 가진다.
ㄹ. (가), (나) 모두 근대 시민 혁명 직후 확립된 권리이다.

① ㄱ, ㄴ   ② ㄷ, ㄹ
③ ㄱ, ㄴ, ㄷ   ④ ㄴ, ㄷ, ㄹ

45

약점진단
ㅇ△✕
ㅇ△✕
ㅇ△✕

다음 A~C의 사례에서 공통적으로 나타난 기본권에 대한 설명으로 옳은 것은?

> • A는 구속 기소되어 재판을 받았으나 무죄 판결을 받았다. 이에 그가 입은 정신적·물질적 피해에 대한 보상을 청구하려고 한다.
> • B는 남편의 수입으로 생계를 유지하고 있었는데 남편이 타인의 강도 행위로 인하여 사망하자 생계 유지가 곤란하게 되었다. 그런데 가해자의 무자력으로 인하여 피해를 전혀 배상받지 못하게 되자 국가에 대해 구조를 청구하려고 한다.
> • C는 공무원의 중대한 비위 사실을 발견하고 그 공무원의 파면을 요청하는 문서를 국가 기관에 제출하려고 한다.

① 소극적·포괄적 성격을 지닌 기본권이다.
② 국가와의 관계에서 보면 '국가에 의한 자유'에 해당한다.
③ 국가에 특정한 행위를 요구할 수 있는 절차적 권리이며 수단적 권리이다.
④ 국가의 정책 결정 과정에 참여하여 정치적 의사를 표현할 수 있는 권리이다.

46

약점진단
ㅇ△✕
ㅇ△✕
ㅇ△✕

(가)~(라)에 대한 설명으로 옳은 것만을 〈보기〉에서 모두 고르면?

> (가) 소극적 권리, 가장 오래된 기본권
> (나) 절차적 권리, 기본권을 위한 기본권
> (다) 적극적 권리, 복지를 위해 중시되는 기본권
> (라) 재산, 신분 등으로 인해 차별 받지 않을 권리

보기

ㄱ. 행정 관청의 처분에 불복하여 재판을 제기할 권리를 주지 않는 것은 (가)의 침해이다.
ㄴ. 최저 임금에 못 미치는 임금을 지급하는 것은 (나)의 침해이다.
ㄷ. 법률로 정하지 않고 노동 3권을 제한하는 것은 (다)의 침해이다.
ㄹ. (다)는 국가에 대해 인간다운 생활의 보장을 요구하는 권리인 데 비해, (라)는 본질적 권리로 다른 기본권 보장의 전제 조건이 된다.

① ㄱ, ㄴ   ② ㄱ, ㄷ
③ ㄴ, ㄷ   ④ ㄷ, ㄹ

47

약점진단
○△✕
○△✕
○△✕

A, B에 들어갈 기본권에 대한 설명으로 옳은 것은?

- **A** 행사 사례: ○○ 지역을 경제 자유 특구로 지정한 특별법이 국회에서 통과되었다. 이 법에 의해 ○○ 지역에 속한 갑의 토지는 본인의 의지와 관계없이 국가로 수용되었다. 이에 갑은 그 특별법의 철회를 요구하는 문서를 국회에 제출하였다.
- **B** 침해 사례: □□ 지방법원은 공무 집행 방해죄 등으로 불구속 기소된 을에 대해 무죄를 선고하였다. 법원은 "피고인에 대한 검거 절차 확인서가 없는 점에 비춰볼 때 피해자에게 체포의 이유와 변호인의 도움을 받을 권리가 있다는 사실을 알리지 않은 것으로 보인다."라고 판시하였다.

① A는 다른 기본권이 침해되었을 때, 이를 구제하기 위한 수단적, 추상적 권리이다.
② B는 실질적 평등 실현을 위해 등장한 현대적 권리로 헌법에 열거되어야 인정받을 수 있다.
③ A는 다른 기본권을 보장하기 위해 국가에 대해 일정한 행위를 적극적으로 요구할 수 있는 권리이다.
④ A는 본질적 권리로 다른 기본권 보장의 전제 조건인 데 반해, B는 국가에 대해 인간다운 생활의 보장을 요구하는 권리이다.

48

약점진단
○△✕
○△✕
○△✕

다음은 기본권 (가)~(다)의 특성을 알아보기 위한 자료이다. 이에 대한 설명으로 옳은 것만을 〈보기〉에서 모두 고르면? (단, (가)~(다)는 각각 자유권, 참정권, 사회권 중 하나이다.)

- 갑은 경찰관에게 체포 이유에 대한 어떤 이야기도 듣지 못한 채 체포되어 **(가)** 을/를 침해당했다.
- 을은 담당 공무원의 실수로 「국민기초생활 보장법」상의 급여를 수령하지 못해 **(나)** 을/를 침해당했다.
- 병은 국회의원 선거에 투표를 하러 갔으나, 담당 공무원의 착오로 투표하지 못해 **(다)** 을/를 침해당했다.

유형 질문	(가)	(나)	(다)
수단적 성격의 권리인가?	A	B	C
D	예	아니요	아니요

ㄱ. (가)는 참정권, (나)는 자유권, (다)는 사회권이다.
ㄴ. (가)는 국가의 정치 과정에 참여할 수 있는 권리이다.
ㄷ. A, B, C에 들어갈 대답은 모두 '아니요'이다.
ㄹ. D에는 '소극적 성격의 권리인가?'가 들어갈 수 있다.

① ㄱ, ㄴ 　② ㄱ, ㄷ
③ ㄴ, ㄷ 　④ ㄷ, ㄹ

필수기출 & 출제예상 문제

민주 정치의 정부 형태

빈출도 ★★★

01
약점진단
○△✕
○△✕
○△✕

〈보기〉의 자료는 갑(甲)국의 t기와 t+1기의 선거 결과를 나타낸 것이다. 이에 대한 분석 및 추론으로 가장 옳은 것은? (단, 갑국은 전형적인 대통령제 국가이다.)

2019 서울시 운전직 9급

보기

구분	t기	t+1기
A당	40%	60%
B당	32%	37%
C당	25%	2%
기타	3%	1%

※ 두 시기 모두 행정부 수반은 A당 소속임

① t기에 비해 t+1기에는 다수당의 횡포가 감소할 것이다.
② t+1기와 달리 t기에는 연립 정부가 구성되었을 것이다.
③ t기에 비해 t+1기에는 행정부 수반의 법적 권한이 많아졌을 것이다.
④ t+1기에 비해 t기에는 국민의 다양한 의견이 국정에 반영될 가능성이 클 것이다.

02
약점진단
○△✕
○△✕
○△✕

우리나라 대통령제에서 나타나는 의원내각제적 특징으로 볼 수 없는 것은?

2018 국가직 9급

① 행정 각부를 관장하는 국무총리를 두고 있다.
② 국회의원은 국무위원을 겸직할 수 있다.
③ 대통령은 국회에서 의결된 법률안의 공포를 거부할 수 있다.
④ 국회가 국무위원에 대한 해임을 건의할 수 있다.

03
약점진단
○△✕
○△✕
○△✕

〈보기〉의 (가), (나)에 대한 설명으로 가장 옳은 것은? (단, (가), (나)는 전형적인 대통령제와 의원내각제 중 하나인 정부 형태이다.)

2018 서울시 행정직 9급

보기

모든 국가에는 대외적으로 국가를 대표하는 사람이 있다. 그런데 정부 형태에 따라 국가를 대표하는 사람에게 상징적인 권위만을 부여하기도 하고, 실질적인 통치권을 함께 부여하기도 한다. 현대 정부 형태에서 전형적인 정부 형태인 (가)는 이 두 가지가 한 사람에게 집중되어 있으나, (나)는 그렇지 않다.

① (가)는 로크의 2권 분립을 바탕으로 한다.
② (가)에서 행정부 수반의 임기는 예외적이고 특별한 경우를 제외하면 엄격하게 보장된다.
③ (나)에서 행정부 수반은 의회에 대해 정치적 책임을 지지 않는다.
④ 영국과 일본은 (가), 대한민국과 미국은 (나)를 채택하고 있다.

04 밑줄 친 '의원내각제적 요소'에 해당하는 것을 〈보기〉에서 고른 것은?

약점진단 ◻△✕ ◻△✕ ◻△✕

2021 지방직(= 서울시) 9급

일반적인 대통령제는 입법부, 사법부, 그리고 행정부 간의 뚜렷한 권력 분립에 기초하고 있다. 반면에, 우리나라의 대통령제는 의원내각제적 요소와 함께 대통령의 권한을 강화한 권력 집중형 정치제도의 성격을 지닌다. 흔히 이를 한국형 대통령제라고도 부른다.

〈보기〉

ㄱ. 행정부는 법률안을 제출할 수 있다.
ㄴ. 대통령은 국회에 대하여 책임을 지지 않는다.
ㄷ. 국회는 국무총리 또는 국무위원의 해임을 건의할 수 있다.
ㄹ. 대통령은 국회에서 제출한 법률안에 대하여 거부권을 행사할 수 있다.

① ㄱ, ㄴ ② ㄱ, ㄷ ③ ㄴ, ㄹ ④ ㄷ, ㄹ

05 다음 자료에 대한 설명으로 옳은 것만을 〈보기〉에서 모두 고르면? (단, A국과 B국은 서로 다른 전형적인 정부 형태를 채택하고 있다.)

약점진단 ◻△✕ ◻△✕ ◻△✕

구분	A국	B국
행정부 수반 소속 정당	A당	C당
정당별 의석 점유율	• a당: 45% • b당: 55%	• c당: 33% • d당: 28% • e당: 25% • f당: 14%

〈A국과 B국의 정당 및 정당별 의석 점유율〉

〈보기〉

ㄱ. A국은 B국과 달리 행정부의 의회 해산권이 인정된다.
ㄴ. A국과 달리 B국은 행정부 수반의 법률안 거부권이 인정된다.
ㄷ. A국에 비해 B국은 의회와 행정부 간의 대립 가능성이 낮을 것이다.
ㄹ. B국에 비해 A국은 행정부 수반의 임기가 보장되어 정책의 지속성을 확보하기가 용이할 것이다.

① ㄱ, ㄴ ② ㄱ, ㄷ ③ ㄴ, ㄹ ④ ㄷ, ㄹ

06 다음 자료에 대한 설명으로 옳은 것은? (단, 갑국과 을국은 서로 다른 전형적인 정부 형태를 채택하고 있다.)

약점진단 ◻△✕ ◻△✕ ◻△✕

최근 갑국과 을국에서는 총선거가 있었는데, 갑국에서는 행정부 수반이 의회를 해산하여 총선거를 실시하였다. 다음은 총선거 후 갑국과 을국의 각 정당별 의회 의석 점유율이다.

〈갑국〉		〈을국〉	
A당	35%	가당	55%
B당	45%	나당	30%
C당	14%	다당	8%
D당	6%	라당	7%

① 갑국에서는 의회 의원의 각료 겸직이 불가하다.
② 을국에서는 총선거 후 여대야소 현상이 나타난다.
③ 갑국에서는 총선거 후 행정부 수반이 B당 소속이다.
④ 을국과 달리 갑국에서는 의회의 내각 불신임권 행사가 가능하다.

07 A, B에 대한 설명으로 옳은 것만을 〈보기〉에서 모두 고르면? (단, A와 B는 각각 전형적인 대통령제와 의원내각제 중 하나이다.)

약점진단 ◻△✕ ◻△✕ ◻△✕

• 우리나라는 정부가 법률안을 제출할 수 있는 권한이 있는데, 이는 B의 요소이다. 또 국회가 대통령에 대한 탄핵 소추권을 갖는데, 이는 A의 요소이다.
• 우리나라의 B의 요소로는 국회의원이 국무 위원을 겸직할 수 있는 것, 국회가 국무총리에 대한 해임 건의권을 갖는 것을 들 수 있다.

〈보기〉

ㄱ. A에서는 국가 원수와 행정부 수반이 일치한다.
ㄴ. A에서 내각은 의회 해산권을 갖고, 의회는 내각 불신임권을 갖는다.
ㄷ. B는 A보다 동일한 정당이 입법부와 행정부를 모두 장악할 가능성이 높다.
ㄹ. A는 권력 융합에 충실한 정부 형태, B는 권력 분립에 충실한 정부 형태이다.

① ㄱ, ㄷ ② ㄴ, ㄷ ③ ㄴ, ㄹ ④ ㄷ, ㄹ

08 다음 자료에 대한 설명으로 옳은 것만을 〈보기〉에서 모두 고르면? (단, A와 B는 각각 전형적인 대통령제와 의원내각제 중 하나이다.)

약점진단
ㅇㅇㅇㅇ
ㅇㅇㅇㅇ
ㅇㅇㅇㅇ

> 다음은 학생이 작성한 수행 평가 과제 및 이에 대한 교사의 평가 결과이다.
>
> | 질문 | 답 |
> |---|---|
> | A와 다른 B의 특징을 한 가지만 서술하시오. | 견제와 균형의 원리에 충실하기 위해 행정부와 입법부 간의 엄격한 권력 분립을 추구한다. |
> | 우리나라 정부 형태에서 볼 수 있는 A의 요소를 한 가지만 서술하시오. | 대통령이 법률안 거부권을 가진다. |
> | 우리나라 정부 형태에서 볼 수 있는 B의 요소를 한 가지만 서술하시오. | 대통령이 임시 국회 소집을 요구할 수 있다. |
> | 평가 결과 | 1점 |
>
> ※ 평가 기준: 옳은 서술은 한 개당 1점씩 부여하고, 틀린 서술은 0점이다.

보기

ㄱ. A와 달리 B에서는 의회 의원이 각료를 겸직할 수 없다.

ㄴ. B와 달리 A에서는 행정부 수반의 임기가 엄격히 보장된다.

ㄷ. B에서 행정부는 입법부를 견제하는 수단으로 의회 해산권을 가진다.

ㄹ. 행정부가 법률안을 제출할 수 있는 것은 우리나라 정부 형태에서 볼 수 있는 A의 요소이다.

① ㄱ, ㄴ   ② ㄱ, ㄹ
③ ㄴ, ㄷ   ④ ㄷ, ㄹ

국가 기관의 구성과 기능   빈출도 ★★★

09 우리나라 국회에 대한 설명으로 옳은 것은?

2021 국가직 9급

약점진단
ㅇㅇㅇㅇ
ㅇㅇㅇㅇ
ㅇㅇㅇㅇ

① 국회는 의장 1인과 부의장 2인을 선출하고, 그 임기는 4년이다.

② 20인 이상의 소속 의원을 가진 정당만이 하나의 교섭단체를 구성할 수 있다.

③ 국회는 헌법 개정안이 공고된 날로부터 60일 이내에 의결하여야 하며, 국회의 의결은 재적 의원 3분의 2 이상의 찬성을 얻어야 한다.

④ 국회 회의의 원칙에 따라 한 회기 중에 의결하지 못한 법률안이나 의안은 다음 회기에 다시 심의하지 못한다.

10 국회의 권한에 대한 설명으로 옳은 것은?

2020 국가직 9급

약점진단
ㅇㅇㅇㅇ
ㅇㅇㅇㅇ
ㅇㅇㅇㅇ

① 국회는 헌법 또는 법률에 특별한 규정이 없는 한 재적 의원 3분의 1 이상의 출석과 출석 의원 과반수의 찬성으로 의결한다.

② 국회는 국가 기관 구성과 관련하여 헌법 재판소장 임명권 및 중앙선거관리위원회 위원장 선출권을 가진다.

③ 국회는 정부의 동의 없이 정부가 제출한 지출 예산 각 항의 금액을 증가하거나 새 비목을 설치할 수 있다.

④ 국회는 국정을 감사하거나 특정한 국정 사안에 대하여 조사할 수 있으며, 이에 필요한 서류의 제출 또는 증인의 출석과 증언이나 의견의 진술을 요구할 수 있다.

11

약점진단

○△×

○△×

○△×

〈보기〉는 우리나라 국가 기관 A~D의 권한을 나타낸 것이다. 이에 대한 설명으로 가장 옳은 것은?

2022 서울시 운전직 9급

보기	
구분	권한
A	국무 회의의 의장으로서 국무 회의를 주재함
B	위헌 법률 심판, 탄핵 심판 등을 담당함
C	상고심, 명령·규칙·처분의 최종 심사권을 가짐
D	공무원의 직무 감찰, 국가의 세입·세출의 결산 등을 함

① A는 임시 국회 소집을 요구할 수 있다.
② B는 C의 장(長)이 임명한 9인의 재판관으로 구성된다.
③ C는 고위 공직자에 대한 탄핵 소추권을 가진다.
④ D는 국가의 예산안을 편성하고 심의하여 확정한다.

13

약점진단

○△×

○△×

○△×

〈보기〉는 헌법 개정 절차이다. 밑줄 친 ㉠~㉣에 대한 설명으로 가장 옳은 것은?

2019 서울시 운전직 9급

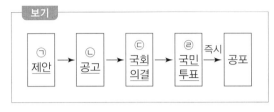

① 국회에서 ㉠을 하기 위해서는 국회 재적 의원 과반수의 찬성을 얻고, 국무회의 심의를 거쳐야 한다.
② ㉡은 20일 이상의 기간 동안 국회의장이 한다.
③ ㉢은 헌법 개정안이 공고된 날로부터 90일 이내에 이루어져야 하며, 국회 재적 의원 2/3 이상의 찬성을 얻어야 한다.
④ ㉣은 헌법 개정안을 국회가 의결한 후 30일 이내에 이루어져야 하며, 국회의원 선거권자 과반수의 투표와 투표자 과반수의 찬성을 얻으면 헌법 개정안은 확정된다.

12

약점진단

○△×

○△×

○△×

〈보기〉는 우리나라 헌법 개정 과정을 나타낸 것이다. 〈보기〉의 (가)~(라)의 내용으로 가장 옳지 않은 것은?

2020 서울시 운전직 9급

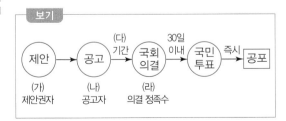

① (가) 국회 재적 의원 3분의 1 이상 또는 대통령
② (나) 대통령
③ (다) 60일 이내
④ (라) 국회 재적 의원 3분의 2 이상 찬성

14

약점진단

○△×

○△×

○△×

그림은 헌법 개정 절차이다. (가)~(라)에 대한 설명으로 옳지 않은 것은?

2021 지방직(= 서울시) 9급

① (가)는 대통령 또는 헌법 재판소의 발의로 이루어진다.
② (나)는 제안된 헌법 개정안에 대해 국회 재적 의원 3분의 2 이상의 찬성을 얻어야 한다.
③ (다)는 국민 투표에 해당한다.
④ (라)는 (다)에서 헌법 개정이 확정되면 대통령이 즉시 하여야 한다.

15 표는 현재 우리나라 정치에서 발생할 수 있는 정치적
약점진단 쟁점에 대한 A, B 정당의 입장을 정리한 것이다. 이에
□△✕ 대한 설명으로 옳은 것은? 2017 서울시 행정직 9급
□△✕
□△✕

쟁점	A당 입장	B당 입장
헌법 개정 논의	시기상조이므로 반대	㉠ 개헌안 발의
㉡ ○○ 정책에 대한 국민 투표	찬성	반대
㉢ ○○법 개정안 재의	㉣ 본회의 표결 처리	국민적 합의 필요

① ㉠은 국회 재적 의원 10명 이상이 동의하면 가능
  하다.
② ㉡은 국회 재적 의원 2/3 이상의 찬성으로 실시
  가능하다.
③ ㉢은 국회에서 부결된 법안을 대상으로 한다.
④ ㉢이 ㉣을 통과하여 이송되면 대통령은 지체 없이
  공포해야 한다.

16 ㉠과 ㉡에 대한 설명으로 옳은 것은?
약점진단 2020 지방직(= 서울시) 9급
□△✕
□△✕
□△✕

• 국회의원 A는 ㉠「도로교통법」일부 개정 법률안
  을 대표 발의하려고 한다.
• 정부는 ㉡「형의 집행 및 수용자의 처우에 관한 법
  률」일부 개정 법률안을 국회에 제출하려고 한다.

① ㉠의 발의자는 국회의원 5인 이상이어야 한다.
② ㉠이 가결되어 정부에 이송되면 대통령은 15일 이
  내에 국회로 환부하여 재의를 요구할 수 있다.
③ 정부는 ㉡을 국회에 제출하기 전에 국회 상임위원
  회의 심의를 거쳐야 한다.
④ ㉡은 국회의원 임기 만료의 경우를 제외하고는 회
  기 중에 의결되지 못하면 폐기된다.

17 〈보기〉는 우리나라 현행 법률 개정 절차에 대한 사례
약점진단 이다. 밑줄 친 ㉠~㉣ 중 헌법 규정에 부합하지 않는
□△✕ 것은? (단, 국회의원 총수는 300인이다.)
□△✕ 2018 서울시 운전직 9급
□△✕

> **보기**
>
> 　법률 개정안을 ㉠ 국회의원 20명이 발의하였다.
> 이에 국회의장은 제안된 법률 개정안을 소관 상임
> 위원회에 회부한 후 본회의에 상정하였고, 법률 개
> 정안은 ㉡ 국회의원 160인의 찬성으로 의결되었다.
> 그 이후 대통령에게 이송되었으나 ㉢ 대통령은 재
> 의를 요구하였다. 이에 국회의장은 개정 법률안을
> 본회의에 직권상정하였고, ㉣ 240인의 국회의원이
> 출석하고 150인의 찬성으로 법률로서 확정되었다.

① ㉠　　　　　　　　② ㉡
③ ㉢　　　　　　　　④ ㉣

18 다음은 법률 개정 과정을 정리한 것이다. 밑줄 친
약점진단 (가)~(라)에 대한 설명으로 옳지 않은 것은?
□△✕ 2016 서울시 행정직 9급
□△✕
□△✕

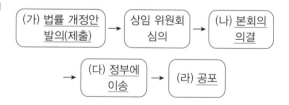

① (가)는 정부, 국회의원 10인 이상, 국회 상임 위원
  회가 할 수 있다.
② (나)의 정족수는 재적 의원 과반수 출석, 출석 의
  원 과반수 찬성이다.
③ (다) 이후에 대통령은 국무회의 심의를 거쳐 법률
  안의 재의를 요구할 수 있다.
④ 국회에서 재의결된 법률안은 즉시 국회의장이
  (라)를 행한다.

19

약점진단
○△✕
○△✕
○△✕

헌법상의 국가 기관 A, B에 대한 설명으로 옳은 것은?

2020 국가직 9급

A: 정부의 권한에 속하는 중요한 정책을 심의하는 행정부 내 최고 심의 기관의 의장
B: 국가의 세입·세출의 결산, 국가 및 법률이 정한 단체의 회계 검사와 행정기관 및 공무원의 직무에 관한 감찰 등을 담당하는 기관

① A는 국무총리의 제청으로 대통령이 임명한다.
② A는 국민의 직접 선거로 선출되며, 임기는 5년이다.
③ B는 권한 쟁의 심판을 담당한다.
④ B는 사법부 소속의 독립성을 갖는 헌법 기관이다.

20

약점진단
○△✕
○△✕
○△✕

우리나라 국가 기관 간의 견제에 대한 설명으로 옳지 않은 것은?

2019 지방직 9급

① 대통령은 국회에서 의결된 법률안에 대해 재의를 요구할 수 있다.
② 재의 요구된 법률안은 국회가 재적 의원 과반수의 출석과 출석 의원 3분의 2 이상의 찬성으로 의결하면 법률로서 확정된다.
③ 대통령이 일반 사면을 명하려면 국회의 동의를 얻어야 한다.
④ 국회는 대통령에 대한 탄핵 심판권을 가진다.

21

약점진단
○△✕
○△✕
○△✕

〈보기〉의 ㉠과 ㉡에 대한 설명으로 가장 옳은 것은? (단, A와 B는 우리나라의 국가 기관이다.)

2021 서울시 운전직 9급

보기

상속권과 관련된 소송을 제기한 갑(甲)은 해당 「민법」 규정이 법률에 어긋난다며 A에 ㉠위헌 법률 심판 제청을 신청하였으나 기각 결정이 내려졌다. 이에 갑(甲)은 B에 ㉡헌법 소원 심판을 청구하였다.

① A는 갑(甲)의 신청 없이 ㉠을 할 수 있다.
② 갑(甲)은 소송 중이 아니라도 ㉠을 신청할 수 있다.
③ 갑(甲)이 청구한 ㉡은 권리 구제형 헌법 소원 심판이다.
④ A, B 모두 국민으로부터 직접 민주적 정당성을 부여받는다.

22

약점진단
○△✕
○△✕
○△✕

다음 사례에 대한 설명으로 옳은 것은?

2020 국가직 9급

• 법원은 □□법 일부 조항이 기본권 침해의 소지가 크다며 A에 (㉠)을 제청하였다.
• △△법 위반으로 기소된 갑은 1심 재판 중 해당 법 조항에 대해 법원에 (㉡)을 신청한 후, 기각되자 A에 (㉢)을 청구하였다.

① A의 종국심리에 관여한 재판관 과반수가 찬성하면 해당 법률 조항은 위헌으로 결정된다.
② 법원이 ㉠을 제청하기 위해서는 소송 당사자의 제청 신청이 있어야 한다.
③ 갑이 법원에 신청한 ㉡은 위헌 법률 심판 제청이다.
④ ㉠은 위헌 법률 심판이고, ㉢은 권한 쟁의 심판이다.

23

약점진단
⬜△✕
⬜△✕
⬜△✕

다음 헌법 재판소 결정에 대한 설명으로 옳은 것은?

2018 국가직 9급

헌법 재판소는 '최대 선거구와 최소 선거구 간의 인구 편차가 3대 1에 달하는 것은 위헌'이라며 현행 「공직선거법」상 선거구별 인구 편차를 2대 1 수준으로 조정하라는 결정을 내렸다. 헌재는 2014년 10월 30일 국회의원 선거구 헌법불합치 결정을 통해 유권자 한 명당 갖고 있는 투표권의 가치가 거주 지역마다 다른 지금의 현실이 국민 주권주의에 어긋난다는 원칙론을 재확인했다. 헌재는 2001년 결정을 통해서도 '조만간 선거구별 인구 편차를 2대 1로 더 줄여야 한다.'고 국회에 주문한 바 있다.

① 행정부가 시행령을 제정하여 선거구를 재획정할 것을 요구하였다.
② 최대 선거구 유권자의 표 가치가 과소 대표되었다고 인식하였다.
③ 선거구 획정에서 인구 대표성보다 지역 대표성을 더 중시하였다.
④ 국회의원 선거에서 직접 선거의 원칙을 강화하고자 하였다.

24

약점진단
⬜△✕
⬜△✕
⬜△✕

헌법 재판소에 대한 설명으로 옳지 않은 것은?

2018 국가직 9급

① 헌법 재판소는 법관의 자격을 가진 9인의 재판관으로 구성하며, 재판관은 대통령이 임명한다.
② 명령·규칙 또는 처분이 헌법이나 법률에 위반되는 여부가 재판의 전제가 된 경우에는 헌법 재판소는 이를 최종적으로 심사할 권한을 가진다.
③ 탄핵 소추의 의결을 받은 사람은 헌법 재판소의 심판이 있을 때까지 그 권한 행사가 정지된다.
④ 헌법 재판소에서 법률의 위헌 결정, 탄핵의 결정, 정당 해산의 결정 또는 헌법 소원에 관한 인용 결정을 할 때에는 재판관 6인 이상의 찬성이 있어야 한다.

25

약점진단
⬜△✕
⬜△✕
⬜△✕

〈보기 1〉의 헌법 재판소의 권한 (가)~(다)에 대한 옳은 설명을 〈보기 2〉에서 모두 고른 것은?

2018 서울시 행정직 9급

보기 1

구분	청구 요건
(가)	공권력의 행사나 불행사로 국민의 기본권이 침해되었을 때
(나)	법률이 헌법에 위반되는지의 여부가 재판의 전제가 될 때
(다)	정당의 목적이나 활동이 민주적 기본 질서에 위배될 때

보기 2

ㄱ. (가)는 헌법 소원 심판, (나)는 위헌 법률 심판, (다)는 정당 해산 심판이다.
ㄴ. (나)의 제청 주체는 해당 법률을 재판에 적용할지 판단하는 법원이다.
ㄷ. (다)의 심판 결과에 불복할 경우 대법원에 상고할 수 있다.
ㄹ. (다)는 국회가 본회의의 의결을 거쳐 제소한다.

① ㄱ, ㄴ
② ㄱ, ㄷ
③ ㄱ, ㄴ, ㄷ
④ ㄴ, ㄷ, ㄹ

26 다음 자료에 관한 설명으로 옳은 것은?

2019 지방직 9급

위헌 법률 심판 제청 신청서

사 건 2019고합◎◎◎
신청인 홍길동

신청 취지

"○○법 제△△조 제△항의 위헌 여부에 관한
심판을 제청한다."라는 결정을 구합니다.

이 유

1. 재판의 전제성

– 생략 –

2. 위헌이라 해석되는 이유

– 생략 –

3. 결론
그러므로, 신청취지와 같이 결정하여 주시기 바랍니다.

2019. ×. ××.

신청인 홍길동(인)
□□ 지방법원 제21형사부 귀중

---

① 이 신청을 받은 기관에서 위헌 법률 심판을 한다.
② 이 신청이 기각될 경우 홍길동은 헌법 재판소에 위헌 심사형 헌법 소원 심판을 제기할 수 있다.
③ 이 신청을 받은 기관의 위헌 법률 심판 제청에 의해 ○○법 제△△조 제△항은 잠정적으로 효력을 상실한다.
④ 홍길동은 권리 구제형 헌법 소원을 거친 후에 이 신청서를 제출해야 한다.

27 다음은 간통죄에 대한 헌법 재판소 결정문의 일부분이다. 밑줄 친 (가)~(라)에 대한 법적 분석으로 옳지 않은 것은?

2016 서울시 행정직 9급

- 사건: 2014헌바53 · 464(병합)
- 사건 개요
  청구인들은 간통하였다는 범죄 사실로 기소되어 해당 사건이 진행되던 중 「형법」 제241조가 위헌이라며 (가) <u>위헌 법률 심판 제청</u> 신청을 하였으나 그 신청이 기각되자 (나) <u>헌법 소원 심판</u>을 청구하였다. 〈이하 생략〉
- 위헌 여부에 대한 판단
  헌법 제10조에서 보장하는 인격권과 <u>(다)</u> 은(는) 개인의 자기 운명 결정권을 전제로 한다. 이 자기 운명 결정권에는 성적 자기 결정권이 포함되어 있으므로, 심판 대상 조항은 개인의 성적 자기 결정권을 제한한다. 또한, 심판 대상 조항은 개인의 성생활이라는 내밀한 사적 생활 영역에서의 행위를 제한하므로 헌법 제17조가 보장하는 (라) <u>사생활의 비밀과 자유</u> 역시 제한한다. 〈이하 생략〉

---

① (가)의 권한은 법원에 있다.
② (나)는 위헌 심사형 헌법 소원이다.
③ (다)에 해당하는 기본권은 행복 추구권이다.
④ (라)는 국가에 의한 자유를 주된 내용으로 하는 기본권이다.

28 밑줄 친 ⊙~@에 대한 설명으로 옳은 것은?

약점진단
☐△✕
☐△✕
☐△✕

> 의료 기기 업체 A사는 블로그에 의료 기기 광고를 하였다가 사전 심의를 받지 않았다는 이유로 ○○시로부터 판매 업무 정지 3일 처분을 받았다. 이를 부당하다고 판단한 A사는 □□ 지방법원에 행정 소송을 제기하였고, 소송 중에 「의료기기법」 제24조 제2항 등에 대해 ⊙'표현의 자유' 침해라며 ⓛ 위헌 법률 심판 제청을 신청하였다. □□ 지방법원은 이를 인용해 ⓒ 위헌 법률 심판 제청을 하였고, @ 헌법 재판소는 사전 심의를 받지 않은 의료 기기 광고를 금지한 「의료기기법」의 해당 조항은 '표현의 자유' 침해라며 위헌이라고 결정하였다.

① ⊙에 해당하는 기본권은 적극적·수단적 성격을 가진다.
② ⓛ에 대해 법원이 기각하였다면, A사는 @에 헌법 소원 심판을 제기할 수 있다.
③ ⓒ은 소송 당사자의 위헌 법률 심판 제청 신청이 있어야 가능하다.
④ @은 사법부 소속 기관으로 최종심을 담당한다.

29 다음 자료에 대한 설명으로 옳은 것은?

약점진단
☐△✕
☐△✕
☐△✕

〈우리나라 국가 기관 A~D의 주요 업무〉

국가 기관	주요 업무
A	B의 동의를 얻은 C의 장(長) 임명
B	A가 재의를 요구한 ○○ 법률안 재의결 절차 진행
C	□□ 지역 연쇄 살인 사건에 대한 상고심 진행
D	국가의 세입·세출의 결산 검사

① A는 국무회의의 의장이며, B의 장(長)을 임명한다.
② B는 탄핵 소추권, C는 탄핵 심판권을 가진다.
③ A가 재의를 요구한 ○○ 법률안이 B에서 재의결되면 A는 법률안 거부권을 행사할 수 있다.
④ A는 C의 장(長), D의 장(長)을 임명하기 위해 B의 동의를 얻어야 한다.

30 밑줄 친 ⊙~@에 대한 설명으로 옳은 것을 〈보기〉에서 모두 고르면?

약점진단
☐△✕
☐△✕
☐△✕

> 갑은 자신이 받고 있는 노인 장기요양급여를 장애인활동급여로 변경해 줄 것을 구청에 신청하였지만 거부당하였다. 「장애인활동 지원에 관한 법률」 제5조 제2호에 따라 노인 장기요양급여를 받고 있는 장애인은 장애인활동급여를 받을 수 없기 때문이다. 이에 갑은 법원에 구청 처분의 취소를 구하는 소송을 제기하였고, 소송 진행 중 ⊙ 해당 법률 조항의 위헌 여부를 가리는 심판을 ⓛ 헌법 재판소에 제청해 줄 것을 법원에 신청하였다. 해당 법률 조항이 합리적인 이유 없이 노인 장기요양급여를 받는 중증 장애인을 급여 대상에서 배제하여 기본권을 침해한다고 보았기 때문이다. ⓒ 법원의 제청으로 열린 심판에서 헌법 재판소는 @「장애인활동 지원에 관한 법률」 제5조 제2호의 일부 내용에 대하여 헌법 불합치 결정을 내렸다.

보기

ㄱ. ⊙은 위헌 법률 심판이고 ⓒ은 ⓛ에 ⊙을 제청할 수 있다.
ㄴ. ⓛ의 재판관 임명권은 대통령의 권한으로 국회의 동의가 필요하지 않다.
ㄷ. ⓒ이 갑의 제청 신청을 기각하였다면, 갑은 ⓛ에 권리 구제형 헌법 소원 심판을 청구할 수 있다.
ㄹ. @ 이후 법률 제5조 제2호의 일부 내용은 즉시 효력이 상실된다.

① ㄱ, ㄴ　　　　② ㄱ, ㄷ
③ ㄴ, ㄷ　　　　④ ㄷ, ㄹ

31 약점진단 ☐△✕ ☐△✕ ☐△✕

다음은 우리나라 국가 기관 간 상호 견제 수단을 나타낸 표이다. 이에 대한 설명으로 옳은 것은? (단, A~C는 각각 입법부, 행정부, 사법부 중 하나이다.)

견제 주체 → 견제 대상	견제 수단
A → B	(가)
B → C	(나)
C → A	(다)

① (가)에 '법률안 거부권 행사'가 들어가면, B의 장(長)은 C의 동의를 얻어 A의 장(長)이 임명한다.

② (나)에 '탄핵 소추권 행사'가 들어가면, C는 사법부가 아닌 행정부이다.

③ (나)에 '위헌 법률 심판 제청권 행사'가 들어가면, (다)에는 '각종 동의 및 승인권 행사'가 들어갈 수 있다.

④ (다)에 '위헌·위법 명령, 규칙·처분 심사권 행사'가 들어가면, (가)에는 '권한 쟁의 심판권 행사'가 들어갈 수 있다.

32 약점진단 ☐△✕ ☐△✕ ☐△✕

㉠~㉣에 대한 설명으로 옳지 않은 것은?

국회 ㉠ 정기회는 매년 1회 정기적으로 열리고, 임시회는 대통령과 ㉡ 일정 수의 국회의원이 요구하면 열린다. 국회 의결은 ㉢ 일반 의결 정족수와 ㉣ 특별 의결 정족수가 있으며, 가부 동수일 때는 부결된 것으로 본다.

① ㉠ 기간에 국정 감사를 할 수 있다.

② ㉡은 국회 재적 의원 과반수 이상을 의미한다.

③ ㉢은 재적 의원 과반수의 출석과 출석 의원 과반수의 찬성으로 의결하는 것을 의미한다.

④ 헌법 개정안 의결에는 ㉣의 기준이 적용된다.

33 약점진단 ☐△✕ ☐△✕ ☐△✕

우리나라 국가 기관 A~D에 대한 설명으로 옳은 것만을 〈보기〉에서 모두 고르면?

갑은 「공직선거법」 위반 혐의로 기소되었고, 관련 법 규정에 대해 위헌 법률 심판이 진행되었지만, 해당 심판에서 A 은/는 재판관 전원 일치로 합헌 결정을 내렸고 이후 갑은 유죄가 확정되었다. 한편, 광복절을 맞아 B 은/는 행정부 최고 심의 기관인 C 의 심의를 거쳐 갑에 대한 특별 사면을 결정하였다. 이에 일부 헌법학자들은 이번 특별 사면이 국민의 법 감정에 어긋난다며 B 의 일반 사면뿐만 아니라 특별 사면에 대해서도 국민 대표 기관인 D 의 동의를 받게 해야 한다는 의견을 제기하였다.

보기

ㄱ. A는 정당 해산 심판을 담당한다.

ㄴ. A는 위헌·위법한 명령에 대한 최종 심사권을 통해 B를 견제할 수 있다.

ㄷ. C의 부의장은 B에게 국무위원의 임명을 제청할 수 있다.

ㄹ. D는 국가 예산의 수입과 지출을 결산한 내용을 검사하는 권한을 가진다.

① ㄱ, ㄴ ② ㄱ, ㄷ
③ ㄴ, ㄷ ④ ㄷ, ㄹ

34 약점진단 ☐△✕ ☐△✕ ☐△✕

다음은 우리나라 국가 기관 A에 대하여 학생이 필기한 내용이다. 이에 대한 설명으로 옳지 않은 것은?

- A의 설치 근거: 대한민국 헌법
- 구성원: 의장 B, 부의장 C, ㉠ 15~30인의 위원으로 구성
- 역할: 정부의 권한에 속하는 중요 정책 ㉡ 심의

① A는 우리나라 정부 형태의 의원내각제적 요소이다.

② B는 우리나라의 국가 원수이자 행정부 수반이다.

③ C로 임명되기 위해서는 국회의 동의가 필요하다.

④ ㉠은 국회의원으로만 구성되며, 정부 제출 법률안은 ㉡의 대상이 된다.

35

약점진단
◯△✕
◯△✕
◯△✕

⑦~②에 대한 설명으로 옳은 것을 〈보기〉에서 모두 고르면?

법원의 종류	담당 재판
⑦	• 상고·재항고 사건 심판 • 명령·규칙·처분의 최종 심사 • 선거 소송에 대한 심판
고등법원	• 항소·항고 사건 심판 • ⑥ 선거 소송에 대한 심판
⑥	행정 처분 불복에 대한 재판
지방법원	민사, ② 형사 재판의 1심 법원

─ 보기 ─

ㄱ. ⑦의 판결에 불복하는 경우 헌법 재판소에 심판을 청구할 수 있다.
ㄴ. 대통령의 당선 무효 소송은 ⑥에 해당한다.
ㄷ. ⑥의 판결에 불복하는 경우 고등법원에 심판을 청구할 수 있다.
ㄹ. 검사의 기소에 의해서만 ②이 시작된다.

① ㄱ, ㄴ   ② ㄱ, ㄷ
③ ㄴ, ㄷ   ④ ㄷ, ㄹ

37

약점진단
◯△✕
◯△✕
◯△✕

우리나라 국가 기관 (가), (나)에 대한 설명으로 옳은 것을 〈보기〉에서 모두 고르면?

> ┌──(가)──┐ 은/는 국회의 동의를 얻어 대통령이 임명하며, 행정 각부를 총괄한다. ┌──(나)──┐ 은/는 정부의 권한에 속하는 중요한 정책을 심의한다. 대통령은 ┌──(나)──┐ 의 의장이 되고, ┌──(가)──┐ 은/는 부의장이 된다.

─ 보기 ─

ㄱ. (가)는 행정부 각부의 장관을 임명한다.
ㄴ. (나)의 심의 결과는 대통령의 결정을 구속하지 않는다.
ㄷ. 정부의 법률안 제출권, 법률안 거부권에 관한 사항은 반드시 (나)의 심의를 거쳐야 한다.
ㄹ. (가)는 (나)와 달리 우리나라의 의원내각제적 요소에 해당한다.

① ㄱ, ㄴ   ② ㄱ, ㄷ
③ ㄴ, ㄷ   ④ ㄴ, ㄹ

36

약점진단
◯△✕
◯△✕
◯△✕

다음은 헌법에 따른 대통령 탄핵 과정을 나타낸 것이다. 이에 대한 설명으로 옳은 것은?

헌법이나 법률을 위반한 대통령의 행위 발생 → 국가 기관 ⑦의 ⑥ 탄핵 소추 의결 → 국가 기관 ⑥의 ② 탄핵 결정

① ⑦은 사법 기관이다.
② ⑥을 위해서는 ⑦ 출석 의원 2/3 이상의 찬성이 필요하다.
③ ⑥의 장은 ⑦의 동의를 얻어 대통령이 임명한다.
④ ②을 위해서는 ⑥ 재판관 과반수의 찬성이 요구된다.

38

약점진단
◯△✕
◯△✕
◯△✕

우리나라 국가 기관 A~C에 대한 설명으로 옳지 않은 것은?

구분	권한
A	헌법 개정안 제안 및 의결권, 국가 예산안 심의·의결권 및 결산 심사권 등
B	법률안 공포권, 조약 체결 및 비준권 등
C	위헌·위법 명령에 대한 최종 심사권, 위헌 법률 심판 제청권 등

① A는 국무총리 해임 건의안을 B에게 제출할 수 있다.
② A의 장(長)과 C의 장(長) 모두 B가 임명한다.
③ B는 헌법 개정안을 제안할 수 있다.
④ C는 민사 재판뿐 아니라 형사 재판에서도 최종심을 담당한다.

39
약점진단
◯△✕
◯△✕
◯△✕

그림의 밑줄 친 ㉠~㉣에 대한 설명으로 옳지 <u>않은</u> 것은?

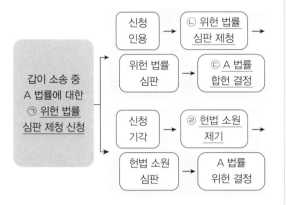

① ㉠은 상고심에서도 가능하다.
② ㉡은 법원이 직권으로도 가능하다.
③ ㉢을 위해서는 재판관 6인 이상의 찬성이 요구된다.
④ ㉣은 위헌 심사형 헌법 소원에 해당한다.

40
약점진단
◯△✕
◯△✕
◯△✕

그림 (가), (나)는 각각 우리나라의 헌법 개정 절차와 법률의 제정 및 개정 절차를 나타낸 것이다. 이에 대한 설명으로 옳은 것은?

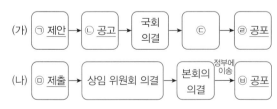

① ㉠과 달리 ㉤은 국회의원에 의해서도 가능하다.
② ㉡, ㉣ 모두 대통령에 의해 이루어진다.
③ ㉢을 통과하기 위해서는 국회의원 선거권자 과반수의 찬성이 필요하다.
④ ㉥은 법률안이 정부에 이송된 지 20일 이내에 이루어져야 한다.

지방 자치

빈출도 ★☆☆

41
약점진단
◯△✕
◯△✕
◯△✕

현행법상 지방 자치 단체 주민의 지방 자치 참여에 대한 설명으로 옳지 <u>않은</u> 것은?
2020 국가직 9급

① 주민은 법령으로 정하는 바에 따라 지방 자치 단체의 장 및 지방의회의원(비례대표 지방의회의원은 제외함)을 소환할 수 있다.
② 19세 이상의 주민은 지방 자치 단체와 그 장의 권한에 속하는 사무의 처리가 법령에 위반된다고 인정되면 「지방자치법」이 정하는 바에 따라 감사를 청구할 수 있다.
③ 국민인 주민은 법령으로 정하는 바에 따라 그 지방 자치 단체에서 실시하는 지방의회의원과 지방 자치 단체의 장의 선거에 참여할 수 있다.
④ 주민은 지방 의회의 의결이 월권이거나 법령에 위반되거나 공익을 현저히 해친다고 인정되면 그 의결 사항에 대해 재의를 요구할 수 있다.

42
약점진단
◯△✕
◯△✕
◯△✕

우리나라의 지방 자치 제도에 대한 설명으로 옳은 것은?
2020 지방직(= 서울시) 9급

① 지역 주민들은 조례 제정 및 개폐 청구권을 가진다.
② 기초 의회는 비례대표 의원 없이 지역구 의원만으로 구성된다.
③ 지방 자치 단체장은 지방 자치 단체의 예산을 심의·확정하고, 결산을 승인한다.
④ 교육 자치를 위해 광역 자치 단체와 기초 자치 단체에 각각 교육감을 두고 있다.

43 (가), (나)에 대한 설명으로 옳지 **않은** 것은?

약점진단
◯△✕
◯△✕
◯△✕

2021 지방직(= 서울시) 9급

> (가) 이것은 지방 자치 단체의 예산 편성 권한을 주민과 공유하여 공공 서비스나 행정 활동에 대한 주민의 다양한 의견을 예산에 반영하는 것이다.
> (나) 이것은 지방 자치 단체와 그 장의 권한에 속하는 사무의 처리가 법령에 위반되거나 공익을 현저히 해친다고 인정되면 일정 수 이상의 주민이 연대 서명하여 직접 감사를 청구하는 것이다.

① (가)는 재정 운영의 투명성과 재원 배분의 공정성을 높인다.
② (나)가 이루어지면 지방 자치 단체장의 권한이 정지된다.
③ (가)와 (나) 모두 지방 자치 활성화에 기여한다.
④ (가)와 (나) 모두 지방 자치 단체의 민주적인 의사 결정을 강화한다.

44 밑줄 친 ㉠~㉣에 대한 옳은 설명을 〈보기〉에서 모두 고른 것은?

약점진단
◯△✕
◯△✕
◯△✕

> □□도 ㉠ ◯◯시의 한 시민 단체는 ㉡ ◯◯ 시장이 추진하고 있는 대규모 도로 공사가 현저하게 예산을 낭비할 우려가 있다며 공사의 실시 여부를 주민 투표를 통해 결정해야 한다고 주장하였다. 또한 ㉢ ◯◯시 의회가 공사 관련 예산을 부실하게 심의했다고 비판하면서 ◯◯시 시장이 해당 도로 공사를 강행할 경우 ◯◯시 시장 파면 여부를 묻는 ㉣ 주민 소환 투표의 실시를 청구하기로 하였다.

보기

ㄱ. ㉠은 광역 지방 자치 단체에 해당한다.
ㄴ. ㉡은 집행 기관, ㉢은 의결 기관이다.
ㄷ. ㉡과 ㉢은 수평적 권력 분립의 관계에 있다.
ㄹ. ㉣은 ㉡뿐만 아니라 ㉢의 모든 의원을 대상으로 할 수 있다.

① ㄱ, ㄴ
② ㄱ, ㄷ
③ ㄴ, ㄷ
④ ㄷ, ㄹ

45 다음은 지방 자치 제도에 대한 설명이다. 이에 대한 설명으로 옳은 것은?

약점진단
□△✕
□△✕
□△✕

- 주민은 ㉠ 지방 자치 단체장 및 ㉡ 지방의회의원의 위법, 부당한 행위, 직권 남용 등의 통제를 위해 관할 선거 관리 위원회에 A 제도의 실시를 청구할 수 있다. 이후 일정 수 이상의 주민이 찬성하면 그 결과가 공표된 시점부터 해당 지방 자치 단체장 및 지방의회의원은 그 직을 상실한다.
- 19세 이상의 주민은 B 제도를 통해 지방 자치 단체의 조례로 정하는 일정 수 이상의 연서로 해당 지방 자치 단체장에게 ㉢ 조례를 제정 및 개정하거나 폐지할 것을 청구할 수 있다. 지방 자치 단체장은 청구된 조례안에 대하여 의견이 있으면 주민 청구 조례안을 ㉣ 지방 의회에 부의할 때 그 의견을 첨부할 수 있다.

① ㉠과 ㉣은 규칙 제정권을 가진다.
② ㉠과 ㉣은 모두 ㉢의 권한을 가진다.
③ A 제도와 달리 B 제도는 주민 자치의 원리 실현을 목적으로 한다.
④ 지역구 의원과 달리 ㉡의 비례대표 의원은 A 제도를 통해 그 직을 상실당하지 않는다.

46 다음은 「지방자치법」의 일부 조항이다. 밑줄 친 ㉠~㉤에 대한 설명으로 옳은 것은?

약점진단
□△✕
□△✕
□△✕

제14조 ① ㉠ 지방 자치 단체의 장은 주민에게 과도한 부담을 주거나 중대한 영향을 미치는 지방 자치 단체의 주요 결정 사항 등에 대하여 ㉡ 주민 투표에 부칠 수 있다.

제15조 ① 19세 이상의 주민으로서 〈중략〉 ㉢ 조례를 제정하거나 개정하거나 폐지할 것을 청구할 수 있다.

제20조 ① 주민은 그 지방 자치 단체의 장 및 ㉣ 지방의회의원을 ㉤ 소환할 권리를 가진다.

① ㉠은 규칙 제정권을 가진다.
② ㉡과 ㉤은 간접 민주제의 요소에 해당한다.
③ ㉢은 지방 자치 단체장과 지방 의회의 권한이다.
④ ㉤은 ㉣과 비례대표 의원에 대해 행사할 수 있다.

약점 체크와 약점 보완을 한 번에   정답과 해설 **P.13**

필수기출 & 출제예상 문제

정치 과정과 정치 참여   빈출도 ★★☆

01 〈보기〉의 정치 참여 집단 A, B에 대한 설명으로 가장 옳지 <u>않은</u> 것은?   2021 서울시 운전직 9급

약점진단
ⓞⓞⓧ
ⓞⓞⓧ
ⓞⓞⓧ

> **보기**
>
> 현대 민주 정치의 중요한 정치 행위자로 A와 B가 있다. A는 그들의 이익을 정치 현장에서 실현시키기 위해 B를 매개체로 이용하고, B도 정치권력의 획득을 위한 지지 기반을 넓히기 위해 A와 밀접한 상호 관계를 맺는다. B는 A로부터 정책 쟁점에 대한 전문적 지식과 견해를 획득하고, 다원적 사회에 분산돼 경쟁 관계에 있는 여러 A는 B와 연계해 자신들에게 유리한 정책을 형성하도록 정부에 압력을 행사한다.

① B는 의회와 정부를 매개한다.
② A는 집단의 특수 이익을 실현하고자 한다.
③ B는 A와 달리 자신의 활동에 대해 정치적 책임을 진다.
④ A는 B와 달리 정치 사회화를 담당한다.

02 〈보기〉 표의 A~C는 정치 참여 집단이다. 이에 대한 설명으로 가장 옳은 것은? (단, A~C는 시민 단체, 이익 집단, 정당 중 하나이다.)   2019 서울시 운전직 9급

약점진단
ⓞⓞⓧ
ⓞⓞⓧ
ⓞⓞⓧ

> **보기**

질문 내용	A	B	C
정치적 책임을 지는가?	예	아니요	아니요
공익을 사익보다 우선시하는가?	예	예	아니요
(가)	예	예	예

① A는 정권 획득을 목표로 하며 B, C와 달리 사회 구성원에 대한 정치 사회화 기능을 수행한다.
② B는 A와 달리 자발적으로 결성된 집단으로, 정치 과정에서 투입 기능을 한다.
③ C는 B와 달리 대의제의 한계를 보완하기 위해 등장한 집단이다.
④ (가)에는 '정책 결정 과정에 영향력을 행사하는가?'가 들어갈 수 있다.

03 그림의 (가)~(다)에 대한 설명으로 옳지 <u>않은</u> 것은? (단, (가)~(다)는 각각 정당, 시민 단체, 이익 집단 중 하나이다.)

약점진단 ☐△✕ ☐△✕ ☐△✕

2020 지방직(= 서울시) 9급

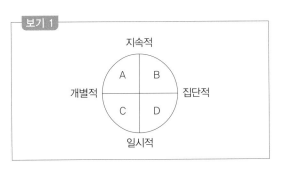

※ (1) 목표 (2) 관심 분야

① (가)는 정치적 충원과 여론 형성 및 조직화 기능을 수행한다.
② (나)는 시민들에 의해 자발적으로 구성되는 집단이다.
③ (다)는 사회 전체의 보편적 이익과 충돌하는 활동을 할 우려가 있다.
④ (가)와 (다)는 정치적 책임을 진다는 공통점이 있다.

04 〈보기〉는 전형적인 정치 참여 집단을 구분한 것이다. 이에 대한 설명으로 가장 옳은 것은? (단, A~C는 각각 정당, 이익 집단, 시민 단체 중 하나이다.)

약점진단 ☐△✕ ☐△✕ ☐△✕

2018 서울시 행정직 9급

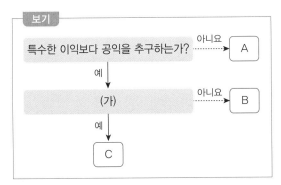

① A는 시민 단체이다.
② (가)에는 '대표적인 사례로 노동조합을 들 수 있는가?'가 들어갈 수 있다.
③ (가)에 '자신들의 행위에 대해 정치적 책임을 지는가?'가 들어가면, C는 정부와 의회를 매개하는 역할을 한다.
④ B, C와 달리 A는 다양한 사회 문제를 해결하기 위해 자발적으로 결성된 집단이다.

05 〈보기 1〉의 사회 참여 유형 A~D에서 〈보기 2〉의 갑(甲)과 을(乙)의 행위에 해당하는 사회 참여 유형을 옳게 짝지은 것은?

약점진단 ☐△✕ ☐△✕ ☐△✕

2022 서울시 운전직 9급

보기 1

```
              지속적
          ┌─────┬─────┐
          │  A  │  B  │
 개별적 ───┤─────┼─────├─── 집단적
          │  C  │  D  │
          └─────┴─────┘
              일시적
```

보기 2

• 갑(甲)은 길을 가다가 보도블럭이 파손되어 있는 것을 보고 사진을 찍어 지역 구청 홈페이지의 민원에 수리를 요청하는 글을 올렸다.
• 을(乙)은 대기 환경 개선을 목표로 하는 시민 단체에 가입하여 시민 단체가 주최하는 '대기 환경 개선을 위한 정책 제안' 회의에 토론자로 참여하는 등 꾸준하게 활동하고 있다.

	갑(甲)	을(乙)
①	A	B
②	A	D
③	C	B
④	C	D

06 〈보기〉는 정당 제도의 일반적인 특징을 비교하여 나타낸 것이다. 이에 대한 설명으로 가장 옳지 않은 것은? (단, A, B는 각각 양당제와 다당제 중 하나이다.)

약점진단
▢△✕
▢△✕
▢△✕

2022 서울시 운전직 9급

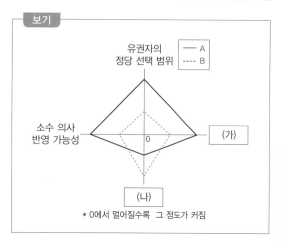

보기

유권자의 정당 선택 범위 ── A ---- B

소수 의사 반영 가능성

(가)

(나)

* 0에서 멀어질수록 그 정도가 커짐

① (가)에는 '다양한 국민의 의견이 정부 정책에 반영'이 들어갈 수 있다.
② (나)에는 '정국이 안정되고 책임 정치를 실현하기 유리한 형태'가 들어갈 수 있다.
③ 의원내각제에서 A는 B보다 연립 내각을 구성할 가능성이 높다.
④ B는 A보다 정당이 서로 대립할 때 중재할 수 있는 정당이 존재해 갈등의 해결이 수월하다는 장점이 있다.

07 다음은 복수 정당제 유형 (가)와 (나)의 일반적 특성을 비교한 것이다. 이에 대한 설명으로 옳은 것은?

약점진단
▢△✕
▢△✕
▢△✕

2021 국가직 9급

질문	(가)	(나)
국정 운영의 책임 소재가 명확한가?	아니요	예
다양한 의견을 반영하기에 유리한가?	예	아니요

① (가)이면서 의원내각제를 채택한 국가의 경우 연립 정부가 구성되는 일이 흔히 발생한다.
② (가)에서는 정당 간 대립이 발생할 때 중재가 비교적 어렵다.
③ (나)인 국가에는 2개의 정당만 존재한다.
④ (나)가 (가)보다 민주적이다.

08 다음 자료에 대한 설명으로 옳은 것만을 〈보기〉에서 모두 고르면? (단, A~C는 각각 시민 단체, 이익 집단, 정당 중 하나이다.)

약점진단
▢△✕
▢△✕
▢△✕

• A는 B와 달리 정부와 의회를 매개하는 역할을 한다.
• B는 C와 달리 사적 이익을 추구한다.

보기

ㄱ. A와 C는 국민에 대해 정치적인 책임을 진다.
ㄴ. A는 B와 달리 공직 선거에서 후보자를 공천할 수 있다.
ㄷ. A와 B 모두 공익보다 사익을 실현하기 위해 노력한다.
ㄹ. B와 C는 '정치적 책임이 없는가?'라는 질문으로 구분할 수 없다.

① ㄱ, ㄴ   ② ㄴ, ㄷ
③ ㄴ, ㄹ   ④ ㄱ, ㄴ, ㄹ

09
약점진단
☐△✕
☐△✕
☐△✕

〈보기〉는 정치 참여 집단의 특징을 알아보기 위한 자료이다. 이에 대한 설명으로 옳지 않은 것은? (단, A~C는 각각 정당, 이익 집단, 시민 단체 중 하나이다.)

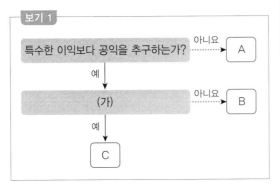

보기 1

특수한 이익보다 공익을 추구하는가? →(아니요)→ A

↓(예)

(가) →(아니요)→ B

↓(예)

C

보기 2

특징 \ 정치 참여 집단	A	B	C
정권 획득을 목적으로 함	아니요	아니요	예
(나)	예	예	예

① (가)에는 '간접 민주 정치의 한계를 보완하는가?'가 들어갈 수 없다.
② B는 선거에 후보자를 공천하여 대표자를 배출한다.
③ C는 의회와 정부를 매개하는 기능을 수행한다.
④ (나)에는 '자신들의 행위에 정치적 책임을 짐'이 들어갈 수 없다.

10
약점진단
☐△✕
☐△✕
☐△✕

밑줄 친 ㉠~㉣에 대한 설명으로 옳은 것은?

이스턴의 주장에 따르면 정치 체계는 국민의 요구와 지지가 ㉠ 정책 결정 기구로 전달되는 ㉡ 투입, 요구와 지지가 정책 결정 기구에 들어가 공공 정책으로 전환되어 나오는 ㉢ 산출, 산출이 투입에 다시 영향을 미치는 ㉣ 환류의 과정으로 이루어진다.

① 시민의 입법 청원 활동은 ㉠의 예이다.
② 입법부와 행정부는 ㉡의 대표적인 예이다.
③ 언론이 일정한 방향으로 여론을 형성하는 것은 ㉢의 예로 적용 가능하다.
④ 전체주의 국가와 비교할 때 민주주의 국가에서는 ㉣이 활발하게 나타난다.

11
약점진단
☐△✕
☐△✕
☐△✕

그림은 복수 정당제의 유형 A, B를 구분한 것이다. 이에 대한 설명으로 옳은 것만을 〈보기〉에서 모두 고르면? (단, A와 B는 각각 양당제와 다당제 중 하나이다.)

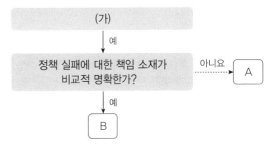

(가)

↓(예)

정책 실패에 대한 책임 소재가 비교적 명확한가? →(아니요)→ A

↓(예)

B

보기

ㄱ. A는 B에 비해 군소 정당의 난립 가능성이 낮다.
ㄴ. B는 A에 비해 다수당의 횡포가 나타나기 쉽다.
ㄷ. B는 A에 비해 정당 간 대립 시 중재가 용이하다.
ㄹ. (가)에는 '정권 획득을 목표로 실질적으로 경쟁할 수 있는 정당이 2개 이상 존재하는가?'가 들어갈 수 있다.

① ㄱ, ㄴ
② ㄴ, ㄷ
③ ㄴ, ㄹ
④ ㄷ, ㄹ

선거와 선거 제도
빈출도 ★★★

12 〈보기 1〉의 A, B 선거구제의 특징에 대한 설명 중 옳은 것을 〈보기 2〉에서 모두 고르면?

약점진단
◯△✕
◯△✕
◯△✕

2019 서울시 운전직 9급

보기 1

구분	A	B
내용	한 선거구에서 1명의 대표자를 선출	한 선거구에서 2명 이상의 대표자를 선출

보기 2

ㄱ. A 방식에 비해 B 방식에서 국민의 다양한 의사가 선거에 반영된다.
ㄴ. 일반적으로 A 방식에 비해 B 방식에서 사표(死票)가 많이 발생한다.
ㄷ. B 방식보다 A 방식이 양당제를 촉진하는 경향이 있다.
ㄹ. B 방식이 A 방식에 비해 선거 비용이 적게 든다.

① ㄱ, ㄴ ② ㄱ, ㄷ
③ ㄴ, ㄹ ④ ㄷ, ㄹ

13 다음은 소선거구제를 채택하고 있는 갑국의 선거 결과이다. 이에 대한 분석으로 가장 옳지 않은 것은?

약점진단
◯△✕
◯△✕
◯△✕

2017 서울시 행정직 9급

(단위: 명)

지역	인구	국회의원 수
A시	89만 3,950	3
B시	29만 2,849	2

① 갑국의 선거구제는 입후보자의 인물 파악이 쉽다.
② 투표 가치를 동등하게 부여하는 평등 선거의 원칙에 부합하지 않는다.
③ B시 유권자 1표는 A시 유권자 1표의 1/2의 가치가 있다.
④ 선거구를 공정하게 획정하기 위해서는 선거구 법정주의, 인구 대표성, 지역 대표성을 고려해야 한다.

14 다음은 갑국의 선거구제 변화를 나타낸 것이다. 이러한 변화의 결과에 대한 옳은 추론만을 〈보기〉에서 모두 고르면?

약점진단
◯△✕
◯△✕
◯△✕

2021 국가직 9급

〈전〉

A	B	C
D	E	F
G	H	I

➡

〈후〉

a_1	a_2	b_1	b_2	c_1	c_2
a_3	a_4	b_3	b_4	c_3	c_4
d_1	d_2	e_1	e_2	f_1	f_2
d_3	d_4	e_3	e_4	f_3	f_4
g_1	g_2	h_1	h_2	i_1	i_2
g_3	g_4	h_3	h_4	i_3	i_4

※ 갑국은 시기별 하나의 선거구제를 채택하고 있으며, 지역구만 존재한다. 또한 선거구제 변화 전후의 총 의원수는 36명으로 같다.

보기

ㄱ. 유권자와 대표 간 유대 관계 형성이 어려워진다.
ㄴ. 군소 정당의 난립으로 정국이 불안해질 수 있다.
ㄷ. 유권자가 후보자에 대한 상세한 정보를 얻기 유리하다.
ㄹ. 사표 발생 증가로 정당 득표율과 의석률의 격차가 커진다.

① ㄱ, ㄴ ② ㄱ, ㄷ
③ ㄴ, ㄹ ④ ㄷ, ㄹ

15 다음은 갑국 의회의 의원 선거 방식이다. 이에 대한 설명으로 옳은 것은?

약점진단
ⓞ△☒
ⓞ△☒
ⓞ△☒

2021 지방직(= 서울시) 9급

- 의원 정수: 300명(지역구 의원 200명과 비례대표 의원 100명)
- ㉠지역구 의원: 선거구는 200개 지역구로 구성됨. 각 지역구에서 가장 표를 많이 얻은 후보자를 해당 선거구의 당선자로 결정함
- ㉡비례대표 의원: 전국을 하나의 선거구로 함. 각 정당이 얻은 정당 득표율에 따라 할당된 정당별 비례대표 의원 수를 각 정당은 미리 작성한 비례대표 후보자 명부의 순위에 기반을 두어 확정함

① ㉠ 선거는 절대다수대표제를 채택하고 있다.
② ㉡ 선출 방식은 한 선거구 내에서 당선자 간 투표 가치의 차등 문제를 발생시킬 가능성이 크다.
③ ㉠ 선출 방식은 ㉡ 선출 방식보다 정당의 득표율과 의석률 간의 차이를 작게 발생시킨다.
④ ㉡ 선출 방식은 ㉠ 선출 방식보다 의회 의석 배분에 국민의 의사를 더 충실히 반영할 수 있다.

16 다음 설명에 해당하는 것은?

약점진단
ⓞ△☒
ⓞ△☒
ⓞ△☒

2019 국가직 9급

- 국가나 지방 자치 단체가 선거 비용의 일부를 부담한다.
- 후보자들에게 균등한 선거 운동의 기회를 보장한다.
- 선거 운동의 과열을 방지함으로써 선거가 공정하게 치러질 수 있도록 한다.
- 국가가 비용을 지나치게 많이 부담할 경우 후보가 난립할 수도 있다.

① 선거 공영제
② 중·대선거구제
③ 보통 선거제
④ 선거구 법정주의

17 다음 갑국의 선거 제도에 대한 설명으로 옳은 것은?

약점진단
ⓞ△☒
ⓞ△☒
ⓞ△☒

2019 국가직 9급

국회는 지역구 국회의원 300명과 비례대표 국회의원 100명으로 구성된다. 국회의원 선거에서 19세 이상의 남·여 국민은 누구나 선거권을 가진다. 피선거권자는 정당 공천 여부와 관계없이 지역 선거구에 출마할 수 있다. 유권자는 지역구 국회의원 후보자에게만 투표하며, 한 표라도 많이 얻은 최고 득표자가 당선된다. 비례대표 의석은 지역구 선거에서 표출된 유권자의 의사를 그대로 정당에 대한 지지 의사로 의제하여 배분하며, 각 정당이 사전에 선거관리위원회에 제출한 비례대표 국회의원 후보자 명부의 순번으로 당선자를 결정한다.

① 지역구 국회의원 선거 방식은 소선거구제이며, 군소 정당 후보에게 유리하다.
② 자신의 지지 정당이 후보를 공천하지 않아 어쩔 수 없이 무소속 후보자에게 투표한 사람의 경우 비례대표 국회의원의 선출에 기여하지 못한다는 점은 보통 선거 원칙에 위배된다.
③ 지역구 국회의원 선거 방식은 소수대표제이며, 선거 운영 방식이 다수대표제보다 복잡하고 선거 비용도 많이 든다.
④ 유권자가 지역구 후보자나 그 후보자가 속한 정당 어느 일방만을 지지할 경우 후보자 개인이나 정당 중 어느 기준으로 투표하더라도 유권자의 선택권이 제한되는 측면이 있다.

18 우리나라의 현행 국회의원 선거에 대한 설명으로 옳지 않은 것은?

약점진단
ⓞ△☒
ⓞ△☒
ⓞ△☒

2019 지방직 9급

① 공정한 선거 실시를 위해 선거구 법정주의를 채택하고 있다.
② 원양어선 선원 등을 대상으로 한 선상(船上)투표 제도를 시행하고 있다.
③ 비례대표 의석은 각 정당의 득표율에 따라 배분한다.
④ 유효투표수의 과반수를 얻어야 당선되는 절대다수대표제를 채택하고 있다.

19 다음은 갑국의 2017년 국회의원 선거 결과이다. 이에 대한 설명으로 옳지 <u>않은</u> 것은?   2018 국가직 9급

약점진단
ⓞ△✕
ⓞ△✕
ⓞ△✕

〈지역구 당선자 수 및 정당 득표율〉

정당	지역구 당선자 수(명)	정당 득표율(%)
A	98	43
B	42	32
C	24	15
D	36	10

조건

- A, B, C, D 소속 후보들만 국회의원 선거에 참가하였다.
- 1인 2표제를 통하여 지역구 의원 200명과 비례대표 의원 100명을 선출하였다.
- 지역구별로 최소 2명에서 최대 4명까지 득표가 많은 순으로 당선자를 확정하였다.
- 정당 득표율에 비례하여 비례대표 의석을 배분하였으며, 정당 득표율은 소수점 첫째 자리에서 반올림하여 산정하였다.

① 2017년 갑국의 지역구 국회의원 선거 선거구제는 2014년 우리나라 지역구 기초의회 선거 선거구제와 동일하다.
② 2017년 갑국의 지역구 국회의원 선거 선거구제는 2016년 우리나라 지역구 국회의원 선거 선거구제에 비해 군소 정당이 의석을 확보하는 데 더 유리하다.
③ 2017년 갑국의 국회의원 선거에서 A~D 중 어느 정당도 과반수 의석을 차지하지 못하였다.
④ 2017년 갑국의 국회의원 선거에서 B와 D의 지역구 의석 점유율 합은 B와 D의 정당 득표율 합보다 더 크다.

20 다음 갑국의 국회의원 선거 결과에 대한 추론으로 가장 적절한 것은? (단, 총 의석수는 300석으로 지역구는 254개 선거구에서 254석, 비례대표는 46석이다.)   2018 지방직 9급

약점진단
ⓞ△✕
ⓞ△✕
ⓞ△✕

(단위: %)

정당	지역구 선거		비례대표 선거		총 의석률
	득표율	의석률	득표율	의석률	
A	43.3	51.6	42.8	45.7	50.7
B	37.9	42.9	36.5	39.1	42.3
C	6.0	2.8	10.3	10.9	4.0
D	2.2	1.6	3.2	4.3	2.0
무소속	9.4	1.2	0	0	1.0

① 비례대표 선거에는 정당명부식 비례대표제가 채택되었을 것이다.
② 지역구 선거에는 다수당에 유리한 소수대표제가 적용되었을 것이다.
③ 지역구 선거에서 A당과 B당 후보자를 선택한 유권자의 표 중 사표는 없었을 것이다.
④ 지역구 선거에서 C당과 D당 후보에 투표한 유권자의 의사가 과대 대표되었을 것이다.

21 다음 (가)와 관련된 설명으로 적절한 것만을 〈보기〉에서 모두 고르면?   2018 지방직 9급

약점진단
ⓞ△✕
ⓞ△✕
ⓞ△✕

(가)는 미국의 매사추세츠주 주지사였던 게리(E. Gerry)가 자기가 속한 공화당의 후보들에게 유리하게 선거구를 획정한 결과를 나타낸다. 그 모습이 그리스 신화에 나오는 도롱뇽(Salamander)과 비슷하다고 하여 유래하였다.

보기

ㄱ. (가)는 공정한 선거를 위해 불가피하다.
ㄴ. 우리나라의 경우 대통령 선거보다 국회의원 선거에서 (가)가 나타날 가능성이 높다.
ㄷ. 우리나라의 경우 지역구 국회의원 선거보다 비례대표 국회의원 선거에서 (가)가 나타날 가능성이 높다.
ㄹ. 정치권으로부터 독립적인 선거구 획정위원회를 제도화하면 (가)를 방지하는 데 도움이 된다.

① ㄱ, ㄴ
② ㄱ, ㄷ
③ ㄴ, ㄷ
④ ㄴ, ㄹ

22
약점진단
〇△✕
〇△✕
〇△✕

〈보기〉는 우리나라 △△도 □□군 지방 의회 지역구 의원 선거 결과이다. 이에 대한 분석으로 가장 옳지 않은 것은?
2018 서울시 행정직 9급

> **보기**
>
> | 선거구 | 후보자별 득표율 | | | |
> |---|---|---|---|---|
> | △△도 의회 의원 선거 제1선거구 | A당 정〇〇 | B당 신〇〇 | C당 이〇〇 | D당 김〇〇 [당선] |
> | | 7.9% | 39.5% | 12.3% | 40.3% |
>
> | 선거구 | 후보자별 득표율 | | | | |
> |---|---|---|---|---|---|
> | □□군 의회 의원 선거 가선거구 | A당 최〇〇 [당선] | A당 박〇〇 | B당 안〇〇 [당선] | B당 표〇〇 | C당 조〇〇 |
> | | 45.4% | 15.0% | 20.2% | 12.1% | 7.3% |

① 광역의회 의원 선거는 단순다수대표제를 채택하였다.
② 가선거구에서는 각 정당의 총 득표율에 따라서 당선자가 결정되었다.
③ 제1선거구에 적용된 선거구제는 정당별 득표율과 의석률의 불일치가 심하다는 문제점이 있다.
④ 가선거구에 적용된 대표 결정 방식은 당선자 간 득표율의 차이로 동일 선거구 내에서 투표 가치의 차등 문제가 발생할 수 있다.

23
약점진단
〇△✕
〇△✕
〇△✕

밑줄 친 (가), (나)에 대한 설명으로 가장 옳은 것은?
2016 서울시 행정직 9급

> 영국 총선이 단독 과반을 얻은 보수당의 압승으로 끝난 가운데 영국의 군소 정당들이 선거 제도 개혁을 촉구하였다. 대부분의 유럽 국가들은 (가) 비례대표 선거 제도를 채택하고 있지만, 영국의 선거 제도는 (나) 각 지역구에서 1표라도 더 많은 표를 획득한 후보가 당선되는 시스템이다. 영국의 군소 정당 중 하나인 UKIP(영국독립당)는 지난 7일 치러진 총선에서 전국적으로 400만 표(13%의 득표율)를 얻어 보수당과 노동당에 이어 3위를 차지했지만, 전체 650개 의석 중 단 1석을 얻는 데 그쳤다.

① (가)를 통해 우리나라 국회의원, 광역 지방 자치 단체의 장이 선출된다.
② (가)는 군소 정당들의 국회 진출에 부정적 영향을 미친다.
③ (나)는 사회의 다원적인 정치적 의사를 충분히 반영한다.
④ (가)보다 (나)에서 사표 발생 가능성이 더 높다.

24
약점진단
〇△✕
〇△✕
〇△✕

〈보기〉는 갑(甲)국의 현행 선거법과 선거법 개정안의 일부이다. 현행 선거법과 비교하여 개정안에 대한 설명으로 가장 옳은 것은? (단, 지역구 의원 총수는 200명으로 변동이 없다.)
2021 서울시 운전직 9급

> **보기**
>
> | 현행 | 제21조 하나의 의회 의원 지역 선거구에서 선출할 의회 의원의 정수는 1인으로 한다. |
> |---|---|
> | 개정안 | 제21조 하나의 의회 의원 지역 선거구에서 선출할 의회 의원의 정수는 2~4인으로 한다. |

① 총 선거구 수가 증가한다.
② 사표가 과다하게 발생할 수 있다.
③ 다양한 국민의 의사를 의회 구성에 반영할 수 있다.
④ 다수당의 출현 가능성이 커져 정국 안정에 유리하다.

25 (가)~(다)에 들어갈 민주 선거의 원칙을 바르게 연결한 것은?

약점진단 ☐△✕ ☐△✕ ☐△✕

2021 지방직(= 서울시) 9급

- 2014년 헌법 재판소는 당시 3 대 1 기준이었던 국회의원 선거구 인구 편차가 ﹇(가)﹈ 원칙에 어긋난다는 이유로 헌법 불합치 결정을 내렸다. 따라서 국회의원 선거구를 확정할 때 선거구 중 '인구 수가 최대인 선거구'와 '인구 수가 최소인 선거구'의 인구 차이가 2배를 넘지 않기를 권고했다.
- 「공직선거법」이 개정되기 전 시행되었던 1인 1표제는 정당에 대해서 투표하는 절차가 따로 존재하지 않았으며 각 정당의 지역구 후보자가 얻은 득표율을 기반으로 정당에게 배분할 비례대표 의석을 결정하는 제도였다. 이에 관하여 헌법 재판소는 1인 1표제에서는 정당 명부에 대한 투표가 따로 없어 유권자가 비례대표 의원에 대한 직접적인 결정권을 갖지 못하므로 ﹇(나)﹈ 원칙에 어긋나며, 또한 유권자가 지역구에서 무소속 후보자에 투표하는 경우 그 투표는 무소속 후보자의 선출에만 기여할 뿐 비례대표 의원의 선출에는 전혀 기여하지 못하기 때문에 ﹇(다)﹈ 원칙에 어긋난다고 위헌 결정을 내렸다. 이에 따라 2004년 「공직선거법」이 개정되면서 1인 1표제는 유권자가 지역구 의원과 정당에게 각각 1표씩 행사하는 1인 2표제로 변경되었다.

	(가)	(나)	(다)
①	평등 선거	평등 선거	보통 선거
②	보통 선거	직접 선거	평등 선거
③	평등 선거	직접 선거	평등 선거
④	보통 선거	평등 선거	직접 선거

26 다음 표는 어느 나라에서 실시된 국회의원 선거 결과를 나타낸 것이다. 이에 대한 옳은 해석만을 〈보기〉에서 모두 고른 것은?

약점진단 ☐△✕ ☐△✕ ☐△✕

(단위: 석, %)

구분\정당	지역구 (243개) 선거		비례대표 선거		총 의석	
	의석수	득표율	의석수	득표율	총 의석수	득표율
A	131	43.6	23	37.3	154	51.3
B	112	39.6	21	35.8	133	44.3
C	0	4.3	8	13.0	8	2.7
D	0	8.0	3	8.1	3	1.0
기타	0	4.5	2	5.8	2	0.7
합계	243	100.0	57	100.0	300	100.0

보기

ㄱ. 지역구 선거에서는 소수대표제가 적용되었다.
ㄴ. 지역구 선거의 득표율에 따라 비례대표 의석이 배분되었다.
ㄷ. 비례대표 선거보다 지역구 선거에서 양당제 경향이 뚜렷했다.
ㄹ. 비례대표 선거보다 지역구 선거에서 득표율에 따른 의석의 배분이 왜곡되었다.

① ㄱ, ㄴ ② ㄱ, ㄷ
③ ㄴ, ㄷ ④ ㄷ, ㄹ

※ [27~28] 갑국과 을국의 총선 결과를 보고 아래 물음에 답하시오. (단, 갑국과 을국은 다른 정부 형태이다.)

〈갑국〉

(단위: %, 석)

정당	득표율	의석수
가당	34	85
나당	32	80
다당	30	75
라당	4	10
합계	100	250

〈을국〉

(단위: %, 석)

정당	득표율	의석수
A당	45	92
B당	35	88
C당	11	13
D당	9	7
합계	100	200

※ 국민이 선출한 행정부 수반은 나당 소속임

27

약점진단
◯△✕
◯△✕
◯△✕

갑국과 같은 정부 형태의 일반적인 특징을 고른 것은?

① 의원의 행정부 각료 겸직이 가능하다.
② 의회와 행정부의 대립 시 조정이 곤란하다.
③ 의회가 행정부를 견제하는 권한으로 내각 불신임권이 있다.
④ 정부는 이원적 구성으로, 행정부 수반과 국가 원수가 동일인이다.

28

약점진단
◯△✕
◯△✕
◯△✕

위 자료에 나타난 총선 결과에 대한 분석으로 옳은 것은?

① 갑국과 을국 모두 양당제 경향이 강하게 나타났다.
② 갑국과 을국 모두 의회 운영을 위해 정당 간의 협조가 필요하다.
③ A당이 B당에 비해 득표율 대비 의석률의 왜곡 정도가 더 심하다.
④ 을국은 갑국에 비해 유권자의 의사가 의석수에 더 공정하게 반영되었다.

29

약점진단
◯△✕
◯△✕
◯△✕

갑국의 비례대표 선출 방식이 A에서 B로 변화하였다. 이에 대한 설명으로 옳은 것은?

• 비례대표 선출 방식: A
  유권자는 지역구 의회의원 후보자에게만 투표한다. 지역구 선거에서는 최다 득표자 1인을 당선인으로 결정한다. 비례대표 의석수는 각 정당이 얻은 지역구 의석수에 비례하여 정당별로 배분한다. (지역구 선거에서 전국적으로 5석 미만 얻은 정당 중 3% 이상 득표한 정당에는 최소 1석 보장)

• 비례대표 선출 방식: B
  유권자는 지역구 의회의원 후보자와 정당에 각각 1표를 행사한다. 지역구 선거에서는 최다 득표자 1인을 당선인으로 결정한다. 비례대표 의석수는 각 정당이 얻은 정당 득표율에 비례하여 정당별로 배분한다. (비례대표 선거에서 3% 이상 득표하거나 지역구 선거에서 전국적으로 5석 이상을 얻은 정당에 비례대표 선거 득표율에 따라 배분)

① A의 비례대표 의석 배분 방식은 B에 비해 평등 선거의 원칙에 충실하다.
② A는 B와 달리 지역구 선거 결과가 비례대표 의석 배분에 영향을 미치지 않는다.
③ B의 비례대표 의석 배분 방식은 A에 비해 직접 선거의 원칙에 충실하다.
④ 갑국의 A와 B 방식 모두 지역구 선거에서 의석을 얻은 모든 정당은 최소 1석의 비례대표 의석을 확보한다.

30
약점진단
ㅇㅿ☒
ㅇㅿ☒
ㅇㅿ☒

표는 어느 국가의 국회의원 선거 결과를 나타낸 것이다. 이에 대한 옳은 분석 및 추론만을 〈보기〉에서 모두 고른 것은?

구분	지역구 득표율(%)	정당 득표율(%)	지역구 의석수(석)	비례대표 의석수(석)
A당	47	39	110	40
B당	34	40	78	41
C당	9	10	8	11
D당	7	8	3	8
E당	3	3	1	0

※ 정당은 A당~E당만 존재하고, 무소속 후보는 없다.
※ 위의 선거는 지역구 의원과 정당에 대해 각각 투표한다.

보기

ㄱ. 선거 결과, A당은 B당과 달리 과대 대표되었다.
ㄴ. 지역구 득표율과 지역구 의석률 간 격차는 C당이 E당의 2배이다.
ㄷ. 비례대표 선거에서는 군소 정당의 난립을 막는 장치를 두고 있을 것이다.
ㄹ. 지역구 선거에서는 사표가 가장 많이 발생하는 선거 제도를 채택하고 있을 것이다.

① ㄱ, ㄴ
② ㄱ, ㄷ
③ ㄴ, ㄷ
④ ㄴ, ㄹ

31
약점진단
ㅇㅿ☒
ㅇㅿ☒
ㅇㅿ☒

표는 A국의 국회의원 선거 결과를 나타낸 것이다. 이에 대한 분석으로 옳은 것은? (단, A국의 지역구 선거구는 100개이다.)

구분	지역구 의석수(석)	지역구 득표율(%)	비례대표 의석수(석)	총 의석수(석)
갑당	110	45	42	152
을당	80	35	30	110
병당	6	15	20	26
정당	4	5	8	12
합계	200	100	100	300

① 갑당은 지역구 선거에서 의석률이 득표율보다 높으므로 사표가 발생하지 않았다.
② 지역구 선거에서 갑당과 달리 을당을 지지하는 국민의 의사는 과소 대표되었다.
③ A국의 지역구 선거에서의 대표 결정 방식은 다수 대표제이다.
④ A국은 비례대표 의원을 뽑는 과정에서 1인 2표를 실시했을 것이다.

32
약점진단
☐△✕
☐△✕
☐△✕

교사의 질문에 대한 옳은 답변만을 〈보기〉에서 모두 고르면?

교사: 제시된 자료에서 우리나라 「공직선거법」의 변화에 대하여 발표해 볼까요?

개정 전	지역구 국회의원 선거만을 치르고, 지역구 국회의원 총선거에서 얻은 각 정당 후보의 총득표 비율에 따라 비례대표 국회의원 의석을 배분한다.
개정 후	지역구 국회의원 선거와 별도로 지지하는 정당에 투표하는 비례대표 국회의원 선거*를 치르고, 여기서 얻은 정당별 득표 비율에 따라 비례대표 국회의원 의석을 배분한다.

* 비례대표 국회의원 선거: 유권자가 자신이 지지하는 정당에 투표한 후, 유효 투표 총수의 100분의 3 이상을 득표하였거나 지역구 국회의원 총선거에서 5석 이상의 의석을 차지한 각 정당에 대하여 그 득표 비율에 따라 비례대표 국회의원 의석을 배분하는 제도이다.

보기
ㄱ. 직접 선거의 원칙을 실현하려는 법률 개정입니다.
ㄴ. 비례대표 선거에서 사표가 발생하지 않도록 하기 위한 법률 개정입니다.
ㄷ. 개정 전의 비례대표 선출 방식은 평등 선거의 원칙에 위배됩니다.
ㄹ. 개정 후의 비례대표 선출 방식은 개정 전에 비해 소수 정당에 불리합니다.

① ㄱ, ㄴ
② ㄱ, ㄷ
③ ㄴ, ㄹ
④ ㄱ, ㄴ, ㄷ

33
약점진단
☐△✕
☐△✕
☐△✕

표와 같이 갑국의 국회의원 선출 방식이 변화할 경우 나타날 수 있는 현상을 〈보기〉에서 모두 고른 것은?

(단위: 석)

구분	총 의석수	선출 방식	
		지역구 의원	비례대표 의원
현행	200	150 (150개 선거구)	50
개정안	400	300 (150개 선거구)	100

보기
ㄱ. 사표가 크게 늘어난다.
ㄴ. 소수 정당의 의회 진출이 어려워진다.
ㄷ. 선거 관리가 복잡하고 어려워진다.
ㄹ. 국민의 다양한 의사를 반영하는 데 유리해진다.

① ㄱ, ㄴ
② ㄱ, ㄷ
③ ㄴ, ㄷ
④ ㄷ, ㄹ

34
약점진단
☐△✕
☐△✕
☐△✕

표는 대표 결정 방식 A~C를 구분한 것이다. (가)에 들어갈 수 있는 적절한 질문만을 〈보기〉에서 있는 대로 고른 것은? (단, A~C는 각각 다수대표제, 소수대표제, 비례대표제 중 하나이다.)

질문	A	B	C
득표율과 의석률을 일치시키는 데 가장 유리합니까?	예	아니요	아니요
(가)	아니요	예	아니요

보기
ㄱ. 소선거구제에 적용되는 제도입니까?
ㄴ. 의회 다수당의 출현에 가장 유리합니까?
ㄷ. 사표의 과다 발생이 단점으로 작용합니까?
ㄹ. 현행 우리나라 기초 의원 선거에서 채택하고 있습니까?

① ㄱ, ㄴ
② ㄱ, ㄹ
③ ㄷ, ㄹ
④ ㄱ, ㄴ, ㄷ

약점 체크와 약점 보완을 한 번에 ▶ 정답과 해설 P.22

필수기출 & 출제예상 문제

민법의 의의와 기본 원리　　　빈출도 ★☆☆

01 〈보기〉에 대한 설명으로 가장 옳은 것은? (단, A~D는 각각 서로 다른 「민법」의 원칙에 해당한다.)

약점진단
ㅇㅿ☒
ㅇㅿ☒
ㅇㅿ☒

2021 서울시 운전직 9급

> **보기**
> • A는 ㉠계약 공정의 원칙으로 수정되었다.
> • ㉡자기 책임의 원칙은 B로 수정되었다.
> • C는 D로 수정·보완되었다.

① ㉠은 경제적 약자에게 일방적으로 불리한 내용의 계약 체결을 방지한다.
② ㉡에 따라 과실이 없을 때에도 일정한 상황에서 관계된 자가 책임을 질 수 있다.
③ C는 소유권은 공공복리에 적합하도록 행사해야 한다는 원칙이다.
④ D는 C와 달리 개인 소유의 재산에 대한 사적 지배를 인정한다.

02 「민법」의 기본 원리인 (가)~(다)에 대한 설명으로 옳은 것만을 〈보기〉에서 모두 고른 것은?

약점진단
ㅇㅿ☒
ㅇㅿ☒
ㅇㅿ☒

2020 지방직(= 서울시) 9급

구분	관련 내용
(가)	개인의 재산권은 공공복리에 적합하도록 행사되어야 한다.
(나)	개인은 자유로운 의사에 기초하여 타인과 법률관계를 형성할 수 있다.
(다)	가해자는 직접적인 고의나 과실이 없는 경우에도 일정한 요건에 따라 손해 배상 책임을 질 수 있다.

> **보기**
> ㄱ. (가)는 개인 소유의 재산에 대해 사적 지배를 인정하지 않는다.
> ㄴ. (나)에 의해 사회적 이익에 반하거나 불공정한 계약은 법적 효력이 없다.
> ㄷ. (다)는 제조물 책임에 대해서 적용되는 원칙이다.
> ㄹ. (가)와 (다)는 개인이나 기업의 사회적 책임을 강조한다.

① ㄱ, ㄴ　　　　② ㄱ, ㄷ
③ ㄴ, ㄹ　　　　④ ㄷ, ㄹ

03
약점진단
◯△✕
◯△✕
◯△✕

(가)와 (나)는 「민법」의 원칙에 대한 설명이다. 이에 대한 설명으로 옳은 것은?

> 근대 「민법」에서는 (가) A의 과실이나 고의에 의한 위법 행위가 아닌 경우라면 A가 B에게 손해 배상을 할 필요가 없는 것이 원칙이지만, 현대 「민법」에 따르면 (나) 일정한 요건을 갖춘 경우 A에게 과실이나 고의가 없는 경우에도 A가 B에게 손해 배상을 해야 하는 경우가 있다.

① (가)는 근대 「민법」의 계약 자유의 원칙, (나)는 현대 「민법」의 계약 공정의 원칙에 해당한다.
② (나)는 무과실 책임의 원칙으로 「제조물 책임법」을 그 예로 들 수 있다.
③ (가)는 근대 「민법」의 소유권 절대의 원칙, (나)는 현대 「민법」의 소유권 공공복리의 원칙이다.
④ (가)는 근대 「민법」의 과실 책임의 원칙이고, 현대 「민법」에서 (나) 무과실 책임의 원칙으로 대체되었다.

04
약점진단
◯△✕
◯△✕
◯△✕

A~E에 대한 설명으로 옳은 것을 〈보기〉에서 모두 고르면?

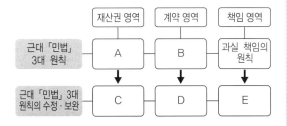

보기
ㄱ. A에 의하면 사유 재산에 대한 개인의 지배권은 상대적이다.
ㄴ. B는 계약 자유의 원칙, E는 무과실 책임의 원칙이다.
ㄷ. C에 의해 재산권은 공공복리를 위한 목적으로만 행사되어야 한다.
ㄹ. 공정 거래 위원회가 연예인 전속 계약 기간을 과도하게 설정한 기획사의 계약을 규제한 것에는 D의 원칙을 적용할 수 있다.

① ㄱ, ㄴ
② ㄱ, ㄷ
③ ㄴ, ㄷ
④ ㄴ, ㄹ

불법 행위와 손해 배상
빈출도 ★☆☆

05
약점진단
◯△✕
◯△✕
◯△✕

〈보기〉의 사례에 대한 법적 판단으로 가장 옳은 것은?
2022 서울시 운전직 9급

보기
• 갑(甲)은 친구 을(乙)이 맡긴 반려견을 데리고 산책 중이었는데, 목줄이 풀리며 반려견이 지나가던 병(丙)의 다리를 무는 사고가 발생하였다.
• 유치원생인 A는 엄마 B가 친구와 대화를 나누고 있는 사이에 길가에 세워둔 C의 자동차에 돌을 던져 유리창을 파손시켰다.

① 갑(甲)이 반려견 보관에 상당한 주의를 기울였음을 입증하면 을(乙)이 불법 행위에 대한 책임을 진다.
② 갑(甲)과 을(乙)은 공동 불법 행위로 연대하여 병(丙)에게 배상 책임을 지게 된다.
③ A의 행위는 위법성이 조각되어 불법 행위가 성립되지 않는다.
④ B가 A에 대한 감독에 상당한 주의를 다하였다는 것을 증명하면 면책된다.

06
약점진단
◯△✕
◯△✕
◯△✕

다음 사례에 대한 법적 판단으로 옳은 것을 〈보기〉에서 모두 고르면?

사례
> 갑은 을 소유의 건물을 임차하여 식당을 운영하면서 병(17세)을 종업원으로 고용하였다. 어느 날 병은 식당에서 뜨거운 국물을 나르다가 부주의로 손님 A에게 전치 6주의 상해를 입혔다. 한편, 을 소유의 건물에 부착되어 있던 갑의 식당 간판이 떨어져 행인 B가 다쳤다. A와 B는 자신들이 입은 손해에 대한 배상을 청구하려고 한다.

보기
ㄱ. A는 미성년자인 병의 부모에게 특수 불법 행위 책임을 물을 수 있다.
ㄴ. B가 입은 손해에 대한 1차적 책임은 점유자로서 갑이 져야 하는 과실 책임이다.
ㄷ. 갑이 공작물 점유자가 과실이 없음을 입증하면, 을은 B에게 무과실 책임을 진다.
ㄹ. 병의 행위가 불법 행위로 성립되지 않아도 A는 갑에게 사용자의 배상 책임을 물을 수 있다.

① ㄱ, ㄴ
② ㄱ, ㄷ
③ ㄴ, ㄷ
④ ㄷ, ㄹ

07
약점진단
□△×
□△×
□△×

다음 사례에 대한 법적 판단 및 추론으로 옳은 것만을 〈보기〉에서 모두 고르면?

사례	법원의 판결
갑의 식당에 고용된 을은 오토바이로 음식을 배달하다가 지나가던 A를 치어 전치 6주의 상해를 입혔다. 이에 A는 자신이 입은 손해에 대한 배상을 청구하는 소송을 제기하였다.	갑은 A에게 600만 원을 배상하라.
병은 정 소유의 아파트를 임차하여 살고 있었는데, 아래층에 살고 있는 B가 정 소유 아파트의 누수로 인해 재산 피해를 입었다며 이에 대한 배상을 청구하는 소송을 제기하였다.	정은 B에게 300만 원을 배상하라.

보기

ㄱ. A가 을에게 손해 배상 청구 소송을 제기할 수는 없다.
ㄴ. B가 병에게 손해 배상 청구 소송을 제기할 수 있다.
ㄷ. 병은 B가 입은 손해에 대해 자신에게는 과실이 없음을 증명하였다.
ㄹ. 정은 B가 입은 손해에 대해 자신에게 과실이 없음을 증명하지 못하였다.

① ㄱ, ㄴ ② ㄱ, ㄷ
③ ㄴ, ㄷ ④ ㄷ, ㄹ

개인 간의 분쟁 해결   빈출도 ★★☆

08
약점진단
□△×
□△×
□△×

다음은 판결문의 일부이다. 밑줄 친 '이 사건'에 해당하는 경우로 옳은 것은? 2021 지방직(= 서울시) 9급

이 사건의 경우, 갑이 을에게 백만 원을 빌려주면서 맺은 계약은 무효이다.

① 갑은 을에게 속아서 돈을 빌려 주었다.
② 갑과 을은 계약서를 쓰지 않고 구두로 계약하였다.
③ 미성년자 갑이 부모의 허락 없이 친구인 을에게 돈을 빌려 주었다.
④ 갑은 약속 기일 내에 채무를 변제하지 않으면 을의 손목을 자르기로 하였다.

09
약점진단
□△×
□△×
□△×

다음 사례에서 「제조물 책임법」의 규정에 따라 회사 을이 책임을 면할 수 있는 경우가 아닌 것은? 2018 국가직 9급

갑이 저녁 식사를 한 후 거실에서 TV를 보던 중 TV가 갑자기 폭발하였다. 이 폭발로 갑은 얼굴에 파편을 맞아 상해를 입었고, 거실에 있던 골동품이 파손되었다. 이에 갑은 TV 제조자인 회사 을을 상대로 손해 배상을 청구하였다.

① 회사 을이 TV를 공급한 당시의 법령에서 정하는 기준을 준수함으로써 해당 TV의 결함이 발생하였다는 사실을 입증한 경우
② 회사 을이 해당 TV의 결함을 알지 못하였다는 사실을 입증한 경우
③ 회사 을이 해당 TV를 공급한 당시의 과학·기술 수준으로는 결함의 존재를 발견할 수 없었다는 사실을 입증한 경우
④ 회사 을이 해당 TV를 공급하지 아니하였다는 사실을 입증한 경우

10 다음에서 민사 분쟁 해결 제도에 대한 설명으로 옳은 것만을 모두 고르면?

약점진단
◯△☒
◯△☒
◯△☒

2018 지방직 9급

> ㄱ. 내용 증명 우편에는 우편에 기재된 내용 그대로 사실 관계가 법적으로 확정되는 효력이 있다.
>
> ㄴ. 민사 조정 제도는 민사 소송을 제기하기 위한 전심 절차로서 반드시 거쳐야 한다.
>
> ㄷ. 대한법률구조공단은 법률 구조 사업을 효율적으로 추진하기 위해 설립된 공공기관이다.
>
> ㄹ. 소액 사건 심판 제도는 제소한 때의 소송 목적의 값이 3,000만 원을 초과하지 아니하는 금전 기타 대체물이나 유가 증권의 일정한 수량의 지급을 목적으로 하는 간편하고 신속한 심판 절차이다.

① ㄱ, ㄴ   ② ㄱ, ㄷ
③ ㄴ, ㄹ   ④ ㄷ, ㄹ

11 다음 상황에 처한 갑이 이용할 수 있는 제도에 해당하는 것은?

약점진단
◯△☒
◯△☒
◯△☒

2019 지방직 9급

> 갑은 을에게 사기를 당하여 200만 원의 직접적인 물적(物的) 피해를 입었다. 을은 사기죄로 기소되었다. 을이 형사 처벌을 받는다고 하더라도 갑이 피해를 배상받으려면 따로 민사 소송 절차를 밟는 것이 원칙이다. 하지만 민사 소송은 많은 시간과 노력이 드는 절차이기 때문에 갑이 을로부터 신속, 간이하게 손해 배상을 받기가 어렵다.

① 범죄 피해자 구조 제도
② 형사 보상 제도
③ 국가 배상 제도
④ 배상 명령 제도

12 다음에서 사인(私人)인 갑의 발언으로 자신의 명예를 훼손당한 을이 자기 권리를 구제받기 위하여 취할 수 있는 행위로 옳은 것만을 모두 고르면?

약점진단
◯△☒
◯△☒
◯△☒

2018 지방직 9급

> ㄱ. 「민법」상 손해 배상을 법원에 청구한다.
>
> ㄴ. 지방법원에 행정 심판을 제기한다.
>
> ㄷ. 「형법」상 명예훼손죄로 고소를 한다.
>
> ㄹ. 언론중재위원회에 정정 보도 청구 소송을 제기한다.

① ㄱ, ㄷ   ② ㄱ, ㄹ
③ ㄴ, ㄷ   ④ ㄴ, ㄹ

13 다음 사례에 대한 설명으로 옳은 것은? (단, 갑과 을은 모두 16세이다.)

약점진단
◯△☒
◯△☒
◯△☒

> **사례**
>
> 갑, 을은 모두 법정 대리인인 부모의 동의를 얻지 않고 고가의 오토바이를 판매업자 병(30세)으로부터 구매하였다. 거래 당시 갑은 부모의 동의서를 위조한 후 병을 속이고 매매 계약을 체결하였고, 병은 거래 당시 을이 미성년자임을 알고 있었다. 며칠 후 갑과 을은 모두 오토바이 매매 계약을 각자의 부모에게 사실대로 말하였다. 이에 갑의 부모와 을의 부모는 오토바이 매매 계약을 취소하려고 한다.

① 갑과 을의 부모는 오토바이 매매 계약을 취소할 수 없다.
② 병은 을의 부모에게 오토바이 매매 계약의 의사 표시를 철회할 수 있다.
③ 병은 갑의 부모에게 오토바이 매매 계약을 취소할 것인지의 확답을 요구할 수 있다.
④ 거래 당시 을이 미성년자임을 병이 몰랐다면 병은 을의 부모에게 오토바이 매매 계약을 취소할 수 있다.

14 다음 자료에 대한 법적 판단으로 옳은 것은?

약점진단
○△✕
○△✕
○△✕

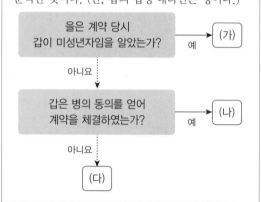

갑(18세)은 고가의 노트북을 을(30세)로부터 구입하는 계약을 체결하였다. 아래 그림은 이 사례를 분석한 것이다. (단, 갑의 법정 대리인은 병이다.)

을은 계약 당시 갑이 미성년자임을 알았는가? → 예 → (가)

↓ 아니요

갑은 병의 동의를 얻어 계약을 체결하였는가? → 예 → (나)

↓ 아니요

(다)

① (나)의 경우 갑은 제한 능력자임을 이유로 계약을 취소할 수 있다.
② (다)의 경우 을은 갑에게 계약을 취소할 것인지에 대한 확답을 촉구할 권리가 있다.
③ (다)의 경우 병이 을과의 계약을 취소하였다면, 을은 병에게 채무 불이행에 대한 손해 배상을 청구할 수 있다.
④ (다)의 경우와 달리 (가)의 경우에서 병의 동의가 없었다면, 을은 갑에게 계약 체결의 의사 표시를 철회할 수 없다.

생활 속의 법 — 빈출도 ★★★

15 〈보기〉의 밑줄 친 ㉠~㉣ 중 혼인의 효력에 대한 설명으로 가장 옳지 않은 것은? 2020 서울시 운전직 9급

약점진단
○△✕
○△✕
○△✕

보기

혼인한 부부는 원칙적으로 함께 살며 서로 부양하고 협조해야 할 법률상의 의무를 진다. 「민법」은 혼인하였더라도 ㉠부부가 각자의 재산을 따로 소유·관리·처분하는 부부 별산제를 원칙으로 한다. ㉡혼인 중 부부가 협력하여 취득한 재산은 명의가 어느 쪽으로 되어 있는지에 따라 부부 각자의 재산으로 본다. 부부는 공동생활에 필요한 비용을 함께 부담해야 하므로 이를 위하여 ㉢일상의 가사에 대해 상대방을 대리할 수 있다. ㉣일상의 가사에 대해 부부 중 어느 한쪽이 지는 채무는 별도의 의사 표시가 없는 한 부부에게 연대 책임이 있다.

① ㉠   ② ㉡
③ ㉢   ④ ㉣

16 밑줄 친 ㉠, ㉡에 대한 설명으로 옳은 것은? 2020 국가직 9급

약점진단
○△✕
○△✕
○△✕

갑과 을은 법률상의 부부이다. 혼인 생활을 유지하던 중 갑은 을의 심각한 부정 행위를 알게 되어 을에게 ㉠협의상 이혼을 요구하였다. 하지만 을은 이를 거절하였고, 이에 갑은 가정법원에 ㉡재판상 이혼을 청구하였다.

① ㉠의 효력은 법원에서 이혼 의사 확인을 받은 즉시 발생한다.
② ㉠과 달리 ㉡에서만 을은 갑에게 재산 분할을 청구할 수 있다.
③ ㉠, ㉡ 모두 법원을 거쳐야만 혼인 관계를 해소할 수 있다.
④ ㉡은 법률로 정한 이혼의 사유나 원인을 필요로 하지 아니한다.

17 〈보기〉의 사례에 대한 법적 판단으로 가장 옳은 것은?

약점진단
□△✕
□△✕
□△✕

2019 서울시 운전직 9급

> **보기**
>
> 갑(甲)과 을(乙)은 결혼한 후 아이가 생기지 않자, 병(丙)이 홀로 키우던 자녀 A와 B 중에서 A를 적법한 절차를 거쳐 친양자로 입양하였다. 이후 A를 키우던 중 갑과 을은 불화로 재판상 이혼을 하였고, 미성년 자녀인 A에 대한 양육권은 갑이 갖기로 하였다. 1년 뒤, 갑은 교통 사고로 3억 원의 재산과 1억 원의 빚을 남기고 사망하였다.

① 갑과 을은 이혼할 때, 이혼 숙려 기간을 거쳤을 것이다.
② A가 받을 수 있는 갑의 상속액은 8천만 원이다.
③ 병이 사망한 경우, 병의 법정 상속인은 B이다.
④ A는 갑과 을의 가족 관계 등록부에 양자로 기재된다.

18 〈보기〉의 사례에 대한 법적 판단으로 가장 옳은 것은?

약점진단
□△✕
□△✕
□△✕

2022 서울시 운전직 9급

> **보기**
>
> 법률혼 부부인 갑(甲)과 을(乙)은 자녀 A를 두고 있었는데, 갑(甲)의 부정한 행위로 을(乙)은 A가 8세가 되던 해에 갑(甲)과 재판상 이혼을 하였다. 한편, 결혼 후 혼인 신고를 하였지만 자녀가 없었던 병(丙)과 정(丁) 부부는 적법한 절차를 거쳐 을(乙)이 홀로 양육하던 A를 친양자로 입양하였다. 얼마 후 교통사고로 병(丙)이 유언 없이 사망하였는데 채무 없이 재산 10억을 남겼다.

① 갑(甲)과 을(乙)은 3개월의 이혼 숙려 기간을 거쳐 이혼하였다.
② 갑(甲)은 유책 배우자로서 혼인 중 공유 재산에 대한 분할을 청구할 수 없다.
③ 친양자로 입양된 A는 병(丙)과 정(丁)의 혼인 중의 출생자로 간주된다.
④ 병(丙)의 사망으로 법정 상속 순위에 따라 정(丁)이 단독 상속하게 된다.

19 〈보기〉의 사례에 대한 「민법」상 판단으로 가장 옳은 것은?

약점진단
□△✕
□△✕
□△✕

2020 서울시 운전직 9급

> **보기**
>
> 갑(甲, 만 17세)은 법정 대리인인 부모의 동의 없이 신형 스마트폰 판매자인 을(乙, 만 40세)과 고가의 스마트폰 매매 계약을 체결하였다. 갑(甲)은 을(乙)과 이에 대한 계약서를 작성하였지만 아직 매매 대금을 지불하지 않았다.

① 갑(甲)과 을(乙)의 계약은 당연히 처음부터 효력이 발생하지 않는다.
② 을(乙)은 갑(甲) 본인에게 계약을 취소할 것인지에 대한 확답을 촉구할 권리를 갖는다.
③ 을(乙)은 갑(甲)과 계약을 체결할 당시에 갑(甲)이 미성년자임을 몰랐을 경우에만 철회권을 행사할 수 있다.
④ 매매 계약이 성립되는 시기는 매매 대금이 완납되는 시점부터이다.

20 미성년자의 법률 행위와 관련된 법적 내용으로 가장 옳은 것은?

약점진단
□△✕
□△✕
□△✕

2018 서울시 운전직 9급

① 미성년자는 「민법」상 만 18세 미만인 제한 능력자이다.
② 미성년자는 권리만을 얻거나 의무만을 면하는 법률 행위를 단독으로 할 수 있다.
③ 법정 대리인의 동의를 받지 않고 미성년자가 단독으로 체결한 계약은 무효이다.
④ 미성년자와 계약한 상대방은 절대로 계약을 철회하거나 거절할 수 없다.

21

약점진단
ㅇㅿ☓
ㅇㅿ☓
ㅇㅿ☓

다음 사례에 대한 법적 판단으로 옳지 않은 것은?

2021 국가직 9급

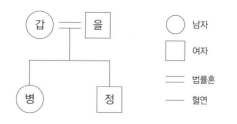

갑과 을은 혼인 신고 후 자녀 병과 정을 낳고 살고 있었다. 어느 날 갑과 병이 큰 교통사고를 당하여 시차를 두고 두 사람 모두 사망하였다. 사망 당시 갑과 병의 전 재산은 각각 14억 원이었으며, 별도의 유언은 없었다.

① 갑이 먼저 사망한 경우 정은 갑 사망 시 갑의 재산 중 4억 원을 상속받는다.
② 병이 먼저 사망한 경우 을은 병 사망 시 병의 재산 중 7억 원을 상속받는다.
③ 갑이 먼저 사망하고 나서 병이 나중에 사망한 경우 을은 최종적으로 24억 원을 상속받는다.
④ 병이 먼저 사망하고 나서 갑이 나중에 사망한 경우 정은 최종적으로 10억 5천만 원을 상속받는다.

22

약점진단
ㅇㅿ☓
ㅇㅿ☓
ㅇㅿ☓

밑줄 친 ㉠~㉢에 대한 설명으로 옳은 것은?

2017 서울시 행정직 9급

갑과 을은 결혼을 하였으나 ㉠갑이 딸 A를 출산한 뒤 이혼을 하였고 A는 갑이 양육하기로 하였다. 이후 갑은 병과 재혼을 한 뒤 병과의 사이에서 아들 B를 출산하였고 ㉡병은 A를 친양자로 입양하였다. 병의 어머니 C는 시골에 홀로 살고 계신다. 어느 날 ㉢병은 교통사고로 사망하게 되었고, 자신의 재산 절반을 장학재단에 기부하겠다는 ㉣병의 유언장이 발견되었다. 사망 당시 병의 재산은 채무 없이 부동산과 예금 7억 원이 있었다.

① ㉠에 의해 A는 행위 능력을 취득하였다.
② ㉡으로 인해 갑과 A와의 법률 관계는 소멸된다.
③ ㉢으로 인해 법정 상속이 이루어진다면 상속인은 갑, A, B, C가 된다.
④ ㉣이 유효하다면 갑은 1억 5천만 원을 상속받는다.

23

약점진단
ㅇㅿ☓
ㅇㅿ☓
ㅇㅿ☓

부동산 매매 과정에서 주의해야 할 사항으로 가장 옳지 않은 것은?

2018 서울시 운전직 9급

① 계약 체결 전 등기부를 확인해야 한다.
② 소유권 이전 등기가 끝난 후 중도금을 지급해야 한다.
③ 계약하는 상대방이 등기부상 소유자인지 확인해야 한다.
④ 부동산 인도 시 요구 조건 등을 계약서에 작성해야 한다.

24

약점진단
ㅇㅿ☓
ㅇㅿ☓
ㅇㅿ☓

다음은 주택 임대차 계약을 체결한 (갑)~(기)의 상황을 나타낸 것이다. 이에 대한 설명으로 옳은 것은? (단, 자연인 (갑)~(병)은 등기를 하지 않았으며, 모든 임대차 계약은 일시 사용을 위한 것이 아니다.)

2019 국가직 9급

임차인	임대인	임차인이 실제 거주하고 있는가?	임차인이 전입신고 후 주민등록이 되어 있는가?	임차인이 계약서에 확정 일자를 받았는가?
(갑)	(정)	예	아니요	아니요
(을)	(무)	예	예	아니요
(병)	(기)	예	예	예

① (갑)은 자신의 임차권으로 제3자에게 대항할 수 있다.
② (을)은 임차한 주택이 경매 등의 절차를 거치더라도 후순위 권리자보다 우선하여 보증금 2억 전액을 변제받을 수 있다.
③ (병)이 임대차 기간을 1년으로 주택을 임차하였다면 임대차 기간을 2년이라고 주장할 수는 없다.
④ (갑)과 (정)이 임대차 기간이 끝날 때까지 상대방에게 계약 갱신에 관한 어떤 의사도 표시하지 않았다면 원칙적으로 그 기간이 끝난 때에 전 임대차와 동일한 조건으로 다시 임대차한 것으로 본다.

25 다음 사례에 대한 설명으로 옳지 <u>않은</u> 것은?

약점진단
☐△✕
☐△✕
☐△✕

2018 국가직 9급

> 갑은 자기 소유의 A 아파트를 을에게 2억 3천만 원에 매도하는 매매 계약을 체결하면서 계약금으로 3천만 원을 받았다. 갑은 10일 후 을에게서 중도금 1억 원을 받았으며, 한 달 뒤 잔금 1억 원을 받으면서 을에게 등기에 필요한 모든 서류를 넘겨 주었다.

① 을은 등기에 필요한 서류를 받은 시점에 A 아파트에 대한 소유권을 취득하였다.
② 을은 계약을 체결하기 전에 A 아파트의 등기부를 열람할 법적 의무가 없다.
③ 을은 계약금을 지불한 후에도 중도금을 지급하기 전에는 다른 약정이 없는 한 갑의 동의 없이 계약을 해제할 수 있다.
④ 갑과 을은 각각 대리인을 통해서 매매 계약을 체결할 수도 있다.

26 계약의 효력 발생 요건에 대한 설명으로 가장 옳지 <u>않은</u> 것은?

약점진단
☐△✕
☐△✕
☐△✕

2016 서울시 행정직 9급

① 계약 당사자가 권리 능력 및 행위 능력을 갖추고 있어야 한다.
② 계약은 당사자가 합의한 것이므로 그 내용이 강행 법규에 반하더라도 효력이 있다.
③ 계약의 내용은 사회적으로 타당해야 하며, 실현 가능성이 있어야 한다.
④ 계약 당사자의 의사와 표시된 내용이 일치해야 하며, 의사 표시에 하자가 없어야 한다.

27 연령 기준과 관련된 법 규정으로 옳지 <u>않은</u> 것은?

약점진단
☐△✕
☐△✕
☐△✕

2020 지방직(= 서울시) 9급

① 「민법」은 '만 18세가 된 사람은 혼인할 수 있다.'고 규정하고 있다.
② 헌법은 '대통령으로 선거될 수 있는 자는 선거일 현재 25세에 달하여야 한다.'고 규정하고 있다.
③ 「민법」은 '사람은 19세로 성년에 이르게 된다.'고 규정하고 있다.
④ 「공직선거법」은 '18세 이상의 국민은 대통령 및 국회의원의 선거권이 있다.'고 규정하고 있다.

28 다음 사례에 대한 법적 판단으로 옳은 것은?

약점진단
☐△✕
☐△✕
☐△✕

> **사례**
>
> 고등학교를 갓 졸업하는 갑(18세)은 평소 가지고 싶었던 게임용 노트북을 사려고 하던 중 수험생 할인이라는 노트북 가게의 팻말을 보고, 상인 을에게 수험표를 제시하고 싸게 노트북을 구입하였다. 상인 을은 수능 시험을 치른 수험생은 미성년자가 아닐 것이라 생각하고 신분증 확인을 하지 않았으며, 개봉 후 반품은 할 수 없음을 강조하였다. 그런데 갑이 노트북 구입에 쓴 돈은 아버지 병이 어학 학원에 등록하라고 주신 학원비였다. 며칠 후 노트북을 이용해 게임에 열중하는 갑을 보고 병이 노하여 당장 노트북 구매를 취소하려 한다.

① 갑은 병의 동의를 얻어야 노트북 구매 계약을 취소할 수 있다.
② 병은 갑과 달리 노트북 구매 계약을 취소할 수 있다.
③ 갑과 병 모두 노트북 구매 계약을 취소할 수 있다.
④ 노트북 구입 계약은 계약 공정의 원칙에 위배되어 무효이다.

29
약점진단
☐△☒
☐△☒
☐△☒

다음 사례에 대한 설명으로 옳은 것만을 〈보기〉에서 모두 고르면?

- 갑과 을은 혼인 신고 후 병을 낳고 살다가 이혼을 하였고, 이혼 귀책 사유는 갑에게 있었다. 다음은 갑과 을의 이혼 절차이다.

  > 법원에 이혼 의사 확인 신청 → ⊙ 이혼 숙려 기간 → 법원의 이혼 의사 확인 → ⓒ 이혼 신고

- A와 B는 혼인 신고 후 C를 낳고 살다가 이혼을 하였고, 이혼 귀책 사유는 A에게 있었다. 다음은 A와 B의 이혼 절차이다.

  > 법원에 이혼 청구 → 이혼 조정 → 이혼 소송 → 이혼 판결 → ⓒ 이혼 신고

보기

ㄱ. 갑과 을은 ⊙을 3개월간 가졌을 것이다.
ㄴ. 이혼의 효력은 갑과 을은 ⓒ 이후에, A와 B는 ⓒ 이후에 발생한다.
ㄷ. C에 대한 양육권을 B가 갖기로 했다면, A는 C에 대한 면접 교섭권을 갖는다.
ㄹ. 병에 대한 친권자가 을로 결정되었더라도 갑과 병의 친족 관계가 소멸되는 것은 아니다.

① ㄱ, ㄴ ② ㄱ, ㄷ ③ ㄴ, ㄹ ④ ㄷ, ㄹ

30
약점진단
☐△☒
☐△☒
☐△☒

밑줄 친 ⊙~ⓒ에 대한 설명으로 옳은 것은?

> 갑과 을은 혼인 후 A를 낳고 살다가 ⊙ 협의상 이혼을 하였다. A에 대한 ⓒ 친권 행사와 양육은 을이 맡기로 하였다. 이후 갑은 병과 재혼하였으나, 갑이 지속적으로 병에게 폭력을 행사하여 ⓒ 재판상 이혼을 하였다.

① 갑은 ⊙, ⓒ의 과정에서 모두 이혼 숙려 기간을 거쳤을 것이다.
② ⊙과 달리 ⓒ의 이혼의 효력은 법원의 판결 후 발생한다.
③ ⓒ으로 인해 갑과 A의 친자 관계는 종료된다.
④ ⓒ의 경우 갑은 병에게 재산 분할을 청구할 수 있으나, ⊙의 경우 을은 갑에게 재산 분할을 청구할 수 없다.

31
약점진단
☐△☒
☐△☒
☐△☒

다음 자료에 대한 설명으로 옳은 것은?

> 갑과 을은 여행 동호회 도중 교통사고로 사망하였다. 갑의 유가족은 배우자 A, 친생자 B, 양자 C, 갑의 노모 D가 있으며, 을의 유가족은 을의 노모 E와 배우자 F가 있다. 갑과 을은 모두 유언을 남기지 않았고, 채무는 없다.
> ※ 위 사례의 혼인은 모두 법률혼이다.

① A의 법정 상속액이 3억 원이라면, D의 법정 상속액보다 적다.
② A의 법정 상속액이 6억 원이라면 B는 4억 원, C는 상속받을 수 없다.
③ 갑의 적극적 재산이 21억 원이라면 A의 법정 상속액은 8억 원이다.
④ 갑과 을의 적극적 재산이 각각 14억 원이라면 C의 법정 상속액은 4억 원, E의 법정 상속액은 5억 6천만 원이다.

32
약점진단
☐△☒
☐△☒
☐△☒

다음 사례에 대한 법적 판단으로 옳은 것은?

사례

> 갑과 을은 법률혼 상태에서 A를 낳고 살다가 B를 친양자가 아닌 양자로 입양하고, C를 친양자로 입양하였다. B는 갑의 친구인 병의 자녀이고, C는 을의 친구인 정의 자녀이다. 병은 법률혼 상태에서 B와 D를 낳았고, 정은 법률혼 상태에서 C와 E를 낳았다. 병과 정은 각자의 배우자와 이혼하였고, B와 C를 입양한 후 병은 D와, 정은 E와 함께 살고 있다. 갑, 을, 병, 정, 병의 전 배우자, 정의 전 배우자의 상속 재산은 각각 9억 원씩이며, 유언은 없는 상태이다.

① A와 양자로 입양된 B의 성과 본은 같다.
② 병이 사망한다면, D의 법정 상속액은 4억 5천만 원이다.
③ 갑이 사망한다면, 을의 법정 상속액은 나머지 법정 상속권자의 법정 상속액을 합친 금액보다 2억 원이 적다.
④ 병의 전 배우자가 사망할 경우 B의 법정 상속액은 정의 전 배우자가 사망할 경우 E의 법정 상속액보다 9억 원이 적다.

33 표는 갑, 을 간에 형성될 수 있는 법적 관계 (가)~(라)를 나타낸 것이다. 이에 대한 설명으로 옳은 것은?

약점진단
◻◻◻

구분		혼인의 실질적 요건을 갖추었는가?	
		예	아니요
혼인의 형식적 요건을 갖추었는가?	예	(가)	(다)
	아니요	(나)	(라)

① (가)에서는 (나)와 달리 갑과 을 간에 일상가사대리권이 발생한다.
② (나)에서 갑과 을 간에 출생한 자녀는 혼인 중 자녀로 간주된다.
③ 갑, 을 간의 법정 상속은 (가)에서만 가능하다.
④ (나)에서는 (가)와 달리 갑, 을 간에 혼인 관계의 실체가 존재하지 않는다.

34 다음 사례에 대한 법적 판단으로 옳은 것은?

약점진단
◻◻◻

> **사례**
>
> 갑은 을과 성격 차이로 협의 이혼을 하였고 혼인 중에 출생한 A는 을이 키우기로 하였다. 그 후 갑은 병과 혼인 신고를 하였고 결혼 후 10년 동안 자녀가 없어 고민하다가 친구인 정의 자녀 B를 친양자로 입양하였다. 최근 암을 선고받아 시한부 인생을 살게 된 갑은 그의 전 재산 14억 원을 ㉠평소 다니던 ○○ 종교 재단에 전부 증여한다는 유언장을 작성할지, 아니면 ㉡유언장 없이 법에 정해진 대로 상속할지 고민 중이다.

① 갑과 을은 이혼 과정에서 숙려 기간을 거치지 않았다.
② 갑의 A에 대한 면접 교섭권은 병과의 혼인 신고로 인해 상실되었다.
③ ㉠의 경우, 유언장의 법적 효력이 있고 갑이 사망하면 ○○ 종교 재단은 최소 7억 원을 증여받을 수 있다.
④ ㉡의 경우, 갑이 사망하면 병과 B의 상속액 차이는 1억 원이다.

35 다음 사례에 대한 법적 판단으로 옳은 것은?

약점진단
◻◻◻

> **사례**
>
> 갑과 을은 혼인하여 자녀 A를 낳고 살았으나 서로 합의하여 이혼을 하였다. 병과 정은 자녀 B를 낳고 살았으나 재판을 통하여 이혼을 하였다. 이후 을과 병은 재혼을 하였는데, 을은 B를, 병은 A를 양자로 입양하였고, 둘 사이에 자녀 C를 낳았으며, 무의 자녀 D를 친양자로 입양하였다.

① 갑이 사망하면 을과 달리 A는 상속을 받는다.
② 을이 사망하면 법정 상속권자는 A, B, C, D 총 4명이다.
③ 갑과 을의 이혼과 달리 병과 정의 이혼은 이혼 숙려 기간을 필요로 한다.
④ D가 입양된 후에도 D와 무의 친족 관계는 유지된다.

약점 체크와 약점 보완을 한 번에   **정답과 해설 P.29**

에듀윌이
너를
지지할게
ENERGY

계획하지 않는 것은
실패를 계획하는 것과 같다.

– 에피 닐 존스(Effie Neal Jones)

사회생활과 법

필수기출 & 출제예상 문제

범죄의 성립과 형사 절차   빈출도 ★★★

01 「형법」상 죄형 법정주의를 실현하는 구체적인 원칙과 그에 대한 설명으로 가장 옳지 <u>않은</u> 것은?

약점진단
◯△☒
◯△☒
◯△☒

2020 서울시 운전직 9급

① 관습 형법 금지의 원칙 – 불문법인 관습법을 근거로는 처벌할 수 없다.
② 유추 해석 금지의 원칙 – 범죄 행위가 「형법」에 명확히 규정되어 있지 않은 때에 유사한 규정을 적용해서는 안 된다.
③ 명확성의 원칙 – 무엇이 범죄이고 그 범죄에 어떤 형벌이 부과되는지 법률에 명확히 기재되어 있어야 한다.
④ 소급효 금지의 원칙 – 범죄 행위 당시 그 처벌 규정이 법률에 없었으나 범죄 행위 이후에 그 처벌 규정이 법률에 제정되었다면 반드시 소급하여 처벌해야 한다.

02 다음 글의 괄호 안에 들어갈 말로 옳은 것은?

약점진단
◯△☒
◯△☒
◯△☒

2019 국가직 9급

「병역법」 제2조 제1항 제5호는 산업 기능 요원 편입 관련 부정 행위로 인한 병역법 위반죄, 종사 의무 위반으로 인한 병역법 위반죄 및 신상 이동 통보 불이행으로 인한 병역법 위반죄 등의 범행 주체인 '고용주'를 「근로기준법」의 적용을 받는 공·사 기업체나 공·사 단체의 장으로서 병역의무자를 고용하고 있는 자'로 규정하고 있다. 여기서 '사기업체의 장'이란 일반적으로 그와 같은 사기업체를 대외적으로 대표할 수 있는 대표이사를 의미한다고 봄이 상당하다. 그러므로 사기업체의 대표이사가 아닌 실제 경영자를 이 조항에서 규정한 '고용주'에 해당하는 것으로 해석하는 것은 죄형 법정주의의 내용 중 하나인 (   ) 원칙에 어긋나 허용될 수 없다.

① 유추 해석 금지
② 적정성
③ 관습 형법 금지
④ 소급효 금지

03 다음 사례에서 위반한 죄형 법정주의의 원칙으로 가장 옳은 것은?

약점진단
◯△☒
◯△☒
◯△☒

2016 서울시 행정직 9급

A법에서는 공중도덕상 유해한 업무에 취직하게 할 목적으로 직업 소개나 근로자 모집을 한 사람을 처벌하도록 하였다. 그러나 일반인은 다양한 사회 영역에서 어떤 행위가 공중도덕상 유해하여 금지되는지를 알 수 없다.

① 유추 해석 금지의 원칙
② 소급 입법 금지의 원칙
③ 명확성의 원칙
④ 적정성의 원칙

04

약점진단
ㅇㅁㅁㅅ
ㅇㅁㅁㅅ
ㅇㅁㅁㅅ

다음 〈사례〉에 대한 법적 판단으로 옳은 것만을 〈보기〉에서 모두 고르면?

2021 국가직 9급

사례

- 14세인 갑은 배고픔을 참지 못하고 빵집에서 빵을 훔쳤다.
- 을은 빚을 갚지 않고 해외로 도망가는 채무자를 공항에서 강제로 붙잡았다.
- 병은 갑자기 나타나 달려드는 맹견을 피하기 위해 대문이 열린 남의 집으로 들어갔다.
- 정은 친구의 가방에서 돈을 훔쳤는데 친구는 그 사실을 알지 못했다.

보기

ㄱ. 갑은 책임 능력이 없다.
ㄴ. 을의 행위는 자구행위에 해당하여 위법성이 조각될 수 있다.
ㄷ. 병의 행위는 긴급피난에 해당하여 위법성이 조각될 수 있다.
ㄹ. 정의 행위는 절도죄의 구성 요건에 해당하지 않는다.

① ㄱ, ㄴ
② ㄱ, ㄹ
③ ㄴ, ㄷ
④ ㄷ, ㄹ

05

약점진단
ㅇㅁㅁㅅ
ㅇㅁㅁㅅ
ㅇㅁㅁㅅ

다음 (가)~(다)에 대한 설명으로 옳지 <u>않은</u> 것은? (단, (가)~(다)는 각각 구성 요건 해당성, 위법성, 책임 중 하나이다.)

2021 지방직(= 서울시) 9급

갑이 행한 행위가 범죄의 성립 요건에 충족하는지에 대한 판단을 위해 먼저 (가) 를 검토해야 한다. (가) 를 충족할 경우 (나) 를 따져본 후 (다) 의 충족 여부까지 검토해야 형사상 범죄의 성립 요건이 충족된다고 할 수 있다.

① (가)는 갑의 행위가 법률에서 금지하고 있는 행위에 해당해야 한다는 내용이다.
② 갑의 행위가 피해자의 승낙에 해당하는 사유가 있다면 (나)에서 범죄 불성립으로 판단될 수 있다.
③ (가), (나) 모두에서 갑의 행위에 대한 사회적 비난 가능성을 물을 수 있다.
④ 갑이 농아자(청각 및 언어장애인)이고 그 행위가 (가), (나)를 충족하는 경우 (다)는 조각되지 않고 형을 감경한다.

06

약점진단
ㅇㅁㅁㅅ
ㅇㅁㅁㅅ
ㅇㅁㅁㅅ

다음 사례에 대한 법적 판단으로 옳은 것은?

2018 지방직 9급

사례

갑은 ○○전자회사에서 근무하는 40대 회사원으로 두 아들이 있으며, 현재 회사 내 신기술 연구에 참여하고 있다. 그런데 얼마 전 경쟁업체 직원 을이 현재 연구 중인 ○○전자회사 신기술 관련 정보를 빼내어 자신에게 알려주지 않으면 두 아들을 살해하겠다고 협박했다. 갑이 이에 응하지 않자 을은 초등학생인 갑의 차남 병을 유인하여 데리고 있으며 언제든지 병에게 위해를 가할 수 있다는 메시지를 전달했다. 병의 생명에 대한 을의 위해를 방어할 방법이 없자 갑은 당해 신기술 관련 정보를 을에게 알려주었다.

① 갑의 행위는 위법성이 인정되므로 범죄가 성립된다.
② 갑의 행위는 구성 요건에 해당하지만 책임이 조각된다.
③ 갑의 행위는 정당행위에 해당하여 책임이 없다.
④ 갑의 행위는 구성 요건에 해당하지만 위법성이 인정되지 않는다.

07

약점진단
ㅇㅁㅁㅅ
ㅇㅁㅁㅅ
ㅇㅁㅁㅅ

(가), (나)의 사례에서 위법성이 조각되는 사유를 바르게 연결한 것은?

2016 서울시 행정직 9급

사례

(가) 효은이는 길거리에서 불량배들에게 폭행을 당하는 동생을 보고, 이를 제지하는 과정에서 불량배들에게 상해를 입혔다.
(나) 상가 건물에 화재가 나자 생명의 위협을 느낀 경아는 이를 피할 수 있는 다른 방법이 없어 어쩔 수 없이 건물의 유리창을 깨고 탈출하였다.

	(가)	(나)
①	정당방위	긴급피난
②	정당방위	정당행위
③	정당행위	긴급피난
④	정당행위	자구행위

08 〈보기〉는 형벌의 종류를 정리한 표이다. ㉠~㉣에 대한 설명으로 옳지 <u>않은</u> 것은?   2021 서울시 운전직 9급

약점진단
ㅇㅁㅁ×
ㅇㅁㅁ×
ㅇㅁㅁ×

보기

종류	예
(㉠)	사형
(㉡)	징역, (㉢), 구류
명예형	(㉣), 자격 정지
재산형	벌금, 과료, 몰수

① ㉠은 생명형이다.
② ㉡은 범죄자의 신체의 자유를 박탈하거나 제한하는 형벌을 의미한다.
③ ㉢은 정역을 부과하지 않는다는 점에서 구류와 구분된다.
④ ㉣에 의해 공무원이 되는 자격, 선거권과 피선거권 등이 박탈된다.

09 〈보기〉는 형사 절차의 진행 과정이다. ㉠~㉣에 대한 설명으로 가장 옳은 것은?   2021 서울시 운전직 9급

약점진단
ㅇㅁㅁ×
ㅇㅁㅁ×
ㅇㅁㅁ×

보기

갑(甲)은 을(乙)을 폭행하였고 을(乙)의 고소로 인하여 아래와 같이 형사 절차가 진행되었다.

① ㉠ 단계에서 피의자의 범죄 혐의가 있다고 판단되면 경찰관이 형사 재판을 청구한다.
② 국선 변호인 선임은 ㉡ 단계 이후에 가능하다.
③ ㉢ 단계에서 갑(甲)이 구속될 경우 보석 제도를 활용할 수 있다.
④ ㉣ 단계와 달리 ㉡ 단계에서의 구금은 형사 보상 제도의 대상이 아니다.

10 다음은 형사 절차를 간단히 나타낸 것이다. 이에 대한 옳은 설명은?   2021 지방직(= 서울시) 9급

약점진단
ㅇㅁㅁ×
ㅇㅁㅁ×
ㅇㅁㅁ×

(가) 수사 → (나) 기소 → (다) 공판 → (라) 판결

① (가)에서 구속 수사를 하기 위해서는 검사가 발부한 영장이 있어야 한다.
② (나) 시기부터 피의자는 변호인의 도움을 받을 권리를 갖기 시작한다.
③ (다)에서 피고인에 대한 유죄 입증 책임은 검사에게 있다.
④ (라)에서 유죄 판결이 확정이 되면 피고인은 반드시 구금된다.

11 밑줄 친 ㉠~㉣에 대한 설명으로 옳은 것은?   2020 국가직 9급

약점진단
ㅇㅁㅁ×
ㅇㅁㅁ×
ㅇㅁㅁ×

갑은 을에게 상해를 입힌 혐의로 체포되었다. 경찰은 갑을 ㉠구속 수사한 후 사건을 검찰에 송치하였고, 갑은 기소되었다. 그 이후 갑은 법원의 허가를 받아 ㉡석방되었고, 국민참여재판이 열렸다. ㉢1심 법원은 갑에게 ㉣징역 1년에 집행 유예 2년을 선고하였다.

① 검사가 영장 실질 심사를 한 후 ㉠ 여부를 결정한다.
② ㉡을 위해 갑은 구속 적부 심사를 법원에 청구하였다.
③ ㉢은 지방법원 본원 합의부이다.
④ ㉣은 선고 후 2년이 지나면 형의 선고가 없었던 것으로 된다.

12 〈보기〉에 대한 법적 판단으로 가장 옳은 것은?

약점진단
□△✕
□△✕
□△✕

2022 서울시 운전직 9급

보기

• 갑(甲, 40세)과 A(32세)는 사소한 시비가 붙었는데 갑(甲)이 A에게 폭행을 가해 고소되었다.
• 을(乙, 17세)과 병(丙, 12세)은 편의점에서 강도 행각을 벌이다 경찰에 현행범으로 체포되었다.

〈갑(甲)~병(丙)에게 적용 가능한 형사 절차〉

① ㉠단계에서 병(丙)이 구속되었다면 보석 제도를 통해 구속 상태에서 벗어날 수 있다.
② 검사가 ㉡을 결정할 경우, 을(乙)은 형벌과 보호 처분을 동시에 받을 수 있다.
③ ㉢은 을(乙)에 대한 보호 처분이 필요하다고 판단할 경우, ㉣로 사건을 보낼 수 있다.
④ ㉤단계에서 갑(甲)이 집행 유예 판결을 받았다면 일정 기간이 경과한 때 면소된 것으로 간주된다.

13 다음 설명 중 옳은 것은 모두 몇 개인가?

약점진단
□△✕
□△✕
□△✕

2018 국가직 9급

• 피의자에 대한 수사는 불구속 상태에서 하는 것이 원칙이다.
• 검사는 혐의 사실이 인정되면 피의자를 반드시 기소하여야 한다.
• 1심 법원의 판결에 불복하여 2심 재판을 청구하는 것을 항고, 2심 법원의 판결에 불복하여 대법원에 재판을 청구하는 것을 상고라 한다.
• 형의 집행은 원칙적으로 법원 또는 법관이 지휘한다.
• 형의 선고 유예를 받은 날로부터 2년을 경과한 때에는 형의 선고는 효력을 잃는다.

① 1개   ② 2개
③ 3개   ④ 없음

14 그림은 형사 절차를 나타낸 것이다. 이에 대한 설명으로 가장 옳은 것은?

약점진단
□△✕
□△✕
□△✕

2017 서울시 행정직 9급

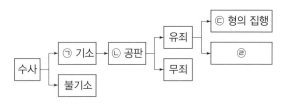

① ㉠은 수사관이 할 수 있다.
② ㉡부터 변호인의 도움을 받을 권리를 갖기 시작한다.
③ ㉢ 단계에서의 지휘권은 판사가 갖는다.
④ ㉣에 해당하는 제도로는 집행 유예가 있다.

15 상점 절도를 저지른 갑~정에 대한 판단으로 옳은 것만을 〈보기〉에서 모두 고르면?

약점진단
□△✕
□△✕
□△✕

2020 지방직(= 서울시) 9급

구분	갑	을	병	정
10세 이상의 '소년'인가요?	아니요	아니요	예	예
기소할 수 있는 연령인가요?	예	아니요	아니요	예

보기

ㄱ. 갑과 정은 모두 선도조건부 기소 유예 처분을 받을 수 있다.
ㄴ. 정의 연령은 을, 병보다 높지만 갑보다는 낮다.
ㄷ. 을, 병은 모두 형사 미성년자이다.
ㄹ. 검사는 정에 대한 피의사건 수사 결과, 보호 처분에 해당하는 사유가 있다고 인정한 경우에는 사건을 관할 법원 소년부에 송치하여야 한다.

① ㄱ, ㄷ   ② ㄴ, ㄹ
③ ㄱ, ㄴ, ㄷ   ④ ㄴ, ㄷ, ㄹ

16 다음 사례에 대한 법적 판단으로 옳은 것은?

약점진단
☐△✕
☐△✕
☐△✕

2018 지방직 9급

> **사례**
>
> 학교에서 계속 최상위권을 유지하고 있는 고등학생 갑(만 17세)은 학교가 끝나면 무면허로 아버지의 승용차를 운전하는 일탈 행위를 즐기고 있었다. 그러다 결국 집 근처 길가에 정차된 을과 병의 승용차를 파손시켰다. 갑의 부모는 작은 가게를 운영하느라 갑의 일탈 행위를 전혀 몰랐으므로 자신들은 어떠한 법적 책임도 없다고 주장하고 있다.

① 갑은 형사 미성년자이므로 형벌을 부과받지 않는다.
② 갑은 을과 병에 대하여 채무 불이행에 근거한 손해 배상책임을 진다.
③ 갑은 특별한 사정이 없는 한 책임 능력이 있다고 판단되므로 을과 병에 대한 손해 배상 책임이 있다.
④ 갑이 손해 배상 책임이 있다면 갑의 부모도 갑의 행위에 대한 감독 의무를 게을리한 것으로 간주된다.

17 〈보기〉는 우리나라가 2008년에 도입하여 시행 중인 재판의 절차이다. 이와 관련한 설명으로 가장 옳은 것은?

약점진단
☐△✕
☐△✕
☐△✕

2019 서울시 운전직 9급

> **보기**
>
> ㉠ 배심원 선정
> ↓
> 공판
> ↓
> ㉡ 평의 및 평결
> ↓
> ㉢ 판결

① ㉢에 불복하는 경우 검사와 피고인 모두 2심 법원에 항소할 수 있다.
② ㉠은 일정한 법적 지식이 있는 만 20세 이상의 국민 중에서 선정된다.
③ 국민의 의견을 반영해야 하므로 재판부는 반드시 ㉡에 따라 판결을 선고해야 한다.
④ 민사 재판과 형사 재판에서 피고인이 신청하는 경우에만 실시된다.

18 밑줄 친 ㉠, ㉡에 대한 설명으로 옳은 것은?

약점진단
☐△✕
☐△✕
☐△✕

2021 국가직 9급

> • 갑은 같은 회사 직원 병에게 폭행을 당해 상해를 입어 형사 고소를 하였다. 갑은 민사 소송 제기 없이 형사 재판에서 신속하고 간편하게 손해 배상을 받기 위해 ㉠ 배상 명령 제도를 활용하려 한다.
> • 을은 살인 혐의로 구속 기소되어 재판을 받던 중 진범이 잡혀 무죄로 석방되었다. 억울한 을은 ㉡ 형사 보상 제도를 활용하여 피해를 보상받으려 한다.

① 갑이 ㉠을 통해 손해 배상을 받기 위해서는 병이 당해 재판에서 유죄 판결을 받아야 한다.
② 불구속 수사 후 무죄 취지의 불기소 처분을 받은 사람도 ㉡을 활용할 수 있다.
③ 구속 재판을 받은 피고인이 집행 유예 확정 판결을 받은 경우 ㉡을 통해 보상을 청구할 수 있다.
④ ㉠, ㉡ 모두 국가가 범죄 피해자 보호를 위해 보상 또는 배상을 하는 제도이다.

19 다음 자료에 대한 법적 판단으로 옳은 것은?

약점진단
☐△✕
☐△✕
☐△✕

(가)	피고인 갑은 환각 증세로 인해 심신 상실 상태에서 살인을 저지른 것으로 판단된다. 이에 따라 갑에게 무죄를 선고한다. 다만, 의사 결정 능력 등에 장애가 있어 치료가 필요하므로 치료 감호를 명한다.
(나)	피고인 을의 폭행 행위는 자신의 법익에 대한 현재의 부당한 침해를 방위하기 위한 상당한 이유가 있는 행위로 판단된다. 이에 따라 을에게 무죄를 선고한다.

① (가)의 치료 감호와 같은 보안 처분은 대안적 제재 수단이므로 무죄를 판결한 경우에만 내릴 수 있다.
② (가), (나)에 대해서 법원은 각각 갑의 행위와 을의 행위가 범죄의 구성 요건에 해당하지 않는다고 보았다.
③ (가)에서 법원은 갑에게 가해지는 법적 비난 가능성이 없다고 판단하였다.
④ (나)에서 법원은 을의 행위가 정당행위에 해당한다고 판단하였다.

20

약점진단
○△×
○△×
○△×

밑줄 친 ㉠~㉣에 대한 설명으로 옳은 것만을 〈보기〉에서 모두 고르면?

갑은 사업용 자동차가 아닌 승용차를 유상 운송으로 제공하였다는 혐의로 ㉠벌금 70만 원의 약식 명령을 받았다. 이에 불복한 갑은 정식 재판을 청구하고 법원에 위헌 법률 심판 제청 신청을 하였으나 기각되자 ㉡헌법 소원 심판을 청구하였다. 갑은 "「여객자동차 운수사업법」 제81조 단서 조항이 출퇴근 형태에 관해 구체적인 기준을 제시하지 않아 지나치게 불명확하고 그 의미를 알기 어려우므로 ㉢죄형 법정주의의 파생 원칙에 위배된다."라고 주장하였다. 그러나 헌법 재판소는 "해당 조항을 통해 허용되는 출퇴근 카풀의 기준을 충분히 예측할 수 있다."라며 갑의 주장을 받아들이지 않고 재판관 전원 일치 의견으로 ㉣합헌 결정을 내렸다.

보기

ㄱ. ㉠은 구금을 전제로 하지 않으며 재산형에 해당한다.
ㄴ. ㉡은 권리 구제형 헌법 소원 심판이다.
ㄷ. ㉢은 명확성의 원칙이다.
ㄹ. ㉣에 따라 갑에게는 무죄 판결이 내려졌을 것이다.

① ㄱ, ㄴ ② ㄱ, ㄷ
③ ㄴ, ㄹ ④ ㄷ, ㄹ

21

약점진단
○△×
○△×
○△×

다음 사례에 대한 법적 판단 및 추론으로 옳은 것은? (단, 갑~병은 「소년법」상 소년에 해당한다.)

• 갑은 주차되어 있는 차량에 불을 질러 훼손한 것을 이유로 선도조건부 기소 유예 처분을 받았다.
• 을은 같은 학교에 다니는 학생을 폭행하여 전치 4주의 상해를 입힌 것을 이유로 「소년법」상 보호 처분을 받았다.
• 병은 상습적으로 어두운 골목길에서 행인을 폭행하고 돈을 빼앗은 것을 이유로 징역 1년을 선고받았다.

① 갑은 을과 병보다 연령이 높을 것이다.
② 갑은 형사 처벌 또는 「소년법」상 보호 처분을 받을 수 있다.
③ 을은 검사의 송치로 「소년법」상 보호 처분을 받은 것이다.
④ 병에게 형사 법원에서 「소년법」상 보호 처분을 내릴 수도 있다.

22

약점진단
○△×
○△×
○△×

다음 자료에 대한 설명으로 옳은 것은?

헌법 재판소는 국기 모독 혐의로 기소된 ㉠갑이 「형법」 제105조에 대해서 낸 헌법 소원 심판에서 합헌으로 결정하였다. 「형법」 제105조에는 '대한민국을 모욕할 목적으로 국기 또는 국장을 손상, 제거 또는 오욕한 자는 ㉡5년 이하의 징역이나 금고, 10년 이하의 자격 정지 또는 700만 원 이하의 벌금에 처한다.'라고 규정되어 있다. ㉢집회에서 종이 태극기를 불태운 혐의 등으로 재판에 넘겨진 갑은 이 조항이 과잉 금지의 원칙과 죄형 법정주의의 파생 원칙 중 [(가)]에 위배되어 표현의 자유를 침해한다고 주장하였다. 이에 대해 헌법 재판소는 '대한민국을 모욕할 목적이 있는 경우가 다소 광범위한 개념이라도 통상적인 법 감정을 가진 사람이 일반적 해석 방법에 따라 보호 법익과 금지 행위, 처벌의 종류와 정도를 알 수 있으므로 죄형 법정주의의 파생 원칙 중 [(가)]에 위배되지 않는다.'라고 판단하였다.

① ㉠ 이후 「형법」 제105조는 즉시 효력을 상실한다.
② ㉡은 징역을 부과하지 않는 자유형이다.
③ ㉢의 재판은 헌법 재판소의 권리 구제형 헌법 소원이다.
④ (가)에는 '명확성의 원칙'이 들어간다.

23

약점진단
ㅇㅁㅈ
ㅇㅁㅈ
ㅇㅁㅈ

다음 사례에 대한 설명으로 옳은 것을 〈보기〉에서 모두 고르면?

갑~정은 모두 폭행죄 혐의로 경찰 조사를 받고 다음과 같은 형사 절차를 거쳤다.

갑	㉠ 구속 영장 실질 심사 후 불구속 수사를 받다가 무죄 취지의 불기소 처분을 받았다.
을	㉡ 구속 적부 심사 청구가 인용되어 불구속 수사를 받은 후 기소되면서 1심 법원에서 ㉢ 징역 1년에 집행 유예 2년을 선고받았으나, 2심 법원에서 무죄 판결이 확정되었다.
병	구속 수사를 받고 구속 기소되었으나, 1심 법원, 2심 법원, 대법원 모두에서 무죄 판결을 받았다.
정	국민참여재판을 통해서 1심 법원에서 무죄가 선고되었으나, ㉣ 2심 법원에서 징역 1년을 선고받았고, 대법원은 원심을 확정하였다.

보기

ㄱ. ㉠은 갑, ㉡은 을의 청구에 의한 것이다.
ㄴ. ㉢으로 인해 을은 1년 동안 구금되고 2년 동안 형의 집행이 유예된다.
ㄷ. 갑과 달리 병은 형사 보상을 청구할 수 있다.
ㄹ. ㉣으로 보아 ㉤은 고등법원이다.

① ㄱ, ㄴ
② ㄱ, ㄷ
③ ㄴ, ㄷ
④ ㄷ, ㄹ

24

약점진단
ㅇㅁㅈ
ㅇㅁㅈ
ㅇㅁㅈ

밑줄 친 ㉠~㉣에 대한 법적 판단으로 옳은 것은?

갑은 폭행 혐의로 구속 영장 실질 심사를 받았다.

↓

구속 심사를 받던 갑은 ㉠ 구속 적부 심사 후에도 구속 수사를 받았다.

↓

구속 기소된 갑이 신청한 ㉡ 국민참여재판에서 갑은 폭행 당시 심신 상실 상태였음을 주장했으나 ㉢ 심신 미약을 인정받아 징역 3년에 집행 유예 5년을 선고 받았다.

↓

㉣ 2심 법원은 1심 법원의 판결과 달리 징역 5년을 선고하였다.

↓

대법원에서 2심 법원의 판결이 확정되었다.

① ㉠은 수사 단계에 구속된 피고인이 법원에 신청할 수 있다.
② ㉡의 판결에 항소한 당사자와 ㉣의 판결에 상고한 당사자는 모두 갑이다.
③ ㉢은 책임 조각 사유에 해당하여 범죄가 성립하지 않는다.
④ ㉡으로 보아 ㉣은 고등법원인 것을 알 수 있다.

25

약점진단
ㅇㅁㅈ
ㅇㅁㅈ
ㅇㅁㅈ

다음 사례에 대한 법적 판단으로 옳은 것은?

사례

갑, 을, 병은 A를 집단으로 폭행하여 상해를 입힌 혐의로 구속되어 재판에서 형을 선고받았다. 2심 재판부는, 갑에게는 징역 1년의 실형을 선고하였고, 을에게는 형을 선고하면서 이를 즉시 집행하지 않고 일정 기간 형의 집행을 미루는 　(가)　을/를 선고하였으며, 병에게는 형의 선고를 미루어 일정 기간 동안 죄를 저지르지 않으면 면소된 것으로 간주하는 　(나)　을/를 선고하였다.

① 갑은 을과 달리 유죄의 형벌을 선고받았다.
② 재판부는 을을 병보다 중하게 처벌해야 한다고 보았다.
③ 형의 선고 직후 을은 병과 달리 석방된다.
④ 상소심에서 갑, 을, 병에게 무죄가 선고되면, 을, 병은 갑과 달리 형사 보상을 청구할 수 없다.

26 다음은 갑의 폭력 행위가 범죄 성립 요건에 해당하는
약점진단 지 판단하기 위한 그림이다. (가), (나)에 해당하는 사
◯△✕ 례만을 〈보기〉에서 있는 대로 고른 것은?
◯△✕
◯△✕

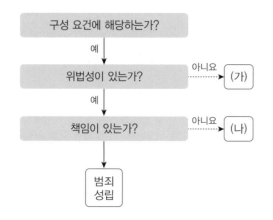

보기
ㄱ. (가) – 14세 미만인 자의 폭력 사용
ㄴ. (가) – 정당행위에 해당하는 폭력 사용
ㄷ. (나) – 강요에 의해 폭력 행위를 행사한 자
ㄹ. (나) – 폭력 행위를 할 당시 심신 미약 상태에
있었던 자

① ㄱ, ㄴ   ② ㄱ, ㄹ   ③ ㄴ, ㄷ   ④ ㄴ, ㄷ, ㄹ

27 다음 사례에 대한 법적 판단으로 옳은 것만을 〈보기〉
약점진단 에서 있는 대로 고르면?
◯△✕
◯△✕
◯△✕

갑(18세)은 집으로 가던 중 친동생인 을(15세)과
병(12세)이 아파트 경비원에게 야단을 맞고 있는
것을 보았다. 알고 보니 두 동생이 아파트 입주민의
자전거를 훔치려다 들켰기 때문이었다. 그럼에도 불
구하고 동생들이 혼나는 것에 순간 격분한 갑은 아
파트 경비원을 폭행하여 전치 3주의 부상을 입혔다.

보기
ㄱ. 갑은 가정법원 소년부에서 형벌과 동시에 보호
처분도 받을 수 있다.
ㄴ. 갑과 을에 대한 형사 재판은 가정법원 소년부에
서 담당한다.
ㄷ. 갑과 을이 소년원 송치 처분을 받았다면, 이는
전과로 기록되지 않는다.
ㄹ. 갑, 을과 달리 병에 대해 검사는 선도조건부 기소
유예 처분을 할 수 없다.

① ㄱ, ㄴ   ② ㄴ, ㄷ   ③ ㄷ, ㄹ   ④ ㄱ, ㄴ, ㄹ

28 다음 자료에 대한 옳은 설명만을 〈보기〉에서 있는 대
약점진단 로 고른 것은?
◯△✕
◯△✕
◯△✕

범죄가 성립하려면 어떤 행위가 A, B, C의 세 가
지 요건을 모두 갖추어야 하는데, A가 충족되더라
도 B가 조각되는 경우나, C가 조각되는 경우에는
범죄가 성립하지 않는다. 예를 들어 자신의 지갑을
소매치기하던 사람을 쫓아가 몸싸움 끝에 지갑을
되찾는 과정에서 소매치기범에게 상해를 입힌 것은
㉠ 전자의 경우에 해당하여 범죄가 성립하지 않고,
자녀의 생명을 볼모로 위협하는 인질범에게 회사의
기밀 서류를 훔쳐서 넘긴 것은 ㉡ 후자의 경우에
해당하여 범죄가 성립하지 않는다.

보기
ㄱ. 친구의 허락을 받고 친구 아버지의 골동품을
훔친 행위는 ㉠에 해당하지 않는다.
ㄴ. 13세 소년의 행위나 심신 미약자의 행위는 ㉡
에 해당한다.
ㄷ. 자신의 물건을 남의 것으로 착각하여 훔친 경
우는 A에 해당하지 않는다.
ㄹ. A~C를 모두 충족한 사람에 대해 법원은 집행
유예와 보호 관찰 처분을 동시에 내릴 수 있다.

① ㄱ, ㄴ   ② ㄱ, ㄹ   ③ ㄴ, ㄷ   ④ ㄱ, ㄷ, ㄹ

29 다음 사례에 대한 법적 판단으로 옳은 것은?
약점진단
◯△✕
◯△✕
◯△✕

◯◯법원은 음주 운전을 하다 도로에 쓰러져 있
던 취객을 치어 숨지게 한 혐의로 기소된 A씨에게
㉠ 징역 2년 6개월에 집행 유예 3년을 선고했다.
또한 재판부는 A씨에게 100시간의 ㉡ 사회봉사와
40시간의 ㉢ 준법 운전 강의 수강을 명령했다.

① ㉠은 정역(定役)을 부과하지 않는다.
② 자격 상실은 ㉡과 같은 형사 제재 유형에 해당하
지 않는다.
③ ㉡은 ㉢과 달리 보안 처분에 해당한다.
④ 갑은 복역을 하지 않고 3년 동안 죄를 저지르지
않으면 면소된 것으로 간주된다.

30 다음은 법원에 제출된 서류이다. 이에 대한 설명으로 옳은 것은?

약점진단
◯△✕
◯△✕
◯△✕

사 건: 특수 절도
피의자: 갑

위 피의자에 대한 특수 절도 피의 사건에 관하여
피의자는 A를 청구하오니
청구 취지와 같이 결정하여 주시기 바랍니다.

〈청구 취지〉
'피의자 갑의 석방을 명한다.'라는 결정을 바랍니다.

〈청구 이유〉
1. 이 사건은 실제 사건 내용이 구속 영장 기재 사실과 다른 점이 있습니다.

① A는 영장 실질 심사이다.
② A는 공판 과정에서의 피의자 인권 보호를 위해 마련된 제도이다.
③ 구속의 적법성과 필요성이 모두 인정되면 A의 청구는 기각된다.
④ A의 청구가 인용되면 갑은 기소되지 않는다.

소비자의 권리와 법

빈출도 ★☆☆

31 다음에서 소비자의 권리 보호에 대한 설명으로 옳은 것만을 모두 고르면?

약점진단
◯△✕
◯△✕
◯△✕

2018 지방직 9급

ㄱ. 우리 헌법은 국가가 건전한 소비 행위를 계도하고 생산품의 품질 향상을 촉구하기 위한 소비자의 보호 운동을 법률이 정하는 바에 의하여 보장하도록 하고 있다.

ㄴ. 소비자분쟁조정위원회의 위원장으로부터 분쟁 조정의 내용을 통지받은 당사자는 그 통지를 받은 날부터 15일 이내에 분쟁 조정의 내용에 대한 수락 여부를 소비자분쟁조정위원회에 통보하여야 하며, 이 경우 15일 이내에 의사 표시가 없는 때에는 수락을 거부한 것으로 본다.

ㄷ. 제조물의 결함으로 생명·신체 또는 재산에 손해를 입은 사람이 구제를 받으려면 제조물의 제조 과정에서 제조업자의 과실이 있었고, 그 과실로 인한 제조물의 결함으로 피해가 발생하였음을 입증하여야 한다.

ㄹ. 국가는 소비자의 합리적인 선택을 방해하고 소비자에게 손해를 끼칠 우려가 있다고 인정되는 사업자의 부당한 행위를 지정·고시할 수 있다.

① ㄱ, ㄴ
② ㄱ, ㄹ
③ ㄴ, ㄷ
④ ㄷ, ㄹ

근로자의 권리와 법

빈출도 ★★☆

32 근로 3권에 대한 설명으로 옳지 않은 것은?

2021 국가직 9급

약점진단 ○△× ○△× ○△×

① 근로 3권은 근로자가 사용자와 대등한 지위에서 근로 관계를 형성할 수 있도록 해준다.
② 사용자가 불공정한 방법으로 근로 3권을 침해하는 것은 부당 노동 행위에 해당한다.
③ 근로자는 근로 조건 이외에도 사용자의 경영 전반에 걸쳐 제약 없이 단체 교섭권을 행사할 수 있다.
④ 단체 행동권의 정당한 행사에 따른 사용자의 손해에 대해 근로자는 법적 책임이 없다.

33 〈보기〉에 제시된 법들의 공통적인 특징으로 가장 옳은 것은?

2018 서울시 운전직 9급

약점진단 ○△× ○△× ○△×

보기

- 「근로기준법」
- 「노동조합 및 노동관계 조정법」
- 「독점규제 및 공정거래에 관한 법률」

① 사인 간의 대등한 법률 관계를 다룬다.
② 실질적 평등보다는 형식적 평등을 추구한다.
③ 사법 영역에 공법적 규제가 가해진 것이다.
④ 사적 자치의 원리의 절대적 보장을 목적으로 한다.

34 〈보기〉의 ㉠~㉣에 대한 설명으로 가장 옳은 것은?

2022 서울시 운전직 9급

약점진단 ○△× ○△× ○△×

보기

사용자 갑(甲, 53세)과 근로자 을(乙, 18세 고등학생)은 다음과 같이 근로 계약을 체결하였다.

1. 계약 기간: 2022.1.1.~2022.1.31.(1개월)
2. 근무 장소: ○○편의점
3. 업무 내용: 매장 내 물품 진열 및 청소
4. ㉠ 근로 시간: 월~금 10:00~17:00
   ㉡ (휴게 시간: 12:30~12:50)
5. 임금: ㉢ 시간당 9,000원
   (㉣ ○○편의점 상품권으로 지급)

※ 2022년 최저 임금은 시간당 9,160원임

① ㉠은 연소 근로자의 1일 근로 시간을 초과하여 무효이다.
② ㉡은 「근로기준법」상의 휴게 시간 기준에 어긋나지 않는다.
③ ㉢은 을(乙)이 동의하였다면 최저 임금에 미달하여도 유효하다.
④ ㉣은 통화가 아니므로 통화의 형태로 바꾸어 을(乙)에게 직접 지급해야 한다.

35 〈보기〉에서 밑줄 친 부분에 대한 사례 발표로 보기에 가장 어려운 것은?

2020 서울시 운전직 9급

약점진단 ○△× ○△× ○△×

보기

사회자: 노동 관련법 위반과 관련한 피해 사례를 발표해 주시기 바랍니다.

- 갑(甲): 제가 다니는 회사는 임금을 주는 날짜가 정해져 있지 않습니다. 회사 매출이 많을 때 주다 보니 임금 3개월치를 한꺼번에 받기도 합니다.
- 을(乙): 제대 후 PC방에서 아르바이트를 하는데, 하루에 12시간씩 일합니다. 일이 많아서 휴일도 없이 일주일 내내 일해야 합니다.
- 병(丙): 최근 회사 경영이 어려워졌다면서 여자들을 중심으로 해고를 시작했습니다. 저도 여자라는 이유로 갑자기 해고를 당했습니다.
- 정(丁): 회사가 엔터테인먼트 분야로 사업 영역을 확장하겠다고 합니다. 노동조합에서는 이러한 경영 계획에 반대하고 이 문제에 대한 협의를 위해 단체 교섭을 요청했지만 회사는 이를 거절했습니다.

① 갑(甲) ② 을(乙) ③ 병(丙) ④ 정(丁)

36 약점진단
□△✕
□△✕
□△✕

「노동조합 및 노동관계조정법」상 부당 노동 행위에 해당하지 <u>않는</u> 것은?   2019 국가직 9급

① 근로자가 노동조합에 가입한 것을 이유로 사용자가 해고하였다.
② 노동조합 대표자가 사용자에게 단체 교섭을 요구했지만 사용자는 정당한 이유 없이 이를 거부하였다.
③ 회사의 재무 상황이 악화되어 사용자는 근로자에게 최저 임금보다 낮은 임금을 지급하였다.
④ 사용자가 근로자를 어느 노동조합에 가입하지 않을 것을 고용 조건으로 회사에 입사하도록 하였다.

37 약점진단
□△✕
□△✕
□△✕

다음 사례에 대한 법적 판단으로 옳은 것만을 〈보기〉에서 모두 고르면?   2020 국가직 9급

> 사례
>
> 갑은 노동조합에 가입하였다는 이유로, 을은 잦은 결근을 하였다는 이유로 모두 A 회사로부터 해고를 당하였다. 갑과 을은 각각 B 지방 노동 위원회에 구제 신청을 하였는데, B 지방 노동 위원회는 갑의 구제 신청은 받아들이고 을의 구제 신청은 기각하는 결정을 하였다.

> 보기
>
> ㄱ. 갑, 을 모두 지방법원에 해고 무효 확인 소송을 제기할 수 있다.
> ㄴ. 을은 B 지방 노동 위원회의 기각 결정 처분을 송달받은 날부터 10일 이내에 A 회사 사용자를 상대로 행정 소송을 제기할 수 있다.
> ㄷ. B 지방 노동 위원회는 갑의 해고에 대해 부당 노동 행위가 성립한다고 판정한 때에는 A 회사 사용자에게 구제 명령을 발하여야 한다.
> ㄹ. A 회사의 노동조합은 갑과 을의 해고에 대해 B 지방 노동 위원회에 구제 신청을 할 수 있다.

① ㄱ, ㄷ   ② ㄱ, ㄹ
③ ㄱ, ㄴ, ㄷ   ④ ㄴ, ㄷ, ㄹ

38 약점진단
□△✕
□△✕
□△✕

〈보기〉는 근로 계약서의 일부이다. 이에 대한 법적 판단으로 가장 옳은 것은?   2018 서울시 행정직 9급

> 보기
>
> ### 근로 계약서
>
> 사용자 'A'와 근로자 'B'(만 17세)는 다음과 같이 근로 계약을 체결한다.
>
> 1. 근로 계약 기간: 2018년 3월 1일~12월 31일
> … (중략) …
> 4. 근로 시간: 9시부터 20시까지(휴게 시간 1시간 포함)
> 5. 근무일: 매주 월요일~토요일
> 6. 임금: 7,000원(시급)
> ※ 단, 2018년 최저 임금은 시간당 7,530원임

① B는 유급 휴가를 사용할 수 없다.
② 근로 기간이 1년 미만이기 때문에 A는 「근로기준법」을 위반하였다.
③ B가 임금에 대해 A와 합의했다면 최저 임금을 요구할 수 없다.
④ A는 근로 시간과 관련하여 「근로기준법」을 위반하였다.

39 갑에 대한 법적 조언으로 옳은 것은?

약점진단
○△✕
○△✕
○△✕

2020 지방직(= 서울시) 9급

> 만 18세인 갑은 친권자인 양부모의 동의를 얻어 을이 사장인 주유소에서 하루 8시간씩 근로를 하게 되었다. 사장인 을은 근무 기간이 3개월이 안 될 경우 유급 휴일이 인정되지 않는다고 하였고, 갑은 3개월간 쉬는 날 없이 성실하게 일하였다. 그동안 학업을 병행하느라 월급에 대해 신경을 쓰지 못하고 있었는데 알고 보니 양부인 병이 근로 계약서를 작성하여 갑의 임금이 병에게 지급되고 있었다.

① 갑의 근로 시간은 1일 7시간을 초과할 수 없다.
② 사용자는 근로자에게 1주에 평균 1회 이상의 유급 휴일을 보장하여야 한다.
③ 민사상 미성년자이기 때문에 친권자인 양부모가 대리로 계약을 체결하는 것은 물론, 갑의 임금을 대리 지급받는 것도 가능하다.
④ 사용자와의 합의에 따라 휴식 시간은 1일 1시간 보장되고, 근로 시간은 1일 30분 한도로 연장 가능하다.

40 다음의 사례에 대한 법적 판단으로 옳은 것은?

약점진단
○△✕
○△✕
○△✕

사례

> 갑은 □□ 회사에 3년 동안 근무하였는데, 최근에 노동조합의 파업을 주도하여 회사에 큰 손실을 입혔다는 회사 측의 주장을 이유로 해고를 통보받았다. □□ 회사의 노동조합은 법에 정해진 절차를 준수한 정당한 파업을 했기 때문에 갑에 대한 해고는 부당하다고 생각하고, 갑의 해고에 대한 구제 절차를 준비하고 있다.

① □□ 회사 노동조합과 갑은 해고 무효 확인 소송을 제기할 수 있다.
② 갑이 당한 해고는 부당 해고에는 해당하지만, 부당 노동 행위로는 보기 어렵다.
③ 갑은 지방 노동 위원회를 거치지 않아도 부당 해고에 대한 행정 소송을 신청할 수 있다.
④ □□ 회사 노동조합은 지방 노동 위원회에 부당 노동 행위에 대한 구제 신청을 할 수 있다.

41 밑줄 친 ㉠~㉣에 대해 옳은 것만을 〈보기〉에서 있는 대로 고른 것은?

약점진단
○△✕
○△✕
○△✕

> 다음 근로 계약서의 밑줄 친 ㉠~㉣ 중 「근로기준법」을 위반한 부분을 찾아 「근로기준법」에 부합하게 고치시오.
>
> | 근로 계약서 |
> | --- |
> | 사용자 'A'와 근로자 'B'(17세)는 다음과 같이 근로 계약을 체결한다. |
> | 1. 근로 계약 기간: 2021년 1월 1일~2021년 2월 28일 |
> | 2. 근로 시간: ㉠ 10시~17시(휴게 시간: 12시~13시) |
> | 3. 근무일: ㉡ 매주 월요일부터 금요일까지 |
> | 4. 임금 및 지급 방법: ㉢ 시간당 8,000원 / ㉣ 매월 25일 B의 부모 통장에 입금 |
>
> ※ 2021년 법정 최저 임금은 시간당 8,720원임

보기

ㄱ. 근로자 B는 연소 근로자이므로 ㉠은 근로 시간의 위반 사항이므로 '10시~16시'로 고쳐야 한다.
ㄴ. ㉡은 '매주 월요일부터 수요일까지'로 고쳐야 한다.
ㄷ. ㉢은 시간당 8,720원 이상으로 고쳐야 한다.
ㄹ. ㉣은 '매월 25일 B의 통장에 입금'으로 고쳐야 한다.

① ㄱ, ㄴ　　　② ㄱ, ㄷ
③ ㄴ, ㄹ　　　④ ㄷ, ㄹ

42

약점진단
◯△☓
◯△☓
◯△☓

밑줄 친 ㉠~㉣에 대한 옳은 설명을 〈보기〉에서 모두 고른 것은?

A 회사는 건물 등의 전기 설비 안전 상태를 점검 · 평가하는 업체로, 갑은 A 회사에서 평가 담당자로 근무하였다. 그런데 갑이 평가 대상 업체에 수년 동안 개인 차량 유지에 필요한 비용을 대납하게 한 사실이 적발되었고, 이에 A 회사는 갑을 해고하였다. 부당 해고 여부와 관련하여 진행된 구제 절차에서 ㉠ 지방 노동 위원회는 갑에 대한 징계 사유는 인정되지만 비위 사실에 비해 징계 양형이 과도하여 부당 해고라고 판정하였고, ㉡ 중앙 노동 위원회는 징계 양형이 적정하므로 부당 해고가 아니라고 판정하였다. 이후에 진행된 ㉢ 행정 소송에서 법원은 중앙 노동 위원회의 판정에 문제가 없다며 ㉣ 원고 패소 판결을 내렸다.

보기

ㄱ. 갑이 노동조합에 속해 있다면, 노동조합은 갑을 대신해 ㉠에 구제 신청을 할 수 있다.
ㄴ. ㉡에서 담당하는 재심은 A 회사의 신청으로 진행되었다.
ㄷ. ㉢은 ㉠, ㉡에서의 구제 절차를 거치지 않고도 제기할 수 있다.
ㄹ. ㉣은 갑이며, 피고는 중앙 노동 위원회 위원장이다.

① ㄱ, ㄴ
② ㄴ, ㄷ
③ ㄴ, ㄹ
④ ㄷ, ㄹ

43

약점진단
◯△☓
◯△☓
◯△☓

근로자의 권리 보호와 관련된 (가)~(라)에 대한 설명으로 옳은 것은?

(가) 근로자 갑은 퇴근하는 길에 휴대폰 문자로 해고 통보를 받았다.
(나) 근로자 을은 3개월 동안 일을 하였으나 임금을 받지 못하고 있다.
(다) 근로자 병은 파업을 주도하였다는 이유로 인해 불리한 인사 조치를 받게 되었다.
(라) 근로자 정은 노동조합에 가입하지 않겠다는 근로 계약의 내용을 위반하였다는 이유로 해고를 당했다.

① (가)는 부당 해고에 해당하므로, 갑은 지방 노동 위원회에 구제 신청할 수 있다.
② (나)는 부당 노동 행위에 해당하므로, 을은 지방 노동 위원회에 구제 신청할 수 있다.
③ (다)는 부당 노동 행위에 해당하므로, 병은 해고 무효 확인 소송을 제기할 수 있다.
④ (가), (다), (라)는 지방 노동 위원회의 구제를 거치지 않고 바로 행정 소송을 제기할 수 있다.

약점 체크와 약점 보완을 한 번에 ▶ 정답과 해설 P.36

필수기출 & 출제예상 문제

국제 사회의 이해   빈출도 ★☆☆

01 우리나라의 시대별 국제 관계 변화에 대한 설명으로 옳지 않은 것은?   2021 국가직 9급

약점진단
ㅇ△✕
ㅇ△✕
ㅇ△✕

① 1970년대 냉전 체제의 강화로 공산 진영을 배제한 채 미국 중심의 자유 진영 국가와 우호 관계를 구축하였다.
② 1980년대 후반에는 북방 외교 정책을 펼쳐 구소련, 중국 등 공산권 국가와 관계 개선을 추진하였다.
③ 1990년대 탈냉전 흐름 속에서 안보 외교를 유지하면서도 실리를 중시하는 외교를 추구하였다.
④ 2000년 이후 공적 개발 원조(ODA) 지원 규모의 증가 추세 속에서 개발 원조 위원회(DAC) 회원국이 되었다.

02 국제 사회의 변천 과정에 대한 설명으로 옳지 않은 것은?   2020 지방직(= 서울시) 9급

약점진단
ㅇ△✕
ㅇ△✕
ㅇ△✕

① 1648년 베스트팔렌 조약을 기점으로 영토, 국민, 주권을 지닌 국민 국가가 국제 사회의 주체로 등장하였다.
② 국제연맹은 미국의 참여와 주도에도 불구하고 일본과 독일, 이탈리아의 탈퇴로 실질적인 효과를 거두지 못하였다.
③ 미국은 1947년 트루먼 독트린을 통해 공산주의 세력의 위협을 받는 국가에 군사 및 경제 원조를 제공하였다.
④ 1990년대 들어 냉전이 종식되면서 민족, 종교, 영토, 자원 등으로 인한 분쟁은 오히려 증가했다.

03 국제 사회를 바라보는 다음의 관점에 대한 설명으로 옳지 않은 것은?   2019 국가직 9급

약점진단
ㅇ△✕
ㅇ△✕
ㅇ△✕

(가) 국가는 힘을 추구하며, 국가가 힘을 추구하는 데 있어 보편적 윤리는 중요한 관심의 대상이 아니라고 본다.
(나) 국제 사회가 동물의 세계처럼 힘이 지배하는 세계가 아니라 인간의 이성과 윤리가 작동하는 사회라고 본다.

① (가)는 국제 사회를 무정부 상태에 가깝다고 이해하고, 국가 안보의 중요성을 강조한다.
② (가)는 (나)의 관점과 달리 경제, 환경, 인권 문제도 중시한다.
③ (나)는 국제 사회가 보편적인 선이나 국제 규범에 의해 지배되고 있다고 주장한다.
④ (나)는 (가)의 관점과 달리 국제법과 국제 기구 등을 통해 평화적이고 협력적인 국제 사회를 건설할 수 있다고 주장한다.

04 국제 사회를 바라보는 관점 (가), (나)에 대한 설명으로 가장 옳은 것은?

약점진단
ⓞ△✕
ⓞ△✕
ⓞ△✕

2016 서울시 행정직 9급

(가) 국제 사회란 보편적인 가치나 질서에 의해서 지배되는 것이 아닙니다. 오로지 권력과 같은 힘으로 주도될 뿐이지요. 각국은 각자 자국의 이익을 추구하기 위해 계산적으로 움직이기 때문에 배려나 양보를 기대하는 것은 불합리합니다.

(나) 국제 사회란 보편적인 선이나 국제 규범에 의해 지배되고 있습니다. 마치 사람들이 모여 사회를 이루고 살듯이, 국제적으로 발생하는 다양한 문제들에 대응하기 위해 국가 간 연합과 협력이 이루어지는 공간이 국제 사회입니다.

① (가)는 국제 관계에서 국가 간 상호 의존적 관계를 중시해야 한다고 본다.
② (나)의 대표적인 사례로 북대서양 조약 기구(NATO), 바르샤바 조약 기구(WTO) 등이 있다.
③ (나)는 집단 안보 체제의 구축이 국제 평화 유지의 방안이 될 수 있다고 본다.
④ (가)는 (나)보다 국제 관습법과 같은 국제법의 중요성을 강조한다.

05 그림의 A~D 시기에 대한 옳은 설명만을 〈보기〉에서 고른 것은?

약점진단
ⓞ△✕
ⓞ△✕
ⓞ△✕

A	→	B	→	C	→	D
냉전의 형성		냉전의 완화		냉전의 해체		탈냉전

보기

ㄱ. A 시기에 국제 사회에서는 자유주의 관점을 기반으로 양극 체제가 형성되었다.
ㄴ. B 시기는 공산주의와 자유주의 진영의 다원화, 비동맹 국가의 국제적 위상 강화 등이 나타난다.
ㄷ. C 시기는 동유럽의 공산주의 포기, 독일 통일, 소련 해체 등을 통해 이루어졌다.
ㄹ. D 시기에 국제 사회에서는 경제적 실리 추구보다 이념이 중시되고 있다.

① ㄱ, ㄴ   ② ㄱ, ㄷ
③ ㄴ, ㄷ   ④ ㄴ, ㄹ

국제 관계와 국제법

빈출도 ★★☆

06 국제 사회의 행위 주체에 대한 설명으로 옳은 것은?

약점진단
ⓞ△✕
ⓞ△✕
ⓞ△✕

2019 지방직 9급

① 유럽연합(European Union)은 기능적 범위가 제한적이지 않고 포괄적인 국제 기구이다.
② 국제연합(United Nations)과 국제사면위원회(Amnesty International)는 정부 간 국제 기구이다.
③ 여러 나라에 계열 회사를 두고 국제적 생산·판매 활동을 하는 대기업은 행위 주체가 아니다.
④ 전직 국가 원수나 저명 예술가는 행위 주체가 될 수 없다.

07 〈보기〉의 A, B는 국제연합(UN)의 주요 기관이다. 이에 대한 설명으로 가장 옳지 <u>않은</u> 것은?

약점진단
ⓞ△✕
ⓞ△✕
ⓞ△✕

2021 서울시 운전직 9급

보기

• A는 갑(甲)국과 을(乙)국 양국이 제기한 카리브해 영유권 분쟁 소송에서 만장일치로 갑(甲)국이 을(乙)국보다 3배 많은 해양 영토를 받아야 한다고 판결했다.
• B는 병(丙)국에 대한 무기 수출 금지, 제재를 담은 결의안을 표결에 부치기로 했다. 그러나 러시아가 거부권을 행사할 경우 무산될 수 있다.

① A는 국제연합의 비회원국에 대해서도 재판할 수 있다.
② A는 당사국 간 합의에 의한 제소가 있어야 재판하는 것이 원칙이다.
③ B는 의사 결정 방식에서 강대국의 논리가 반영될 가능성이 높다.
④ A는 B와 달리 군사적 개입을 할 수 있다.

08 다음 A~C에 해당하는 국제연합의 주요 기관에 대한 설명으로 옳은 것은?

약점진단
ㅇㅁㅁ
ㅇㅁㅁ
ㅇㅁㅁ

2021 국가직 9급

- (A)는 국제연합의 모든 회원국으로 구성되며 국제 연합의 활동 범위에 속하는 문제에 대해 토의, 권고하는 권한을 지닌다. 주권 평등 원칙에 따라 안건을 의결할 때, 1국 1표를 행사한다.
- (B)는 5개 상임이사국과 10개 비상임이사국으로 구성된다. 국제연합의 신속하고 효과적인 조치를 확보하기 위하여, 국제연합의 회원국은 국제 평화와 안전의 유지를 위한 일차적 책임을 (B)에 부여한다.
- (C)는 국제연합의 주요한 사법 기관이다. (C)는 국가 간 분쟁에 대해 국제법에 따른 판결을 내릴 수 있다.

① A는 국제연합의 실질적 최고 의사결정기구이다.
② B는 중요 문제에 대해 5개 상임이사국이 모두 포함된 9개국 이상의 찬성으로 의사를 결정한다.
③ C는 서로 다른 국적의 15인 재판관으로 구성되며 강제적 관할권을 가진다.
④ C는 판결을 이행하지 않는 당사국에 대하여 직접 제재를 가할 수 있다.

09 〈보기〉의 (가)에 대한 설명으로 가장 옳은 것은?

약점진단
ㅇㅁㅁ
ㅇㅁㅁ
ㅇㅁㅁ

2018 서울시 행정직 9급

보기

2017년 12월 국제연합 ☐(가)☐ 이/가 미국의 예루살렘 이스라엘 수도 선언 철회를 요구하는 결의안을 표결에 부쳤지만 미국 반대로 부결되었다. ☐(가)☐ 15개 이사국은 예루살렘을 이스라엘 수도로 인정해서는 안 된다는 내용의 결의안을 표결했지만 14 대 1로 부결되었다.

① 국제연합의 최고 의결 기관이다.
② 국제 평화와 안전 유지에 일차적 책임을 진다.
③ 국제 분쟁에 개입할 때 군사력을 사용할 수 없다.
④ 국제법을 적용하여 국제 분쟁을 해결하는 국제연합의 사법 기관이다.

10 국제연맹과 국제연합에 대한 설명으로 옳지 <u>않은</u> 것은?

약점진단
ㅇㅁㅁ
ㅇㅁㅁ
ㅇㅁㅁ

2018 지방직 9급

① 국제연맹은 미국의 불참, 일본과 이탈리아의 탈퇴 등으로 인해 국제 분쟁 해결에 무기력한 모습을 보였다.
② 국제연합은 강대국들의 거부권을 인정한 안전보장이사회를 설치하였다.
③ 국제연합은 전쟁 억제 이외에도 경제·사회·문화·인도적 차원에서 국가 간 협력을 추구하고 있다.
④ 국제연합은 사법 기관으로 국제형사재판소를 운영하고 있다.

11 국제법의 법원(法源) (가)~(다)에 대한 설명으로 옳은 것은? (단, (가)~(다)는 조약, 국제 관습법, 법의 일반 원칙 중 하나이다.)

약점진단
ㅇㅁㅁ
ㅇㅁㅁ
ㅇㅁㅁ

2020 국가직 9급

(가) 국내 문제 불간섭 원칙
(나) 신의 성실의 원칙, 권리 남용 금지의 원칙
(다) 한미 상호 방위 조약, 교토 의정서

① (가)는 국제 행위 주체 간의 합의가 명시적 문서로 작성된 것이다.
② (나)는 문명국들이 공통적으로 승인하여 따르는 법의 보편적인 원칙이다.
③ (다)는 국제 사회의 관행이 국제 사회에서 법으로 승인된 것이다.
④ 우리나라에서 (가), (나)가 국내법과 같은 효력을 갖기 위해서는 별도의 법적 절차를 거쳐야 한다.

12 헌법상 조약에 관련된 설명으로 옳지 <u>않은</u> 것은?

약점진단
ㅇㅁㅁㅁ
ㅇㅁㅁㅁ
ㅇㅁㅁㅁ

2019 국가직 9급

① 외국인은 국제법과 조약이 정하는 바에 의하여 그 지위가 보장된다.
② 국회는 모든 조약의 체결·비준에 대해 동의권을 가진다.
③ 대통령은 조약에 대한 체결·비준권을 가진다.
④ 헌법에 의하여 체결·공포된 조약은 국내법과 같은 효력을 가진다.

13 다음은 국제연합의 주요 기관을 구분한 것이다. 이에 대한 설명으로 옳은 것은? (단, A~C는 각각 총회, 안전보장이사회, 국제사법재판소 중 하나이다.)

약점진단
ㅇㅁㅁㅁ
ㅇㅁㅁㅁ
ㅇㅁㅁㅁ

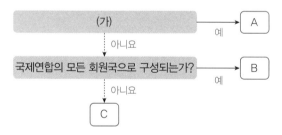

① (가)에는 '의사결정 시 1국 1표주의가 적용되는가?'가 들어갈 수 있다.
② (가)에 '의결 시 거부권이 인정되는 국가가 존재하는가?'가 들어가면, B는 국제연합의 사법 기관이다.
③ (가)에 '국적이 서로 다른 15명의 재판관으로 구성되는가?'가 들어가면, A는 개인 간의 분쟁을 해결하는 사법 기관이다.
④ C가 안전보장이사회라면, (가)에는 '국제 평화 유지를 위해 군사적 제재를 결정할 수 있는가?'가 들어갈 수 없다.

14 국제연합의 주요 기관 A~C에 대한 설명으로 옳은 것만을 〈보기〉에서 모두 고르면? (단, A~C는 각각 총회, 안전보장이사회, 국제사법재판소 중 하나이다.)

약점진단
ㅇㅁㅁㅁ
ㅇㅁㅁㅁ
ㅇㅁㅁㅁ

• A에서 이스라엘과 팔레스타인 간 무력 충돌 사태에 대해 군사적 대응을 비난하고 휴전을 촉구하는 결의안이 상임이사국 중 유일하게 갑국의 반대로 부결되었다.
• B는 C의 판결을 존중해 을국이 차고스 제도 통치권을 병국에 넘겨줄 것을 촉구하는 결의안을 통과시켰다. 이번 결의안 통과에는 193개 회원국 중 116개국이 찬성하였고, 56개국은 기권하였다.

> **보기**
>
> ㄱ. A의 상임이사국은 갑국을 포함하여 5개국이다.
> ㄴ. A가 갑국의 반대로 공동 성명을 내지 못하는 것은 이상주의 관점으로 설명할 수 있다.
> ㄷ. C는 원칙적으로 분쟁 당사국의 제소가 없어도 재판을 할 수 있다.
> ㄹ. A와 B의 표결 방식에는 1국 1표 원칙이 적용된다.

① ㄱ, ㄴ   ② ㄱ, ㄹ
③ ㄴ, ㄷ   ④ ㄴ, ㄹ

15
약점진단
☐△✕
☐△✕
☐△✕

다음 (가), (나)에 대한 설명으로 옳은 것만을 〈보기〉에서 모두 고르면?

> (가) 이것은 외교관이나 정부의 위임을 받은 자가 문서로 서명하고, 국회의 동의를 거쳐 대통령이 비준을 하여 상호 교환함으로써 효력이 발생한다.
> (나) 이것은 국제 사회의 관행에 의하여 발생한 국제 사회 생활의 규범이 성문화되지 않고 국제 사회에서 법으로 승인되고 준수되는 것이다.

보기

> ㄱ. (가)와 (나)는 국제법의 법원(法源)으로서의 역할을 한다.
> ㄴ. (가)는 체결 당사국에서만 효력이 있고 제3국에서는 효력이 없다.
> ㄷ. (가)는 포로에 관한 제네바 협정과 같이 국제 사회에서 일반적으로 승인된 국제 법규이다.
> ㄹ. (나)는 국가 간 명시된 합의로서 국제법의 중요한 법원(法源)이다.

① ㄱ, ㄴ   ② ㄱ, ㄷ
③ ㄴ, ㄷ   ④ ㄴ, ㄹ

약점 체크와 약점 보완을 한 번에   정답과 해설 P.45

PART 02

PART

경제

	CHAPTER	출제 비중	교수님의 기출 경향 & 출제 예상 POINT
	01 경제생활과 경제 주체	19%	경제 순환의 모형, 기본적인 경제 문제와 경제 체제의 유형, 합리적 선택과 합리적 생산 등이 출제되었다. 편익과 비용 분석, 기업의 합리적 생산 계산, 조세의 유형을 비교하는 문제 등이 출제될 수 있으므로 다양한 유형의 문제를 통해 계산 연습을 해 두도록 한다.
출제 비중 高	02 시장과 경제 활동	26%	시장 균형의 변동 요인과 결과, 수요의 가격 탄력성과 공급의 가격 탄력성, 가격 규제 정책에 따른 분석, 시장 실패의 유형, 보조금 정책 전후의 잉여 비교 등이 출제되었다. 수요의 가격 탄력성과 판매 수입 간의 관계, 최고 가격제와 최저 가격제 실시에 따른 잉여의 변화 분석, 외부 효과의 유형에 따른 그래프 분석 및 대책 방안과 관련하여 출제될 수 있으므로 이를 이해하고 응용할 수 있어야 한다.
출제 비중 高	03 국가와 경제 활동	26%	국내 총생산과 국민 총생산의 비교, 고용 지표, 경제 성장률과 물가 상승률, 실업의 유형, 인플레이션의 유형, 경제 안정화 정책 등이 출제되었다. 국내 총생산을 계산하는 문제, 명목 GDP와 실질 GDP를 통한 물가 수준 파악, 고용 지표 계산, 정부의 재정 정책과 중앙은행의 통화 정책 파악 등이 고난도로 출제될 수 있으므로 다양한 문제를 풀어 보며 개념을 꼼꼼하게 이해해 두도록 한다.
	04 세계 시장과 교역	21%	비교 우위와 교역 조건, 생산 가능 곡선, 환율 변동의 요인과 결과, 경상 수지의 변화 파악 등과 관련된 문제가 출제되었다. 생산 가능 곡선뿐만 아니라 무역 전후의 생산량을 통해 비교 우위 재화를 파악하는 문제, 관세 부과에 따른 변화를 분석하는 문제, 시사성이 높은 자료를 통해 파악할 수 있는 환율 변화와 이의 영향을 묻는 문제, 경상 수지의 항목별 변화를 분석하는 문제가 출제될 수 있다.
	05 경제생활과 금융	8%	명목 이자율과 실질 이자율, 수입과 지출, 금융 상품의 유형 등이 출제되었다. 단리와 복리의 차이점을 파악하는 문제, 명목 이자율과 물가 상승률을 통해 실질 이자율을 파악하는 문제, 특정 가계의 소득 구성을 파악하는 문제, 금융 상품의 특징을 비교하는 문제가 출제될 수 있다.

경제생활의 이해
빈출도 ★☆☆

01
약점진단
〇△✕
〇△✕
〇△✕

〈보기〉는 민간 경제 주체 간 화폐의 흐름을 나타낸 것이다. 이에 대한 설명으로 가장 옳은 것은? (단, A와 B는 경제 주체이다.)

2018 서울시 운전직 9급

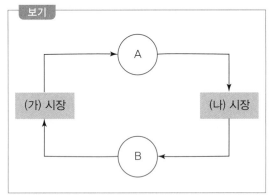

① A가 가계라면 임금은 (나) 시장에서 결정된다.
② B가 기업이라면 (가) 시장에서 재화와 서비스가 거래된다.
③ B가 효용 극대화를 추구하는 경제 주체라면 (나) 시장에서 기업은 수요자 역할을 담당한다.
④ (나) 시장에서 생산물이 거래된다면 A는 이윤 극대화를 추구하는 경제 주체이다.

02
약점진단
〇△✕
〇△✕
〇△✕

민간 경제의 순환을 나타낸 다음 그림에 대한 설명으로 옳은 것은? (단, (가), (나)는 서로 다른 경제 주체를, 화살표는 실물 또는 화폐의 흐름을 표시한 것이다.)

2019 국가직 9급

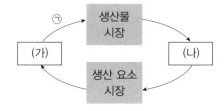

① 화살표가 화폐의 흐름이라면 (가)는 생산물 시장의 수요자이다.
② 화살표가 실물의 흐름이라면 (나)는 생산 활동의 주체이다.
③ (나)가 생산물 시장의 공급자라면 생산 요소에 대한 대가 지급은 ㉠에 해당한다.
④ (가)가 소비 활동의 주체라면 (나)의 경제 활동 목적은 효용의 극대화이다.

03
약점진단
ⓞ△⊗
ⓞ△⊗
ⓞ△⊗

〈보기〉는 국민 경제 주체의 상호 관계를 나타낸다. 이에 대한 설명으로 가장 옳은 것은? 2018 서울시 행정직 9급

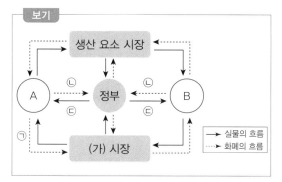

① ㉠의 예로는 임금, 이자, 지대 등이 있다.
② 경기가 불황일수록 ㉡의 크기가 커진다.
③ B는 (가) 시장의 공급자로 효용 극대화를 추구한다.
④ 정부의 흑자 재정 정책은 A의 소득을 감소시키는 요인이다.

04
약점진단
ⓞ△⊗
ⓞ△⊗
ⓞ△⊗

그림은 민간 경제의 순환을 나타낸 것이다. 이에 대한 설명으로 옳지 <u>않은</u> 것은?

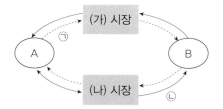

① B가 가계라면, 생산 요소는 (나) 시장에서 거래된다.
② A가 가계라면, 소비 지출은 ㉡이 아닌 ㉠에 해당한다.
③ (나) 시장에서 생산 요소가 거래된다면, ㉡의 증가는 경제 성장 요인이 될 수 있다.
④ (가) 시장에서 재화와 서비스가 거래된다면, A는 만족 극대화, B는 이윤 극대화를 추구하는 경제 주체이다.

경제 문제의 합리적 해결   빈출도 ★★☆

05
약점진단
ⓞ△⊗
ⓞ△⊗
ⓞ△⊗

(가), (나) 사례에 대한 〈보기〉의 진술 중 옳은 설명만을 고른 것은? 2017 서울시 행정직 9급

(가) 태평양의 어느 섬에서는 망고보다 바나나가 더 많이 생산된다. 하지만 바나나가 망고보다 훨씬 높은 가격에 거래된다.
(나) 물은 생존을 위해 반드시 필요한 재화이다. 하지만 물의 가격은 다이아몬드 가격보다 훨씬 낮다.

보기
㉠ (가)의 사례에서 바나나는 망고보다 희소성이 큰 재화이다.
㉡ (가)와 (나)의 사례에서 가격을 결정한 요인은 유용성보다는 존재량이다.
㉢ (나)에서 다이아몬드가 비싼 이유는 인간에게 더 유용한 재화이기 때문이다.
㉣ 희소성은 재화의 존재량과 인간의 욕구와의 관계에서 상대적으로 결정된다.

① ㉠, ㉡   ② ㉠, ㉣
③ ㉡, ㉢   ④ ㉢, ㉣

06
약점진단
ⓞ△⊗
ⓞ△⊗
ⓞ△⊗

다음 사례에 대한 분석으로 옳은 것은?

사례
□□고등학교를 졸업한 갑과 을은 모두 ○○대학교에 합격하였고, A 회사에의 취업에도 성공하였다. 대학 생활을 위해서는 ㉠학비를 지출해야 하지만, 회사에 취업하면 ㉡소득을 얻을 수 있다. 이를 두고 고민한 끝에 갑은 ○○대학교로의 진학을 선택하였고, 을은 A 회사로의 취업을 선택하였다.

① 을의 선택에서 ㉠은 명시적 비용에 해당한다.
② 을은 취업에 따른 편익이 ㉠과 ㉡의 합보다 크다고 판단하였다.
③ 갑의 선택에서 ㉠은 암묵적 비용, ㉡은 명시적 비용에 해당한다.
④ 갑은 대학 진학에 따른 편익이 ㉠과 ㉡의 합보다 크다고 판단하였다.

07 다음 자료에 대한 분석으로 옳은 것은?

약점진단
◻△☓
◻△☓
◻△☓

표는 갑이 각 상품을 소비하는 양에 따른 만족도를 나타낸 것이다. 갑은 소비할 때 용돈을 모두 사용하여 만족을 극대화하고자 한다. 각 상품의 가격은 모두 단위당 1,000원이며, 갑의 용돈은 15,000원에서 12,000원으로 감소하였다.

소비량	피자	치킨	떡볶이
1단위	45	45	54
2단위	58	60	65
3단위	70	73	75
4단위	80	85	80
5단위	85	95	83
6단위	87	97	84

① 용돈 감소 전에 소비로 얻을 수 있는 최대 만족은 260이다.
② 용돈 감소 전에는 세 상품을 각각 4단위씩 소비했을 것이다.
③ 용돈 감소 후에는 세 상품에 대한 소비를 각각 1단위씩 줄일 것이다.
④ 용돈 감소 후에는 피자 4단위, 치킨 5단위, 떡볶이 3단위를 소비할 때 만족이 극대화된다.

08 다음 (가), (나)에 대한 설명으로 옳지 않은 것은?

약점진단
◻△☓
◻△☓
◻△☓

(가) 경제 주체가 여러 가지 대안들 가운데 하나를 선택할 때 포기한 대안들의 가치 중 가장 큰 것
(나) 경제 주체가 어떤 경제 행위를 선택할 때 얻게 되는 만족이나 가치

① 암묵적 비용은 (가)에 포함된다.
② 기업의 판매 수입은 (나)에 해당한다.
③ (나)보다 (가)가 큰 것을 선택하는 것은 합리적 선택이다.
④ 최소의 (가)로 최대의 (나)를 누리는 것은 효율성의 원리이다.

09 다음 자료에 대한 설명으로 옳지 않은 것은?

약점진단
◻△☓
◻△☓
◻△☓

회사원 갑은 공무원 시험 준비를 위해 학원에 다녔고, 같은 해 시험에 합격하였다. 하지만 공무원의 경우 고용 안정성은 높지만 월급이 적어 회사를 그만두고 공무원이 되어야 할지 고민하고 있다. 이에 갑은 '비용-편익 분석'을 통해 선택하기로 하였고, 공무원이 되는 것을 선택했을 때의 편익과 비용을 정리해 보니 다음과 같았다.

편익	• ㉠ 고용 안정성 • (㉡)
비용	• ㉢ 현재 회사에서 받는 월급 • ㉣ 공무원 시험 준비를 위해 지출한 학원비

① ㉠은 편익이 아니므로 제외되어야 한다.
② ㉡에는 '공무원이 되었을 때 받는 월급'이 들어갈 수 있다.
③ ㉢은 공무원이 되는 것을 선택했을 때의 암묵적 비용이다.
④ ㉣은 매몰 비용이므로 제외되어야 한다.

경제 체제와 경제 목표

빈출도 ★☆☆

10 약점진단 ☐△✕ ☐△✕ ☐△✕

〈보기〉에 대한 설명으로 가장 옳은 것은? (단, (가), (나)는 각각 계획 경제 체제, 시장 경제 체제 중 하나이다.)

2022 서울시 운전직 9급

보기

구분	(가)	(나)
'정부의 계획'에 의한 자원 배분을 강조하는가?	아니요	예
㉠	A	예

① (가)는 경제 활동의 형평성보다 효율성을 강조한다.
② (나)는 민간 경제 주체의 자율적 의사 결정을 중시한다.
③ (나)는 (가)에 비해 경제 주체의 이윤 추구를 장려한다.
④ A가 '아니요'라면 ㉠에 '자원의 희소성으로 인한 경제 문제가 발생하는가?'가 들어갈 수 있다.

11 약점진단 ☐△✕ ☐△✕ ☐△✕

〈보기〉는 경제 체제 A와 B를 구분한 것이다. 이에 대한 설명으로 가장 옳은 것은? (단, A와 B는 각각 시장 경제 체제와 계획 경제 체제 중 하나이다.)

2020 서울시 운전직 9급

보기

질문	A	B
생산 수단의 사적 소유를 인정하는 경제 체제와 관련이 있는가?	예	아니요
개별 경제 주체들의 자유로운 경제 활동을 보장하는가?	㉠	㉡
(가)	아니요	예

① A는 기본적인 경제 문제의 해결에서 형평성을 더 강조한다.
② B보다 A에서 경제적 유인 체계를 더 중시한다.
③ ㉠에는 '아니요', ㉡에는 '예'가 들어간다.
④ (가)에는 '보이지 않는 손을 중시하는가?'가 들어갈 수 있다.

12 약점진단 ☐△✕ ☐△✕ ☐△✕

〈보기〉는 질문 (가), (나)에 따라 경제 체제를 분류한 것이다. 이에 대한 설명으로 가장 옳은 것은? (단, A와 B는 각각 시장 경제 체제와 계획 경제 체제 중 하나이다.)

2019 서울시 운전직 9급

보기

구분	A	B
(가)	예	아니요
(나)	아니요	예

① A가 계획 경제 체제라면, (나)는 '기본적인 경제 문제가 발생하는가?'가 될 수 있다.
② A가 시장 경제 체제라면, (가)는 '정부의 계획에 의한 자원 배분을 강조하는가?'가 될 수 있다.
③ B가 시장 경제 체제라면, (가)는 '경쟁보다 형평성을 중시하는가?'가 될 수 있다.
④ (나)가 '시장 가격의 자원 배분 기능을 중시하는가?'이면, A는 B보다 경제적 유인 체계를 강조한다.

13 약점진단 ☐△✕ ☐△✕ ☐△✕

다음 표는 경제 체제 (가)~(다)의 특징을 나타낸 것이다. 이에 대한 설명으로 옳은 것은?

경제 체제	특징
(가)	시장 원리에 의한 운용
(나)	정부의 명령에 의한 운용
(다)	전통과 관습에 의한 운용

① (가)보다 (다)에서 경제 주체들 간의 자유로운 경쟁을 보장한다.
② (나)보다 (가)에서 사적 이익을 추구하는 활동을 보장한다.
③ (나)보다 (다)에서 경제적 유인을 강조한다.
④ (다)보다 (나)에서 '보이지 않는 손'에 의한 자원 배분을 강조한다.

14 다음 경제 체제 A~C에 대한 옳은 설명만을 〈보기〉에서 고른 것은?

약점진단
○△✕
○△✕
○△✕

> A에서는 생산 수단을 국가나 공공 단체가 소유하고, 생산·교환·분배·소비 활동이 국가의 계획과 명령에 의해 이루어진다. 이에 반해 B에서는 경제 주체들 간에 자유로운 생산·교환·분배·소비 활동이 이루어진다. 자본과 토지와 같은 생산 수단이 사유화되어 있으며 생산물은 물론 토지, 노동, 자본 등의 생산 요소도 시장에서 상품으로 매매된다. 한편, C에서는 사유 재산제와 시장의 가격 기구에 기초한 경제 운용을 기본 바탕으로 하면서 자본주의 체제의 문제점을 극복하기 위해 정부가 적극적으로 투자 활동을 하거나 경제 통제를 하기도 한다.

보기

ㄱ. A에서는 시장의 가격 기구에 의해 희소한 자원이 배분된다.
ㄴ. A에 비해 B에서는 실업과 인플레이션이 자주 발생하여 경제가 불안정하다.
ㄷ. C에서는 경제 문제에 대한 민간 경제 주체의 자율적 해결 능력이 불완전하다고 본다.
ㄹ. A는 B, C에 비해 이윤 동기에 의한 경제적 유인을 통해 효율성을 실현하기에 유리하다.

① ㄱ, ㄴ   ② ㄴ, ㄷ
③ ㄴ, ㄹ   ④ ㄷ, ㄹ

경제 주체의 역할   빈출도 ★★☆

15 〈보기〉의 (가), (나)에 대한 설명으로 가장 옳은 것은?
2021 서울시 운전직 9급

약점진단
○△✕
○△✕
○△✕

보기

> 소득은 규칙적이고 반복적으로 발생하는 (가) 와 불규칙적으로 발생하는 (나) 로 구성된다.

① (가) 중 이전 소득에는 공적 연금이 해당한다.
② (가) 중 사업 소득에는 배당금이 해당한다.
③ 연금 일시금은 (가)에 해당한다.
④ 예산 수립 시에는 (나)를 바탕으로 하는 것이 바람직하다.

16 다음 자료에 대한 분석 및 추론으로 옳은 것은?
2021 지방직(= 서울시) 9급

약점진단
○△✕
○△✕
○△✕

> 갑은 X재와 Y재만을 합리적으로 소비한다. 표는 각 재화 1개 추가 소비에 따른 편익 증가분을 화폐 단위로 나타낸다. 각 재화의 가격은 각각 5달러이고 갑의 현재 용돈은 25달러이다. 단, 갑은 용돈을 모두 사용한다.

(단위: 달러)

구분	1개째	2개째	3개째	4개째	5개째
X재	10	9	7	4	0
Y재	12	10	6	0	-8

① X재 2개, Y재 3개 소비 시 총편익이 가장 크다.
② X재 소비 증가에 따른 총편익은 지속적으로 감소한다.
③ Y재만을 소비하는 경우 총편익은 음(-)의 값을 가진다.
④ 용돈이 5달러 증가하면 현재보다 Y재 1개를 추가로 소비하게 될 것이다.

17 다음 자료에 대한 분석으로 옳은 것은?

2016 서울시 행정직 9급

약점진단
□△×
□△×
□△×

- A와 B의 가처분 소득은 각각 40만 원씩이다.
- A와 B는 가처분 소득 전부를 고급 레스토랑 외식 또는 뮤지컬 관람에 소비한다.
- 고급 레스토랑 외식은 1회에 10만 원, 뮤지컬 관람은 1회에 20만 원이다.

〈소비량에 따른 총 만족감의 크기〉

구분		고급 레스토랑 외식				뮤지컬 관람	
		1회	2회	3회	4회	1회	2회
총 만족감	A	8	16	23	29	25	45
	B	10	19	27	33	18	31

① B의 경우 가처분 소득 전부로 고급 레스토랑 외식만 하는 것이 총만족감이 가장 크다.
② 뮤지컬 관람 횟수를 1회에서 2회로 늘릴 때 총만족감의 증가는 B가 A보다 크다.
③ 고급 레스토랑에서 1회 외식할 때의 비용이 증가하면 뮤지컬을 1회 관람할 때의 기회비용도 증가한다.
④ A의 합리적 선택은 뮤지컬 관람만 하는 것이다.

18 표는 제품 A의 생산량에 따른 평균 수입과 총비용을 나타낸 것이다. 이에 대한 설명으로 옳은 것은? (단, 생산된 A는 모두 판매된다.)

2021 국가직 9급

약점진단
□△×
□△×
□△×

(단위: 원)

구분	생산량						
	1개	2개	3개	4개	5개	6개	7개
평균 수입	1,000	1,000	1,000	1,000	1,000	1,000	1,000
총비용	500	1,100	1,800	2,600	3,500	4,600	5,800

※ 평균 수입 = $\dfrac{\text{총수입}}{\text{생산량}}$

① 생산량이 1개씩 증가할 때 총수입의 증가분은 점차 커진다.
② 생산량이 1개씩 증가할 때 총비용의 증가분은 점차 작아진다.
③ 생산량이 3개일 때보다 5개일 때의 이윤이 더 크다.
④ 생산량이 6개일 때 이윤이 극대화된다.

19 표는 한 기업의 X재 생산량 증가에 따른 추가 수입과 추가 비용을 나타낸 것이다. 이에 대한 분석으로 옳은 것은?

2017 서울시 행정직 9급

약점진단
□△×
□△×
□△×

(단위: 만 원)

생산량	1개	2개	3개	4개	5개	6개
추가 수입	10	10	10	10	10	10
추가 비용	7	6	6	7	11	13

① 총이윤은 생산량이 2개일 때와 3개일 때가 같다.
② 생산량이 1개씩 증가할 때마다 평균 비용은 증가한다.
③ 평균 비용이 가장 작을 때 이윤은 최대가 된다.
④ 위의 사례에서 최대로 얻을 수 있는 총이윤은 14만 원이다.

20 〈보기〉의 밑줄 친 ㉠, ㉡에 대한 설명으로 가장 옳은 것은?

2020 서울시 운전직 9급

약점진단
□△×
□△×
□△×

보기

세금을 국가나 지방 자치 단체에 납부하는 사람을 '납세자'라고 하고, 부과된 세금을 실질적으로 부담하는 사람을 '담세자'라고 한다. 납세자와 담세자의 일치 여부에 따라 조세를 분류하면 ㉠간접세와 ㉡직접세로 나뉜다.

① ㉠은 납세자와 담세자가 일치하는 조세이다.
② ㉡은 주로 소비 지출에 부과되는 조세이다.
③ ㉠이 ㉡보다 조세에 대한 저항이 더 강하다.
④ ㉡이 ㉠보다 소득 재분배 효과가 더 크다.

21
약점진단
□△✕
□△✕
□△✕

〈보기〉는 서로 다른 과세 제도를 나타낸다. 이에 대한 설명으로 가장 옳지 <u>않은</u> 것은?   2019 서울시 운전직 9급

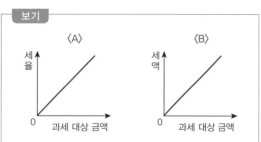

일반적으로 A는 조세 중 납세자와 담세자가 ㉠일 치하는 조세에, B는 ㉡일치하지 않는 조세에 적용 된다.

① B는 조세 부담의 역진성이 나타나 저소득층에게 불리하다.
② A는 경기 자동 안정화 장치로서의 기능을 한다.
③ ㉠은 ㉡에 비해 조세 징수 비용이 크다.
④ ㉡은 ㉠에 비해 소득 재분배 효과가 크다.

22
약점진단
□△✕
□△✕
□△✕

〈보기〉는 세율을 적용하는 방법에 따른 세금 부과 방식 변화를 나타낸다. 〈보기〉에 해당하는 사례로 가장 옳은 것은?   2018 서울시 운전직 9급

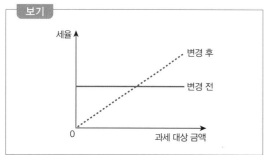

① 모든 상품에 동일한 세율을 적용하는 부가가치 세율을 인상한다.
② 모든 차량 소유주에게 동일한 세액을 부과하던 자동차세를 차량 가격에 비례해 부과하는 방식으로 변경한다.
③ 소득의 크기에 따라 세율을 차등 적용하던 소득세를 동일한 세율을 적용하는 방식으로 변경한다.
④ 재산의 증가율과 세액의 증가율이 동일하던 재산세를 재산의 증가율보다 세액의 증가율이 더 큰 방식으로 변경한다.

23
약점진단
□△✕
□△✕
□△✕

그림은 조세를 세율의 적용 방식에 따라 두 가지 유형 A와 B로 구분하여 나타낸 것이다. 이에 대한 설명으로 가장 적절한 것은?   2020 국가직 9급

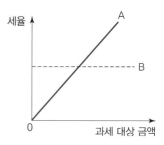

① 부가가치세에는 주로 A가 적용된다.
② 법인세와 개인소득세에는 주로 B가 적용된다.
③ 직접세는 일반적으로 A보다는 B를 적용한다.
④ 소득 재분배 효과는 B에서보다 A에서 크게 나타난다.

24
약점진단
□△✕
□△✕
□△✕

그림과 같은 조세 제도에 대한 설명으로 옳은 것은?   2018 국가직 9급

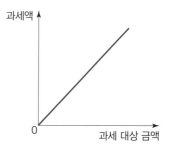

① 저소득 계층에 유리하게 작용한다.
② 우리나라의 소득세에 적용되는 과세 방식이다.
③ 누진세 방식이다.
④ 과세 대상 금액에 관계없이 세율은 일정하다.

25 다음 표는 한 국가의 구간별 소득세율을 보여 준다. 이에 대한 설명 중 옳은 것은? (단, 소득 공제는 없다.)

약점진단
ㅇㅿ✕
ㅇㅿ✕
ㅇㅿ✕

2019 지방직 9급

소득 구간 \ 연도	2017년	2018년
2,000만 원 이하	5%	10%
2,000만 원 초과~5,000만 원 이하	25%	20%
5,000만 원 초과	35%	30%

※ 소득세 부과 방식: 연간 소득이 5,500만 원인 경우 2,000만 원까지는 '2,000만 원 이하' 소득 구간의 세율을, 3,000만 원에 대해서는 '2,000만 원 초과 ~ 5,000만 원 이하' 소득 구간의 세율을, 나머지 500만 원에 대해서는 '5,000만 원 초과' 소득 구간의 세율을 각각 적용한다.

① 소득세 부과 방식이 2017년의 누진세제에서 2018년에는 비례세제로 바뀌었다.

② 연간 소득이 2,000만 원인 사람의 2018년 소득세액은 2017년의 소득세액에 비해 5% 증가하였다.

③ 연간 소득이 3,000만 원인 사람의 2018년 소득세액은 2017년의 소득세액에 비해 증가하였다.

④ 연간 소득이 6,000만 원인 사람의 2018년 소득세액은 연간 소득이 2,000만 원인 사람의 2018년 소득세액의 3배이다.

26 다음 표는 갑 기업의 X재 판매량에 따른 총수입과 총비용을 나타낸 것이다. 이에 대한 분석으로 옳지 <u>않은</u> 것은?

약점진단
ㅇㅿ✕
ㅇㅿ✕
ㅇㅿ✕

(단위: 개, 만 원)

판매량	1	2	3	4	5
총수입	2	4	6	8	10
총비용	1	3	6	10	15

※ 총수입 = 평균 수입 × 판매량
※ 총비용 = 평균 비용 × 판매량

① 판매량이 4개일 때 이윤은 −2만 원이다.

② 판매량이 증가할수록 평균 비용은 증가한다.

③ 판매량이 증가하더라도 평균 수입은 일정하다.

④ 판매량이 증가할수록 추가적으로 지출하는 비용은 감소한다.

27 다음 표는 조세 제도 (가)와 (나)의 특징을 나타낸 것이다. 이에 대한 설명으로 옳은 것은?

약점진단
ㅇㅿ✕
ㅇㅿ✕
ㅇㅿ✕

구분	(가)	(나)
특징	납세자와 담세자가 불일치 예 부가가치세, 주세 등	납세자와 담세자가 일치 예 소득세, 법인세 등

① (나)에 비해 (가)는 조세 저항이 강하다.

② (가)에 비해 (나)는 소득 재분배 효과가 크다.

③ (가)와 달리 (나)는 주로 소비 지출에 부과된다.

④ (가)에는 일반적으로 누진세율이 적용되고, (나)는 조세 부담의 역진성이 나타난다.

28 그림은 경제 주체를 구분한 것이다. 이에 대한 설명으로 옳지 <u>않은</u> 것은? (단, A~C는 각각 가계, 기업, 정부 중 하나이다.)

약점진단
ㅇㅿ✕
ㅇㅿ✕
ㅇㅿ✕

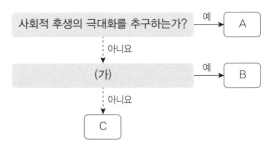

① A는 공공 서비스를 제공하는 경제 주체이다.

② B가 기업이라면, '정부에 조세를 납부하는가?'는 (가)에 들어갈 수 없다.

③ (가)에 '생산물 시장의 공급자인가?'가 들어간다면, C는 부가가치를 창출하여 이윤을 얻는 경제 주체이다.

④ (가)에 '노동을 제공한 대가로 임금을 얻는가?'가 들어간다면, B는 소비를 통해 효용을 얻고자 하는 경제 주체이다.

29
약점진단
⬜△✕
⬜△✕
⬜△✕

다음 그림은 세율 적용 방식에 따른 조세의 유형을 나타낸 것이다. 이에 대한 설명으로 옳은 것은?

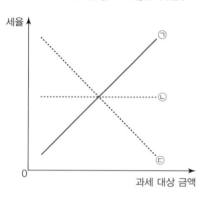

① ㉠은 ㉡, ㉢에 비해 소득 재분배 효과가 크다.
② ㉡은 고소득층에 비해 저소득층에게 유리하다.
③ ㉢과 달리 ㉠은 조세 부담의 역진성이 나타난다.
④ ㉢은 과세 대상 금액 증가율과 세액의 증가율이 같다.

30
약점진단
⬜△✕
⬜△✕
⬜△✕

그림은 갑국과 을국이 시행한 서로 다른 소득세 제도를 나타낸 것이다. 이에 대한 설명으로 옳은 것은?

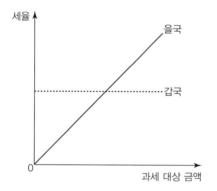

① 갑국의 소득세 제도는 역진세에 해당한다.
② 갑국보다 을국의 소득세 제도가 저소득층에게 불리하다.
③ 갑국과 달리 을국의 소득세 제도는 과세 대상 금액의 증가율보다 세액의 증가율이 더 높다.
④ 갑국과 달리 을국의 소득세는 연 소득과 비례하여 증가한다.

31
약점진단
⬜△✕
⬜△✕
⬜△✕

그림은 질문 (가)~(다)를 통해 우리나라의 조세 제도 A, B를 구분한 것이다. 이에 대한 설명으로 옳은 것은? (단, A, B는 각각 부가 가치세, 소득세 중 하나이다.)

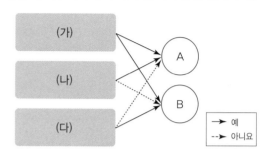

① (가)에는 '조세 부담의 역진성이 나타나는가?'가 들어갈 수 있다.
② A가 소득세라면, (나)에는 '조세 전가가 가능한가?'가 들어갈 수 있다.
③ B가 부가 가치세라면, (다)에는 '과세 표준이 커질수록 높은 세율이 적용되는가?'가 들어갈 수 있다.
④ B가 소득세라면, (나)에는 '과세 표준에 상관없이 세율이 동일한가?'가 들어갈 수 있다.

32

약점진단
◯△✕
◯△✕
◯△✕

자료에 대한 분석으로 옳은 것만을 〈보기〉에서 있는 대로 고른 것은?

갑은 용돈 1만 원을 모두 지출하여 X재와 Y재만을 구입한다. 표는 X재, Y재 구입량에 따라 갑이 얻는 효용을 나타낸다. 갑은 총효용, 즉 X재에서 얻는 효용과 Y재에서 얻는 효용의 합이 최대가 되는 조합에서 재화를 구입한다.

구분	1개	2개	3개	4개	5개
X재	10	18	24	28	30
Y재	9	14	18	20	21

〈상황1〉 X재, Y재 모두 가격이 개당 2천 원이다.
〈상황2〉 X재 가격은 개당 2천 원, Y재 가격은 개당 4천 원이다.

보기

ㄱ. 〈상황1〉의 경우, 갑이 X재에서 얻는 효용은 24이다.
ㄴ. 〈상황2〉의 경우, 갑이 X재에서 얻는 효용과 Y재에서 얻는 효용은 같다.
ㄷ. 〈상황1〉보다 〈상황2〉의 경우 갑이 Y재에서 얻는 효용이 크다.
ㄹ. 〈상황1〉, 〈상황2〉의 경우 모두 갑이 구입하는 X재의 수량은 같다.

① ㄱ, ㄴ
② ㄱ, ㄹ
③ ㄷ, ㄹ
④ ㄱ, ㄴ, ㄷ

약점 체크와 약점 보완을 한 번에   정답과 해설 P.49

필수기출 & 출제예상 문제

시장의 수요와 공급   빈출도 ★☆☆

01
약점진단
☐△✕
☐△✕
☐△✕

〈보기〉의 (가), (나) 시장에 대한 설명으로 가장 옳은 것은?

2018 서울시 운전직 9급

> **보기**
>
> (가) 판매되는 상품의 질이 동질적이며 수요자와 공급자가 무수히 많고, 그들의 시장의 진입과 탈퇴가 자유로우며 시장에 대한 완전한 정보를 공유하고 있어 누구도 시장에 대한 지배력을 행사할 수 없다.
>
> (나) 하나의 기업만이 존재하고, 이 기업은 시장에서 거래되는 재화의 생산에 대해 독점적 지배력을 행사한다.

① (가)에서 기업은 시장 가격을 주어진 것으로 받아들인다.

② (가)에서 사회적 잉여가 최소화된다.

③ (나)에서 재화는 사회에서 필요한 양보다 과다 생산된다.

④ (가)와 (나) 모두 시장 실패의 사례이다.

02
약점진단
☐△✕
☐△✕
☐△✕

다음은 시장의 경쟁 정도에 따른 분류이다. (가)~(라)에 대한 설명으로 옳지 **않은** 것은?

2018 지방직 9급

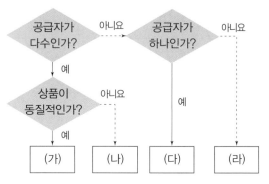

① (가)는 진입 장벽이 존재하지 않는다.

② (나)에서 개별 기업은 시장 가격에 전혀 영향을 미칠 수 없다.

③ (다)에서 개별 재화에 좋은 대체재가 될 수 있는 재화가 존재하지 않는다.

④ (라)에서는 기업들 간의 담합이 일어나기에 알맞은 상황이 조성되어 있다.

03 다음 커피 시장의 수요·공급표에 대한 〈보기〉의 진술 중 옳은 설명만을 고른 것은? (단, 시장에서 소비자는 갑, 을 2명뿐이다.)
약점진단
2017 서울시 행정직 9급

가격(원)	갑의 수요량(개)	을의 수요량(개)	시장 공급량(개)
2,500	5	4	17
2,000	6	6	16
1,500	7	8	15
1,000	8	10	14

보기

㉠ 균형 거래량은 17개이다.
㉡ 균형 가격은 1,500원이다.
㉢ 가격이 1,000원일 때 초과 수요량은 3개이다.
㉣ 가격이 2,000원일 때 초과 공급량은 4개이다.

① ㉠, ㉡   ② ㉡, ㉢
③ ㉡, ㉣   ④ ㉢, ㉣

04 다음은 X재의 수요 곡선과 공급 곡선을 함수로 나타낸 것이다. 이에 대한 설명으로 옳은 것은? (단, P는 가격, Q_D는 수요량, Q_S는 공급량을 나타낸다.)
약점진단
2021 국가직 9급

수요 함수: $Q_D = 100 - 3P$
공급 함수: $Q_S = -20 + P$

① 시장 가격이 25일 경우, 초과 공급량은 20이다.
② 가격 상승에 따라 수요량이 증가하는 수요 함수이다.
③ X재의 시장 균형 가격은 30, 시장 균형 거래량은 10이다.
④ 최고 가격을 32 이상으로 설정해야 가격 상한제 정책의 목적을 달성할 수 있다.

05 〈보기〉에서 (가)와 (나)는 X재 수요의 변동이다. (가)와 (나)의 변화 요인을 가장 옳게 연결한 것은?
약점진단
2018 서울시 행정직 9급

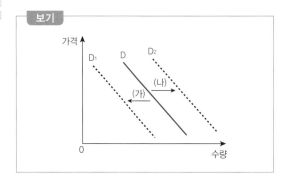

	(가)	(나)
①	소득 감소	대체재 가격 상승
②	기호 감소	대체재 가격 하락
③	인구 감소	보완재 가격 상승
④	가격 하락	보완재 가격 하락

06 다음 그림은 X재의 수요량 또는 수요의 변동을 나타낸 것이다. 이에 대한 설명으로 옳은 것은?
약점진단

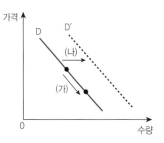

① X재의 대체재인 Z재 가격의 하락은 (나)의 요인이 된다.
② X재 생산에 부과되는 세금의 감소는 (가)의 요인이 된다.
③ X재가 정상재이면 소비자들의 소득 증가는 (나)의 요인이 된다.
④ X재 생산비의 하락과 X재의 보완재인 Y재 가격의 상승은 (가)의 요인이 된다.

07 다음 그림은 X재를 생산하는 갑과 을의 공급 계획을 나타낸 것이다. 이에 대한 옳은 설명만을 〈보기〉에서 고른 것은?

약점진단
☐△☒
☐△☒
☐△☒

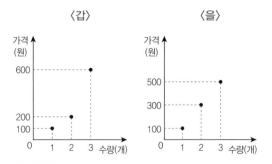

〈갑〉　　　　　〈을〉

보기

ㄱ. 가격이 100원일 때 갑의 공급량은 1개이고, 가격이 200원일 때 을의 공급량은 1개이다.

ㄴ. 가격이 300원일 때, 갑과 을의 공급량 합계는 4개이다.

ㄷ. 가격이 400원일 때, 갑과 을의 공급량 합계는 5개이다.

ㄹ. 가격이 500원일 때, 갑과 을의 공급량 합계는 6개이다.

① ㄱ, ㄴ　　　　　② ㄱ, ㄷ
③ ㄴ, ㄷ　　　　　④ ㄷ, ㄹ

08 표는 X재의 시장 균형 이동 (가)~(다)를 분류한 것이다. 이에 대한 옳은 분석을 〈보기〉에서 고른 것은? (단, X재는 수요와 공급 법칙을 따른다.)

약점진단
☐△☒
☐△☒
☐△☒

구분	(가)	(나)	(다)
균형 가격	하락	불변	상승
균형 거래량	불변	증가	불변

보기

ㄱ. 수요가 증가한 경우는 (나), (다)이다.

ㄴ. 공급이 증가한 경우는 (가), (나)이다.

ㄷ. 수요와 공급의 변화 방향이 같은 경우는 (가), (다)이다.

ㄹ. (가)~(다) 중 수요 또는 공급 어느 하나의 이동만으로도 가능한 경우가 있다.

① ㄱ, ㄴ　　　　　② ㄱ, ㄷ
③ ㄴ, ㄷ　　　　　④ ㄷ, ㄹ

시장 균형 가격의 결정과 변동　　　빈출도 ★★☆

09 정부가 각각 A와 B로 가격을 정한 X재 시장과 Y재 시장에 대한 설명으로 가장 옳은 것은?

약점진단
☐△☒
☐△☒
☐△☒

2021 서울시 운전직 9급

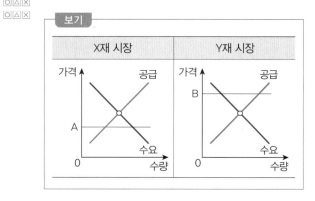

① A의 사례로 최저 임금제를 들 수 있다.

② X재 시장에서는 생산자 잉여가 소비자 잉여보다 크다.

③ Y재 시장에서는 초과 수요가 발생한다.

④ B는 정부가 생산자(공급자) 보호를 위해 가격 하한선을 정한 것이다.

10 〈보기〉의 X재 시장 상황에 대한 설명으로 가장 옳은 것은?

약점진단
☐△☒
☐△☒
☐△☒

2018 서울시 운전직 9급

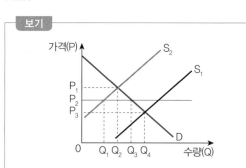

그림은 P_2 수준에서 최저 가격이 설정된 X재의 공급 변동을 나타낸 것이다. (단, t기의 X재 공급 곡선은 S_1이고, t+1기의 X재 공급 곡선은 S_2이다.)

① t기에 소비자의 총지출액은 $P_3 \times Q_4$이다.

② t+1기에는 Q_1Q_3만큼의 초과 수요가 발생한다.

③ t+1기에 거래량은 t기에 비해 Q_2Q_3만큼 감소한다.

④ t기와 달리 t+1기에는 최저 가격제가 실효성을 갖는다.

11
약점진단
◻◻◻
◻◻◻
◻◻◻

정부가 시장에 대해 두 가지 가격 규제 정책 (가)와 (나)를 시행할 때 나타나는 변화에 대한 설명으로 옳은 것은? 2020 지방직(= 서울시) 9급

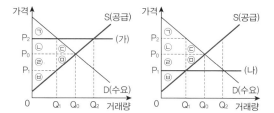

① (가)를 시행하면 Q_1~Q_2만큼 초과 수요가 발생하고, 사회적 잉여 ㉢+㉱이 감소한다.
② (나)를 시행하면 생산자 잉여였던 ㉣+㉮은 소비자 잉여로 바뀐다.
③ (가)와 (나), 두 경우 모두 사회적 잉여 ㉢+㉱이 감소한다.
④ (가)를 시행하면 소비자 잉여가 증가하고, (나)를 시행하면 생산자 잉여가 증가한다.

12
약점진단
◻◻◻
◻◻◻
◻◻◻

〈보기〉는 갑(甲)국 정부의 X재 생산에 대한 보조금 정책 전후의 시장 상황을 나타낸 것이다. 이에 대한 설명으로 가장 옳은 것은? 2022 서울시 운전직 9급

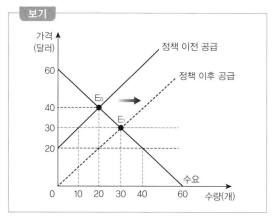

① 정책 이전 소비자 잉여는 400달러이다.
② 정책 이전 생산자 잉여는 소비자 잉여의 4배이다.
③ 정책 이후 생산자 잉여는 정책 이후 소비자 잉여보다 크다.
④ 정책 이후 소비자 잉여와 생산자 잉여의 합은 정책 이전보다 500달러 증가하였다.

13
약점진단
◻◻◻
◻◻◻
◻◻◻

〈보기〉의 (가)는 X재 시장의 상황을 나타낸다. 〈보기〉 (나)의 수요와 공급의 변동 요인을 통해 추론할 수 있는 X재 시장의 균형 가격과 균형 거래량의 변화로 가장 옳은 것은? (단, X재와 Y재는 모두 수요 법칙과 공급 법칙을 따른다.) 2020 서울시 운전직 9급

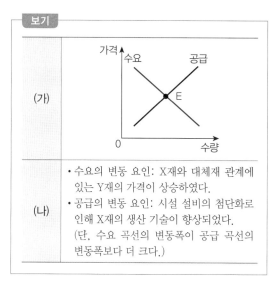

① 균형 가격은 상승하고, 균형 거래량은 증가한다.
② 균형 가격은 상승하고, 균형 거래량은 감소한다.
③ 균형 가격은 하락하고, 균형 거래량은 증가한다.
④ 균형 가격은 하락하고, 균형 거래량은 감소한다.

14
약점진단
◻◻◻
◻◻◻
◻◻◻

그림은 X재 시장의 균형점 E의 이동 방향을 나타낸 것이다. 이에 대한 설명으로 옳은 것은? 2020 국가직 9급

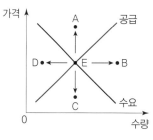

① X재의 생산 기술이 발전하고 X재에 대한 수요자의 선호가 감소하면, E는 A로 이동할 수 있다.
② X재의 생산 기술이 발전하고 X재 수요자의 소득이 증가하면, E는 B로 이동할 수 있다.
③ X재의 원자재 가격이 하락하고 X재의 대체재 가격이 상승하면, E는 C로 이동할 수 있다.
④ X재의 원자재 가격이 상승하고 X재의 보완재 가격이 하락하면, E는 D로 이동할 수 있다.

15 X재의 수요와 공급이 균형을 이루고 있다. 다음에서 X재의 균형 가격을 높이는 동시에 균형 거래량을 줄이는 요인으로 옳은 것은? (단, 이 상품은 정상재이며, 수요와 공급의 법칙에 따른다.)

약점진단
◻◩✕
◻◩✕
◻◩✕

2018 국가직 9급

① X재와 대체 관계에 있는 상품의 가격 하락
② 소비자들의 소득 수준 향상
③ X재 생산에 사용되는 원자재 가격의 상승
④ 해외로부터 X재 수입의 증가

16 다음은 X재와 Y재 시장에서 각 재화의 가격에 대한 수요량과 공급량을 나타낸 것이다. 두 재화의 주어진 가격하에서 X재와 Y재의 수요량이 각각 200개 증가할 때, 각 재화 시장에 일어나는 균형 변화에 대한 설명으로 옳은 것은?

약점진단
◻◩✕
◻◩✕
◻◩✕

2018 지방직 9급

가격(원) 재화(개)		80	90	100	110	120
X재	수요량	800	700	600	500	400
	공급량	400	500	600	700	800
Y재	수요량	800	700	600	500	400
	공급량	600	600	600	600	600

① Y재의 균형 가격이 X재의 균형 가격보다 높아진다.
② X재와 달리 Y재의 균형 거래량은 증가한다.
③ Y재의 판매 수입이 X재의 판매 수입보다 많아진다.
④ 각 재화의 균형 가격 상승률과 판매 수입 증가율은 동일하다.

17 그래프는 양배추 시장의 균형점 변동을 나타낸 것이다. 이러한 변동을 초래할 수 있는 조합을 〈보기〉에서 고르면? (단, 양배추는 모든 사람에게 열등재이고, 수요·공급 법칙을 따르며, 양배추 시장은 완전 경쟁 시장이다.)

약점진단
◻◩✕
◻◩✕
◻◩✕

2017 서울시 행정직 9급

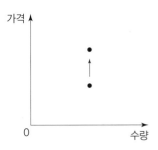

보기

㉠ 이상 고온 현상으로 양배추 수확이 급감하였다.
㉡ 사람들의 실질 소득이 증가하였다.
㉢ 채식 붐이 일어나 양배추를 끓는 물에 데쳐 쌈으로 먹는 사람이 늘었다.
㉣ 양배추가 갑상선 질환을 유발한다는 뉴스가 대대적으로 보도되었다.

① ㉠, ㉢　　　　② ㉠, ㉣
③ ㉡, ㉢　　　　④ ㉡, ㉣

18 다음 자료에 대한 분석으로 옳은 것은?
약점진단

> 다음 표는 갑, 을, 병 세 사람의 수요자만이 존재하는 X재 시장의 수요량과 월별 공급량을 나타낸 것이다. 단, X재는 수요와 공급 법칙을 따르며, 3월과 4월의 가격대별 수요량은 동일하다.
>
> (단위: 원, 개)
>
> | 가격 | 수요량 | | | 공급량 | |
> |---|---|---|---|---|---|
> | | 갑 | 을 | 병 | 3월 | 4월 |
> | 2,500 | 20 | 30 | 40 | 50 | 90 |
> | 3,000 | 10 | 20 | 30 | 60 | 100 |
> | 3,500 | 0 | 10 | 20 | 70 | 110 |
> | 4,000 | 0 | 0 | 10 | 80 | 120 |
> | 4,500 | 0 | 0 | 0 | 90 | 130 |

① 3월에 비해 4월에 균형 거래량은 30개만큼 증가한다.
② 3월에 비해 4월에 균형 가격은 1,000원만큼 하락한다.
③ 4월의 가격이 3,500원일 때 갑과 을은 X재를 구매한다.
④ 3월의 가격이 4,000원일 때 70개의 초과 수요가 발생한다.

19 다음 대화를 통해 추론할 수 있는 즉석밥 시장의 변화로 옳은 것은? (단, 즉석밥 시장은 수요와 공급 법칙을 따른다.)
약점진단

> 갑: 야외 활동에 대한 관심이 높아지면서 즉석밥에 대한 선호가 늘어나고 있어요.
> 을: 풍년으로 즉석밥 재료인 쌀의 가격이 하락했다고 하더군요.

① 균형 가격은 하락하고 균형 거래량은 증가한다.
② 균형 가격은 상승하고 균형 거래량은 불분명하다.
③ 균형 가격은 불분명하고 균형 거래량은 증가한다.
④ 균형 가격은 불분명하고 균형 거래량은 감소한다.

20 다음 A국의 경제 상황에 대한 분석으로 옳지 <u>않은</u> 것은? (단, 모든 재화는 수요와 공급 법칙을 따르고, 다른 조건은 변함이 없다.)
약점진단

> • 최근 자동차의 원자재인 철강의 국제 가격이 크게 상승하였다.
> • A국에서 자동차와 자전거는 대체 관계에 있으며, 자동차와 휘발유는 보완 관계에 있다.
> • A국은 자국에 필요한 철강을 전량 수입하여 자동차를 생산하고 국내 시장에만 공급한다.

① 자동차의 공급이 증가한다.
② 휘발유 회사의 판매 수입은 감소한다.
③ 자동차의 공급과 자전거의 수요는 서로 다른 방향으로 이동한다.
④ 자동차 시장의 균형 가격과 자전거 시장의 균형 가격은 모두 상승한다.

21 다음 그림은 토마토 시장에서 균형점 e의 변화를 나타낸 것이다. 이에 대한 추론으로 옳은 것은? (단, 토마토 시장은 수요와 공급 법칙을 따른다.)
약점진단

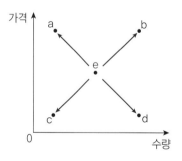

① 토마토의 생산 기술이 발달하는 경우 c로 이동할 수 있다.
② 토마토에 대한 선호도가 낮아지는 경우 b로 이동할 수 있다.
③ 병충해로 토마토의 생산량이 감소하는 경우 a로 이동할 수 있다.
④ 토마토의 대체재인 블루베리의 가격이 상승하는 경우 d로 이동할 수 있다.

22 자료에 대한 옳은 분석만을 〈보기〉에서 있는 대로 고른 것은? (단, X재, Y재 모두 수요와 공급 법칙을 따른다.)

약점진단
◻△☒
◻△☒
◻△☒

- 갑국 정부는 X재 시장과 Y재 시장에서 각각 가격 규제 정책을 실시하였다.
- 가격 규제 정책을 실시하기 전, X재의 균형 거래량은 100개, Y재의 균형 거래량도 100개였다.
- 가격 규제 정책으로 인해 X재의 수요량은 80개, Y재의 공급량은 80개로 변하였다.

보기

ㄱ. X재 시장에서의 가격 규제 정책은 수요자를 보호하기 위한 것이다.
ㄴ. 가격 규제 정책으로 인해 X재의 균형 거래량은 20개 감소한다.
ㄷ. Y재 시장과 달리 X재 시장의 규제 가격은 균형 가격보다 높다.
ㄹ. X재 수요가 증가하고, Y재 공급이 증가하면 두 가격 규제 정책의 실효성은 사라진다.

① ㄱ, ㄴ   ② ㄱ, ㄷ
③ ㄷ, ㄹ   ④ ㄴ, ㄷ, ㄹ

수요와 공급의 가격 탄력성   빈출도 ★★★

23 〈보기〉에 대한 분석으로 가장 옳은 것은?

약점진단
◻△☒
◻△☒
◻△☒

2019 서울시 운전직 9급

보기

보일러를 독점 생산하는 K 기업은 보일러 가격 10% 인상을 고려하고 있다. 아래의 표는 K 기업의 사원 A~D가 예상한 보일러의 가격 인상에 따른 판매 수입 변화율을 나타낸다.

구분	A	B	C	D
판매 수입 변화율(%)	10	-10	5	0

① A는 보일러의 수요가 가격에 대해 완전 비탄력적이라고 본다.
② B는 가격 인상 후 보일러의 수요량에 변화가 없을 것이라고 본다.
③ C는 가격 상승률이 수요량 감소율보다 작다고 본다.
④ D는 보일러의 수요가 가격에 대해 탄력적이라고 본다.

24 수요의 가격 탄력도를 결정하는 요인에 대한 설명으로 옳지 않은 것은? (단, 주어진 내용 이외의 조건은 고려하지 않는다.)

약점진단
◻△☒
◻△☒
◻△☒

2021 지방직(= 서울시) 9급

① 사치품에 비해 생활 필수품에 대한 수요의 가격 탄력도가 더 크다.
② 대체재가 없는 상품보다 대체재가 있는 상품에 대한 수요의 가격 탄력도가 더 크다.
③ 상품의 가격이 가계 소득에서 차지하는 비중이 클수록 수요의 가격 탄력도가 커지는 경향이 있다.
④ 상품의 가격 변동에 대해 소비자가 적응할 수 있는 시간이 길수록 수요의 가격 탄력도가 커지는 경향이 있다.

25 약점진단 ☐△☒ ☐△☒ ☐△☒

그림은 가격이 2% 상승했을 때 각 재화의 수요량 변화율을 나타낸 것이다. 이에 대한 분석으로 옳은 것은?

2020 국가직 9급

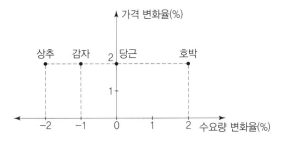

① 감자와 호박의 판매 수입은 각각 증가하였다.
② 당근의 수요는 가격에 대해 완전 탄력적이다.
③ 상추 판매 수입은 감소하고, 당근 판매량은 감소하였다.
④ 상추의 수요는 가격에 대해 탄력적이다.

26 약점진단 ☐△☒ ☐△☒ ☐△☒

다음 X재, Y재에 대한 설명으로 옳은 것은?

2019 국가직 9급

• X재는 수요 법칙이 적용되며, 공급의 가격 탄력성은 무한대의 값을 갖는다.
• Y재는 수요 법칙이 적용되며, 공급의 가격 탄력성은 0의 값을 갖는다.

① X재의 공급은 가격에 대해 완전 비탄력적이다.
② X재의 수요가 증가해도 X재 균형 거래량은 변함이 없다.
③ Y재의 공급이 증가하면 Y재 균형 거래량은 증가한다.
④ X재와 Y재 모두 수요가 증가하면 균형 가격이 상승한다.

27 약점진단 ☐△☒ ☐△☒ ☐△☒

그림은 어느 제품의 가격을 P_2에서 P_1으로 올렸을 경우의 판매 수입 변화를 보여 준다. 설명으로 옳은 것은?

2017 서울시 행정직 9급

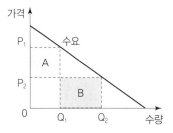

① A>B라면 수요의 가격 탄력성은 1보다 작다.
② B는 판매 수입의 증가를 의미한다.
③ A+B는 제품 판매 총수입이다.
④ A는 가격 인상의 기회비용이다.

28 약점진단 ☐△☒ ☐△☒ ☐△☒

〈보기 1〉의 밑줄 친 글에 대한 옳은 분석 및 추론만을 〈보기 2〉에서 모두 고른 것은?

2021 서울시 운전직 9급

보기 1

「허생전(許生傳)」에서 허생은 물건을 사들여 쌓아 두었다가 시장에 공급이 부족해져 시장 가격이 오르면 내다 파는 형식으로 많은 돈을 번다. 허생이 사들인 물건은 과일과 말총이었는데, 과일은 제사나 잔치에 꼭 필요한 물건이었고, 말총은 양반의 필수품인 갓을 만드는 재료였다. 따라서 과일과 말총은 아무리 가격이 비싸더라도 소비자 입장에서는 구매할 수밖에 없었던 것이다.

보기 2

ㄱ. 가격의 변동에 따라 수요량이 민감하게 반응하고 있다.
ㄴ. 일반적으로 대체재가 적은 상품에서 나타나는 모습이다.
ㄷ. 과일과 말총의 수요의 가격 탄력성은 1보다는 작다.
ㄹ. 생산 기간이 길거나 저장의 어려움이 따르는 경우에 나타나는 모습이다.

① ㄱ, ㄴ
② ㄴ, ㄷ
③ ㄷ, ㄹ
④ ㄱ, ㄴ, ㄷ

29 가격 탄력성에 대한 설명으로 옳지 않은 것은?

약점진단
□△×
□△×
□△×

2019 지방직 9급

① 수요의 가격 탄력성이 0이면 가격이 변화해도 수요량은 변화하지 않는다.
② 수평축은 수요량을, 수직축은 가격을 각각 나타낸다고 할 때 수요의 가격 탄력성이 무한대(∞)이면 수요 곡선은 수직이 된다.
③ 공급의 가격 탄력성은 공급량의 변화율을 가격의 변화율로 나눈 값이다.
④ 공급의 가격 탄력성이 탄력적이면 가격이 1% 상승할 때 공급량은 1%보다 더 크게 상승한다.

30 다음 자료에 대한 분석으로 가장 옳은 것은?

약점진단
□△×
□△×
□△×

2016 서울시 행정직 9급

서울항공은 A 집단과 B 집단에 대해 항공기 탑승권의 현재 가격을 기준으로 가격 변동에 따른 탑승객 수의 변동을 조사하였더니 다음과 같은 결과가 나타났다. (단, 탑승권의 현재 가격은 100만 원이며, 가격 외에 다른 변수는 고려하지 않는다.)

가격 변동	수요량 변동			
	A 집단		B 집단	
	변동 전	변동 후	변동 전	변동 후
10만 원 하락	10만 명	15만 명	10만 명	10만 5천 명
10만 원 상승	10만 명	5만 명	10만 명	9만 5천 명

① A 집단은 수요의 가격 탄력성이 1보다 작다.
② A 집단은 가격 변동률보다 판매 수입 변동률이 작다.
③ B 집단은 가격 변동 방향과 판매 수입 변동 방향이 일치한다.
④ 판매 수입 증대를 위해서 A 집단에 대해서는 가격 인상, B 집단에 대해서는 가격 인하를 할 것이다.

31 다음 기사에 대한 옳은 분석만을 〈보기〉에서 고른 것은?

약점진단
□△×
□△×
□△×

○○ 신문   ○○○○년 ○월 ○일

A 기업 X재 가격 인상, 매출액 증가 전망

국내 최대 X재 생산업체인 A 기업은 X재 가격을 10% 인상한다. A 기업 관계자는 가격 인상 요인으로 원료 가격 및 물류비 상승을 제시하였다. 증권사들은 X재 가격 인상으로 A 기업 매출액이 8% 증가할 것으로 예상하고 있다.

보기

ㄱ. A 기업은 X재 가격 인상 요인을 수요 측면에서 보고 있다.
ㄴ. 증권사들은 모든 가격에서 X재 수요량이 동일하다고 예상하고 있다.
ㄷ. 증권사들은 X재 수요의 가격 탄력성이 0보다 크고 1보다 작은 것으로 예상하고 있다.
ㄹ. 가격 인상 이후 X재의 대체재 수가 증가하면, A 기업 매출액은 증권사들의 예상에 미치지 못할 것이다.

① ㄱ, ㄴ   ② ㄴ, ㄷ
③ ㄴ, ㄹ   ④ ㄷ, ㄹ

32
약점진단
◻◻◻
◻◻◻
◻◻◻

다음 표는 A재~E재의 가격이 현재 수준에서 1% 인상될 경우의 수요량 변화율을 나타낸 것이다. 이에 대한 분석으로 옳지 <u>않은</u> 것은?

(단위: %)

재화	A재	B재	C재	D재	E재
수요량 변화율	-2	-1	-0.5	0	1

① A재의 수요는 가격에 대해 탄력적이다.
② B재는 판매량이 감소한다.
③ C재와 E재는 모두 판매 수입이 증가한다.
④ D재의 수요는 가격에 대해 완전 탄력적이다.

33
약점진단
◻◻◻
◻◻◻
◻◻◻

다음 자료에 대한 설명으로 옳은 것은?

> X재와 Y재는 모두 수요 곡선이 우하향한다. 그러나 X재의 공급은 가격에 대해 완전 비탄력적이고, Y재의 공급은 가격에 대해 완전 탄력적이다.

① Y재의 수요가 증가하면 균형 가격은 상승한다.
② Y재의 수요가 증가하면 균형 거래량은 증가한다.
③ X재와 Y재 모두 수요가 증가하면 판매 수입은 감소한다.
④ X재의 공급이 증가하면 균형 가격은 상승하고, 거래량은 변하지 않는다.

34
약점진단
◻◻◻
◻◻◻
◻◻◻

다음 (가), (나)에 대한 옳은 분석만을 〈보기〉에서 고른 것은?

> (가) 갑국 정부는 국민들의 흡연율을 낮추기 위해 담배 가격을 인상하였고, 이로 인해 담배 소비자들의 소비 지출액이 증가하였다.
> (나) 을국에서는 대추가 풍년이 들어 생산량이 크게 늘어났지만 농가 수입은 감소하였다.

보기

ㄱ. (가)에서 담배 수요는 가격에 대해 비탄력적이다.
ㄴ. (가)에서 담배의 대체재가 적을수록 갑국 정부의 정책은 효과가 클 것이다.
ㄷ. (나)에서 대추 수요의 가격 탄력성은 1보다 작다.
ㄹ. (나)에서 대추의 공급은 가격에 대해 탄력적이다.

① ㄱ, ㄴ
② ㄱ, ㄷ
③ ㄴ, ㄹ
④ ㄷ, ㄹ

35
약점진단
◻◻◻
◻◻◻
◻◻◻

다음 그림에서 D_A와 D_B는 X재에 대한 두 소비자 집단 A, B의 수요 곡선을 나타낸다. 이에 대한 설명으로 옳은 것은?

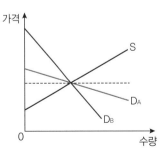

① 수요의 가격 탄력성은 A보다 B가 더 크다.
② 공급이 감소하면 A의 소비 지출액은 증가한다.
③ B와의 거래보다 A와의 거래에서 생산자 잉여가 더 크다.
④ 기업의 판매 수입 증대를 위한 가격 인하 전략은 B보다 A를 대상으로 실시하는 것이 더 효과적이다.

시장의 한계와 보완

빈출도 ★★★

36
약점진단
◻◻◻
◻◻◻
◻◻◻

표는 재화 A~D를 소비와 관련된 특징에 따라 구분한 것이다. 이에 대한 설명으로 옳은 것은?

2021 지방직(= 서울시) 9급

구분	배제성	비배제성
경합성	A	C
비경합성	B	D

① A는 공공재이다.
② B는 A와 달리 무임승차자의 문제가 발생한다.
③ C의 사례로 고갈되기 쉬운 공해상의 어족이 있다.
④ D는 재화의 속성상 시장에서 사회적 최적 수준만큼 충분히 거래된다.

37
약점진단
◻◻◻
◻◻◻
◻◻◻

다음은 외부 효과가 존재하는 경우에 대한 설명이다. 각 빈칸에 적절한 내용으로 옳은 것은? (단, 우하향하는 수요 곡선, 우상향하는 공급 곡선을 가정한다.)

2020 지방직(= 서울시) 9급

구분	생산 측면의 (가)	소비 측면의 (나)
영향	사회적 최적 가격보다 시장 균형 가격이 낮다. 사회적 최적 거래량에서 사회적 비용이 사적 비용보다 (㉠)	사회적 최적 가격보다 시장 균형 가격이 낮다. 사회적 최적 거래량에서 사회적 편익이 사적 편익보다 (㉡)
문제점	사회적 최적 수준보다 (㉢)	사회적 최적 수준보다 (㉣)
개선책	(㉤)	(㉥)

① (가)는 '외부 경제', (나)는 '외부 불경제'이다.
② ㉠과 ㉡ 모두 '작다'이다.
③ ㉢은 '과다 생산', ㉣은 '과소 소비'이다.
④ ㉤은 '소비자에게 보조금 지급', ㉥은 '소비자에게 세금 부과'이다.

38
약점진단
◻◻◻
◻◻◻
◻◻◻

〈보기〉는 외부 효과의 유형 A, B를 구분하여 나타낸 것이다. 이에 대한 설명으로 가장 옳은 것은?

2022 서울시 운전직 9급

보기

유형	A	B
문제점	사회의 최적 수준보다 과소 생산·소비	사회적 최적 수준보다 과다 생산·소비

① A는 '부정적 외부 효과'이다.
② B의 사례로 독감 백신 접종이 있다.
③ 소비 측면에서 B의 경우 사회적 편익이 사적 편익보다 작다.
④ 생산 측면에서 A의 경우 생산에 대한 세금 부과로 외부 효과를 개선할 수 있다.

39
약점진단
◻◻◻
◻◻◻
◻◻◻

다음 자료에 대한 설명으로 옳지 않은 것은?

갑국 정부는 ㉠ X재 생산에 따른 외부 효과 문제를 해결하기 위해 생산자에게 ㉡ A 정책을 시행하였다. 그 결과 다음 표와 같이 X재 1단위 추가 생산의 사회적 비용 구성에 변화가 나타났다. 단, X재는 수요와 공급 법칙을 따른다.

(단위: 달러)

구분		A 정책 시행 전	A 정책 시행 후
사회적 비용	생산자가 부담하는 비용	8	9
	제3자가 부담하는 비용	4	2

① ㉠은 외부 불경제에 해당한다.
② ㉡은 ㉠을 개선하는 데 기여하였다.
③ ㉡의 시행으로 X재의 생산량은 증가하였다.
④ ㉡은 X재 1단위 추가 생산의 사회적 비용을 감소시켰다.

40

약점진단
약점진단
☐△✕
☐△✕
☐△✕

다음 표는 시장 실패의 원인을 나타낸 것이다. 이에 대한 설명으로 옳은 것은?

시장 실패의 원인	문제점	해결 방안
공공재	과소 생산	㉠
외부 경제	㉡ 과소 소비	정부의 보조금 지급
외부 불경제	과다 생산	㉢
불완전 경쟁	㉣	경쟁 촉진 정책 시행

① 탄소 배출권 거래제 시행은 ㉠의 사례에 해당한다.
② ㉡의 이유는 사회적 편익보다 사적 편익이 크기 때문이다.
③ 오염 물질 정화 장치 설치 의무화는 ㉢의 사례에 해당한다.
④ ㉣은 과다 생산이다.

41

약점진단
☐△✕
☐△✕
☐△✕

다음 그림은 경합성과 배제성을 기준으로 재화를 분류한 것이다. 이에 대한 설명으로 옳은 것은?

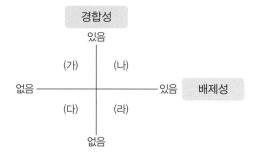

① (가)에 해당하는 재화는 한 사람의 소비가 다른 사람의 소비를 제한하지 않는다.
② (나)에 해당하는 재화는 주로 정부에서 공급한다.
③ (나)에 비해 (가)에 해당하는 재화는 남용으로 인한 자원 고갈 문제가 더 많이 나타난다.
④ (다)에 비해 (라)에 해당하는 재화에서 무임승차의 문제가 더 많이 나타난다.

42

약점진단
☐△✕
☐△✕
☐△✕

다음 그림에서 P_2는 정부가 설정한 최고 가격이다. 이에 대한 옳은 설명만을 〈보기〉에서 고른 것은?

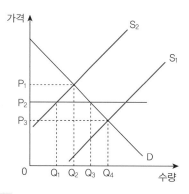

보기

ㄱ. 공급이 S_1일 경우에는 최고 가격제가 실효성이 없다.
ㄴ. 공급이 S_2일 경우에는 Q_1까지 거래가 이루어진다.
ㄷ. 공급이 S_1에서 S_2로 이동할 경우 소비자 잉여는 증가한다.
ㄹ. 공급이 S_1일 경우와 S_2일 경우, 거래 가격은 P_2로 같다.

① ㄱ, ㄴ ② ㄱ, ㄷ
③ ㄴ, ㄷ ④ ㄷ, ㄹ

43

약점진단
☐△✕
☐△✕
☐△✕

다음 그림은 가격 규제 정책이 시행되고 있는 (가), (나) 시장을 나타낸 것이다. 이에 대한 설명으로 옳은 것은?

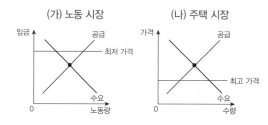

① (나)에서 초과 공급이 발생한다.
② (가)에서 가격 규제 전에 비해 임금이 하락한다.
③ (가)와 (나)에서 가격 규제 전에 비해 거래량은 증가한다.
④ (나)에서 선착순이나 추첨에 의한 배분이 나타날 수 있다.

약점 체크와 약점 보완을 한 번에   정답과 해설 P.56

필수기출 & 출제예상 문제

국민 경제의 순환과 경제 성장   빈출도 ★★☆

01
약점진단
◻◺✕
◻◺✕
◻◺✕

표는 총수요나 총공급의 변동이 국민 경제 균형에 미치는 영향을 나타낸다. 이에 대한 설명으로 옳은 것은? (단, 총수요 곡선은 우하향하며 총공급 곡선은 우상향한다. 또한 A, B는 총수요, 총공급 중 하나이다.)

2020 국가직 9급

구분	균형 물가 수준	균형 실질 GDP
A만 증가	상승	㉠
B만 감소	상승	㉡
(가)	하락	증가

① A는 총공급, B는 총수요이다.
② ㉠과 ㉡은 모두 '증가'이다.
③ (가)에는 'B만 증가'가 들어갈 수 있다.
④ 정부 지출의 증가는 (가)의 원인이다.

02
약점진단
◻◺✕
◻◺✕
◻◺✕

밑줄 친 ㉠, ㉡에 대한 설명으로 옳은 것은?

2019 국가직 9급

> 경기 변동은 ㉠총수요의 변동으로 인해 발생하기도 하고, ㉡총공급의 변동으로 인해 발생하기도 한다.

① ㉠이 감소할 경우 스태그플레이션이 나타난다.
② ㉡이 변동할 경우 물가와 실질 GDP는 서로 반대 방향으로 움직인다.
③ ㉡ 곡선이 오른쪽으로 이동하는 요인으로 원자재 가격의 상승을 들 수 있다.
④ ㉠과 ㉡ 모두 증가할 경우 실질 GDP의 증감 여부는 알 수 없다.

03
약점진단
◻◺✕
◻◺✕
◻◺✕

〈보기〉의 자료에 대한 분석 및 추론으로 옳은 것은?

2021 서울시 운전직 9급

> **보기**
>
> 표의 (가), (나)는 각각 갑(甲)국의 명목 GDP와 실질 GDP 중 하나를 나타낸다. 단 기준 연도는 2017년이며, 물가 수준은 GDP 디플레이터로 측정한다.
>
> (단위: 억 달러)
>
> | 구분 | 연도 | | |
> |------|------|------|------|
> | | 2018년 | 2019년 | 2020년 |
> | (가) | 80 | 100 | 120 |
> | (나) | 120 | 100 | 80 |

① 2019년의 물가 수준은 2017년보다 낮다.
② (가)가 실질 GDP라면 2018년의 GDP 디플레이터는 2017년보다 높다.
③ (가)가 명목 GDP라면 2019년의 경제 성장률은 양(+)의 값을 가진다.
④ (나)가 실질 GDP라면 2020년의 물가 상승률은 음(−)의 값을 가진다.

04
약점진단
◻◺✕
◻◺✕
◻◺✕

다음 표는 하나의 재화만 생산하는 국가의 실질 GDP와 명목 GDP를 나타낸 것이다. 이에 대한 분석으로 옳은 것은? (단, 기준 연도는 2016년이다.)

2019 지방직 9급

(단위: 억 원)

구분	2016년	2017년	2018년
실질 GDP	100	110	100
명목 GDP	100	110	110

① 2017년의 물가는 2016년에 비해 상승하였다.
② 2017년의 생산량은 2016년에 비해 증가하였다.
③ 2018년의 물가는 2016년에 비해 하락하였다.
④ 2018년의 생산량은 2017년에 비해 증가하였다.

05
약점진단
◯△✕
◯△✕
◯△✕

표는 쌀과 닭고기 두 가지 재화만 생산하는 어느 국가의 경제 활동 결과를 나타낸 것이다. 표에 대한 설명으로 옳은 것은? (단, 기준 연도는 2013년이며, 물가 지수는 GDP 디플레이터로, 경제 성장률은 실질 GDP 증가율로 각각 측정한다.) 2017 서울시 행정직 9급

구분	연도	2013년	2014년	2015년
쌀	kg당 가격($)	10	15	17
	생산량(kg)	100	80	100
닭고기	kg당 가격($)	5	10	15
	생산량(kg)	40	40	60

※ GDP 디플레이터 = (명목 GDP/실질 GDP)×100

① 2014년의 물가 지수는 150이다.
② 2014년의 경제 성장률은 -20%이다.
③ 2015년의 물가 지수는 200이다.
④ 2015년의 경제 성장률은 20%이다.

06
약점진단
◯△✕
◯△✕
◯△✕

〈보기〉의 밑줄 친 내용으로 가장 적절하지 않은 것은? 2019 서울시 운전직 9급

> **보기**
>
> 국내 총생산(GDP)은 한 나라의 경제 활동 수준을 측정하는 데 매우 유용하지만, 국민의 삶의 질이나 생활 수준을 측정하는 데는 한계가 있다.

① 지하 경제에서 거래되는 부분은 국내 총생산에 포함되지 않는다.
② 국내 총생산은 생산 활동으로 창출된 재화의 가치만 포함하며 서비스의 가치는 포함하지 못한다.
③ 국내 총생산은 총량의 개념이므로 소득 분배 상태를 정확하게 측정하지 못한다.
④ 국내 총생산의 증가가 반드시 국민의 복지 후생 수준의 향상을 의미하지는 않는다.

07
약점진단
◯△✕
◯△✕
◯△✕

다음은 각 연도의 물가 상승률과 명목 GDP 증가율을 나타낸다. 표에 대한 분석으로 옳은 것은? (단, 물가는 GDP 디플레이터로 측정되며, 실질 GDP 측정의 기준 연도는 T−1년이다.) 2020 지방직(= 서울시) 9급

구분	T년	T+1년	T+2년
물가 상승률 (전년도 대비, %)	0	3	1
명목 GDP 증가율 (전년도 대비, %)	0	3	−1

① T년의 GDP 디플레이터는 100보다 크다.
② T년에 비해 T+1년의 실질 GDP는 증가하였다.
③ 실질 GDP는 T+2년이 가장 크다.
④ GDP 디플레이터는 T+2년이 가장 크다.

08
약점진단
◯△✕
◯△✕
◯△✕

〈보기〉는 갑(甲)국과 을(乙)국의 연도별 경제 성장률 및 물가 상승률을 나타낸 것이다. 〈보기〉에 대한 설명으로 가장 옳은 것은? (단, 기준 연도는 2014년이며, 물가 수준은 GDP 디플레이터로 측정한다.) 2018 서울시 행정직 9급

> **보기**

(단위: %)

구분	갑(甲)국			을(乙)국		
연도	2015년	2016년	2017년	2015년	2016년	2017년
경제 성장률	−5	10	15	3	−2	4
물가 성장률	−10	10	20	2.5	−4	6

※ GDP 디플레이터 = (명목 GDP/실질 GDP)×100

① 2014년에 비해 2015년 갑(甲)국의 실질 GDP는 증가하였다.
② 2015년 을(乙)국은 전년 대비 명목 GDP 증가율이 실질 GDP 증가율보다 낮다.
③ 2016년에 갑(甲)국은 전년보다 총수요가 증가하였을 것이다.
④ 2017년에 갑(甲)과 을(乙)국 모두 총수요가 감소하였을 것이다.

09 다음 과제에 대한 옳은 답변을 한 학생만을 〈보기〉에서 고른 것은?

약점진단
[○△×]
[○△×]
[○△×]

◎ 학습 과제

우리나라의 국민 소득을 나타내는 경제 지표인 (가), (나)에 대해 조사해 봅시다.

(가)	(나)
한 나라의 국민들이 일정 기간 동안 생산 활동을 통해 벌어들인 소득을 측정하는 지표	한 나라 안에서 일정 기간 동안 생산된 모든 최종 재화와 서비스의 가치를 시장 가격으로 평가하는 지표

보기

갑: 우리나라 프로야구 리그에서 뛰는 외국인 선수의 연봉은 (가)에 포함됩니다.
을: 외국 기업이 우리나라에서 생산한 냉장고는 (나)에 포함됩니다.
병: 우리나라에서 생산하여 외국에 수출한 자동차는 (나)에 포함되지 않습니다.
정: 우리나라 기업이 국내에서 생산한 반도체는 (가)와 (나) 모두에 포함됩니다.

① 갑, 을   ② 을, 병
③ 을, 정   ④ 병, 정

10 다음 표는 갑국의 국내 총생산을 구성하는 지출 항목별 비중의 변화를 나타낸 것이다. 이에 대한 옳은 설명만을 〈보기〉에서 고른 것은?

약점진단
[○△×]
[○△×]
[○△×]

(단위: %)

구분	2020년	2021년
㉠	62	65
민간 투자	16	15
정부 지출	15	10
순수출	7	10
계	100	100

보기

ㄱ. 2020년의 국내 총생산과 2021년의 국내 총생산은 같다.
ㄴ. 2020년과 2021년 모두 수출액이 수입액보다 많다.
ㄷ. 2021년에는 2020년과 달리 민간 부문의 투자 지출액이 감소하였다.
ㄹ. ㉠은 재화와 서비스에 대한 가계의 소비 지출을 나타내는 항목이다.

① ㄱ, ㄴ   ② ㄴ, ㄷ
③ ㄴ, ㄹ   ④ ㄷ, ㄹ

11 (가)~(다)는 각각 세 가지 측면에서 측정한 국민 소득이다. 이에 대한 설명으로 옳은 것은?

약점진단
[○△×]
[○△×]
[○△×]

(가) 생산된 모든 최종 생산물의 시장 가치의 합
(나) ㉠가계의 소비 지출+㉡기업의 투자 지출+정부의 지출+순수출(수출−수입)
(다) 임금+지대+이자+㉢이윤

① ㉠에는 수입 재화에 대한 국내 소비가 포함된다.
② 이자율은 ㉠이나 ㉡의 결정 요인이 아니다.
③ ㉢에는 기업이 지출한 임대료가 포함된다.
④ 국민 소득의 크기는 (가)>(다)>(나)이다.

12 다음 자료에 대한 분석으로 옳지 <u>않은</u> 것은?

약점진단
ㅇㅁㅁ
ㅇㅁㅁ
ㅇㅁㅁ

갑국은 최종 재화인 X재와 Y재만을 생산하며, 2020년과 2021년의 시장 가격과 생산량은 다음과 같다. (단, 기준 연도는 2020년이다.)

(단위: 달러, 개)

구분	X재		Y재	
	가격	생산량	가격	생산량
2020년	4	20	5	10
2021년	5	30	6	20

① 2021년의 명목 GDP는 2020년의 2배 이상이다.
② 실질 GDP는 2020년에 비해 2021년에 증가하였다.
③ 화폐 가치는 2020년에 비해 2021년에 하락하였다.
④ 실질 GDP에서 Y재가 차지하는 비중은 2020년에 비해 2021년에 감소하였다.

13 다음 표는 갑국의 연도별 실질 GDP와 명목 GDP를 나타낸 것이다. 이에 대한 분석으로 옳은 것은?

약점진단
ㅇㅁㅁ
ㅇㅁㅁ
ㅇㅁㅁ

(단위: 억 달러)

구분	2019년	2020년	2021년
명목 GDP	500	550	550
실질 GDP	500	500	550

① 2019년 물가 지수는 110이다.
② 2020년의 경제 성장률은 10%이다.
③ 2020년의 물가 상승률은 10%이다.
④ 2021년의 물가 수준은 전년과 동일하다.

실업과 인플레이션

빈출도 ★★★

14 〈보기〉의 ㉠~㉢에 들어갈 내용을 옳게 짝지은 것은?

약점진단
ㅇㅁㅁ
ㅇㅁㅁ
ㅇㅁㅁ

2021 서울시 운전직 9급

보기

15세 이상 인구가 일정한 상태에서 인구 구성의 변화가 발생하였을 때 고용 지표의 변화를 정리하면 다음과 같다.

구분	실업률	고용률	경제 활동 참가율
취업자 → ㉠	상승	하락	불변
㉡ → 비경제 활동 인구	하락	불변	하락
비경제 활동 인구 → 실업자	상승	㉢	상승

	㉠	㉡	㉢
①	실업자	취업자	상승
②	실업자	실업자	불변
③	비경제 활동 인구	실업자	불변
④	비경제 활동 인구	취업자	하락

15

약점진단
□△×
□△×
□△×

〈보기〉의 (가), (나)의 상황 및 그로 인해 나타날 수 있는 변화에 대한 설명으로 가장 옳지 <u>않은</u> 것은? (단, 노동 가능 인구 수의 변화는 없다.) 2019 서울시 운전직 9급

보기

(가) 직장의 사정으로 인해 일자리가 없어진 갑(甲)은 일자리를 구하고 있는 중이다.
(나) 직장을 다니던 을(乙)이 학업을 위해 대학원에 진학하게 되면서 직장을 그만두게 되었다.

① 전체 인구			
③ 만 15세 미만 인구	② 노동 가능 인구(만 15세 이상 인구)		
	④ 비경제 활동 인구	⑤ 경제 활동 인구	
		⑥ 취업자	⑦ 실업자

※ 실업률 ⑦÷⑤×100   ※ 취업률 ⑥÷⑤×100
※ 고용률 ⑥÷②×100   ※ 경제 활동 참가율 ⑤÷②×100

① (가)의 경우 이전보다 실업률은 상승하고 고용률은 하락한다.
② (나)의 경우 실업률은 이전과 동일하고, 고용률은 이전보다 하락한다.
③ 갑은 취업자에서 실업자, 을은 취업자에서 비경제 활동 인구가 되었다.
④ 경제 활동 참가율은 (가)의 경우 이전과 동일하지만, (나)의 경우 이전보다 하락한다.

16

약점진단
□△×
□△×
□△×

경제 활동 참가율은 80%이고 고용률이 60%인 국가의 실업률은? 2019 지방직 9급

① 10%   ② 15%
③ 20%   ④ 25%

17

약점진단
□△×
□△×
□△×

다음 ㉠~㉣에 들어갈 숫자 중 옳은 것으로만 묶은 것은? 2018 국가직 9급

A국: 생산 가능 인구(노동 인구) 10,000명 중 비경제 활동 인구가 40%일 때, 실업자가 (㉠)명이면 고용률은 (㉡)%이다.
B국: 실업률이 2%이고 실업자가 300명일 때, 생산 가능 인구가 (㉢)명이면 경제 활동 참가율은 (㉣)%가 된다.

	㉠	㉡	㉢	㉣
①	200	58	30,000	55
②	300	57	25,000	60
③	300	63	25,000	60
④	200	62	30,000	55

18

약점진단
□△×
□△×
□△×

〈보기〉는 갑(甲)국의 고용 지표 변화이다. 이에 대한 분석으로 가장 옳은 것은? (단, 갑(甲)국의 15세 이상 인구는 변하지 않았다.) 2018 서울시 행정직 9급

보기

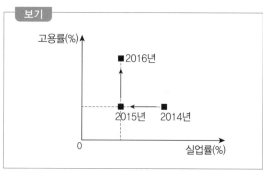

① 2015년 취업자 수가 2014년보다 더 적다.
② 2015년 비경제 활동 인구 수가 2014년보다 더 적다.
③ 2016년 실업자 수가 2015년보다 더 많다.
④ 2016년 경제 활동 인구 수는 2015년과 동일하다.

19 물가가 지속적으로 상승하는 현상이 발생할 경우, 일
약점진단 반적으로 나타날 수 있는 경제 상황에 대한 추론으로
◯△✕ 옳은 것만을 모두 고르면? 2020 국가직 9급
◯△✕
◯△✕

> ㄱ. 채권자는 유리해지고 채무자는 불리해진다.
> ㄴ. 환율의 변화가 없는 경우, 경상 수지가 악화된다.
> ㄷ. 고정된 임금을 받는 가계의 실질 소득이 감소하
>   게 된다.
> ㄹ. 실물 자산을 보유한 사람이 화폐 자산을 보유
>   한 사람에 비해 불리해진다.

① ㄱ, ㄴ ② ㄱ, ㄹ
③ ㄴ, ㄷ ④ ㄷ, ㄹ

20 그림 (가)와 (나)의 인플레이션 유형에 대한 설명으로
약점진단 옳지 **않은** 것은? (단, 우하향하는 총수요 곡선, 우상향
◯△✕ 하는 총공급 곡선을 가정한다.) 2020 지방직(= 서울시) 9급
◯△✕
◯△✕

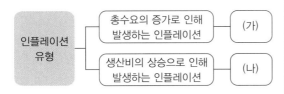

① (가)는 물가 상승과 경기 침체가 함께 발생하는 스
   태그플레이션(stagflation)을 발생시킬 수 있다.
② (나)의 원인은 임금 상승, 임대료 상승, 원자재 가
   격 상승 등이다.
③ (가)는 실질 GDP의 증가, (나)는 실질 GDP의 감
   소를 가져온다.
④ (가)는 총수요 곡선의 우측 이동, (나)는 총공급 곡
   선의 좌측 이동으로 나타난다.

21 스태그플레이션(stagflation)에 대한 설명으로 옳은 것
약점진단 만을 모두 고른 것은? 2018 국가직 9급
◯△✕
◯△✕
◯△✕

> ㄱ. 1930년대 미국의 대공황은 대표적인 스태그플
>   레이션의 사례이다.
> ㄴ. 생산 요소 가격 상승에 따른 비용 인상 인플레
>   이션은 스태그플레이션을 초래한다.
> ㄷ. 물가 상승과 경기 침체가 동시에 일어나는 불
>   황 속의 인플레이션을 말한다.

① ㄱ, ㄴ ② ㄱ, ㄷ
③ ㄴ, ㄷ ④ ㄱ, ㄴ, ㄷ

22 다음은 갑국의 15세 이상 인구를 분류한 것이다. 이에
약점진단 대한 설명으로 옳지 **않은** 것은?
◯△✕
◯△✕
◯△✕

$$A = B + C$$
$$C = D + E$$

※ 실업률 $= (E/C) \times 100$
※ A는 15세 이상 인구로 변함이 없다.

① B가 구직 활동을 하면 C는 증가한다.
② E가 B로 이동하면 취업률은 증가한다.
③ B가 D로 이동하면 실업률은 증가한다.
④ B가 감소하면 경제 활동 참가율은 증가한다.

23 다음 표는 연도별 갑국의 경제 활동 참가율과 고용률을 나타낸 것이다. 이에 대한 옳은 분석만을 〈보기〉에서 고른 것은? (단, 갑국의 15세 이상 인구는 변화가 없다.)

약점진단
□△✕
□△✕
□△✕

(단위: %)

구분	2018년	2019년	2020년	2021년
경제 활동 참가율	85	83	80	74
고용률	80	78	75	72

※ 고용률 = (취업자 수/15세 이상 인구) ×100

보기

ㄱ. 2018년에 비해 2019년에 실업자 수는 감소하였다.
ㄴ. 2019년에 비해 2020년에 비경제 활동 인구는 증가하였다.
ㄷ. 2020년에 비해 2021년에 실업률은 감소하였다.
ㄹ. 취업자 수의 전년 대비 감소율은 2020년과 2021년이 같다.

① ㄱ, ㄴ
② ㄴ, ㄷ
③ ㄴ, ㄹ
④ ㄷ, ㄹ

24 다음은 갑~병이 취업을 위해 면접을 보고 있는 상황이다. 이에 대한 설명으로 옳지 <u>않은</u> 것은?

약점진단
□△✕
□△✕
□△✕

면접관: 이전에 다니던 회사를 그만두게 된 이유에 대해 말씀해 보세요.
갑: 금융 위기 여파로 회사 경영이 악화되어 일자리를 잃게 되었습니다.
을: 제 적성에 더 맞는 일자리를 찾기 위해 사직하게 되었습니다.
병: 공장 설비 자동화로 인해 소속 부서가 사라지면서 일자리를 잃게 되었습니다.

① 갑의 대답에 나타난 실업은 경기적 실업에 해당한다.
② 갑~병의 대답에 나타난 실업은 모두 비자발적 실업에 해당한다.
③ 을의 대답에 나타난 실업은 경제가 호황일 때에도 발생할 수 있다.
④ 병의 대답에 나타난 실업에 대한 대책으로 직업 훈련을 통해 새로운 산업에 적응하도록 돕는 것을 들 수 있다.

25 다음 자료에 대한 설명으로 옳은 것은?

약점진단
□△✕
□△✕
□△✕

• 갑국에서는 ㉠ 원자재의 가격 폭등으로 인한 인플레이션이 발생하였다.
• 을국에서는 ㉡ 지속적인 민간 소비 증가로 인한 인플레이션이 발생하였다.

① 갑국과 을국에서는 모두 채무자보다 채권자가 유리해질 것이다.
② ㉠은 수요 견인 인플레이션, ㉡은 비용 인상 인플레이션에 해당한다.
③ 총수요 조절을 통한 정부의 물가 안정 정책은 갑국보다 을국에 더 적합할 것이다.
④ 을국과 달리 갑국에서는 실물 자산 소유자보다 화폐 자산 소유자가 유리해질 것이다.

26 다음 표는 인플레이션의 유형 (가), (나)에 대해 정리한 것이다. 이에 대한 옳은 설명만을 〈보기〉에서 고른 것은?

약점진단
□△✕
□△✕
□△✕

구분	(가)	(나)
원인	(㉠)으로 인한 총공급 변동	(㉡)으로 인한 총수요 변동
대책	㉢	㉣

보기

ㄱ. (가)는 (나)와 달리 실질 GDP 증가가 수반된다.
ㄴ. ㉠에는 '국제 곡물가 하락'이 들어갈 수 있다.
ㄷ. ㉡에는 '투자 지출 증가'가 들어갈 수 있다.
ㄹ. 기준 금리 인상은 ㉢이 아닌 ㉣에 해당한다.

① ㄱ, ㄴ
② ㄴ, ㄷ
③ ㄴ, ㄹ
④ ㄷ, ㄹ

경기 변동과 경제 안정화 정책   빈출도 ★★★

27 〈보기〉의 밑줄 친 ㉠, ㉡에 대한 설명으로 가장 옳은
약점진단 것은?   2020 서울시 운전직 9급

☐☐☒
☐☐☒
☐☐☒

> **보기**
>
> 사회자: 현재 경기 상황을 극복하기 위한 대책은 무
> 엇입니까?
> 갑: ㉠ 소득세율을 인상해야 합니다.
> 을: ㉡ 지급 준비율을 인상해야 합니다.

① ㉠은 금융 정책에 해당한다.
② ㉠을 통해 가계의 가처분 소득은 증가한다.
③ ㉡을 통해 통화량이 증가한다.
④ ㉠과 ㉡ 모두 총수요 감소 정책에 해당한다.

29 다음 자료에 대한 설명으로 옳지 **않은** 것은?
약점진단   2021 국가직 9급

☐☐☒
☐☐☒
☐☐☒

> 갑국은 가계 소비와 기업 투자의 감소로 인하여
> 전년도에 비해 실질 GDP가 감소하였다. 이에 경기
> 회복을 위해 정부는 ㉠ 확대 재정 정책, 중앙은행은
> ㉡ 확대 통화 정책을 시행하고자 한다. (단, 총수요
> 곡선은 우하향, 총공급 곡선은 우상향하며, 총공급
> 의 변동은 없다.)

① 갑국의 물가는 하락하였다.
② 갑국의 총수요는 감소하였다.
③ 정부의 소득세율 인하는 ㉠의 사례이다.
④ 중앙은행의 국·공채 매각은 ㉡의 사례이다.

28 〈보기 1〉의 밑줄 친 '정책'으로 적절한 것을 〈보기 2〉
약점진단 에서 모두 고른 것은?   2018 서울시 운전직 9급

☐☐☒
☐☐☒
☐☐☒

> **보기 1**
>
> 현재 갑(甲)국은 소비와 투자의 감소로 경기 침
> 체가 심화되고 있다. 이에 정부와 중앙은행은 경기
> 활성화를 위한 정책을 시행하기로 하였다.

> **보기 2**
>
> ㄱ. 소득세율 인하
> ㄴ. 기준 금리 인하
> ㄷ. 지급 준비율 인상
> ㄹ. 국·공채 매각

① ㄱ, ㄴ   ② ㄴ, ㄷ
③ ㄷ, ㄹ   ④ ㄱ, ㄴ, ㄹ

30 경기 과열 시 총수요를 줄이기 위한 통화 정책으로 바
약점진단 르게 묶은 것은?   2019 국가직 9급

☐☐☒
☐☐☒
☐☐☒

	국·공채	재할인율	지급 준비율
①	매각	인상	인상
②	매각	인상	인하
③	매입	인하	인상
④	매입	인하	인하

31
약점진단
☐△✕
☐△✕
☐△✕

〈보기〉의 그래프는 경기 변동 추이를 나타낸 것이다. A 시기에 요구되는 경제 안정화 정책으로 가장 옳은 것은?

2018 서울시 행정직 9급

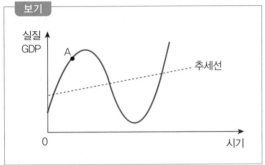

① 세율 인하
② 정부 지출 증가
③ 재할인율 인상
④ 국·공채 매입

32
약점진단
☐△✕
☐△✕
☐△✕

〈보기〉는 갑(甲)국의 경제 상황에 대한 기자와 전문가의 화상 인터뷰의 일부이다. 이를 바탕으로 전문가가 주장할 것으로 예상되는 통화 정책으로 가장 옳은 것은?

2022 서울시 운전직 9급

① 공개 시장 운영을 통한 국·공채 매입
② 총수요 증대를 위한 지급 준비율 인하
③ 총수요 감소를 위한 기준 금리 인상
④ 총수요 감소를 위한 정부의 소득세율 인상

33
약점진단
☐△✕
☐△✕
☐△✕

다음 (가)~(다)에 대한 설명으로 옳은 것은?

(가) 기상 이변으로 인해 갑국이 수입하는 원자재 가격이 상승하였다.
(나) 자국 화폐의 가치가 상승하여 갑국의 순수출이 감소하였다.
(다) 경기 회복에 대한 기대 심리가 확산되어 갑국 기업의 국내 투자가 증가하였다.

① (가)는 갑국의 총공급 증가 요인이다.
② (가)는 (다)와 달리 갑국의 물가 상승 요인이다.
③ (가)와 (나) 모두 갑국의 실질 GDP 감소 요인이다.
④ (나)는 갑국의 총수요 증가 요인이고, (다)는 갑국의 총수요 감소 요인이다.

34
약점진단
☐△✕
☐△✕
☐△✕

다음 자료에 대한 분석 및 추론으로 옳은 것은?

갑국의 2022년 경제 전망 보고서

1. 국내 여건
  • 가계 부채 증가에 따른 ㉠ 민간 부문의 소비 감소 추세 지속 예상
  • 대외 불확실성의 증대에 따른 제조업 전반의 설비 투자 감소 예상
2. 국외 여건
  • 주요 수출 상대국 민간 부문의 소득 수준 감소 및 그에 따른 소비 심리의 위축 예상
  • 중동 지역의 정치적 불안에 따른 수급 여건의 악화로 주요 수입 품목인 ㉡ 석유 가격의 상승 예상

① 갑국 내에서 법인세율 인상의 필요성이 제기될 것이다.
② 국외 여건의 전망이 현실화되면 갑국의 경상 수지는 개선될 것이다.
③ 보고서의 전망이 모두 현실화되면 갑국의 국민 소득은 감소할 것이다.
④ ㉠은 갑국의 총수요를 증가시키는 요인이고, ㉡은 갑국의 총공급을 증가시키는 요인이다.

35

약점진단
ОΔ☒
ОΔ☒
ОΔ☒

다음의 경제 상황이 갑국의 경제에 미치는 영향으로 옳은 것은? (단, 총공급 곡선은 우하향하며, 다른 조건은 변함이 없다.)

> • 전 세계적 금융 위기가 해소됨에 따라 최근 갑국 제품의 해외 수출이 증가하였다.
> • 갑국 정부는 새롭게 개발된 첨단 컴퓨터 제어 기술을 산업 현장 전반에 보급하여 생산성을 향상시켰다.

	총공급	총수요	물가 수준	국내 총생산
①	증가	증가	상승	증가
②	감소	증가	하락	감소
③	증가	증가	알 수 없음	증가
④	감소	감소	알 수 없음	감소

36

약점진단
ОΔ☒
ОΔ☒
ОΔ☒

다음은 갑국~병국의 경제 안정을 위한 정책이다. 이에 대한 설명으로 옳지 <u>않은</u> 것은?

> • 갑국 정부는 소득세율과 법인세율을 인하하였다.
> • 을국 중앙은행은 재할인율을 인하하였다.
> • 병국 중앙은행은 공개 시장에서 국채의 매각을 늘렸다.

① 갑국에서는 경기 침체에 대처하기 위한 정책을 실시하였다.
② 병국과 달리 을국에서는 이자율이 하락하는 정책을 실시하였다.
③ 을국과 달리 갑국에서는 물가 상승을 유발하는 정책을 실시하였다.
④ 을국에서는 확대 통화 정책을, 병국에서는 통화량을 감소시키는 정책을 실시하였다.

37

약점진단
ОΔ☒
ОΔ☒
ОΔ☒

다음 대화에 대한 설명으로 옳지 <u>않은</u> 것은?

> 사회자: 현재의 경제 상황을 해결하기 위한 대책은 무엇입니까?
> 갑: ㉠ 정부의 재정 지출을 축소해야 합니다.
> 을: ㉡ 통화량을 줄이는 정책을 실시해야 합니다.

① ㉠은 긴축 재정 정책의 수단이다.
② ㉠은 ㉡과 달리 총수요 감소 요인이다.
③ ㉡의 수단으로 국·공채 매각을 들 수 있다.
④ 갑과 을 모두 현재 경제 상황을 호황으로 보고 있다.

약점 체크와 약점 보완을 한 번에 정답과 해설 P.66

필수기출 & 출제예상 문제

무역 원리와 무역 정책
빈출도 ★★★

01
약점진단
ㅇㅁㅈ
ㅇㅁㅈ
ㅇㅁㅈ

〈보기〉에 대한 설명으로 가장 옳은 것은?

2020 서울시 운전직 9급

보기

아래의 표는 갑(甲)국과 을(乙)국이 X재 1개와 Y재 1개를 각각 생산하는 데 필요한 노동자 수를 나타낸 것이다. (단, 양국은 X재와 Y재만을 생산하고 노동만을 생산 요소로 사용하며 양국이 보유한 노동자 수는 각각 100명이다.)

구분	갑(甲)국	을(乙)국
X재(1개)	4명	2명
Y재(1개)	5명	4명

① 갑(甲)국은 Y재를 최대 25개 생산할 수 있다.
② 갑(甲)국의 X재 1개 생산에 따른 기회비용은 Y재 5/4개이다.
③ 갑(甲)국은 X재에, 을(乙)국은 Y재에 비교 우위를 가진다.
④ 을(乙)국은 X재 10개와 Y재 20개를 동시에 생산할 수 있다.

02
약점진단
ㅇㅁㅈ
ㅇㅁㅈ
ㅇㅁㅈ

〈보기〉는 갑과 을의 신발과 의류 1단위 생산에 필요한 시간에 대한 분석이다. 이에 대한 설명으로 가장 옳지 않은 것은?

2018 서울시 운전직 9급

보기

(단위: 시간)

구분	갑	을
신발	20	60
의류	10	15

① 갑은 두 재화 생산 모두에 절대 우위 상태이다.
② 갑의 신발 생산의 기회비용은 의류 1/2단위이다.
③ 을은 의류 생산에 비교 우위를 가지고 있다.
④ 을의 신발 생산의 기회비용은 갑보다 크다.

03
약점진단
ㅇㅁㅈ
ㅇㅁㅈ
ㅇㅁㅈ

다음은 갑, 을이 노동만을 투입하여 하루 동안 생산할 수 있는 각 재화의 최대량을 정리한 것이다. 이에 대한 분석으로 옳은 것은?

2021 지방직(= 서울시) 9급

구분	갑	을
물고기	10마리	5마리
나무열매	3개	4개

① 갑은 두 재화의 생산 모두에서 절대 우위가 있다.
② 나무열매 1개 생산에 따른 기회비용은 을이 갑보다 크다.
③ 갑은 나무열매에, 을은 물고기에 특화하여 재화를 서로 교환하는 것이 합리적이다.
④ 특화 후 나무열매 1개당 물고기 3마리로 교환하면 두 사람 모두 이익을 얻을 수 있다.

04
약점진단
○△✕
○△✕
○△✕

다음 표는 각국이 보유한 생산 요소를 X재나 Y재 중 한 재화에만 투입하였을 때 생산 가능한 최대 생산량을 나타낸 것이다. 이에 대한 설명으로 옳은 것은? (단, 생산 요소의 양은 양국이 동일하다.) 2019 지방직 9급

구분	X재	Y재
갑국	100개	80개
을국	90개	60개

① X재 생산에 따른 기회비용은 을국이 갑국보다 크다.
② 갑국은 두 재화 생산에 모두 비교 우위를 가지기 때문에 교역을 통해 이득을 얻을 수 없다.
③ 양국이 비교 우위를 가진 재화에 특화할 경우 X재 1개당 Y재 $\frac{11}{15}$개의 교역이 가능하다.
④ 양국이 비교 우위를 가진 재화에 특화할 경우 갑국은 X재를, 을국은 Y재를 각각 생산한다.

06
약점진단
○△✕
○△✕
○△✕

〈보기〉는 갑(甲)국과 을(乙)국의 생산 가능 곡선이다. 이에 대한 분석으로 가장 옳은 것은? (단, 양국의 생산 요소 투입량은 동일하며, 교역 시 양국은 비교 우위에 있는 재화에 특화한다.) 2018 서울시 행정직 9급

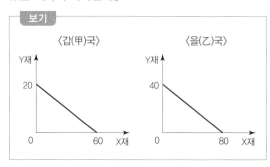

① 갑(甲)국은 X재 50개와 Y재 15개 생산이 가능하다.
② X재 교환 비율은 Y재 1/3에서 Y재 1/2 사이에서 결정된다.
③ Y재 1개 생산의 기회비용은 을(乙)국이 갑(甲)국보다 크다.
④ 무역 발생 시 갑(甲)국은 X재를 수입하고, Y재를 수출한다.

05
약점진단
○△✕
○△✕
○△✕

다음은 A국과 B국이 각각 신발과 전화기를 1단위씩 생산하는 데 투입한 노동량을 비교한 것이다. 이에 대한 설명으로 옳은 것만을 〈보기〉에서 모두 고른 것은? (단, 두 나라 간에 생산 요소 이동은 없고, 생산비에는 노동량만 포함된다고 가정한다.) 2018 국가직 9급

구분	A국	B국
신발(1단위)	7명	6명
전화기(1단위)	9명	5명

보기
ㄱ. 절대 우위론에 따르면 두 국가 간의 무역은 이루어지지 않는다.
ㄴ. 신발 생산에 대한 절대 우위와 비교 우위는 B국에 있다.
ㄷ. B국은 신발 생산에 절대 우위가, 전화기 생산에 절대 우위와 비교 우위가 있다.

① ㄱ
② ㄴ
③ ㄱ, ㄴ
④ ㄱ, ㄷ

07
약점진단
○△✕
○△✕
○△✕

다음 표는 갑국과 을국이 동일한 생산 요소를 투입하여 한 달간 최대로 생산할 수 있는 곡물과 육류의 양을 나타낸 것이다. 양국이 비교 우위의 원리에 따라 교역을 할 경우 표에 대한 옳은 설명은? (단, 생산 요소는 노동 하나뿐이고, 양국에서 투입 가능한 노동의 양은 동일하다고 가정한다.) 2017 서울시 행정직 9급

(단위: 톤)

구분	갑국	을국
곡물	10	20
육류	20	50

① 갑국은 육류 생산에 비교 우위를 갖고 있다.
② 곡물 생산의 기회비용은 갑국이 을국보다 작다.
③ 을국의 육류 1톤 생산의 기회비용은 곡물 2.5톤이다.
④ 곡물과 육류를 1 : 1의 비율로 교환하면 양국 모두 이익이 발생한다.

08 그림은 T년과 T+1년 갑국의 X재 시장을 나타낸다. 갑국은 자유 무역을 시행하고 있으며, T년과 T+1년의 국제 가격은 각각 P_1, P_2이다. 이에 대한 설명으로 옳은 것은? (단, 갑국은 국제 가격을 주어진 것으로 받아들이며, 이 가격에서 X재의 공급량에는 제한이 없다.)

2021 국가직 9급

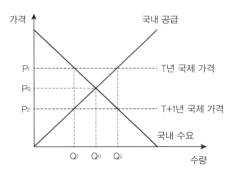

① T년 갑국은 X재를 수입한다.
② T+1년 갑국의 X재 교역량은 Q_0Q_2이다.
③ T년 갑국 소비자 잉여는 T+1년보다 크다.
④ T+1년 갑국 총잉여는 무역을 하지 않는 경우와 비교하여 $\dfrac{(P_0P_2 \times Q_1Q_2)}{2}$ 만큼 증가한다.

09 다음 자료에 대한 분석으로 〈보기〉에서 옳은 것만을 모두 고르면? (단, a~j는 각 영역의 면적에 해당하며, 갑국은 X재만을 거래한다.)

2019 국가직 9급

> D와 S는 T기에 갑국의 X재 국내 수요 곡선과 국내 공급 곡선이다. 시장을 개방하지 않았던 갑국은 T+1기에 시장을 개방하여 자유 무역을 통해 국제 가격 수준에서 X재를 수입하였으나, T+2기에는 국내 X재 산업 보호를 위해 P_1P_2만큼의 관세를 부과하였다.

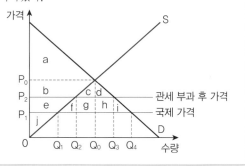

보기

ㄱ. T기에 비해 T+1기에 갑국의 사회적 잉여는 d+h+i만큼 증가한다.
ㄴ. T+2기에 갑국 정부의 관세 수입은 g+h이다.
ㄷ. T+1기에 비해 T+2기에 갑국에서는 f+i만큼의 사회 후생의 손실이 발생한다.
ㄹ. T+2기에 갑국의 생산자 잉여는 T+1기보다 j+e만큼 증가한다.

① ㄱ, ㄴ   ② ㄱ, ㄹ
③ ㄴ, ㄷ   ④ ㄷ, ㄹ

10 다음 표는 갑국과 을국의 X재와 Y재의 최대 생산 가능량을 나타낸 것이다. 이에 대한 분석으로 옳은 것은? (단, 갑국과 을국의 생산 요소의 양은 같다.)

약점진단
◯△✕
◯△✕
◯△✕

(단위: 개)

구분	갑국	을국
X재	60	80
Y재	30	80

① 갑국은 Y재 생산에 비교 우위가 있다.
② 을국은 X재 생산에 절대 열위가 있다.
③ X재 1개 생산의 기회비용은 갑국보다 을국이 작다.
④ 양국이 비교 우위 재화에 특화한 후 1 : 1로 교역하면 갑국은 이득을 얻을 수 있다.

11 다음 자료에 대한 설명으로 옳지 <u>않은</u> 것은?

약점진단
◯△✕
◯△✕
◯△✕

- X재와 Y재만을 생산하는 갑국과 을국의 생산 가능 곡선은 직선이다.
- 갑국의 경우 X재 1단위 생산의 기회비용은 Y재 3단위로 을국보다 작다.
- 양국은 이익이 발생할 때에만 비교 우위에 있는 재화를 특화하여 생산한 후 서로 교환한다.

① 갑국에서 단위당 생산비는 X재가 Y재보다 작다.
② X재로 나타낸 Y재 1단위 생산의 기회비용은 갑국보다 을국이 작다.
③ 갑국이 X재를 1단위 수출하면 Y재를 3단위보다 많이 수입할 수 있다.
④ 교역 전 갑국이 한 재화만을 생산할 때 X재보다 Y재를 더 많이 생산할 수 있다.

12 다음 자료에 대한 옳은 분석만을 〈보기〉에서 고른 것은?

약점진단
◯△✕
◯△✕
◯△✕

다음 표는 갑국과 을국만이 존재하는 상황에서 무역 전후 생산량을 나타낸 것이다. 갑국과 을국에서는 X재와 Y재만 생산되며, 각 재화의 단위당 생산 비용은 일정하다. 갑국과 을국에서 생산 요소는 노동뿐이며, 노동의 질적·양적 변화는 없다.

(단위: 개)

구분	무역 이전 생산량		무역 이후 생산량	
	X재	Y재	X재	Y재
갑국	10	20	0	40
을국	10	10	20	0
전체	20	30	20	40

보기
ㄱ. 갑국은 X재 생산에, 을국은 Y재 생산에 비교 우위가 있다.
ㄴ. 무역 이후 갑국에서 X재 1개 소비의 기회비용은 감소한다.
ㄷ. 갑국과 을국이 무역을 통해 얻은 이익의 총합은 Y재 10개의 가치와 같다.
ㄹ. X재 10개와 Y재 10개를 서로 교환할 경우 갑국은 무역 이익이 발생하지 않는다.

① ㄱ, ㄴ　　　　② ㄴ, ㄷ
③ ㄴ, ㄹ　　　　④ ㄷ, ㄹ

13 다음은 무역 정책을 둘러싼 논쟁을 요약한 것이다. 이에 대한 설명으로 옳지 <u>않은</u> 것은?

약점진단
ⓞ△✕
ⓞ△✕
ⓞ△✕

> 갑: ⊙ 어떤 재화나 서비스를 수입에만 의존하는 경우, 국제 분쟁이 발생하거나 수출국이 수출을 중단하면 큰 혼란이 발생하고 국가 안보가 위협받을 수 있다.
>
> 을: 개방을 통해 경쟁이 활발해지면 가격이 내려가고 서비스도 좋아지기 때문에 소비자들에게 다양한 혜택을 줄 수 있다.
>
> 병: 경쟁력을 갖지 못한 유치 산업을 일정 기간 동안 보호하여 충분히 성장시킨 후에 외국 기업들과 경쟁할 수 있도록 해야 한다.
>
> 정: ⓛ <u>외국의 수출 기업이 낮은 임금을 주거나 국제적인 환경 규약을 지키지 않았을 경우</u>, 공정한 경쟁이 되지 않으므로 수입을 규제할 필요가 있다.

① 갑, 병, 정은 보호 무역을, 을은 자유 무역을 지지한다.

② ⊙의 대체재가 적을수록 갑의 주장은 설득력이 커진다.

③ 을은 관세 부과, 수입 할당제 등의 정책을 지지할 것이다.

④ ⓛ의 상황에서 교역을 하면 수입국 소비자의 후생은 증가한다.

14 다음 밑줄 친 ⊙을 실시할 경우 나타나는 갑국의 경제적 상황으로 옳지 <u>않은</u> 것은? (단, 다른 조건은 변함 없다.)

약점진단
ⓞ△✕
ⓞ△✕
ⓞ△✕

> 갑국의 X재 시장에서는 국내산 X재 공급이 가격에 대해 완전 비탄력적이고, 수요는 가격에 대해 비탄력적이다. 최근 X재 시장이 개방되어 수입이 증가하자, ⊙ 갑국 정부는 X재에 관세를 부과하였다. 수입산 X재는 국제 가격 수준에서 무제한 공급이 가능하다.

① 총잉여는 감소한다.

② 정부의 재정 수입은 증가한다.

③ X재의 총판매 수입은 감소한다.

④ 국내산 X재의 공급량은 변함없다.

15 다음 자료에 대한 분석으로 옳지 <u>않은</u> 것은?

약점진단
ⓞ△✕
ⓞ△✕
ⓞ△✕

> 갑국과 을국은 A재와 B재만을 생산하는 국가이다. 각국은 비교 우위에 의한 특화에 의해서 자유 무역을 하기로 합의하였다. 표는 각국의 A재 1단위 생산에 대한 기회비용을 나타낸 것이다. 각국의 A재 생산에 대한 단위당 생산비는 2달러로 동일하다.
>
> | 구분 | 갑국 | 을국 |
> |------|------|------|
> | A재 | B재 1/2단위 | B재 1/3단위 |

① A재 생산에 대해서 을국이 비교 우위를 가지고 있다.

② 갑국은 B재 생산에 대해서 절대 우위를 가지고 있다.

③ 을국의 B재 생산에 대한 단위당 비용은 6달러이다.

④ A재와 B재의 교환 비율이 1:1이라면 갑국은 무역에 수락할 것이다.

환율의 결정과 변동   빈출도 ★★★

16
약점진단
◯△✕
◯△✕
◯△✕

〈보기〉는 미국 달러화 대비 각국 통화 가치의 변화율을 나타낸다. 이에 대한 설명으로 가장 옳은 것은? (단, 국제 거래는 미국 달러화로만 이루어진다.)

2021 서울시 운전직 9급

보기	
갑(甲)국	10%
을(乙)국	−5%
병(丙)국	−10%
정(丁)국	5%

① 미국에서 유학 중인 자녀에게 학비를 보내야 하는 갑(甲)국 학부모의 부담이 증가하였다.
② 병(丙)국 통화 대비 을(乙)국 통화의 가치는 하락하였다.
③ 미국에서 부품을 수입하는 병(丙)국 기업의 대금 지급 부담이 증가하였다.
④ 정(丁)국 기업이 상환해야 하는 미국 달러화 표시 채무 부담이 증가하였다.

17
약점진단
◯△✕
◯△✕
◯△✕

〈보기〉는 갑국의 환율 시세의 변동을 나타낸 것이다. 이에 대한 설명으로 가장 옳은 것은? (단, 환율 시세는 갑국 화폐로 표시한다.)

2018 서울시 운전직 9급

보기	
2018년 7월 1일 09시 32분	2018년 8월 19일 16시 00분
미국 USD 1200	미국 USD 1196
일본 JYP 100 1000	일본 JYP 100 1026
중국 CWY 185	중국 CWY 175

① 갑국 화폐 대비 미국 달러화의 가치가 상승하였다.
② 자녀가 일본 유학 중인 갑국 부모의 경제적 부담이 커졌다.
③ 갑국 화폐 대비 중국 화폐 가치가 상승하였다.
④ 갑국 국민의 미국 여행 경비 부담이 증가하였다.

18
약점진단
◯△✕
◯△✕
◯△✕

표에 나타난 t년 대비 t+1년 환율 변동에 대한 설명으로 가장 적절한 것은?

2021 지방직(= 서울시) 9급

구분	t년	t+1년
원/달러	1,075	1,138

① 달러화 대비 원화 가치 상승으로 우리나라의 물가 상승 요인으로 작용할 것이다.
② 원/달러 환율 하락으로 우리나라에서 달러화 예금 자산 가치가 상승할 것이다.
③ 원/달러 환율 상승으로 우리나라 사람의 미국 여행 경비 부담은 감소할 것이다.
④ 원화 대비 달러화 가치 상승으로 미국 시장에서 우리나라 수출품의 가격 경쟁력은 높아질 것이다.

19
약점진단
◯△✕
◯△✕
◯△✕

다음은 미국 달러화에 대한 각 국가 통화 가치의 변동을 나타낸다. 이에 대한 분석으로 옳은 것은?

2020 지방직(= 서울시) 9급

구분	원화	엔화
미국 달러화 대비 통화 가치	상승	하락

① 한국 기업의 달러 표시 외채 상환 부담이 증가한다.
② 일본 유학 중인 자녀에게 송금하는 한국 학부모의 학비 부담이 감소한다.
③ 한국으로 여행을 오는 미국 사람들의 여행 경비 부담이 감소한다.
④ 미국 시장에서 일본산 제품과 경쟁하는 한국산 제품의 가격 경쟁력이 강화된다.

20 다음은 환율의 변동을 표로 정리한 것이다. (가)~(라)의 영향으로 옳은 것을 〈보기〉에서 모두 고르면? (단, 환율 이외의 다른 요건은 고려하지 않는다.)

약점진단
ㅇㅁㄨ
ㅇㅁㄨ
ㅇㅁㄨ

2016 서울시 행정직 9급

구분		원/달러 환율	
		상승	하락
원/유로 환율	상승	(가)	(나)
	하락	(다)	(라)

보기

㉠ (가) - 미국과 EU에 대한 한국 기업들의 수출이 증가한다.

㉡ (나) - 미국 부품을 수입하여 완제품을 EU에 수출하는 한국 기업들은 불리해진다.

㉢ (다) - 한국 시장에서 미국산 자동차보다 EU산 자동차의 가격 경쟁력이 높아진다.

㉣ (라) - 미국 회사나 EU 회사의 주식에 대한 배당금의 원화 환산 금액이 증가한다.

① ㉠, ㉡
② ㉠, ㉢
③ ㉡, ㉢
④ ㉠, ㉢, ㉣

21 〈보기〉의 밑줄 친 ㉠, ㉡에 대한 설명 중 가장 옳은 것은?

약점진단
ㅇㅁㄨ
ㅇㅁㄨ
ㅇㅁㄨ

2019 서울시 운전직 9급

보기

매달 A군은 1만 엔을, B군은 100달러를 구입한다. ㉠원/엔 환율 변동과 ㉡원/달러 환율 변동으로 인해 A군과 B군이 각각 엔화와 달러화를 구입하기 위해 매달 지불해야 하는 원화의 양이 아래의 표와 같이 변하였다.

구분	변동 전	변동 후
A군	9만 원	10만 원
B군	11만 원	10만 원

① 엔화의 수요 감소는 ㉠의 요인이다.

② 달러화의 공급 감소는 ㉡의 요인이다.

③ ㉠은 우리나라 대일 상품 수지를 개선시키는 요인이다.

④ ㉡은 우리나라 국민의 미국 유학 경비 부담을 증가시키는 요인이다.

22 다음은 중앙은행이 이자율을 인하하는 경우, 총수요에 영향을 미치는 여러 경로를 나타낸 것이다. ㉠~㉢의 변화로 옳은 것은? (단, 유동성 함정이 존재하지 않고, 각 경제 주체는 경제를 낙관적으로 예상한다.)

약점진단
ㅇㅁㄨ
ㅇㅁㄨ
ㅇㅁㄨ

2018 지방직 9급

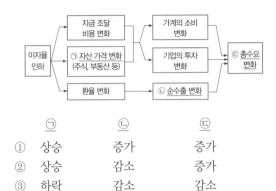

	㉠	㉡	㉢
①	상승	증가	증가
②	상승	감소	증가
③	하락	감소	감소
④	하락	증가	감소

23 다음 자료에 대한 분석으로 옳은 것만을 〈보기〉에서 모두 고르면?

약점진단
ㅇㅁㄨ
ㅇㅁㄨ
ㅇㅁㄨ

〈5년간 물가 상승률〉

(단위: %)

구분	미국(달러)	한국(원)	일본(엔)
물가 상승률	10	5	2

보기

ㄱ. 원/달러 환율은 하락하였다.

ㄴ. 엔화 대비 원화 가치는 상승하였다.

ㄷ. 1달러와 교환되는 엔화의 양은 감소하였다.

ㄹ. 화폐 가치의 하락 정도는 미국보다 일본이 크다.

① ㄱ, ㄷ
② ㄴ, ㄷ
③ ㄴ, ㄹ
④ ㄷ, ㄹ

24 다음 갑과 을이 예상하는 1년 후의 환율 변화로 옳은 것은? (단, 다른 조건은 변함없다.)
약점진단
- 일본인 갑은 다음 달 가족과 함께 가기로 한 미국 여행을 1년 뒤로 미루었다.
- 한국인 을은 국내 채권의 연간 수익률이 20%, 미국 채권의 연간 수익률이 10%임에도 미국 채권을 구입했다.

	〈갑〉 엔/달러 환율	〈을〉 원/달러 환율
①	하락	상승
②	하락	하락
③	상승	상승
④	상승	하락

25 대미 달러 환율의 변화 추세가 그림과 같이 지속되는 경우, 이에 대한 설명으로 옳지 <u>않은</u> 것은? (단, 환율 변화 이외의 변수는 고려하지 않는다.)
약점진단

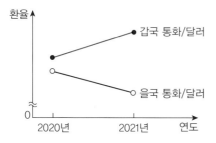

① 갑국 여행을 계획하는 미국 사람은 여행 일정을 늦추는 것이 유리하다.
② 달러화 표시 외채가 있는 을국 기업은 외채 상환을 미룰수록 유리하다.
③ 갑국의 달러화 대비 화폐 가치가 을국의 달러화 대비 화폐 가치보다 높아진다.
④ 갑국 기업은 수출 대금으로 받은 달러화를 갑국 통화로 늦게 환전할수록 유리하다.

26 다음은 우리나라, 미국, 일본의 환율 변동을 전망한 것이다. (가), (나)의 환율 변동이 경제 상황에 미칠 영향에 대한 추론으로 가장 적절한 것은?
약점진단
(가) 일본 정부의 확대 통화 정책으로 인해 원화에 대한 엔화의 가치 하락
(나) 국내의 외국인 투자 자금 유출 증가로 인해 달러화에 대한 원화의 가치 하락

① 우리나라의 대일 상품 수지는 개선될 것이다.
② 미국인이 일본으로 여행할 경우 비용 부담은 감소할 것이다.
③ 일본에서 원자재를 수입하는 우리나라 기업의 생산 비용 부담은 증가할 것이다.
④ 미국 시장에서 일본 상품과 경쟁하는 우리나라 상품의 가격 경쟁력은 향상될 것이다.

27 다음 자료에 대한 옳은 설명만을 〈보기〉에서 고른 것은?
약점진단
매달 갑은 100달러를, 을은 1만 엔을 구입한다. ㉠ 원/엔 환율 변동과 ㉡ 원/달러 환율 변동으로 인해 갑과 을이 각각 엔화와 달러화를 구입하기 위해 매달 지불해야 하는 원화의 양은 다음의 표와 같이 변동하였다.

구분	변동 전	변동 후
갑	10만 원	14만 원
을	10만 원	8만 원

보기
ㄱ. 엔화의 수요 감소는 ㉠의 요인이다.
ㄴ. 달러화의 공급 증가는 ㉡의 요인이다.
ㄷ. ㉠은 우리나라 대일 상품 수지를 악화시키는 요인이다.
ㄹ. ㉡은 우리나라 국민의 미국 여행 경비 부담을 감소시키는 요인이다.

① ㄱ, ㄷ 　　　　② ㄴ, ㄷ
③ ㄴ, ㄹ 　　　　④ ㄷ, ㄹ

국제 수지

빈출도 ★★☆

28 2017년 A국의 경상 거래 전부가 다음과 같을 때, A국
약점진단 의 국제 수지에 대한 설명으로 옳은 것은? (단, 2016
년 A국의 경상 수지는 0이며, 모든 연도의 오차 및 누
락은 0이다.)
2018 지방직 9급

- A국 기업의 상품 수출 20억 달러
- A국 국민의 해외 직접 투자를 통한 배당 소득 50억
  달러 수취
- A국 기업이 사용한 해외 저작권 사용료 50억 달러
  지급
- B국 국민이 A국 여행에 150억 달러 지출
- C국의 지진 피해에 대한 응급 복구 비용 100억 달러
  지원
- D국 기업으로부터 원자재 수입 30억 달러

① 서비스 수지는 음(−)의 값을 갖는다.
② 본원 소득 수지와 이전 소득 수지의 합은 0이다.
③ 상품 수지는 2016년 대비 10억 달러 감소하였다.
④ 자본·금융 계정은 2016년 대비 40억 달러 감소하
였다.

29 표는 우리나라의 최근 4년간 경상 수지를 나타낸 것
약점진단 이다. 표에 대한 추론으로 가장 옳은 것은?
2017 서울시 행정직 9급

(단위: 백만 달러)

구분	2012년	2013년	2014년	2015년
경상 수지	50,835	81,149	84,372	105,939
상품 수지	49,406	82,781	88,885	122,269
서비스 수지	−5,214	−6,499	−3,679	−14,917
본원 소득 수지	12,117	9,056	4,151	3,572
이전 소득 수지	−5,474	−4,189	−4,985	−4,985

① 2013년 이후로 매년 수출이 전년도보다 증가하고
있다.
② 2014년은 2013년보다 해외여행이 감소하였다.
③ 표의 결과는 외환 보유고 증가 요인으로 작용한다.
④ 표의 결과는 원/달러 환율 상승을 압박하는 요인
이 된다.

30 다음 국제 거래 (가), (나)에 대한 설명으로 옳지 않은
약점진단 것은?

(가) 우리나라 신용 등급이 크게 올라가자 외국 투
자자들이 국내 주식 시장에서 대규모로 주식을
매입하였다.
(나) 우리나라 기업인 ○○항공이 미국 보험 회사가
판매하는 항공 사고 관련 보험에 가입하였다.

① (가)의 거래 금액은 금융 계정에 반영된다.
② (나)는 우리나라의 서비스 수지를 악화시킨다.
③ (나)와 달리 (가)는 국내 통화량을 증가시키는 요인
이다.
④ (가)와 (나) 모두 우리나라의 외환 보유고를 증가
시킨다.

31 다음 표는 경상 수지의 항목과 이에 해당하는 사례를
약점진단 나타낸 것이다. (가)~(라)에 해당하는 사례로 옳은 것
은?

구분		사례
경상 수지	상품 수지	(가)
	서비스 수지	(나)
	본원 소득 수지	(다)
	이전 소득 수지	(라)

① (가) − 우리 가족이 해외여행을 가서 현지 호텔에
숙박비를 지불하였다.
② (나) − 우리나라 기업이 자동차를 수출하고 대금
을 받았다.
③ (다) − 우리나라 구단에 고용된 외국인 선수가 자
국 은행 계좌로 연봉을 받았다.
④ (라) − 우리나라 국민이 보유 중인 해외 주식에 대
한 배당금을 받았다.

32

약점진단
◯△✕
◯△✕
◯△✕

다음 표는 갑국의 경상 수지를 나타낸 것이다. 이에 대한 분석 및 추론으로 옳은 것은?

(단위: 만 달러)

구분	2019년	2020년	2021년
경상 수지	29,400	26,100	48,090
상품 수지	40,090	31,660	39,820
서비스 수지	−8,630	−5,850	5,740
본원 소득 수지	1,020	2,890	5,720
이전 소득 수지	−3,080	−2,600	−3,190

① 2019년에 비해 2020년에 상품 수출액은 감소하였다.
② 특허권 사용료가 포함된 항목은 매년 적자를 기록하였다.
③ 2021년 대가 없이 수취한 외화가 지급한 외화보다 많다.
④ 2019년 경상 수지 흑자는 환율 하락 요인으로 작용할 것이다.

33

약점진단
◯△✕
◯△✕
◯△✕

다음 표는 연도별 갑국의 을국에 대한 상품 수출액과 상품 수지를 나타낸 것이다. 이에 대한 분석으로 옳지 <u>않은</u> 것은? (단, 교역은 갑국과 을국 간에만 존재한다.)

(단위: 억 달러)

구분	2020년	2021년
상품 수출액	500	300
상품 수지	200	100

① 을국의 상품 수지는 개선되었다.
② 갑국의 상품 수입액은 감소하였다.
③ 을국은 갑국보다 상품 수출액 감소폭이 더 크다.
④ 갑국의 상품 수출액 변동폭은 상품 수입액 변동폭보다 크다.

약점 체크와 약점 보완을 한 번에 ▶ 정답과 해설 P.75

경제생활과 금융

필수기출 & 출제예상 문제

화폐와 금융 제도   빈출도 ★☆☆

01
약점진단
ㅁㅿㅍ
ㅁㅿㅍ
ㅁㅿㅍ

갑국의 연도별 명목 이자율과 실질 이자율이 그림과 같이 나타났다. 이에 대한 설명으로 옳은 것은?

2021 국가직 9급

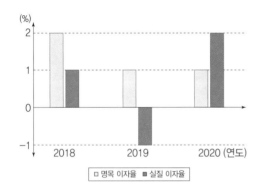

① 2019년 물가 상승률은 2018년보다 더 낮다.
② 2019년의 경우 예금보다 현금 보유가 수익성 측면에서 유리하다.
③ 2020년 물가 수준은 2019년보다 더 낮아졌다.
④ 2020년의 경우 2019년보다 화폐 가치가 하락하였다.

02
약점진단
ㅁㅿㅍ
ㅁㅿㅍ
ㅁㅿㅍ

다음 표는 갑국의 연도별 명목 이자율과 물가 상승률을 나타낸 것이다. 이에 대한 설명으로 옳지 않은 것은?

(단위: %)

구분	2020년	2021년
명목 이자율	4	6
물가 상승률	6	4

① 2020년에 예금한다면 원리금이 원금보다 커진다.
② 2021년보다 2020년에 실질 이자율이 낮다.
③ 2020년보다 2021년에 예금하려는 유인이 크다.
④ 2021년보다 2020년에 예금이 현금 보유보다 유리하다.

금융 생활과 신용   빈출도 ★☆☆

03
약점진단
ㅁㅿㅍ
ㅁㅿㅍ
ㅁㅿㅍ

다음 표는 갑 가구의 연간 소득을 나타낸 것이다. 이에 대한 분석으로 옳지 않은 것은?

(단위: 만 원)

구분	2019년	2020년	2021년
소득	4,180	4,800	4,900
경상 소득	4,040	4,620	4,680
근로 소득	2,670	3,000	3,300
사업 소득	1,000	1,200	910
재산 소득	20	20	30
이전 소득	350	400	440
비경상 소득	140	180	220

① 2021년은 전년에 비해 주식 배당금이 포함된 소득이 증가하였다.
② 2020년과 2021년은 전년 대비 비경상 소득의 증가율이 동일하다.
③ 2021년은 전년에 비해 근로 소득과 이전 소득이 동일한 비율로 증가하였다.
④ 2020년은 전년에 비해 전체 소득 중 사업 소득이 차지하는 비중이 증가하였다.

자산 관리와 금융 상품 빈출도 ★☆☆

04 (가)와 (나)는 금융 시장의 유형을 분류한 것이다. 이에 대한 설명으로 옳은 것은? (단, (가)와 (나)는 직접 금융 시장, 또는 간접 금융 시장 중 하나이다.)

약점진단
○△✕
○△✕
○△✕

2018 지방직 9급

(가)	• 금융 기관은 자금 수요자에게 정보 제공을 받아 자금 공급자에게 정보를 제공한다. • 자금 공급자는 자금 수요자에게 자금을 공급하고, 이에 대한 대가로 이자나 배당을 받는다.
(나)	• 금융 기관은 자금 공급자에게 예금을 받고 이에 대한 대가로 이자를 준다. 또한, 금융 기관은 자금 수요자에게 대출을 해주고 이에 대한 대가로 이자를 받는다. • 자금 공급자와 자금 수요자 간에는 직접적인 자금 거래는 없다.

① (가)에서 거래되는 대표적인 금융 상품으로 정기 적금이 있다.

② (나)에서는 자금 공급자가 자금 거래로 인해 발생하는 위험을 전액 부담한다.

③ (가)에 비해 (나)에서 금융 상품이 일반적으로 안전성이 더 높다.

④ (가)에 비해 (나)에서 자금 공급자의 자금이 어느 기업으로 투자되었는지 알기 쉽다.

05 〈보기〉는 금융 상품 A~C를 질문을 통해 구분한 것이다. 이에 대한 설명으로 가장 옳지 <u>않은</u> 것은? (단, A~C는 각각 요구불 예금, 주식, 채권 중 하나이다.)

약점진단
○△✕
○△✕
○△✕

2020 서울시 운전직 9급

보기

질문	A	B	C
만기가 있는가?	아니요	예	아니요
배당 수익을 얻을 수 있는가?	아니요	아니요	예
(가)	예	예	아니요

① A는 예금자 보호 제도의 적용을 받는다.

② B의 발행 기관은 B를 발행할 경우 부채가 증가하게 된다.

③ B와 달리 C는 시세 차익을 얻을 수 있다.

④ (가)에는 '이자 수익을 얻을 수 있는가?'가 들어갈 수 있다.

06 〈보기〉는 금융 상품 A~C를 구분한 것이다. 이에 대한 설명으로 가장 옳은 것은? (단, A~C는 각각 요구불 예금, 주식, 채권 중 하나이다.)

약점진단
○△✕
○△✕
○△✕

2022 서울시 운전직 9급

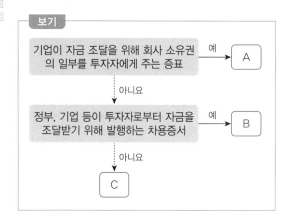

① A는 배당 수익을 얻을 수 있다.

② C의 사례로 정기 예금과 정기 적금이 있다.

③ B는 A와 달리 시세 차익을 얻을 수 있다.

④ C는 B와 달리 만기가 있다.

07 〈보기〉는 질문 (가)를 통해 금융 상품 A, B를 구분한 것이다. 이에 대한 설명으로 가장 옳은 것은? (단, A, B는 각각 주식과 채권 중 하나이다.)

약점진단
○△✕
○△✕
○△✕

2018 서울시 운전직 9급

① A가 주식이라면 (가)는 '만기가 정해져 있는가?'가 될 수 있다.

② B가 채권이라면 (가)는 '발행 기업의 입장에서 부채에 해당하는가?'가 될 수 있다.

③ (가)가 '시세 차익을 기대할 수 있는가?'라면 A는 주식, B는 채권이다.

④ (가)가 '기업 소유 지분을 표시하는 증서인가?'라면 B의 소유자는 확정 이자를 기대할 수 있다.

08 다음 대화에서 밑줄에 들어갈 수연이의 대답으로 옳지 않은 것은?

약점진단
ⓞ△☒
ⓞ△☒
ⓞ△☒

2016 서울시 행정직 9급

> 정화: 어제 내가 감기가 심해서 결석을 했잖아. 어제 경제 수업 시간에 금융 상품의 특징에 대해서 배웠다면서? 나에게 금융 상품의 특징에 대해서 설명해 줄 수 있니?
>
> 수연: _____

① 펀드는 간접 투자의 대표적인 상품이야.
② 채권은 돈이 필요한 우리나라 사람이라면 누구나 발행할 수 있어.
③ 주식 투자자들이 얻을 수 있는 투자 수익에는 배당과 시세 차익이 있어.
④ 연금에는 국가가 보장하는 공적 연금, 기업이 보장하는 퇴직 연금, 개인이 준비하는 개인 연금이 있어.

09 다음은 갑~병의 금융 상품별 투자 비중을 나타낸 것이다. 이에 대한 분석으로 옳은 것은?

약점진단
ⓞ△☒
ⓞ△☒
ⓞ△☒

> 갑: 저는 주식에 40%, 채권에 30%, 정기 예금에 30% 투자하였습니다.
> 을: 저는 주식에 100% 투자하였습니다.
> 병: 저는 채권과 정기 예금에 각각 50%씩 투자하였습니다.

① 갑의 투자 상품에는 시세 차익을 기대할 수 있는 것이 없다.
② 을은 배당금을 받을 수 있는 상품에는 투자하지 않았다.
③ 병이 투자한 상품은 모두 이자 수익을 기대할 수 있다.
④ 갑은 을보다 수익성이 높은 상품을 선호하고, 을은 병보다 안전성이 높은 상품을 선호한다.

10 다음은 갑의 여유 자금 1,000만 원의 지출 현황을 나타낸 것이다. 이에 대한 분석 및 추론으로 옳지 않은 것은?

약점진단
ⓞ△☒
ⓞ△☒
ⓞ△☒

> • 고정 금리의 예금 상품 구입: 250만 원
> • 펀드 상품 구입: 150만 원
> • (주)○○사의 주식 구입: 550만 원
> • 보험 상품 구입: 50만 원

① 갑은 예금 이자율이 하락할 것으로 예상하였다.
② 갑은 (주)○○사에 대해 주주의 지위를 갖는다.
③ 갑은 여유 자금 중 950만 원을 금융 상품의 구입에 지출하였다.
④ 갑은 여유 자금의 절반 이상을 시세 차익으로 얻을 수 있는 금융 상품의 구입에 지출하였다.

생애 주기와 재무 설계   빈출도 ★☆☆

11 그림은 갑의 생애 주기 곡선을 나타낸다. 이에 대한 분
약점진단   석으로 옳지 않은 것은? (단, 갑은 A 시점부터 남은
◯△✕   일생 동안의 소득과 소비를 일치시키려고 하고, A 시
◯△✕   점 이전에는 자산과 부채가 없다.)
◯△✕

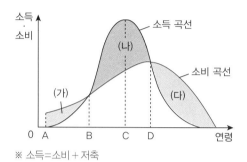

※ 소득＝소비＋저축

① (가)와 (다)의 합은 (나)와 같다.
② A~B 기간에는 소득이 소비보다 작다.
③ B 시점에서 누적 소비액이 최대가 된다.
④ C~D 기간에는 소득 대비 소비가 커진다.

에듀윌이
너를
지지할게

ENERGY

바람이 돕지 않는다면 노를 저어라.

– 윈스턴 처칠(Winston Churchill)

PART

03

사회·문화

필수기출 & 출제예상 문제

사회·문화 현상의 이해   빈출도 ★★☆

01 약점진단 ☐△✕ ☐△✕ ☐△✕

〈보기〉에서 사회·문화 현상을 바라보는 관점 (가)~(다)에 대한 설명으로 가장 옳은 것은?

2022 서울시 운전직 9급

보기

관점	가족 문제의 원인
(가)	가족 제도와 교육 제도의 본래 기능 상실
(나)	자녀 양육에 필요한 사회적 자원을 사회 기득권층에서 독점하는 구조
(다)	자녀의 행동에 대한 부모와 자녀 간의 서로 다른 상황 정의

① (가)는 행위 주체인 인간이 상황 속에서 능동적으로 대응하는 존재라고 본다.
② (다)와 달리 (가)는 사회 문제를 사회 병리적인 현상으로 인식한다.
③ (나)에 비해 (다)는 사회 제도 간의 상호 의존적인 관계에 주목한다.
④ (가)와 달리 (나)는 희소가치의 배분과 관련하여 각 계급의 이익은 양립할 수 있다고 본다.

02 약점진단 ☐△✕ ☐△✕ ☐△✕

〈보기〉의 밑줄 친 ㉠~㉢과 같은 현상의 일반적인 특징에 대한 설명으로 가장 옳은 것은?

2020 서울시 운전직 9급

보기

환경부에서 ㉠멸종 위기 야생 생물로 지정한 열목어는 연어과의 민물고기로 ㉡산란기가 되면 온몸이 짙은 홍색으로 변한다. 열목어 개체 수가 급감하자 여러 기관에서는 인공 증식한 열목어를 방류하는 등 ㉢열목어 복원 사업을 추진하고 있다.

① ㉠과 같은 현상은 몰가치적, ㉢과 같은 현상은 가치 함축적이다.
② ㉡과 같은 현상은 ㉠과 같은 현상과 달리 확실성의 원리가 적용된다.
③ ㉢과 같은 현상은 ㉡과 같은 현상과 달리 존재 법칙의 지배를 받는다.
④ ㉠과 같은 현상은 ㉡, ㉢과 같은 현상과 달리 보편성과 특수성이 공존한다.

03 〈보기〉의 올림픽을 바라보는 관점이 가지는 일반적인 특징에 대한 설명으로 가장 옳은 것은?

약점진단
ㅇㅿ✕
ㅇㅿ✕
ㅇㅿ✕

2019 서울시 운전직 9급

> **보기**
>
> 올림픽은 전세계 모든 이들이 꿈과 희망을 품고 하나가 되기를 희망한다. 즉, 올림픽은 경제적 지위, 학력, 인종, 성별이 다른 개인들을 하나의 공동체로 응집해 사회적 연대 의식을 고취하는 기능을 수행한다.

① 사회 갈등은 사회 존속에 필요한 기능적 요건이 충족되지 않았기에 발생한다.
② 행위자에게서 파악될 수 없는 사회적 속성을 경시한다는 비판을 받는다.
③ 사회적 관계가 기본적으로 지배, 피지배의 관계라고 전제한다.
④ 사람들이 주어진 상황에 어떤 의미를 부여하는지에 대한 상황 정의를 중시한다.

04 밑줄 친 ㉠~㉣과 같은 현상의 일반적인 특징에 대한 설명으로 옳지 않은 것은?

약점진단
ㅇㅿ✕
ㅇㅿ✕
ㅇㅿ✕

> 갑자기 몰아닥친 ㉠한파로 인해 산지의 ㉡배추 출하량이 급감하면서 배추 가격이 전년보다 60% 이상 상승하였다. 또한 ㉢엘리뇨 현상이 확산되면서 해수 수온이 올라가 명태 등 ㉣한류성 어류 가격이 상승하여 소비자들의 고통이 가중되고 있다.

① ㉠과 같은 현상은 존재 법칙의 지배를 받는다.
② ㉡과 같은 현상은 확률의 원리가 작용한다.
③ ㉠과 같은 현상은 ㉡과 같은 현상과 달리 통제된 실험과 예측이 용이하다.
④ ㉢과 같은 현상은 ㉣과 같은 현상과 달리 개연성의 원리가 작용한다.

05 다음 사회·문화 현상을 바라보는 관점에 부합하는 주장으로 옳은 것은?

약점진단
ㅇㅿ✕
ㅇㅿ✕
ㅇㅿ✕

> 정보 사회가 진행되면서 새로운 사회 문제들이 나타나고 있다. 이러한 사회 문제들은 기본적으로 정보 사회에 부합하는 새로운 법이나 제도들이 아직 완전하게 자리 잡지 못했기 때문에 발생한다. 결국 산업 사회에서 정보 사회로 이행하면서 발생하는 불안정성은 과도기적 증상에 해당한다. 따라서 정보 사회에 부합하는 새로운 법이나 제도들이 정착되면 사회는 다시 안정을 회복하게 된다.

① 사회 각 부분들 간의 갈등이 사회 변동의 원동력이다.
② 사회 규범은 개인의 능동성에 기초한 상호 작용의 결과이다.
③ 사회 구성 요소의 제 역할 실패는 사회의 조화를 약화시킨다.
④ 사회 내부의 모순으로 인해 사회 변동이 발생할 수밖에 없다.

06 다음 사회·문화 현상을 바라보는 관점에 대한 진술로 옳지 않은 것은?

약점진단
ㅇㅿ✕
ㅇㅿ✕
ㅇㅿ✕

> • 사회·문화 현상을 이해하기 위해 구체적인 일상생활에서 사람들이 서로 의미를 주고받는 과정에 주목한다.
> • 사회 구조나 권력 구조가 어떻게 개인 행위를 규제하는지 등의 쟁점들을 중시하지 않는다.

① 개인의 능동적 사고 과정과 행위 선택을 중시한다.
② 상황 맥락에 대한 행위 주체의 의미 규정을 간과한다.
③ 사회 질서는 개개인에게 있어 주관적으로 인지된다고 본다.
④ 사회 질서는 상징에 기초한 상호 작용에 의해 구축된다고 본다.

사회·문화 현상의 탐구 방법 빈출도 ★★★

07
약점진단
☐△✕
☐△✕
☐△✕

〈보기〉는 사회·문화 현상의 연구 방법 A, B를 분류한 것이다. 이에 대한 설명으로 가장 옳은 것은?
2020 서울시 운전직 9급

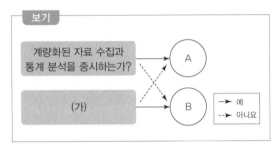

보기

① A는 연구자의 직관적 통찰을 통한 이해를 강조한다.
② B는 변인 간 관계에 대한 법칙 발견을 목적으로 한다.
③ A는 방법론적 일원론, B는 방법론적 이원론에 기초한다.
④ (가)에는 '경험적 관찰을 통해 자료를 수집하는가?'가 들어갈 수 있다.

08
약점진단
☐△✕
☐△✕
☐△✕

다음은 연구 단계를 순서 없이 나열한 것이다. 이에 대한 설명으로 옳은 것은?
2021 지방직(= 서울시) 9급

> (가) 무작위로 선정한 전국 초등학생 2,000명과 그 부모를 대상으로 질문지 조사를 실시하였다.
> (나) 초등학생 자녀의 시험 불안감에 대해 부모의 자율적 양육 태도가 미치는 영향을 알아보고자 하였다.
> (다) '부모의 자율적 양육 태도가 높을수록 초등학생 자녀의 시험 불안감은 낮을 것이다.'라는 가설을 설정하였다.
> (라) 수집한 자료를 통계 분석한 결과, 부모의 자율적 양육 태도는 초등학생 자녀의 시험 불안감에 부(−)적인 영향을 주며 이는 통계적으로 유의미한 것으로 나타났다.

① '부모의 자율적 양육 태도'는 독립 변수, '초등학생 자녀의 시험 불안감'은 종속 변수이다.
② 연구자와 연구 대상 간에 정서적 교감이 중요한 자료 수집 방법을 사용하였다.
③ (가)와 달리 (나), (라)에서는 연구자의 엄격한 가치 중립이 요구된다.
④ 연구는 (다)−(나)−(가)−(라) 순서로 진행되는 것이 일반적이며, 가설은 기각되었다.

09
약점진단
☐△✕
☐△✕
☐△✕

그림은 사회·문화 현상의 연구 방법론 흐름도이다. 이에 대한 설명으로 가장 옳은 것은?
2016 서울시 행정직 9급

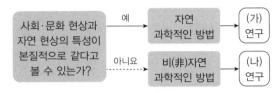

① 실증주의를 바탕으로 하는 연구 방법은 (가)이다.
② (가)는 질적 연구, (나)는 양적 연구에 해당한다.
③ 계량화를 바탕으로 한 통계적 분석이 가능한 것은 (가)보다 (나)이다.
④ (가)는 방법론적 이원론, (나)는 방법론적 일원론을 주장한다.

10
약점진단
☐△✕
☐△✕
☐△✕

다음은 연구 단계를 순서 없이 나열한 것이다. 이에 대한 설명으로 옳은 것은?
2020 지방직(= 서울시) 9급

> (가) 수집한 자료를 통계 처리하여 변수 간의 인과 관계 분석
> (나) 자기주도학습이 학업 성취도에 미치는 영향을 연구 주제로 선정
> (다) 자기주도학습 태도를 지닌 고등학생일수록 학업 성취도가 높을 것이라는 잠정적 결론 도출
> (라) ○○시 △△고교 학생 1,500명을 대상으로 연구 주제에 대한 설문 조사 실시
> (마) 학업 성취도는 1학기와 2학기의 지필평가 평균 점수를 비교하여 측정하기로 결정

① (가) 단계와 (다) 단계에서는 연구자의 가치 중립적 태도가 요구된다.
② (가) 단계에서는 (다) 단계와 달리 연구자의 직관적 통찰이 필요하다.
③ (나) 단계와 (마) 단계에서는 연구자의 가치가 개입된다.
④ 연구는 (나) → (라) → (가) → (마) → (다)의 순서로 진행되어야 한다.

11

약점진단
◯△✕
◯△✕
◯△✕

밑줄 친 ㉠~㉦에 대한 설명으로 옳은 것은?

2019 국가직 9급

> 연구자 갑은 우리나라 대학생의 ㉠대학 생활에 대한 만족도에 ㉡대학 내 사회적 관계의 정도가 미치는 영향을 알아보기 위한 연구를 진행하였다. 갑은 우선 모든 조건이 동일하다면, 대학 내 사회적 관계의 정도가 강한 학생일수록 대학 생활에 대한 만족도가 높을 것이라는 가설을 세웠다. 갑은 설문 조사에서 대학 내 사회적 관계의 정도를 ㉢과거 6개월간 동아리 활동 참여 횟수로, 대학 생활에 대한 만족도는 5점 척도를 사용한 문항으로 각각 알아보기로 하였다. 갑은 ㉣◯◯대학교 학부생 중 성별, 학년, 전공을 고려해 ㉤100명의 학부생을 추출한 후 이들을 대상으로 준비한 설문지를 통해 조사를 수행하였다. 조사 수행 후 ㉥동아리 활동에 참여한 적이 없는 학생 집단(집단 A)과 ㉦한 번 이상 참여한 학생 집단(집단 B)으로 구분하여 자료를 분석하였다.

① ㉠은 독립 변수, ㉡은 종속 변수이다.
② ㉡은 ㉢으로 조작적 정의하였다.
③ ㉣은 모집단, ㉤은 표본 집단이다.
④ ㉥은 통제 집단, ㉦은 실험 집단이다.

12

약점진단
◯△✕
◯△✕
◯△✕

사회·문화 현상의 연구 방법 (가), (나)의 일반적 특징에 대한 설명으로 옳은 것은?

2019 지방직 9급

> (가) 는 사회·문화 현상의 일반적인 경향성이나 이론을 발견하려는 입장이라면, (나) 는 사회·문화 현상에서 행위자의 의미와 동기를 파악하려는 입장이다. 예를 들어, '스마트폰 중독과 초등학생 사회성 발달 간의 상관관계'와 같은 주제를 다루는 연구자는 (가) 의 입장을 취한다. 한편 '초등학생의 스마트폰 중독 과정과 의미'에 관한 연구 주제는 (나) 로 접근할 수 있다.

① (가)에서는 일기, 편지 등 비공식적 자료를 주로 활용한다.
② (나)는 방법론적 일원론을 전제로 한다.
③ (가)는 (나)보다 인과 관계의 설명에 유리하다.
④ (나)는 (가)보다 개념의 조작적 정의를 중시한다.

13

약점진단
◯△✕
◯△✕
◯△✕

다음에서 밑줄 친 ㉠~㉦에 대한 설명으로 옳은 것은?

2018 지방직 9급

> • 연구 주제: 사원들의 ㉠직무 만족도에 ㉡사기 진작 프로그램이 미치는 영향
> • 연구 가설: ㉢사기 진작 프로그램의 시행은 직무 만족도를 높일 것이다.
> • 변수 측정
> – 직무 만족도: 표준화된 직무 만족 측정 도구(5점 척도, 5문항)
> – 사기 진작 프로그램: 매주 수요일 오후 자율적 야외 체육 활동
> • 연구 과정: ◯◯회사 전 직원 가운데 500명을 무작위 추출한 후, 다시 무작위로 250명씩 ㉣A 집단과 ㉤B 집단으로 나누었다. 두 집단을 대상으로 직무 만족도를 ㉥1차 측정한 결과 집단별 직무 만족도의 평균값은 통계적으로 의미 있는 차이를 보이지 않았다. 이후 A 집단에는 매주 수요일 오후 자율적 야외 체육 활동을 허락한 반면, B 집단에는 아무런 변화도 주지 않았다. ㉦한 달 후 두 집단의 직무 만족도를 같은 문항을 통해 2차 측정한 결과, B 집단의 2차 평균값은 1차 평균값과 동일하게 나타난 반면, A 집단의 2차 평균값은 1차 평균값에 비해 통계적으로 의미 있는 수준에서 증가한 것으로 나타났다.

※ A 집단 모두 자율적으로 야외 체육 활동에 참여하였고, 사기 진작 프로그램 이외 다른 변수의 효과는 통제된 것으로 간주함

① ㉠은 독립 변수, ㉡은 종속 변수이다.
② ㉢의 경험적 검증을 위해서는 계량화된 자료의 획득이 중요하다.
③ ㉣은 통제 집단, ㉤은 실험 집단이다.
④ ㉥과 ㉦ 모두에서 두 집단 간 직무 만족도 평균값의 차이가 클수록 가설 채택의 가능성이 높아진다.

14 〈보기〉의 (가), (나) 연구 방법의 일반적인 특징에 대한 설명으로 가장 옳은 것은?　2018 서울시 행정직 9급

약점진단
ㅇ△✕
ㅇ△✕
ㅇ△✕

보기

구분	연구 목적	한계
(가)	청소년의 지속적인 봉사 활동이 청소년의 인성에 영향을 미친다는 잠정적인 결론을 가지고 자료를 수집·분석함으로써 봉사 활동이 청소년의 건전한 성장에 도움이 되도록 하고자 함	㉠
(나)	현대 사회는 평균 수명이 늘어남에 따라 노인의 삶의 질에 대한 관심이 높아지고 있으며, 여가 시간을 어떻게 활용하느냐가 매우 중요해지고 있음. 이에 봉사 활동을 지속적으로 하는 노인을 대상으로 봉사 활동이 갖는 의미를 연구함으로써 노인의 삶의 질 향상을 위한 자료를 제공하고자 함	연구자의 주관적 가치 개입 가능성이 큼

① (가)는 방법론적 이원론의 입장, (나)는 방법론적 일원론의 입장을 취한다.

② (가)는 연구 대상자의 내면 세계 중시, (나)는 변인 간 법칙 발견을 목적으로 한다.

③ '객관적인 관찰이 불가능하다.'는 ㉠에 들어갈 수 있다.

④ (나)에서는 비공식적 자료가 중시된다.

15 〈보기〉의 (가)~(라)에 해당하는 자료 수집 방법에 대한 설명으로 가장 옳지 **않은** 것은?　2019 서울시 운전직 9급

약점진단
ㅇ△✕
ㅇ△✕
ㅇ△✕

보기

• 다음은 근로자들의 생활 실태와 의식에 관한 자료를 수집하기 위한 활동이다.

(가) 근로자들의 수기 내용을 분석하여 근로자들의 의식을 파악한다.

(나) 근로자들과의 대화를 통해 그들이 생각하는 바를 깊이 있게 조사한다.

(다) 근로자들이 일하는 공장에서 함께 생활하면서 근로자들이 살아가는 모습을 관찰한다.

(라) 근로자들이 생각하는 바를 알아보기 위해 질문지를 만들어 그들에게 답을 하도록 한다.

① (가)는 양적 연구와 질적 연구 모두에 활용된다.

② (나)와 (다)는 문맹자에게 사용하기 어렵다.

③ (나)는 (라)에 비해 자료 수집 과정에서 연구자의 유연성이 높다.

④ (나)와 (라)는 언어를 매개로 한 상호 작용이 필수적이다.

16 자료 수집 방법 (가)~(다)에 대한 설명으로 옳은 것은?　2020 지방직(= 서울시) 9급

약점진단
ㅇ△✕
ㅇ△✕
ㅇ△✕

자료 수집 방법	특징
(가)	• 비교적 짧은 시간에 다수의 대상으로부터 자료를 얻는 데 용이함 • 통계 처리가 용이하며 비교 분석 연구에 적합함
(나)	• 문맹자에게도 사용할 수 있음 • 응답자만이 알고 있는 심층적인 정보를 얻을 수 있음
(다)	• 의사소통이 어려운 집단을 조사할 때 유용함 • 생동감 있고 깊이 있는 정보를 직접 파악할 수 있음

① (가)는 양적 연구에서 주로 활용되는 자료 수집 방법이다.

② (나)는 시간과 비용 측면에서 효율적이라는 장점이 있다.

③ (다)는 인위적인 상황을 만들어 변수 간의 인과 관계를 파악하는 방법이다.

④ (가), (나)와 달리 (다)는 질적 연구에서 주로 활용되는 자료 수집 방법이다.

17 자료 수집 방법 A~C에 대한 설명으로 가장 적절한 것은? (단, A~C는 질문지법, 참여 관찰법, 문헌 연구법 중 하나이다.)　2020 국가직 9급

약점진단
◯△✕
◯△✕
◯△✕

비교 항목	비교 결과
자료 수집 방법의 구조화·표준화 정도	A < C
조사 대상자들의 상호 작용 파악 용이성 정도	B, C < A
오랜 시간이 경과되어 접근이 어려운 사회·문화 현상 탐구 용이성 정도	A, C < B

※ 낮음 또는 작음 < 높음 또는 큼

① A는 조사 대상자와 연구자의 의사소통을 전제로 한다.
② B는 수집된 자료를 해석하는 과정에서 연구자의 주관이 개입될 여지가 있다.
③ C는 양적 자료보다 질적 자료의 수집에 적합하다.
④ A와 달리 C는 문맹자를 대상으로 자료를 수집할 수 있는 기법이다.

18 다음의 자료 수집 방법 A~D에 대한 설명으로 가장 옳은 것은? (단, A~D는 질문지법, 실험법, 참여 관찰법, 문헌 연구법 중 하나이다.)　2017 서울시 행정직 9급

약점진단
◯△✕
◯△✕
◯△✕

항목	자료 수집 방법
질적 자료를 수집할 목적으로 사용된다.	A
실험 집단과 통제 집단을 필요로 한다.	B
낮은 수거율과 무성의한 응답이 나타날 수 있다.	C
양적 연구와 질적 연구에서 모두 활용 가능하다.	D

① A는 통제의 정도가 가장 높아 신뢰도가 높은 연구 방법이다.
② B는 방법론적 이원론에 기초한 연구 방법으로 활용도가 높다.
③ C는 문맹자에게도 실시하기 용이한 자료 수집법이다.
④ D는 연구자의 주관적 가치가 자료 해석 과정에서 개입될 우려가 있다.

19 〈보기〉의 연구 절차 과정에 대한 설명으로 가장 옳은 것은?　2018 서울시 운전직 9급

약점진단
◯△✕
◯△✕
◯△✕

> **보기**
> • 연구 주제 설정: 비주얼 씽킹 수업이 청소년의 수업 참여도에 어떤 영향을 미치는지 연구하고자 하였다.
> (가) ㉠지역과 성별을 고려하여 무작위로 추출한 고등학생 100명을 연구 대상자로 선정하였다.
> (나) ㉡비주얼 씽킹 수업이 수업 참여도와 정(+)의 상관관계가 있는 것으로 나타났다.
> (다) 8주간 강의식 수업과 비주얼 씽킹 수업에 각각 50명씩 참여시킨 후, ㉢발표 빈도와 질문 빈도를 측정하였다.
> (라) 수업에서의 자유로운 의사 표현 허용이 청소년들에게 주는 의미를 심층적으로 해석한 선행 연구 자료를 검토하였다.

① ㉠은 모집단의 특성을 대표하고 있다.
② ㉡으로 보아 가설은 기각되었다.
③ ㉢은 종속 변수에 대한 조작적 정의에 해당한다.
④ (라) – (가) – (나) – (다) 순서로 연구가 진행되는 것이 적절하다.

20 다음 연구에 대한 설명으로 옳은 것만을 〈보기〉에서 모두 고르면?

약점진단
○△✕
○△✕
○△✕

2021 국가직 9급

- 연구 목적: 청소년의 ㉠학교 적응 정도에 ㉡이성 교제 여부가 미치는 영향 분석
- 가설: 이성 교제 경험이 있는 학생이 그렇지 않은 학생보다 학교 적응 정도가 높을 것이다.
- 연구 방법
  - 조사 대상: ㉢이성 교제 경험이 있는 고등학생 300명, ㉣이성 교제 경험이 없는 고등학생 300명
  - 조사 도구: ㉤학교 적응 정도를 학교 생활 적응 정도, 학교 친구 적응 정도, 학교 수업 적응 정도로 구체화하여 측정한 값을 얻기 위해 개발된 질문지

보기

ㄱ. 방법론적 이원론에 기초한 연구 방법을 시행하였다.
ㄴ. ㉠은 종속 변수, ㉡은 독립 변수이다.
ㄷ. ㉢과 ㉣을 합한 것이 모집단이다.
ㄹ. ㉤은 개념의 조작적 정의에 해당한다.

① ㄱ, ㄴ   ② ㄱ, ㄷ
③ ㄴ, ㄹ   ④ ㄷ, ㄹ

21 다음 연구에 대한 설명으로 옳지 <u>않은</u> 것은?

약점진단
○△✕
○△✕
○△✕

한 연구자는 경찰의 협조를 얻어 2021년 2월 15일부터 3월 31일까지 46일간 난폭·보복 운전으로 적발된 900명의 범죄 경력을 조회하였다. 그 결과 2/3 정도가 전과자이고, 3회 이상의 범죄 전력이 있는 경우도 전체의 32%를 차지했다. 이를 통해 이 연구자는 난폭·보복 운전과 범죄 경력 간에 상관관계가 있음을 발견할 수 있었다.

① 계량적 방법으로 변인 간의 관계를 분석하였다.
② 사회 현상에 내재된 규칙성을 도출하고자 하였다.
③ 연구 대상자가 구성해 내는 생활 세계를 중시하였다.
④ 양적 자료와 질적 자료를 수집하는 데 모두 활용되는 자료 수집 방법을 사용하였다.

22 〈자료 1〉을 참고할 때 〈자료 2〉의 (가)~(다)에 들어갈 수 있는 내용으로 옳은 것은?

약점진단
○△✕
○△✕
○△✕

자료 1

연구 방법 A, B의 사례

A의 사례	• 결혼 이주 여성들의 삶에 대한 생애사 연구 • 고등학교를 중도 자퇴한 청소년들이 경험한 사회적 편견의 사례 연구
B의 사례	• 학력에 따른 정규직 노동자 간 임금 비교 • 동아리 활동 참여와 학교 생활 만족도 간의 상관관계 연구

자료 2

연구 방법 A, B의 기본 입장과 특징

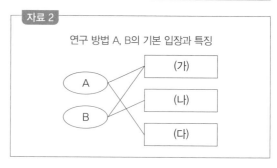

① (가) - 사회·문화 현상에 대한 통계적 분석을 중시한다.
② (나) - 주로 참여 관찰법이나 면접법 등을 통해 자료를 수집한다.
③ (나) - 연구 결과를 일반화하는 데 유리하다.
④ (다) - 방법론적 일원론을 연구의 전제로 한다.

23 다음 연구에서 활용된 자료 수집 방법의 일반적인 특징으로 옳은 것은?

약점진단
○△✕
○△✕
○△✕

- 연구 주제: 한부모 가정 여성 가구주의 생애 경험 연구
- 연구 대상: A 지역 한부모 가정의 여성 가구주
- 연구 방법: 참여자당 평균 5회 인터뷰 실시(인터뷰 1회당 평균 30분 소요) → 참여자들이 경험한 편견과 오해, 직장 및 자녀의 학교 생활과 관련하여 겪는 어려움 등을 이해하고자 함

① 2차 자료의 수집용으로 활용되는 경우가 많다.
② 다수를 대상으로 수행하는 경우가 일반적이다.
③ 연구 주제에 부합하는 전형적인 대상자를 선정하기가 쉽지 않다.
④ 양적 자료를 수집하여 통계 분석을 목적으로 하는 연구에서 주로 활용한다.

24 다음 연구에 대한 설명으로 옳지 <u>않은</u> 것은?

약점진단
◯△✕
◯△✕
◯△✕

> 본 연구에서는 ⊙개인의 성과에 ⓛ정보 활용 능력에 대한 자기 효능감이 영향을 미치는지를 ⓒ500명의 대학생을 대상으로 검증해 보았다. 개인의 성과 지표로는 연구 대상이 대학생인 점을 고려하여 평균 평점을 채택하였다. 자료 분석 결과, 정보 활용 능력에 대한 자기 효능감과 학업 성취도 간에는 정(+)의 상관관계가 있음을 확인하였다. 또한 이러한 상관관계는 지속되는 것을 확인할 수 있었다. 따라서 이 연구는 정보 활용 능력 관련 교과의 개설에 대한 당위성을 제공할 수 있다.

① ⊙에 대한 개념의 조작적 정의가 이루어졌다.
② ⓛ은 독립 변수에 해당한다.
③ ⓒ은 표본 집단이다.
④ 사회·문화 현상에 대해 깊이 있게 이해·기술하고자 하였다.

25 다음은 자료 수집 방법 A, B를 비교한 것이다. 이에 대한 설명으로 옳은 것은?

약점진단
◯△✕
◯△✕
◯△✕

질문	자료 수집 방법	
	A	B
주로 질적 자료를 수집하는 데 활용되는가?	예	예
언어에 의존하여 자료를 수집하는가?	예	아니요
(가)	⊙	ⓛ

① A와 달리 B는 과거에 발생한 현상에 대한 정보 수집에 유리하다.
② B와 달리 A는 현상의 발생과 정보 수집의 동시성을 추구한다.
③ (가)에 '연구자가 연구 대상자의 일상생활을 함께 하며 자료를 수집하는가?'가 들어가면, ⊙은 '예'이다.
④ ⊙과 ⓛ이 모두 '예'라면, (가)에는 '주관적 해석의 우려가 크다는 비판을 받는가?'가 들어갈 수 있다.

26 표는 자료 수집 방법 A~C의 일반적 특징을 비교한 것이다. 이에 대한 옳은 설명만을 〈보기〉에서 있는 대로 고른 것은? (단, A~C는 각각 면접법, 질문지법, 참여 관찰법 중 하나이다.)

약점진단
◯△✕
◯△✕
◯△✕

구분	특징 비교
자료의 실제성	A > B, A > C
질적 자료 수집의 용이성	A > B, C > B
(가)	C > A, C > B

※ 그 정도가 높거나 강함을 부등호로 표시한다.

보기
ㄱ. A는 조사 대상자의 일상생활에 대한 심층적 파악이 용이하다.
ㄴ. B는 표준화된 도구로 자료를 수집하며 시간과 비용 측면의 효율성이 높다.
ㄷ. C는 B와 달리 자료 수집 과정에서 언어적 상호 작용이 필수적이다.
ㄹ. (가)에는 '자료 수집 상황에 대한 통제 수준'이 들어갈 수 있다.

① ㄱ, ㄴ ② ㄴ, ㄹ
③ ㄷ, ㄹ ④ ㄱ, ㄴ, ㄷ

27 다음은 자료 수집 방법 A~C를 질문 (가)에 따라 분류한 것이다. 이에 대한 설명으로 옳은 것은? (단, A~C는 각각 질문지법, 면접법, 실험법 중 하나이다.)

약점진단
◯△✕
◯△✕
◯△✕

① (가)가 '경험적 자료를 수집하는 것인가?'라면, C는 연구자와 대상자 간의 정서적 교감을 중시하는 방법이다.
② (가)가 '언어적 수단이 필수적인가?'라면, C는 자료의 실제성 확보가 용이한 방법이다.
③ (가)에는 '1차 자료 수집 방법에 해당하는가?'가 들어갈 수 없다.
④ C가 면접법이라면, (가)에는 '연구자의 주관 개입 가능성이 낮은가?'가 들어갈 수 없다.

28

다음 연구에 대한 옳은 설명만을 〈보기〉에서 있는 대로 고른 것은?

- 연구 주제: 지속적인 도서관 이용이 우리나라 고등학생의 학업 능력에 미치는 영향
- 연구 가설: 지속적인 도서관 이용은 고등학생의 학업 능력 향상에 긍정적인 영향을 미칠 것이다.
- 조사 대상자 선정: ○○ 도서관을 1주일에 3회 이상 꾸준히 1년 이상을 이용하고 있는 고등학생 50명 (남 25명, 여 25명)
- 자료 수집: 대상자를 직접 만나 성적 등급 변화를 측정할 수 있는 문항을 질문하였다.
- 분석 결과: 주 3회 이상 도서관을 이용한 학생 중 95%의 학생에게서 성적 향상이 나타났다.

보기

ㄱ. 연구자는 연구 결과를 통해 가설을 수용하였을 것이다.
ㄴ. 감정 이입과 직관적 통찰을 통해 자료를 분석하였다.
ㄷ. 독립 변수와 종속 변수에 대한 개념의 조작적 정의가 이루어졌다.
ㄹ. 이 연구의 결과는 우리나라 전체 고등학생을 대상으로 일반화할 수 있다.

① ㄱ, ㄴ   ② ㄱ, ㄷ
③ ㄴ, ㄷ   ④ ㄴ, ㄹ

29

A 연구 방법에 대한 옳은 설명만을 〈보기〉에서 있는 대로 고른 것은?

A 연구 방법을 옹호하는 사회 과학자들이 사회·문화 현상이 자연 현상처럼 몰가치성을 갖는 현상이라고 주장하는 것은 아니다. 그들도 사회·문화 현상이 인간의 주관적인 행위 동기나 목적에 의해 발생하는 가치 함축적인 현상이라는 것을 인정한다. 하지만 그들은 개개인을 초월하여 인간의 행동에 영향을 미치는 사회적 원리나 법칙으로 인해 인간의 행동에 일정한 유형이 나타난다고 보기 때문에 사회·문화 현상과 자연 현상이 본질적으로 동일한 특성을 지니고 있다고 주장하는 것이다.

보기

ㄱ. 연구자의 개념에 대한 조작적 정의를 토대로 사회·문화 현상을 분석한다.
ㄴ. 사회·문화 현상에는 행위자의 주관적 의미가 포함되어 있다고 전제한다.
ㄷ. 자연 현상의 연구 방법을 사회·문화 현상의 연구에도 적용할 수 있다고 본다.
ㄹ. 사회·문화 현상의 연구를 통해 보편적 법칙을 발견하고 이를 일반화하고자 한다.

① ㄱ, ㄴ   ② ㄱ, ㄹ   ③ ㄴ, ㄷ   ④ ㄱ, ㄷ, ㄹ

30

A~D에 대한 설명으로 옳은 것은? (단, A~D는 각각 면접법, 실험법, 질문지법, 참여 관찰법 중 하나이다.)

질문	응답 결과			
	A	B	C	D
언어적 상호 작용을 통한 자료 수집에 의존하는가?	✕	◯	✕	◯
연구자와 연구 대상자와의 교감을 중시하는가?	✕	◯	◯	✕
연구자가 현상이 발생한 현장에 가서 연구해야 하는가?	✕	✕	◯	✕
(가)	◯	◯	◯	◯

※ 예: ◯, 아니요: ✕

① A는 실제성이 있는 자료를 수집하는 데 용이하다.
② B는 다수를 대상으로 한 자료 수집에 주로 사용된다.
③ C는 D에 비해 조사 결과의 통계 분석이 용이하다.
④ (가)에는 '경험적 자료를 수집하는 방법에 해당하는가?'가 들어갈 수 있다.

사회·문화 현상을 탐구하는 태도와 윤리   빈출도 ★☆☆

31 〈보기〉에서 강조하는 사회·문화 현상의 탐구 태도로 가장 옳은 것은?   2021 서울시 운전직 9급

약점진단

> **보기**
>
> 사회·문화 현상의 발생 과정과 원인은 단순하지 않고 복잡하기 때문에 겉으로 드러나는 현상만을 보면 안 된다. 또한 자신이 연구 절차나 방법, 연구 윤리 등을 제대로 지키며 탐구하고 있는지 되짚어 보아야 한다.

① 사실을 있는 그대로 관찰하는 것을 말한다.
② 경험적인 근거를 통해 검증하기 전에는 하나의 가설로 받아들인다.
③ 사회·문화 현상은 그 현상이 발생한 맥락에 따라 다른 의미를 지닌다.
④ 현상의 이면에 담겨 있는 발생 원인이나 원리를 능동적으로 살펴본다.

32 다음 (가), (나)는 사회·문화 현상을 탐구하는 연구자가 지켜야 할 연구 윤리이다. 이에 대한 설명으로 옳지 않은 것은?

약점진단

> (가) 잠재적 연구 대상자들은 연구의 목적, 연구 참여에 따른 이득과 나타날 수 있는 피해 등에 대해 충분히 설명을 들은 후에 연구 참여를 결정하도록 할 수 있어야 한다.
> (나) 연구자는 두 변수 간 정(+)의 상관관계를 가질 것으로 예상하였으나, 연구 결과 상관관계가 없을 수 있다. 두 변수 간 관련이 없다는 것을 아는 것도 중요한 만큼 이를 보고서에 담아야 한다.

① (가)는 연구 설명으로 인해 연구 대상자들의 행동 왜곡이 나타날 수 있다.
② (나)는 가설이 기각되었을 때 지켜야 할 연구 윤리를 언급하고 있다.
③ (가)는 (나)와 달리 연구자가 객관적 태도를 유지해야 함을 강조하고 있다.
④ (가)는 연구 대상자, (나)는 연구 과정과 관련하여 지켜야 할 윤리를 언급하고 있다.

33 다음 (가), (나)에서 강조된 과학적 연구 태도를 옳게 짝지은 것은?

약점진단

> (가) 질문지를 작성할 때 어떤 말을 써서 어떤 방식으로 묻느냐에 따라 상반된 응답이 나오는 경우가 많다. 또한 자료 분석 과정에서도 같은 자료를 가지고도 다른 결론을 끄집어낼 수 있으므로 연구자는 있는 그대로의 모습으로 사회·문화 현상을 파악하도록 해야 한다.
> (나) 사회 과학에는 다양한 시각과 방법론이 공존하고 있다. 이러한 다양성을 수용하지 못하고 특정 시각이나 방법론만을 배타적으로 고집함으로써 학문의 정체성을 찾으려는 시도는 그 학문의 유용성을 말살하는 결과를 가져올 뿐이다.

	(가)	(나)
①	객관적 태도	개방적 태도
②	객관적 태도	성찰적 태도
③	개방적 태도	객관적 태도
④	개방적 태도	상대주의적 태도

약점 체크와 약점 보완을 한 번에   정답과 해설 P.87

필수기출 & 출제예상 문제

인간의 사회화

빈출도 ★★★

01

약점진단
☐△✕
☐△✕
☐△✕

밑줄 친 ㉠~㉧에 대한 설명으로 옳은 것만을 〈보기〉에서 모두 고르면?

2021 국가직 9급

빈농의 ㉠장남으로 태어난 갑은 고등학교를 졸업하고 대학 진학 대신 취업을 결심하였다. ㉡갑은 △△은행, □□회사 중 어디에 취업하는 것이 가족의 경제적 어려움을 해결하기 위해 더 좋을지를 고민하였다. 결국 부모님의 권유로 △△은행에 ㉢평사원으로 입사하였다. 갑은 35년 동안 성실히 근무하여 ㉣△△은행의 지점장으로 승진하고 중산층이 되었다. 갑은 고등학교 동창회에서 ㉤○○은행에 다니는 을을 만난 후 그가 ㉧은행장으로 승진한 사실을 알고 무척 부러워하였다.

보기

ㄱ. ㉠은 귀속 지위에, ㉢과 ㉧은 성취 지위에 해당한다.
ㄴ. ㉡은 갑의 역할 갈등에 해당한다.
ㄷ. ㉣은 갑의 세대 내 이동이면서 세대 간 이동이다.
ㄹ. ㉤과 ㉧은 모두 갑의 준거 집단이다.

① ㄱ, ㄴ
② ㄱ, ㄷ
③ ㄱ, ㄷ, ㄹ
④ ㄴ, ㄷ, ㄹ

02

약점진단
☐△✕
☐△✕
☐△✕

〈보기 1〉에 소개된 갑(甲)에 대한 옳은 분석을 〈보기 2〉에서 모두 고른 것은?

2018 서울시 행정직 9급

보기 1

자동차 회사에 다니는 갑(甲)은 자신이 개발한 수소 자동차로 인해 많은 칭송을 받고 있지만 출세보다 사랑에 모든 것을 건다. 중소기업의 부장이신 아버지 을(乙)의 뜻을 거역하고 경제적으로 어려움을 겪고 있는 병(丙)과 결혼을 강행하며 항상 자신보다 병(丙)을 감싸고 위한다.

보기 2

ㄱ. 갑(甲)은 역할에 대한 보상을 받는다.
ㄴ. 갑(甲)은 2차적 사회화 기관의 구성원이다.
ㄷ. 갑(甲)은 후천적으로 획득한 지위를 갖고 있다.
ㄹ. 갑(甲)은 성취 지위와 귀속 지위에서 역할 갈등을 경험한다.

① ㄱ
② ㄱ, ㄴ
③ ㄴ, ㄷ
④ ㄴ, ㄷ, ㄹ

03 다음 글에 대한 설명으로 가장 옳지 <u>않은</u> 것은?

약점진단
◯△✕
◯△✕
◯△✕

2017 서울시 행정직 9급

> 내일이면 수능이다. 종례 시간에 ㉠<u>내일 치르는</u>
> <u>수능 시험 유의 사항</u>을 알려주며 격려해 주시는
> ㉡<u>담임 선생님</u>의 말씀에 눈물이 났다. ㉢<u>고사장 확</u>
> <u>인</u>까지 하니 이제야 실감이 났다. 이 시간이 지나
> 면 이 친구들 모두 서로 다른 ㉣<u>대학</u>, ㉤<u>직장</u>에서
> 각자의 인생을 살게 되겠지. ㉥<u>막냇동생</u>은 응원 선
> 물을 내밀었고, ㉦<u>아버지</u>는 말없이 안아 주셨다.
> 전국의 모든 ◎<u>수험생</u>이여 힘내자!

① ㉠은 예기 사회화를 위한 담임 선생님의 역할 행동
이다.
② ㉡, ◎은 성취 지위이고, ㉥, ㉦은 귀속 지위이다.
③ ㉢은 수험생으로서의 역할 행동이다.
④ ㉣은 공식적 사회화 기관, ㉤은 비공식적 사회화
기관이다.

04 사회화를 바라보는 갑과 을의 관점에 대한 설명으로
옳은 것은?

약점진단
◯△✕
◯△✕
◯△✕

2020 지방직(= 서울시) 9급

> 갑: 개인은 사회적 환경 속의 다른 대상자들처럼
> 자신을 대상으로 보는 과정을 통하여 자아를
> 형성해 간다. 또한 개인이 자아 관념을 형성하
> 는 과정에서는 감정적으로 강한 애착을 느낄
> 수 있는 가족, 또래 집단 등이 중요하다.
> 을: 어린아이들이 게임을 하는 과정에서 각기 다른
> 사람들의 역할을 배우고, 게임의 규칙에 따라
> 주어진 역할을 모방함으로써 사회 전반적으로
> 받아들여지는 태도와 역할을 배우게 된다.

① 한 사회의 보편적인 가치나 규범은 사회의 지배
집단에 의하여 규정된다.
② 사회화를 거시적 관점에서 바라보며, 사회화는 사
회 구조의 안정과 질서를 유지하는 데 반드시 필
요한 과정이다.
③ 사회화는 언어나 몸짓, 기호와 같은 상징을 사용
하여 다른 사회 구성원과 상호 작용하는 과정을
통하여 이루어진다.
④ 사회화는 기존의 불평등한 사회 구조를 정당화하
려는 것이며, 기득권층에 유리한 가치와 행동을
학습시키는 과정이다.

05 밑줄 친 ㉠~㉦에 대한 설명으로 옳은 것은?

약점진단
◯△✕
◯△✕
◯△✕

> 가난한 ㉠<u>부모</u>의 ㉡<u>장남</u>으로 태어난 갑은 지독
> 한 가난에서 탈피하기 위해 ㉢<u>초등학교</u>를 마치자
> 마자 서울로 상경하여 껌팔이, 구두닦이 등을 전전
> 하다가 중국집 배달원이 되었다. 그는 배달 외에
> 자발적으로 가게 청소, 1시간 일찍 출근, 1시간 늦
> 게 퇴근 등 매사에 부지런하고 성실한 모습을 보여
> 1년 만에 ㉣<u>주방장 보조</u>로 승진, 5년 후에는 주방
> 장이 되었다. 갑은 10년 후 계속 중국집에서 일을
> 할지 자신만의 가게를 창업할지 ㉤<u>고민</u>하다가 창
> 업을 하였고, 지금은 ㉥<u>TV</u>에 출연하는 등 우리나
> 라에서 가장 유명한 중국 요리 ㉦<u>셰프</u>가 되었다.

① ㉠, ㉦과 달리 ㉡은 성취 지위에 해당한다.
② ㉣은 갑의 역할 행동에 대한 사회적 보상이다.
③ ㉤은 갑의 역할 갈등으로 인한 심리적 불안 상황
이다.
④ ㉢과 ㉥은 모두 2차적 사회화 기관이면서 공식적
사회화 기관에 해당한다.

06 다음은 갑의 자기소개서 일부이다. 밑줄 친 ㉠~㉦에
대한 설명으로 옳지 <u>않은</u> 것은?

약점진단
◯△✕
◯△✕
◯△✕

> • 가족 관계: ㉠<u>아내</u> 을, ㉡<u>아들</u> 병
> • 학력
>   – 1980년 2월 ㉢<u>◯◯고등학교</u> 졸업
>   – 1986년 2월 △△대학교 사범대학 ㉣<u>사회교육</u>
>   <u>과</u> 졸업
> • 경력
>   – 민선 1, 2기 ㉤<u>◎◎시 시장</u>
>   – ㉥<u>□□ 정당 기초 자치 단체장 협의회 회장</u>
> • 수상: ㉦<u>기초 자치 단체 청소년 문제 해소 분야</u>
>   <u>최우수상</u>

① ㉦은 역할에 대한 보상이다.
② ㉢, ㉣, ㉥은 모두 공식 조직이다.
③ ㉠, ㉡과 달리 ㉡은 귀속 지위이다.
④ ㉢과 달리 ㉥은 비공식적 사회화 기관이다.

07 밑줄 친 ㉠, ㉡에 대한 설명으로 옳은 것은?

약점진단
◯△☓
◯△☓
◯△☓

- 갑은 한국에서 작은 사업을 하다가 평소 꿈꿔왔던 사업 무대인 브라질로 이민을 갔다. 이민 온 후 갑은 현지 적응을 위해 ㉠먼저 이민 온 친구들로부터 현지 주민들의 가치관과 규범을 배우고 있다.
- 을은 적성에 맞지 않는 공부와 진로 때문에 고민하다가 화훼 원예사가 되고 싶다는 꿈을 갖게 되었다. 그래서 정보를 수집한 결과 △△문화센터에서 위탁을 받아 원예 관련 수업을 한다는 것을 알게 되어 ㉡매주 금요일에 그 문화센터에 가서 수업을 듣고 있다.

① ㉠은 예기 사회화, ㉡은 재사회화에 해당한다.
② ㉠은 1차적 사회화, ㉡은 2차적 사회화에 해당한다.
③ ㉡보다 ㉠이 기존 사회화의 내용을 대체하는 성격이 강하다.
④ ㉠, ㉡은 모두 공식적 사회화 기관에 의한 사회화가 나타나 있다.

08 밑줄 친 ㉠~㉤에 대한 설명으로 옳지 않은 것은?

약점진단
◯△☓
◯△☓
◯△☓

A국의 ㉠장군 갑은 원래 B국에서 태어났으나 11살에 ㉡아버지와 함께 A국으로 이민을 왔다. 이민 온 후, 성적 우수 ㉢장학금을 받으며 대학교까지 졸업한 갑은 육군 장교로 입대하여 장군까지 진급하였다. 장군이 된 후 갑은 B국에 숨어 있는 ㉣테러 단체를 진압하는 임무를 맡았는데, 하필이면 그곳이 갑이 태어난 고향이었다. 갑이 테러 단체의 은신처를 공습하면 같은 민족인 고향의 민간인들이 희생될 수 있고, 지상군을 투입하면 부하 병사들이 희생될 수 있기에 공습과 지상군 투입 중 어느 방법으로 테러 단체를 진압할지 ㉤고민에 빠졌다.

① ㉣은 갑의 ㉠으로서의 역할이다.
② ㉠과 ㉡은 모두 성취 지위에 해당한다.
③ ㉢은 갑의 역할 행동에 대한 보상이다.
④ ㉤은 갑이 가진 두 개의 성취 지위로 인해 나타난 역할 갈등이다.

09 사회화를 보는 다음 관점에 부합하는 진술로 가장 적절한 것은?

약점진단
◯△☓
◯△☓
◯△☓

교사의 기대에 대한 학생들의 반응은 똑같지 않다. 학생들이 교사의 영향을 어느 정도 받느냐는 교사가 '의미 있는 타인'으로서 학생들에게 얼마나 중요한 존재인가에 달려 있다. 그러나 어쨌든 학생의 학습에 교사의 기대가 미치는 영향은 상당히 크다. 무엇보다도 중요한 사실은 학생은 교사의 기대의 높고 낮음에 따라 자기 능력에 대한 정보를 얻으며, 자신의 성취 기대를 수정한다는 점이다.

① 사회화는 지배 계급의 기득권 유지를 위한 수단에 불과하다.
② 사회화는 타인과의 상호 작용을 통해 자아를 형성하는 과정이다.
③ 사회화의 내용은 사회 구성원 전체가 사회적 필요에 따라 합의한 것이다.
④ 사회화를 통해 개인에게 사회 규범이 일방적으로 전수됨으로써 사회가 존속된다.

사회 집단과 사회 조직　빈출도 ★★★

10
약점진단
□△✕
□△✕
□△✕

〈보기〉는 사회 집단을 접촉 방식과 결합 의지에 따라 구분한 것이다. (가), (나)의 사례를 옳게 짝지은 것은?

2021 서울시 운전직 9급

보기

분류 기준		결합 의지	
		본질적 의지	선택적 의지
접촉 방식	직접적인 대면 접촉	(가)	
	간접적 접촉		(나)

	(가)	(나)
①	가족	정당
②	가족	전통 사회의 마을 공동체
③	학교	친족
④	회사	또래 집단

11
약점진단
□△✕
□△✕
□△✕

다음 글의 '이 조직'에 대한 설명으로 〈보기〉에서 옳은 것만을 모두 고르면?

2018 지방직 9급

막스 베버(M. Weber)는 '이 조직'을 합리적 권위가 지배하는 조직이라고 보았는데, '이 조직'이 근대 사회의 지배적인 조직으로 성장한 것은 바로 그 합리성에 있었다. 조직 구성과 과업 부여, 과업 수행 등 모든 과정에 있어서 철저하게 합리성을 추구함으로써 '이 조직'은 근대 산업 사회의 요구를 효율적으로 수행할 수 있었다.

보기

ㄱ. 비공식 조직의 중요성을 인정하고 강조한다.
ㄴ. 구성원의 능력을 보여 주는 지표로 경력 및 연공서열을 중시한다.
ㄷ. 업무 수행 결과에 대한 책임 소재가 불분명하다는 단점이 있다.
ㄹ. 문서에 의한 업무 수행이 중시된다.

① ㄱ, ㄴ　　　　② ㄱ, ㄷ
③ ㄴ, ㄹ　　　　④ ㄷ, ㄹ

12
약점진단
□△✕
□△✕
□△✕

밑줄 친 ㉠~㉤에 대한 설명으로 옳은 것은?

2021 지방직(= 서울시) 9급

〈운동선수 A 소개〉
• 소속: □□ ㉠회사의 프로농구팀
• 직업: ㉡농구 선수
• 학력: ○○ ㉢고등학교 졸업
• 경력: ㉣2018년 아시안게임 국가대표
• 수상: 2017년 올해의 ㉤최우수선수상

① ㉠은 공식적 사회화 기관이다.
② ㉡은 A의 귀속 지위, ㉣은 A의 성취 지위이다.
③ ㉢은 이익 사회이면서 2차적 사회화 기관이다.
④ ㉤은 ㉡으로서 역할에 대한 보상이다.

13
약점진단
□△✕
□△✕
□△✕

다음에 제시된 A~C에 대한 설명으로 옳은 것은?

2020 지방직(= 서울시) 9급

A: 회사 내 노동조합
B: 직장 내 등산 동호회
C: 환경 정책을 감시하는 시민 단체

① A는 자발적 결사체이자 비공식 조직이다.
② B는 공식 조직으로 2차 집단의 성격이 강하다.
③ C는 A와 달리 자연 발생적으로 형성된 집단이다.
④ A~C는 모두 사회의 다원화에 기여하는 이익 사회이다.

14
약점진단
□△✕
□△✕
□△✕

〈보기 1〉의 특징을 갖는 조직 형태가 등장하게 된 원인을 〈보기 2〉에서 모두 고른 것은?

2022 서울시 운전직 9급

보기 1

• 중간 관리층이 적다.
• 조직의 의사 결정 과정이 유기적 네트워크와 같다.
• 자율성과 유연성을 기본 원칙으로 하여 조직의 변경이 수시로 일어난다.

보기 2

ㄱ. 형식주의에 따른 비효율성 증가
ㄴ. 급변하는 환경의 대처 능력 저하
ㄷ. 수평적 분업 체계에 기초한 업무

① ㄱ　　　　② ㄱ, ㄴ
③ ㄱ, ㄷ　　　　④ ㄴ, ㄷ

15
약점진단
□△✕
□△✕
□△✕

〈보기〉의 밑줄 친 ⊙과 ⓒ의 특징에 대한 설명으로 가장 옳지 않은 것은? (단, ⊙과 ⓒ은 각각 관료제와 탈관료제 중 하나이다.)

2019 서울시 운전직 9급

> **보기**
>
> ○○ 기업 경영 혁신 보고서
>
> ○○ 기업의 경우 구성원 간의 위계를 바탕으로 모든 업무에 있어 표준화된 업무 처리 지침을 갖추고 있는 등 ⊙안정적으로 관리되는 조직이지만, 다가올 4차 산업 혁명 시대에 발맞추어 보다 ⓒ유연한 조직으로 개편하여 급변하는 기업 환경에 적극적으로 대처할 필요성이 있다.

① ⊙은 ⓒ보다 중간 관리층의 역할이 크다.
② ⊙은 ⓒ에 비해 구성원이 교체되어도 상대적으로 안정적인 과업 수행이 가능하다.
③ ⓒ은 ⊙과 달리 과업 수행 과정에서 예측 가능성이 상대적으로 높다.
④ ⓒ은 ⊙과 달리 승진에서 연공서열이 차지하는 비중이 상대적으로 낮다.

16
약점진단
□△✕
□△✕
□△✕

〈보기 1〉의 '○○구'와 같은 조직의 특성에 대한 옳은 추론을 〈보기 2〉에서 모두 고른 것은?

2018 서울시 행정직 9급

> **보기 1**
>
> ○○구는 5급 과장이 팀장이 되고 일부 6급 계장도 팀장에 합류하는 조직을 만들었다. ○○구청의 조직은 과거 3국 17실 78담당에서 3본부 24팀 16부분으로 개편되었으며 여섯 명의 6급 공무원이 5급 공무원과 같은 팀장으로 발탁되어 업무를 추진 중이다. 또한 결재 권한을 갖고 있던 계장 직급이 폐지되어 72명의 6급 계장이 팀원으로 실무를 맡게 되었다.

> **보기 2**
>
> ㄱ. 분권화된 조직 운영 체계를 갖고 있을 것이다.
> ㄴ. 위계는 더욱 수평적으로 변화하였다고 할 것이다.
> ㄷ. 고정된 업무 중심에서 상황에 따라 주어지는 과업 중심으로 변화하였다.
> ㄹ. 다양한 외부 환경 변화에 신속하게 대응하기가 어렵다는 비판을 받을 수 있다.

① ㄱ, ㄹ
② ㄴ, ㄷ
③ ㄱ, ㄴ, ㄷ
④ ㄴ, ㄷ, ㄹ

17
약점진단
□△✕
□△✕
□△✕

다음은 갑의 봉사 활동 내용이다. 밑줄 친 ⊙~② 에 대한 설명으로 옳은 것은?

> • ⊙가족과 함께 장애인 시설에서 도우미 활동을 함
> • ⓒ학교 학생회가 주관한 사랑의 김장 담그기 행사에 참가함
> • ⓒ지역 국악 동호회 회원들과 병원에서 위문 공연을 함
> • ②시민 단체 회원으로서 기아 퇴치 후원금을 모금함

① ②과 달리 ⓒ, ⓒ은 비공식 조직이다.
② ⊙과 달리 ②은 과업 지향적인 사회 집단이다.
③ ⓒ은 ②과 달리 공익을 추구하는 이익 사회이다.
④ ⊙은 구성원의 선택 의지에 따라 형성된 집단이다.

18
약점진단
□△✕
□△✕
□△✕

다음 대화에 대한 설명으로 옳지 않은 것은?

> 사회자: A~D는 각각 이익 사회, 자발적 결사체, 공식 조직, 비공식 조직 중 하나입니다. 각 집단 간의 관계를 말해 볼까요?
> 갑: A, B, C는 모두 D에 속합니다.
> 을: C는 B의 존재를 전제로 인정될 수 있습니다.
> 사회자: 모두 옳게 발표했습니다.

① C는 모두 A에 속한다.
② 시민 단체는 A와 B 모두에 해당한다.
③ 학교는 D에 속하지만 A에는 속하지 않는다.
④ D는 A와 달리 현대 사회에 들어와 증가하고 있다.

19 다음 표와 같이 A~C를 분류할 때, 이에 대한 설명으로 옳은 것은? (단, A~C는 각각 가족, 기업, 동호회 중 하나이다.)

약점진단
ㅇㅁㅈ
ㅇㅁㅈ
ㅇㅁㅈ

질문	A	B	C
과업을 수행하기 위한 조직인가?	㉠	㉡	㉢
(가)	예	아니요	㉣

① ㉠이 '예'라면, B와 C는 모두 비공식 조직이 될 수 없다.
② ㉡이 '예'라면, A와 C는 모두 2차 집단에 해당한다.
③ ㉢이 '예', (가)가 '선택적 의지에 의해 결합되었는가?'라면, ㉣은 '아니요'이다.
④ ㉢이 '예', (가)가 '자발적 결사체인가?'라면, 구성원 간의 친밀도는 A보다 B가 크다.

20 다음 표는 조직 유형을 비교한 것이다. 이에 대한 설명으로 옳은 것은? (단, A와 B는 각각 관료제와 탈관료제 중 하나이다.)

약점진단
ㅇㅁㅈ
ㅇㅁㅈ
ㅇㅁㅈ

구분	A	B
업무 처리 과정에서 매뉴얼 의존 정도	높음	낮음
업무 수행에서 효율성의 추구 정도	㉠	㉡
(가)	낮음	높음

① ㉠과 ㉡은 모두 '높음'이다.
② A는 상황 변화에 따른 유연한 대처가 용이하다.
③ (가)에는 '중간 관리층의 역할 비중'이 들어갈 수 있다.
④ B보다 A에서는 지시보다 자율적 판단에 따른 업무 처리가 중시된다.

21 다음 자료에 대한 설명으로 옳은 것은?

약점진단
ㅇㅁㅈ
ㅇㅁㅈ
ㅇㅁㅈ

> 다음은 전형적인 조직 운영 원리인 A에 의해 운영되고 있는 ○○ 기업이 조직 운영을 혁신하기 위해 실시한 회의에서 나온 갑, 을, 병의 의견이다.
> 갑: 보상 체계를 혁신하여 무사안일주의와 복지부동의 문제를 해결해야 합니다.
> 을: 회사의 목적 달성에 방해가 되는 각종 규약과 절차를 과감히 철폐해야 합니다.
> 병: 구성원들이 창의력이나 자율성을 발휘할 수 있도록 업무 분담 방식을 개혁해야 합니다.

① 네트워크형 조직은 A에 해당한다.
② 갑은 업무의 세분화·전문화 정도를 강화해야 한다고 주장하였다.
③ 을은 목적 전치 현상을 해결해야 한다고 주장하였다.
④ 병은 연공서열에 따른 보상 체계의 문제점에 대해 언급하였다.

사회 구조와 일탈 행동   빈출도 ★★★

22
약점진단
☐△✕
☐△✕
☐△✕

〈보기〉의 (가), (나)는 개인과 사회의 관계를 바라보는 서로 다른 관점에 대한 주장이다. 이에 대한 설명으로 가장 옳은 것은?   2020 서울시 운전직 9급

보기

(가) 무엇보다 중요한 것은 직원 개개인의 능력입니다. 변화가 필요한 곳에 능력이 뛰어난 사람을 배치한다면, 반드시 좋은 성과를 낼 수 있을 것입니다.

(나) 뛰어난 직원도 지금의 조직 문화 속에서는 좋은 성과를 낼 수 없습니다. 모두가 좋은 성과를 낼 수 있도록 동기를 부여하는 조직 문화를 되살리는 것이 더 시급합니다.

① (가)는 사회를 개인의 외부에 존재하는 실체라고 본다.
② (나)는 사회 명목론이다.
③ (가)는 (나)와 달리 개개인의 노력을 통해 사회 문제를 해결할 수 있다고 본다.
④ (나)는 (가)와 달리 사회의 독자적 특성이 존재하지 않는다고 본다.

23
약점진단
☐△✕
☐△✕
☐△✕

〈보기 1〉에 나타난 개인과 사회의 관계를 바라보는 관점의 특징을 〈보기 2〉에서 모두 고른 것은?   2018 서울시 운전직 9급

보기 1

여성은 경제 활동 참여 확대에도 불구하고 임금이 적고 기술적 능력이 낮은 단순 서비스직, 임시직 등에 고용되는 경우가 많아, 여전히 노동 시장과 취업 구조에서의 성차별화가 나타나고 있다. 이와 같은 현상은 결혼과 동시에 가사 노동, 임신, 출산, 육아 등을 강요하는 사회·문화적 영향이 여성, 특히 기혼 여성의 취업 형태에 매우 크게 작용하기 때문인 것으로 분석된다.

보기 2

ㄱ. 사회를 위한 개인의 희생을 정당화한다.
ㄴ. 극단적인 개인주의를 조장할 우려가 있다.
ㄷ. 인간의 능동적인 사고와 행위의 측면을 간과한다.
ㄹ. 개인 행위에 대한 사회 구조의 영향력을 경시한다.

① ㄱ, ㄷ   ② ㄱ, ㄹ
③ ㄴ, ㄷ   ④ ㄴ, ㄹ

24 약점진단
○△✕
○△✕
○△✕

다음 대화를 통해 추론할 수 있는 개인과 사회를 바라보는 갑과 을의 관점으로 가장 적절한 것은?

2020 국가직 9급

> 갑: 회사 실적을 올리기 위해 무엇보다 중요한 것은 직원 개개인의 능력입니다. 변화가 필요한 곳에 능력이 뛰어난 사람을 배치한다면, 반드시 좋은 성과를 낼 수 있을 것입니다.
> 을: 아무리 뛰어난 직원이라도 현재 우리 회사의 조직 문화 속에서는 좋은 성과를 내기 어렵습니다. 회사의 실적을 올리기 위해 무엇보다도 시급한 것은 조직 문화를 개선하는 것입니다.

① 갑의 입장은 집단의 속성을 개인 속성의 총합과 같다고 본다.
② 갑의 입장은 개인주의와 자유주의를 토대로 하면서 사회 유기체설에 기반을 둔 주장과 일치한다.
③ 을의 입장은 사회가 개인들 간의 합의에 따라 움직인다고 본다.
④ 을의 입장은 사회를 개인의 행복과 자유를 추구하기 위한 단순한 수단으로 본다.

25 약점진단
○△✕
○△✕
○△✕

다음 글에 나타난 개인과 사회의 관계를 바라보는 관점에 대한 설명으로 옳은 것은?

2018 국가직 9급

> 에밀 뒤르켐(Emile Durkheim)은 그의 저서 『자살론』에서 자살에 영향을 미치는 사회적 유형이 존재한다고 주장했다. 그의 분석에 따르면, 개신교 신자가 가톨릭 신자보다 자살률이 높다. 그는 가톨릭 신자의 자살률이 낮은 것은 가톨릭에는 개신교에 비해 상대적으로 강력한 공동체와 의례 행위가 있으며 개인주의 성향을 피하려는 분위기가 있기 때문이라고 보았다.

① 행위의 능동성보다 구조의 영향력을 강조한다.
② 사회 제도의 구속성보다는 개인의 자율성이 행동에 미치는 영향이 더 크다.
③ 인간 스스로가 희망하지 않으면 행동의 변화는 일어나지 않는다.
④ 사회는 개인들의 집합체를 의미한다.

26 약점진단
○△✕
○△✕
○△✕

다음 주장에 담긴 개인과 사회의 관계를 바라보는 관점에 대한 설명으로 옳지 **않은** 것은?

2019 국가직 9급

> 나의 관심은 왜 자본주의가 16~17세기 서구에서 발생했는가를 규명하는 데 있다. 그 당시의 물적 조건은 다른 시대와 다른 지역에서도 발견된다. 인간의 자본 획득 본능 역시 이전부터 존재해 온 것이기 때문에 만족스러운 이유가 되지 못한다. 나의 관점에서 보면, 16~17세기 유럽에서의 자본주의 발흥에는 프로테스탄티즘 윤리라는 도덕적이고 윤리적인 사회 정신이 배후에 있었던 것으로 보인다. 이 정신은 이윤 추구를 직업적 성실성, 근면, 검소 등을 핵심으로 하는 도덕적 개혁 운동으로 전환시켜 궁극적으로 자본주의 체제를 태동시켰다. 자본주의는 개인의 단순한 이윤 추구 행위가 아닌 규범과 가치와 시장 제도가 결합된 사회적 수준의 사실이 된 것이다.

① 사회는 개인들로 환원될 수 없는 독자적인 특성을 가진 실체이다.
② 한 사회의 제도나 이념 등이 개별 구성원의 의식과 행동을 구속한다.
③ 개인은 자유 의지에 따라 행동하며 사회는 개인의 목표를 증진시켜 주는 도구에 불과하다.
④ 사회의 구조적인 특성을 강조하면서 사회 구성원은 전체를 구성하는 부분으로 이해한다.

27 약점진단
○△✕
○△✕
○△✕

다음 글에 나타난 개인과 사회의 관계를 바라보는 관점이 갖는 한계에 대한 설명으로 옳은 것은?

2018 지방직 9급

> 사회 현상은 자유 의지를 가진 개인들로부터 비롯되지만 사회 현상에 대한 탐구는 개인의 행위나 사고로 환원될 수 없다. 사회에 대한 탐구는 사회적 사실에 대한 탐구이며 사회적 사실이란 행위자들의 외부에 존재하며 그들에게 강제적인 영향력을 행사하는 사회 구조들과 문화적 규범 및 가치관들이다.

① 개인과 사회의 상호 작용을 지나치게 강조한다.
② 사회를 구성하는 개인의 주체성과 능동성을 간과한다.
③ 개인의 행위에 대한 사회 구조의 영향력을 과소평가한다.
④ 개인을 위한 전체의 희생을 합리화할 우려가 있다.

28 〈보기〉는 일탈 이론을 A~C로 분류한 것이다. 이에 대한 설명으로 가장 옳은 것은? (단, A~C는 각각 낙인 이론, 아노미 이론, 차별 교제 이론 중 하나이다.)

약점진단 ｜ ○△✕ ｜ ○△✕ ｜ ○△✕

2021 서울시 운전직 9급

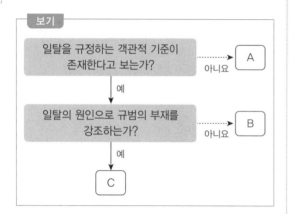

① A는 비합법적인 방법으로 목표를 달성하려고 하는 일탈이 발생한다고 본다.
② B는 타인과의 상호 작용 과정에서 일탈 행동을 학습한다고 본다.
③ C는 일탈 행동을 하는 사람과의 접촉 차단을 강조한다.
④ B는 A, C와 달리 일탈에 대한 대책으로 사회적 합의를 통한 규범의 정립을 강조한다.

29 〈보기〉는 일탈 행위 A~C를 질문에 따라 구분한 것이다. 이에 대한 설명으로 가장 옳은 것은? (단, A~C는 각각 낙인 이론, 아노미 이론, 차별 교제 이론 중 하나이다.)

약점진단 ｜ ○△✕ ｜ ○△✕ ｜ ○△✕

2022 서울시 운전직 9급

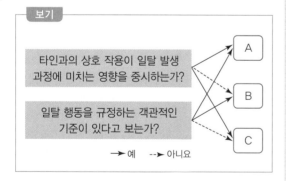

① A는 무규범 상태를 일탈 행동의 원인으로 본다.
② B는 미시적 관점에서 일탈 행동을 설명한다.
③ C는 상호 작용을 통한 2차적 일탈 행동의 발생에 주목한다.
④ C는 B와 달리 일탈 행동의 해결 방안으로 사회 규범의 통제력 회복을 강조한다.

30 (가)~(다)는 일탈 행동의 원인에 관한 이론이다. 이 이론에 대한 설명으로 옳은 것은?

약점진단 ｜ ○△✕ ｜ ○△✕ ｜ ○△✕

2019 지방직 9급

> (가) 어떤 사람의 행동에 대해 다른 사람들이 나쁜 행동이라고 규정하고 주변 사람들이 부정적인 시선으로 바라볼 때 그 사람은 일탈자가 되기도 한다.
>
> (나) 사회에 공통적으로 추구하는 문화적 목표가 존재하고, 이러한 문화적 목표를 달성하기 위해 사람들은 그 사회가 합법적으로 허용한 수단을 사용한다. 문화적 목표와 이를 달성하기 위한 합법적 수단이 괴리되는 경우에 일탈 행동이 일어난다.
>
> (다) 교도소에 수감된 사람들은 다른 범죄를 저지르고 수감된 동료들을 만나게 된다. 이 과정에서 일탈 행동에 대한 재소자들의 도덕적 저항감이 이완되기도 한다. 또한 재소자들은 수감 기간 동안 새로운 범죄 기술을 배우고, 출소 이후 이를 이용하여 다시 범죄를 저지르기도 한다.

① (가)는 일탈 행동의 상대성을 강조한다.
② (가)는 거시적 관점을, (나)는 갈등론적 관점을 취한다.
③ (다)는 개인의 욕구와 행동을 조정하는 기준이 되는 지배적 규율이 없기 때문에 일탈이 발생한다고 본다.
④ (가), (나)는 (다)에 비해 일탈 행동이 어떠한 과정을 거쳐 학습되고 반복되는지에 주목한다.

31 다음 일탈 이론 (가), (나)에 적합한 표현을 〈보기〉에서 찾아 옳게 짝지은 것은?   2018 국가직 9급

약점진단
○△✕
○△✕
○△✕

> (가) 누구나 경제적 성공과 물질적 풍요를 누리고 싶어 하지만 모든 사람에게 합법적인 기회가 충분히 제공되지 않는다면 일탈자가 생길 수 있다.
> (나) 인간의 행동은 학습에서 기인한다. 따라서 타인과의 상호 작용을 통하여 태도와 가치를 학습한 일탈 행동이 나타나기도 한다.

보기

> ㄱ. 먹을 가까이하면 검어진다.
> ㄴ. 모로 가도 서울만 가면 된다.
> ㄷ. 사흘 굶어 도둑질 아니 할 놈 없다.
> ㄹ. 까마귀 노는 데 백로야 가지 마라.
> ㅁ. 친구 따라 강남 간다.

	(가)	(나)
①	ㄱ, ㄴ	ㄷ, ㄹ, ㅁ
②	ㄱ, ㄴ, ㄷ	ㄹ, ㅁ
③	ㄴ, ㄷ	ㄱ, ㄹ, ㅁ
④	ㄴ, ㄷ, ㄹ	ㄱ, ㅁ

32 일탈 이론 (가)~(다)에 대한 설명으로 가장 옳은 것은?   2018 서울시 행정직 9급

약점진단
○△✕
○△✕
○△✕

> (가) 특정 행위에 대해 어느 집단이나 개인이 그것을 일탈 행동이라고 주장하고, 그것이 사회의 다양한 부분에서 받아들여질 때 결국 일탈 행동이 된다.
> (나) 준법적 태도를 보이던 사람도 일탈자들과 오랫동안 빈번하게 교류하면서 법과 규범을 경시하는 태도를 습득할 경우 일탈에 가담할 가능성이 높다.
> (다) 산업화 단계로 접어들면서 사람들은 규범과 역할의 혼란을 겪게 되고 그에 따른 불만이 반사회적 행동으로 나타날 수 있다.

① (가)는 (다)와 달리 사회의 지배적 가치와 규범을 사회화하지 못해서 일탈 행동이 발생한다고 본다.
② (가)는 (나), (다)와 달리 일탈이 행동의 속성에 의해서가 아니라 그에 대한 사회적 반응에 의해 규정된다고 본다.
③ (나)는 (가), (다)와 달리 지배 집단의 기득권 보호를 위한 사회 제도 때문에 일탈 행동이 발생한다고 본다.
④ (다)는 (가), (나)와 달리 미시적 관점에서 일탈 행동을 설명한다.

33 다음에서 설명하는 일탈 이론은?   2016 서울시 행정직 9급

약점진단
○△✕
○△✕
○△✕

> 누구나 살면서 잘못을 저지르지만 적발되지 않으면 대부분 별 문제없이 지나간다. 하지만 그것이 다른 사람들에게 적발되고 세상에 알려지면 상황은 급격히 변한다. 자신을 대하는 사회적 시선이 예전과 달라졌음을 인식하게 되면서 그는 점점 일탈을 내면화하고 정상적인 사회 규범과 멀어진다.

① 낙인 이론
② 아노미 이론
③ 사회 해체론
④ 차별 교제 이론

34 개인과 사회의 관계를 바라보는 다음의 관점에 부합하는 진술로 적절한 것은?

약점진단
ㅇㅁㅁ
ㅇㅁㅁ
ㅇㅁㅁ

> 사회는 하나의 객관적인 사실로서 우리와 만난다. '거기'에는 부인할 수도 없고 또 마땅히 고려하지 않으면 안 되는 그 무엇이 있다. 사회는 우리를 둘러싸고 있으며, 온 사방에서 우리의 생활을 포위하고 있다. 우리는 사회 체계의 특정한 영역에 위치하고 있다. 이러한 위치 설정에 의해 언어에서부터 예의범절은 물론 우리가 견지하는 종교적 신념까지 미리 결정되고, 미리 그 한계가 정해진다.

① 사회는 외재성을 지니고 있다.
② 사회는 실제로 존재하지 않는다.
③ 사회적 사실은 개인적 행위로 환원될 수 있다.
④ 사회는 개인들의 집합체에 붙여진 이름에 불과하다.

35 개인과 사회의 관계를 바라보는 서로 다른 갑과 을의 관점에 대한 설명으로 옳은 것은?

약점진단
ㅇㅁㅁ
ㅇㅁㅁ
ㅇㅁㅁ

> 갑: 투표율이 낮은 것은 낙후된 제도 때문입니다. 제도만 개선되면 낮은 투표율 문제는 바로 개선될 수 있습니다.
> 을: 그렇지 않습니다. 개인은 제도와 관계없이 자율적으로 행동합니다. 따라서 젊은 층 스스로가 정치 개혁의 주체라는 인식을 가져야 낮은 투표율 문제도 개선될 수 있습니다.

① 갑은 사회가 개인의 목표 실현을 위한 수단이라고 본다.
② 을은 사회가 개인의 외부에 실재한다고 본다.
③ 갑은 을과 달리 개인을 자율적이고 능동적인 주체로 본다.
④ 을은 갑과 달리 사회가 개인의 단순한 합에 불과하다고 본다.

36 다음 표는 일탈 이론 (가), (나)의 입장을 지지하는 근거가 되는 연구를 나타낸 것이다. 이에 대한 설명으로 옳은 것은?

약점진단
ㅇㅁㅁ
ㅇㅁㅁ
ㅇㅁㅁ

구분	연구 결과
(가)	다수의 흡연 청소년들을 조사해 본 결과, 처음으로 흡연을 하게 된 동기가 '흡연하는 친구들과 어울리면서 흡연에 대한 긍정적인 태도를 갖게 되었다.'라는 공통점이 있었다.
(나)	갑은 교사와 친구들로부터 문제아라고 규정된 이후 지속적으로 교칙 위반 행위를 하였다. 하지만 갑에 대한 교사와 친구들의 반응이 달라지자 자아 정체성에 변화가 생겨 교칙 위반 행위를 중단하였다.

① (가)는 문화적 목표와 제도적 수단 간의 괴리를 일탈 행동의 원인으로 본다.
② (나)는 일탈 행동을 후천적인 학습의 결과로 본다.
③ (가)와 달리 (나)는 일탈 행동을 규정하는 객관적인 기준이 존재하지 않는다고 본다.
④ (나)와 달리 (가)는 1차적 일탈이 2차적 일탈로 이어지는 과정에 주목한다.

37 다음 표는 일탈 이론을 비교한 것이다. 이에 대한 설명으로 옳은 것은? (단, A~C는 각각 낙인 이론, 아노미 이론, 차별 교제 이론 중 하나이다.)

약점진단
ㅇㅁㅁ
ㅇㅁㅁ
ㅇㅁㅁ

질문	A	B	C
일탈 행동이라고 객관적으로 정의되는 행동이 존재하지 않는다는 점을 강조하는가?	예	아니요	아니요
타인들과의 상호 작용이 일탈 발생 과정에 미치는 영향력을 중시하는가?	㉠	㉡	아니요

① ㉠과 ㉡은 모두 '예'이다.
② A는 일탈 행동의 원인을 법 위반에 대한 우호적 가치의 습득으로 본다.
③ B는 일탈 행동에 대한 규정을 신중하게 할 필요가 있음을 강조한다.
④ C는 일탈 행동의 해결 방안으로 정상적인 사회 집단과의 상호 작용 촉진을 제시한다.

38 일탈의 원인을 설명하는 이론 (가)~(다)에 대한 진술로 옳지 <u>않은</u> 것은?
약점진단
ⓞ△☒
ⓞ△☒
ⓞ△☒

> (가) 사회 규범이 약화되거나 부재할 때 또는 두 가지 이상의 상반된 규범이 동시에 존재할 때 개인이 행동의 지침을 잃게 되어 일탈 행동이 발생한다.
> (나) 개인이 일탈 유형과 지속적으로 접하면서 사회 규범에 동조적인 행동 유형과 멀어지고 일탈 행동을 하게 된다.
> (다) 어떤 사람의 행위에 대해 주변 사람들이 부정적인 의미를 부여하게 되면, 그 사람은 주변의 시선을 내면화하면서 다시 2차적 일탈을 저지르게 된다.

① (가)에 의하면 새로운 규범의 정립을 통해 일탈 행동을 줄일 수 있다.
② (다)는 일탈을 규정하는 객관적 기준이 없다고 본다.
③ (나)와 (다)는 모두 타인들과의 상호 작용이 일탈 발생 과정에 미치는 영향을 중시한다.
④ (나)와 달리 (다)는 우범 지역에 거주하는 청소년이 쉽게 일탈을 저지르는 사례를 잘 설명할 수 있다.

39 다음은 일탈 이론 A~C를 분류한 것이다. 이에 대한 설명으로 옳은 것은? (단, A~C는 각각 낙인 이론, 차별 교제 이론, 머튼의 아노미 이론 중 하나이다.)
약점진단
ⓞ△☒
ⓞ△☒
ⓞ△☒

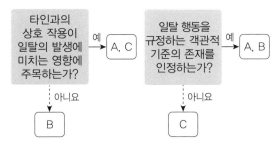

① A는 무규범 상태를 일탈 행동의 원인으로 강조한다.
② B는 일탈 행동이 일탈자로부터 학습되는 것으로 본다.
③ C는 개인이나 집단이 일탈자로 규정되는 과정에 주목한다.
④ B, C는 모두 일탈 행동의 대책으로 사회 규범의 통제력 회복을 중시한다.

40 일탈 행동을 바라보는 갑~병의 이론적 관점에 대한 설명으로 옳은 것은?
약점진단
ⓞ△☒
ⓞ△☒
ⓞ△☒

> 사회자: 최근 범죄 경력자가 다시 범죄를 저지르는 비율인 재범률이 증가하고 있습니다. 이에 대해 어떻게 보십니까?
> 갑: 범죄를 저지르고 교도소에 수감된 사람은 그곳에서 다른 범죄를 저지르고 수감된 동료들을 만나게 됩니다. 그곳에서 그들은 쉽게 친해지고 자신들의 행위에 대해 스스로 정당성을 가지게 됩니다. 또한, 새로운 범죄 기술을 배우는 기회도 얻게 되고요.
> 을: 우발적으로 저지른 범죄 행위로 실형을 선고받고 복역한 사람이 형을 마치고 사회에 나오면 사회는 그들을 전과자로 규정합니다. 그리고 그들도 스스로를 전과자로 인식하게 되니 다시 범죄를 저지르게 되죠.
> 병: 사람들이 일탈 행동을 하는 이유는 사회적 목표를 달성하기 위한 합법적인 수단을 갖고 있지 못하기 때문입니다. 이 문제가 해결되지 않으면 범죄는 반복될 수밖에 없어요. 범죄자들은 합법적인 수단을 충분하게 갖고 있지 못한 사람들이니까요.

① 갑의 관점은 일탈자로 규정되는 과정과 상황 맥락을 중시한다.
② 을의 관점은 부정적 자아의 내면화로 반복적 일탈이 발생한다고 본다.
③ 병의 관점은 급격한 사회 변동으로 인한 무규범 상태가 일탈 행동을 발생시킨다고 본다.
④ 을의 관점과 병의 관점은 모두 일탈 행동의 객관적 기준이 존재하지 않는다고 본다.

41
약점진단
ⓞⓐⓧ
ⓞⓐⓧ
ⓞⓐⓧ

그림은 질문에 따라 개인과 사회의 관계를 보는 관점 A, B를 구분한 것이다. 이에 대한 설명으로 옳은 것은? (단, A와 B는 각각 사회 명목론과 사회 실재론 중 하나이다.)

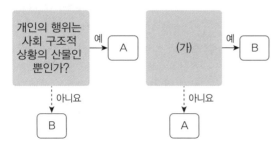

① A는 사회에 대하여 개인이 지닌 불가항력성을 간과한다.
② (가)에 '개인은 전체 사회와의 관련 속에서만 존재의 의미를 갖는가?'가 들어갈 수 있다.
③ B는 사회 현상을 개인 행위로 환원하여 설명할 수 없다고 본다.
④ B는 사회 현상에 대한 이해는 개별 인간의 행위에 대한 이해를 통해서만 가능하다고 본다.

약점 체크와 약점 보완을 한 번에   정답과 해설 P.94

필수기출 & 출제예상 문제

문화의 이해   빈출도 ★★☆

01
약점진단
ⓞⓐ☒
ⓞⓐ☒
ⓞⓐ☒

〈보기〉에 나타난 문화의 속성에 대한 설명으로 가장 옳은 것은?   2019 서울시 운전직 9급

> **보기**
>
> 한국인들은 김치 냄새만 맡아도 군침이 돌고 밥 생각이 간절해진다. 식당에서 라면을 주문할 때도 당연히 김치가 나올 것을 기대한다. 오랜 외국 생활을 한 사람들은 매콤한 김치에 흰쌀밥을 가장 그리워한다는 의견이 많다. 이는 김치가 한국인들에게 특별한 의미를 가지기 때문이다.

① 문화는 환경에 적응하는 과정에서 끊임없이 변화한다.
② 문화는 상대방의 행동을 예측하고 대응할 수 있게 해준다.
③ 문화는 계승되면서 보다 풍부한 요소를 갖추게 된다.
④ 문화의 한 부분의 변동은 다른 부분에 영향을 주어 변동을 일으킨다.

02
약점진단
ⓞⓐ☒
ⓞⓐ☒
ⓞⓐ☒

〈보기〉에서 부각되는 문화의 속성에 대한 진술로 가장 옳은 것은?   2022 서울시 운전직 9급

> **보기**
>
> 집은 사람들이 사는 단순한 구조물 이상의 의미를 갖는다. 집은 누군가에게 중요한 재산이 되며, 그것은 경제적인 투자의 의미를 갖는다. 집이 위치한 지역은 그곳에 거주하는 사람들의 직업이나 지위 등 다양한 사회적 요인을 반영하며, 집을 짓는 방식은 그 사회의 생활 양식이나 기후 및 지형 조건, 부존자원의 영향을 받는다.

① 문화는 세대 간 전승 과정에서 점차 풍부하게 발전한다.
② 문화는 여러 요소들이 유기적으로 연관되어 이루어진 하나의 전체이다.
③ 문화는 다른 구성원과의 상호 작용이 안정적으로 이루어지게 한다.
④ 문화는 계속적으로 변화하여 이전과 다른 모습을 갖는다.

03 〈보기〉와 같은 다문화 정책에 대한 설명으로 가장 옳은 것은?
약점진단
⭕△❌
⭕△❌
⭕△❌
2021 서울시 운전직 9급

> 보기
>
>  캐나다는 1971년 다문화주의를 선언하고 각각의 인종이나 민족이 자신의 특성을 유지하면서 모든 사람이 평등하게 캐나다 사회에 참여하는 정책을 실시하였다. 이러한 정책은 여러 개의 조각이 조화를 이루어 하나의 작품이 되는 '모자이크'와 같다고 하여 모자이크 정책이라고 한다.

① 문화적 단일성을 유지하기 위한 정책이다.
② 이민자의 문화 정체성을 훼손할 우려가 있는 정책이다.
③ 문화 간 차이를 인정하는 관용의 자세를 중시하는 정책이다.
④ 인위적으로 문화를 하나로 통합하는 것을 목적으로 하는 정책이다.

04 〈보기〉의 문화를 이해하는 태도에 대한 설명으로 가장 옳은 것은? (단, A~C는 각각 자문화 중심주의, 문화 사대주의, 문화 상대주의 중 하나이다.)
약점진단
⭕△❌
⭕△❌
⭕△❌
2018 서울시 운전직 9급

> 보기
>
> • '각 사회가 지니고 있는 문화의 고유한 의미와 가치를 인정하는가?'라는 질문에 '예' 또는 '아니요'라는 답변 중 하나를 할 때 B와 C는 같은 답변을 합니다.
> • '자기 문화가 우월하다는 믿음을 바탕으로 타 문화를 판단하는가?'라는 질문에 '예' 또는 '아니요'라는 답변 중 하나를 할 때 A와 B는 같은 답변을 합니다.

① A는 B와 달리 문화의 다양성을 보존하는 데 기여할 수 있다.
② B는 A와 달리 자기 문화에 대한 자부심을 강화시킬 수 있다.
③ C는 A와 달리 자기 문화의 정체성을 상실할 우려가 있다.
④ C는 B와 달리 문화의 우열을 가릴 수 있다고 본다.

05 문화 이해의 태도 (가)~(다)에 대한 설명으로 옳은 것은? (단, (가)~(다)는 각각 문화 사대주의, 문화 상대주의, 자문화 중심주의 중 하나이다.)
약점진단
⭕△❌
⭕△❌
⭕△❌
2021 지방직(= 서울시) 9급

> • (가)는 (나), (다)와 달리 국수주의나 문화 제국주의로 변질될 수 있다는 비판을 받는다.
> • (다)는 (가), (나)와 달리 해당 사회의 맥락을 고려하여 그 사회의 문화를 이해하려 한다.

① (가)는 자문화의 객관적 이해에 기여한다.
② (나)는 자문화 정체성을 약화시킬 우려가 있다.
③ (다)는 다문화 사회에서 문화적 갈등을 초래한다.
④ (가)는 문화 사대주의, (나)는 자문화 중심주의, (다)는 문화 상대주의이다.

06 밑줄 친 '이것'에 해당하는 문화의 속성이 부각된 사례로 가장 적절한 것은?
약점진단
⭕△❌
⭕△❌
⭕△❌

> 사회자: 문화의 속성 중 '이것'의 특징에 대해 말해 볼까요?
> 갑: 인간의 행위라고 해서 모두 문화에 해당되지 않음을 보여 줍니다.
> 을: 인간의 언어, 몸짓과 같은 상징 사용 능력을 바탕으로 합니다.
> 병: 개인의 행동은 그가 속한 사회적 환경 속에서 형성됨을 보여 줍니다.
> 사회자: 모두 옳은 내용을 발표했습니다.

① 시어머니의 음식 솜씨를 그대로 물려받은 며느리
② 마차, 증기 기관차, 자동차 등 운송 수단의 변화
③ 인터넷 발명이 초래한 정치, 경제, 사회적 측면의 변화
④ 다른 나라와 달리 정월 대보름에 오곡밥을 지어먹는 우리나라

07 밑줄 친 ㉠~㉣에 대한 설명으로 옳은 것은?

약점진단 ○△× ○△× ○△×

> 내가 방문한 A 부족은 남성 중심의 ㉠가족 문화가 나타나는 사회였다. 험악한 산지에서 사냥에 의존하여 살아가다 보니 남성이 경제 생활에 있어서 중요한 역할을 수행할 수밖에 없는데, 이러한 ㉡경제 생활 양식이 가족 문화에도 고스란히 반영된 것이다. 이 부족을 방문했을 때 초기에는 ㉢거칠고 투박한 부족 사람들의 반응에 당황한 것이 한두 번이 아니었지만 시간이 흐르면서 점차 ㉣그들의 상호 작용 방식에 익숙해졌다. 이 부족은 서로 인사할 때 함부로 웃는 것을 경계하기 때문에 불친절한 부족으로 오해받는 경우가 많지만 사실은 그와 반대였다.

① ㉠에서 '문화'는 좁은 의미로 사용되었다.
② ㉡에 부각된 문화의 속성은 축적성이다.
③ ㉢은 문화의 공유성을 통해 설명된다.
④ ㉣은 문화가 변동성을 지니고 있음을 보여 준다.

08 밑줄 친 ㉠과 ㉡에 대한 설명으로 옳은 것은?

약점진단 ○△× ○△× ○△×

> 갑: ㉠○○ 지역에 서식하는 원숭이들이 고구마를 바닷물에 씻어서 먹는 행동은 학습된 것이라는 연구 결과가 있습니다.
> 을: 원숭이들의 그런 행동을 우리가 흔히 총체적인 생활양식을 말할 때 사용하는 ㉡문화라고 볼 수 있을까요?
> 갑: 문화라고 보기는 어려울 것 같습니다. 학습된 행동을 반복하기만 할 뿐, 새롭게 추가된 것이 없기 때문입니다.

① ㉡은 문화가 좁은 의미로 사용된 경우이다.
② 갑은 을과 달리 문화를 평가의 대상으로 보고 있다.
③ 갑은 ㉠을 문화로 볼 수 없는 이유로 축적성 결여를 들었다.
④ 을은 문화가 유기적으로 결합된 하나로서의 전체라고 인식하고 있다.

09 갑과 을의 문화 이해 태도에 대한 설명으로 옳은 것은?

약점진단 ○△× ○△× ○△×

> 갑: 손으로 음식을 먹는 A 민족의 풍습을 보면 거부감이 느껴져. 하지만 그들의 종교적 신념에 따른 풍습이니깐 외부 사회가 간섭해서는 안 돼.
> 을: 역시 우리 민족의 식생활 풍습이 최고야. 편리하면서도 위생적이거든. 손으로 음식을 먹는 것은 불편할 뿐만 아니라 비위생적인 풍습이야.

① 갑의 문화 이해 태도는 문화 다양성 보존에 기여한다.
② 을의 문화 이해 태도는 자문화의 정체성을 약화시킨다.
③ 을의 문화 이해 태도는 갑과 달리 외부 문화의 수용에 적극적이다.
④ 갑과 을의 문화 이해 태도는 모두 문화를 우열 평가의 대상으로 본다.

하위문화와 대중문화

빈출도 ★★☆

10
약점진단
◯△✕
◯△✕
◯△✕

A, B에 대한 설명으로 옳은 것만을 〈보기〉에서 고르면?

2019 지방직 9급

> 한 사회 구성원 대부분이 누리는 문화를 [A] 라고 한다면, 한 사회 내의 일부 구성원들이 공유하는 문화를 [B] 라고 한다.

보기

ㄱ. A는 사회 내에 존재하는 B의 총합이다.
ㄴ. B는 사회 전체의 문화적 다양성을 저해한다.
ㄷ. 사회 변화에 따라 B는 A가 되기도 한다.
ㄹ. B는 A가 추구하는 가치와는 다른 가치를 추구하기도 한다.

① ㄱ, ㄴ   ② ㄱ, ㄷ
③ ㄴ, ㄹ   ④ ㄷ, ㄹ

11
약점진단
◯△✕
◯△✕
◯△✕

밑줄 친 ㉠과 ㉡에 대한 설명으로 옳지 않은 것은?

> • ㉠ 히피 문화는 1960년대 미국에 나타났던 히피 집단의 문화로 당시의 주류 사회에 동조하기를 거부하고, 물질적 풍요와 편의성보다는 자연과 공존하는 생활 태도를 가졌다. 정치적으로는 베트남전 참전을 위한 미국 정부의 징집을 거부하였다.
> • ㉡ 할렘 문화는 미국의 뉴욕 맨해튼의 흑인 거주 지역인 할렘의 문화이다. 네덜란드 사람들이 살고 있던 이 지역에 20세기 초 예술을 하는 흑인들이 하나둘씩 자리를 잡으며 동부 흑인들의 문화 타운으로 발전하여, 1920년대와 1930년대 초반까지 흑인 문화의 꽃을 피웠다.

① ㉠은 기존 주류 문화의 문제점을 성찰하는 계기가 되기도 한다.
② ㉡은 범주의 설정에 따라 주류 문화가 될 수 있다.
③ ㉡은 ㉠과 달리 사회 전체의 문화적 역동성을 저해한다.
④ ㉠과 ㉡은 모두 미국 사회의 하위문화에 해당한다.

12
약점진단
◯△✕
◯△✕
◯△✕

다음 자료에 대한 설명으로 옳은 것은?

> • 갑국은 A, B 두 지역으로 구성되며, C는 B에 속한 지역 사회이다.
> • A의 인구는 B보다 적다.
> • 문화 요소 a는 A에서만, 문화 요소 b는 B에서만 향유하고, 문화 요소 c는 B 중 C에서만 향유하며, 모든 지역에서 문화 요소 d를 향유한다.

① b, c는 B의 하위문화 요소이다.
② a의 향유 인구는 c의 향유 인구보다 많다.
③ d는 a, b, c와 달리 갑국의 주류 문화 요소이다.
④ C에 갑국의 소수 인종이 살면, c는 갑국의 반문화 요소이다.

13
약점진단
◯△✕
◯△✕
◯△✕

다음 자료에 대한 설명으로 옳은 것은?

> A~C는 각각 뉴 미디어, 영상 매체, 인쇄 매체 중 하나이고, 표는 A~C를 비교하여 제시된 특징을 갖는 대중 매체를 나타낸 것이다.

특징	대중 매체
쌍방향 정보 전달에 가장 유리함	A
시각 장애인의 정보 접근 가능성이 가장 낮음	B
(가)	C

① B는 정보 생산자와 소비자 간 경계가 모호하다.
② (가)에 '정보 복제가 가장 용이함'이 들어갈 수 있다.
③ C는 A와 달리 시각 정보와 청각 정보를 모두 전달할 수 있다.
④ 사회 관계망 서비스(SNS)는 A, 종이 신문은 B, 텔레비전은 C에 해당한다.

14 다음 글에서 강조하고 있는 대중문화의 문제점으로 가장 적절한 것은?

약점진단
□△✕
□△✕
□△✕

현대 사회에서는 대중문화가 대중을 반영하는 것이 아니라 대중이 대중문화를 반영하는 기현상이 나타나고 있다. 이는 대중문화 형성의 주도권을 대중이 갖는 것이 아니라 정치권력이나 자본이 갖기 때문이다. 이 경우 대중은 정치권력이나 자본의 필요에 의해 만들어진 정보를 일방적으로 소비할 뿐이며, 결과적으로 정교하게 짜인 틀 속에서만 사고하면서 파편화될 수밖에 없다.

① 대중 조작 수단으로 악용될 수 있다.
② 문화의 질적 수준을 떨어뜨릴 수 있다.
③ 대중의 관심사를 여과 없이 그대로 반영한다.
④ 문화 생산자와 소비자 간의 경계를 무너뜨린다.

문화의 변동　　　　　　　　빈출도 ★★★

15 〈보기〉의 표는 A 민족과 B 민족 간의 교류로 인한 두 민족의 문화 변동을 나타낸 것이다. 이에 대한 설명으로 가장 옳은 것은?　2021 서울시 운전직 9급

약점진단
□△✕
□△✕
□△✕

보기

구분	A 민족	B 민족
T 시기	○, □, △	●, ■, ▲
T+1 시기	○, ●, □, △	●, ■, □, ▲
T+2 시기	◎, ■, △	●, ■, △

※ ○, □, △ 순서대로 A 민족의 의복 문화, 음식 문화, 주거 문화임
※ ●, ■, ▲ 순서대로 B 민족의 의복 문화, 음식 문화, 주거 문화임
※ ◎는 ○의 성격과 ●의 성격을 모두 지니면서 새로운 성격이 가미된 의복 문화임

① T+1 시기 A 민족은 B 민족과 달리 문화 공존(병존)이 나타났다.
② T 시기에서 T+1 시기로 가면서 내재적 요인에 의한 문화 변동이 발생하였다.
③ T 시기 이후 T+2 시기에 이르기까지 A 민족과 달리 B 민족의 의복 문화에서만 자문화 요소가 유지되고 있다.
④ T 시기에 비해 T+2 시기의 A 민족 문화 변동에서 의복 문화는 음식 문화, 주거 문화와 달리 문화 융합이 발생하였다.

16 갑국과 을국이 교류한 이후 각국에서 나타난 문화 접변의 결과를 나타내고 있다. 이 결과에 대한 설명으로 옳지 않은 것은?　2017 서울시 행정직 9급

약점진단
□△✕
□△✕
□△✕

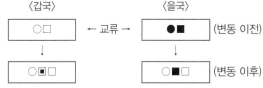

※ ○와 ●는 의복 문화, □와 ■는 음식 문화이다.
※ ■는 □와 ■가 혼합되어 나타난 새로운 음식 문화이다.

① 갑국의 의복 문화에서 문화 동화가 나타난다.
② 갑국의 음식 문화에서 문화 융합이 나타난다.
③ 갑국은 자문화의 요소들을 접변 이후에도 그대로 간직하고 있다.
④ 을국의 음식 문화에서 문화 병존이 나타난다.

17
약점진단
⃝△⨯
⃝△⨯
⃝△⨯

다음에 나타난 문화 접변에 대한 설명으로 가장 옳은 것은?
2016 서울시 행정직 9급

> 미국에 노예로 끌려온 아프리카 흑인들 고유의 음악이 유럽식 악기 등과 결합하여 만들어진 '재즈'가 있다.

① 문화 공존보다는 문화 동화에 해당한다.
② 간다라 불상과 같은 문화 융합의 사례에 해당한다.
③ 한국에 한의학 이외에 서양 의학이 들어와 있는 사례를 들 수 있다.
④ 브라질 원주민들이 과거 주술적인 방식을 버리고 서양 의학에 의존하는 경우도 이에 해당한다.

18
약점진단
⃝△⨯
⃝△⨯
⃝△⨯

다음 사례에 나타난 문화 변동에 대한 설명으로 옳은 것은?
2021 국가직 9급

> A국은 오랜 전쟁 끝에 B국을 정복하고 식민 통치하였다. 식민 통치하에서 B국 사람들이 자연스럽게 A국의 의복을 받아들이면서, B국의 고유한 의복은 자취를 감추고 A국의 의복으로 대체되었다. 또한 A국에서는 B국의 고유한 향신료를 A국 전통음식에 접목시킨 새로운 음식을 만들어 즐기게 되었다.

① A국에서는 문화 융합, B국에서는 문화 동화가 발생하였다.
② A국과 달리 B국에서는 간접 전파에 의한 문화 변동이 발생하였다.
③ B국과 달리 A국에서는 강제적 문화 접변으로 문화 변동이 발생하였다.
④ A, B국 모두 내재적 요인에 의한 문화 변동이 발생하였다.

19
약점진단
⃝△⨯
⃝△⨯
⃝△⨯

다음 글을 읽고 〈보기〉에서 옳은 것만을 모두 고른 것은?
2020 국가직 9급

> • '골드 러시'라고 불리는 미국 서부 개척 시대였던 1853년, 한 독일 출신 청년이 광부들의 작업복이 쉽게 찢어지는 것을 보고, ㉠텐트용으로 생산된 두꺼운 천으로 바지를 만들기 시작하였다. 얼마 지나지 않아 이 바지는 광부들로부터 폭발적인 인기를 끌었고, 이 청년의 이름을 따서 바지 상표를 만들게 되었는데 이때부터 청바지의 역사가 시작되었다. ㉡우리나라에는 청바지가 6·25 전쟁 때 참전한 미군으로부터 소개된 후, 생맥주, 통기타 등과 어우러지면서 청년 문화의 상징이 되었다가 지금은 남녀노소 누구나 즐겨 입는 옷이 되었다.
> • 19세기 이후 서구 열강의 지배를 받은 아프리카의 많은 나라에 서양 문물이 전해졌는데, 그중에는 종교도 있었다. ㉢많은 선교사들이 아프리카로 건너가 기독교를 전파함으로써 ㉣아프리카 고유의 토속신앙이 사라지고 서양 종교인 기독교로 종교가 대체되기도 하였다.

> **보기**
> ㄱ. ㉠은 알려지지 않았던 문화 요소를 찾아내는 발견에 해당한다.
> ㄴ. ㉡은 외재적 변동에 해당한다.
> ㄷ. ㉢은 간접 전파에 해당한다.
> ㄹ. ㉣은 문화 변동의 결과 중 문화 동화의 사례에 해당한다.

① ㄱ, ㄷ
② ㄴ, ㄹ
③ ㄱ, ㄴ, ㄷ
④ ㄴ, ㄷ, ㄹ

20 다음 자료에 대한 설명으로 옳은 것은?

약점진단
○△☓
○△☓
○△☓

> 다른 사회와 교류하지 않던 갑국에서 ●라는 음식 문화 요소가 새롭게 만들어졌고, 갑국의 모든 국민이 이를 향유하고 있다. 이후 갑국이 다른 사회와 교류하게 되면서 ●은 을국~정국에 전달되었고, 그 결과 을국~정국의 음식 문화 요소에서 다음과 같은 문화 변동이 나타났다.
>
> | 구분 | 을국 | 병국 | 정국 |
> |---|---|---|---|
> | 변동 전 문화 요소 | □ | ◇ | ○ |
> | 변동 후 문화 요소 | □, ● | ● | ◎ |
>
> ※ ◎은 ○과 ●이 결합하여 만들어진 새로운 문화 요소이다.

① 병국과 정국은 자국 문화 요소의 정체성을 상실하였다.
② 을국과 병국은 정국과 달리 갑국의 문화 요소를 수용하였다.
③ 을국과 병국에서는 갑국의 문화 요소가 변형되지 않고 정착되었다.
④ 갑국에서는 외재적 문화 변동, 을국, 병국, 정국에서는 내재적 문화 변동이 나타났다.

21 다음 사례에 대한 설명으로 옳은 것은?

약점진단
○△☓
○△☓
○△☓

> 원래 갑국에는 문자가 없었으나 을국의 선교사들이 들어와 을국의 문자를 널리 확산시킴으로써 갑국의 말과 을국의 문자를 함께 사용하는 생활이 시작되었다. 그런데 세월이 흐르면서 갑국에서 사용되는 문자가 갑국의 음성 언어 체계와 세계관을 반영하여 조금씩 변화되었고, 그 결과 이제는 을국 사람들이 갑국의 문자를 이해하는 데 어려움을 겪을 정도로 고유한 체계를 가진 문자가 되었다.

① 을국의 문자는 갑국에 간접 전파되었다.
② 갑국에서는 을국의 문자로 인해 문화 동화가 나타났다.
③ 을국의 문자가 전파된 후 갑국에서는 문화 병존이 나타났다.
④ 갑국에서는 전통문화의 정체성이 유지되면서도 새로운 문화가 만들어지는 문화 변동이 나타났다.

22 표는 문화 변동 요인 A와 B의 사례를 나타낸 것이다. 이에 대한 설명으로 옳은 것은?

약점진단
○△☓
○△☓
○△☓

요인	사례
A	삼국 시대 당시 백제의 왕인 박사는 일본에 한자, 유교 등을 전파했고, 그 결과 지금도 일본은 중국, 우리나라와 함께 한자·유교 문화권을 형성하고 있다.
B	우리나라의 K-pop이 인터넷을 통해 세계 곳곳으로 전해졌고, 그 결과 많은 나라에서 청소년들을 중심으로 인기 음악 장르로 자리잡게 되었다.

① A는 간접적 접촉을 통한 문화 요소의 전파이다.
② A, B 모두 문화 변동의 외재적 요인에 해당한다.
③ B는 문화 요소 자체가 아닌 아이디어의 전파이다.
④ A와 달리 B는 새로운 문화 요소의 등장을 초래한다.

23 그림은 문화 변동 요인 A~D를 분류한 것이다. 이에 대한 설명으로 옳은 것은?

약점진단
○△☓
○△☓
○△☓

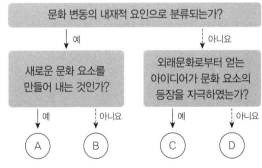

① A에는 비물질적인 것만 해당된다.
② 고려 말 문익점에 의해 목화씨가 전래된 것은 B에 해당한다.
③ 방송을 통해 해외에서 확산된 한류 문화는 C에 해당한다.
④ 상호 인적 교류가 없는 사회도 D를 통해 공통된 문화 요소를 가질 수 있다.

24

약점진단

◯△✕
◯△✕
◯△✕

표는 문화 변동의 결과인 (가), (나)와 그에 해당하는 사례를 나타낸 것이다. 이에 대한 설명으로 옳은 것은?

구분	사례
(가)	오랫동안 갑국의 식민 지배를 받았던 을국은 자신들의 언어 대신 갑국 언어만을 사용하고 있다.
(나)	병국의 ○○음식은 자국의 기존 발효 기술과 정국의 □□이 접목되어 새롭게 만들어진 것이다.

① (가)와 (나) 모두 내재적 변동 요인에 의한 결과이다.
② (가)와 같은 사례로 '각국의 차이나타운'을 들 수 있다.
③ (가)는 (나)와 달리 문화의 다양성을 높이는 데 기여한다.
④ (나)에서는 (가)와 달리 자기 문화의 정체성을 유지할 수 있다.

약점 체크와 약점 보완을 한 번에   정답과 해설 P.102

필수기출 & 출제예상 문제

사회 불평등 현상과 계층
빈출도 ★★★

01
약점진단
⃞△✕
⃞△✕
⃞△✕

〈보기〉는 사회 계층화 이론에 대한 수업의 한 장면이다. 밑줄 친 (가)에 들어갈 내용으로 가장 옳은 것은?
2018 서울시 운전직 9급

> **보기**
>
> 교사: 사회 계층화 현상에 대한 대표적 이론은 A와 B가 있습니다. A와 B는 각각 마르크스의 계급 이론과 베버의 계층 이론 중 하나입니다. 갑이 A에 대해 아는 대로 설명해 보세요.
> 갑: 생산 수단 소유 여부에 따라 계급을 구분합니다.
> 교사: 그것은 B에 대한 설명이군요. 을이 A에 대해 말해보세요.
> 을: _____(가)_____

① 지배 계급과 피지배 계급으로 구분됩니다.
② 다원론적으로 사회 계층화 현상을 설명합니다.
③ 지위 불일치 현상을 설명하기 어렵습니다.
④ 계급 간 대립이 사회 변혁의 원동력이 된다고 봅니다.

02
약점진단
⃞△✕
⃞△✕
⃞△✕

사회 계층화 현상을 설명하는 A, B 이론에 대한 설명으로 옳은 것은?
2019 국가직 9급

이론 질문	A 이론	B 이론
지위 불일치의 가능성을 인정하는가?	예	아니요
내부 구성원 간 귀속 의식을 강조하는가?	아니요	예

① A 이론은 계층이 불연속적으로 구분되어 있다고 본다.
② B 이론은 다원론적 관점에서 사회 불평등을 이해한다.
③ A 이론은 B 이론과 달리 사회 불평등 현상에 경제적 요인이 작용한다고 본다.
④ B 이론은 A 이론과 달리 정치적 불평등이 경제적 불평등에 종속되는 것으로 본다.

03

<보기 1>은 사회 계층화 현상에 대한 설명이다. A, B 이론에 대한 옳은 설명을 <보기 2>에서 모두 고른 것은? (단, A, B는 각각 계급 이론, 계층 이론 중 하나이다.) 2022 서울시 운전직 9급

약점진단
◯△✕
◯△✕
◯△✕

보기 1

A는 생산 수단의 소유 여부를 기준으로 자본을 소유한 지배층과 그렇지 못한 피지배층 간에 권력 관계가 형성된다고 본다. 반면 B는 경제적, 정치적, 사회적 요인을 종합하여 사회 계층을 상층, 중층, 하층 또는 그보다 다양한 계층으로 구분한다.

보기 2

ㄱ. A는 생산 수단의 소유를 둘러싼 갈등을 사회 변동의 원동력으로 본다.
ㄴ. B는 경제적 지위에 따른 강한 귀속 의식을 중시한다.
ㄷ. B는 A와 달리 다양한 요인에 의한 희소가치의 불평등한 분배를 범주화하여 설명한다.
ㄹ. B는 A와 달리 사회 계층화 현상의 원인으로 경제적 요인만을 중시한다.

① ㄱ, ㄴ   ② ㄱ, ㄷ
③ ㄴ, ㄷ   ④ ㄷ, ㄹ

04

표는 갑국과 을국의 계층 구성 비율을 나타낸 것이다. 이에 대한 분석으로 옳은 것은? (단, 계층은 상층, 중층, 하층으로만 구분되고, A~C는 각각 상층, 중층, 하층 중 하나이다.) 2021 국가직 9급

약점진단
◯△✕
◯△✕
◯△✕

계층 \ 국가	갑국	을국
A	30%	60%
B	10%	25%
C	60%	15%

① 갑국의 계층 구조가 피라미드형이면, 을국의 계층 구조는 모래시계형이다.
② 갑국의 하층 비율이 상층 비율의 2배이면, 갑국의 계층 구조는 타원형이다.
③ B에서 A로의 이동이 하강 이동이고 B에서 C로의 이동이 상승 이동이면, 을국의 계층 구조는 다이아몬드형이다.
④ 갑국의 하층 비율과 을국의 중층 비율이 동일하다면, 사회 통합에 유리한 계층 구조를 가진 국가는 을국이다.

05

다음은 갑국의 계층별 인구 구성 변화를 요약한 것이다. 이에 대한 분석으로 옳은 것은? (단, 갑국의 총인구는 2000년 이후 1,000만 명으로 변화가 없다.) 2020 국가직 9급

약점진단
◯△✕
◯△✕
◯△✕

• 2005년: 상층 인구보다 중층 인구는 4배 많고, 하층 인구는 상층 인구보다 5배 많다.
• 2010년: 2005년에 비해 상층 인구는 2배 증가했고, 하층 인구는 1/2로 감소하였다.
• 2015년: 2005년에 비해 중층 인구는 1/2로 감소했고, 하층 인구는 동일하다.

① 2005년의 계층 구조는 2015년과 달리 모래시계형이다.
② 2005년의 하층 인구는 같은 해 상층과 중층의 인구를 합한 것보다 많다.
③ 2010년의 상층 인구와 2015년의 상층 인구는 같다.
④ 2010년의 사회 구조가 2005년과 2015년에 비해 더 안정적이다.

06 다음 표는 부모 세대와 자녀 세대의 계층적 위치를 나타내고 있다. 이에 대한 설명으로 옳은 것은?

약점진단
□○△✕
□○△✕
□○△✕

2020 지방직(= 서울시) 9급

(단위: %)

구분		부모의 계층			계
		상	중	하	
자녀의 계층	상	2	8	10	20
	중	6	14	40	60
	하	2	8	10	20
계		10	30	60	100

① 자녀 세대의 계층 구조는 피라미드형이다.
② 부모 세대 상층의 경우 세대 간 이동은 일어나지 않았다.
③ 자녀 세대보다 부모 세대에서 세대 내 이동이 활발하게 일어났다.
④ 부모가 중층인 경우 세대 간 상승 이동 비율과 세대 간 하강 이동 비율은 같다.

07 다음은 갑국과 을국의 계층별 비율을 나타낸 것이다. 이에 대한 분석으로 옳은 것은? (단, 계층은 상, 중, 하만 존재한다.)

약점진단
□○△✕
□○△✕
□○△✕

2018 국가직 9급

(단위: %)

	갑국		을국		
구분	1980년	2010년	구분	1980년	2010년
상층	20	20	상층	20	30
하층	50	30	하층	30	50

① 을국의 계층 구조 변화는 복지 제도 확충의 결과이다.
② 2010년 갑국은 을국에 비해 폐쇄적인 계층 구조를 갖고 있다.
③ 을국은 2010년에 피라미드형 계층 구조로 변하였다.
④ 갑국은 안정적인 사회 계층 구조로 변하였다.

08 〈보기 1〉에 대한 옳은 분석을 〈보기 2〉에서 모두 고른 것은? (단, 계층은 상층, 중층, 하층으로만 구분한다.)

약점진단
□○△✕
□○△✕
□○△✕

2018 서울시 행정직 9급

보기 1

(단위: %)

질문	갑(甲)국	을(乙)국
하층을 제외한 인구의 비율은?	50	㉠
중층을 제외한 인구의 비율은?	70	40
상층을 제외한 인구의 비율은?	80	80

보기 2

ㄱ. ㉠에 해당하는 값은 80이다.
ㄴ. 갑(甲)국에서는 하층 인구 수가 가장 많다.
ㄷ. 을(乙)국의 계층 구조는 다이아몬드형이다.
ㄹ. 갑(甲)국과 을(乙)국의 상층 인구 수는 같다.

① ㄱ, ㄴ
② ㄴ, ㄷ
③ ㄷ, ㄹ
④ ㄱ, ㄴ, ㄷ

09 표는 A국과 B국의 계층 구성 비율을 나타낸 것이다. 이에 대한 분석으로 옳은 것은? (단, A국과 B국의 계층은 상층, 중층, 하층으로만 구분한다.)

약점진단
□○△✕
□○△✕
□○△✕

2021 지방직(= 서울시) 9급

구분	A국	B국
중층 대비 상층의 비	$\frac{1}{3}$	$\frac{2}{3}$
중층 대비 하층의 비	$\frac{1}{3}$	$\frac{5}{3}$

① 전체에서 상층이 차지하는 비율은 A국보다 B국이 높다.
② 전체에서 하층이 차지하는 비율은 A국과 B국이 동일하다.
③ 상층 대비 하층의 비는 A국보다 B국이 높다.
④ A국은 피라미드형, B국은 다이아몬드형 계층 구조이다.

10 다음 A국의 세대 간 계층 이동을 나타낸 표에 대한 분석으로 옳은 것은?

약점진단
□△✕
□△✕
□△✕

2018 지방직 9급

부모 자식	상층	중층	하층	계
상층	13	1	3	17
중층	2	28	28	58
하층	1	2	22	25
계	16	31	53	100

① A국은 폐쇄적 계층 구조 형태를 띠고 있다.
② 자식 세대에는 사회의 양극화 현상이 심화되고 있다.
③ 상승 이동에 비하여 하강 이동의 비율이 높게 나타난다.
④ 부모 세대에 비하여 자식 세대의 계층 구조가 안정적이다.

11 다음 표는 사회 계층화 현상에 대한 두 이론 A, B를 비교한 것이다. 이에 대한 설명으로 옳은 것은?

약점진단
□△✕
□△✕
□△✕

질문	A	B
생산 수단의 소유 여부에 따라 지배 계급과 피지배 계급으로 구분하는가?	예	아니요
(가)	예	예
(나)	아니요	예

① A는 B보다 지위 불일치 현상을 설명하기에 적합하다.
② B는 A와 달리 불연속적·이분법적으로 계층을 구분한다.
③ (가)에 '경제적 요인을 사회 불평등 현상의 원인으로 보는가?'는 들어갈 수 없다.
④ (나)에 '경제적 불평등과 정치적 불평등의 발생 기원이 다르다고 보는가?'가 들어갈 수 있다.

12 다음 표는 사회 계층화 현상에 대한 두 이론 A, B를 비교한 것이다. 이에 대한 설명으로 옳은 것은?

약점진단
□△✕
□△✕
□△✕

구분	A	B
중심 개념	경제적 요소에 근거한 개념	다양한 요소를 포괄하는 개념
집단 구분	실재적	명목적
집단 경계	㉠	㉡
(가)	강함	약함

① ㉠은 '모호함', ㉡은 '명확함'이다.
② (가)에는 '집단 귀속 의식'이 들어갈 수 있다.
③ B에 비해 A는 지위 불일치 현상을 설명하기에 용이하다.
④ B는 다른 집단에 속한 구성원 간에 적대감이 있다고 본다.

13 사회 계층화 현상을 바라보는 밑줄 친 ㉠, ㉡의 입장에 대한 설명으로 옳은 것은?

약점진단
□△✕
□△✕
□△✕

독일어를 어원으로 하고 있는 한국의 '알바' 대신 독일에는 이와 유사한 고용 형태로 '미니잡'이라는 표현이 널리 쓰인다. ㉠혹자는 이런 고용 형태가 정식 일자리에 필요한 능력과 기술을 갈고 닦을 수 있는 사회적 역할을 한다고 주장하는 데 반해, ㉡다른 혹자는 기득권층에 의해 만들어진 이런 주장이 사회적 약자들로 하여금 자신의 사회적 기여도만큼 보상받지 못하는 현실을 바로 보지 못하게 만든다고 본다.

① ㉠과 달리 ㉡은 차등 보상을 통한 효율성 제고에 찬성한다.
② ㉠과 달리 ㉡은 계층 결정 요인으로 개인의 노력과 능력을 중시한다.
③ ㉡과 달리 ㉠은 사회적 희소가치의 배분 기준을 정당한 것으로 본다.
④ ㉡과 달리 ㉠은 이분법적 구조를 통해 사회 계층화 현상을 설명한다.

14

약점진단
◻◻✕
◻◻✕
◻◻✕

다음은 성인 자녀 1명을 둔 가구주 100명을 대상으로 부모 계층별 자녀 계층 구성비를 조사한 것이다. 이에 대한 분석으로 옳은 것은?

(단위: %)

구분		부모 계층		
		상층(10명)	중층(30명)	하층(60명)
자녀 계층	상층	70	10	10
	중층	20	60	40
	하층	10	30	50

① 상층인 자녀보다 상층인 부모가 많다.
② 계층적 지위를 세습한 경우는 과반수이다.
③ 세대 간 상승 이동보다 세대 간 하강 이동이 많다.
④ 자녀 세대보다 부모 세대의 계층 구조가 사회 통합에 유리하다.

15

약점진단
◻◻✕
◻◻✕
◻◻✕

다음 자료에 대한 분석으로 옳은 것은?

갑국의 부모 세대와 자녀 세대의 상층 : 중층 : 하층의 비는 모두 1 : 1 : 1이고, 부모, 자녀 세대의 모든 가구별 구성원 수는 동일하다. 표는 부모의 계층을 기준으로 그 자녀의 세대 간 계층 이동 비율을 나타낸 것이다. (단, A~C는 각각 상층, 중층, 하층 중 하나이다.)

(단위: %)

구분		부모의 계층		
		A	B	C
자녀의 세대 간 계층 이동	상승 이동	60	20	0
	하강 이동	0	30	70

① 세대 간 상승 이동이 세대 간 하강 이동보다 많다.
② 계층이 세습된 비율은 부모가 상층인 경우가 가장 높다.
③ 자녀가 상층인 하층 부모 수와 자녀가 중층인 중층 부모 수는 같다.
④ 부모의 계층이 자녀에게 세습된 경우가 그렇지 않은 경우보다 많다.

16

약점진단
◻◻✕
◻◻✕
◻◻✕

그림은 사회 불평등 현상을 설명하는 두 이론 A, B와 그 특징을 연결한 것이다. 이에 대한 설명으로 옳은 것은? (단, A, B는 각각 계급 이론, 계층 이론 중 하나이다.)

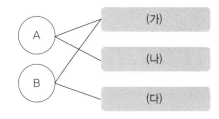

① A가 계층 이론이라면, (다)에는 '중간 계급의 존재를 인정한다.'가 들어갈 수 있다.
② (나)가 '지위 불일치를 설명하기에 적합하다.'라면, (다)에는 '사회 불평등 현상을 연속적인 위계화로 파악한다.'가 들어갈 수 있다.
③ (다)가 '위계를 구분하는 기준이 다차원적이다.'라면, (나)에는 '현대 사회의 불평등 현상을 설명하기에 적합하다.'가 들어갈 수 있다.
④ (가)에 '사회 불평등 현상의 원인으로 경제적 요인을 고려한다.'가 들어갈 수 있다.

다양한 사회 불평등 양상　　빈출도 ★★☆

17
약점진단
◻◻◻◻◻
◻◻◻◻◻
◻◻◻◻◻

〈보기 1〉의 빈곤 유형 A, B에 대한 설명으로 옳은 것을 〈보기 2〉에서 모두 고른 것은? (단, A, B는 상대적 빈곤과 절대적 빈곤 중 하나이다.) 2021 서울시 운전직 9급

보기 1

⊙ 학습 주제: 빈곤 유형

1. ☐ A ☐
   • 최소한의 생활 수준을 유지하기 곤란한 상태
   • 우리나라에서는 가구 소득이 최저 생계비 수준에 미치지 못하는 가구를 A 가구로 분류함

2. ☐ B ☐
   • 사회 구성원 다수가 누리는 생활수준에 이르지 못한 상태
   • 우리나라에서는 가구 소득이 중위 소득의 50%에 미달하는 가구를 B 가구로 분류함

보기 2

ㄱ. A에 해당하는 가구는 B에 해당하지 않는다
ㄴ. 중위 소득이 높아지면 B의 빈곤선도 높아진다.
ㄷ. A는 주로 선진국에서, B는 주로 저개발국에서 나타난다.
ㄹ. A와 B 모두 우리나라에서 객관적인 기준에 의해 분류되는 빈곤의 유형이다.

① ㄱ, ㄴ　　　　　② ㄱ, ㄷ
③ ㄴ, ㄹ　　　　　④ ㄷ, ㄹ

18
약점진단
◻◻◻◻◻
◻◻◻◻◻
◻◻◻◻◻

표는 A국의 최저 생계비 및 빈곤율 추이를 나타낸 것이다. 표에 대한 분석으로 가장 옳은 것은?

2017 서울시 행정직 9급

항목 ＼ 연도	2012년	2013년	2014년	2015년
최저 생계비 (천 원/월)	1,363	1,439	1,495	1,546
절대적 빈곤율 (%)	6.4	6.4	6.0	5.9
상대적 빈곤율 (%)	12.5	12.3	12.0	11.7

※ A국의 모든 가구는 4인으로 구성되어 있다.
※ 절대적 빈곤율: 전체 가구 중 소득이 최저 생계비 미만인 가구의 비율
※ 상대적 빈곤율: 전체 가구 중 소득이 중위 소득의 50% 미만인 가구의 비율

① A국의 계층 간 소득 격차는 점점 커지고 있다.
② 2013년은 2012년보다 절대적 빈곤 가구 수가 감소하였다.
③ 2014년은 중위 소득의 25%와 최저 생계비가 일치한다.
④ 2015년은 최저 생계비가 중위 소득의 50%보다 작다.

19
약점진단
◻◻◻◻◻
◻◻◻◻◻
◻◻◻◻◻

다음 대화를 통해 도출할 수 있는 내용으로 옳은 것은?

갑: A국 국민의 다수가 ○○족인 것으로 알고 있습니다. 그런데 A국에서 ○○족 사람들이 사회적 소수자라는 사실이 이해가 가질 않습니다.
을: 소수이지만 주류 집단인 □□족 사람들이 자신들의 기득권을 유지하려다 보니 그런 결과가 나타난 것 같습니다. 하지만 국제 사회에서는 오히려 ○○족 사람들과 달리 □□족 사람들이 종교적 이유로 사회적 소수자로 평가되고 차별을 받고 있습니다.

① 사회적 소수자는 수적으로 반드시 소수(少數)이다.
② 사회적 소수자 해당 여부는 상대적으로 규정된다.
③ 사회가 다원화되면서 다양한 유형의 사회적 소수자가 나타나고 있다.
④ 사회적 소수자 문제를 해결하기 위해서는 의식보다 제도 개선이 필요하다.

20 다음 사례를 통해 파악할 수 있는 내용으로 옳지 <u>않은</u> 것은?

악점진단
◯△✕
◯△✕
◯△✕

- 갑국은 전통적인 남성 중심의 사회이다. 갑국 여성들은 직업을 가질 수도 없고, 심지어 외출조차 마음대로 할 수 없다. 많은 여성들이 이러한 차별에 저항하였지만 별 성과는 없었다.
- 을국은 소수의 백인들이 정치권력과 경제적 부를 독점한다. 국민의 다수를 차지하는 흑인들은 대부분 하층에 속하며, 그들만의 정체성이 담긴 독특한 문화를 갖고 있다.
- 병국 국민의 다수는 국교를 신봉한다. 다만, 일부는 국교가 아닌 다른 종교를 믿고 있으며, 이들의 경우 진학이나 취업 등에서 심각한 수준의 차별을 받고 있다.

① 다른 집단과 구별되는 뚜렷한 특징을 갖는다.
② 하나의 공통된 기준에 따라 사회적 소수자로 규정된다.
③ 소수자 집단의 성원이라는 이유만으로 차별의 대상이 된다.
④ 주류 집단에 비해 사회적 자원의 획득에서 불리한 위치에 놓인다.

21 다음 A, B에 대한 설명으로 옳은 것은?

악점진단
◯△✕
◯△✕
◯△✕

사회학자들은 빈곤을 두 가지 유형으로 구분한다. A는 최저 생활이라는 관념에 근거를 두고 있다. 사회적 생존에 필요한 기본적인 재화의 가격, 즉 최저 생계비에 근거하여 빈곤선을 결정하는 것이다. 이 빈곤선보다 수입이 낮은 사람이나 가구를 빈곤 상태에 있다고 말한다. B는 다른 사람의 소득과 비교하여 빈곤선을 결정하는데, 대체로 중위 소득의 50% 미만의 소득으로 생활하는 사람이나 가구로 정의된다.

① A와 달리 B는 상대적 박탈감을 유발할 수 있다.
② B와 달리 A는 객관적인 기준에 의해 분류되는 빈곤의 유형이다.
③ 상위 10%의 소득만 증가하는 경우 A와 달리 B를 산출하는 기준이 달라진다.
④ 최저 생계비와 중위 소득의 50%에 해당하는 값이 같을 경우 A와 B에 해당하는 빈곤층은 동일하다.

22 다음 자료에 대한 분석으로 옳지 <u>않은</u> 것은? (단, 갑국~병국의 모든 가구의 구성원 수는 같고, 갑국~병국 모두 최저 생계비와 중위 소득의 50%에 해당하는 금액이 다르면 절대적 빈곤 가구 수와 상대적 빈곤 가구 수가 다르다.)

악점진단
◯△✕
◯△✕
◯△✕

가구 소득이 최저 생계비 미만인 가구를 절대적 빈곤 가구라고 하고, 가구 소득이 중위 소득 50% 미만인 가구를 상대적 빈곤 가구라고 한다. 표는 갑국~병국의 빈곤 가구와 관련된 자료이며, 갑국~병국에는 모두 상대적 빈곤 가구가 존재한다.

(단위: %)

구분	갑국	을국	병국
절대적 빈곤 가구의 비율	30	20	35
절대적 빈곤 가구 또는 상대적 빈곤 가구 어디에도 해당하지 않는 가구의 비율	60	70	65

① 갑국과 을국의 상대적 빈곤 가구의 비율은 같다.
② 상대적 빈곤 가구의 비율은 갑국이 을국, 병국보다 높다.
③ 을국에서 절대적 빈곤 가구가 아닌 상대적 빈곤 가구는 전체 가구의 10%이다.
④ 갑국과 달리 병국에서 상대적 빈곤 가구는 모두 절대적 빈곤 가구에 해당한다.

사회 복지와 복지 제도
빈출도 ★★★

23 〈보기〉의 (가)와 (나)가 각각 나타내는 사회 보장 제도의 일반적인 특징에 대한 설명으로 가장 옳은 것은?

약점진단
□△⊠
□△⊠
□△⊠

2020 서울시 운전직 9급

> **보기**
>
> (가) 가구 소득 인정액이 기준액 이하인 가구의 최저 생활을 보장하고 자활을 지원하기 위해 국가나 지방 자치 단체가 생계, 의료 등 급여를 지급하는 제도
>
> (나) 노령, 사망, 장애 등으로 인한 소득 상실을 보전하고 기본 생활을 지원하기 위해 가입자와 고용주 등이 분담해서 마련한 기금을 통해 연금 급여를 지급하는 제도

① (가)가 속한 유형은 비금전적 지원을 원칙으로 한다.
② (나)가 속한 유형은 사전 예방적 성격이 강하다.
③ (가)가 속한 유형은 (나)가 속한 유형과 달리 소득 재분배 효과가 나타난다.
④ (나)가 속한 유형은 (가)가 속한 유형과 달리 수혜 대상자가 수혜 정도에 따라 비용을 부담한다.

24 〈보기〉는 우리나라 사회 보장 제도를 구분한 것이다. A~C에 대한 설명으로 가장 옳은 것은? (단, A~C는 각각 사회 보험, 공공 부조, 사회 서비스 중 하나이다.)

약점진단
□△⊠
□△⊠
□△⊠

2019 서울시 운전직 9급

> **보기**
>
> | 특징 \ 제도 | A | B | C |
> |---|---|---|---|
> | 소득 재분배 효과가 있는가? | 아니요 | 예 | 예 |
> | 상호 부조의 성격이 강한가? | 아니요 | 예 | 아니요 |

① A는 강제 가입을 원칙으로 한다.
② B는 수혜 정도에 따라 비용을 부담한다.
③ C는 대상자 선정 과정에서 부정적 낙인이 발생할 수 있다.
④ A, B는 C와 달리 비금전적 지원을 원칙으로 한다.

25 〈보기〉는 우리나라의 사회 보장 제도를 분류한 것이다. A~C에 대한 설명으로 가장 옳지 않은 것은? (단, A~C는 사회 보험, 공공 부조, 사회 서비스 중 하나이다.)

약점진단
□△⊠
□△⊠
□△⊠

2018 서울시 운전직 9급

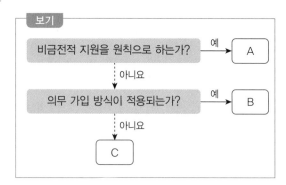

① A는 민간 기관에 의해서도 제공된다.
② B는 능력별 부담 원칙을 기본으로 한다.
③ C는 B에 비해 소득 재분배 효과가 작다.
④ B는 C에 비해 근로 의욕을 고취할 수 있다.

26 다음 글을 읽고 〈보기〉에서 옳은 것만을 모두 고른 것은?

약점진단
□△⊠
□△⊠
□△⊠

2020 국가직 9급

> 우리나라의 사회 보장 제도는 (㉠), (㉡), (㉢)(으)로 구성되어 있다. 이 가운데 (㉠)에 해당하는 대표적인 제도인 (㉣)은(는) 생활이 어려운 사람에게 생계 급여, 주거 급여, 의료 급여, 교육 급여 등 필요한 급여를 제공하여 이들의 최저 생활을 보장하고 자활을 돕는 것을 목적으로 한다.
>
> 한편, (㉡)에 해당하는 대표적인 제도 중 하나인 (㉤)은(는) 업무와 관련하여 질병이나 장애를 얻거나 또는 사망할 경우, 본인의 치료비와 가족에게 생계비를 보장해 주는 제도이다.

> **보기**
>
> ㄱ. ㉠은 소득 재분배 효과가 있지만, ㉡은 소득 재분배 효과가 없다.
> ㄴ. ㉠의 수혜자는 ㉢의 수혜자가 될 수 있다.
> ㄷ. 기초 연금 제도는 ㉡에 해당한다.
> ㄹ. ㉣은 국민 기초 생활 보장 제도이며, ㉤은 산업 재해 보상 보험이다.

① ㄱ, ㄷ
② ㄴ, ㄹ
③ ㄷ, ㄹ
④ ㄴ, ㄷ, ㄹ

27
약점진단
◯△☓
◯△☓
◯△☓

다음 그림은 우리나라 사회 보장 제도의 유형을 구분한 것이다. A~C에 대한 설명으로 옳지 <u>않은</u> 것은? (단, A~C는 각각 사회 보험, 공공 부조, 사회 서비스 중 하나이다.) 2019 지방직 9급

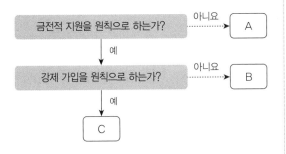

① A 제도는 상담, 재활, 돌봄 등을 통하여 국민의 삶의 질이 향상되도록 지원한다.
② B 제도는 C 제도에 비해 수혜 대상자의 범위가 좁다.
③ C 제도는 B 제도에 비해 소득 재분배 효과가 작다.
④ C 제도는 국가와 지방 자치 단체가 비용을 전액 부담한다.

28
약점진단
◯△☓
◯△☓
◯△☓

A~C는 우리나라 사회 보장 제도의 세 가지 유형을 분류한 것이다. 이에 대한 설명으로 옳은 것은? (단, A~C는 사회 보험, 공공 부조, 사회 서비스 중 하나이다.) 2017 서울시 행정직 9급

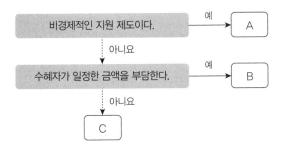

① A는 강제 가입의 원칙이 적용된다.
② B는 보험 급여 수준에 따라 보험료 부담 수준이 결정된다.
③ C는 B보다 소득 재분배 효과가 크다.
④ C의 사례로 상담, 재활, 직업 소개 등을 들 수 있다.

29
약점진단
◯△☓
◯△☓
◯△☓

사회 보장 제도 (가), (나)에 대한 설명으로 옳은 것은? 2016 서울시 행정직 9급

> (가) 65세 이상 노인들의 빈곤을 완화하기 위해 저소득층 노인을 대상으로 일정 금액의 연금을 국가가 전액 지원하는 제도를 말한다.
> (나) 치매나 중풍을 앓고 있는 노인들에게 간병 등 재가 서비스나 요양 시설 서비스 등의 이용을 지원하기 위한 제도로 가입자는 건강 보험 가입자와 동일하며 건강 보험료의 일정 비율을 보험료로 징수한다.

① (가)는 (나)보다 소득 재분배 효과가 크다.
② (나)는 가입과 탈퇴가 자유롭다.
③ (가)는 사회 보험의 성격을 가진 제도이다.
④ (나)는 (가)보다 복지병을 유발하기 쉽다.

30
약점진단
◯△☓
◯△☓
◯△☓

다음 글에 나타난 사회 보장 제도에 대한 설명으로 옳은 것은?

> 응급 환자 이송을 위한 119 구급차 안에는 관련 법령에 따라 환자가 눕는 침대와 각종 의료 기구, 의약품 등이 비치되어 있고, 응급 처치를 할 수 있는 공간이 확보되어 있으며 응급 구조사 1인 이상을 포함한 2인 이상의 인원이 탑승하고 있다. 그리고 119 구급차를 불렀을 때 소요되는 비용은 전액 무료이고, 비용은 조세로 충당된다.

① 소득 재분배 효과가 없다.
② 빈곤층의 생명 보장을 목적으로 한다.
③ 비금전적 형태의 복지 서비스를 제공한다.
④ 수혜자 간 상호 부조의 원리를 바탕으로 한다.

31 다음 사회 보장 제도 (가), (나)에 대한 설명으로 옳은 것은?

약점진단
◯△✕
◯△✕
◯△✕

> (가) 생활이 어려운 자에게 의료 급여를 실시함으로써 국민 보건 향상과 사회 복지의 증진에 이바지함을 목적으로 하는 제도이다.
> (나) 고령이나 노인성 질병 등으로 인해 일상생활을 혼자 수행하기 어려운 노인 등에게 장기 요양 급여를 제공하는 제도로, 건강 보험료를 납부하고 있는 자가 혜택을 받을 수 있다.

① (가)는 (나)와 달리 상호 부조의 성격을 띤다.
② (가)는 (나)에 비해 수혜 대상자의 범위가 넓다.
③ (가)는 사후 처방적, (나)는 사전 예방적 성격이 강하다.
④ (가)는 임의 가입의 원칙, (나)는 의무 가입의 원칙이 적용된다.

32 다음 표는 우리나라의 사회 보장 제도인 A, B와 그 사례를 나타낸 것이다. 이에 대한 설명으로 옳은 것은?

약점진단
◯△✕
◯△✕
◯△✕

구분	A	B
사례	국민 기초 생활 보장 제도, 기초 연금 제도 등	국민 연금 제도, 국민 건강 보험 제도 등

① A는 의무 가입을 원칙으로 한다.
② B는 A와 달리 소득 재분배 효과가 있다.
③ A와 B 모두 금전적 지원을 원칙으로 한다.
④ A는 B와 달리 상호 부조의 원리를 기반으로 한다.

33 다음 자료에 대한 설명으로 옳은 것은? (단, A~C는 각각 사회 보험, 공공 부조, 사회 서비스 중 하나이다.)

약점진단
◯△✕
◯△✕
◯△✕

질문	구분 결과
금전적 지원을 원칙으로 하는가?	A / B, C
상호 부조의 원칙이 적용되는가?	B / A, C
(가)	C / A, B

① A의 예로 기초 연금 제도를 들 수 있다.
② C는 대상자의 강제 가입을 원칙으로 한다.
③ C와 달리 B는 소득 재분배 효과가 발생한다.
④ (가)에는 '전국민을 대상으로 하는 복지 제도인가?'가 들어갈 수 있다.

34 다음 표는 각 사회 보장 제도의 유형을 구분할 수 있는 질문과 구분할 수 없는 질문을 나타낸 것이다. 이에 대한 설명으로 옳지 않은 것은? (단, A~C는 각각 공공 부조, 사회 보험, 사회 서비스 중 하나이고, 질문에 대한 답변은 '예'와 '아니요' 중 하나이다.)

약점진단
◯△✕
◯△✕
◯△✕

구분	A와 B	A와 C
구분할 수 있는 질문	상호 부조의 원리를 기반으로 하는가?	(가)
구분할 수 없는 질문	(나)	금전적 지원을 원칙으로 하는가?

① A의 가입자는 수혜 정도에 따라 비용을 부담한다.
② B는 C와 달리 공공 부문만이 아니라 민간 부문도 참여할 수 있다.
③ (가)에 '소득 재분배 효과가 발생하는가?'가 들어갈 수 없다.
④ (나)에 '강제 가입을 원칙으로 하는가?'가 들어갈 수 없다.

약점 체크와 약점 보완을 한 번에   정답과 해설 P.107

필수기출 & 출제예상 문제

01

약점진단
○△×
○△×
○△×

다음 표는 사회 변동에 따른 각 사회 A~C의 특성을 비교한 것이다. 이에 대한 추론이나 일반적 특징으로 옳은 것은? (단, A~C는 각각 농업 사회, 산업 사회, 정보 사회 중 하나이다.)

2019 지방직 9급

구분	A	B	C
생산 방식	(가)	소품종 소량 생산	(나)
가정과 일터의 결합 정도	+	+++	++
사회의 다원화 정도	++	+	+++
정보 확산의 시공간적 제약 정도	++	+++	+

※ +가 많을수록 정도가 크다.

① A는 노동력과 자본이, B는 토지와 노동력이 생산의 중심이 된다.
② 산업에서 제조업이 차지하는 비중은 B가 C에 비해 더 크다.
③ 인간 관계에서 면대면 접촉이 차지하는 비중은 C>A>B 순으로 나타난다.
④ (가)는 다품종 소량 생산, (나)는 소품종 대량 생산이다.

02

약점진단
○△×
○△×
○△×

〈보기〉의 근대화를 설명하는 이론 중 밑줄 친 ㉠, ㉡에 대한 설명으로 가장 옳지 않은 것은?

2019 서울시 운전직 9급

> **보기**
>
> 우리나라의 사회 과학계에 영향을 끼쳤던 사회학자 갑(甲)은 낙후된 국가의 빈곤 문제를 '종속에 의한 저발전의 심화'라고 설명하며, 근대화를 설명하는 ㉠또 다른 이론에 도전장을 던졌다. ㉡갑의 이론은 서구 선진국에 의해 주도된 이론에 대한 비판 이론으로 주목을 받으며 등장했다. 1970년대 한국에도 유입되어 최근까지 연구가 진행되고 있다.

① ㉠은 사회 변동 방향에 대해 진화론을 기초로 한다.
② ㉡은 낙후된 국가의 저발전 원인을 외부에서 밝히고 있다.
③ ㉡은 ㉠과 비교하여 개별 국가의 주체적 발전을 더 강조한다.
④ ㉠은 ㉡과 달리 각 국가는 다양한 경로를 거쳐 발전할 수 있다고 본다.

03 〈보기〉의 근대화를 설명하는 이론 (가), (나)에 대한 설명으로 가장 옳은 것은?   2018 서울시 운전직 9급

약점진단
ㅇㅿㄨ
ㅇㅿㄨ
ㅇㅿㄨ

> **보기**
>
> 근대화에 대한 논의는 제2차 세계 대전 후 많은 식민지가 신생 독립국으로 등장하면서부터 활발히 진행되었다. (가)는 저개발국이 전통적인 요소를 버리고 서구 선진국의 근대적 요소를 받아들이면 근대화할 수 있다고 주장한다. 그러나 (나)는 라틴 아메리카의 사회적·경제적 실패의 역사적 경험을 분석하며, 저개발국이 발전하지 못한 이유를 저개발국과 선진국의 국제적인 힘의 불균형 관계에서 찾아야 한다고 본다.

① (가)는 사회마다 다양한 발전 경로가 있다는 것을 인정하고 있다.
② (나)는 전통성과 근대성의 공존을 경시하는 이분법적 시각이 반영되어 있다.
③ (가)는 아시아 신흥 공업 국가들의 경제 성장을 설명하지 못한다.
④ (나)는 제3세계 국가들의 저발전의 원인을 외부에서 찾는다.

04 〈보기〉에서 사회 변동 방향에 대한 관점 A, B에 대한 설명으로 가장 옳은 것은?   2022 서울시 운전직 9급

약점진단
ㅇㅿㄨ
ㅇㅿㄨ
ㅇㅿㄨ

> **보기**
>
> A를 주장하는 학자들은 사회 변동이 일정한 방향을 가지고 있으며 그 변동은 긍정적이고 발전적인 것으로 간주한다. 반면, B를 주장하는 학자들은 사회가 발전만 하는 것이 아니라 쇠퇴하거나 소멸하기도 한다고 본다.

① A는 서구 제국주의를 정당화한다는 비판을 받는다.
② A는 B와 달리 모든 사회가 같은 방향으로 변화하는 것이 아니라고 본다.
③ B는 A와 달리 다양한 경로의 사회 발전 양상을 설명하기 어렵다.
④ A는 B에 비해 앞으로의 사회 변동 방향을 예측하기 어렵다는 비판을 받는다.

05 사회 변동의 방향을 설명하는 이론 (가), (나)에 대한 설명으로 옳은 것은?   2021 국가직 9급

약점진단
ㅇㅿㄨ
ㅇㅿㄨ
ㅇㅿㄨ

> **보기**
>
> (가) 사회는 일정한 방향으로 진보하는데, 사회마다 속도의 차이는 있지만 결국 모든 사회가 같은 경로로 변동한다.
> (나) 사회는 특정한 방향으로 지속해서 진보하는 것이 아니라, 발전과 퇴보를 반복하며 변동한다.

① (가)는 사회 변동을 운명론적 시각으로 바라본다.
② (나)는 사회가 이전보다 발전된 모습으로 변동한다고 본다.
③ (가)는 (나)와 달리 인간의 주체적 행동을 과소평가한다는 비판을 받는다.
④ (나)는 (가)와 달리 미래의 사회 변동을 예측하여 대응하기에 적합하지 않다는 비판을 받는다.

06 다음은 사회 변동 방향에 대한 하나의 관점이다. 이에 대한 설명으로 옳은 것만을 〈보기〉에서 모두 고른 것은?   2018 국가직 9급

약점진단
ㅇㅿㄨ
ㅇㅿㄨ
ㅇㅿㄨ

> 이 관점은 사회를 살아 있는 유기체에 비유하면서 사회 변동을 긍정적으로 인식한다. 그리고 사회를 복잡성이 증가하는 것으로 파악하고, 복잡해진 사회는 단순 사회에 비해 구성원들의 적응 능력이 더 높다고 본다.

> **보기**
>
> ㄱ. 서구 중심적이라는 비판을 받는다.
> ㄴ. 사회 변동은 일정한 방향성이 있다고 본다.
> ㄷ. 장기적인 역사적 관점에서 사회의 발전과 더불어 퇴보의 가능성도 잘 설명한다.
> ㄹ. 사회 변동을 순환 과정으로 설명하고 있다.

① ㄱ, ㄴ   ② ㄱ, ㄹ
③ ㄴ, ㄷ   ④ ㄷ, ㄹ

07 근대화를 바라보는 이론적 시각에 대한 설명으로 옳지 <u>않은</u> 것은?   2018 지방직 9급

① 근대화론은 모든 사회가 일정한 단계를 거쳐 발전한다고 전제한다.
② 근대화론은 서구 중심적이며 기능론적인 관점을 반영하고 있다.
③ 종속 이론은 세계 체계를 중심부와 주변부로 나눈다.
④ 종속 이론은 주변부가 미(未)발전 상태에 머물 수밖에 없다고 주장한다.

08 다음 빈칸에 들어갈 이론에 대한 평가로 옳은 것을 〈보기〉에서 모두 고르면?   2016 서울시 행정직 9급

> 1960년대 중남미 학자들은, 중남미 국가들이 근대화론에 입각하여 산업화와 근대화를 추진하였음에도 불구하고 서구 선진 사회와의 격차가 좁혀지지 않는 상황을 보고 의문을 제기하였다. 이처럼 근대화론에 대한 비판이 제기되면서 등장한 이론이 [_____]이다.

보기

㉠ 사회 발전을 국제적인 힘의 관계 속에서 조명한다.
㉡ 신흥 공업 국가들의 경제 발전을 합리적으로 설명할 수 있다.
㉢ 후진국의 경제적 문제에 영향을 미치는 국내 요인에 주목한다.
㉣ 선진국과의 종속 관계에서 벗어난 주체적인 경제 발전을 강조한다.

① ㉠, ㉡   ② ㉠, ㉣
③ ㉡, ㉢   ④ ㉢, ㉣

09 다음 내용이 공통적으로 가리키고 있는 사회 변동 이론에 대한 설명으로 옳은 것은?

> • 변동 속도는 사회마다 차이가 있을 수 있지만, 변동의 방향 및 내용은 동일하다.
> • 사회는 발전할 수밖에 없다. 다만, 사회 발전에 대한 의지의 유무 혹은 의지의 강약에 의해 그것이 앞당겨질 수도 있고 그렇지 않을 수도 있다.

① 비서구 사회의 시각을 바탕으로 한다.
② 운명론적 시각이라는 한계를 지니고 있다.
③ 흥망성쇠가 반복되는 것으로 사회를 이해한다.
④ 사회 변동을 바람직한 방향으로의 변화로 이해한다.

10 사회 변동을 바라보는 갑, 을의 관점에 대한 설명으로 옳은 것은?

> 갑: 사회가 변동하는 모습을 보면, 열흘 붉은 꽃은 없다는 의미의 '화무십일홍(花無十日紅)'이라는 말이 떠오릅니다. 시간의 흐름에 따라 생성, 성장, 쇠퇴, 소멸의 과정을 반복하지요.
> 을: 저는 사회가 변동하는 모습을 보면 '내일은 오늘보다 낫다.'라는 말이 떠오릅니다. 사회는 시간의 흐름에 따라 항상 바람직한 방향으로 변화하거든요.

① 갑의 관점은 사회 변동이 일정한 방향을 갖는다고 본다.
② 을의 관점은 사회 변동과 진보를 동일시한다.
③ 을의 관점과 달리 갑의 관점은 사회 변동을 긍정적으로 본다.
④ 갑의 관점과 달리 을의 관점은 단기적 사회 변동을 설명하기 어렵다는 비판을 받는다.

11 다음 사회 변동 방향에 대한 이론 A, B에 대한 설명으로 옳은 것은? (단, A, B는 각각 진화론과 순환론 중 하나이다.)

약점진단

□△☓

□△☓

□△☓

> A는 사회 변동이란 여러 방향에서 일어날 수 있으며 모든 사회에서 반드시 같은 방향으로 이루어지는 것은 아니라는 점에서 비판을 받는다. 반면, B에 대해서는 현재의 상태가 어느 단계에 해당하는지를 파악하기 어렵고 그래서 사회 변동을 예측하여 대응하기 어렵다는 비판이 행해진다.

① A는 사회가 일정한 양상을 반복하면서 변동한다고 본다.
② B는 서구 제국주의의 발전을 정당화한다는 비판을 받는다.
③ B는 사회가 단순한 상태에서 복잡한 상태로 변동한다고 본다.
④ A와 달리 B는 운명론적 관점에서 사회 변동을 설명한다.

12 사회 변동과 관련된 A, B 관점에 대한 설명으로 옳은 것은? (단, A, B는 각각 순환론과 진화론 중 하나이다.)

약점진단

□△☓

□△☓

□△☓

① A와 달리 B는 사회 변동 방향과 관련된 관점이다.
② A는 미래의 변동을 예측하고 대응하는 데 한계가 있다.
③ B는 특정 사회가 더 진보적 사회라는 전제를 두지 않는다.
④ (가)에는 '다양한 경로의 사회 변동을 설명하기에 용이한가?'가 들어갈 수 있다.

13 다음은 사회 변동의 방향을 설명하는 이론 A, B를 소개한 자료이다. 이에 대한 설명으로 옳은 것은?

약점진단

□△☓

□△☓

□△☓

> 〈패션의 변화를 통해 본 A와 B〉
> • A: 패션은 옷의 소재나 기능, 옷을 만드는 방식, 디자인 등 여러 측면에서 보았을 때 계속 발전해 왔다. 패션에 관한 콘텐츠가 계속 확대되고, 또 패션이 대중에게 미치는 파급력이 점점 커지는 것을 통해 이를 확인할 수 있다.
> • B: 패션은 유행에서 자유로울 수 없다. 그리고 유행이라는 것은 경험을 통해 볼 때 돌고 돈다. 오랫동안 옷장 깊숙한 곳에 보관되어 있었던 옷을 갑자기 꺼내 입는 것은 과거의 스타일이 지금 다시 유행하기 때문이다.

① A는 사회가 퇴보와 소멸의 운명을 지닌다고 본다.
② B는 사회 변동이 일정한 방향을 갖는다고 본다.
③ B는 역사 속에서 반복되는 사회 변동을 설명하지 못한다.
④ A에 비해 B는 미래의 사회 변동 방향을 예측하기 어렵다.

사회 변동과 사회 문제　　　　빈출도 ★★☆

14
약점진단
◻△✕
◻△✕
◻△✕

표는 갑국의 인구 관련 자료이다. 이에 대한 분석으로 옳지 <u>않은</u> 것은?

2021 지방직(= 서울시) 9급

구분	t년	t+50년
전체 인구에서 유소년 인구가 차지하는 비율(%)	28	20
노년 부양비(%)	20	60

※ 1) 유소년 부양비(%) = $\dfrac{\text{유소년 인구(0~14세 인구)}}{\text{부양 인구(15~64세 인구)}} \times 100$

2) 노년 부양비(%) = $\dfrac{\text{노인 인구(65세 이상 인구)}}{\text{부양 인구(15~64세 인구)}} \times 100$

3) 노령화 지수(%) = $\dfrac{\text{노인 인구(65세 이상 인구)}}{\text{유소년 인구(0~14세 인구)}} \times 100$

4) 전체 인구에서 노인 인구가 차지하는 비율이 7% 이상이면 고령화 사회, 14% 이상이면 고령 사회, 20% 이상이면 초고령 사회임

① t년의 유소년 부양비는 50이다.

② t+50년의 노령화 지수는 100 이상이다.

③ 전체 인구에서 부양 인구가 차지하는 비율은 t년보다 t+50년이 낮다.

④ t년은 고령화 사회에, t+50년은 초고령 사회에 해당한다.

15
약점진단
◻△✕
◻△✕
◻△✕

〈보기 1〉은 전통 사회에서 고도 산업 사회까지의 인구 변천 단계를 순서 없이 나타낸 것이다. 이에 대한 옳은 분석을 〈보기 2〉에서 모두 고른 것은?

2018 서울시 행정직 9급

보기 1

단계	인구 모형
(가)	감산소사형
초기 산업 사회	다산감사형
전통 사회	다산다사형
(나)	소산소사형

보기 2

ㄱ. (가)는 후기 산업 사회에 해당한다.

ㄴ. 우리나라 1960년대는 (나)에 해당한다.

ㄷ. 노인층의 비율은 소산소사형 단계에서 제일 높다.

① ㄱ, ㄴ　　　　② ㄱ, ㄷ

③ ㄴ, ㄷ　　　　④ ㄱ, ㄴ, ㄷ

16
약점진단
◻△✕
◻△✕
◻△✕

표는 연도별 한부모 가구 수와 한부모 가구가 전체 가구에서 차지하는 비율을 나타낸 것이다. 표에 대한 옳은 분석은? (단, 전체 가구는 매년 증가하고 있으며, 한부모 가구는 표에 나타난 두 가지 유형만 있다.)

2017 서울시 행정직 9급

(단위: 1,000가구, %)

구분	2000년		2005년		2010년	
	가구 수	비율	가구 수	비율	가구 수	비율
한부모 가구	871	6.09	1,042	6.56	1,181	6.81
부+미혼 자녀	162	1.13	233	1.40	253	1.46
모+미혼 자녀	709	4.96	819	5.16	928	5.35

※ 비율은 전체 가구 수에서 차지하는 %를 의미함

① 한부모 가구에 속한 총인구는 계속 증가하고 있다.

② 2000년과 2010년을 비교했을 때, 전체 가구 수보다 한부모 가구 수가 더 큰 비율로 증가하였다.

③ 표의 모든 연도에서 '모+미혼 자녀' 가구 수는 '부+미혼 자녀' 가구 수의 4배 이상이다.

④ 2000년의 한부모 가구는 모두 2010년의 한부모 가구에 포함된다.

17
약점진단
◻△✕
◻△✕
◻△✕

다음 표는 A~C의 특징을 비교한 것이다. 이에 대한 설명으로 옳은 것은? (단, A~C는 각각 농업 사회, 산업 사회, 정보 사회 중 하나이다.)

구분	(가)	(나)
A	+ + +	+
B	+	+ +
C	+ +	+ + +

※ +의 수가 많을수록 그 정도가 높음을 의미함

① A가 정보 사회라면, '3차 산업의 비중'은 (나)에 들어갈 수 있다.

② B가 산업 사회라면, '사회 변화의 속도'는 (가)에 들어갈 수 있다.

③ C가 농업 사회라면, (가)에는 '면대면 접촉의 비중'이 들어갈 수 있다.

④ (가)가 '가정과 일터의 결합 정도'라면, (나)는 '사회적 관계를 맺는 공간적 범위'가 적절하다.

18 다음 표는 우리나라의 정보 취약 계층의 디지털 정보화 지수를 나타낸 것이다. 이에 대한 설명으로 옳은 것은?

구분	2019년	2020년	2021년
디지털 정보 접근 지수	72.3	73.7	84.5
디지털 정보 역량 지수	34.6	37.4	45.2
디지털 정보 활용 지수	47.4	51.6	59.0

※ 각 지수는 영역별로 일반 국민의 디지털 정보의 수준을 100으로 보았을 때, 정보 취약 계층의 정보화 수준을 의미함

① 2021년에 정보 취약 계층 중 84.5%는 디지털 정보 기기를 보유하고 있다.

② 일반 국민 대비 정보 취약 계층의 디지털 정보화 수준은 모든 영역에서 악화되고 있다.

③ 일반 국민과 정보 취약 계층의 격차는 디지털 정보 역량 수준에서 가장 크게 나타난다.

④ 정보 취약 계층의 디지털 정보 활용 수준을 높이는 것보다 디지털 정보 접근 기회를 높이는 것이 더 시급한 과제이다.

19 다음 표는 갑국의 인구 통계를 나타낸다. 이에 대한 분석으로 옳은 것은?

(단위: %)

구분	노년 부양비	노령화 지수
2001년	10	30
2011년	20	40
2021년	25	50

※ 노년 부양비 = (65세 이상 인구/15~64세 인구) × 100
※ 노령화 지수 = (65세 이상 인구/0~14세 인구) × 100

① 0~14세 인구 비율은 지속적으로 감소하였다.

② 2001년 15~64세 인구는 0~14세 인구의 3배이다.

③ 2011년 65세 이상 인구 1명당 15~64세 인구는 6명이다.

④ 15~64세 인구 대비 0~14세 인구의 비는 2021년이 2011년보다 낮다.

약점 체크와 약점 보완을 한 번에   정답과 해설 P.114

끝이 좋아야 시작이 빛난다.

– 마리아노 리베라(Mariano Rivera)

여러분의 작은 소리
에듀윌은 크게 듣겠습니다.

본 교재에 대한 여러분의 목소리를 들려주세요.
공부하시면서 어려웠던 점, 궁금한 점,
칭찬하고 싶은 점, 개선할 점, 어떤 것이라도 좋습니다.

에듀윌은 여러분께서 나누어 주신 의견을
통해 끊임없이 발전하고 있습니다.

에듀윌 도서몰 book.eduwill.net
· 부가학습자료 및 정오표: 에듀윌 도서몰 → 도서자료실
· 교재 문의: 에듀윌 도서몰 → 문의하기 → 교재(내용, 출간) / 주문 및 배송

2023 에듀윌 9급공무원 단원별 기출&예상 문제집 **사회**

발 행 일	2023년 1월 8일 초판
편 저 자	안기선
펴 낸 이	권대호, 김재환
펴 낸 곳	(주)에듀윌
등록번호	제25100-2002-000052호
주 소	08378 서울특별시 구로구 디지털로34길 55
	코오롱싸이언스밸리 2차 3층

* 이 책의 무단 인용 · 전재 · 복제를 금합니다.

www.eduwill.net
대표전화 1600-6700

공무원 단원별 기출 & 예상 문제집 회독용 OMR 카드

컴퓨터용 사인펜으로 마킹하고 지우개로 지워서 여러 번 활용할 수 있어요.

응시자 준수사항

□ 답안지 작성요령

1. 특정 OCR 스캐너로 판독하므로 반드시 "컴퓨터용 흑색 사인펜"을 사용하여 반드시 (보기)의 올바른 표기 방식으로 답안을 작성해야 합니다.
   - 특히, 답안을 전부 채우지 않고 점만 찍어 표기한 경우, 변집 등으로 두 개 이상이 답란에 표기된 경우 등에는 불이익(특히 점 불이)을 준수하지 않아 발생하는 불이익은 응시자 본인 책임이 됩니다.
   - 또, 농도가 얇아 컴퓨터용 사인펜을 사용하여 답안을 흐리게 표기한 경우 등에는 불이익을 받을 수 있으니 유의하시기 바랍니다.

   〈보기〉 올바른 표기: ●   잘못된 표기: ⊗⊗⊗●◐◑○◒③

2. 작성될때, 연필, 샤프펜 등 흑색 사인펜이 예비표기를 하여 중복 답안으로 판독된 경우에는 불이익을 받을 수 있으므로 각별히 주의하시기 바랍니다.

3. 답안지를 받으면 상단에 인쇄된 성명, 응시직렬, 응시지역, 시험장소, 응시번호, 생년월일이 응시자 본인의 정보와 일치하는지 확인하시기 바랍니다.

   가. (책 형) 응시자는 시험 시작 전 감독관 지시에 따라 문제책 앞면에 인쇄된 책형을 확인한 후, 답안지 책형란에 해당 책형(1가지)을 "●"로 표기하여야 합니다.
   ※ 책형 및 인적사항을 기재하지 않을 경우 불이익(답안지 무효 처리 등)을 받을 수 있습니다.
   나. (필적감정용 기재) 예시문을 동일한 내용을 본인의 필적으로 직접 작성해야 합니다.
   다. (자필성명) 본인의 한글성명을 정자로 직접 기재하여야 합니다.
   라. (교체답안지 작성) 답안지를 교체담안지 신규 책형란에 반드시 교체답안지 해당 책형란에 "●"도 표기하고, 필적감정용 기재란, 성명, 응시직렬, 응시지역, 시험장소, 응시번호, 생년월일을 빠짐없이 작성(표기)해야 하며, 작성한 답안지는 1인 1매만 유효합니다.

4. 시험이 시작되면 문제책 편철과 표지의 과목순서의 일치 여부, 문제 누락 · 파손 등 문제책 인쇄상태를 반드시 확인하여야 하며, 과목 순서를 바꾸어 표기한 경우에도 문제책 표지의 과목순서대로 채점되므로 각별히 유의하시기 바랍니다.

5. 답안은 반드시 시험문제지의 매 문항마다 하나의 답만을 골라 그 숫자에 "●"도 표기해야 하며, 답안을 잘못 표기하였을 경우에는 답안지를 교체하여 작성하거나 수정테이프를 사용하여 수정할 수 있습니다.
   - 표기한 답안을 수정하는 경우에는 응시자 본인이 가져온 수정테이프만 사용하여 깨끗이 수정하여야 하며, 불량 수정테이프의 사용과 불완전한 수정처리로 인해 발생하는 문제는 응시자 본인에게 책임이 있으므로 신중하게 수정하시기 바랍니다.
   - 수정테이프 사용 후 그 위에 수성사인펜으로 재차 표기하는 것도 가능하며, 수정스티커는 절대 사용해서는 안됩니다.

6. 답안을 매 문항마다 반드시 하나의 답만을 골라 그 숫자에 "●"로 표기해야 하며, 답안을 잘못 표기하였을 경우에는 답안지를 수정하거나 교체하여 작성할 수 있습니다.

7. 답안지는 훼손 · 오염되거나 구겨지지 않도록 주의해야 하며, 특히 답안지 상단의 타이밍 마크(▮▮▮▮)를 절대 훼손해서는 안됩니다.

□ 부정행위 등 금지

1. 시험시작 전까지 문제내용을 보아서는 안됩니다.

2. 시험시간 중 통신기기(휴대폰, 태블릿PC, 스마트시계, 이어폰, 등) 및 전자기기(전자계산기, 전자사전 등)를 소지할 수 없습니다.

3. 응시표 출력사항 외 시험과 관련된 내용이 인쇄 또는 메모된 응시표를 시험시간 중 소지하고 있는 경우 답안지 무효 처분을 받을 수 있으며, 특히 부정한 자료로 판단되는 경우에는 5년간 공무원 임용시험 응시자격 정지 처분을 받을 수 있습니다.

4. 시험종료 후에도 계속하여 답안을 작성하거나, 시험감독관의 답안지 제출 지시에 불응할 경우에는 무효처분을 받게 됩니다.

5. 시험시간 중 답안지를 작성한 후 시험감독관의 답안지 제출 지시에 불응할 경우에는 무효처분을 받게 됩니다.
   - 답안 기재가 끝났더라도 시험종료 후 시험감독관의 지시가 있을 때까지 퇴실할 수 없으며, 시험이 끝나기 전에 퇴실할 경우에는 반드시 답안지를 제출해야 합니다.

6. 그 밖에 공고문의 응시자 준수사항이나 시험감독관의 정당한 지시 등을 따르지 않을 경우 부정행위자로 간주될 수 있습니다.

49개월* 베스트셀러 1위
에듀윌 공무원 교재

7·9급공무원 교재

기본서
(국어/영어/한국사)

기본서
(행정학/행정법총론/운전직 사회)

단원별 기출&예상 문제집
(국어/영어/한국사)

단원별 기출&예상 문제집
(행정학/행정법총론/운전직 사회)

기출문제집
(국어/영어/한국사)

기출문제집
(행정학/행정법총론/운전직 사회
/사회복지학개론)

9급공무원 교재

기출 오답률 TOP 100
(국어+영어+한국사 300제)

기출PACK
공통과목(국어+영어+한국사)
/전문과목(행정법총론+행정학)

실전동형 모의고사
(국어/영어/한국사)

실전동형 모의고사
(행정학/행정법총론)

봉투모의고사
(일반행정직 대비 필수과목
/국가직·지방직 대비 공통과목 1, 2)

지방직 합격면접

7급공무원 교재

PSAT 기본서
(언어논리/상황판단/자료해석)

PSAT 기출문제집

민경채 PSAT 기출문제집

기출문제집
(행정학/행정법/헌법)

군무원 교재

기출문제집
(국어/행정법/행정학)

봉투모의고사
(국어+행정법+행정학)

경찰공무원 교재

기본서(경찰학)

기본서(형사법)

기본서(헌법)

기출문제집
(경찰학/형사법/헌법)

실전동형 모의고사
2차 시험 대비
(경찰학/형사법/헌법)

합격 경찰면접

계리직공무원 교재

※ 단원별 문제집은 한국사/우편상식/금융상식/컴퓨터일반으로 구성되어 있음.

기본서(한국사)　　기본서(우편상식)　　기본서(금융상식)　　기본서(컴퓨터일반)　　단원별 문제집(한국사)　　기출문제집
(한국사+우편·금융상식+컴퓨터일반)

소방공무원 교재

기본서
(소방학개론/소방관계법규
/행정법총론)

단원별 기출문제집
(소방학개론/소방관계법규
/행정법총론)

기출PACK
(소방학개론/소방관계법규
+행정법총론)

실전동형 모의고사
(한국사/영어/행정법총론
/소방학+관계법규)

봉투모의고사
(한국사+영어+행정법총론
/소방학+관계법규)

국어 집중 교재

매일 기출한자(빈출순)　　매일 푸는 비문학(4주 완성)

영어 집중 교재

빈출 VOCA　　매일 3문 독해(4주 완성)　　빈출 문법(4주 완성)

단권화 요약노트 교재

국어 문법 단권화 요약노트　　영어 단기 공략
(핵심 요약집)　　한국사 흐름노트　　행정학 단권화 요약노트　　행정법 단권화 요약노트

기출판례집(빈출순) 교재

행정법　　헌법　　형사법

* YES24 수험서 자격증 공무원 베스트셀러 1위 (2017년 3월, 2018년 4월~6월, 8월, 2019년 4월, 6월~12월, 2020년 1월~12월, 2021년 1월~12월, 2022년 1월~12월 월별 베스트, 매월 1위
　교재는 다름)
* YES24 국내도서 해당분야 월별, 주별 베스트 기준 (좌측 상단부터 순서대로 2021년 6월 4주, 2022년 12월, 2022년 1월, 2022년 12월 1주, 2022년 11월 2주, 2022년 12월, 2022년 7월,
　2020년 6월 1주, 2022년 9월, 2022년 11월, 2022년 12월 1주, 2022년 8월, 2021년 12월 3주, 2022년 11월, 2022년 12월, 2022년 11월 2주, 2022년 3월 3주, 2022년 12월, 2022년 12월,
　2022년 6월 3주, 2022년 9월 2주, 2021년 9월)

더 많은
공무원 교재

취업, 공무원, 자격증 시험준비의 흐름을 바꾼 화제작!
에듀윌 히트교재 시리즈

에듀윌 교육출판연구소가 만든 히트교재 시리즈!
YES 24, 교보문고, 알라딘, 인터파크, 영풍문고 등 전국 유명 온/오프라인 서점에서 절찬 판매 중!

공인중개사 기초입문서/기본서/핵심요약집/문제집/기출문제집/실전모의고사 외 다수

주택관리사 기초서/기본서/핵심요약집/문제집/기출문제집/실전모의고사/네컷회계

7·9급공무원 기본서/단원별 문제집/기출문제집/기출팩/오답률TOP100/실전, 봉투모의고사

공무원 국어 한자·문법·독해/영어 단어·문법·독해/한국사·행정학·행정법 노트/행정법·헌법 판례집/면접

7급공무원 PSAT 기본서/기출문제집

계리직공무원 기본서/문제집/기출문제집

군무원 기출문제집/봉투모의고사

경찰공무원 기본서/기출문제집/모의고사/판례집/면접

소방공무원 기본서/기출팩/단원별 기출/실전 봉투 모의고사

뷰티 미용사/맞춤형화장품

검정고시 고졸/중졸 기본서/기출문제집/실전모의고사/총정리

사회복지사(1급) 기본서/기출문제집/핵심요약집

직업상담사(2급) 기본서/기출문제집

경비 기본서/기출/1차 한권끝장/2차 모의고사

전기기사 필기/실기/기출문제집

전기기능사 필기/실기

에듀윌
9급공무원

| 운전직/시설관리직/방호직/조리직 |

정답과 해설

사회

안기선 편저

eduwill

기출+예상+모의고사
합격을 위한 3STEP 솔루션!

정답과 해설

기출+예상+모의고사
합격을 위한 3STEP 솔루션!

2023

에듀윌 9급공무원

단원별 기출&예상 문제집
정답과 해설 사회

합격을 당기는 전략
기출회독 최종점검
문제풀이 집중훈련

회독의 빈틈을 채워줄

정답과 해설

01 | 민주주의와 헌법

출제 비중 18%

약점진단표

	1회독				2회독				3회독			
	○	△	×	총	○	△	×	총	○	△	×	총
정치의 의미와 기능★				5				5				5
국가의 의미와 형성 이론★★				13				13				13
민주주의의 원리와 유형★				4				4				4
민주 정치의 발전★				4				4				4
정치권력과 법치주의★				4				4				4
우리나라 헌법의 기초 이해★★				8				8				8
국민의 기본권과 의무★★★				10				10				10

＊문제풀이 후 약점진단 결과를 적어 보세요!

필수기출 & 출제예상 문제

정치의 의미와 기능
문제편 P.14

01	②	02	①	03	③	04	②	05	④

01 ②

개념 카테고리 정치와 법 > 민주주의와 헌법 > 정치의 의미와 기능 > 정치를 바라보는 관점

| **정답 해설** | (가)는 정치를 넓은 의미로 보는 집단 현상설, (나)는 정치를 좁은 의미로 보는 국가 현상설로 볼 수 있다.
② 넓은 의미로 정치를 이해하면 공공시설 설치 지역 선정을 둘러싼 지방 자치 단체 간의 갈등을 정치 현상으로 본다.
| **오답 해설** | ① 넓은 의미로 정치를 이해하면 다원화된 현대 사회의 정치 현상을 설명하기 용이하다.
③ 좁은 의미로 정치를 이해하는 입장은 정치 현상을 국가와 관련된 일을 결정하고 물리적 강제력을 사용하는 국가 특유의 현상으로 본다. 따라서 가족 간 유산 상속을 둘러싼 갈등을 정치 현상으로 보지 않는다.
④ 좁은 의미로 정치를 이해하는 입장은 국회의원의 입법 활동을 정치 현상으로 본다.

02 ①

개념 카테고리 정치와 법 > 민주주의와 헌법 > 정치의 의미와 기능 > 정치를 바라보는 관점

| **정답 해설** | 갑의 관점은 좁은 의미로 정치를 바라보는 관점이고, 을의 관점은 넓은 의미로 정치를 바라보는 관점이다.

① 좁은 의미로 정치를 바라보는 관점은 국가 수준의 정치 현상만을 정치로 보므로 국가 형성 이전의 정치 현상을 설명하기 어렵다.
| **오답 해설** | ② 넓은 의미로 정치를 바라보는 관점은 국가의 정치 현상을 비롯하여 국가 이외의 사회 집단의 정치 현상도 정치로서 인정한다.
③ 넓은 의미로 정치를 바라보는 관점은 좁은 의미로 정치를 바라보는 관점에 비해 다원화된 현대 사회의 정치 현상을 설명하기에 적합하다.
④ 좁은 의미로 정치를 바라보는 관점은 정치 활동을 소수의 통치 엘리트들이 행하는 것으로 제한한다.

03 ③

개념 카테고리 정치와 법 > 민주주의와 헌법 > 정치의 의미와 기능 > 정치 과정의 이해

| **정답 해설** | (가)는 투입, (나)는 산출이다.
③ 투입이 산출에 잘 반영될수록 시민들의 정치적 효능감은 커진다.
| **오답 해설** | ① 정부가 국회에 법률안을 제출하는 것은 산출에 해당한다.
② 정당의 후보자 공천은 산출에 해당하지 않는다. 산출은 공식적 정치 참여 주체의 활동으로 정부, 국회 등의 활동으로 설명할 수 있는데, 정당은 비공식적 정치 참여 주체이다.
④ 향리형 정치문화는 전근대적 전통사회에서 나타나는 것으로, 투입과 산출의 참여를 설명할 수 없다.

04 ②

中

개념 카테고리 정치와 법 > 민주주의와 헌법 > 정치의 의미와 기능 > 정치를 바라보는 관점

| **정답 해설** | 정치를 바라보는 관점 중 (가)는 국가 현상설의 좁은 의미의 관점, (나)는 집단 현상설의 넓은 의미의 관점이다.
② 넓은 의미의 관점은 좁은 의미의 관점보다 현대 사회의 정치 현상을 설명하기에 용이하다.
| **오답 해설** | ① 국가 성립 이전의 정치 현상은 초국가적 의미를 갖기 때문에 넓은 의미의 관점으로 설명하기에 더 용이하다.
③ (나)가 넓은 의미로 정치를 바라보므로 '아파트 규칙 제정을 위한 아파트 주민 자치 회의'를 정치로서 이해한다.
매력적 오답 ④ '층간 소음 관련 법률을 의결하기 위한 국회 본회의'는 (가), (나) 모두 정치로서 이해한다.

05 ④

中

개념 카테고리 정치와 법 > 민주주의와 헌법 > 정치의 의미와 기능 > 정치를 바라보는 관점

| **정답 해설** | 갑은 좁은 의미로 정치를 바라보는 관점이며, 을은 넓은 의미로 정치를 바라보는 관점이다.
ㄷ. 좁은 의미로 정치를 바라보는 관점과 넓은 의미로 정치를 바라보는 관점 모두 국무회의에서 시행령 개정안을 심의하는 활동을 정치로 본다.
ㄹ. 넓은 의미로 정치를 바라보는 관점은 국가뿐만 아니라 모든 사회 집단에서 정치 현상이 나타난다고 본다. 따라서 국가 형성 이전에 나타나는 정치 현상을 설명하는 데 적합하다.
| **오답 해설** | ㄱ. 좁은 의미로 정치를 바라보는 관점은 정치를 국가만의 고유한 현상으로 본다. 즉 다원화된 현대 사회의 정치 현상을 설명하기에 적합하지 않다.
ㄴ. 정치를 국가만의 고유한 활동으로 보는 관점은 좁은 의미로 정치를 바라보는 관점에 해당한다.

국가의 의미와 형성 이론				문제편 P.15
06 ④	07 ②	08 ④	09 ④	10 ①
11 ②	12 ①	13 ③	14 ④	15 ②
16 ②	17 ②	18 ④		

06 ④

개념 카테고리 정치와 법 > 민주주의와 헌법 > 국가의 의미와 형성 이론 > 국가의 구성 요소

| **정답 해설** | ㄷ. 민주주의 국가에서 주권은 국민에게 있다.

ㄹ. 주권은 국가의 의사를 최종적으로 결정하는 권력으로서 대내적으로는 최고의 절대적 힘, 즉 최고성을 가지며, 대외적으로는 외세의 간섭 없이 국가의 의사를 자주적으로 결정할 수 있는 자주적 독립성을 가진다.
| **오답 해설** | ㄱ. 주권이 누구에게 있는지에 대해 군주 주권론, 국가 주권론, 국민 주권론 등 다양한 견해가 있었으나 근대 이후 국민에게 주권이 있다는 국민 주권론이 확립되었다. 따라서 일반 사회 집단이 주권을 소유한다고 할 수 없다.
ㄴ. 국민 주권론을 지배적인 견해로 볼 때, 주권을 대통령만이 갖는 권한이라 할 수 없다. 헌법 제1조 제2항에서는 '대한민국의 주권은 국민에게 있고, 모든 권력은 국민으로부터 나온다.'라고 규정하여 주권이 국민에게 있음을 천명하고 있다.

07 ②

개념 카테고리 정치와 법 > 민주주의와 헌법 > 국가의 의미와 형성 이론 > 사회 계약설

| **정답 해설** | 갑은 자연 상태를 만인의 만인에 대한 투쟁 상태로 보는 홉스이고, 을은 자연권의 일부를 위임하는 사회 계약을 주장하는 로크이다.
② 로크는 국가 권력이 위임 목적에 맞게 행사되기 위해 권력 분립이 이루어져야 함을 주장한다.
| **오답 해설** | ① 홉스는 국민의 저항권을 인정하지 않는다.
③ 일반 의지에 의한 통치를 강조한 사회 계약론자는 루소이다.
매력적 오답 ④ 홉스, 로크 모두 국가를 목적이 아닌 수단적 존재로 간주한다.

08 ④

개념 카테고리 정치와 법 > 민주주의와 헌법 > 국가의 의미와 형성 이론 > 사회 계약설

| **정답 해설** | 〈보기〉에 나타난 근대 사상가는 루소이고, ㉠에는 일반 의지가 들어간다.
④ 루소는 국가를 개인의 자유로운 계약의 결과물이라고 보았다.
| **오답 해설** | ① 보통 선거는 일정한 연령 이상이면 누구나 선거권이 있는 원칙으로, 현대에 실시되었다.
② 루소의 사상은 프랑스 혁명에 영향을 주었다.
③ 자연 상태를 '만인에 대한 만인의 투쟁'으로 본 사람은 홉스이다.

09 ④

개념 카테고리 정치와 법 > 민주주의와 헌법 > 국가의 의미와 형성 이론 > 사회 계약설

| **정답 해설** | (가)는 루소, (나)는 로크이다.
④ 루소는 양도 불가설, 로크는 일부 양도설을 주장한다. 따라서 개인이 국가에 권리를 양도한 정도는 루소보다 로크가 더 크다.

| 오답 해설 | ① 죽음에 대한 공포가 국가 성립의 동기라고 본 근대 사상가는 홉스이다.

② 절대군주제의 필요성을 강조한 근대 사상가는 홉스이다.

③ 루소와 달리 로크는 국가 권력의 분립을 주장하였다. 참고로 로크의 2권 분립은 영국의 의원내각제에 영향을 주었다.

10 ①

개념 카테고리 정치와 법 > 민주주의와 헌법 > 국가의 의미와 형성 이론 > 사회 계약설

| 정답 해설 | ① 루소는 인간의 본성이 선하다고 보았으며, 직접 민주주의를 주장하였기 때문에 국가를 만들기 위한 사람들의 주권 양도를 인정하지 않았다.

11 ②

개념 카테고리 정치와 법 > 민주주의와 헌법 > 국가의 의미와 형성 이론 > 사회 계약설

| 정답 해설 | (가)는 홉스, (나)는 루소, (다)는 로크의 정치 사상에 대한 설명이다.

② 루소는 개인의 직접적인 정치 참여를 옹호한다.

| 오답 해설 | ① 홉스는 절대군주제를 주장한다.

③ 로크는 정부에 대한 저항권을 인정한다.

④ 홉스는 군주 주권론을, 루소와 로크는 국민 주권론을 주장한다.

12 ①

개념 카테고리 정치와 법 > 민주주의와 헌법 > 국가의 의미와 형성 이론 > 사회 계약설

| 정답 해설 | 갑은 루소, 을은 홉스에 대한 설명이다.

① 사회 계약론자는 모두 정치권력의 정당성이 구성원의 동의에 근거한다고 본다.

| 오답 해설 | ② 사회 계약론자는 모두 국가를 수단으로 생각한다.

③ 입헌군주제를 주장한 사람은 로크이다.

④ 일반 의지는 공공의 이익이나 공동선을 추구하는 의지이다.

13 ③

개념 카테고리 정치와 법 > 민주주의와 헌법 > 국가의 의미와 형성 이론 > 사회 계약설

| 정답 해설 | ③ 제시문은 루소의 사회 계약설에 대한 설명으로, 자연 상태를 자유롭고 평등하다고 본 측면에서 실정권이 아닌 자연권 사상임을 나타낸다. 또한 국민들의 일반 의지를 실현하기 위해 국가를 구성했다는 것은 국민 주권 사상을 나타낸다.

14 ④

개념 카테고리 정치와 법 > 민주주의와 헌법 > 국가의 의미와 형성 이론 > 사회 계약설

| 정답 해설 | 제시문은 일부 양도설, 간접 민주 정치를 설명할 수 있는 로크의 사회 계약설이다.

④ 로크는 입법권과 행정권의 2권 분립과 사유 재산권의 보호를 강조하였다.

| 오답 해설 | ① 로크는 국가가 부당한 권력을 행사하면 인민은 저항할 권리가 있다고 보았다.

② 로크는 자연 상태에서 인간이 침해당하거나 양도할 수 없는 천부 인권을 갖는다고 보았다.

③ 로크는 일부 양도설, 입헌군주제, 간접 민주 정치를 주장하였다.

15 ②

개념 카테고리 정치와 법 > 민주주의와 헌법 > 국가의 의미와 형성 이론 > 사회 계약설

| 정답 해설 | 제시문은 국민 주권론, 직접 민주 정치, 양도 불가설을 주장한 루소의 국가론에 대한 내용이다.

② 사회 계약설은 국가가 그 자체의 목적이 아니라 수단이라는 입장이다.

| 오답 해설 | ① 루소는 자연 상태에서 인간의 본성이 선하다는 성선설을 주장하였고, 공동체의 의지는 사적 의지가 아닌 공동체의 공동선을 의미한다고 보았다.

③ 자연 상태를 '만인의 만인에 대한 투쟁 상태'로 보는 것은 홉스이다. 루소는 자연 상태가 자유롭고 평화롭다고 이해하였다.

④ 로크는 입법권과 행정권의 2권 분립을 주장하며 영국의 의원내각제에 영향을 주었다. 몽테스키외의 입법권, 행정권, 사법권의 3권 분립은 미국의 대통령제에 영향을 주었다.

16 ②

개념 카테고리 정치와 법 > 민주주의와 헌법 > 국가의 의미와 형성 이론 > 사회 계약설

| 정답 해설 | 갑은 루소, 을은 로크이다.

② 로크는 시민의 권리 보호를 위해 권력 분립을 강조하였다.

| 오답 해설 | ① 사회 계약론자는 모두 국가를 개인 간의 자발적 계약에 의해 만들어진 것으로 본다.

③ 루소와 로크 모두 국가를 자연권 보장을 위한 수단으로 본다.

④ 저항권을 인정한 사람은 로크이다.

17 ②　　　　　　　　　　　　　　　　　　　　下

개념 카테고리 정치와 법 > 민주주의와 헌법 > 국가의 의미와 형성 이론 >
사회 계약설

| 정답 해설 | 갑은 홉스, 을은 로크, 병은 루소이다.
② 로크는 제한 군주제, 즉 입헌 군주정을 옹호한다.
| 오답 해설 | ① 홉스는 군주 주권론을 주장한다.
③ 홉스, 로크, 루소 모두 국가를 목적이 아닌 수단으로 간주한다.
④ 직접 민주 정치를 옹호한 사람은 루소이다. 참고로 로크는 간
접 민주 정치를 주장한다.

18 ④　　　　　　　　　　　　　　　　　　　　中

개념 카테고리 정치와 법 > 민주주의와 헌법 > 국가의 의미와 형성 이론
> 사회 계약설

| 정답 해설 | 제시문은 루소의 주장에 대한 내용이다.
④ 루소는 공동체 전체의 의사를 대표하는 일반 의지를 주장한다.
| 오답 해설 | ① 저항권의 행사를 긍정한 사회 계약론자는 로크
이다.
② 루소는 국가가 개인을 보호하기 위해 인위적으로 만들어진 것
이라고 간주한다.
③ 자연 상태에서 인간의 지배적인 본성을 두려움이나 경쟁으로
본 사상가는 홉스이다.

민주주의의 원리와 유형							문제편 P.19
19	①	20	③	21	①	22	①

19 ①

개념 카테고리 정치와 법 > 민주주의와 헌법 > 민주주의의 원리와 유형
> 민주 정치의 참여 방식

| 정답 해설 | (가)는 간접 민주 정치, (나)는 간접 민주 정치의 한계
를 보완하기 위해 직접 민주 정치 요소를 가미한 혼합 민주 정치
이다.
① (가)와 (나) 모두 민주주의를 실현하기 위한 방식이다.
| 오답 해설 | ② 직접 민주 정치는 간접 민주 정치보다 정책 결정
의 정당성이 증진될 수 있다.
③ 간접 민주 정치는 모든 국민이 국가의 의사결정에 참여하는
것을 비현실적으로 여긴다.
④ 혼합 민주 정치는 시민의 정치적 무관심을 극복하고자 간접 민
주 정치 요소에 국민 투표제, 국민 발안제, 국민 소환 제도와 같
은 직접 민주 정치 요소를 가미한 것이다.

20 ③

개념 카테고리 정치와 법 > 민주주의와 헌법 > 민주주의의 원리와 유형
> 민주 정치의 참여 방식

| 정답 해설 | ③ 대통령은 필요하다고 인정할 때 외교·국방·통일·
기타 국가 안위에 관한 중요 정책을 국민 투표에 부의할 수 있다.
| 오답 해설 | ① 대의 민주제적 요소에 해당한다.
②, ④ 국민 소환 제도와 국민 발안제는 우리나라에 도입되어 있
지 않다. 다만, 지방 자치와 관련하여 주민 투표와 더불어 주
민 소환, 주민 발안 제도가 시행되고 있다.

21 ①　　　　　　　　　　　　　　　　　　　　中

개념 카테고리 정치와 법 > 민주주의와 헌법 > 민주주의의 원리와 유형
> 시대별 민주 정치

| 정답 해설 | A는 근대 민주 정치, B는 현대 민주 정치, C는 고대
아테네 민주 정치이다.
ㄱ. 성별, 기타 조건 등의 제한 없이 일정한 연령 이상이라면 누
구나 정치에 참여할 수 있게 된 것은 현대 민주 정치에 들어
와서부터이다. 근대 민주 정치와 고대 아테네 민주 정치에서
는 여성의 정치 참여가 제한되었다.
ㄴ. 근대 민주 정치는 사회 계약설과 계몽사상의 영향을 받아 발
전하였다.
| 오답 해설 | ㄷ. 입헌주의는 근대 시민 혁명을 토대로 근대 민주
정치부터 발전하였다.
ㄹ. A는 근대 민주 정치, B는 현대 민주 정치, C는 고대 아테네
민주 정치에 해당한다.

22 ①　　　　　　　　　　　　　　　　　　　　中

개념 카테고리 정치와 법 > 민주주의와 헌법 > 민주주의의 원리와 유형
> 소극적 자유와 적극적 자유

| 정답 해설 | (가)는 국가로부터의 자유인 자유권(신체의 자유,
언론의 자유, 재산권 등)이고, (나)는 국가에의 자유인 참정권(선
거권, 국민 투표권, 공무 담임권)이다. (다)는 국가에 의한 자유
인 사회권(환경권, 노동 3권 등)이다.
ㄱ. 선거권의 확대는 참정권의 발달과 함께 적용할 수 있다.
ㄴ. 오늘날 신자유주의는 큰 정부, 복지 국가에서 나타나는 사회
권의 과잉을 비판하면서 정부의 축소를 주장하고 있다. 이에
맞춰 국가로부터의 자유인 자유권을 중시하는 정책을 전개하
고 있다.
| 오답 해설 | ㄷ. 국민의 지지와 정당성 획득을 통한 민주주의 원
리 실현은 자유권보다 참정권과 관련 있다.
ㄹ. 복지 국가는 참정권보다 사회권에 바탕을 두고 사회적 약자
의 권리를 적극적으로 보장하고자 한다.

23 ②

개념 카테고리 정치와 법 > 민주주의와 헌법 > 민주 정치의 발전 > 민주 정치 제도

| 정답 해설 | (가)는 현대 민주 정치, (나)는 근대 민주 정치, (다)는 고대 아테네 민주 정치이다.
② 근대 민주 정치의 사상적 배경은 계몽사상과 사회 계약설이다.
| 오답 해설 | ① 고대 아테네 민주 정치에 대한 설명이다.
③ 보통 선거 제도는 현대 민주 정치에 들어와서 확립되었다.
④ 여성의 정치 참여는 현대 민주 정치에 들어와서 가능해졌다.

24 ②

개념 카테고리 정치와 법 > 민주주의와 헌법 > 민주 정치의 발전 > 민주 정치 제도의 변화

| 정답 해설 | ㄱ. 단원제에서 양원제로 바꿀 경우 권력이 분산되는 것을 기대할 수 있다.
ㄴ. 중앙 정부에 집중된 권력을 지방 정부로 분배함으로써 권력 분산 효과를 기대할 수 있다.
ㄹ. 중앙은행의 독립으로 행정부에 집중된 권력이 분산되는 것을 기대할 수 있다.
| 오답 해설 | 매력적 오답 ㄷ. 다수대표제는 소수의 거대 정당에 유리한 방식이므로 권력이 거대 정당에 편중될 가능성이 커진다.

25 ③

개념 카테고리 정치와 법 > 민주주의와 헌법 > 민주 정치의 발전 > 민주 정치 제도

| 정답 해설 | (가)는 자유민인 남자들이 민회에 모여 주요한 정책을 결정한 고대 아테네 민주 정치이고, (나)는 시민들에게만 정치 참여를 허용하고 대의 민주 정치를 실시한 근대 민주 정치이다. (다)는 현대 민주 정치이다.
③ 영국의 차티스트 운동은 근로자의 참정권 쟁취를 목적으로 하였다. 이는 정치 참여의 확대 및 보통 선거의 실현을 도와 근대 민주 정치에서 현대 민주 정치로 발전하는 데 기여하였다.
| 오답 해설 | ① 고대 아테네 민주 정치에서는 입헌주의가 시행되지 않았다. 입헌주의는 근대 민주 정치에서부터 강조된다.
② 고대 아테네 민주 정치, 근대 민주 정치에서는 성인 여성의 참정권이 보장되지 않았다.
매력적 오답 ④ (가)와 (나)를 (다)와 구별해 주는 것은 평등 선거 원칙의 적용 유무가 아닌 보통 선거 원칙의 적용 유무이다.

26 ③

中

개념 카테고리 정치와 법 > 민주주의와 헌법 > 민주 정치의 발전 > 민주 정치 제도

| 정답 해설 | ㄴ. 국민 투표, 국민 발안, 국민 소환 제도는 간접 (대의) 민주 정치의 한계를 보완하기 위해 도입된 직접 민주제적 요소들이다.
ㄷ. 근대 시민 혁명의 사상적 배경으로 계몽사상, 사회 계약설, 천부인권 사상 등이 있다.
| 오답 해설 | ㄱ. (가)는 민회이다. '주권은 국민에게 있다.'는 원리인 국민 주권주의 원리를 기초로 하는 민주 정치 제도는 근대 민주 정치, 현대 민주 정치이다.
ㄹ. 근대 시민 혁명은 부르주아 중심으로 전개되었다. 시민 혁명 이후 노동자들이 중심이 되어 선거권 확대 운동인 차티스트 운동을 전개하였다. 하지만 차티스트 운동 이후에도 보통 선거 제도는 도입되지 않았으며, 보통 선거 제도의 확립은 현대 민주 정치의 특징이다.

27 ①

개념 카테고리 정치와 법 > 민주주의와 헌법 > 정치권력과 법치주의 > 법치주의의 유형

| 정답 해설 | (가)는 형식적 법치주의, (나)는 실질적 법치주의이다.
① 형식적 법치주의는 법치주의의 속성 중 형식적 측면만을 고려하는 관점이다. 즉, 법의 형식에 따라 통치가 이루어지면 법의 목적이나 내용을 문제 삼지 않는 경우로, '악법도 법이다.'라는 논리가 도출된다. 따라서 독재 정부의 지배를 정당화하는 데 악용될 가능성이 있다.
| 오답 해설 | ② '악법도 법이다.'라는 주장을 지지하는 것은 형식적 법치주의에 해당한다.
③ 형식적 법치주의는 법의 외형을 중시하는 것으로 실정법 사상에 가깝다. 실질적 법치주의는 법의 형식뿐만 아니라 그 목적과 내용도 정의에 합치되어야 한다는 것으로 자연법 사상에 가깝다.
매력적 오답 ④ 실질적 법치주의는 정치권력의 합법성과 정당성을 모두 강조하지만, 형식적 법치주의는 합법성만을 중요시한다.

28 ①

中

개념 카테고리 정치와 법 > 민주주의와 헌법 > 정치권력과 법치주의 > 법치주의의 유형

| **정답 해설** | (가)는 법의 목적과 내용이 정의에 합치되어야 한다는 통치의 정당성을 중시하는 실질적 법치주의, (나)는 통치의 합법성만을 중시하는 형식적 법치주의이다.
① 실질적 법치주의는 '법의 지배'를, 형식적 법치주의는 '법에 의한 지배'를 강조한다.

| **오답 해설** | ② 실질적 법치주의는 '법의 실질적 정당성'을, 형식적 법치주의는 '법의 형식적 합법성'을 중시한다.
③ 실질적 법치주의와 형식적 법치주의 모두 통치의 합법성을 기본으로 한다. 그러므로 A에는 '적법한 절차에 따라 법을 제정해야 하는가?'는 들어갈 수 없다.
④ 실질적 법치주의는 의회 다수당의 횡포나 독재를 견제하는 수단으로 사용될 수 있다.

29 ④

中

개념 카테고리 정치와 법 > 민주주의와 헌법 > 정치권력과 법치주의 > 법치주의의 유형

| **정답 해설** | A는 통치의 합법성만을 강조하는 형식적 법치주의이며, B는 통치의 합법성과 함께 통치의 정당성을 강조하는 실질적 법치주의이다.
ㄷ. 통치의 정당성을 중시하는 실질적 법치주의는 위헌 법률 심사제 도입의 필요성을 찬성, 강조한다.
ㄹ. A, B 모두 법치주의로 통치의 합법성을 기본으로 두기 때문에 기본권 제한 시 법률에 근거해야 한다고 본다.

| **오답 해설** | ㄱ. A는 형식적 법치주의로, 법에 의한 지배를 설명할 수 있다. 통치자를 포함한 모든 국민이 법에 구속되어야 한다는 것은 법의 지배로, 실질적 법치주의에 해당한다.
ㄴ. 실질적 법치주의는 통치의 합법성을 기본으로 두고, 정당성을 함께 중시하는 법치주의이다.

30 ④

上

개념 카테고리 정치와 법 > 민주주의와 헌법 > 정치권력과 법치주의 > 법치주의의 유형

| **정답 해설** | 갑, 을, 병의 발표 내용 중 갑과 병의 발표 내용은 형식적 법치주의와 실질적 법치주의에 모두 부합하는 진술이므로 을만 옳게 발표했음을 알 수 있다. 입법자에 의한 기본권 침해의 가능성을 차단하고자 한 것은 실질적 법치주의에 해당한다. 따라서 A는 형식적 법치주의, B는 실질적 법치주의이다.
ㄷ. 형식적 법치주의와 실질적 법치주의는 법률로 금지되는 행위를 미리 규정하도록 하여 법적 안정성을 보장한다.
ㄹ. 실질적 법치주의는 형식적 법치주의와 달리 위헌 법률 심사제의 필요성을 강조한다.

| **오답 해설** | ㄱ. 실질적 법치주의는 법의 목적과 내용이 정의에 부합해야 함을 강조한다.
ㄴ. 형식적 법치주의는 독재를 정당화하는 논리로 악용될 우려가 있다.

우리나라 헌법의 기초 이해								문제편 P.23	
31	①	32	①	33	②	34	③	35	②
36	①	37	③	38	④				

31 ①

개념 카테고리 정치와 법 > 민주주의와 헌법 > 우리나라 헌법의 기초 이해 > 헌법의 기본 원리

| **정답 해설** | 제시된 헌법 조항은 복지 국가주의와 관련 있다.
① 자유 민주주의에 대한 설명이다.

| **오답 해설** | ② 복지 국가주의는 근로자에 대한 적정 임금 보장과 관련 있다.
③ 복지 국가주의는 자유와 평등의 실질적 보장을 추구한다.
④ 공공 부조와 사회 보험 제도는 복지 국가주의와 관련 있다.

32 ①

개념 카테고리 정치와 법 > 민주주의와 헌법 > 우리나라 헌법의 기초 이해 > 헌법의 기본 원리

| **정답 해설** | ㄱ, ㄴ. 〈보기 1〉과 관련된 우리나라 헌법의 원리는 문화국가주의이다.

| **오답 해설** | ㄷ, ㄹ. 복지 국가주의를 실현하기 위한 내용이다.

33 ②

개념 카테고리 정치와 법 > 민주주의와 헌법 > 우리나라 헌법의 기초 이해 > 헌법의 기본 원리

| **정답 해설** | ② 대한민국은 국제 평화의 유지에 노력하고 침략적 전쟁을 부인한다.

34 ③

개념 카테고리 정치와 법 > 민주주의와 헌법 > 우리나라 헌법의 기초 이해 > 법 적용의 일반 원칙

| **정답 해설** | ③ 우리나라 헌법에서는 상위법 우선의 원칙에 따라 법안을 통과시킬 때 해당 법안이 헌법이 정한 테두리를 벗어나지 못하도록 하고, 이의 위반 여부를 심판하는 제도로 위헌 법률 심판을 운용하고 있다.

| 오답 해설 | ① 탄핵 심판은 대통령, 국무총리, 국무위원, 행정 각부의 장 등 법률이 신분 보장을 하는 공무원의 위법 행위에 대해 국회가 소추하고 헌법 재판소가 심판하여 파면하는 제도이다.
② 권한 쟁의 심판은 국가 기관 상호 간, 국가 기관과 지방 자치 단체 상호 간, 지방 자치 단체 상호 간에 권한의 존부나 범위에 관한 다툼이 생긴 경우에 헌법 재판소가 분쟁을 해결하는 제도이다.
④ 위헌 정당 해산 심판은 헌법에 위반되는 정당을 해산할 수 있는 헌법 재판소의 심판이다.

35 ②

개념 카테고리 정치와 법 > 민주주의와 헌법 > 우리나라 헌법의 기초 이해 > 우리나라 헌법 조항

| 정답 해설 | ② 국회는 재적 의원 3분의 1 이상의 발의 및 재적 의원 과반수의 찬성으로 국무총리 또는 국무위원의 해임을 대통령에게 건의할 수 있다. 해임을 건의하는 사유는 헌법에 규정되어 있지 않으며 해임 건의에 따라 대통령이 반드시 해임을 해야 하는 것은 아니므로 법적으로 대통령을 구속할 수는 없다.
| 오답 해설 | ① 국회 내 과반수 의석을 차지한 정당의 대표가 국무총리를 맡는 것은 의원내각제 정부에 해당한다. 우리나라는 대통령제를 바탕으로 의원내각제적 요소를 가미한 정부 형태로, 국무총리는 국회의 동의를 얻어 대통령이 임명한다.
③ 현행 헌법에서는 대통령의 비상적 권한으로 긴급 재정·경제 처분 및 명령권과 긴급 명령권, 계엄 선포권을 인정한다. 제7차 개헌(1972. 12. 27.) 당시에는 대통령에게 긴급 조치권과 국회 해산권이 부여되었으며, 8차 개헌(1980. 10. 27.) 때 국회 해산권을 폐지하였다.
④ 정부의 법률안 제출권을 규정한 헌법 제52조, 국회 출석 발언권을 규정한 헌법 제62조 제1항은 의원내각제적 요소에 해당한다. 하지만 대통령의 법률안 거부권을 규정한 헌법 제53조 제2항은 대통령제적 요소이다.

36 ①

개념 카테고리 정치와 법 > 민주주의와 헌법 > 우리나라 헌법의 기초 이해 > 헌법의 기본 원리

| 정답 해설 | 우리나라 헌법의 기본 원리로는 국민 주권주의, 자유민주주의, 복지 국가주의, 국제 평화주의, 평화 통일주의 등이 있다. 제시문에서 설명하는 헌법의 기본 원리는 복지 국가주의이다. 복지 국가주의는 적극적 개입의 큰 정부로 사회권(교육, 환경, 노동 3권 등)을 강조하며, 현대 복지 국가에서 중시하는 원리이다.
ㄱ, ㄴ. 적정한 소득 분배 및 조정을 위한 개입, 저소득층의 주거 안정을 위한 적극적 개입으로 복지 국가주의 원리를 실현할 수 있다.

| 오답 해설 | ㄷ. 국제 평화 유지를 위한 국제 기구에서의 적극적인 활동으로 국제 평화주의 원리를 실현할 수 있다.
ㄹ. 모든 국민이 법률이 정하는 바에 의하여 공무 담임권을 가지게 함으로써 국민 주권주의 원리를 실현할 수 있다.

37 ③

개념 카테고리 정치와 법 > 민주주의와 헌법 > 우리나라 헌법의 기초 이해 > 헌법의 기본 원리

| 정답 해설 | A는 국민 주권주의, B는 복지 국가주의 원리이다.
③ 최저 임금제의 실시, 사회 보장 제도의 운영 등은 복지 국가주의 원리를 실현하는 방안에 해당한다.
| 오답 해설 | ① 복지 국가주의는 현대 복지 국가 헌법에서부터 강조되었으나, 국민 주권주의는 근대 입헌주의 헌법에서부터 강조되었다.
② 복지 국가주의 원리는 국가의 적극적인 역할을 강조한다.
④ '모든 국민은 인간다운 생활을 할 권리를 가진다.'라는 헌법 조항은 복지 국가주의 원리가 강조된 조항이다.

38 ④

개념 카테고리 정치와 법 > 민주주의와 헌법 > 우리나라 헌법의 기초 이해 > 헌법의 기본 원리

| 정답 해설 | A는 자유 민주주의, B는 복지 국가주의, C는 국제 평화주의 원리이다.
④ 남북 분단의 현실을 반영하여 우리 헌법만이 가지는 특유의 원리는 평화 통일주의 원리이다.
| 오답 해설 | ① 위헌 법률 심판 제도는 법률이 헌법에 어긋나는가를 심사하고 판단하기 위한 것이다. 이는 헌법이 가장 상위의 규범이므로 그보다 하위 규범인 법률은 헌법에 위배되어서는 안된다는 취지에서 마련된 제도로, 헌법의 최고 규범성을 보장하는 수단이 된다.
② 자유 민주주의 원리는 국가가 개인의 자유와 권리를 함부로 침해하지 못하도록 하는 '국가로부터의 자유'와 관련 있다. 이와 달리 복지 국가주의 원리는 국가가 국민들의 인간다운 삶을 보장하기 위해 노력해야 함을 강조하므로, '국가에 의한 자유'를 실현하기 위한 원리이다.
③ 국민 기초 생활 보장 제도는 사회권을 실현하기 위한 것이며, 사회권은 복지 국가주의 원리와 관련 있다.

국민의 기본권과 의무									문제편 P.25
39	②	40	③	41	①	42	③	43	③
44	③	45	③	46	④	47	③	48	④

39 ②

개념 카테고리 정치와 법 > 민주주의와 헌법 > 국민의 기본권과 의무 > 국민의 기본권

| 정답 해설 | A는 자유권, B는 청구권, C는 사회권이다.
② 청구권은 국가에 특정 행위를 요구할 수 있는 절차적 권리이다.
| 오답 해설 | ① 자유권은 소극적·포괄적 권리이다. 참고로 열거적 성격의 기본권은 청구권이다.
③ 다른 기본권 보장의 전제 조건이 되는 기본권은 평등권이다.
④ 청구권은 자유권과 사회권 등 다른 기본권의 보장과 실현을 위한 수단적 성격의 권리이다.

40 ③

개념 카테고리 정치와 법 > 민주주의와 헌법 > 국민의 기본권과 의무 > 국민의 기본권

| 정답 해설 | ㄴ. 현대 사회에서는 국가의 정책 결정 과정에 적극적으로 참여할 수 있는 자유, 즉 참정권도 중시된다.
ㄹ. 국가 권력이 헌법에 의해 정당화되고 제한된다는 것은 입헌주의의 원리이다.
| 오답 해설 | ㄱ. 국가 권력으로부터 부당한 구속을 당하지 않을 자유는 소극적 자유에 해당한다.
매력적 오답 ㄷ. 개인의 차이와 능력에 따른 실질적이고 적극적인 배려를 중시하는 평등은 상대적 평등, 실질적 평등이다.

41 ①

개념 카테고리 정치와 법 > 민주주의와 헌법 > 국민의 기본권과 의무 > 국민의 기본권

| 정답 해설 | 교육을 받을 권리, 근로의 권리 등은 사회권과 관련 있다.
① 사회권은 국가의 적극적 개입을 정당화한다.
| 오답 해설 | ② 헌법에 열거되지 않아도 보장되는 포괄적 권리는 자유권으로, 이는 역사가 가장 오래된 권리이다.
③ 다른 모든 기본권을 보장하는 데 전제가 되는 기본권은 평등권이다.
④ 다른 기본권 보장을 위한 수단적 권리로서의 기본권은 청구권이다.

42 ③

개념 카테고리 정치와 법 > 민주주의와 헌법 > 국민의 기본권과 의무 > 국민의 기본권

| 정답 해설 | ③ 과잉 금지의 원칙에 따라 수단의 적합성까지 충족시켜야 한다.

43 ③

개념 카테고리 정치와 법 > 민주주의와 헌법 > 국민의 기본권과 의무 > 국민의 기본권

| 정답 해설 | (가)는 자유권, (나)는 참정권, (다)는 청구권이다.
③ 청구권은 다른 기본권을 보장하기 위한 수단적 권리이다.
| 오답 해설 | ① 자유권은 국가의 소극적인 개입을 통해 실현되는 권리이다.
② 현대 복지 국가 헌법에서 등장한 권리는 사회권이다.
④ 헌법의 기본권은 일정한 경우에 법률로써 제한될 수 있다.

44 ③

개념 카테고리 정치와 법 > 민주주의와 헌법 > 국민의 기본권과 의무 > 국민의 기본권

| 정답 해설 | (가)는 헌법 제33조에 규정된 근로 3권으로, 사회권적 기본권이고, (나)는 헌법 제30조에 규정된 범죄 피해자 구조 청구권으로, 청구권적 기본권이다.
ㄱ. 사회권은 모든 사회 구성원들이 최소한의 인간다운 생활과 실질적 평등을 누리는 것을 지향한다.
ㄴ, ㄷ. 청구권은 다른 기본권이 침해되거나 침해될 우려가 있을 때 이를 구제 또는 보상받을 수 있는 권리로, 기본권 보장을 위한 수단적 또는 절차적 기본권이다.
| 오답 해설 | ㄹ. 근대 시민 혁명 직후 확립된 권리는 자유권이다. 자유권은 절대군주제에 대항하여 최초로 획득한 기본권으로 천부인권성이 강한 권리이다.

45 ③ 中

개념 카테고리 정치와 법 > 민주주의와 헌법 > 국민의 기본권과 의무 > 국민의 기본권

| 정답 해설 | A는 형사 보상 청구권, B는 범죄 피해자 구조 청구권, C는 청원권을 행사하고자 한다. A, B, C가 행사하려는 기본권은 모두 청구권에 해당한다.
③ 청구권은 국가에 특정한 행위를 요구할 수 있는 절차적 권리이며 수단적 권리이다.

| **오답 해설** | ① 소극적·포괄적 성격을 지닌 기본권은 자유권이다.
② '국가에 의한 자유'는 자유권에 해당한다.
④ 국가의 정책 결정 과정에 참여하여 정치적 의사를 표현할 수 있는 권리는 참정권으로, 선거권, 공무 담임권, 국민 투표권 등이 해당한다.

46 ④

下

개념 카테고리 정치와 법 > 민주주의와 헌법 > 국민의 기본권과 의무 > 국민의 기본권

| **정답 해설** | (가)는 자유권, (나)는 청구권, (다)는 사회권, (라)는 평등권이다.
ㄷ. 법률로 정하지 않고 노동 3권을 제한하는 것은 사회권의 침해이다.
ㄹ. 사회권은 국가에 대해 인간다운 생활의 보장을 요구하는 권리인 데 반해, 평등권은 본질적 권리로 다른 기본권을 보장하는 전제 조건이 되는 권리이다.
| **오답 해설** | **매력적 오답** ㄱ. 행정 관청의 처분에 불복하여 재판을 제기할 권리를 주지 않는 것은 재판 청구권, 즉 청구권의 침해이다.
ㄴ. 최저 임금에 미치지 못하는 임금을 지급하는 것은 사회권의 침해이다.

47 ③

上

개념 카테고리 정치와 법 > 민주주의와 헌법 > 국민의 기본권과 의무 > 국민의 기본권

| **정답 해설** | A는 특별법의 철회를 요구하는 문서를 국회에 제출한 것이므로 청구권을 행사한 경우이며, B는 자유권이 침해당한 사례이다.
③ 청구권은 수단적·적극적 권리로, 다른 기본권을 보장하기 위해서 국가에 대해 일정한 행위를 요구할 수 있는 권리이다.
| **오답 해설** | ① 청구권은 다른 기본권 보장을 위한 수단적 권리이자 절차적 권리이다.
② 자유권은 헌법에 열거되지 않더라도 포괄적으로 인정되는 천부 인권 성격의 권리로서, 역사가 가장 오래된 기본권이다.
④ 다른 기본권 보장의 전제 조건이 되는 기본권은 평등권이며, 인간다운 생활 및 삶의 질 보장을 요구하는 권리는 사회권이다.

48 ④

上

개념 카테고리 정치와 법 > 민주주의와 헌법 > 국민의 기본권과 의무 > 국민의 기본권

| **정답 해설** | (가)는 자유권, (나)는 사회권, (다)는 참정권이다.

ㄷ. 기본권 보장을 위한 수단적 성격을 갖는 권리는 청구권이므로, A, B, C에는 모두 '아니요'가 들어가야 한다.
ㄹ. 자유권은 소극적·방어적 권리이고, 사회권과 참정권은 적극적 권리이다. 따라서 D에는 '소극적 성격의 권리인가?'라는 질문이 들어갈 수 있다.
| **오답 해설** | ㄱ. (가)는 자유권, (나)는 사회권, (다)는 참정권이다.
ㄴ. 국가의 정치 과정에 참여할 수 있는 권리는 참정권이다.

CHAPTER 02 | 민주국가와 정부

출제 비중 19%

약점진단표

	1회독				2회독				3회독			
	○	△	×	총	○	△	×	총	○	△	×	총
민주 정치의 정부 형태★★★				8				8				8
국가 기관의 구성과 기능★★★				32				32				32
지방 자치★				6				6				6

＊문제풀이 후 약점진단 결과를 적어 보세요!

필수기출 & 출제예상 문제

민주 정치의 정부 형태
문제편 P.28

01	④	02	③	03	②	04	②	05	④
06	④	07	①	08	②				

01 ④

개념 카테고리 정치와 법 > 민주국가와 정부 > 민주 정치의 정부 형태 > 정부 형태

| **정답 해설** | 갑국은 전형적인 대통령제 국가로 t기에는 여소야대, t+1기에는 여대야소가 나타난다.
④ t+1기에 비해 t기에는 양당제 경향이 약하므로 국민의 다양한 의견이 국정에 반영될 가능성이 클 것이다.
| **오답 해설** | ① t기에 비해 t+1기에는 다수당의 횡포가 커질 것이다.
② 연립 정부가 구성되는 것은 의원내각제이다.
③ 행정부 수반의 법적 권한은 두 시기 모두 동일하나, t+1기에는 독재화의 우려가 있다.

| **플러스 이론** | **대통령제와 의원내각제의 장단점**

1. 대통령제

구분	내용
장점	• 대통령의 임기 보장 • 의회 다수당의 횡포 견제 가능(거부권)
단점	• 정치적 책임에 둔감 • 대통령의 독재 위험 • 행정부와 입법부 대립 시 해결 곤란

2. 의원내각제

구분	내용
장점	• 단독: 정국 안정, 능률적 행정 가능 • 연립: 정치적 책임과 국민 요구에 민감
단점	• 단독: 다수당의 횡포 우려 • 연립: 군소정당 난립 → 정국 불안

02 ③

개념 카테고리 정치와 법 > 민주국가와 정부 > 민주 정치의 정부 형태 > 대통령제와 의원내각제

| **정답 해설** | ③ 대통령이 국회에서 의결된 법률안에 대해 거부권을 행사하는 것은 대통령제의 특징이다.
| **오답 해설** | ①, ②, ④ 의원내각제의 특징에 해당한다.

03 ②

개념 카테고리 정치와 법 > 민주국가와 정부 > 민주 정치의 정부 형태 > 대통령제와 의원내각제

| **정답 해설** | (가)는 전형적인 대통령제, (나)는 전형적인 의원내각제이다.
② 전형적인 대통령제에서는 특별한 경우를 제외하고는 대통령의 임기가 보장된다.
| **오답 해설** | ① 전형적인 대통령제는 로크의 2권 분립론이 아닌 몽테스키외의 3권 분립론을 바탕으로 한다.
③ 의원내각제는 국민이 선거를 통해 의회 의원을 선출하고 의회 내 과반수 의석을 차지한 정당 대표가 수상이 되어 내각(행정부)을 구성한다. 따라서 내각과 의회는 서로에 대해 정치적 책임을 지는 연대 관계이다.
④ 영국과 일본은 의원내각제를, 미국은 대통령제를 채택하고 있다. 우리나라는 대통령제를 바탕으로 의원내각제적 요소를 접목하고 있다.

04 ②

개념 카테고리 정치와 법 > 민주국가와 정부 > 민주 정치의 정부 형태 > 의원내각제

| **정답 해설** | ㄱ. 행정부가 법률안을 제출할 수 있는 것은 의원내각제적 요소이다.
ㄷ. 국회가 국무총리 또는 국무위원의 해임을 건의할 수 있는 것은 의원내각제적 요소이다.
| **오답 해설** | ㄴ, ㄹ. 대통령제적 요소에 해당한다.

05 ④

中

정치와 법 > 민주국가와 정부 > 민주 정치의 정부 형태 > 대통령제와 의원내각제

| **정답 해설** | A는 대통령제를, B는 의원내각제를 채택하고 있다.

ㄷ. 의원내각제 정부 형태를 채택하는 국가는 의회와 행정부 간의 대립 가능성이 낮다.

ㄹ. 대통령제에서는 행정부 수반의 임기가 보장되어 정책의 지속성을 확보하기가 용이하다.

| **오답 해설** | ㄱ. 행정부의 의회 해산권이 인정되는 정부 형태는 의원내각제이다.

ㄴ. 행정부 수반의 법률안 거부권이 인정되는 정부 형태는 대통령제이다.

06 ④

中

정치와 법 > 민주국가와 정부 > 민주 정치의 정부 형태 > 대통령제와 의원내각제

| **정답 해설** | 갑국은 의원내각제를, 을국은 대통령제를 채택하고 있다.

④ 의원내각제를 채택하는 국가에서는 의회의 내각 불신임권 행사가 가능하다.

| **오답 해설** | ① 의원내각제를 채택하고 있는 국가에서는 의회 의원의 각료 겸직이 가능하다.

② 을국은 대통령제를 채택하고 있기 때문에 의회의 의석률만으로는 여대야소 현상이 나타나는지 판단하기 어렵다.

③ 의원내각제를 따르는 갑국에서는 총선거 후 연립 내각이 형성될 것이므로, 행정부 수반을 확정할 수 없다.

07 ①

中

정치와 법 > 민주국가와 정부 > 민주 정치의 정부 형태 > 대통령제와 의원내각제

| **정답 해설** | A는 대통령제, B는 의원내각제이다.

ㄱ. 대통령제에서는 국가 원수와 행정부 수반이 일치한다.

ㄷ. 의원내각제에서는 동일한 정당이 입법부와 행정부를 모두 장악할 가능성이 높다.

| **오답 해설** | ㄴ. 내각이 의회 해산권을 갖고, 의회가 내각 불신임권을 갖는 정부 형태는 의원내각제에 해당한다.

ㄹ. 권력 융합에 충실한 정부 형태는 의원내각제이고, 권력 분립에 충실한 정부 형태는 대통령제이다.

08 ②

上

정치와 법 > 민주국가와 정부 > 민주 정치의 정부 형태 > 대통령제와 의원내각제

| **정답 해설** | 정부와 입법부 간의 엄격한 권력 분립을 통해 견제와 균형의 원리에 충실한 것은 대통령제의 특징이다. 만약 A가 대통령제이고 B가 의원내각제라면, 〈질문 1〉에 대한 답은 틀렸고, 〈질문 2〉와 〈질문 3〉에 대한 답은 맞게 되어 이 경우 평가 결과가 2점이 되어야 한다. 하지만 학생의 평가 결과가 1점이므로 A는 의원내각제, B는 대통령제이다.

ㄱ. 의회 의원이 각료를 겸직할 수 있는 것은 의원내각제이다. 대통령제에서는 의회 의원이 각료를 겸직할 수 없다.

ㄹ. 행정부가 법률안을 제출할 수 있는 것은 우리나라 정부 형태에서 볼 수 있는 의원내각제적 요소이다.

| **오답 해설** | ㄴ. 행정부 수반의 임기가 엄격히 보장되는 것은 대통령제에 해당한다.

ㄷ. 대통령제에서 행정부는 입법부를 견제하는 수단으로 법률안 거부권을 가진다. 의원내각제에서는 내각이 의회를 견제하는 수단으로 의회 해산권을 가진다.

국가 기관의 구성과 기능								문제편 P.30
09	③	10	④	11	①	12	①	13	④
14	①	15	④	16	②	17	④	18	④
19	②	20	④	21	①	22	③	23	②
24	②	25	①	26	②	27	④	28	②
29	④	30	①	31	③	32	②	33	②
34	④	35	④	36	③	37	③	38	④
39	③	40	②						

09 ③

정치와 법 > 민주국가와 정부 > 국가 기관의 구성과 기능 > 국회

| **정답 해설** | ③ 국회는 헌법 개정안이 공고된 날로부터 60일 이내에 의결하여야 하며, 국회의 의결은 재적 의원 3분의 2 이상의 찬성을 얻어야 한다.

| **오답 해설** | ① 국회는 의장 1명과 부의장 2명을 두고 있으며, 이들의 임기는 2년이다.

매력적 오답 ② 국회에 20인 이상의 소속 의원을 가진 정당은 하나의 교섭단체를 구성할 수 있는데, 20인 이상의 소속 의원을 가지지 않은 정당도 다른 정당이나 무소속 국회의원과 연합하여 교섭단체를 구성할 수 있다.

④ 국회 회의의 원칙인 회기 계속의 원칙에 따라 한 회기 중에 의결하지 못한 법률안이나 의안은 다음 회기에 계속해서 심의할 수 있다.

10 ④

| 개념 카테고리 | 정치와 법 > 민주국가와 정부 > 국가 기관의 구성과 기능 > 국회의 권한

| 정답 해설 | ④ 국회는 국정을 감사하거나 특정 사안에 대하여 조사할 수 있으며, 이에 필요한 서류의 제출 또는 증인의 출석과 증언, 의견의 진술을 요구할 수 있다.

| 오답 해설 | ① 국회는 헌법 또는 법률에 규정이 없는 한 재적 의원 과반수 출석, 출석 의원 과반수의 찬성으로 의결한다.

② 헌법 재판소장은 국회의 동의를 거쳐 대통령이 임명한다. 중앙선거관리위원회 위원장은 위원 중에 호선을 통해서 선출되는데, 국회는 중앙선거관리위원회 위원 3인 선출권을 갖는다.

③ 국회는 정부의 동의 없이는 정부가 제출한 지출 예산 각 항의 금액 증가나 새 비목 설치가 불가능하다.

11 ①

| 개념 카테고리 | 정치와 법 > 민주국가와 정부 > 국가 기관의 구성과 기능 > 국가 기관

| 정답 해설 | A는 대통령, B는 헌법 재판소, C는 대법원, D는 감사원이다.

① 임시 국회는 대통령 또는 국회 재적 의원 1/4 이상이 소집을 요구할 수 있다.

| 오답 해설 | ② 9인의 헌법 재판소 재판관은 대법원장이 아니라 대통령이 임명한다.

③ 탄핵 소추권은 대법원이 아니라 국회의 권한이다.

④ 국가의 예산안을 편성하는 것은 정부의 권한이고, 예산안을 심의하여 확정하는 것은 국회의 권한이다.

12 ①

| 개념 카테고리 | 정치와 법 > 민주국가와 정부 > 국가 기관의 구성과 기능 > 헌법 개정 과정

| 정답 해설 | ① 우리나라에서는 헌법 개정 제안의 절차로 국회 재적 의원 과반수의 찬성이나 국무회의 심의를 거쳐 대통령이 제안하는 방식을 두고 있다.

| 오답 해설 | ② 헌법 개정안이 제안되면, 대통령이 20일 이상의 기간 동안 공고해야 한다.

③ 헌법 개정안이 공고된 날로부터 60일 이내에 국회에서 의결해야 한다.

④ 헌법 개정안은 국회 재적 의원 3분의 2 이상이 찬성해야 의결된다.

13 ④

| 개념 카테고리 | 정치와 법 > 민주국가와 정부 > 국가 기관의 구성과 기능 > 헌법 개정 과정

| 정답 해설 | ④ 국민 투표는 헌법 개정안을 국회가 의결한 후 30일 이내에 이루어져야 하고, 국회의원 선거권자 과반수의 투표와 투표자 과반수의 찬성을 얻어야 확정된다.

| 오답 해설 | ① 헌법 개정안을 제안하기 위해 국무회의의 심의를 거치는 것은 대통령이다.

② 헌법 개정안 공고는 20일 이상의 기간 동안 대통령이 해야 한다.

③ 국회 의결은 헌법 개정안이 공고된 날로부터 60일 이내에 이루어져야 하며, 국회 재적 의원 2/3 이상의 찬성을 얻어야 한다.

14 ①

| 개념 카테고리 | 정치와 법 > 민주국가와 정부 > 국가 기관의 구성과 기능 > 헌법 개정 과정

| 정답 해설 | ① 헌법 개정 제안은 대통령 또는 국회 재적 의원 과반수의 찬성으로 가능하다.

| 오답 해설 | ② 헌법 개정 절차 중 국회 의결을 통과하기 위해서는 국회 재적 의원 2/3 이상의 찬성을 얻어야 한다.

③ (다)는 국민 투표이다.

④ 헌법 개정이 확정되면 대통령은 이를 즉시 공포해야 한다.

15 ④

| 개념 카테고리 | 정치와 법 > 민주국가와 정부 > 국가 기관의 구성과 기능 > 헌법 개정 과정

| 정답 해설 | ④ 정부에 이송된 법률안에 대해 대통령은 15일 이내에 의뢰서를 붙여 환부하고 재의를 요구할 수 있다. 재의에서는 국회 재적 의원 과반수 출석과 출석 의원 2/3 이상의 찬성으로 재의결 및 확정되며, 대통령은 이를 지체 없이 공포해야 한다. 재의결된 법률안을 5일 이내에 대통령이 공포하지 않을 경우 국회의장이 공포한다.

| 오답 해설 | ① 국회 재적 의원 10명 이상의 동의로 가능한 것은 법률안 발의이다. 개헌안 발의는 대통령 또는 재적 의원 과반수 동의를 요한다.

② 국민 투표는 헌법 제72조에 규정되어 있는 국가 중요 정책에 대한 국민 투표와 헌법 제130조 제2항에 규정되어 있는 헌법 개정안에 대한 국민 투표가 있다. ⓒ은 국가 중요 정책에 대한 국민 투표에 해당한다. 헌법 제72조에서 대통령은 필요하다고 인정할 때에는 외교·국방·통일·기타 국가 안위에 관한 중요 정책을 국민 투표에 붙일 수 있음을 규정하고 있으므로 이는 대통령의 권한이다.

③ '○○법 개정안 재의'는 대통령이 거부권을 행사한 법안을 대상으로 한다.

16 ②

개념 카테고리 정치와 법 > 민주국가와 정부 > 국가 기관의 구성과 기능 > 법률 개정 절차

| 정답 해설 | ② 국회에서 의결된 법률안이 정부에 이송되면 대통령은 15일 이내에 공포하여야 하고, 이에 대해 이의가 있을 경우에는 이송된 날로부터 15일 이내에 법률안을 국회에 환부하여 재의를 요구할 수 있다.

| 오답 해설 | ① 법률안을 제출하기 위해서는 국회의원 10인 이상의 찬성이 필요하다.

③ 정부가 법률안을 제출하기 위해서는 국무회의의 심의를 거쳐야 한다. 상임위원회는 법률안을 본회의에 상정하기 전 심의하는 기구이다.

④ 법률안이 회기 중에 의결되지 못하더라도 국회의원의 임기가 만료되지 않으면 폐기되지 않는다.

17 ④

개념 카테고리 정치와 법 > 민주국가와 정부 > 국가 기관의 구성과 기능 > 법률 개정 절차

| 정답 해설 | ④ 대통령이 거부권을 행사한 법률안을 재의결할 때에는 재적 의원 과반수 출석과 출석 의원 2/3 이상이 찬성해야 한다. 〈보기〉에서는 국회의원 총수가 300명이고, 240명의 국회의원이 출석하였으므로 출석의원 240명 중 2/3 이상이 찬성해야 한다. 따라서 160명 이상이 찬성해야 법률로서 확정된다.

| 오답 해설 | ① 법률안 발의는 국회의원 10인 이상 또는 정부가 할 수 있다.

② 법률안 의결 정족수는 재적 의원의 과반수 출석, 출석 의원의 과반수 찬성이다.

③ 법률안 의결이 통과된 후 대통령은 15일 이내에 법률안 거부권을 행사해 재의를 요구할 수 있다.

18 ④

개념 카테고리 정치와 법 > 민주국가와 정부 > 국가 기관의 구성과 기능 > 법률 개정 절차

| 정답 해설 | ④ 대통령은 법률안이 정부에 이송된 지 15일 이내에 공포하여야 한다. 만약 재의결이라면 5일 이내에 대통령이 공포해야 하며 이를 공포하지 않을 경우 국회의장이 공포하게 된다. 법률에 특별한 규정이 없으면 공포한 날부터 20일이 경과하면 효력이 발생한다.

| 오답 해설 | ① 법률안 제안은 정부 또는 국회의원이 할 수 있고, 국회의원이 법률안을 제출하려면 국회의원 10인 이상이 찬성하거나 국회 상임 위원회를 통해야 한다.

② 법률안은 본회의에서 재적 의원의 과반수 출석과 출석 의원의 과반수 찬성으로 의결된다.

③ 대통령은 정부 이송 후 15일 이내에 법률안 거부권을 행사해 재의를 요구할 수 있다.

19 ②

개념 카테고리 정치와 법 > 민주국가와 정부 > 국가 기관의 구성과 기능 > 대통령, 감사원

| 정답 해설 | A는 대통령, B는 감사원이다.

② 대통령은 국민의 직접 선거로 선출되며, 임기는 5년이다.

| 오답 해설 | ① 대통령은 선거에 의해 선출된다.

③ 헌법 재판소에 대한 설명이다.

④ 감사원은 대통령 직속 헌법 기관으로서 직무상 독립성이 보장되며, 행정부 내의 직무 감찰 및 회계 감사 업무를 담당한다.

20 ④

개념 카테고리 정치와 법 > 민주국가와 정부 > 국가 기관의 구성과 기능 > 국가 기관 간의 관계

| 정답 해설 | ④ 국회는 대통령에 대한 탄핵 심판 소추의 권한이 있다.

21 ①

개념 카테고리 정치와 법 > 민주국가와 정부 > 국가 기관의 구성과 기능 > 법원, 헌법 재판소

| 정답 해설 | A는 법원, B는 헌법 재판소이다.

① 법원은 갑의 신청과 관계없이 해당 법률이 헌법에 위반된다고 판단되면 직권으로 헌법 재판소에 위헌 법률 심판을 제정할 수 있다.

| 오답 해설 | ② 위헌 심사형 헌법 소원 심판은 법원에 신청한 위헌 법률 심판 제청 신청이 기각되었을 때 헌법 재판소에 직접 위헌 여부를 판단해 달라고 청구하는 것이다. 따라서 소송 중에 신청할 수 있으며, 소송 중이 아니라면 소송 당사자는 법원에 제청을 신청할 수 없다. 또한 위헌 법률 심판 제청권은 법원의 권한이다.

③ 갑이 청구한 ⓛ은 위헌 심사형 헌법 소원 심판이다.

④ A와 B는 국민에 의해 직접 선택되거나 위임된 것이 아니므로, 간접적으로 민주적 정당성을 부여받는다.

22 ③

개념 카테고리 정치와 법 > 민주국가와 정부 > 국가 기관의 구성과 기능 > 헌법 재판소

| 정답 해설 | ㉠은 위헌 법률 심판, ⓛ은 위헌 법률 심판 제청, ⓒ은 위헌 심사형 헌법 소원 심판이다.

③ 갑은 법원에 위헌 법률 심판 제청을 신청하였다.

| 오답 해설 | ① 위헌 법률 심판에서 위헌 결정을 하기 위해서는 9명의 헌법 재판관 중 7인 이상의 출석, 6인 이상의 찬성을 얻어야 한다.

② 법원은 소송 당사자의 제청 신청이 없더라도 직권으로 헌법 재판소에 위헌 법률 심판을 제청할 수 있다.

④ ⊙은 위헌 법률 심판, ⓒ은 위헌 심사형 헌법 소원 심판이다.

23 ②

개념 카테고리 정치와 법 > 민주국가와 정부 > 국가 기관의 구성과 기능 > 헌법 재판소

| 정답 해설 | ② 헌법 재판소는 최대 선거구와 최소 선거구 간의 인구 편차가 지나치게 많이 나는 것을 위헌으로 보고 있다. 이는 최대 선거구 유권자의 표 가치가 최소 선거구 유권자의 표 가치보다 과소 대표되었다고 본 것이다.

| 오답 해설 | ① 선거구는 법률로 획정해야 한다.

③ 선거구 간 인구 편차를 고려한 것이므로 지역 대표성보다 인구 대표성을 더 중시한 것이라고 할 수 있다.

매력적 오답 ④ 직접 선거의 원칙과는 관련 없으며 표의 등가성을 실현하고자 하는 평등 선거의 원칙을 강화하고자 하는 것이다.

24 ②

개념 카테고리 정치와 법 > 민주국가와 정부 > 국가 기관의 구성과 기능 > 헌법 재판소

| 정답 해설 | ② 명령·규칙·처분의 최종 심사권은 대법원의 권한이다. 이는 대법원이 행정부를 견제하는 권한이다.

25 ①

개념 카테고리 정치와 법 > 민주국가와 정부 > 국가 기관의 구성과 기능 > 헌법 재판소

| 정답 해설 | ㄱ. 공권력의 행사 또는 불행사로 국민의 기본권이 침해되었을 때 구제받을 수 있는 절차는 (가) 헌법 소원 심판이다. 법률이 헌법에 위반되는지 아닌지가 재판의 전제가 될 때에는 (나) 위헌 법률 심판을 활용할 수 있다. 정당의 목적이나 활동이 민주적 기본 질서에 위배될 때 (다) 정당 해산 심판 청구가 가능하다.

ㄴ. 위헌 법률 심판은 소송의 당사자가 직접 헌법 재판소에 청구할 수 없으며 해당 재판을 맡은 법원이 헌법 재판소에 제청해야 한다.

| 오답 해설 | ㄷ. 대법원과 헌법 재판소는 별개의 기관으로 헌법 재판소의 심판 결과에 불복할 경우 대법원에 상고가 불가능하다.

ㄹ. 정당 해산 심판은 정부가 헌법 재판소에 제소한다.

26 ②

개념 카테고리 정치와 법 > 민주국가와 정부 > 국가 기관의 구성과 기능 > 헌법 재판소

| 정답 해설 | ② 위헌 법률 심판 제청 신청이 기각될 경우 재판 당사자는 헌법 재판소에 위헌 심사형 헌법 소원 심판을 제기할 수 있다.

| 오답 해설 | ① 위헌 법률 심판 제청 신청서는 재판을 진행하는 법원에 제출하고, 위헌 법률 심판은 헌법 재판소에서 진행한다.

③ 위헌 법률 심판 제청을 하면 해당 재판은 일시적으로 정지되나, 법률이 실질적으로 효력을 상실하는 것은 아니다.

매력적 오답 ④ 홍길동이 권리 구제형 헌법 소원을 거친 후에 이 신청서를 제출해야 하는 것은 아니다.

27 ④

개념 카테고리 정치와 법 > 민주국가와 정부 > 국가 기관의 구성과 기능 > 헌법 재판소

| 정답 해설 | ④ 사생활의 비밀과 자유는 국가로부터의 자유, 즉 자유권에 해당한다. 국가에 의한 자유는 적극적인 자유, 즉 사회권에 해당한다.

| 오답 해설 | ① 위헌 법률 심판의 제청에 대한 권한은 법원에 있다.

② 당해 사건의 법원이 소송 당사자의 위헌 법률 심판 제청 신청을 기각하면 직접 헌법 재판소에 위헌 법률 심사형 헌법 소원 심판 제기가 가능하다.

③ 헌법 제10조는 '모든 국민은 인간으로서의 존엄과 가치를 가지며, 행복을 추구할 권리를 가진다.'라고 명시하고 있다.

28 ②　　　　　　　　　　　　　　　　　　　　上

개념 카테고리 정치와 법 > 민주국가와 정부 > 국가 기관의 구성과 기능 > 국가 기관

| 정답 해설 | ② 소송 중 소송 당사자는 법원에 위헌 법률 심판 제청을 신청할 수 있다. ⓒ에 대해 법원은 헌법 재판소에 위헌 법률 심판을 제청하거나 신청을 기각할 수 있다. 법원이 소송 당사자의 위헌 법률 심판 제청 신청을 기각한다면, 소송 당사자인 A사는 헌법 재판소에 위헌 법률 심사형 소원 심판을 제기할 수 있다.

| 오답 해설 | ① 자유권에서는 소극적·방어적 성격이 나타난다.

③ 위헌 법률 심판 제청은 소송 당사자의 제청 신청이 없더라도 법원이 직권으로 할 수 있다.

매력적 오답 ④ 헌법 재판소는 사법부에 속하지 않는 독립 기관이다. 최종심은 헌법 재판소가 아닌 대법원이 담당한다.

29 ④

개념 카테고리 정치와 법 > 민주국가와 정부 > 국가 기관의 구성과 기능 > 국가 기관

| **정답 해설** | A는 대통령, B는 국회, C는 대법원, D는 감사원이다.
④ 대통령은 대법원장과 감사원장을 임명하기 위해 국회의 동의를 얻어야 한다.

| **오답 해설** | ① 대통령은 국무회의의 의장이지만 국회의장을 임명하지는 않는다. 국회의장은 국회에서 선출한다.
② 탄핵 소추권을 갖는 것은 국회이며, 탄핵 심판권을 갖는 것은 헌법 재판소이다.
③ 대통령이 재의를 요구한 법률안이 국회에서 재의결되면 대통령은 법률안 거부권을 다시 행사할 수 없다.

30 ①

中

개념 카테고리 정치와 법 > 민주국가와 정부 > 국가 기관의 구성과 기능 > 국가 기관

| **정답 해설** | ㄱ. ㉠은 위헌 법률 심판이고 법원은 헌법 재판소에 재판 진행 중인 법률 조항의 위헌 여부를 가리는 심판을 제청할 수 있다.
ㄴ. 헌법 재판소의 재판관 9명 모두 대통령이 임명하는데, 그중 3명은 국회에서 선출하는 사람을, 3명은 대법원장이 지명하는 사람을 임명한다.

| **오답 해설** | ㄷ. 법원이 갑의 제청 신청을 기각하였다면 갑은 권리 구제형 헌법 소원 심판이 아닌 위헌 법률 심사형 헌법 소원 심판을 제기할 수 있다.
ㄹ. 헌법 불합치 결정을 내린다고 하더라도 즉시 효력이 상실되는 것은 아니다. 헌법 불합치가 아닌 위헌 결정의 경우에는 해당 법률의 효력이 즉시 상실된다.

31 ③

上

개념 카테고리 정치와 법 > 민주국가와 정부 > 국가 기관의 구성과 기능 > 국가 기관의 기능

| **정답 해설** | ③ 위헌 법률 심판 제청권은 사법부가 입법부를 견제하는 수단이다. 따라서 이 내용이 (나)에 들어가면 A는 행정부, B는 사법부, C는 입법부이다. 각종 동의 및 승인권 행사는 입법부가 행정부를 견제하는 수단이므로 이 내용은 (다)에 들어갈 수 있다.

| **오답 해설** | ① 법률안 거부권은 대통령만의 고유 권한으로 행정부가 입법부를 견제하는 수단이다. 따라서 이 내용이 (가)에 들어가면 A는 행정부, B는 입법부, C는 사법부이다. B의 장인 국회의장은 대통령이 임명하지 않고, 국회에서 선출한다.
② 탄핵 소추권은 입법부가 행정부와 사법부를 견제하는 수단이다. 따라서 이 내용이 (나)에 들어가면, C는 행정부 또는 사법부이다.

④ 위헌·위법 명령, 규칙·처분 심사권은 사법부가 행정부를 견제하는 수단이다. 따라서 이 내용이 (다)에 들어가면 A는 행정부, B는 입법부, C는 사법부이다. 권한 쟁의 심판권은 헌법 재판소의 권한이므로 (가)에 들어갈 수 없다.

32 ②

下

개념 카테고리 정치와 법 > 민주국가와 정부 > 국가 기관의 구성과 기능 > 국가 기관

| **정답 해설** | ② 국회 임시회는 대통령 또는 국회 재적 의원 1/4 이상이 요구하면 열린다.

| **오답 해설** | ① 매년 1회 법률이 정하는 바에 의하여 집회하는 정기회 기간에는 국정 감사를 실시하고, 국정의 특정 사안에 관해서는 국정 조사를 실시할 수 있다.
④ 헌법 개정안 의결에는 특별 의견 정족수의 기준이 적용되며, 국회 재적 의원의 2/3 이상이 찬성해야 한다.

33 ②

上

개념 카테고리 정치와 법 > 민주국가와 정부 > 국가 기관의 구성과 기능 > 국가 기관

| **정답 해설** | A는 헌법 재판소, B는 대통령, C는 국무회의, D는 국회이다.
ㄱ. 헌법 재판소는 정당 해산 심판을 담당한다.
ㄷ. 국무회의의 부의장은 국무총리이다. 국무총리는 대통령에게 국무위원의 임명 제청권을 가진다.

| **오답 해설** | ㄴ. 위헌·위법한 명령에 대한 최종 심사권을 갖는 기관은 대법원이다.
ㄹ. 국가 예산의 수입과 지출을 결산한 내용을 검사하는 권한은 감사원이 가진다.

34 ④

中

개념 카테고리 정치와 법 > 민주국가와 정부 > 국가 기관의 구성과 기능 > 국가 기관

| **정답 해설** | A는 국무회의, B는 대통령, C는 국무총리이다.
④ 우리나라에서는 국회의원이 국무위원을 겸직할 수 있지만, 모든 국무위원이 국회의원으로만 구성되는 것은 아니다. 또한 정부 제출 법률안은 국무회의의 필수 심의 사항 중 하나이다.

| **오답 해설** | ① 국무회의는 우리나라 정부 형태의 의원내각제적 요소이다.
② 대통령은 우리나라의 국가 원수이자 행정부 수반이다.
③ 국무총리는 국회의 동의를 얻어 대통령이 임명한다.

35 ④ 上

개념 카테고리 정치와 법 > 민주국가와 정부 > 국가 기관의 구성과 기능 > 국가 기관

| **정답 해설** | ㉠은 대법원, ㉡은 행정 법원이다.
ㄷ. 행정 법원의 판결에 불복하는 경우 고등법원에 심판을 청구할 수 있다.
ㄹ. 민사 재판과 달리 형사 재판은 검사가 범죄 행위를 처벌하기 위해 기소해야만 이루어진다.
| **오답 해설** | ㄱ. 대법원의 판결에 대해 헌법 재판소에 심판을 청구할 수 없다.
ㄴ. 선거 소송 중 대통령 및 국회의원에 대한 당선 무효 소송은 대법원에서 담당한다.

36 ③ 中

개념 카테고리 정치와 법 > 민주국가와 정부 > 국가 기관의 구성과 기능 > 국가 기관

| **정답 해설** | ㉠은 국회, ㉡은 헌법 재판소이다.
③ 헌법 재판소장은 국회의 동의를 얻어 대통령이 임명한다.
| **오답 해설** | ① 국회는 사법 기관이 아닌 입법 기관이다.
② 대통령에 대한 탄핵 소추 의결에는 국회 재적 의원 2/3 이상의 찬성이 있어야 한다.
④ 탄핵 결정을 하기 위해서는 헌법 재판소 재판관 9인 중 6인 이상의 찬성이 요구된다.

37 ③ 下

개념 카테고리 정치와 법 > 민주국가와 정부 > 국가 기관의 구성과 기능 > 국가 기관

| **정답 해설** | (가)는 국무총리, (나)는 국무회의이다.
ㄴ. 국무회의는 심의 기구이므로 국무회의 결정은 대통령의 결정을 구속하지 않는다.
ㄷ. 정부의 법률안 제출권, 법률안 거부권 행사는 국무회의 필수 심의 사항에 해당한다.
| **오답 해설** | ㄱ. 행정부 각부의 장관은 국무총리의 제청을 통하여 대통령이 임명한다.
ㄹ. 국무총리 제도와 국무회의 제도 모두 우리나라의 의원내각제적 요소이다.

38 ② 中

개념 카테고리 정치와 법 > 민주국가와 정부 > 국가 기관의 구성과 기능 > 국가 기관

| **정답 해설** | A는 국회, B는 대통령, C는 대법원이다.
② 대법원장은 국회의 동의를 얻어 대통령이 임명한다. 하지만 국회의장은 국회의원이 선출한다.

| **오답 해설** | ① 국회는 국무총리 해임 건의안을 대통령에게 제출할 수 있다.
③ 헌법 개정안의 제안은 국회 재적 의원 과반수 또는 대통령이 할 수 있다.
④ 대법원은 민사 재판, 형사 재판, 군사 재판, 행정 재판 등에서 최종심을 담당한다.

39 ③ 下

개념 카테고리 정치와 법 > 민주국가와 정부 > 국가 기관의 구성과 기능 > 헌법 재판소

| **정답 해설** | 그림은 갑이 재판 도중에 A 법률이 위헌이라고 판단하여 법원에 위헌 법률 심사 제청 신청을 하였을 때, 예상되는 상황을 정리한 것이다.
③ 헌법 재판소의 합헌 결정은 위헌 결정 정족수인 재판관 6인 이상의 찬성에 미치지 못하는 경우에 행해진다.
| **오답 해설** | ① 위헌 법률 심사 제청 신청은 대법원을 비롯하여 어떤 심급의 법원에서도 가능하다.
② 법원은 법률이 헌법에 위반된다고 판단하는 경우, 위헌 법률 심사 제청 신청 없이 직권으로도 위헌 심판을 제청할 수 있다.
④ 법원에 위헌 법률 심판 제청 신청 후 이것이 기각되면, 신청인은 위헌 심사형 헌법 소원을 제기할 수 있다.

40 ② 中

개념 카테고리 정치와 법 > 민주국가와 정부 > 국가 기관의 구성과 기능 > 헌법과 법률 개정 절차

| **정답 해설** | (가)는 헌법 개정 절차, (나)는 법률의 제정 및 개정 절차를 나타낸 것이다.
② 헌법 개정안의 공고(20일 이상)와 공포 모두 대통령에 의해 이루어진다.
| **오답 해설** | ① 헌법 개정은 국회 재적 의원 과반수 또는 대통령의 발의로 제안되며, 법률안 제출권은 국회의원과 정부가 갖는다.
③ ㉡은 국민 투표이다. 헌법 개정안이 국민 투표를 통과하기 위해서는 국회의원 선거권자 과반수의 투표와 투표자 과반수의 찬성이 필요하다.
④ 대통령은 본회의 의결을 거친 법률안이 정부에 이송되면 15일 이내에 공포해야 한다. 만약 법률에 이의가 있을 때에는 15일 이내에 거부권을 행사하여 국회에 재의결을 요구할 수 있다.

41 ④

개념 카테고리 정치와 법 > 민주국가와 정부 > 지방 자치 > 지방 자치 제도

| **정답 해설** | ④ 의결 사항에 대해 재의를 요구할 수 있는 주체는 지방 자치 단체 주민이 아닌 지방 자치 단체장이다.

| **오답 해설** | ① 주민은 지방 자치 단체의 장 및 지방의회의원을 소환할 수 있다.

② 19세 이상의 주민은 「지방자치법」이 정하는 일정 수 이상의 주민들의 연대 서명으로 감사를 청구할 수 있다.

③ 주민은 지방의회의원과 지방 자치 단체의 장의 선거에 참여할 수 있다.

| **플러스 이론** | **우리나라의 행정 구역과 지방 자치 단체**

42 ①

개념 카테고리 정치와 법 > 민주국가와 정부 > 지방 자치 > 지방 자치 제도

| **정답 해설** | ① 우리나라의 지방 자치 제도에서는 주민 투표권과 주민 소환권, 주민 발안권을 인정하고 있다. 따라서 19세 이상의 지역 주민은 일정 수 이상의 연서로 조례 제정 및 개폐에 대한 청구권을 지방 자치 단체에 행사할 수 있다. 단, 이 경우에도 지역 주민의 권리는 조례의 제정 및 개폐에 대한 청구에만 한하고 청구 받은 조례에 대한 제정 및 개폐권은 지방 의회의 권한에 해당한다.

| **오답 해설** | ② 우리나라에서 기초 의회는 중선거구제를 통해 선출되는 지역구 의원과 정당 명부식 비례대표제를 동해 선출되는 비례대표 의원으로 구성된다.

③ 지방 의회는 지방 자치 단체의 예산 심의·확정 및 결산 승인을 하고, 지방 자치 단체장은 이를 집행한다.

매력적 오답 ④ 교육감은 광역 자치 단체에서만 선출하며, 기초 자치 단체에서는 선출하지 않는다.

43 ②

개념 카테고리 정치와 법 > 민주국가와 정부 > 지방 자치 > 주민 참여

| **정답 해설** | (가)는 주민 참여 예산 제도, (나)는 주민 감사 청구 제도이다.

② 주민 감사 청구 제도가 이루어져도 지방 자치 단체장의 권한이 정지되는 것은 아니다.

| **플러스 이론** | **주민 참여 예산 제도와 주민 감사 청구 제도**

1. 주민 참여 예산 제도

주민 참여 예산 제도란 지방 자치 단체의 예산 편성 등과 같은 예산 과정에 주민이 직접 참여하는 제도이다. 지방 자치 단체의 예산 과정에 주민을 참여시킴으로써 지방 재정 운영의 투명성과 공정성을 높이고, 예산 사용에 대한 책임성을 확보하며, 나아가 국민 중심의 민주주의를 실현하기 위한 취지에서 마련된 제도이다. 이러한 주민 참여 예산 제도의 구체적인 운영 방법과 주민 참여 예산 기구의 구성과 운영, 주민 참여 방법 등은 각 지방 자치 단체의 조례를 통해 자율적으로 정하도록 하고 있다.

2. 주민 감사 청구 제도

주민 감사 청구 제도는 위법 부당한 행정 처분이나 불합리한 행정 제도로 인하여 주민의 권익을 침해받은 경우 만 18세 이상인 일정한 수 이상 주민의 연대 서명을 통하여 주민이 직접 감사를 청구할 수 있는 제도이다. 지방 자치 단체의 18세 이상 주민은 시·도는 500명, 인구 50만 이상의 대도시는 300명, 그 밖의 시·군 및 자치구는 200명을 넘지 않는 범위에서 해당 지방 자치 단체의 조례로 정한 주민 수 이상의 연대 서명을 받아 감사를 청구할 수 있다.

44 ③ 中

개념 카테고리 정치와 법 > 민주국가와 정부 > 지방 자치 > 지방 자치 제도

| **정답 해설** | ㄴ. 시장은 집행 기관이고, 시의회는 의결 기관이다.

ㄷ. 지방 자치 단체장과 지방 의회는 수평 관계에 있다.

| **오답 해설** | ㄱ. ㉠은 기초 지방 자치 단체이다.

ㄹ. 주민 소환 투표는 비례대표 의원을 대상으로 진행할 수 없다.

45 ④ 中

개념 카테고리 정치와 법 > 민주국가와 정부 > 지방 자치 > 지방 자치 제도

| **정답 해설** | A 제도는 위법, 부당 행위를 저지르거나 직무가 태만한 지방 자치 단체장과 지방의회의원(비례대표 의원 제외)을 주민 소환 투표권자 3분의 1 이상의 투표와 유효 투표 중 과반수의 찬성으로 해임할 수 있는 주민 소환 제도이다. B 제도는 주민 참여 제도의 하나로 일정 주민 수 이상의 연서로 지방 자치 단체의 법 규범인 조례의 제정·개정, 폐지를 청구할 수 있는 조례 제정 및 개폐 청구 제도이다.

④ 지역구 의원과 달리 지방 의회의 비례대표 의원은 주민 소환 제도의 대상이 아니다.

| **오답 해설** | ① 지방 자치 단체장은 지방 의회와 달리 규칙 제정권을 가진다.
② 조례 제정 및 개폐권은 지방 의회가 가진다.
③ 주민 소환 제도, 조례 제정 및 개폐 청구 제도 모두 주민 자치의 원리 실현을 목적으로 한다.

46 ① 中

개념 카테고리 정치와 법 > 민주국가와 정부 > 지방 자치 > 주민 참여

| **정답 해설** | ① 지방 자치 단체의 장은 규칙 제정권을 가진다.
| **오답 해설** | ② ㉡과 ㉤은 직접 민주제의 요소에 해당한다.
③ 조례를 제정·개정하거나 폐지할 것을 청구하는 것은 지방 자치 단체장이나 지방 의회가 아닌 19세 이상 주민의 권리이다.
④ 주민 소환 제도는 지방 자치 단체장, 지방의회의원 등 선거직 공무원에게 문제가 있을 때 임기 중 주민 투표를 통해 해당 공무원을 해직시킬 수 있는 제도이다. 비례대표 의원은 주민 소환의 대상이 아니다.

CHAPTER 03 정치 과정과 참여

출제 비중 17%

약점진단표

	1회독				2회독				3회독			
	○	△	×	총	○	△	×	총	○	△	×	총
정치 과정과 정치 참여★★				11				11				11
선거와 선거 제도★★★				23				23				23

＊문제풀이 후 약점진단 결과를 적어 보세요!

필수기출 & 출제예상 문제

정치 과정과 정치 참여

문제편 P.42

01	④	02	④	03	④	04	③	05	③
06	④	07	①	08	③	09	②	10	④
11	③								

01 ④

개념 카테고리 정치와 법 > 정치 과정과 참여 > 정치 과정과 정치 참여 > 정치 참여 집단

| **정답 해설** | A는 이익 집단, B는 정당이다.
④ 정치 참여 집단은 모두 정치 사회화를 담당한다.
| **오답 해설** | ① 정당은 의회와 정부를 매개하는 역할을 담당한다.
② 이익 집단은 특수 이익, 즉 사익($私益$)을 실현하고자 하는 정치 참여 집단이다.
③ 정권 획득을 목표로 하는 정당은 자신의 활동에 대해 정치적 책임을 진다.

02 ④

개념 카테고리 정치와 법 > 정치 과정과 참여 > 정치 과정과 정치 참여 > 정치 참여 집단

| **정답 해설** | A는 정당, B는 시민 단체, C는 이익 집단이다.
④ 정당, 시민 단체, 이익 집단은 모두 정책 결정 과정에 영향력을 행사한다. 따라서 해당 질문은 (가)에 들어갈 수 있다.
| **오답 해설** | ① 정당은 정권 획득을 목표로 하지만, 사회 구성원에 대한 정치 사회화 기능은 정당, 시민 단체, 이익 집단 모두 수행한다.
② 정당과 시민 단체 모두 자발적으로 결성된 집단으로, 정치 과정에서 투입 기능을 한다.
③ 시민 단체와 이익 집단은 모두 대의제의 한계를 보완하기 위해 등장한 집단이다.

03 ④

개념 카테고리 정치와 법 > 정치 과정과 참여 > 정치 과정과 정치 참여 > 정치 참여 집단

| **정답 해설** | (가)는 정당, (나)는 시민 단체, (다)는 이익 집단이다.
④ 정치적 책임을 지는 것은 정권 획득을 목표로 하는 정당이다.

04 ③

개념 카테고리 정치와 법 > 정치 과정과 참여 > 정치 과정과 정치 참여 > 정치 참여 집단

| **정답 해설** | ③ (가)에 '자신들의 행위에 대해 정치적 책임을 지는가?'가 들어가면, C는 정당이다. 정당은 정부와 의회를 매개하는 역할을 한다.
| **오답 해설** | ① 공익보다 특수한 이익을 추구하는 집단은 이익 집단이다.
② 노동조합은 이익 집단의 대표적인 예이다. 따라서 (가)에는 '대표적인 사례로 노동조합을 들 수 있는가?'가 들어갈 수 없다.
④ 이익 집단은 자신들이 속한 단체의 특수 이익을 실현하는 것을 목표로 한다. 다양한 사회 문제를 해결하기 위해 자발적으로 결성된 집단은 시민 단체이다.

05 ③

개념 카테고리 정치와 법 > 정치 과정과 참여 > 정치 과정과 정치 참여 > 정치 참여 유형

| **정답 해설** | ③ 갑이 지역 구청 홈페이지의 민원에 수리를 요청하는 글을 올리는 것은 개별적·일시적 참여이고, 을이 시민 단체에 가입하여 꾸준하게 활동하는 것은 지속적·집단적 참여이다.

06 ④

개념 카테고리 정치와 법 > 정치 과정과 참여 > 정치 과정과 정치 참여 > 복수 정당제

| **정답 해설** | A는 다당제, B는 양당제이다.
④ 정당이 대립할 때 중재할 수 있는 정당이 있다는 것은 다당제

에 대한 설명이다. 양당제는 주요 정당이 2개이므로 정당이
서로 대립할 때 이에 대한 갈등의 해결이 어렵다.

| **오답 해설** | ① 다당제는 정당의 수가 3개 이상이므로, 다양한
국민의 의견이 정부 정책에 반영될 수 있다.

② 양당제는 주요 정당의 수가 2개이므로 다당제에 비해 정국이
안정되고 책임 정치를 실현하기에 유리하다.

③ 의원내각제에서 과반수를 확보한 정당이 없을 경우 다당제에서
는 정당 간 연합을 통하여 연립 내각을 구성할 가능성이 높다.

07 ①

| 개념 카테고리 | 정치와 법 > 정치 과정과 참여 > 정치 과정과 정치 참여 >
복수 정당제

| **정답 해설** | (가)는 다당제, (나)는 양당제이다.

① 다당제이면서 의원내각제를 채택한 국가의 경우 연립 정부가
구성되는 일이 발생한다.

| **오답 해설** | ② 다당제에서는 정당 간 대립이 발생하면 중재가
비교적 쉽다.

매력적 오답 ③ 양당제인 국가라 하더라도 2개의 정당만 존재하는 것
은 아니다.

④ 양당제와 다당제는 모두 민주적이다.

08 ③

| 개념 카테고리 | 정치와 법 > 정치 과정과 참여 > 정치 과정과 정치 참여 >
정치 참여 집단

| **정답 해설** | A는 정당, B는 이익 집단, C는 시민 단체이다.

ㄴ. 정당은 공직 선거에서 후보자를 공천할 수 있다.

ㄹ. 이익 집단과 시민 단체 모두 정치적 책임을 지지 않기 때문에
'정치적 책임이 없는가?'라는 질문으로 구분할 수 없다. 정치
적 책임은 정당에 있다.

| **오답 해설** | ㄱ. 국민에 대해 정치적인 책임을 지는 것은 정당이다.

ㄷ. 공익보다 사익 실현을 위해 노력하는 것은 이익 집단이다.

09 ②

| 개념 카테고리 | 정치와 법 > 정치 과정과 참여 > 정치 과정과 정치 참여 >
정치 참여 집단

| **정답 해설** | A는 이익 집단, B는 시민 단체, C는 정당이다.

② 선거에 후보자를 공천하여 대표자를 배출하는 것은 정당이다.

| **오답 해설** | ① 이익 집단, 시민 단체, 정당 모두 간접 민주 정치
의 한계를 보완하므로 '간접 민주 정치의 한계를 보완하는가?'라
는 질문은 (가)에 들어갈 수 없다.

③ 정당은 의회와 정부를 매개하는 기능을 수행한다.

④ 자신들의 행위에 정치적 책임을 지는 것은 정당이다.

10 ④

| 개념 카테고리 | 정치와 법 > 정치 과정과 참여 > 정치 과정과 정치 참여 >
정치 참여 과정

| **정답 해설** | ④ 전체주의 국가와 비교할 때 민주주의 국가에서
는 환류의 과정이 활발하게 나타난다.

| **오답 해설** | ① 시민의 입법 청원 활동은 투입에 해당한다.

② 입법부와 행정부는 투입 기관이 아닌 산출 기관이다.

③ 언론이 일정한 방향으로 여론을 형성하는 것은 산출이 아닌
투입의 예로 적용할 수 있다.

11 ③

| 개념 카테고리 | 정치와 법 > 정치 과정과 참여 > 정치 과정과 정치 참여 >
복수 정당제

| **정답 해설** | 정책 실패에 대한 책임 소재가 비교적 명확한 것은
양당제의 특징이다. 따라서 A는 다당제, B는 양당제이다.

ㄴ. 양당제는 다당제에 비해 다수당의 횡포가 나타나기 쉽다.

ㄹ. 양당제와 다당제 모두 복수 정당제로, 정권 획득을 목표로
실질적으로 경쟁할 수 있는 정당이 2개 이상 존재한다. 따라
서 (가)에는 '정권 획득을 목표로 실질적으로 경쟁할 수 있는
정당이 2개 이상 존재하는가?'라는 질문이 들어갈 수 있다.

| **오답 해설** | ㄱ. 다당제는 양당제에 비해 군소 정당의 난립 가능
성이 높다.

ㄷ. 다당제는 경쟁할 수 있는 정당이 3개 이상인 제도로, 다양한
민의를 반영할 수 있고, 양당제에 비해 정당 간 대립 시 중재
가 용이하다는 장점이 있다.

선거와 선거 제도								문제편 P.46	
12	②	13	③	14	④	15	④	16	①
17	④	18	④	19	④	20	①	21	④
22	②	23	④	24	③	25	③	26	④
27	②	28	②	29	③	30	③	31	④
32	②	33	④	34	④					

12 ②

| 개념 카테고리 | 정치와 법 > 정치 과정과 참여 > 선거와 선거 제도 > 선거
구제

| **정답 해설** | A는 소선거구제, B는 중·대선거구제이다.

ㄱ. 중·대선거구제에서는 국민의 다양한 의사가 선거에 반영된다.

ㄷ. 소선거구제는 양당제를, 중·대선거구제는 다당제를 촉진하
는 경향이 있다.

| **오답 해설** | ㄴ. 일반적으로 소선거구제에서 사표(死票)가 많이 발생한다.

ㄹ. 중·대선거구제는 소선거구제에 비해 선거 비용이 많이 들고 복잡하다.

13 ③

개념 카테고리 정치와 법 > 정치 과정과 참여 > 선거와 선거 제도 > 선거 구제

| **정답 해설** | ③ 갑국은 소선거구제를 채택하였으므로 한 지역구에서 1명을 선출한다. A시는 약 90만 명의 인구에서 3명을 선출하였으므로 1개 지역구당 약 30만 명의 인구 구성을 보인다. B시는 약 30만 명 인구에서 2명을 선출하였으므로 1개 지역구당 약 15만 명의 인구 구성을 보인다. 1인 1표를 행사하고, B시는 약 15만 표로도 1명이 선출되므로 B시의 투표 가치가 A시보다 약 2배 높다.

| **오답 해설** | ① 소선거구제는 중·대선거구제보다 입후보자의 인물 파악이 쉽다.

② A시 지역구와 B시 지역구의 투표 가치가 약 2배 차이가 나므로 평등 선거 원칙에 부합한다고 할 수 없다.

④ 선거구를 공정하게 획정하기 위해서는 선거구 법정주의, 인구 대표성, 지역 대표성을 통합적으로 고려해야 한다.

14 ④

개념 카테고리 정치와 법 > 정치 과정과 참여 > 선거와 선거 제도 > 선거 구제

| **정답 해설** | 갑국의 선거구제는 중·대선거구제에서 소선거구제로 바뀌었다.

ㄷ. 소선거구제에서는 유권자가 후보자에 대한 상세한 정보를 얻기 유리하다.

ㄹ. 소선거구제에서는 사표 발생이 증가하여 정당 득표율과 의석률의 격차가 커진다.

| **오답 해설** | ㄱ, ㄴ. 중·대선거구제에 대한 설명이다.

15 ④

개념 카테고리 정치와 법 > 정치 과정과 참여 > 선거와 선거 제도 > 선거 제도

| **정답 해설** | ④ 비례대표제는 다수대표제보다 의회 의석 배분에 있어 국민의 의사를 더 충실히 반영할 수 있다.

| **오답 해설** | ① 지역구 의원 선거는 가장 많은 표를 얻은 후보자가 당선자가 되므로 상대다수대표제를 채택하고 있다.

② 한 선거구 내에서 당선자 간 투표 가치의 차등 문제를 발생시킬 가능성이 큰 방식은 중·대선거구제이다.

③ 다수대표제는 정당의 득표율과 의석률 간의 차이를 크게 발생시킨다.

16 ①

개념 카테고리 정치와 법 > 정치 과정과 참여 > 선거와 선거 제도 > 선거 제도

| **정답 해설** | ① 제시된 설명은 선거 공영제에 대한 내용이다.

| **오답 해설** | ② 중·대선거구제는 한 선거구 내에서 2인 이상의 대표자를 선출하는 선거 방식이다.

③ 보통 선거제는 선거 4대 원칙 중 하나이다.

④ 선거구 법정주의는 국회에서 선거구를 획정하는 것을 의미한다.

17 ④

개념 카테고리 정치와 법 > 정치 과정과 참여 > 선거와 선거 제도 > 선거 제도

| **정답 해설** | ④ 갑국의 선거 제도 방식은 후보자에 투표를 하면 자동으로 정당에 투표가 되는 방식이다. 이때 지지하는 후보자와 정당이 다를 경우 유권자의 자유로운 선택이 제한된다.

| **오답 해설** | ① 소선거구제는 군소 정당 후보에게 불리하다.

② 무소속 후보자에게 투표를 함으로써 비례대표 국회의원의 선출에 기여하지 못하는 것은 보통 선거가 아닌 평등 선거의 원칙에 어긋나는 것이다.

③ 지역구 국회의원의 선거 방식은 다수대표제로, 소수대표제보다 간단하고 선거 비용이 적게 든다.

18 ④

개념 카테고리 정치와 법 > 정치 과정과 참여 > 선거와 선거 제도 > 선거 제도

| **정답 해설** | ④ 우리나라는 상대보다 한 표라도 더 많이 획득하면 당선인이 되는 상대다수대표제를 실시하고 있다.

| **오답 해설** | ① 우리나라는 공정한 선거 실시를 위해 선거구 법정주의를 채택하고 있다.

② 우리나라는 원양어선 선원 등을 대상으로 한 선상투표 제도를 시행하고 있다.

③ 우리나라에서는 비례대표 의석을 각 정당의 득표율에 따라 배분한다.

19 ④

| 개념 카테고리 | 정치와 법 > 정치 과정과 참여 > 선거와 선거 제도 > 선거 제도

| 정답 해설 | ④ 2017년 갑국의 국회의원 선거에서 B당과 D당의 지역구 의석 점유율의 합은 39%이고, B당과 D당의 정당 득표율의 합은 42%이다.

| 오답 해설 | ① 우리나라 지역구 기초의회 선거 선거구제는 중선거구제이다. 갑국 역시 중선거구제를 따르고 있다.

② 우리나라 지역구 국회의원 선거 선거구제는 소선거구제이다. 중선거구제를 채택하고 있는 갑국의 선거구제는 군소 정당이 의석을 확보하는 데 더 유리하다.

③ 갑국은 비례대표 의원 100명을 정당 득표율에 비례하여 배분하므로 A당은 43석, B당은 32석, C당은 15석, D당은 10석을 배분받게 된다. 이 중 가장 많은 의석을 차지한 A당은 총 141석을 차지하였으므로 과반을 차지한 정당은 존재하지 않는다.

20 ①

| 개념 카테고리 | 정치와 법 > 정치 과정과 참여 > 선거와 선거 제도 > 선거 제도

| 정답 해설 | ① 비례대표 선거에는 정당명부식 비례대표제가 채택되었을 것이다.

| 오답 해설 | ② 한 개의 선거구에서 한 명을 선출하는 소선거구제를 운영하고 있으므로 다수대표제가 채택되었다.

③ 갑국은 소선거구제를 운영하고 있으므로 C당, D당, 무소속 의원이 당선된 선거구에서 A당과 B당에 투표한 표는 사표가 되었을 것이다.

④ 지역구 선거에서 C당과 D당은 모두 득표율보다 의석률이 낮으므로 과소 대표되었다.

21 ④

| 개념 카테고리 | 정치와 법 > 정치 과정과 참여 > 선거와 선거 제도 > 선거 제도

| 정답 해설 | (가)는 게리맨더링이다.

ㄴ. 우리나라의 경우 대통령 선거는 전국을 하나의 선거구로 취급하지만, 국회의원 지역구 선거는 지역별로 선거구가 나뉘므로 국회의원 선거에서 게리맨더링이 나올 가능성이 높다.

ㄹ. 정치권으로부터 독립적인 선거구 획정위원회를 제도화하면 게리맨더링을 방지하는 데 도움이 된다.

| 오답 해설 | ㄱ. 게리맨더링은 의도적으로 특정 정당이나 후보자에게 유리하도록 선거구를 편성하는 것으로, 공정한 선거를 위해 불가피한 것이 아니다.

ㄷ. 우리나라의 경우 비례대표 국회의원 선거는 전국을 하나의 선거구로 취급한다. 따라서 지역구 국회의원 선거에서 게리맨더링이 나타날 가능성이 더 높다.

22 ②

| 개념 카테고리 | 정치와 법 > 정치 과정과 참여 > 선거와 선거 제도 > 선거 제도

| 정답 해설 | ② 각 정당의 총 득표율에 따라 당선자가 결정되는 것은 비례대표제이다. 가선거구는 군 의회 의원을 선출하여 후보자 2명이 당선되었으므로 비례대표제가 아닌 소수대표제에 해당함을 알 수 있다.

| 오답 해설 | ① 광역의회 의원 선거인 제1선거구는 과반수를 득표해야 당선이 되는 절대다수대표제가 아니라 최다 득표자가 당선이 되는 상대(단순)다수대표제를 채택하였다.

③ 제1선거구는 도 의회 의원 선거로 최다 득표자 1명이 당선되는 소선거구 다수대표제 방식으로 선출하였다. 이와 같은 소선구제는 정당별 득표율과 의석률의 불일치가 심하게 나타날 수 있다.

④ 소수대표제는 1위 당선자와 2위 당선자 간에 득표율 차이가 발생할 경우 선거구 내에서의 투표 가치의 차등 문제가 발생할 가능성이 있다.

23 ④

| 개념 카테고리 | 정치와 법 > 정치 과정과 참여 > 선거와 선거 제도 > 선거 제도

| 정답 해설 | (가)는 비례대표제, (나)는 소선거구 다수대표제이다.

④ 다수대표제하에서는 선출된 1명의 표를 제외한 나머지 표가 모두 사표가 된다. 따라서 소선거구 다수대표제에서는 사표 발생 가능성이 높다.

| 오답 해설 | ① 우리나라 국회의원은 소선거구제(지역구)에 따라 다수대표제로 선출되며, 비례대표제(전국구)를 병행한다. 광역 지방 자치 단체장은 소선거구제에 따라 다수대표제로 선출되며 비례대표제는 해당 사항이 없다.

② 비례대표제는 득표수에 따라 각 정당의 의석을 배정하는 제도로, 정당 득표율에 비례해서 국회 의석을 배분하므로 군소 정당이라 하더라도 정당의 지지도를 통해 국회에 진출할 수 있다.

③ 다수대표제는 최다 득표자 1명만을 선출하는 제도로, 사회의 다원적인 정치적 의사를 반영하는 데 어려움이 있다.

| 플러스 이론 | **지방 자치 제도와 지방 선거**

구분	광역 지방 자치 단체	기초 지방 자치 단체
장	소선거구, 다수대표제 (도지사, 특별시·광역시장 등)	소선거구, 다수대표제 (시장, 군수, 구청장 등)
의원	• 지역구 의원(인물) – 소선거구, 다수대표제 • 비례대표 의원(정당 투표)	• 지역구 의원(인물) – 중선거구, 소수대표제 • 비례대표 의원(정당 투표)

24 ③

개념 카테고리 정치와 법 > 정치 과정과 참여 > 선거와 선거 제도 > 선거법

| **정답 해설** | 현행 선거법은 하나의 선거구에서 한 명의 의회 의원을 선출하는 소선거구제 및 다수대표제 방식을 따르고 있다. 개정안에서는 하나의 선거구에서 2~4명의 의회 의원을 선출하는 중선거구제 및 소수대표제 방식을 따르고 있다.

③ 중선거구제를 실시하면 소선거구제를 실시할 때보다 군소 정당에 유리하게 작용하여 국민의 다양한 의사를 보다 잘 반영할 수 있게 된다.

| **오답 해설** | ① 지역구 의원 총수는 200명으로 변동이 없으므로 기존 한 선거구에서 한 명만 선출했을 때보다 한 선거구에서 2~4명을 선출하는 개정안의 방식에서 선거구의 수가 감소한다.

② 중선거구제는 소선거구제보다 사표가 적게 발생한다.

④ 중선거구제를 실시하면 다수당이 출현하기가 어렵다. 그러나 이는 여러 정당의 난립으로 이어져 정국의 안정을 약화시킬 수 있다.

25 ③

개념 카테고리 정치와 법 > 정치 과정과 참여 > 선거와 선거 제도 > 선거의 4대 원칙

| **정답 해설** | ③ (가)에는 평등 선거, (나)에는 직접 선거, (다)에는 평등 선거가 들어간다.

(가) 선거구 간 인구 편차와 관련된 표의 가치 차등 문제는 평등 선거 원칙에 어긋난다.

(나) 유권자가 직접적인 결정권을 갖지 못하는 것은 직접 선거 원칙에 어긋난다.

(다) 무소속 후보자에 투표함으로써 비례대표 의원의 선출에는 기여하지 못하는 것은 표의 가치에 차등을 만드는 것으로 평등 선거 원칙에 어긋난다.

26 ④

개념 카테고리 정치와 법 > 정치 과정과 참여 > 선거와 선거 제도 > 선거 제도

| **정답 해설** | ㄷ. 지역구 선거에서는 소수당이 하나도 당선되지 못하였으므로 비례대표 선거보다 지역구 선거에서 양당제 경향이 뚜렷했다고 볼 수 있다.

ㄹ. 비례대표 선거보다 지역구 선거에서 득표율에 따른 의석의 배분이 왜곡되었다.

| **오답 해설** | ㄱ. 지역구마다 의석수가 하나이므로 지역구 선거에서는 소수대표제가 아닌 다수대표제가 적용되었다.

ㄴ. 지역구 선거의 득표율에 따라 비례대표 의석이 배분된 것이 아니라 정당별 득표율에 따라 배분되었다.

27 ②

中

개념 카테고리 정치와 법 > 정치 과정과 참여 > 선거와 선거 제도 > 선거 제도

| **정답 해설** | 국민이 행정부 수반을 선출하는 정부 형태는 대통령제이므로, 갑국은 대통령제, 을국은 의원내각제를 따르고 있다.

② 대통령제를 채택하는 국가에서는 의회와 행정부가 대립할 때 조정이 곤란하다.

| **오답 해설** | ① 의원의 행정부 각료 겸직이 가능한 것은 의원내각제로, 을국에 해당한다.

③ 의회가 행정부를 견제하는 권한인 내각 불신임권을 갖는 정부 형태는 의원내각제이다. 대통령제 정부에서 의회가 행정부를 견제하는 권한은 동의권과 승인권 행사가 있다.

④ 대통령제 정부는 일원적 구성으로, 행정부 수반과 국가 원수가 동일인이다.

28 ②

中

개념 카테고리 정치와 법 > 정치 과정과 참여 > 선거와 선거 제도 > 선거 제도

| **정답 해설** | ② 갑국과 을국 모두 과반수를 차지한 정당이 없으므로 정당 간 정책 공조가 필요하다.

| **오답 해설** | ① 양당제는 세력이 비슷한 두 개의 정당이 있어야 한다. 갑국은 세력이 비슷한 정당이 세 개이므로 다당제에 해당한다.

③ 득표율과 의석수의 비례를 통해 득표율 대비 의석률의 왜곡 정도를 파악할 수 있다. B당이 A당보다 득표율 대비 의석률의 왜곡 정도가 더 심하다.

④ 득표율과 의석수 비례를 통해 갑국이 을국에 비해 유권자의 의사가 의석수에 공정하게 반영되어 있음을 알 수 있다.

29 ③

上

개념 카테고리 정치와 법 > 정치 과정과 참여 > 선거와 선거 제도 > 선거 제도

| **정답 해설** | A는 지역구 의석수, B는 정당별 득표율에 따라 비례대표를 선출하는 방식이다. A, B 모두 일정 정도의 득표나 의석을 획득하지 못한 경우, 비례대표 의석 배분을 하지 않는 장치를 두고 있다.

③ B의 경우, 지역구 의원에게 투표한 표를 비례대표 의원에게 투표한 것으로 간주하지 않고, 직접 정당에게 투표하도록 함으로써 A에 비해 직접 선거 원칙에 충실한 방식을 택하고 있다.

| **오답 해설** | ① 무소속 후보자를 지지하는 유권자들과 정당 후보자 지지자들 간의 평등이 실현될 수 있도록 정당 명부식 비례대표를 선출하는 B가 평등 선거 원칙에 더 충실하다. A는 지역구 의석이 5석 미만인 정당은 지역구 선거에서 3% 이상 득표하지 못하면 비례대표 의석을 확보하지 못하도록 하고 있다.

② A와 B 모두 지역구 선거 결과가 비례대표 의석 배분에 영향을 미친다.

④ A에서는 지역구 의석이 5석 미만인 정당은 지역구 선거에서 3% 이상 득표하지 못하면 비례대표 의석을 확보하지 못하도록 하고 있다.

30 ③

상

개념 카테고리 정치와 법 > 정치 과정과 참여 > 선거와 선거 제도 > 선거 제도

| **정답 해설** | ㄴ. 지역구 득표율과 지역구 의석률 간 격차는 C당이 5%p, E당이 2.5%p이므로, C당이 E당의 2배이다.

ㄷ. 비례대표 선거에서 E당의 경우, 정당 득표율이 존재함에도 불구하고 비례대표 의석을 배정받지 못한 것으로 보아 군소 정당의 난립을 막는 봉쇄 조항을 두고 있음을 알 수 있다.

| **오답 해설** | ㄱ. A당과 B당은 지역구 선거와 비례대표 선거에서 모두 득표율보다 의석률이 높으므로 과대 대표되었다.

ㄹ. 사표가 가장 많이 발생하는 선거 제도는 소선거구제로, 제시된 자료만으로는 이를 파악할 수 없다.

31 ④

중

개념 카테고리 정치와 법 > 정치 과정과 참여 > 선거와 선거 제도 > 선거 제도

| **정답 해설** | ④ 1인 1표에 의한 비례대표 선거였다면 지역구 득표율과 비례대표 의석률이 일치해야 한다. 그러나 A국은 지역구 득표율과 비례대표 의석률이 일치하지 않으므로 별도의 정당 투표가 이루어졌음을 알 수 있다. 따라서 1인 2표제가 시행된 것으로 볼 수 있다.

| **오답 해설** | ① 갑당은 지역구 의석률이 득표율보다 높아 과대 대표되었지만 그렇다고 해서 사표가 발생하지 않았다고 단정할 수 없다. 사표가 발생하지 않았다는 것은 공천한 후보 모두 당선되었다는 의미이다.

② 갑당의 지역구 득표율은 45%, 의석률은 55%이고, 을당의 지역구 득표율은 35%, 의석률은 40%이므로 두 당 모두 과대 대표되었다.

③ A국 지역구 선거는 100개의 선거구에서 200명의 의원이 선출되었으므로 한 개의 선거구에서 2명이 당선되는 소수대표제가 활용되었다.

32 ②

상

개념 카테고리 정치와 법 > 정치 과정과 참여 > 선거와 선거 제도 > 선거 제도

| **정답 해설** | ㄱ. 개정 전 법률의 비례대표 국회의원 배분 방식은 비례대표 국회의원을 유권자의 직접적인 의사에 따라 결정하는 것이 아니라, 지역구 의원 선거 결과에 따라 정당별 의석을 배분하였으므로 직접 선거의 원칙에 위배된다.

ㄷ. 개정 전에는 지역구 국회의원 선거에서 정당 소속 후보자에게 투표한 유권자들의 표는 지역구 국회의원과 비례대표 국회의원 선출에 모두 영향을 끼치는 반면, 지역구 국회의원 선거에서 무소속 후보자에게 투표한 유권자들의 표는 비례대표 국회의원 의석 배분에 기여하지 못하였다. 이는 모든 유권자의 1표의 가치가 동등해야 한다는 평등 선거의 원칙에 위배된다.

| **오답 해설** | ㄴ. 개정 전에 비해 개정 후에는 비례대표 선거에서 발생하는 사표가 줄어들 수는 있지만, 사표가 전혀 발생하지 않는 것은 아니다. 개정 후에도 비례대표 국회의원 선거에서 유효 투표 총수의 100분의 3 미만을 득표하였거나 지역구 국회의원 총선거에서 5석 미만의 의석을 차지한 정당에 투표한 유권자의 투표는 사표가 된다.

ㄹ. 개정 전에는 소수 정당 지지자가 지역구 국회의원 선거에서 비례대표 국회의원의 당선 가능성을 고려하여 후보자를 선택할 가능성이 있지만, 개정 후에는 지역구 국회의원 선거와 별도로 자신이 지지하는 정당에 대한 투표가 가능하므로 개정 후의 비례대표 국회의원 선출 방식이 소수 정당에 더 유리하다고 할 수 있다.

33 ④

하

개념 카테고리 정치와 법 > 정치 과정과 참여 > 선거와 선거 제도 > 선거 제도

| **정답 해설** | 갑국은 총 의석수가 증가하고, 소선거구제에서 중·대선거구제로 선출 방식이 변화하였다.

ㄷ. 중·대선거구제는 소선거구제보다 선거 관리가 복잡하고 어렵다.

ㄹ. 중·대선거구제에서는 군소 정당의 의회 진출이 쉬워지기 때문에 국민의 다양한 의사를 반영하는 데 유리해진다.

| **오답 해설** | ㄱ. 일반적으로 소선거구제보다 중·대선거구제가 사표가 적게 발생한다.

ㄴ. 갑국과 같이 소선거구제에서 중·대선거구제로 바뀌고 비례대표 의석수가 증가하면 소수 정당의 의회 진출 가능성이 높아질 수 있다.

34 ④

중

개념 카테고리 정치와 법 > 정치 과정과 참여 > 선거와 선거 제도 > 선거 제도

| **정답 해설** | 득표율과 의석률을 일치시키는 데 가장 유리한 대표 결정 방식은 비례대표제이므로 A는 비례대표제이고, B와 C는 각각 소수대표제와 다수대표제 중 하나이다.

ㄱ. 소선거구제에 적용되는 것은 다수대표제이므로 (가)에 들어갈 수 있다.

ㄴ. 의회 다수당의 출현에 가장 유리한 것은 다수대표제이므로 (가)에 들어갈 수 있다.

ㄷ. 사표의 과다 발생이 단점으로 작용하는 것은 다수대표제이므로 (가)에 들어갈 수 있다.

| **오답 해설** | ㄹ. 현행 우리나라 기초 의원 선거에서 채택하고 있는 것은 소수대표제와 비례대표제이므로 (가)에 들어갈 수 없다.

04 개인생활과 법

출제 비중 17%

약점진단표

	1회독				2회독				3회독			
	○	△	×	총	○	△	×	총	○	△	×	총
민법의 의의와 기본 원리★				4				4				4
불법 행위와 손해 배상★				3				3				3
개인 간의 분쟁 해결★★				7				7				7
생활 속의 법★★★				21				21				21

*문제풀이 후 약점진단 결과를 적어 보세요!

필수기출 & 출제예상 문제

민법의 의의와 기본 원리

문제편 P.54

01	①	02	④	03	②	04	④		

01 ①

개념 카테고리 정치와 법 > 개인생활과 법 > 민법의 의의와 기본 원리 > 민법의 기본 원리

| **정답 해설** | A는 계약 자유의 원칙(사적 자치의 원칙), B는 무과실 책임의 원칙, C는 사유 재산권 존중의 원칙(소유권 절대의 원칙), D는 소유권 공공복리의 원칙이다.

① 계약 공정의 원칙은 근대 「민법」의 원칙인 계약 자유의 원칙에서 경제적 약자를 일방적으로 불리한 내용의 계약 체결로부터 지키기 위해 수정된 원칙이다.

| **오답 해설** | ② 자기 책임의 원칙은 과실이 있을 때에만 그에 대해 책임을 지는 과실 책임의 원칙이다.

③ 사유 재산권 존중의 원칙은 사유 재산권의 자유로운 행사를 할 수 있도록 하는 것이다. 공공복리에 적합하도록 행사해야 하는 원칙은 소유권 공공복리의 원칙이다.

매력적 오답 ④ 사유 재산권 존중의 원칙과 소유권 공공복리의 원칙은 모두 개인 소유의 재산에 대한 사적 지배를 인정한다.

02 ④

개념 카테고리 정치와 법 > 개인생활과 법 > 민법의 의의와 기본 원리 > 민법의 기본 원리

| **정답 해설** | (가)는 소유권 공공복리의 원칙, (나)는 사적 자치의 원칙, (다)는 무과실 책임의 원칙이다.

ㄷ. 「제조물 책임법」 제3조에서는 '제조업자는 제조물의 결함으로 생명·신체 또는 재산에 손해를 입은 자에게 그 손해를 배상하여야 한다.'라며 무과실 책임의 원칙을 적용하고 있다.

ㄹ. 소유권 공공복리의 원칙과 무과실 책임의 원칙은 사회적 약자를 보호하기 위해 근대 「민법」의 원칙을 수정·보완한 것으로서 개인이나 기업의 사회적 책임을 강조한다.

| **오답 해설** | ㄱ. 소유권 공공복리의 원칙은 사회적 약자를 보호하기 위해 소유권 절대의 원칙이 수정·보완된 것일 뿐, 개인 소유에 대한 사적 지배를 부정하는 것은 아니다.

ㄴ. 사회적 이익에 반하거나 불공정한 계약은 법적 효력이 없다는 것은 사적 자치의 원칙이 수정·보완된 계약 공정의 원칙이다. 사적 자치의 원칙에 따르면 개인의 자유로운 의사에 기초한 계약은 그 내용을 불문하고 법적 효력이 있다.

03 ②

中

개념 카테고리 정치와 법 > 개인생활과 법 > 민법의 의의와 기본 원리 > 민법의 기본 원리

| **정답 해설** | ② (나)는 무과실 책임의 원칙으로 「제조물 책임법」을 예로 들 수 있다.

| **오답 해설** | ① (가)는 근대 「민법」의 과실 책임의 원칙, (나)는 현대 「민법」 중 고의나 과실 없이도 책임질 수 있다는 무과실 책임의 원칙에 해당한다.

③ (가)는 근대 「민법」의 과실 책임의 원칙, (나)는 무과실 책임의 원칙이다.

매력적 오답 ④ 근대 「민법」의 원칙인 과실 책임의 원칙이 현대 「민법」에서 무과실 책임의 원칙으로 수정, 보완된 것이므로 대체되었다는 설명과 구분해야 한다.

04 ④

中

개념 카테고리 정치와 법 > 개인생활과 법 > 민법의 의의와 기본 원리 > 민법의 기본 원리

| **정답 해설** | A는 사유 재산권 존중의 원칙, B는 계약 자유(사적 자치)의 원칙, C는 소유권 공공복리의 원칙, D는 계약 공정의 원칙, E는 무과실 책임의 원칙이다.

ㄴ. B는 계약 자유의 원칙, E는 고의나 과실이 없어도 책임을 질 수 있는 무과실 책임의 원칙으로, 우리나라의 「제조물 책임법」이 이에 해당한다.

ㄹ. 연예인 전속 계약 기간을 과도하게 설정한 기획사의 계약은 계약 일방에게 지나치게 불공정하다고 볼 수 있으므로 이에 대한 공정 거래 위원회의 규제에는 계약 공정의 원칙을 적용할 수 있다.

| **오답 해설** | ㄱ. 사유 재산권 존중의 원칙에 의하면 사유 재산에 대한 개인의 지배권은 절대적이다. 사유 재산에 대한 개인의 지배권의 상대성은 소유권 공공복리의 원칙으로 설명할 수 있다.

ㄷ. 소유권 공공복리의 원칙에 의하면 개인의 소유권은 공공의 이익을 위해서라면 경우에 따라 제한될 수 있는 상대적 권리이다. 따라서 소유권에 대해 일부 제한할 수 있을 뿐 공공복리를 위해서만 행사할 수 있다고 보는 것은 아니다.

불법 행위와 손해 배상				문제편 P.55
05	④	05	③	07	③

05 ④

| 개념 카테고리 | 정치와 법 > 개인생활과 법 > 불법 행위와 손해 배상 > 특수 불법 행위

| **정답 해설** | ④ 피해자인 C는 책임 무능력자인 유치원생 A의 불법 행위에 대해 엄마 B에게 감독자의 책임으로 손해 배상을 청구할 수 있다. 하지만 B가 책임 무능력자인 A에 대한 감독에 상당한 주의를 다하였다는 것을 증명하면 면책될 수 있다.

| **오답 해설** | ① 갑은 동물의 점유자로 반려견 보관에 상당한 주의를 기울였음을 입증하면 면책될 수 있다. 또한 을은 동물의 소유자로, 점유자와 소유자가 다를 때 소유자는 배상 책임의 주체가 아니다. 따라서 을도 면책된다.

② 공동 불법 행위란 두 사람 이상이 함께 저지른 불법 행위로, 행위의 결과에 대해 관련자들이 연대하여 책임을 지는 것이다. 갑은 동물의 점유자로 동물의 불법 행위에 대한 책임이 있다.

③ 유치원생인 A는 책임 무능력자로 책임이 조각되어 불법 행위가 성립되지 않는다.

06 ③ 中

| 개념 카테고리 | 정치와 법 > 개인생활과 법 > 불법 행위와 손해 배상 > 특수 불법 행위

| **정답 해설** | ㄴ. 특수 불법 행위 중 공작물의 설치, 보존의 책임은 1차 점유자(과실) 책임, 2차 소유자(무과실) 책임을 적용할 수 있다.

ㄷ. 갑은 공작물 점유자이므로 과실이 없다는 것을 입증하면 책

임을 지지 않는다. 2차 소유자 을은 무과실 책임으로 과실 여부와 관계없이 B에게 책임을 진다.

| **오답 해설** | 매력적 오답 ㄱ. 특수 불법 행위의 책임 무능력자의 감독자 책임에서의 책임 무능력자는 「민법」상 만 19세 미만의 미성년자를 모두 포함하는 것이 아니다. 「민법」상의 책임 능력을 기준으로 한다. 「민법」상 책임 능력이 있는 미성년자의 불법 행위의 부모 책임은 일반 불법 행위로 가능하다. 따라서 병은 17세로 「민법」상 미성년자이지만, 책임 능력이 있는 미성년자이므로 A는 병의 부모에게 특수 불법 행위 책임(감독자 책임)을 물을 수 없다.

ㄹ. 병의 행위가 불법 행위로 성립되지 않는다면 A는 갑에게 사용자의 배상 책임을 물을 수 없다.

07 ③ 中

| 개념 카테고리 | 정치와 법 > 개인생활과 법 > 불법 행위와 손해 배상 > 특수 불법 행위

| **정답 해설** | ㄴ. B는 공작물 점유자인 병을 상대로 손해 배상 청구 소송을 제기할 수 있다.

ㄷ. 아파트 누수로 인한 손해 발생에 대하여 점유자인 병은 1차 책임을 지지만, 병이 자신에게는 과실이 없음을 증명하면 손해 배상 책임을 면할 수 있다. 이런 경우에 소유자 정이 2차 책임, 무과실 책임을 지게 되므로 B가 입은 손해는 정이 배상해야 한다.

| **오답 해설** | ㄱ. A는 상해를 입힌 을을 상대로 손해 배상 청구 소송(민사 소송)을 제기할 수 있다.

매력적 오답 ㄹ. 병(점유자)이 자신에게 과실이 없다는 것을 증명하면, 아파트의 소유인 정은 과실의 증명 여부와 상관없이 무과실 책임이므로 손해 배상 책임을 지게 된다.

개인 간의 분쟁 해결									문제편 P.56
08	④	09	②	10	④	11	④	12	①
13	④	14	④						

08 ④

| 개념 카테고리 | 정치와 법 > 개인생활과 법 > 개인 간의 분쟁 해결 > 민사 분쟁 해결 제도

| **정답 해설** | ④ 채무를 이행하지 못할 시 손목을 자르기로 한 것은 반사회적 법률 행위에 해당하므로 무효이다.

| **오답 해설** | ① 사기에 의한 행위는 취소 가능 사유에 해당한다.

② 계약서를 쓰지 않더라도 무효나 취소가 되는 것은 아니며, 구두 계약도 성립한다.

③ 미성년자의 법정 대리인의 동의가 없는 행위는 취소 가능 사유에 해당한다.

09 ②

개념 카테고리 정치와 법 > 개인생활과 법 > 개인 간의 분쟁 해결 > 제조물 책임법

| 정답 해설 | ② 제조물 책임자가 단순히 제조물의 결함을 알지 못하였다는 사실을 입증하더라도 이는 면책 사유에 해당되지 않는다.

10 ④

개념 카테고리 정치와 법 > 개인생활과 법 > 개인 간의 분쟁 해결 > 민사 분쟁 해결 제도

| 정답 해설 | ㄷ. 대한법률구조공단은 법률 구조 사업을 효율적으로 추진하기 위해 설립된 공공기관이다.

ㄹ. 소액 사건 심판 제도는 3,000만 원을 초과하지 않는 금전 기타 대체물, 유가 증권의 일정한 수량의 지급을 목적으로 하는 간편하고 신속한 심판 절차이다.

| 오답 해설 | ㄱ. 내용 증명 우편은 기재된 내용 그대로 법적으로 확정되지는 않는다.

ㄴ. 민사 조정 제도는 반드시 거쳐야 하는 것이 아니다.

11 ④

개념 카테고리 정치와 법 > 사회생활과 법 > 개인 간의 분쟁 해결 > 배상 명령 제도

| 정답 해설 | ④ 배상 명령 제도는 형사 사건의 피해자가 별도로 민사 소송을 제기하지 않고도 형사 재판 과정에서 민사상 손해 배상까지 받아낼 수 있는 제도이다.

| 오답 해설 | ① 범죄 피해자 구조 제도는 범죄로 인해 피해를 입은 사람이나 그 유족에게 국가가 일정 한도의 구조금을 주는 제도이다.

② 형사 보상 제도는 형사 절차에서 억울하게 죄인의 누명을 쓰고 구금되거나 형의 집행을 받은 사람에 대하여 국가가 그 피해를 보상해 주는 제도이다.

③ 국가 배상 제도는 공무원의 직무상 불법 행위나 공공시설의 설치 또는 관리상의 잘못으로 손해를 입은 국민을 위해 「국가 배상법」에 의거하여 국가나 지방 자치 단체에서 적정한 배상을 해 주는 제도이다.

12 ①

개념 카테고리 정치와 법 > 개인생활과 법 > 개인 간의 분쟁 해결 > 권리 구제

| 정답 해설 | ㄱ. 「민법」상 명예훼손에 대한 손해 배상을 법원에 청구할 수 있다.

ㄷ. 갑의 행위는 민사상의 불법 행위와 별개로 형사상 명예훼손 죄에도 인정된다.

| 오답 해설 | ㄴ. 행정 심판 제기 대상에 해당하지 않는다.

ㄹ. 정정 보도 청구 소송은 언론사의 언론 보도로 인한 명예훼손 등에 대한 구제 방법에 해당한다.

13 ④ 上

개념 카테고리 정치와 법 > 개인생활과 법 > 개인 간의 분쟁 해결 > 미성년자의 계약

| 정답 해설 | ④ 거래 당시 을이 미성년자라는 사실을 병이 몰랐다면 을의 부모의 추인이 있기 전까지 먼저 계약 의사를 철회할 수 있다.

| 오답 해설 | ① 갑은 사술에 의한 계약을 하였으므로 취소권이 배제된다. 그러므로 갑의 부모는 오토바이 매매 계약을 취소할 수 없지만 을의 부모는 취소할 수 있다.

매력적 오답 ② 미성년자와의 계약 시 거래 상대방의 철회권은 미성년자인지 모르고 계약한 경우에만 행사할 수 있다. 계약 당시 병은 을이 미성년자임을 알았으므로 을의 부모에게 계약 의사 표시를 철회할 수 없다.

③ 미성년자가 속임수를 써서 자신이 행위 능력자인 것처럼 속이거나 대리인의 동의를 받은 것처럼 속인 경우에는 미성년자 본인 및 법정 대리인은 계약을 취소할 수 없다.

14 ④ 上

개념 카테고리 정치와 법 > 개인생활과 법 > 개인 간의 분쟁 해결 > 미성년자의 계약

| 정답 해설 | ④ 철회권은 거래 당시 미성년자임을 몰랐을 경우에만 행사할 수 있다. (다)의 경우는 거래 상대방인 을은 갑이 미성년자인지 모르고 계약한 경우이므로 갑에게 계약 체결의 의사 표시를 철회할 수 있다. 하지만 (가)의 경우는 계약 당시 을은 갑이 미성년자임을 알았으므로 계약 체결의 의사 표시를 철회할 수 없다.

| 오답 해설 | ① (나)의 경우 미성년자인 갑은 법정 대리인인 병의 동의를 얻어 계약을 체결하였으므로, 이는 확정적 유효한 계약이다. 따라서 갑은 제한 능력자임을 이유로 계약을 취소할 수 없다.

② 미성년자와 계약한 경우 거래 상대방은 미성년자의 법정 대리인에게 계약을 취소할 것인지에 대한 확답을 촉구할 권리가 있다.

③ (다)의 경우 미성년자나 미성년자의 법정 대리인은 계약을 취소할 수 있으므로 이에 따른 손해 배상 책임이 발생하지는 않는다.

생활 속의 법									문제편 P.58
15	②	16	③	17	③	18	③	19	③
20	②	21	④	22	④	23	②	24	④
25	①	26	②	27	②	28	③	29	④
30	②	31	④	32	②	33	③	34	③
35	①								

15 ②

개념 카테고리 정치와 법 > 개인생활과 법 > 생활 속의 법 > 혼인

| 정답 해설 | ② 혼인 중 부부가 협력하여 취득한 재산은 부부 공동의 재산으로 간주한다.
| 오답 해설 | ① 부부 별산제는 부부가 각자의 재산을 따로 소유·관리·처분하는 원칙이다.
③, ④ ⓒ과 ⓔ은 일상가사대리권에 해당한다.

16 ③

개념 카테고리 정치와 법 > 개인생활과 법 > 생활 속의 법 > 혼인 및 이혼

| 정답 해설 | ③ 협의상 이혼은 가정법원을 거쳐 이혼 의사 확인을 받아야 하고, 재판상 이혼은 이혼 소송을 통해 가정법원에서 이혼 판결을 받아야 한다.
| 오답 해설 | ① 협의상 이혼은 이혼 신고를 해야만 효력이 발생한다.
매력적 오답 ② 협의상 이혼과 재판상 이혼은 모두 재산 분할 청구가 가능하다.
④ 재판상 이혼을 하기 위해서는 법률이 정한 이혼 사유에 부합해야 한다. 협의상 이혼은 법률로 정한 이혼의 사유나 원인을 필요로 하지 않는다.

17 ③

개념 카테고리 정치와 법 > 개인생활과 법 > 생활 속의 법 > 이혼 및 상속

| 정답 해설 | ③ A는 갑과 을에 의해 친양자로 입양되었으므로 병과의 친자 관계가 끊기게 된다. 따라서 병이 사망한 경우 A는 병의 재산을 상속받지 못하고 병의 법정 상속인은 B가 된다.
| 오답 해설 | ① 갑과 을은 재판상 이혼을 하였으므로 이혼 숙려 기간을 거치지 않았다. 이혼 숙려 기간은 협의상 이혼일 때 적용되며, 미성년자 자녀가 있으면 3개월, 없으면 1개월이다.
② 갑의 법정 상속인은 직계비속 A이며, A가 받을 수 있는 갑의 상속액은 3억 원의 적극적 재산 중 1억 원의 소극적 재산(빚)을 제외한 2억 원이다.
④ A는 갑과 을에게 친양자로 입양되었으므로 가족 관계 등록부에 친자로 기재된다.

18 ③

개념 카테고리 정치와 법 > 개인생활과 법 > 생활 속의 법 > 이혼 및 상속

| 정답 해설 | ③ 친양자로 입양 확정 시, 친생부모와의 친족·상속 관계는 종료되고 양부모와의 친족 관계가 새로 형성된다. 그러므로 친양자는 입양되는 부모의 가족 관계 등록부에 친생자로 등록되며 성씨도 양부모의 성을 따르게 된다.
| 오답 해설 | ① 이혼 숙려 기간을 거치는 이혼은 협의상 이혼이다. 갑과 을은 재판상 이혼을 하였으므로 이혼 숙려 기간을 거치지 않았을 것이다.
② 유책 배우자는 이혼이나 손해 배상을 청구할 수 없는 것이 원칙이다. 그러나 재산 분할 청구권은 유책 여부와 관계가 없으므로, 유책 배우자도 혼인 중 공유 재산에 대한 분할을 청구할 수 있다.
④ 병과 정은 법률혼 부부로 A를 친양자로 입양하였다. 이때 병이 사망하였다면, 법정 상속 순위에 따라 1순위인 직계비속 A와 배우자인 정이 1:1.5의 비율로 상속하게 된다.

19 ③

개념 카테고리 정치와 법 > 개인생활과 법 > 생활 속의 법 > 미성년자의 계약

| 정답 해설 | ③ 철회권은 미성년자 여부를 인지하지 못한 상태에서 계약을 체결했을 경우 제한 능력자 측의 조치를 기다리지 않고 적극적으로 법률 행위를 무효화할 수 있는 권리이다.
| 오답 해설 | ① 갑과 을의 계약은 효력이 발생한다.
② 을은 갑의 법정 대리인에게 계약을 취소할 것인지에 대한 확답을 촉구할 권리를 갖는다.
④ 판매자와 구매자의 의사 합치가 이루어진 시점부터 매매 계약은 성립된다.

20 ②

개념 카테고리 정치와 법 > 개인생활과 법 > 생활 속의 법 > 미성년자의 법률 행위

| 정답 해설 | ② 미성년자는 권리만을 얻거나 의무만을 면하는 법률 행위를 단독으로 할 수 있다.
| 오답 해설 | ① 미성년자는 「민법」상 만 19세 미만인 제한 능력자이다.
③ 법정 대리인의 동의를 받지 않고 미성년자가 단독으로 체결한 계약은 미성년자 또는 법정 대리인이 취소할 수 있다.
④ 미성년자와 계약한 상대방은 상황에 따라 계약을 철회(미성년자인지 모르고 계약한 경우)하거나 거절할 수 있다.

21 ④

개념 카테고리 정치와 법 > 개인생활과 법 > 생활 속의 법 > 상속

| **정답 해설** | ④ 병이 먼저 사망하고 갑이 나중에 사망한 경우를 살펴보면, 먼저 병 사망 후 직계존속 갑과 을은 각각 7억 원을 상속받는다. 이후 갑이 사망하면 갑의 재산 14억 원과 병의 사망으로 받은 상속분 7억 원을 더한 21억 원 중에서 직계비속인 정은 8억 4천만 원, 배우자 을은 12억 6천만 원을 상속받는다.

| **오답 해설** | ① 갑이 먼저 사망한 경우, 법정 상속인은 직계비속인 병, 정과 배우자 을로, 직계비속 병 : 정 : 배우자 을은 1 : 1 : 1.5의 비율로 상속받는다. 따라서 정은 갑의 사망 시 갑의 재산 14억 원 중 4억 원을 상속받는다.

② 병이 먼저 사망한 경우 법정 상속인은 제2순위 직계존속 갑과 을이므로, 을은 병 사망 시 병의 재산 14억 원 중 7억 원을 상속받는다.

③ 갑이 먼저 사망한 후 병이 나중에 사망한 경우를 순서대로 살펴보면, 먼저 갑이 사망한 후 을은 배우자이므로 갑의 재산 14억 원 중 6억 원을 상속받는다. 나중에 병이 사망하면 병이 갑의 사망 후 직계비속으로 상속받은 4억 원과 병의 재산 14억 원을 더한 18억 원 중 을은 병의 직계존속으로 18억 원을 상속받는다. 따라서 을은 총 24억 원을 상속받는다.

22 ④

개념 카테고리 정치와 법 > 개인생활과 법 > 생활 속의 법 > 상속

| **정답 해설** | ④ 병은 재산 7억 원 중 절반은 장학재단에 기부하겠다는 유언을 하였고, 이것이 유효하다면 상속 재산은 3.5억 원이다. 배우자 갑, 딸 A, 아들 B가 각각 1.5억 원, 1억 원, 1억 원을 상속받는다.

| **오답 해설** | ① 행위 능력은 성년(만 19세)이 되면 취득한다. 출산에 따라 발생하는 것은 권리 능력이다.

② 갑은 전 배우자인 을과의 사이에서 A를 출산하였고, 병이 A를 친양자로 입양하였다. 현재 재혼 후 새로운 배우자 병 사이에서 갑은 친어머니이므로 A와의 법률 관계가 유지된다.

③ 법정 상속이 이루어진다면 병의 어머니 C를 제외한 배우자 갑, 딸 A, 아들 B가 상속인에 해당한다.

23 ②

개념 카테고리 정치와 법 > 개인생활과 법 > 생활 속의 법 > 부동산 거래 관계

| **정답 해설** | ② 부동산 매매 과정에서 중도금은 통상적으로 계약금을 지급한 후, 잔금 지급 이전 단계에서 지급한다. 즉 소유권 이전 등기 전에 중도금을 지급해야 한다.

24 ④

개념 카테고리 정치와 법 > 개인생활과 법 > 생활 속의 법 > 부동산 임대차

| **정답 해설** | ④ 임차인과 임대인이 임대차 기간이 끝날 때까지 계약에 관한 의사를 표시하지 않았다면 원칙적으로 동일 조건으로 계약이 다시 이루어진 것으로 간주한다.

| **오답 해설** | ① 대항력을 갖추기 위해서는 점유와 주민등록 조건을 충족해야 한다.

② 을은 확정 일자의 요건을 갖추지 못했으므로 우선 변제권을 행사하지 못하고, 선순위 권리자의 존재 등으로 인해 보증금 전액을 변제받지 못할 수 있다.

③ 「주택임대차보호법」에 따라 주택 임대차의 기간을 정하지 않거나 기간을 2년 미만으로 설정하더라도 임차인은 임차 기간을 2년이라고 주장할 수 있다.

25 ①

개념 카테고리 정치와 법 > 개인생활과 법 > 생활 속의 법 > 부동산 임대차

| **정답 해설** | ① 부동산은 등기부 공시를 통해 소유권 변동의 효력이 발생한다. 따라서 등기부에 을이 소유자임을 등록한 시점에 을은 A 아파트에 대한 소유권을 취득하게 된다.

| **오답 해설** | ② 부동산 계약 체결 전에 등기부를 열람해야 하는 법적인 의무는 없다.

③ 중도금을 지급하기 전에 매수인은 계약금을 포기함으로써, 매도인은 받은 계약금의 두 배를 반환함으로써 일방에서 계약을 해제할 수 있다.

④ 대리인을 통해 매매 계약을 체결할 수 있다.

26 ②

개념 카테고리 정치와 법 > 개인생활과 법 > 생활 속의 법 > 계약의 효력 발생 요건

| **정답 해설** | ② 법률 행위는 합당한 목적하에 기본 원리에 위배되지 않는 범위 내에서 적절한 효력이 발생한다. 즉, 법률 행위의 목적이 부당하다면 그에 따른 효과가 배제될 수 있다. 실현 불가능한 행위, 강행 법규 위반이나 반사회 질서 행위, 불공정 행위는 법률 행위의 목적에 위배되는 경우이다.

| **오답 해설** | ① 권리 능력은 권리를 가지고 의무를 부담할 수 있는 자격을 의미하고, 행위 능력은 단독으로 완전하고 유효한 법률 행위를 할 수 있는 지위·자격을 의미한다. 계약 당사자가 권리 능력이 없다면 법률 행위는 '무효'가, 행위 능력이 없다면 법률 행위는 '취소'가 가능하다. 따라서 계약 당사자는 권리 능력 및 행위 능력을 갖추어야 한다.

③ 실현 불가능한 행위, 반사회 질서 행위는 법률 행위의 목적에 위배되므로 계약의 내용은 사회적으로 타당하고 실현 가능성이 있어야 한다.

④ 계약은 청약과 승낙의 과정을 통해 당사자 간 의사 및 이에 대한 표시가 합치되어야 성립한다.

27 ②

| 개념 카테고리 | 정치와 법 > 개인생활과 법 > 생활 속의 법 > 연령 기준

| 정답 해설 | ② 헌법 제67조 제4항에서 '대통령으로 선거될 수 있는 자는 국회의원의 피선거권이 있고, 선거일 현재 40세에 달하여야 한다.'라며 대통령 피선거권자에 대해 규정하고 있다. 「공직선거법」 제16조 제2항에서 '25세 이상의 국민은 국회의원의 피선거권이 있다.'라며 국회의원 피선거권자에 대해 규정하고 있다.

| 오답 해설 | ① 「민법」 제807조에서는 '만 18세가 된 사람은 혼인할 수 있다.'라며 혼인 가능 연령에 대해 규정하고 있다.
③ 「민법」 제4조에서는 '사람은 19세로 성년에 이르게 된다.'라며 「민법」상 성년의 연령에 대해 규정하고 있다.
④ 「공직선거법」 제15조 제1항에서는 '18세 이상의 국민은 대통령 및 국회의원의 선거권이 있다.'라며 대통령 및 국회의원 선거권자에 대해 규정하고 있다.

28 ③

| 개념 카테고리 | 정치와 법 > 개인생활과 법 > 생활 속의 법 > 미성년자의 법률 행위

| 정답 해설 | 제시된 사례는 미성년자인 갑과 상인 을 사이에 노트북 구매 계약을 맺었고, 이 계약을 누가 취소할 수 있는지의 판단 여부가 핵심이다.
③ 갑은 자신의 신분을 속인 사실이 없고, 상인이 갑의 신분을 확인하지 못한 과실이 있으므로 갑과 갑의 법정 대리인인 병은 노트북 구매 계약을 취소할 수 있다.

| 오답 해설 | ①, ② 미성년자임을 사유로 계약을 취소하는 경우, 미성년자 본인과 법정 대리인이 취소할 수 있는데, 미성년자의 취소 의사 표시에 법정 대리인의 동의는 필요하지 않다.
④ 제시된 사례에서 계약 공정의 원칙을 위배했다는 근거는 찾을 수 없다.

29 ④

| 개념 카테고리 | 정치와 법 > 개인생활과 법 > 생활 속의 법 > 이혼

| 정답 해설 | 갑과 을은 이혼 숙려 기간을 거치는 것으로 보아 당사자 간의 합의에 따라 이혼하였으므로 협의상 이혼에 해당한다. A와 B는 소송을 통해 이혼하였으므로 재판상 이혼이 이루어졌다.
ㄷ. C에 대한 양육권을 B가 갖는다면, A는 C에 대한 면접 교섭권을 갖는다.

ㄹ. 병에 대한 친권자가 을로 결정되었더라도 갑과 병의 친족 관계가 소멸되는 것은 아니다. 갑과 병의 친족 관계는 병이 친양자로 입양되었을 경우 등에 의해 소멸된다.

| 오답 해설 | ㄱ. 협의상 이혼의 경우 이혼 숙려 기간은 미성년자 자녀가 있다면 3개월, 없다면 1개월이다. 병이 미성년자인지 알 수 없으므로 갑과 을의 정확한 이혼 숙려 기간은 알 수 없다.
ㄴ. 협의상 이혼은 행정 관청에 이혼 신고서 제출, 재판상 이혼은 법원의 판결로 이혼의 효력이 발생한다.

30 ②

| 개념 카테고리 | 정치와 법 > 개인생활과 법 > 생활 속의 법 > 이혼

| 정답 해설 | ② 이혼의 효력은 협의상 이혼의 경우 행정 관청에 이혼 신고서를 제출하면, 재판상 이혼의 경우 법원 판결이 내려지면 발생한다.

| 오답 해설 | ① 이혼 숙려 기간은 협의상 이혼에서만 거치므로 ㉠에서만 거쳤을 것이다.
③ 재판상 이혼을 하더라도 갑과 A의 친자 관계는 종료되지 않는다.
매력적 오답 ④ 배우자의 귀책 사유가 있는 것과 재산 분할 청구권은 관계없음을 알아두어야 한다. 재산 분할 청구는 병과 을 모두 할 수 있다.

31 ④

| 개념 카테고리 | 정치와 법 > 개인생활과 법 > 생활 속의 법 > 상속

| 정답 해설 | 법정 상속 순위는 제1순위는 직계비속과 배우자, 제2순위는 직계존속과 배우자, 제3순위는 형제, 자매, 제4순위는 4촌 이내 방계 혈족이다.
④ 갑의 적극적 재산이 14억 원이라면 직계비속 친생자 B, 양자 C, 배우자 A는 각각 1 : 1 : 1.5의 비율로 상속을 받을 수 있다. 또한 을의 적극적 재산이 14억 원이라면 을의 노모 E, 배우자 F는 각각 1 : 1.5의 비율로 상속받을 수 있다. 그러므로 갑과 을의 적극적 재산이 각각 14억 원이라면 C의 법정 상속액은 4억 원, E의 법정 상속액은 5억 6천만 원이다.

| 오답 해설 | ① 갑 사망 시 법정 상속 순위는 친생자 B, 양자 C, 배우자 A이다. 노모 D는 상속받을 수 없다.
매력적 오답 ② A의 법정 상속액이 6억 원이면 직계비속인 친생자 B와 양자 C는 4억 원씩 상속받을 수 있다.
③ 갑의 적극적 재산이 21억 원이라면 A는 9억 원을 상속받고, B와 C는 각각 6억 원을 상속받는다.

32 ②

上

개념 카테고리 정치와 법 > 개인생활과 법 > 생활 속의 법 > 이혼 및 상속

| **정답 해설** | ② 친양자와 달리 양자 입양은 친생부모와의 법률 관계도 유지된다. B는 친양자가 아닌 양자로 입양되었으므로 병의 재산에 대한 법정 상속권이 유지된다. 따라서 병이 사망하면 직계비속 B와 D가 1:1의 비율로 상속받을 수 있으므로 D는 9억 원 중 4억 5천만 원을 상속받을 수 있다.

| **오답 해설** | ① 친양자로 입양되면 양부모의 성과 본을 따라야 하므로 갑과 을의 혼인 중 출생자인 A와 친양자인 C의 성과 본은 같지만, B는 양자로 입양되었으므로 다르다.

③ 갑이 사망하면 법정 상속권자는 을, A, B, C이고, 배우자인 을이 3억 원, 자녀 3명이 각각 2억 원씩 상속받는다. 즉 을의 법정 상속액은 나머지 법정 상속권자의 법정 상속액을 합친 금액인 6억 원보다 3억 원이 적다.

④ 병의 전 배우자가 사망할 경우 법정 상속권자는 B와 D이고, 정의 전 배우자가 사망하게 되면 법정 상속권자는 E이다. 따라서 B의 법정 상속액은 4억 5천만 원이고, E의 법정 상속액은 9억 원이므로 B의 법정 상속액보다 4억 5천만 원이 적다.

33 ③

中

개념 카테고리 정치와 법 > 개인생활과 법 > 생활 속의 법 > 혼인

| **정답 해설** | 법률혼은 혼인 의사 등의 실질적 요건과 혼인 신고라는 형식적 요건이 모두 갖추어져야 하며, 실질적 요건만 갖춘 경우에는 사실혼 관계가 된다.
③ 배우자 간 법정 상속은 법률혼 관계에서만 가능하다.

| **오답 해설** | ① 갑과 을 간의 일상가사대리권은 법률혼과 사실혼 관계 모두에서 발생한다.
② (나)에서 갑과 을은 법률혼 관계가 아니므로 그 자녀는 혼인 중 자녀가 아니다.
④ (가)는 법률혼, (나)는 사실혼이므로, (나)에서는 혼인 관계의 실체 입증이 필요하다.

34 ③

上

개념 카테고리 정치와 법 > 개인생활과 법 > 생활 속의 법 > 이혼 및 상속

| **정답 해설** | 갑이 유언 없이 사망할 경우 갑의 재산에 대해서는 법정 상속이 이루어지며, 법정 상속권자의 상속액은 병이 6억 원, A, B가 각각 4억 원씩이다. 그리고 갑이 ㉠의 경우를 선택하고 사망한다면 병과 A, B는 각각 본인의 법정 상속분의 1/2인 3억 원, 2억 원, 2억 원의 유류분 반환을 청구할 수 있다.
③ ㉠의 경우, 병, A, B가 유류분을 청구한다면 ○○ 종교 재단은 병, A, B의 법정 상속분의 1/2인 총 7억 원을 반환해야 한다. 따라서 ○○ 종교 재단은 최소 7억 원을 증여받을 수 있다.

| **오답 해설** | ① 협의상 이혼은 숙려 기간을 거쳐야 한다.
② 재혼 여부와 관계없이 A에 대한 갑의 면접 교섭권은 인정된다.
④ ㉡의 경우, 갑이 사망하면 병의 법정 상속액은 6억 원이고, B는 4억 원이므로 이 둘의 상속액 차이는 2억 원이다.

35 ①

中

개념 카테고리 정치와 법 > 개인생활과 법 > 생활 속의 법 > 이혼 및 상속

| **정답 해설** | ① 갑이 사망할 경우, 을은 갑과 이혼을 하였으므로 상속을 받지 못한다. A는 병이 일반 입양을 하였지만 갑과의 친족 관계가 유지되므로 상속을 받을 수 있다.

| **오답 해설** | ② 을이 사망하면 법정 상속권자는 배우자 병, 자녀 A, B, C, D로 총 5명이다.
③ 갑과 을은 협의상 이혼을 하였다. 협의상 이혼은 재판상 이혼과 달리 이혼 숙려 기간을 거쳐야 한다.
④ 친양자로 입양되면 친생부모와의 친족 관계는 상실된다.

사회생활과 법　　　　　　　　　　　출제 비중 20%

약점진단표												
	1회독				2회독				3회독			
	○	△	×	총	○	△	×	총	○	△	×	총
범죄의 성립과 형사 절차★★★				30				30				30
소비자의 권리와 법★				1				1				1
근로자의 권리와 법★★				12				12				12

＊문제풀이 후 약점진단 결과를 적어 보세요!

필수기출 & 출제예상 문제

범죄의 성립과 형사 절차										문제편 P.65
01	④	02	①	03	③	04	③	05	③
06	②	07	①	08	③	09	③	10	③
11	③	12	③	13	①	14	④	15	④
16	③	17	①	18	①	19	③	20	②
21	②	22	④	23	④	24	③	25	②
26	③	27	③	28	④	29	②	30	③

01 ④

개념 카테고리 정치와 법 ＞ 사회생활과 법 ＞ 범죄의 성립과 형사 절차 ＞ 죄형 법정주의

| **정답 해설** | ④ 소급효 금지의 원칙은 범죄 행위 당시 그 처벌 규정이 법률에 없었으나 범죄 행위 이후에 그 처벌 규정이 법률에 제정되었다면 소급하여 처벌할 수 없다는 것을 말한다.

| **오답 해설** | ① 관습 형법 금지의 원칙은 불문법인 관습법을 근거로는 처벌할 수 없다는 것을 말한다.

② 유추 해석 금지의 원칙은 범죄 행위가 「형법」에 명확히 규정되어 있지 않은 때에 유사한 규정을 적용해서는 안 된다는 것을 말한다.

③ 명확성의 원칙은 무엇이 범죄이고 그 범죄에 어떤 형벌이 부과되는지 법률에 명확히 기재되어 있어야 한다는 것을 말한다.

02 ①

개념 카테고리 정치와 법 ＞ 사회생활과 법 ＞ 범죄의 성립과 형사 절차 ＞ 죄형 법정주의

| **정답 해설** | ① '사기업체의 대표이사'와 '실제 경영자'가 다른 의미임에도 유추하여 법을 적용하였다. 따라서 이는 유추 해석 금지의 원칙에 어긋난다.

| **오답 해설** | ② 적정성의 원칙은 범죄와 형벌 간 적정한 균형을 이루어야 한다는 원칙이다.

③ 관습 형법 금지의 원칙은 범죄와 형벌은 법률에 의해 정해야 하며, 관습 형법의 적용을 금지하는 원칙이다.

④ 소급효 금지의 원칙은 새로 만들어진 형벌은 과거의 범죄에 소급하여 적용될 수 없다는 원칙이다.

03 ③

개념 카테고리 정치와 법 ＞ 사회생활과 법 ＞ 범죄의 성립과 형사 절차 ＞ 죄형 법정주의

| **정답 해설** | ③ 명확성의 원칙이란 법관의 자의적 해석으로 법이 적용되지 않도록 「형법」에 의해 금지하는 행위가 무엇이고, 그에 대해 어떤 형벌을 부과하는지를 구체적으로 명확하게 규정하여 누구나 그 내용을 알 수 있어야 한다는 원칙이다. 제시된 사례에서는 어떤 행위가 공중도덕상 유해하여 금지되는지를 알 수 없다고 하였으므로 명확성의 원칙에 위배됨을 알 수 있다.

| **오답 해설** | ① 형벌과 관련하여 법률에 직접적인 규정이 없음에도 불구하고 그와 유사한 성질을 갖는 규정으로 해석 및 적용하지 말아야 한다는 것을 유추 해석 금지의 원칙이라고 한다.

② 행위 시에 범죄가 아니었던 행위에 대해 이후 입법을 통해 처벌하는 것을 금지하는 것은 소급 입법 금지의 원칙이다.

④ 범죄와 형벌 간에 적정한 균형을 이루어야 한다는 것은 적정성의 원칙이다.

| **플러스 이론** | **죄형 법정주의 5대 원칙**

- 관습 형법 금지의 원칙: 법관이 적용할 형벌에 관한 법은 오직 성문의 법률이어야 하고, 그 내용과 범위가 명백하지 않은 관습법이나 불문법을 적용할 수 없다.
- 명확성의 원칙: 어떤 행위가 형법에 의하여 금지되는 행위인지, 행위의 효과로서 부과되는 형벌의 종류와 형기(刑期)가 어떻게 되는지에 대하여 명확하게 누구나 알 수 있어야 한다.
- 유추 해석 금지의 원칙: 법률에 규정이 없는 사항에 대하여 그것과 유사한 법률을 자의적으로 해석하여 적용해서는 안 된다. 단, 행위자에게 유리한 유추 해석은 허용된다.

- 형법 효력 불소급의 원칙(소급효 금지의 원칙): 범죄와 그 처벌은 행위 당시의 법률에 의해야 하고, 행위 후에 법률을 제정하여(사후 입법) 그 법으로 이전의 행위를 처벌해서는 안 된다. 법적 안정성과 법률에 대한 예측 가능성을 실현하기 위한 장치이다. 단, 행위자에게 유리한 소급 적용은 허용된다.
- 적정성의 원칙: 실질적 법치주의를 바탕으로 법률 자체가 불합리하거나 부정한 것을 배제하여 적정해야 하고, 범죄와 형벌 간에 적정한 균형이 이루어져야 한다.

04 ③

개념 카테고리 정치와 법 > 사회생활과 법 > 범죄의 성립과 형사 절차 > 범죄의 성립 요건

| **정답 해설** | ㄴ. 을의 행위는 자구행위로, 위법성이 조각될 수 있다.
ㄷ. 병의 행위는 긴급피난으로, 위법성이 조각될 수 있다.
| **오답 해설** | ㄱ. 갑은 14세로 형사 미성년자가 아니므로 책임 능력이 있다.
ㄹ. 피해자인 정의 친구가 모르더라도 정의 행위는 절도죄의 구성 요건에 해당한다.

05 ③

개념 카테고리 정치와 법 > 사회생활과 법 > 범죄의 성립과 형사 절차 > 범죄의 성립 요건

| **정답 해설** | (가)는 구성 요건 해당성, (나)는 위법성, (다)는 책임이다.
③ 사회적 비난 가능성은 책임과 관련 있다.
| **오답 해설** | ① 구성 요건 해당성에 대한 설명이다.
② 피해자의 승낙에 해당하는 사유가 있다면 위법성이 조각되어 범죄는 성립하지 않는다.
④ 농아자는 책임 감경 사유로, 갑의 행위는 책임성 조각 사유가 아닌 형을 감경하는 사유이므로 범죄는 성립한다.

06 ②

개념 카테고리 정치와 법 > 사회생활과 법 > 범죄의 성립과 형사 절차 > 범죄의 성립 요건

| **정답 해설** | ② 갑의 행위는 강요된 행위에 해당하므로 책임이 조각된다.
| **오답 해설** | ① 위법성이 인정되지만 책임이 조각되어 범죄가 성립하지 않는다.
③ 정당행위에 해당하지 않는다.
④ 구성 요건과 위법성 모두 인정된다.

07 ①

개념 카테고리 정치와 법 > 사회생활과 법 > 범죄의 성립과 형사 절차 > 범죄의 성립 요건

| **정답 해설** | ① (가)는 자기 또는 타인의 법익에 대한 현재의 부당한 침해를 방지하기 위한 타당한 이유가 있는 행위로 정당방위로 볼 수 있다. (나)는 자기 또는 타인의 법익에 대한 현재의 위난을 피하기 위한 행위인 긴급피난이다.

08 ③

개념 카테고리 정치와 법 > 사회생활과 법 > 범죄의 성립과 형사 절차 > 형벌의 종류

| **정답 해설** | ⊙은 생명형, ⓒ은 자유형, ⓒ은 금고, ⓔ은 자격 상실이다.
③ 금고와 구류는 모두 정역(노역)을 부과하지 않지만, 구금 기간에 있어 차이가 있다. 금고는 30일 이상의 구금, 구류는 30일 미만의 구금을 뜻한다. 징역은 정역을 부과하고, 금고는 정역을 부과하지 않는 것으로 구분되는데, 징역은 30일 이상의 구금 및 정역 부과이다.
| 플러스 이론 | **형벌의 종류**

구분		내용
생명형	사형	범죄자의 생명을 박탈하는 형벌로, 형벌 중 가장 최고의 형
자유형	징역	30일 이상의 구금, 정역 부과
	금고	30일 이상의 구금, 정역을 부과하지 않음
	구류	30일 미만의 구금
재산형	벌금	5만 원 이상의 금전 부과
	과료	2천 원~5만 원 미만의 금전 부과
	몰수	범죄 행위에 관련되었거나 범죄 행위의 대가로 획득한 것에 대해 국가에 귀속시키는 조치
명예형	자격 상실	일정한 형의 선고가 있으면 그 형의 효력으로서 일정한 자격이 상실됨
	자격 정지	위와 같은 자격을 일정한 기간(1~15년) 동안 정지시키는 것

09 ③

개념 카테고리 정치와 법 > 사회생활과 법 > 범죄의 성립과 형사 절차 > 형사 절차

| **정답 해설** | ③ 갑은 구속 기소 후 일정한 보증금을 납부하고, 적정 사유에 따른 보증금을 조건으로 법원이 구속된 피고인을 석방시키는 보석 제도를 활용할 수 있다. 보석 제도는 보증금을 조건으로 하는 금보석, 건강상의 문제를 사유로 하는 병보석이 있다.
| **오답 해설** | ① 피의자의 범죄 혐의가 있다고 판단되어 형사 재판을 청구하는 것은 기소로, ⓒ 단계에서 이루어진다.
② 국선 변호인 선임은 구속 전 수사 단계에서부터 가능하다.

④ 형사 보상 제도는 구금의 조건이 충족되었을 때 이후 검사에게 불기소 처분을 받았거나 법원의 무죄 판결을 받았을 경우 활용할 수 있다. 따라서 ⓒ 단계에서의 구금 역시 형사 보상 제도의 대상이 된다.

10 ③

개념 카테고리 | 정치와 법 > 사회생활과 법 > 범죄의 성립과 형사 절차 > 형사 절차

| 정답 해설 | ③ 공판 과정에서 검사는 원고가 되고, 기본적으로 무죄 추정의 원칙이 적용되므로 피고인에 대한 유죄 입증 책임은 검사에게 있다.
| 오답 해설 | ① 영장의 청구는 검사가 하지만, 영장은 법관이 발부한다.
② 변호인의 도움을 받을 권리는 형사 절차의 모든 과정에서 인정된다.
④ 유죄 판결을 받더라도 집행 유예 혹은 선고 유예를 받은 경우에는 구금되지 않는다.

11 ③

개념 카테고리 | 정치와 법 > 사회생활과 법 > 범죄의 성립과 형사 절차 > 형사 절차

| 정답 해설 | ③ 국민참여재판의 1심은 지방법원 본원 합의부가 담당한다.
| 오답 해설 | ① 영장 실질 심사는 검사로부터 구속 영장을 청구받은 판사가 피의자를 직접 심문해 구속 여부를 결정하는 제도이다. 구속 영장의 청구는 검사가, 구속 여부는 법관이 결정한다.
② 기소 이후 석방을 위해서는 피고인이 구속 적부 심사가 아닌 보석을 청구해야 한다. 구속 적부 심사는 기소 전 피의자 본인이나 변호인, 가족 등이 구속의 적부를 법원에 청구하는 것이다.
④ 집행 유예는 집행 유예 기간이 지난 후 형의 효력을 상실하게 하여 형 집행을 하지 않는 것이다. 선고 후 2년이 지난 후 형의 선고가 없었던 것으로 간주하는 것은 선고 유예이다.

12 ③

개념 카테고리 | 정치와 법 > 사회생활과 법 > 범죄의 성립과 형사 절차 > 형사 절차

| 정답 해설 | ③ 형사법원에서 형사 재판 중 범죄 소년인 을에 대해 보호 처분이 필요하다고 판단할 경우, 가정법원 소년부로 사건을 보낼 수 있다.
| 오답 해설 | ① 보석 제도는 공판 단계에서 구속 재판 중인 피고인이 법원에 신청할 수 있는 제도이다. 수사 단계에서는 구속 수사 중인 피의자가 구속 적부 심사제를 신청할 수 있다. 수사 단

계에서 병이 구속되었다면, 피의자 병은 구속 적부 심사 청구 후 피의자의 출석을 담보할 만한 보증금 납입을 조건으로 하여 (기소 전 보석) 석방될 수 있다(「형사소송법」 제214조의2 제5항).
② 검사가 기소를 결정할 경우 형사 재판이 진행되므로 형벌을 받을 수 있다.
④ 집행 유예는 집행 유예 기간이 지난 이후 형의 효력이 상실되는 것이다. 일정 기간이 경과한 때 면소된 것으로 간주하는 것은 선고 유예이다.

13 ①

개념 카테고리 | 정치와 법 > 사회생활과 법 > 범죄의 성립과 형사 절차 > 형사 절차

| 정답 해설 | ① 피의자에 대한 수사는 불구속 수사가 원칙이다. 다만, 증거 인멸 및 도주 위험이 있는 경우 구속 수사할 수 있다.
| 오답 해설 | • 검사는 형의 사실이 인정되더라도 피의자를 반드시 기소하여야 하는 것은 아니다.
• 1심 법원의 판결에 불복하여 2심 재판을 청구하는 것을 항소라고 한다.
• 형의 집행은 원칙적으로 검사가 지휘한다.
• 형의 선고 유예를 받은 이후 2년을 경과한 때에는 면소된 것으로 간주한다.

14 ④

개념 카테고리 | 정치와 법 > 사회생활과 법 > 범죄의 성립과 형사 절차 > 형사 절차

| 정답 해설 | ④ 유죄이지만 형의 집행을 하지 않는 대표적인 제도로는 집행 유예가 있다.
| 오답 해설 | ① 기소(공소 제기)란 형벌 부과를 위해 심판을 요구하는 행위를 말하며, 검사만이 가능하다.
② 변호인의 도움을 받을 권리는 기소 전(피의자 신분), 기소 후(피고인 신분)에 모두 갖고 있다.
③ 형의 집행 지휘권은 검사가 갖는다.

15 ④

개념 카테고리 | 정치와 법 > 사회생활과 법 > 범죄의 성립과 형사 절차 > 형사 미성년자

| 정답 해설 | 「소년법」상 소년은 19세 미만인 자를 의미하므로 10세 이상의 소년이라는 것은 10세 이상 19세 미만을 의미한다. 기소할 수 있는 연령이라는 것은 14세 이상을 의미한다. 따라서 갑은 19세 이상, 을은 10세 미만, 병은 10세 이상 14세 미만, 정은 14세 이상 19세 미만이다.

ㄴ. 정은 14세 이상 19세 미만이므로 10세 미만인 을과 10세 이상 14세 미만인 병보다 나이가 많지만 19세 이상인 갑보다 어리다.

ㄷ. 형사 미성년자는 만 14세 미만인 자를 의미한다. 따라서 을과 병은 모두 형사 미성년자에 해당한다.

ㄹ.「소년법」제49조 제1항에 따라 검사는 14세 이상 19세 미만인 정에 대한 피의사건이 보호 처분에 해당하는 사유가 있다고 인정한 경우 사건을 관할 법원 소년부에 송치할 수 있다.

| **오답 해설** | ㄱ. 선도조건부 기소 유예는 14세 이상 19세 미만인 자로「형법」상 범죄 행위를 저지른 자인 범죄 소년을 대상으로 한다. 따라서 19세 이상 성인인 갑은 선도조건부 기소 유예를 받을 수 없다.

16 ③

개념 카테고리 정치와 법 > 사회생활과 법 > 범죄의 성립과 형사 절차 > 미성년자

| **정답 해설** | ③ 갑은 특별한 사정이 없다면 책임 능력이 인정되기 때문에 을과 병에 대해 손해 배상 책임이 있다.

| **오답 해설** | ① 갑은 만 17세이므로 형사 미성년자가 아니다.

② 갑과 을, 병 간에는 계약 관계가 존재하지 않는다.

④ 갑은 책임 능력이 있는 미성년자로, 갑의 부모는 그 감독자라는 이유만으로 고의나 과실이 인정되는 것은 아니다.

17 ①

개념 카테고리 정치와 법 > 사회생활과 법 > 범죄의 성립과 형사 절차 > 국민참여재판 제도

| **정답 해설** | ① 판결에 불복하는 경우 검사와 피고인 모두 2심 법원에 항소할 수 있다.

| **오답 해설** | ② 국민참여재판의 배심원은 만 20세 이상의 대한민국 국민 중 해당 지방법원 관할 구역에 거주하는 주민 가운데 무작위로 선정된다. 단, 법률에서 규정한 결격사유와 직업 등에 따른 제외 사유, 면제 사유에 해당하지 않는 사람으로 구성한다.

③ 재판부는 배심원의 평의 및 평결에 반드시 따를 필요는 없다.

④ 국민참여재판은 형사 재판에서 1심에서만 실시되며, 피고인이 동의, 신청하는 경우에만 실시된다.

18 ①

개념 카테고리 정치와 법 > 사회생활과 법 > 범죄의 성립과 형사 절차 > 배상 명령 제도와 형사 보상 제도

| **정답 해설** | ① 갑이 배상 명령 제도를 통해 손해 배상을 받기 위해서는 병이 당해 재판에서 유죄 판결을 받아야 한다.

| **오답 해설** | ② 불구속 수사를 받았기 때문에 형사 보상 제도를 활용할 수 없다.

③ 집행 유예는 무죄가 아니므로 형사 보상 제도를 청구할 수 없다.

④ 배상 명령 제도는 범죄로 피해를 입은 피해자가 신속하고 간편하게 보상을 받을 수 있는 제도이다. 형사 보상 제도는 형사 피의자 또는 형사 피고인으로 구금되었던 자가 불기소 처분이나 무죄 판결을 받은 경우 그가 입은 물리적·정신적 손실을 보상해 줄 것을 국가에 대해 청구하는 권리이다. 국가가 범죄 피해자 보호를 위해 보상 또는 배상을 하는 제도는 범죄 피해자 구조 제도이다.

19 ③

中

개념 카테고리 정치와 법 > 사회생활과 법 > 범죄의 성립과 형사 절차 > 범죄의 성립 요건

| **정답 해설** | ③ 심신 상실자의 행위는 책임이 조각되어 범죄가 성립하지 않는다. 책임은 행위자에 대한 법적 비난 가능성을 의미한다.

| **오답 해설** | ① 치료 감호는 심신 장애 상태, 마약류, 그 밖의 약물 중독 상태 등에서 범죄 행위를 한 자로서 재범의 위험성이 있고 특수한 교육, 개선 및 치료가 인정되는 자에 대하여 적절한 보호와 치료를 함으로써 재범을 방지하고 사회 복귀를 촉진하는 것을 목적으로 한다. 범죄가 성립되지 않아 무죄인 심신 상실자에게 치료 감호 처분을 내릴 수 있으며, 유죄 판결의 경우에도 치료 감호 처분을 함께 내릴 수 있다.

② 범죄의 성립은 구성 요건 해당성, 위법성, 책임으로 판단한다. 그러므로 (가), (나)에 대해서 법원 모두 각각의 범죄에 대한 구성 요건에는 해당한다고 판단한 것이다.

④ (나)에서 법원이 을의 폭행 행위는 자기의 법익에 대한 부당한 침해를 방지하기 위한 상당한 이유가 있는 행위로 판단한 것은 위법성 조각 사유 중 정당방위에 해당한다고 판단한 것이다.

20 ②

中

개념 카테고리 정치와 법 > 사회생활과 법 > 범죄의 성립과 형사 절차 > 형사 절차

| **정답 해설** | ㄱ. 구금을 전제로 하는 형벌은 자유형(징역, 금고, 구류)이다. 벌금, 과료, 몰수는 구금을 전제로 하지 않는 재산형이다.

ㄷ. 갑은 해당 법 조항이 지나치게 불명확하고 그 의미를 알기 어렵다고 하였다. 이는 죄형 법정주의의 파생 원칙 중 어떤 행위가 범죄이고, 범죄에 따라 어떤 형벌이 부과되는지 명확하게 하여 누구나 알 수 있어야 한다는 명확성의 원칙과 관련 있다.

| **오답 해설** | ㄴ. ⓛ은 위헌 심사형 헌법 소원 심판에 해당한다.

ㄹ. 헌법 재판소의 합헌 결정에 따라 갑에게 무죄 판결이 내려지는 것은 아니다.

21 ②
中

개념 카테고리 정치와 법 > 사회생활과 법 > 범죄의 성립과 형사 절차 > 소년법

| **정답 해설** | ② 갑은 선도조건부 기소 유예 처분을 받았으므로 범죄 소년(만 14세 이상 만 19세 미만)이다. 범죄 소년은 기소되면 형사법원에서 형사 처벌을 받거나, 가정법원 소년부에서 소년 재판으로 보호 처분(예) 소년원 송치 처분)을 받을 수 있다.

| **오답 해설** | ① 갑은 선도조건부 기소 유예 처분을 받았으므로 범죄 소년에 해당한다. 을은 「소년법」상 보호 처분을 받았으므로 촉법 소년(만 10세 이상 만 14세 미만) 또는 범죄 소년이다. 병은 형사법원에서 징역을 선고받았으므로 범죄 소년이다. 따라서 갑, 을, 병은 연령이 같을 가능성도 있다.
③ 을은 「소년법」상 보호 처분을 받았으므로 촉법 소년이거나 범죄 소년에 해당한다. 범죄 소년이라면 검사의 송치로 소년법상 보호 처분을 받은 것으로 볼 수 있지만, 촉법 소년이라면 수사 단계로 보아야 한다.
④ 형사법원에서는 형사 처벌을 받을 수 있다. 「소년법」상 보호 처분은 가정법원의 소년 재판과 관련 있다.

22 ④
中

개념 카테고리 정치와 법 > 사회생활과 법 > 범죄의 성립과 형사 절차 > 형사 절차

| **정답 해설** | ④ (가)는 명확성의 원칙이다. 죄형 법정주의 중 명확성의 원칙이란 범죄의 구성 요건과 형사 제재에 관한 규정이 법관의 자의적 해석이 허용되지 않도록 구체적이고 명확해야 한다는 것이다.

| **오답 해설** | ① 헌법 소원 심판에서 합헌으로 결정되었으므로 효력을 상실하지 않는다.
② 징역은 정역을 부과하는 자유형이다.
③ 해당 재판은 헌법 재판소와 관련 없다.

23 ④
上

개념 카테고리 정치와 법 > 사회생활과 법 > 범죄의 성립과 형사 절차 > 형사 절차

| **정답 해설** | ㄷ. 갑은 구금된 적이 없으므로 형사 보상을 청구할 수 없다. 반면 병은 구금된 적이 있고 무죄 판결이 확정되었으므로 형사 보상을 청구할 수 있다.
ㄹ. 국민참여재판은 중요 형사 소송의 1심에서 진행되며, 지방법원 본원 합의부에서 담당한다. 따라서 2심 법원은 고등법원이다.

| **오답 해설** | ㄱ. 구속 영장 실질 심사는 따로 청구가 없어도 검사로부터 구속 영장을 청구받은 판사가 실시하는 것이다. 구속 적부 심사는 피의자 등이 청구할 경우 법관에 의해 이루어지는 것이다.

ㄴ. 집행 유예는 형을 선고한 후에 즉시 집행하지 않고 집행 유예 기간 동안 형의 집행을 미루어 그 기간 동안 일정한 범죄를 저지르지 않으면 형의 선고 효력을 상실시키는 제도이다. 즉 을은 1년 동안 구금되지 않는다. 또한 을은 2심에서 무죄가 확정되었으므로 형이 집행되지 않는다.

24 ④
上

개념 카테고리 정치와 법 > 사회생활과 법 > 범죄의 성립과 형사 절차 > 형사 절차

| **정답 해설** | ④ ⓒ으로 보아 해당 재판 1심은 지방법원 본원 합의부에서 진행되었음을 알 수 있고, 이를 통해 ②은 고등법원인 것을 알 수 있다.

| **오답 해설** | ① 구속 적부 심사는 수사 단계에서 구속된 피의자가 법원에 신청할 수 있다.

매력적 오답 ② 항소와 상고를 할 수 있는 당사자는 피고뿐 아니라 원고인 검사일 수도 있다. 법원의 판결에 불복할 수 있는 대상은 소송 당사자이므로 원고(검사), 피고(피고인 갑)이다. 1심 판결에는 항소할 수 있고, 2심 판결에는 상고할 수 있다.
③ 심신 미약은 책임 감경 사유에 해당하며 범죄가 성립한다. 심신 상실은 책임 조각 사유이지만, 심신 미약은 책임 감경 사유이다.

25 ②
中

개념 카테고리 정치와 법 > 사회생활과 법 > 범죄의 성립과 형사 절차 > 형사 절차

| **정답 해설** | 재판부는 유죄의 형벌을 내리면서 갑, 을, 병에게 각각 실형, 집행 유예, 선고 유예를 선고하였다.
② 집행 유예는 선고 유예보다 중한 형벌로 간주된다. 따라서 재판부는 을을 병보다 중한 형별로 처벌해야 한다고 보았다고 할 수 있다.

| **오답 해설** | ① 갑과 을 모두 유죄의 형벌을 선고받았다.
③ 집행 유예, 선고 유예를 받은 피고인은 형의 선고 직후 석방된다. 즉, 을과 병에게 모두 석방된다.
④ 상소심에서 갑, 을, 병에게 무죄가 선고되면, 세 사람 모두 수사 기간과 공판 기간에 교도소에 영치되어 있었으므로 형사 보상을 청구할 수 있다.

26 ③
下

개념 카테고리 정치와 법 > 사회생활과 법 > 범죄의 성립과 형사 절차 > 범죄의 성립 요건

| **정답 해설** | 범죄는 구성 요건 해당성, 위법성, 책임의 세 가지 요건이 모두 충족되어야 성립된다. (가)는 정당행위나 정당방위 등으로 위법성이 조각되는 경우이고, (나)는 형사 미성년자나 심

신 상실자 등의 행위로 행위자에 대한 비난 가능성이 없어서 책임이 조각되는 경우이다.

ㄴ. 정당행위는 위법성 조각 사유의 하나이다.

ㄷ. 강요에 의한 행위는 책임 조각 사유이다.

| **오답 해설** | ㄱ. 14세 미만이면 형사 미성년자이므로 행위의 책임이 조각된다.

ㄹ. 심신 미약은 책임의 감경 사유는 될 수 있으나 책임의 조각 사유는 아니다.

27 ③ 中

| **개념 카테고리** | 정치와 법 > 사회생활과 법 > 범죄의 성립과 형사 절차 > 소년법

| **정답 해설** | ㄷ. 소년원 송치 처분 등 「소년법」상 보호 처분은 전과로 기록되지 않는다.

ㄹ. 병은 14세 미만의 형사 미성년자이므로 선도조건부 기소 유예 대상이 아니다.

| **오답 해설** | ㄱ. 가정법원 소년부는 보호 처분을 부과할 수 있지만, 형벌은 부과할 수 없다.

ㄴ. 공소가 제기되어 형사 재판을 받게 되면 일반 법원의 형사 재판부에서 재판을 담당한다.

28 ④ 中

| **개념 카테고리** | 정치와 법 > 사회생활과 법 > 범죄의 성립과 형사 절차 > 범죄의 성립 요건

| **정답 해설** | A는 구성 요건 해당성, B는 위법성, C는 책임이다. ㉠은 위법성 조각 사유에 해당하는 경우, ㉡은 책임 조각 사유에 해당하는 경우이다.

ㄱ. '피해자의 승낙'은 위법성 조각 사유에 해당한다. 그러나 친구의 허락을 받고 친구 아버지의 골동품을 훔친 사례에서 친구는 피해자가 아니므로 위법성 조각 사유에 해당하지 않는다.

ㄷ. 자신의 물건을 남의 것으로 착각하여 훔친 행위는 「형법」에서 범죄로 규정하고 있는 절도죄의 구성 요건에 해당하지 않는다.

ㄹ. 구성 요건 해당성과 위법성, 책임을 모두 충족한 경우에는 범죄가 성립한다. 보호 관찰 처분은 집행 유예, 선고 유예 등을 받을 경우에 함께 부과할 수 있다.

| **오답 해설** | ㄴ. 심신 상실자의 행위는 책임이 조각된다. 그러나 심신 미약자의 행위는 책임이 조각되는 것이 아니라 감경될 수 있는 대상에 해당한다.

29 ② 中

| **개념 카테고리** | 정치와 법 > 사회생활과 법 > 범죄의 성립과 형사 절차 > 형사 절차

| **정답 해설** | 형사 제재 유형 중 ㉠은 형벌, ㉡, ㉢은 보안 처분에 해당한다.

② 자격 상실은 형벌에 해당하며 사회봉사 명령은 보안 처분에 해당한다.

| **오답 해설** | ① 징역은 정역을 부과할 수 있다. 정역을 부과할 수 없는 것은 금고와 구류이다.

③ 사회봉사 명령, 준법 운전 강의 수강 명령 모두 보안 처분에 해당한다.

④ 집행 유예는 유예 기간 동안 죄를 저지르지 않으면 형 선고의 효력이 상실된다. 유예 기간 동안 특정한 사고 없이 경과하면 면소된 것으로 간주되는 것은 선고 유예이다.

30 ③ 下

| **개념 카테고리** | 정치와 법 > 사회생활과 법 > 범죄의 성립과 형사 절차 > 형사 절차

| **정답 해설** | 구속 영장의 기재 내용이 사실과 다르다는 이유로 석방을 청구하는 A는 구속 적부 심사이다.

③ 구속 적부 심사 제도는 구속된 피의자가 구속의 적법성과 필요성을 심사해 줄 것을 법원에 청구하는 제도로, 구속의 적법성은 인정되지만 필요성이 인정되지 않거나 피의자 구속의 필요성은 인정되지만 적법성이 인정되지 않으면 청구는 인용된다. 반면, 구속의 적법성과 필요성이 모두 인정되면 청구가 기각된다.

| **오답 해설** | ① 영장 실질 심사는 구속 전에 판사가 피의자를 직접 심문하는 제도이다. 구속 적부 심사는 구속된 피의자의 석방을 위한 것이다.

② 구속 적부 심사는 재판 과정이 아니라 구속 후, 기소 전에 피의자가 활용할 수 있는 제도이다.

④ 구속이 적법하지 않거나 피의자를 구속할 필요가 없다고 법원이 판단하여 청구가 인용되면 피의자는 석방된다. 그러나 검사가 피의자를 기소하여 형사 책임을 추궁하는 형사 소추 자체가 면제되는 것은 아니므로 피의자는 불구속 상태에서 재판을 진행하게 된다.

소비자의 권리와 법						문제편 P.73
31	②					

31 ②

| **개념 카테고리** | 정치와 법 > 사회생활과 법 > 소비자의 권리와 법 > 소비자의 권리 보호

| **정답 해설** | ㄱ. 헌법 제124조의 내용이다.

ㄹ. 「소비자기본법」 제12조 제2항에 대한 내용이다.

| **오답 해설** | ㄴ. 15일 이내에 의사 표시가 없을 때에는 수락한 것으로 본다.

ㄷ. 제조물에 관해서는 무과실 책임이 적용된다. 따라서 소비자에게 과실 증명 의무는 없다.

근로자의 권리와 법								문제편 P.74	
32	③	33	③	34	④	35	④	36	③
37	①	38	④	39	②	40	④	41	④
42	③	43	①						

32 ③

개념 카테고리 정치와 법 > 사회생활과 법 > 근로자의 권리와 법 > 근로 3권

| 정답 해설 | ③ 단체 교섭권은 노동조합과 사용자가 근로 조건의 유지, 개선에 대해 교섭할 수 있는 권리이다. 근로자가 사용자의 경영 전반에 걸쳐 제약 없이 단체 교섭권을 행사할 수는 없다.
| 오답 해설 | ④ 단체 행동권은 노동조합이 사용자에게 파업, 태업 등의 수단으로 업무의 정상적인 운영을 저해하여 요구 조건을 받아들이도록 압력을 가할 수 있는 쟁의권이다. 정당한 행사였다면 손해에 대한 법적 책임은 지지 않는다.

33 ③

개념 카테고리 정치와 법 > 사회생활과 법 > 근로자의 권리와 법 > 사회법

| 정답 해설 | ③ 〈보기〉에 제시된 법률은 사회법으로 사법 영역에 공법적 규제가 가해진 것이다.
| 오답 해설 | ① 사인 간 대등한 법률 관계를 다루는 것은 「민법」이다.
② 제시된 법들은 형식적 평등보다 실질적 평등을 추구한다.
④ 사회법은 사법의 재산권 절대의 원칙과 계약 자유의 원칙에 대하여 공법상의 제한을 가한 것이다.

34 ④

개념 카테고리 정치와 법 > 사회생활과 법 > 근로자의 권리와 법 > 미성년자의 근로

| 정답 해설 | ④ 「근로기준법」 제43조에 따라 임금은 매월 1회 이상, 일정한 날짜에 통화의 형태로 직접 지급해야 한다. 편의점 상품권은 통화가 아니므로 임금으로 지급할 수 없다.
| 오답 해설 | ① 연소 근로자의 나이 기준은 만 15세 이상~만 18세 미만이며, 근로자 을은 18세이므로 연소 근로자가 아니다. 을이 1일 근로한 시간은 10시~17시 중 휴게 시간 20분을 제외한 6시간 40분이므로 1일 8시간의 근로 시간 기준을 초과하지 않았다.

② 휴게 시간은 4시간 근로인 경우 30분 이상, 8시간 근로인 경우 1시간 이상을 부여해야 한다. 을의 근로 계약은 1일 7시간 근무이고, 휴게 시간은 20분이므로 「근로기준법」상의 휴게 시간 기준에서 어긋난다.
③ 2022년의 최저 임금은 시간당 9,160원이다. 따라서 을이 시급 9,000원에 동의하였다 하더라도 최저 임금에 미달하는 조항은 무효이다.

35 ④

개념 카테고리 정치와 법 > 사회생활과 법 > 근로자의 권리와 법 > 노동법

| 정답 해설 | ④ 단체 교섭권은 근로자의 단체(노동조합)가 사용자와 근로 조건의 유지 및 개선에 관하여 교섭할 수 있는 권리이다. 노조가 회사의 엔터테인먼트 분야 사업 영역 확장에 대한 협의를 요청하는 것은 단체 교섭 요청 사유로 볼 수 없으므로 이에 대한 회사의 거절은 노동 관련법 위반 피해 사례로 보기 어렵다.
| 오답 해설 | ① 임금은 매월 1회 이상 일정한 날짜를 정하여 지급하여야 한다.
② 1일의 근로 시간은 휴게 시간을 제외하고 8시간을 초과할 수 없다. 다만, 당사자 간 합의를 통해 1주 12시간을 한도로 근로 시간을 연장할 수 있다. 또 사용자는 근로자에게 1주 평균 1회 이상의 유급 휴일을 보장하여야 한다.
③ 정당한 해고 사유가 아니므로 부당 해고 사유에 해당한다.

36 ③

개념 카테고리 정치와 법 > 사회생활과 법 > 근로자의 권리와 법 > 부당 노동 행위

| 정답 해설 | ③ 회사의 재무 상황이 악화되어 사용자가 근로자에게 최저 임금보다 낮은 임금을 지급하는 것은 임금 체불로, 이는 「근로기준법」을 위반한 것이다. 부당 노동 행위는 노동 3권을 침해하는 행위이다.
| 오답 해설 | ① 노동조합 가입을 이유로 해고하는 것은 부당 노동 행위에 해당한다.
② 노동조합의 단체 교섭 요구를 정당한 이유 없이 거부하는 것은 부당 노동 행위에 해당한다.
④ 고용 조건으로 노동조합에 가입하지 않을 것을 넣는 것은 부당 노동 행위에 해당한다.

37 ①

개념 카테고리 정치와 법 > 사회생활과 법 > 근로자의 권리와 법 > 근로자의 법

| 정답 해설 | ㄱ. 갑과 을 모두 지방법원에 해고 무효 확인 소송을 제기할 수 있다.

ㄷ. B 지방 노동 위원회는 부당 노동 행위가 성립한다고 판정하면 사용자에게 구제 명령을 발하여야 한다.

| **오답 해설** | ㄴ. 을은 B 지방 노동 위원회의 기각 결정 처분을 송달받은 날부터 10일 이내 중앙 노동 위원회에 재심을 신청할 수 있다. 행정 소송은 중앙 노동 위원회에 재심 판정에 불복하는 경우 15일 이내 행정법원(지방법원)에 중앙 노동 위원회 위원장을 피고로 하여 행정 소송을 제기할 수 있다.

ㄹ. 갑이 노동조합에 가입하였다는 이유로 해고를 당한 것은 부당 노동 행위 및 부당 해고로 볼 수 있으므로 A 회사의 노동조합 또는 노동자는 갑의 해고에 대해 B 지방 노동 위원회에 구제 신청할 수 있다. 을의 경우 A 회사의 노동조합은 B 지방 노동위원회에 구제 신청할 수 없으며 해당 노동자가 신청할 수 있다.

38 ④

| **개념 카테고리** | 정치와 법 > 사회생활과 법 > 근로자의 권리와 법 > 근로 계약서

| **정답 해설** | 15세 이상 18세 미만인 자의 근로 시간은 1일에 7시간, 1주 35시간을 초과하지 못한다. 다만, 당사자 사이의 합의에 따라 1일에 1시간, 1주에 5시간을 한도로 연장이 가능하다 (「근로기준법」 제69조).

④ B는 만 17세인데 계약서상 1일 근로 시간은 휴게 시간 1시간을 제외한 10시간이다. 따라서 사용자 'A'는 근로 시간과 관련한 「근로기준법」을 위반하였다.

| **오답 해설** | ① 근로 계약 기간이 1년 미만이더라도 사용자는 근로자에게 1주일에 평균 1회 이상의 유급 휴일을 주어야 한다. 그러나 유급 휴일은 1주 동안 소정 근로일을 개근한 자에게 주어진다.

② 근로 계약 기간은 당사자 간의 합의로 할 수 있으므로 이를 1년 미만으로 정했다고 해도 「근로기준법」을 위반한 것이라고 할 수 없다.

③ 「최저임금법」에 따라 최저 임금액에 미치지 못하는 금액을 임금으로 정한 부분은 무효가 되며, 최저 임금액과 동일한 임금을 지급하기로 한 것으로 본다.

39 ②

| **개념 카테고리** | 정치와 법 > 사회생활과 법 > 근로자의 권리와 법 > 미성년자의 근로

| **정답 해설** | ② 「근로기준법」 제55조 제1항에서는 '사용자는 근로자에게 1주에 평균 1회 이상의 유급 휴일을 보장하여야 한다.'라며 유급 휴일에 대해 규정하고 있다.

| **오답 해설** | ① 갑은 만 18세이므로 「근로기준법」에서 별도로 규정하고 있는 연소자에 해당하지 않는다. 따라서 「근로기준법」 제50조 제2항에서 규정한 바와 같이 갑의 1일 근로 시간은 휴게 시간을 제외하고 8시간을 초과할 수 없다.

③ 갑은 만 18세이므로 민사상 미성년자에 해당한다. 그러나 「근로기준법」 제67조 제1항에서는 '친권자나 후견인은 미성년자의 근로 계약을 대리할 수 없다.'라고 규정하고 있고, 제68조에서 '미성년자는 독자적으로 임금을 청구할 수 있다.'라고 규정하고 있으므로 친권자인 양부모가 대리로 계약을 체결하거나 임금을 대리 지급받을 수 없다.

④ 「근로기준법」 제54조 제1항에서는 '사용자는 근로 시간이 4시간인 경우에는 30분 이상, 8시간인 경우에는 1시간 이상의 휴게 시간을 근로 시간 도중에 주어야 한다.'라고 규정하고 있고, 제53조 제1항에서는 '당사자 간에 합의하면 1주간에 12시간을 한도로 제50조의 근로 시간을 연장할 수 있다.'라고 규정하고 있다. 따라서 근로 시간과 관계없이 사용자와의 합의에 따라 1일 1시간 휴식 시간이 보장되는 것이 아니고 1일 연장 가능한 근로 시간이 30분으로 제한되어 있지도 않다.

40 ④ 　　　　　　　　　　　　　　　　中

| **개념 카테고리** | 정치와 법 > 사회생활과 법 > 근로자의 권리와 법 > 근로자의 권리

| **정답 해설** | ④ □□ 회사 노동조합은 지방 노동 위원회에 부당 노동 행위에 대한 구제 신청을 할 수 있다.

| **오답 해설** | ① 해고 무효 확인 소송을 제기할 수 있는 것은 해당 근로자이므로 갑만 제기할 수 있다.

② 갑이 당한 행위는 노동 3권 중 단체 행동권의 제한인 부당 노동 행위로도 볼 수 있다.

③ 부당 해고에 대한 행정 소송을 신청하기 위해서는 지방 노동 위원회를 거쳐야 한다.

41 ④ 　　　　　　　　　　　　　　　　上

| **개념 카테고리** | 정치와 법 > 사회생활과 법 > 근로자의 권리와 법 > 근로기준법

| **정답 해설** | ㄷ. 연소 근로자(만 15세 이상 만 18세 미만)도 성인 근로자와 마찬가지로 최저 임금제의 적용을 받는다. 따라서 시간당 임금은 8,720원 이상이어야 한다.

ㄹ. 「근로기준법」에 따라 임금 지급은 근로자에게 직접 매월 1회 이상 일정한 날짜에 지급해야 한다. 따라서 B의 부모 통장으로 임금을 지급하는 것은 「근로기준법」을 위반한 것이므로 '매월 25일 B의 통장에 입금'으로 고쳐야 한다.

| **오답 해설** | ㄱ. 「근로기준법」상 연소 근로자의 근로 시간은 1일 7시간, 1주 35시간이며, 연장 근로는 1일 1시간, 1주 5시간을 초과할 수 없다. 따라서 휴게 시간을 제외한 근로 시간이 1일 6시간이므로 ㉠은 「근로기준법」을 위반하지 않았다.

ㄴ. 매주 월요일부터 금요일까지 근무일이 5일이고, 휴게 시간 1시간을 제외하고 근로 시간이 1일 6시간, 1주 30시간이므로 「근로기준법」 위반이 아니다.

42 ③

中

개념 카테고리 정치와 법 > 사회생활과 법 > 근로자의 권리와 법 > 근로자의 권리

| **정답 해설** | ㄴ. 부당 해고를 이유로 지방 노동 위원회에 구제를 신청한 주체는 근로자 갑이고, 부당 해고를 인정한 초심 판정에 불복하여 중앙 노동 위원회에 재심을 신청한 주체는 A 회사이다.

ㄹ. 중앙 노동 위원회가 재심에서 부당 해고가 아니라고 판정하였으므로 행정 소송은 중앙 노동 위원회의 판정에 불복한 갑이 제기하였을 것이다. 즉 원고는 갑이고, 피고는 중앙 노동 위원회 위원장이다.

| **오답 해설** | ㄱ. 갑에 대한 해고가 부당 노동 행위에 해당하는 경우가 아니라면, 갑이 소속된 A 회사 노동조합은 갑을 대신해 지방 노동 위원회에 구제 신청을 할 수 없다.

ㄷ. 행정 소송은 행정 관청의 처분을 사유로 하므로 지방 노동 위원회, 중앙 노동 위원회의 구제 절차를 거친 후에 제기할 수 있다.

43 ①

中

개념 카테고리 정치와 법 > 사회생활과 법 > 근로자의 권리와 법 > 근로자의 권리

| **정답 해설** | ① 해고는 반드시 서면으로 통지해야 하므로 (가)는 부당 해고이다. 이는 지방 노동 위원회나 민사 소송을 통해 구제 신청이 가능하다.

| **오답 해설** | ② (나)는 임금 체불에 해당하는데, 이는 부당 노동 행위에는 해당되지 않는다. 임금 체불은 고용 노동부를 통한 구제 절차를 진행해야 한다.

③ (다)는 병의 단체 행동권을 침해한 부당 노동 행위에 해당하지만, 병이 해고된 것은 아니므로 해고 무효 확인 소송을 제기할 수 없다.

④ 부당 해고와 부당 노동 행위에 대하여 지방 노동 위원회와 중앙 노동 위원회의 구제 절차를 거치고 난 후에 중앙 노동 위원회 위원장을 피고로 하는 행정 소송을 제기할 수 있다.

06 | 국제 관계와 한반도

출제 비중 9%

약점진단표

	1회독				2회독				3회독			
	○	△	×	총	○	△	×	총	○	△	×	총
국제 사회의 이해★				5				5				5
국제 관계와 국제법★★				10				10				10

＊문제풀이 후 약점진단 결과를 적어 보세요!

필수기출 & 출제예상 문제

국제 사회의 이해
문제편 P.78

| 01 | ① | 02 | ② | 03 | ② | 04 | ③ | 05 | ③ |

01 ①

개념 카테고리 정치와 법 > 국제 관계와 한반도 > 국제 사회의 이해 > 국제 사회의 변천 과정

| 정답 해설 | ① 1969년에 발표된 닉슨 독트린은 베트남전을 계기로 아시아에 대한 군사 개입을 포기하고 핵 공격의 위협이 있는 경우에만 적절한 방위조치를 취하겠다는 아시아 외교 정책이다. 닉슨 독트린에 의해 대소봉쇄정책에 변화가 일어나는 등 긴장 완화가 촉진되었다.

| 오답 해설 | ② 1980년대 후반에는 한반도 긴장 완화와 평화 정착 통일 기반 조성을 추구하는 외교 정책인 북방 정책을 추진하였다.

③ 1990년대 탈냉전시대에는 단극적 다극체제로 세계화와 지역 블록화가 동시에 진행되었다.

④ 개발 원조 위원회(DAC)는 개발도상국에 대한 공적 개발 원조에 대해 논의하는 기구로, 경제협력개발기구(OECD)의 산하 기구 중 하나이다. 우리나라는 2009년 1월 5일에 회원국으로 가입하였다.

02 ②

개념 카테고리 정치와 법 > 국제 관계와 한반도 > 국제 사회의 이해 > 국제 사회의 변천 과정

| 정답 해설 | ② 국제연맹은 제1차 세계 대전 이후 침략 전쟁의 방지와 국제 분쟁의 평화적 해결을 목표로 1920년에 창설되었다. 그러나 미국이 불참하고 일본과 독일, 이탈리아가 탈퇴하며 소련 또한 배제되어 강대국들이 참여하지 않게 되자 국제 기구로서 실질적인 효과는 거두지 못하였다.

| 오답 해설 | ① 종교적 갈등에서 비롯된 30년 전쟁을 종결짓는 조약이었던 베스트팔렌 조약을 통하여 교황과 황제로부터 독립

된 영토, 국민, 주권을 지닌 국민 국가가 국제 사회의 주체로 등장하였다.

③ 1947년에 발표된 트루먼 독트린은 자유주의 수호를 위해 공산주의 세력의 위협을 받는 그리스와 터키에 대한 군사 및 경제 원조를 그 내용으로 하였다. 트루먼 독트린을 계기로 냉전 시대가 도래하게 되었다.

④ 1989년 몰타 회담과 1990년 서독과 동독의 통일, 1991년 소련의 붕괴 등으로 인하여 사회주의가 몰락하고 냉전 체제가 종식되었다. 냉전 체제의 종식 이후 각국은 이념보다 각국의 이익을 추구하기 시작하였고 이로 인해 민족, 종교, 영토, 자원 등으로 인한 분쟁이 증가하였다.

03 ②

개념 카테고리 정치와 법 > 국제 관계와 한반도 > 국제 사회의 이해 > 국제 사회에 대한 관점

| 정답 해설 | (가)는 현실주의 관점, (나)는 자유주의(이상주의) 관점이다.

② 현실주의와 자유주의의 두 관점 모두 경제, 환경, 인권 문제를 중시한다.

04 ③

개념 카테고리 정치와 법 > 국제 관계와 한반도 > 국제 사회의 이해 > 국제 사회에 대한 관점

| 정답 해설 | (가)는 현실주의 관점, (나)는 자유주의(이상주의) 관점이다.

③ 자유주의 관점에서는 집단 안보 체제의 구축이 국제 평화 유지의 방안이 될 수 있다고 본다.

| 오답 해설 | ① 국제 관계에서 국가 간 상호 의존적 관계를 중시해야 한다고 보는 것은 (나)의 관점이다.

② 북대서양 조약 기구(NATO)와 바르샤바 조약 기구(WTO)는 냉전 시대의 세력 균형을 나타내므로 자유주의(이상주의) 관점으로 설명할 수 없다.

④ 국제법의 중요성을 강조하는 것은 (나)의 관점이다.

05 ③ 中

개념 카테고리 정치와 법 > 국제 관계와 한반도 > 국제 사회의 이해 > 국제 사회의 변천 과정

| **정답 해설** | ㄴ. B 시기는 1970년대를 기점으로 공산 진영과 자유 진영의 다원화와 비동맹 중립 노선을 추구하는 제3세계의 위상 강화 등이 나타난 시기로, 냉전이 완화된 시기이다.
ㄷ. C 시기에는 동유럽의 공산주의 포기, 1990년 독일 통일, 1991년 소련 해체 등으로 인하여 냉전이 해체된 시기이다.
| **오답 해설** | ㄱ. A 시기에 국제 사회에서는 미국을 중심으로 한 자유 진영과 소련을 중심으로 한 공산 진영이 대립하는 양극 체제가 자리 잡으면서 냉전이 형성되었다.
ㄹ. D 시기의 탈냉전 시대에는 국제 사회에서 정치적 이념 대립보다는 경제적 이익을 추구하는 경향이 강화되고 있다.

국제 관계와 국제법								문제편 P.79	
06	①	07	④	08	②	09	②	10	④
11	②	12	②	13	④	14	②	15	①

06 ①

개념 카테고리 정치와 법 > 국제 관계와 한반도 > 국제 관계와 국제법 > 국제 사회의 행위 주체

| **정답 해설** | ① 유럽연합은 기능적 범위가 제한적이지 않고 포괄적인 국제 기구이다.
| **오답 해설** | ② 국제사면위원회는 비정부 간 국제 기구이다.
③ 대기업 등 다국적 기업 역시 행위 주체에 해당한다.
④ 전직 국가 원수나 저명 예술가 등 영향력이 강한 개인도 행위 주체에 해당한다.

07 ④

개념 카테고리 정치와 법 > 국제 관계와 한반도 > 국제 관계와 국제법 > 국제연합

| **정답 해설** | A는 국제사법재판소, B는 안전보장이사회이다.
④ 안전보장이사회는 국제연합의 실질적인 의사결정기구로, 군사적 개입을 할 수 있다. 따라서 안전보장이사회는 국제사법재판소와 달리 군사적 개입을 할 수 있다.
| **오답 해설** | ① 국제사법재판소는 개인이 아닌 비회원국에 대해 재판할 수 있다.
② 국제사법재판소는 강제적 관할권이 없으므로 당사국 간 합의에 의한 제소가 있어야 재판할 수 있다.
③ 안전보장이사회에서는 이사국을 5개 상임이사국과 10개 비상임이사국으로 나누고, 5개의 상임이사국(미국, 영국, 중국, 프랑스, 러시아)만의 거부권을 인정하므로 의사 결정 방식에서 강대국의 논리가 반영될 가능성이 높다.

08 ②

개념 카테고리 정치와 법 > 국제 관계와 한반도 > 국제 관계와 국제법 > 국제연합

| **정답 해설** | A는 총회, B는 안전보장이사회, C는 국제사법재판소이다.
② 안전보장이사회는 중요 문제에 대해 5개의 상임이사국(미국, 영국, 중국, 프랑스, 러시아)이 모두 포함된 9개국 이상의 찬성으로 의사를 결정한다.
| **오답 해설** | ① 국제연합의 실질적 의사결정기구는 안전보장이사회이다.
③ 국제사법재판소는 서로 다른 국적을 가진 15인의 재판관으로 구성되고, 분쟁 당사국의 신청에 따라 재판을 진행하는 임의적 관할권을 가진다.
④ 국제사법재판소는 판결을 이행하지 않는 당사국에 대해 직접 제재를 가할 수 없다.

09 ②

개념 카테고리 정치와 법 > 국제 관계와 한반도 > 국제 관계와 국제법 > 국제연합

| **정답 해설** | ② (가)는 15개 이사국으로 구성된 국제연합 안전보장이사회이다. 국제 평화를 위협하는 분쟁을 심사·중개·조정함에 있어 분쟁 당사국들이 평화적 방법으로 해결하도록 권고하고 있다. 권고가 효력이 없을 경우 간섭 또는 적극적 개입이 가능하다. 또한 평화에 대한 위협·파괴 또는 침략 행위가 있을 경우에는 군사력 사용을 포함한 강제 조치가 가능하다. 이처럼 안전보장이사회는 국제 평화와 안전 유지에 1차적 책임을 진다.
| **오답 해설** | ① 국제연합의 최고 의결 기관은 총회로, 국제연합 모든 가입국의 대표로 구성된다.
③ 안전보장이사회는 국제 분쟁에 개입할 때 일정한 경우 군사력 사용이 가능하다.
④ 국제법을 적용하여 국제 분쟁을 해결하는 국제연합의 사법 기관은 국제사법재판소이다.

10 ④

개념 카테고리 정치와 법 > 국제 관계와 한반도 > 국제 관계와 국제법 > 국제연맹과 국제연합

| **정답 해설** | ④ 국제연합은 사법 기관으로 국제사법재판소를 운영하고 있다.
| **오답 해설** | ① 국제연맹은 제1차 세계 대전 이후 설립된 국제 평화 기구로, 미국 등 강대국의 불참으로 어려움을 겪었다.

② 국제연합은 전쟁 방지와 평화 유지를 위해 설립된 국제 기구이며, 안전보장이사회의 상임이사국은 실질 사항에 대한 거부권을 갖는다.

③ 국제연합은 전쟁 억제 이외에도 국제 평화와 안전 유지, 경제적·사회적·문화적 교류와 협력, 국제법 개발 등을 위한 다양한 활동을 벌이고 있다.

11 ②

개념 카테고리 정치와 법 > 국제 관계와 한반도 > 국제 관계와 국제법 > 국제법

| **정답 해설** | (가)는 국제 관습법, (나)는 법의 일반 원칙, (다)는 조약이다.

② 법의 일반 원칙은 문명국들이 공통적으로 승인하여 따르는 법의 보편적인 원칙이다.

| **오답 해설** | ① 조약에 대한 설명이다.

③ 국제 관습법에 관한 설명이다.

④ 국제 관습법과 법의 일반 원칙은 별도의 법적 절차를 거치지 않더라도 국내법과 같은 효력을 가진다.

12 ②

개념 카테고리 정치와 법 > 국제 관계와 한반도 > 국제 관계와 국제법 > 국제법

| **정답 해설** | ② 모든 조약의 체결과 비준에 국회의 동의가 필요한 것은 아니다.

13 ④

上

개념 카테고리 정치와 법 > 국제 관계와 한반도 > 국제 관계와 국제법 > 국제연합

| **정답 해설** | ④ C가 안전보장이사회로 (가)에 '국제 평화 유지를 위해 군사적 제재를 결정할 수 있는가?'가 들어간다면 A도 안전보장이사회여야 한다. 따라서 해당 질문은 (가)에 들어갈 수 없다.

| **오답 해설** | ① 안전보장이사회와 총회 모두 1국 1표주의가 적용된다.

② (가)에 '의결 시 거부권이 인정되는 국가가 존재하는가?'가 들어가면 A는 안전보장이사회에 해당하므로 B는 총회, C는 국제사법재판소이다.

③ (가)에 '국적이 서로 다른 15명의 재판관으로 구성되는가?'가 들어가면 A는 국제사법재판소에 해당한다. 국제사법재판소는 국가 간의 분쟁을 해결하는 사법 기관으로, 개인 간의 분쟁은 해결하지 않는다.

14 ②

中

개념 카테고리 정치와 법 > 국제관계와 한반도 > 국제관계와 국제법 > 국제연합

| **정답 해설** | A는 안전보장이사회, B는 총회, C는 국제사법재판소이다.

ㄱ. 안전보장이사회의 상임이사국은 5개국(미국, 영국, 중국, 프랑스, 러시아)이다.

ㄹ. 안전보장이사회와 총회에서는 표결 시 1국 1표 원칙이 적용된다.

| **오답 해설** | ㄴ. 안전보장이사회의 상임이사국 거부권 행사는 현실주의 관점으로 설명할 수 있다.

ㄷ. 국제사법재판소는 원칙적으로 분쟁 당사국의 제소가 있어야 재판을 할 수 있다.

15 ①

中

개념 카테고리 정치와 법 > 국제 관계와 한반도 > 국제 관계와 국제법 > 국제법

| **정답 해설** | (가)는 조약, (나)는 국제 관습법이다.

ㄱ. 조약과 국제 관습법 모두 국제법의 법원(法源)으로서의 역할을 한다.

ㄴ. 조약은 체결 당사국에서만 효력이 있고 제3국에서는 효력이 없다.

| **오답 해설** | ㄷ. 국제 사회에서 일반적으로 승인된 국제 법규는 국제 관습법이다.

ㄹ. 국가 간 명시된 합의로서의 법원(法源)은 조약이다.

에듀윌이
너를
지지할게

ENERGY

그대의 길을 가라,
다른 사람이 뭐라 하든 신경 쓰지 말고.

– 단테 알리기에리(Dante Alighieri)

CHAPTER 01

경제생활과 경제 주체

출제 비중 19%

약점진단표

	1회독				2회독				3회독			
	○	△	×	총	○	△	×	총	○	△	×	총
경제생활의 이해★				4				4				4
경제 문제의 합리적 해결★★				5				5				5
경제 체제와 경제 목표★				5				5				5
경제 주체의 역할★★				18				18				18

*문제풀이 후 약점진단 결과를 적어 보세요!

필수기출 & 출제예상 문제

경제생활의 이해

문제편 P.84

01	③	02	①	03	④	04	①		

01 ③

개념 카테고리 경제 > 경제생활과 경제 주체 > 경제생활의 이해 > 경제 활동

| 정답 해설 | ③ B가 효용 극대화를 추구하는 경제 주체라면 B는 가계이고, A는 기업이며, (나)는 생산 요소 시장이다. 생산 요소 시장에서 기업은 수요자 역할을, 가계는 공급자 역할을 담당한다.

| 오답 해설 | ① A가 가계라면, 임금은 생산 요소 시장인 (가) 시장에서 결정된다.

② B가 기업이라면, 생산 요소 시장인 (가) 시장에서 임금, 지대, 이자 등이 거래된다. 재화나 서비스가 거래되는 시장은 생산물 시장이다.

매력적 오답 ④ (나) 시장에서 재화, 서비스인 생산물이 거래된다면, A는 소비 활동의 주체인 가계이다. 가계는 효용의 극대화를 추구한다. 이윤 극대화를 추구하는 경제 주체는 기업이다.

02 ①

개념 카테고리 경제 > 경제생활과 경제 주체 > 경제생활의 이해 > 민간 경제의 순환

| 정답 해설 | ① 화살표가 화폐의 흐름이라면, (가)는 가계이다. 가계는 생산물 시장의 수요자이다.

| 오답 해설 | ② 화살표가 실물의 흐름이라면, (나)는 가계이다. 가계는 소비 활동의 주체이다.

③ (나)가 생산물 시장의 공급자라면, (나)는 기업, (가)는 가계이다. ㉠에는 재화와 서비스의 구입이 해당된다.

④ (가)가 소비 활동의 주체라면, (가)는 가계, (나)는 기업이다. 기업은 이윤 극대화를 목표로 한다.

03 ④

개념 카테고리 경제 > 경제생활과 경제 주체 > 경제생활의 이해 > 국민 경제의 순환

| 정답 해설 | A는 가계, B는 기업, (가) 시장은 생산물 시장이다.

④ 정부의 흑자 재정 정책은 긴축 재정 정책으로, 정부 지출 축소, 세율 인상이 이에 해당한다. 이는 가계의 소득을 감소시키는 요인이다.

| 오답 해설 | ① ㉠은 가계가 재화나 서비스를 구매하기 위해 비용을 지불하는 것이다. 임금, 이자, 지대는 가계의 생산 요소(노동, 자본, 토지)에 대한 대가이므로 생산 요소 시장에서 가계로의 화폐 흐름이라고 볼 수 있다.

② ㉡은 조세이다. 경기가 불황일수록 정부는 세율을 인하하므로 조세의 크기가 작아진다.

③ B는 기업으로, 생산물 시장의 공급자이며, 이윤 극대화를 추구한다. 효용 극대화를 추구하는 것은 가계이다.

04 ①

中

개념 카테고리 경제 > 경제생활과 경제 주체 > 경제생활의 이해 > 민간 경제의 순환

| 정답 해설 | A가 가계이고 B가 기업이면, (가) 시장은 생산물 시장, (나)는 생산 요소 시장에 해당한다. A가 기업이고 B가 가계이면, (가) 시장은 생산 요소 시장, (나) 시장은 생산물 시장에 해당한다.

① B가 가계라면, (가) 시장은 생산 요소 시장, (나) 시장은 생산물 시장에 해당한다. 생산 요소가 거래되는 시장은 생산 요소 시장이다.

| **오답 해설** | ② A가 가계라면, ⊙은 가계로부터 지급되는 화폐의 흐름이므로 소비 지출은 ⊙에 해당한다.

③ (나) 시장에서 생산 요소가 거래된다면, (나) 시장은 생산 요소 시장이고, A는 가계, B는 기업이다. ⊙의 증가는 생산 요소의 증가로, 이는 생산의 증가를 가져와 경제 성장의 요인이 될 수 있다.

④ (가) 시장에서 재화와 서비스가 거래된다면, (가) 시장은 생산물 시장이고, A는 가계, B는 기업이다. 가계는 만족 극대화를 추구하고, 기업은 이윤 극대화를 추구한다.

경제 문제의 합리적 해결							문제편 P.85
05	②	06	④	07	④	08	③	09	①

05 ②

개념 카테고리 경제 > 경제생활과 경제 주체 > 경제 문제의 합리적 해결 > 희소성의 원칙

| **정답 해설** | ⊙ 바나나가 망고보다 훨씬 높은 가격에 거래되므로 바나나는 망고보다 희소성이 크다.

② 희소성이란 사람들이 원하는 것에 비해 자원의 부존량이 상대적으로 부족한 것을 뜻한다.

| **오답 해설** | **매력적 오답** ⓒ (가)와 (나)의 사례에서 가격 결정 요인은 희소성, 즉 교환 가치이다.

ⓒ 다이아몬드가 비싼 이유는 희소하기 때문이다.

| 플러스 이론 | **희소성과 희귀성**

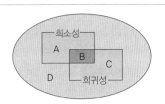

희귀성이 있다고 해서 무조건 희소성이 있는 것은 아니다. A와 B는 희소성이 있으므로 경제재로 시장에서 거래되지만, C는 희소성은 없고 희귀성만 있으므로 시장에서 거래가 이루어지지 않는다. D는 희귀하지도 않고 희소하지도 않다. C와 D가 유용성을 갖는 경제 객체라고 하더라도 희소성이 없으므로 무상재에 해당한다.

06 ④

개념 카테고리 경제 > 경제생활과 경제 주체 > 경제 문제의 합리적 해결 > 편익과 비용

| **정답 해설** | ④ 기회비용은 명시적 비용과 암묵적 비용의 합으로 구성된다. 갑은 대학 진학에 따른 편익이 대학 진학의 명시적 비용인 ⊙과 회사 취업 시 얻을 수 있었던 암묵적 비용인 ⓒ의 합인 기회비용보다 크다고 판단했으므로 대학 진학을 선택한 것이다.

| **오답 해설** | ① 을은 A 회사로의 취업을 선택했으므로 을의 선택에서 학비는 명시적 비용과 관련 없다.

매력적 오답 ② 취업에 따른 편익과 취업에 따른 기회비용을 혼동할 수 있다. 을의 취업에 따른 편익과 관련 없는 내용이다.

③ 갑은 ○○대학교로의 진학을 선택했으므로 대학 진학에 따른 학비는 명시적 비용, 취업 시 얻을 수 있었던 소득은 암묵적 비용에 해당한다.

| 플러스 이론 | **명시적 비용과 암묵적 비용**

- 경제적 비용(기회비용) = 명시적 비용 + 암묵적 비용
- 명시적 비용: 대안을 선택함으로써 실제로 지출된 비용
- 암묵적 비용: 다른 대안을 선택함에 따라 얻을 수 있었으나 포기한 이익(실제로 지출된 비용이 아님)

07 ④

개념 카테고리 경제 > 경제생활과 경제 주체 > 경제 문제의 합리적 해결 > 합리적 소비

| **정답 해설** | ④ 용돈 감소 후에는 피자 4단위, 치킨 5단위, 떡볶이 3단위를 소비할 때 만족도의 합이 250으로 최대가 된다.

| **오답 해설** | ① 용돈 감소 전에는 피자 5단위, 치킨 5단위, 떡볶이 5단위를 소비할 때 만족도의 합이 263으로 최대가 된다.

② 용돈 감소 전에는 세 상품을 각각 5단위씩 소비할 때 만족도의 합이 최대가 된다.

③ 용돈 감소 후 세 상품을 각각 1단위씩 줄여 소비한다면 만족도의 합이 245이므로 최대가 되지 않는다. 용돈 감소 후에는 피자 4단위, 치킨 5단위, 떡볶이 3단위를 소비할 때 만족도가 극대화된다.

08 ③

개념 카테고리 경제 > 경제생활과 경제 주체 > 경제 문제의 합리적 해결 > 편익과 기회비용

| **정답 해설** | (가)는 기회비용, (나)는 편익이다.

③ 기회비용보다 편익이 큰 것을 선택하는 것이 합리적 선택이다. 합리적 선택은 순편익(편익−기회비용)이 0보다 큰 것을 선택하는 것을 말한다.

| **오답 해설** | ① 기회비용은 명시적 비용과 암묵적 비용의 합이므로 암묵적 비용은 기회비용에 포함된다.

매력적 오답 ② 편익이 개인의 만족감에만 한정되는 개념이라고 착각할 수 있다. 생산 활동을 통해 얻게 되는 기업의 판매 수입은 편익에 해당한다.

④ 최소의 기회비용으로 최대의 편익을 누리는 것은 효율성의 원리이다.

| **플러스 이론** | **합리적 선택과 순편익**

둘 이상의 선택 가능한 대안 중 하나를 선택해야 하는 의사 결정에서 합리적 선택은 순편익이 양(+)의 값을 갖는 대안을 선택하는 것이다. 합리적으로 선택한 대안의 이익(편익 – 명시적 비용)은 다른 대안 선택 시 얻을 수 있는 이익(편익 – 명시적 비용) 중 가장 큰 값, 즉 암묵적 비용보다 크기 때문이다. 마찬가지 이유로 합리적 선택이 아닌 다른 대안의 순편익은 음(–)의 값을 가지게 된다.

09 ①   中

개념 카테고리 경제 > 경제생활과 경제 주체 > 경제 문제의 합리적 해결 > 합리적 선택

| **정답 해설** | ㉠은 공무원이 되었을 때의 편익에 해당하고, ㉢은 공무원 선택에 따른 암묵적 비용에 해당하며, ㉣은 이미 지출한 비용으로 회수할 수 없으므로 매몰 비용에 해당한다.

① 고용 안정성은 갑이 공무원이 되었을 때 얻을 수 있는 편익에 해당한다.

| **오답 해설** | ② '공무원이 되었을 때 받는 월급'은 갑이 공무원이 되었을 때 얻을 수 있는 편익이므로 ㉡에 들어갈 수 있다.

③ 현재 회사에서 받는 월급은 공무원을 선택하게 됨에 따라 포기하게 되는 이익이므로 암묵적 비용에 해당한다.

④ 이미 지출한 학원비는 시험에 합격한 현재 시점에서 회수할 수 없는 매몰 비용에 해당하므로 합리적 선택 시 고려해서는 안 된다.

경제 체제와 경제 목표	문제편 P.87
10 ①	11 ②	12 ③	13 ②	14 ②

10 ①

개념 카테고리 경제 > 경제생활과 경제 주체 > 경제 체제와 경제 목표 > 경제 체제

| **정답 해설** | (가)는 시장 경제 체제, (나)는 계획 경제 체제이다.
① 경제 활동의 효율성과 경쟁을 강조하는 것은 시장 경제 체제이다.

| **오답 해설** | ② 민간 경제 주체의 자율적 의사 결정을 중시하는 것은 시장 경제 체제이다.

③ 경제 주체의 이윤 추구를 장려하는 것은 시장 경제 체제이다.

④ A가 '아니요'라면 '자원의 희소성으로 인한 경제 문제가 발생하는가?'는 들어갈 수 없다. 자원의 희소성으로 인한 경제 문제는 시장 경제 체제, 계획 경제 체제 둘 다에서 나타나므로 A는 '예'이어야 한다.

11 ②

개념 카테고리 경제 > 경제생활과 경제 주체 > 경제 체제와 경제 목표 > 경제 체제

| **정답 해설** | A는 시장 경제 체제, B는 계획 경제 체제이다.
② 경제적 유인 체계를 중시하는 경제 체제는 시장 경제 체제이다.
| **오답 해설** | ① 시장 경제 체제는 기본적인 경제 문제의 해결에서 효율성을 더 강조한다.

③ ㉠에는 '예', ㉡에는 '아니요'가 들어간다.

④ '보이지 않는 손'을 중시하는 경제 체제는 시장 경제 체제이다. 따라서 (가)에는 '보이지 않는 손을 중시하는가?'가 들어갈 수 없다.

12 ③

개념 카테고리 경제 > 경제생활과 경제 주체 > 경제 체제와 경제 목표 > 경제 체제

| **정답 해설** | ③ B가 시장 경제 체제라면, A는 계획 경제 체제이다. 시장 경제 체제는 형평성보다 경쟁을 중시한다. 따라서 해당 질문은 (가)에 들어갈 수 있다.

| **오답 해설** | ① A가 계획 경제 체제라면, B는 시장 경제 체제이다. (나)에 '기본적인 경제 문제가 발생하는가?'가 들어가면, 계획 경제 체제와 시장 경제 체제 모두 '예'라고 답한다.

② A가 시장 경제 체제라면, B는 계획 경제 체제이다. (가)에 '정부의 계획에 의한 자원 배분을 강조하는가?'가 들어가면, 시장 경제 체제는 '아니요', 계획 경제 체제는 '예'라고 답한다.

④ (나)가 '시장 가격의 자원 배분 기능을 중시하는가?'이면, A는 계획 경제 체제, B는 시장 경제 체제이다. 시장 경제 체제는 계획 경제 체제보다 경제적 유인 체계를 강조한다.

13 ②   下

개념 카테고리 경제 > 경제생활과 경제 주체 > 경제 체제와 경제 목표 > 경제 체제

| **정답 해설** | (가)는 시장 경제 체제, (나)는 계획 경제 체제, (다)는 전통 경제 체제이다.
② 시장 경제 체제에서는 계획 경제 체제에서보다 사적 이익을 추구하는 활동을 보장한다.

| **오답 해설** | ① 전통 경제 체제보다 시장 경제 체제에서 경제 주체들 간의 자유로운 경쟁이 보장된다.
③ 전통 경제 체제와 계획 경제 체제보다 시장 경제 체제에서 경제적 유인을 강조한다.
④ 전통 경제 체제와 계획 경제 체제보다 시장 경제 체제에서 '보이지 않는 손'에 의한 자원 배분을 강조한다.

| **플러스 이론** | **경제 체제의 유형**

구분 기준	유형	특징
경제 문제 해결 방식에 따라	전통 경제 체제	전통, 관습, 종교 등에 의한 경제 운영
	계획 경제 체제	정부의 명령·계획에 의한 경제 운영
	시장 경제 체제	시장 원리에 의한 경제 운영
생산 수단의 소유 형태에 따라	사회주의 경제 체제	생산 수단의 국·공유화
	자본주의 경제 체제	생산 수단의 사유화

14 ②   中

| **개념 카테고리** | 경제 > 경제생활과 경제 주체 > 경제 체제와 경제 목표 > 경제 체제

| **정답 해설** | A는 계획 경제 체제, B는 시장 경제 체제, C는 혼합 경제 체제이다.
ㄴ. 계획 경제 체제에 비해 민간 부문의 자율성을 중시하는 시장 경제 체제에서 실업과 인플레이션의 발생 가능성이 상대적으로 더 크다.
ㄷ. 혼합 경제 체제에서는 시장 경제 체제에서 경제 문제 해결의 주체인 가계와 기업의 자율적 해결 능력에 한계가 있으므로 이를 보완하기 위해 정부가 개입함으로써 경제 문제가 해결된다고 본다.

| **오답 해설** | ㄱ. '보이지 않는 손'인 시장의 가격 기구에 의해 효율적으로 자원이 배분되는 경제 체제는 시장 경제 체제이다.
ㄹ. 시장 가격 기구의 자동 조절 기능을 신뢰하고 민간 경제 주체의 의사 결정을 중시하는 시장 경제 체제가 계획 경제 체제나 혼합 경제 체제에 비해 이윤 동기에 의한 경제적 유인을 통해 효율성을 실현하기에 유리하다.

경제 주체의 역할									문제편 P.88
15	①	16	④	17	④	18	③	19	④
20	④	21	④	22	④	23	④	24	④
25	③	26	④	27	②	28	③	29	①
30	③	31	④	32	②				

15 ①

| **개념 카테고리** | 경제 > 경제생활과 경제 주체 > 경제 주체의 역할 > 소득의 유형

| **정답 해설** | (가)는 경상 소득, (나)는 비경상 소득이다. 경상 소득은 근로 소득, 재산 소득, 사업 소득, 이전 소득으로 나뉜다.
① 공적 연금은 이전 소득에 해당한다.

| **오답 해설** | ② 배당금은 재산 소득에 해당한다.
③ 연금 일시금은 비경상 소득에 해당한다.
④ 예산 수립은 경상 소득을 바탕으로 수립하는 것이 바람직하다.

16 ④

| **개념 카테고리** | 경제 > 경제생활과 경제 주체 > 경제 주체의 역할 > 합리적 소비

| **정답 해설** | 제시된 자료를 바탕으로 X재와 Y재의 총효용을 나타내면 다음과 같다.

구분	1개	2개	3개	4개	5개
X재	10	19	26	30	30
Y재	12	22	28	28	20

④ 현재는 X재 3개, Y재 2개 소비 시 총편익이 가장 크다. 용돈이 5달러 증가하면 현재 X재 3개, Y재 2개 조합에서 Y재 1개를 추가로 소비하게 될 것이다.

| **오답 해설** | ① X재 2개와 Y재 3개 소비 시에는 총편익이 47이고, X재 3개와 Y재 2개 소비 시에는 총편익이 48이다.
② X재 소비 증가에 따른 총편익은 10 → 19 → 26 → 30 → 30이다.
③ 용돈 25달러로 Y재만을 구입할 때 최대 구입량은 5개이며, 이때의 총편익은 20이다.

17 ④

| **개념 카테고리** | 경제 > 경제생활과 경제 주체 > 경제 주체의 역할 > 합리적 소비

| **정답 해설** | ④ A는 뮤지컬 관람만을 2회할 때 총만족감이 45로 극대화된다.

| **오답 해설** | ① B의 경우 가처분 소득 전부로 고급 레스토랑 외식만 할 경우 총만족감은 33이다. 가처분 소득 40만 원으로 뮤지컬 관람 1회와 외식 2회를 할 경우의 총만족감은 37로, 이때 총만족감이 가장 크다.

② 뮤지컬 관람 횟수를 1회에서 2회로 늘릴 경우 A의 총만족감은 16(외식 2회)+25(뮤지컬 관람 1회)=41에서 45(뮤지컬 관람 2회)로 4만큼 증가한다. B의 총만족감은 19(외식 2회)+18(뮤지컬 관람 1회)=37에서 31(뮤지컬 관람 2회)로 6만큼 감소한다.

③ 현재 외식 비용은 1회에 10만 원, 뮤지컬 관람은 1회에 20만 원이다. 즉, 외식 1회를 위해 포기해야 하는 뮤지컬 관람 1회 비용을 나타내는 기회비용이 2배만큼 큰 상황이다. 1회 외식 비용이 15만 원, 20만 원과 같이 증가한다면 그만큼 뮤지컬 관람을 포기하게 되는 기회비용은 작아지게 된다.

18 ③

개념 카테고리 경제 > 경제생활과 경제 주체 > 경제 주체의 역할 > 합리적 생산

| **정답 해설** | 제시된 자료를 바탕으로 A의 생산량에 따른 총수입, 총비용 및 이윤을 나타내면 다음과 같다.

(단위: 원)

생산량	1개	2개	3개	4개	5개	6개	7개
총수입	1,000	2,000	3,000	4,000	5,000	6,000	7,000
총비용	500	1,100	1,800	2,600	3,500	4,600	5,800
이윤	500	900	1,200	1,400	1,500	1,400	1,200

③ 생산량이 3개일 때의 이윤은 1,200원이고, 5개일 때의 이윤은 1,500원이다.

| **오답 해설** | ① 생산량이 1개씩 증가할 때 총수입의 증가분(한계수입)은 1,000원으로 일정하다.

② 생산량이 1개씩 증가할 때 총비용의 증가분(한계비용)은 생산량 1개 500원, 2개 600원, 3개 700원, 4개 800원, 5개 900원, 6개 1,100원, 7개 1,200원으로 점차 증가한다.

매력적 오답 ④ 생산량이 5개일 때 이윤이 극대화된다. 참고로, 이윤은 총수입-총비용으로 산출한다.

19 ④

개념 카테고리 경제 > 경제생활과 경제 주체 > 경제 주체의 역할 > 합리적 생산

| **정답 해설** | 제시된 자료를 통해 총수입, 총비용 및 이윤을 나타내면 다음과 같다.

(단위: 만 원)

생산량	1개	2개	3개	4개	5개	6개
추가 수입	10	10	10	10	10	10
추가 비용	7	6	6	7	11	13
총수입	10	20	30	40	50	60
총비용	7	13	19	26	37	50
평균 비용	7	6.5	6.3	6.5	7.4	8.3
이윤	3	7	11	14	13	10

④ 최대로 얻을 수 있는 이윤은 4개를 생산할 때인 14만 원이다.

| **오답 해설** | ① 총이윤은 생산량이 2개일 경우 7만 원, 3개일 경우 11만 원이다.

② 생산량이 1개씩 증가할 때 평균 비용은 증가하기도 하고 감소하기도 한다.

③ 평균 비용이 가장 작을 때에는 6.3만 원으로, 이때 이윤은 11만 원이다.

20 ④

개념 카테고리 경제 > 경제생활과 경제 주체 > 경제 주체의 역할 > 직접세와 간접세

| **정답 해설** | ④ 직접세가 간접세보다 소득 재분배 효과가 더 크다.

| **오답 해설** | ① 간접세는 납세자와 담세자가 일치하지 않는 조세이고, 직접세는 납세자와 담세자가 일치하는 조세이다.

② 직접세는 소득을 기준하여 부과되는 조세이고, 간접세는 주로 소비 지출에 부과되는 조세이다.

③ 간접세는 직접세보다 조세 저항이 약하며, 조세 징수가 쉬운 편이다. 직접세는 간접세보다 조세에 대한 저항이 강하다.

21 ④

개념 카테고리 경제 > 경제생활과 경제 주체 > 경제 주체의 역할 > 조세의 유형

| **정답 해설** | A는 누진세, B는 비례세, ㉠은 직접세, ㉡은 간접세이다.

④ 일반적으로 누진세가 적용되는 직접세가 간접세에 비해 소득 재분배 효과가 크다.

| **오답 해설** | ① 비례세는 모든 과세 대상에 동일한 세율이 적용되므로 조세 부담의 역진성이 나타나 저소득층에게 불리하다.

② 누진세는 소득에 따라 적용되는 세율이 다르므로 경기 자동 안정화 장치로서의 기능을 한다.

③ 직접세는 간접세에 비해 조세 징수 비용이 크다.

22 ④

개념 카테고리 경제 > 경제생활과 경제 주체 > 경제 주체의 역할 > 비례세와 누진세

| **정답 해설** | 변경 전 세율은 비례세율, 변경 후 세율은 누진세율이다.

④ 재산 증가율과 세액 증가율이 동일한 재산세는 비례세율이 적용된 것이고, 재산 증가율보다 세액 증가율이 더 큰 방식은 누진세율이 적용된 것이다.

| **오답 해설** | ① 모든 상품에 동일한 세율을 적용하는 부가가치세율을 인상하는 것은 비례세율의 인상에 해당한다.

② 모든 차량 소유주에게 동일한 세액을 부과하던 자동차세는 정액세이다.

③ 소득의 크기에 따라 세율을 차등 적용하던 소득세를 동일한 세율을 적용하는 방식으로 변경하는 것은 누진세율에서 비례세율로의 변화이다.

23 ④

개념 카테고리 경제 > 경제생활과 경제 주체 > 경제 주체의 역할 > 비례세와 누진세

| **정답 해설** | A는 과세 대상 금액이 커질수록 높은 세율이 적용되므로 누진세이고, B는 과세 대상 금액에 관계없이 일정한 세율이 적용되므로 비례세이다.

④ 누진세는 과세 대상 금액이 클수록 높은 세율이 적용되므로 소득 재분배 효과가 크다. 비례세는 과세 대상 금액과 관계없이 일정한 세율이 적용되므로 조세의 역진성이 나타난다.

| **오답 해설** | ① 부가가치세에는 주로 비례세가 적용된다.

② 법인세와 개인소득세는 직접세로, 일반적으로 누진세가 적용된다.

③ 직접세는 일반적으로 누진세를 적용한다.

24 ④

개념 카테고리 경제 > 경제생활과 경제 주체 > 경제 주체의 역할 > 비례세

| **정답 해설** | 제시된 그림은 비례세를 보여 준다.

④ 비례세는 과세 대상 금액에 관계없이 세율이 일정하다.

| **오답 해설** | ① 저소득 계층에 유리한 조세 제도는 누진세이다.

② 우리나라의 소득세에 적용하는 과세 방식은 누진세이다. 비례세는 소비 지출에 적용한다.

③ 제시된 조세 제도는 비례세 방식이다.

25 ③

개념 카테고리 경제 > 경제생활과 경제 주체 > 경제 주체의 역할 > 소득세제

| **정답 해설** | ③ 연간 소득이 3,000만 원인 사람의 경우 2018년 소득세액은 2017년의 소득세액에 비해 증가한다.

• 2017년 소득세액=(2,000만 원×5%)+(1,000만 원×25%)=100만 원+250만 원=350만 원

• 2018년 소득세액=(2,000만 원×10%)+(1,000만 원×20%)=200만 원+200만 원=400만 원

| **오답 해설** | ① 2017년과 2018년의 소득세제는 모두 소득 구간이 증가함에 따라 세율이 높아지는 누진세제에 해당한다.

② 연간 소득이 2,000만 원인 사람의 소득세율이 5% 상승했다고 해서 소득세액이 5% 증가하는 것은 아니다.

• 2017년 소득세액=2,000만 원×5%=100만 원

• 2018년 소득세액=2,000만 원×10%=200만 원

④ 해당 국가는 누진세를 도입하고 있으므로 연간 소득이 3배 많다면, 소득세액은 3배보다 많다.

• 연간 소득이 2,000만 원인 사람의 소득세액=2,000만 원×10%=200만 원

• 연간 소득이 6,000만 원인 사람의 소득세액=(2,000만 원×10%)+(3,000만 원×20%)+(1,000만 원×30%)=200만 원+600만 원+300만 원=1,100만 원

26 ④ 中

개념 카테고리 경제 > 경제생활과 경제 주체 > 경제 주체의 역할 > 합리적 생산

| **정답 해설** | ④ 판매량이 증가함에 따라 추가로 지출하는 비용은 '2만 원 → 3만 원 → 4만 원 → 5만 원'으로 증가한다.

| **오답 해설** | ① 판매량이 4개일 때 총수입은 8만 원이고, 총비용은 10만 원이므로 이윤은 −2만 원이다.

② 평균 비용은 총비용÷판매량이다. 판매량이 증가할수록 평균 비용은 '1만 원 → 1만 5천 원 → 2만 원 → 2만 5천 원 → 3만 원'으로 증가한다.

③ 평균 수입은 총수입÷판매량이다. 판매량에 관계없이 평균 수입은 2만 원으로 일정하다.

27 ② 下

개념 카테고리 경제 > 경제생활과 경제 주체 > 경제 주체의 역할 > 직접세와 간접세

| **정답 해설** | 납세자와 담세자가 일치하는 조세는 직접세이고, 납세자와 담세자가 일치하지 않는 조세는 간접세이다. 따라서 (가)는 간접세, (나)는 직접세이다.

② 일반적으로 직접세 징수 시에는 누진세율이 적용되므로 직접세는 간접세에 비해 소득 재분배 효과가 크다.

| **오답 해설** | ① 직접세는 간접세에 비해 조세 저항이 강하다.

③ 주로 소비 지출에 부과되는 조세는 간접세이다.

④ 일반적으로 직접세에는 누진세율이 적용되고, 간접세에는 비례세율이 적용된다. 조세 부담의 역진성이 나타나는 것은 간접세이다.

| **플러스 이론** | **조세의 분류**

구분		내용
납세자와 담세자의 일치 여부에 따라	직접세	• 납세자와 담세자가 일치함 • 주로 소득이나 재산에 부과 • 일반적으로 누진세가 적용되어 소득 재분배 효과가 큼
	간접세	• 납세자와 담세자가 일치하지 않음 • 주로 소비 지출에 부과 • 일반적으로 비례세가 적용되어 조세 부담의 형평성이 낮음

	누진세	• 과세 대상 금액이 커질수록 높은 세율을 적용함 • 소득 재분배 효과가 크고, 주로 직접세에 적용됨
세율 적용 방식에 따라	비례세	• 과세 대상 금액에 상관없이 동일한 세율을 적용함 • 주로 간접세에 적용되며, 간접세에 적용될 경우 조세 부담의 역진성이 나타남
	역진세	• 과세 대상 금액이 커질수록 낮은 세율을 적용함 • 현실적으로 거의 존재하지 않음

28 ③

中

개념 카테고리 경제 > 경제생활과 경제 주체 > 경제 주체의 역할 > 경제 주체

| 정답 해설 | 사회적 후생의 극대화를 추구하는 경제 주체는 정부이다. 따라서 A는 정부, B와 C는 각각 가계와 기업 중 하나이다.
③ 가계와 기업 중 생산물 시장의 공급자는 기업이다. '생산물 시장의 공급자인가?'가 (가)에 들어가면, B는 기업, C는 가계이다. 부가가치를 창출하여 이윤을 얻는 경제 주체는 기업이다.

| 오답 해설 | ① 정부는 공공 서비스를 제공하는 경제 주체이다.
② B가 기업이라면, C는 가계이다. 기업과 가계는 모두 정부에 조세를 납부한다. 따라서 해당 질문은 (가)에 들어갈 수 없다.
④ 노동을 제공한 대가로 임금을 얻는 경제 주체는 가계이다. '노동을 제공한 대가로 임금을 얻는가?'가 (가)에 들어가면, B는 가계, C는 기업이다. 가계는 소비를 통해 효용을 얻고자 하는 경제 주체이다.

29 ①

中

개념 카테고리 경제 > 경제생활과 경제 주체 > 경제 주체의 역할 > 조세의 유형

| 정답 해설 | ㉠은 과세 대상 금액이 증가할수록 세율이 증가하고 있으므로 누진세에 해당하고, ㉡은 과세 대상 금액에 상관없이 세율이 일정하므로 비례세에 해당하며, ㉢은 과세 대상 금액이 증가할수록 세율이 감소하고 있으므로 역진세에 해당한다.
① 누진세는 과세 대상 금액이 증가함에 따라 높은 세율을 적용하므로 비례세와 역진세에 비해 소득 재분배 효과가 크게 나타난다.

| 오답 해설 | ② 고소득층에 비해 저소득층에게 유리한 세율 적용 방식은 누진세이다.
③ 조세 부담의 역진성이란 소득이 적은 사람이 소득이 많은 사람보다 더 높은 세율을 적용받는 현상이다. 이는 누진세보다 비례세, 역진세 등에서 나타난다.
매력적 오답 ④ 세율과 세액을 혼동하여 판단할 수 있다. 과세 대상 금액 증가율과 세액의 증가율이 같은 것은 세율이 일정한 비례세이다.

30 ③

中

개념 카테고리 경제 > 경제생활과 경제 주체 > 경제 주체의 역할 > 비례세와 누진세

| 정답 해설 | 갑국의 소득세 제도는 비례세, 을국의 소득세 제도는 누진세이다.
③ 누진세는 과세 대상 금액의 증가율보다 세액의 증가율이 더 높지만, 비례세는 과세 대상 금액의 증가율과 세액의 증가율이 같다.

| 오답 해설 | ① 갑국의 소득세 제도는 세율이 일정한 비례세이며, 조세의 역진성을 초래할 수 있으나 역진세는 아니다.
② 누진세가 비례세보다 저소득층에 유리하며, 소득 재분배 효과가 나타난다.
④ 비례세와 누진세 모두 연 소득과 정(+)의 관계에 있다.

31 ④

上

개념 카테고리 경제 > 경제생활과 경제 주체 > 경제 주체의 역할 > 조세의 유형

| 정답 해설 | ④ 소득세와 달리 부가가치세는 비례 세율이 적용되어 과세 표준에 상관없이 세율이 동일하다.

| 오답 해설 | ① 소득세와 달리 부가가치세만 조세 부담의 역진성이 나타난다.
② 조세 전가가 가능하고, 비교적 조세 저항이 약한 조세는 간접세로 부가 가치세가 이에 해당한다.
③ 과세 표준이 커질수록 높은 세율이 적용되는 조세는 누진세로 소득세가 이에 해당한다.

32 ②

上

개념 카테고리 경제 > 경제생활과 경제 주체 > 경제 주체의 역할 > 합리적 소비

| 정답 해설 | ㄱ. 〈상황1〉의 경우, 갑은 X재 3개, Y재 2개를 구입한다. 갑이 X재 3개를 구입함으로써 얻는 효용은 24이다.
ㄹ. 〈상황1〉, 〈상황2〉 모두 갑은 X재를 3개씩 구입한다.

| 오답 해설 | ㄴ. 〈상황2〉의 경우 갑은 X재 3개, Y재 1개를 구입한다. X재 3개 구입을 통해 얻는 효용은 24, Y재 1개 구입을 통해 얻는 효용은 9이다.
ㄷ. 〈상황1〉에서 갑은 Y재를 2개 구입하며, 이때 얻는 효용은 14이다. 반면 〈상황2〉에서 갑은 Y재를 1개만 구입하며, 이때 얻는 효용은 9이다.

CHAPTER

02 | 시장과 경제 활동

출제 비중 26%

약점진단표

	1회독				2회독				3회독			
	○	△	×	총	○	△	×	총	○	△	×	총
시장의 수요와 공급★				8				8				8
시장 균형 가격의 결정과 변동★★				14				14				14
수요와 공급의 가격 탄력성★★★				13				13				13
시장의 한계와 보완★★★				8				8				8

＊문제풀이 후 약점진단 결과를 적어 보세요!

필수기출 & 출제예상 문제

시장의 수요와 공급

문제편 P.94

01	①	02	②	03	③	04	③	05	①
06	③	07	①	08	①				

01 ①

| 개념 카테고리 | 경제 > 시장과 경제 활동 > 시장의 수요와 공급 > 시장의 구분

| 정답 해설 | (가)는 완전 경쟁 시장, (나)는 독점 시장이다.
① 완전 경쟁 시장에서 기업은 시장 가격을 주어진 것으로 받아들이는 가격 순응자이다.
| 오답 해설 | ② 완전 경쟁 시장에서 사회적 잉여가 최소화된다고 볼 수 없다.
③ 독점 시장에서 재화는 사회에서 필요한 양보다 과소 생산된다.
④ 완전 경쟁 시장은 이상적 시장 구조이며, 독점 시장은 시장 실패의 사례이다.

02 ②

| 개념 카테고리 | 경제 > 시장과 경제 활동 > 시장의 수요와 공급 > 시장의 구분

| 정답 해설 | (가)는 완전 경쟁 시장, (나)는 독점적 경쟁 시장, (다)는 독점 시장, (라)는 과점 시장이다.
② 독점적 경쟁 시장에서 개별 기업은 상품을 차별화할 수 있으며, 서비스 경쟁 등을 통해 시장 가격에 영향을 미칠 수 있다.
| 오답 해설 | ① 완전 경쟁 시장은 다수의 소비자와 다수의 생산자들 간의 거래를 통해 가격이 형성되고, 시장에 대한 정보가 완전하며, 시장의 진입과 퇴출이 자유롭다.
③ 독점 시장은 정부 기관에 의한 독점, 기술 개발에 의한 독점, 자원 점유에 의한 독점 등으로 형성된다. 독점 기업은 동질적인 하나의 상품을 생산하므로 대체재가 될 수 있는 재화가 존재하지 않는다.

④ 과점 시장은 경쟁사의 품질 향상과 가격 변동에 민감하게 반응하며 담합이 일어나기도 한다.

03 ③

| 개념 카테고리 | 경제 > 시장과 경제 활동 > 시장의 수요과 공급 > 수요와 공급

| 정답 해설 | ⓛ 가격이 1,500원일 때, 갑의 수요량과 을의 수요량을 합한 15개와 시장 공급량 15개가 일치한다.
② 가격이 2,000원일 때 수요량은 12개, 공급량은 16개이므로 초과 공급량은 4개이다.
| 오답 해설 | ㉠ 균형 거래량은 15개이다.
ⓒ 가격이 1,000원일 때 수요량은 18개, 공급량은 14개이므로 초과 수요량은 4개이다.

04 ③

| 개념 카테고리 | 경제 > 시장과 경제 활동 > 시장의 수요과 공급 > 수요와 공급

| 정답 해설 | ③ 수요 함수는 $Q_D = 100 - 3P$이고, 공급 함수는 $Q_S = -20 + P$이므로 $4P = 120$, 균형 가격 P는 30이다. 수요 함수 $Q_D = 100 - 3P$에 $P = 30$을 대입하면, 시장 균형 거래량은 10이다.
| 오답 해설 | ① 시장 가격이 25일 경우 수요량은 25, 공급량은 5이므로 초과 수요량이 20이다.
② 가격 상승에 따라 수요량이 감소하는 우하향의 수요 함수이다.
④ 현재 X재의 시장 균형 가격은 30이다. 최고 가격제는 물가 폭등을 억제하고자 가격의 상한선을 설정하는 것이다. 시장 균형 가격인 30보다 낮은 가격으로 최고 가격을 설정해야 실효성이 있다.

05 ①

개념 카테고리 경제 > 시장과 경제 활동 > 시장의 수요와 공급 > 수요의 변동

| 정답 해설 | (가)는 수요 감소를, (나)는 수요 증가를 나타낸다.
① 소득 감소는 수요 감소 요인, 대체재 가격 상승은 수요 증가 요인이다.

| 오답 해설 | ② 기호 감소와 대체재 가격 하락은 모두 수요 감소 요인이다.
③ 인구 감소와 보완재 가격 상승은 모두 수요 감소 요인이다.
④ 가격 하락은 수요량의 증가를 가져오며, 이는 수요 곡선상의 이동으로 나타난다.

06 ③

개념 카테고리 경제 > 시장과 경제 활동 > 시장의 수요와 공급 > 수요량과 수요의 변동

| 정답 해설 | (가)는 X재의 가격 하락으로 인해 X재의 수요량이 증가한 경우를 나타내며, (나)는 X재의 가격 외의 요인으로 인해 X재의 수요가 증가한 경우를 나타낸다.
③ 정상재는 소득이 증가할 때 수요가 증가하는 재화이다. X재가 정상재이면 소비자들의 소득 증가는 수요 증가 요인에 해당한다.

| 오답 해설 | ① X재의 대체재인 Z재 가격의 하락은 수요 감소 요인에 해당한다.
② X재 생산에 부과되는 세금의 감소는 공급 증가 요인에 해당한다.
④ X재 생산비의 하락은 공급 증가 요인에 해당하고, X재의 보완재인 Y재 가격의 상승은 수요 감소 요인에 해당한다.

| 플러스 이론 | **수요와 공급의 변동 요인**

구분		내용
수요	증가 요인	• 소득의 증가(정상재) • 대체재의 가격 상승 • 보완재의 가격 하락 • 기호(선호)의 증가 • 소비자 수의 증가 • 미래 가격 상승 예상
	감소 요인	• 소득의 감소(정상재) • 대체재의 가격 하락 • 보완재의 가격 상승 • 기호(선호)의 감소 • 소비자 수의 감소 • 미래 가격 하락 예상
공급	증가 요인	• 생산 요소 가격 하락 • 생산 기술의 발전 • 공급자의 증가 • 미래 가격 하락 예상
	감소 요인	• 생산 요소 가격 상승 • 생산 여건의 악화 • 공급자의 감소 • 미래 가격 상승 예상

07 ①

개념 카테고리 경제 > 시장과 경제 활동 > 시장의 수요와 공급 > 공급

| 정답 해설 | 갑과 을은 각각의 가격 수준에서 대응하는 수량만큼을 공급한다.
ㄱ. 가격이 100원일 때 갑은 1개를 공급한다. 을은 가격이 100원일 때 1개, 300원일 때 2개를 공급하려고 하므로 가격이 200원일 때에는 1개를 공급한다.
ㄴ. 갑의 경우 가격이 200원이면 2개, 600원이어야 3개를 공급하려고 하므로 가격이 300원일 때에는 2개를 공급한다. 을의 경우 가격이 300원일 때 2개를 공급한다. 따라서 가격이 300원일 때, 갑과 을의 공급량 합계는 4개이다.

| 오답 해설 | 매력적 오답 ㄷ. 공급 계획을 나타낸 점을 공급 곡선이라고 판단하여 공급량을 잘못 파악할 수 있다. 갑의 경우 가격이 200원이면 2개, 600원이어야 3개를 공급하려고 하므로 가격이 400원일 때에는 2개를 공급한다. 을의 경우 가격이 300원이면 2개, 500원이어야 3개를 공급하려고 하므로 가격이 400원일 때에는 2개를 공급한다. 따라서 가격이 400원일 때, 갑과 을의 공급량 합계는 4개이다.
ㄹ. 갑의 경우 가격이 200원이면 2개, 600원이어야 3개를 공급하려고 하므로 가격이 500원일 때에는 2개를 공급한다. 을의 경우 가격이 500원일 때 3개를 공급한다. 따라서 가격이 500원일 때, 갑과 을의 공급량 합계는 5개이다.

08 ①

개념 카테고리 경제 > 시장과 경제 활동 > 시장의 수요와 공급 > 수요와 공급

| 정답 해설 | ㄱ, ㄴ. (가)가 나타나려면 공급이 증가하고 수요가 감소해야 한다. (나)가 나타나려면 수요와 공급이 모두 증가해야 한다. (다)가 나타나려면 공급은 감소하고 수요는 증가해야 한다.
| 오답 해설 | ㄷ. 수요와 공급의 변화 방향이 같은 경우는 (나)뿐이다.
ㄹ. (가)는 공급 증가, 수요 감소, (나)는 수요 증가, 공급 증가, (다)는 공급 감소, 수요 증가이므로 수요 또는 공급 어느 하나의 이동만으로는 설명하기 어렵다.

시장 균형 가격의 결정과 변동									문제편 P.96
09	④	10	③	11	③	12	④	13	①
14	②	15	③	16	①	17	①	18	①
19	③	20	①	21	③	22	④		

09 ④

개념 카테고리 경제 > 시장과 경제 활동 > 시장 균형 가격의 결정과 변동 > 가격 규제 정책

| 정답 해설 | X재 시장에서는 최고 가격제, Y재 시장에서는 최저 가격제가 실시되고 있다. 최고 가격제는 주로 수요자를 보호하기 위해 실시되고, 최저 가격제는 주로 공급자를 보호하기 위해 실시된다.
④ 최저 가격제는 정부가 생산자(공급자) 보호를 위해 가격 하한선을 설정한 것이다.

| 오답 해설 | ① 최저 임금제는 노동자, 즉 공급자를 보호하기 위한 제도로, 이는 최저 가격제의 사례에 해당한다. A의 사례는 분양가 상한제, 이자율 규제 등이 있다.
② X재 시장에서는 소비자 잉여가 생산자 잉여보다 크다.
③ X재 시장에서는 초과 수요가, Y재 시장에서는 초과 공급이 발생한다.

10 ③

개념 카테고리 경제 > 시장과 경제 활동 > 시장 균형 가격의 결정과 변동 > 가격 규제 정책

| 정답 해설 | P_2 수준의 최저 가격은 공급 곡선이 t기의 S_1일 때에는 실효성이 있고, t+1기의 S_2일 때에는 실효성이 없다.
③ t+1기에 거래량(Q_2)은 t기(Q_3)에 비해 Q_2Q_3만큼 감소한다.

| 오답 해설 | ① t기에 소비자의 총지출액은 $P_2 \times Q_3$이다.
② t+1기에는 초과 수요가 발생하지 않는다. t+1기 가격은 P_1, 거래량은 Q_2이다.

매력적 오답 ④ 최저 가격제는 생산자를 보호하기 위해 가격 하한선을 설정하는 것으로, 가격 하한선이 균형 가격보다 높게 설정되어야 실효성이 있다. 균형 가격보다 낮게 설정된다면 실효성이 없다. 따라서 최저 가격제는 t기에는 실효성이 있으나, t+1기에는 실효성이 없다.

11 ③

개념 카테고리 경제 > 시장과 경제 활동 > 시장 균형 가격의 결정과 변동 > 가격 규제 정책

| 정답 해설 | (가)는 최저 가격제, (나)는 최고 가격제이다.
③ 가격 규제 시행 전 소비자 잉여는 ㉠+㉡+㉢이고, 생산자 잉여는 ㉣+㉤+㉥이므로 사회적 잉여는 ㉠+㉡+㉢+㉣+㉤+㉥이다. 최저 가격제를 시행하면 소비자 잉여는 ㉠, 생산자 잉

여는 ㉡+㉣+㉥이므로 사회적 잉여는 ㉠+㉡+㉣+㉥이다. 최고 가격제를 시행하면 소비자 잉여는 ㉠+㉡+㉣이고, 생산자 잉여는 ㉥이므로 사회적 잉여는 ㉠+㉡+㉣+㉥이다. 따라서 최저 가격제와 최고 가격제 모두 시행 후 사회적 잉여 ㉢+㉤이 감소한다.

| 오답 해설 | ① 최저 가격제를 시행하면 $Q_1 \sim Q_2$만큼 초과 공급이 발생하고 사회적 잉여는 ㉢+㉤만큼 감소한다.
② 최고 가격제를 시행하면 생산자 잉여였던 ㉣은 소비자 잉여가 되지만, ㉤은 사회적 손실이 된다.
④ 최저 가격제를 시행하면 소비자 잉여는 ㉠+㉡+㉢에서 ㉠으로 ㉡+㉢만큼 감소하지만, 생산자 잉여는 ㉣+㉤+㉥에서 ㉡+㉣+㉥이 되므로 ㉡과 ㉤의 크기에 따라 증가하지 않을 수도 있다. 최고 가격제를 시행하면 생산자 잉여는 ㉣+㉤+㉥에서 ㉥으로 ㉣+㉤만큼 감소하지만, 소비자 잉여는 ㉠+㉡+㉢에서 ㉠+㉡+㉣이 되므로 ㉢과 ㉣의 크기에 따라 증가하지 않을 수도 있다.

12 ④

개념 카테고리 경제 > 시장과 경제 활동 > 시장 균형 가격의 결정과 변동 > 가격 규제 정책

| 정답 해설 | ④ 정책 이전 소비자 잉여와 생산자 잉여의 합은 200달러(소비자 잉여) + 200달러(생산자 잉여)로 총 400달러이다. 정책 이후는 450달러(생산자 잉여) + 450달러(소비자 잉여)로 총 900달러이므로 정책 이전보다 500달러 증가하였다.

| 오답 해설 | ① 정책 이전 소비자 잉여는 200달러이다.
② 정책 이전 생산자 잉여는 200달러로 소비자 잉여 200달러와 같다.
③ 정책 이후 생산자 잉여는 450달러로 소비자 잉여 450달러와 같다.

13 ①

개념 카테고리 경제 > 시장과 경제 활동 > 시장 균형 가격의 결정과 변동 > 수요와 공급의 변동

| 정답 해설 | ① X재의 대체재 가격 상승은 X재 수요 증가 요인이고, X재 생산 기술의 향상은 X재 공급 증가 요인이다. 단, 수요 증가폭이 공급 증가폭보다 더 크므로 균형 가격은 상승하고, 균형 거래량은 증가한다.

14 ②

개념 카테고리 경제 > 시장과 경제 활동 > 시장 균형 가격의 결정과 변동 > 수요와 공급의 변동

| 정답 해설 | ② 생산 기술 발전은 공급 증가 요인이고, 수요자의 선호 증가는 수요 증가 요인이다. 수요와 공급이 모두 증가하면 E는 B로 이동할 수 있다.

| 오답 해설 | ① 생산 기술 발전은 공급 증가 요인이고, 수요자의 선호 증가는 수요 증가 요인이다. E가 A로 이동하려면 수요는 증가하고 공급은 감소해야 한다.

③ 원자재 가격의 하락은 공급 증가 요인이고, 대체재 가격의 상승은 수요 증가 요인이다. E가 C로 이동하려면 수요는 감소하고 공급은 증가해야 한다.

④ 원자재 가격의 상승은 공급 감소 요인이고, 보완재 가격의 하락은 수요 증가 요인이다. E가 D로 이동하려면 수요와 공급이 모두 감소해야 한다.

| 플러스 이론 | 수요와 공급의 변동에 따른 결과

구분	변동 결과	
	균형 가격	균형 거래량
수요의 증가폭 = 공급의 증가폭	불변	증가
수요의 감소폭 = 공급의 감소폭	불변	감소
수요의 증가폭 = 공급의 감소폭	상승	불변
수요의 감소폭 = 공급의 증가폭	하락	불변

15 ③

개념 카테고리 경제 > 시장과 경제 활동 > 시장 균형 가격의 결정과 변동 > 수요와 공급의 변동

| 정답 해설 | ③ X재의 균형 가격을 높이는 동시에 균형 거래량을 줄이는 요인은 공급 감소이다. 원자재 가격의 상승은 공급 감소 요인이다.

| 오답 해설 | ① 대체재의 가격 하락은 X재 수요 감소 요인이다.

② 소비자들의 소득 수준 향상은 X재 수요 증가 요인이다.

④ 해외로부터 X재 수입의 증가는 X재 공급 증가 요인이다.

16 ①

개념 카테고리 경제 > 시장과 경제 활동 > 시장 균형 가격의 결정과 변동 > 수요와 공급의 변동

| 정답 해설 | X재와 Y재의 수요량이 각각 200개 증가할 경우, 각 재화 시장의 변화는 다음과 같이 나타낼 수 있다.

(단위: 원, 개)

재화	가격	80	90	100	110	120
X재	기존 수요량	800	700	600	500	400
	수요량 200개 증가	1,000	900	800	700	600
	공급량	400	500	600	700	800
Y재	기존 수요량	800	700	600	500	400
	수요량 200개 증가	1,000	900	800	700	600
	공급량	600	600	600	600	600

① 수요량이 200개 증가할 경우 X재의 균형 가격은 110원, Y재의 균형 가격은 120원으로, Y재의 균형 가격이 X재의 균형 가격보다 높아진다.

| 오답 해설 | ② X재의 경우 균형 거래량은 600개에서 700개로 증가하지만, Y재의 균형 거래량은 600개로 불변이다.

③ 수요량이 200개 증가할 경우 X재의 판매 수입은 110원×700 개=77,000원이고, Y재의 판매 수입은 120원×600개=72,000 원이므로 Y재의 판매 수입이 X재의 판매 수입보다 적다.

매력적 오답 ④ 균형 가격 상승률과 판매 수입 증가율이 동일하려면 거래량이 계속 동일해야 한다. Y재는 거래량이 600개로 동일하므로 균형 가격 상승률과 판매 수입 증가율이 동일하지만, X재는 균형 가격 상승률보다 판매 수입 증가율이 더 높다.

17 ①

개념 카테고리 경제 > 시장과 경제 활동 > 시장 균형 가격의 결정과 변동 > 수요와 공급의 변동

| 정답 해설 | 그래프는 수요 증가, 공급 감소로 설명할 수 있고, 양배추는 열등재라는 조건이 제시되었다. 열등재는 소득 증가 시 수요 감소, 소득 감소 시 수요가 증가하는 재화이다.

㉠ 이상 고온 현상으로 양배추 수확이 급감한 것은 공급 감소 요인이다.

㉢ 채식 붐이 일어나 양배추를 먹는 사람이 증가한 것은 양배추의 수요 증가 요인이다.

| 오답 해설 | 매력적 오답 ㉡ 열등재는 소득 증가 시 수요 감소, 소득 감소 시 수요 증가가 나타난다.

㉣ 양배추가 갑상선 질환을 유발한다는 뉴스가 대대적으로 보도된 경우는 수요 감소 요인으로 작용한다.

18 ① 中

개념 카테고리 경제 > 시장과 경제 활동 > 시장 균형 가격의 결정과 변동 > 시장 균형의 결정

| 정답 해설 | X재 시장에는 갑, 을, 병만 존재하므로 세 사람의 수요량을 모두 더한 것이 시장 전체의 수요량이 된다. 3월의 경우 수요량과 공급량이 60개로 일치하는 3,000원 수준에서 균형 가격이 형성되고, 4월의 경우 수요량과 공급량이 90개로 일치하는 2,500원 수준에서 균형 가격이 형성된다.

① 균형 거래량은 3월의 경우 60개, 4월의 경우 90개이다. 따라서 3월에 비해 4월에 균형 거래량은 30개만큼 증가한다.

| 오답 해설 | ② 균형 가격은 3월의 경우 3,000원이고, 4월의 경우 2,500원이다. 따라서 3월에 비해 4월에 균형 가격은 500원만큼 하락한다.

③ 4월의 가격이 3,500원일 때 갑의 수요량은 0이고, 을의 수요량은 10개이다. 따라서 4월의 가격이 3,500원일 때 갑은 X재를 구매하지 않고, 을은 X재를 구매한다.

④ 3월의 가격이 4,000원일 때 수요량은 10개, 공급량은 80개로 70개의 초과 공급이 발생한다.

19 ③

개념 카테고리 경제 > 시장과 경제 활동 > 시장 균형 가격의 결정과 변동 > 수요와 공급의 변동

| **정답 해설** | 즉석밥 선호가 상승하면 즉석밥 수요가 증가하고, 즉석밥 재료인 쌀의 가격이 하락하면 즉석밥 생산비가 하락하므로 즉석밥 공급이 증가한다.

③ 즉석밥의 수요와 공급이 모두 증가하면 균형 거래량은 증가하지만 균형 가격은 불분명하다.

| 플러스 이론 | **시장 균형의 변동 유형**

변동 내용		변동 결과	
		균형 가격	균형 거래량
수요 및 공급 법칙이 적용되는 재화의 수요나 공급 중 하나만 변동하는 경우	수요 증가, 공급 불변	상승	증가
	수요 감소, 공급 불변	하락	감소
	수요 불변, 공급 증가	하락	증가
	수요 불변, 공급 감소	상승	감소
수요 및 공급 법칙이 적용되는 재화의 수요와 공급이 모두 변동하는 경우	수요 증가, 공급 증가	불분명	증가
	수요 증가, 공급 감소	상승	불분명
	수요 감소, 공급 증가	하락	불분명
	수요 감소, 공급 감소	불분명	감소

20 ①

개념 카테고리 경제 > 시장과 경제 활동 > 시장 균형 가격의 결정과 변동 > 수요와 공급의 변동

| **정답 해설** | 자동차의 원료인 철강의 국제 가격이 상승하면 자동차의 공급이 감소하여 자동차 시장의 균형 가격은 상승하고 균형 거래량은 감소한다. 이에 따라 대체재인 자전거의 수요는 증가하고 보완재인 휘발유의 수요는 감소한다.

① 자동차의 원료인 철강의 가격 상승으로 자동차 생산비가 늘어나 자동차의 공급이 감소한다.

| **오답 해설** | ② 휘발유 시장은 수요 감소로 인해 균형 가격이 하락하고 균형 거래량이 감소하므로 판매 수입은 감소한다.

③ 자동차의 공급은 감소하고, 자전거의 수요는 증가하므로 서로 다른 방향으로 이동한다.

④ 자동차 시장은 공급 감소로 인해 균형 가격이 상승한다. 자전거 시장은 수요 증가로 인해 균형 가격이 상승한다.

21 ③

개념 카테고리 경제 > 시장과 경제 활동 > 시장 균형 가격의 결정과 변동 > 수요와 공급의 변동

| **정답 해설** | ③ 병충해로 토마토의 생산량이 감소하면 토마토의 공급이 감소한다. 공급이 감소하면 균형 가격이 상승하고 균형 거래량이 감소하므로 균형점은 a로 이동할 수 있다.

| **오답 해설** | ① 토마토의 생산 기술 발달은 공급 증가 요인이다.

공급이 증가하면 균형 가격이 하락하고 균형 거래량이 증가하므로 균형점은 d로 이동할 수 있다.

② 토마토에 대한 선호도 감소는 수요 감소 요인이다. 수요가 감소하면 균형 가격이 하락하고 균형 거래량이 감소하므로 균형점은 c로 이동할 수 있다.

④ 토마토의 대체재인 블루베리의 가격 상승은 수요 증가 요인이다. 수요가 증가하면 균형 가격이 상승하고 균형 거래량이 증가하므로 균형점은 b로 이동할 수 있다.

22 ④

개념 카테고리 경제 > 시장과 경제 활동 > 시장 균형 가격의 결정과 변동 > 가격 규제 정책

| **정답 해설** | X재 시장에서는 공급자 보호를 위해 최저 가격제를, Y재 시장에서는 수요자 보호를 위해 최고 가격제를 실시하였다.

ㄴ. 최저 가격제를 실시하면 최저 가격에서의 수요량이 거래량이 되고, 최고 가격제를 실시하면 최고 가격에서의 공급량이 거래량이 된다. 정책 실시 이후 X재의 수요량이 80개이므로 거래량도 80개이다. 따라서 정책 실시 이전의 100개와 비교하여 20개가 감소하였다.

ㄷ. X재 시장의 최저 가격은 균형 가격보다 높고, Y재 시장의 최고 가격은 균형 가격보다 낮다.

ㄹ. 수요가 증가하면 균형 가격이 최저 가격 이상으로 상승하여 최저 가격제의 효과가 사라진다. 마찬가지로 공급이 증가하면 균형 가격이 최고 가격 이하로 하락하여 최고 가격제의 효과가 사라진다.

수요와 공급의 가격 탄력성									문제편 P.100
23	①	24	①	25	①	26	③	27	①
28	②	29	②	30	③	31	④	32	④
33	②	34	②	35	④						

23 ①

개념 카테고리 경제 > 시장과 경제 활동 > 수요와 공급의 가격 탄력성 > 수요의 가격 탄력성

| **정답 해설** | 수요의 가격 탄력성은 A의 경우 완전 비탄력적, B의 경우 탄력적, C의 경우 비탄력적, D의 경우 단위 탄력적이다.

① A는 10% 가격 인상 시 판매 수입이 10% 증가하였으므로 가격 변화율과 판매 수입 변화율이 같다. 따라서 A는 수요의 가격 탄력성이 완전 비탄력적이다.

| **오답 해설** | ② B는 수요가 가격에 대해 탄력적인 재화로, 가격 변화율보다 수요량 변화율이 크며, 가격 인상 후 보일러의 수요

량이 감소한다. 가격 인상 후 수요량에 변화가 없는 재화는 수요가 가격에 대해 완전 비탄력적인 재화이다.

③ C는 10% 가격 인상 시 판매 수입이 5% 증가하는 재화로, 비탄력적인 재화이다. 비탄력적인 재화는 가격 상승률보다 수요량 감소율이 작다고 본다.

매력적 오답 ④ D는 10% 가격 인상 시 판매 수입 변화율이 0%로 판매 수입에 변화가 없으므로 수요가 가격에 대해 단위 탄력적인 재화이다. 탄력적인 재화는 가격 상승률보다 수요량 증가율이 크며, 가격 인상 시 판매 수입이 감소하는 재화이다.

24 ①

개념 카테고리 경제 > 시장과 경제 활동 > 수요와 공급의 가격 탄력성 > 수요의 가격 탄력성

| **정답 해설** | ① 생활 필수품은 사치품보다 수요의 가격 탄력성이 비탄력적이다.

| **오답 해설** | ② 대체재가 있는 상품의 경우 대체재가 없는 상품보다 수요의 가격 탄력성이 탄력적이다.

③ 상품의 가격이 가계 소득에서 차지하는 비중이 클수록 수요의 가격 탄력성이 커진다.

④ 상품의 가격 변동에 대해 소비자가 적응할 수 있는 시간이 길수록 수요의 가격 탄력성이 커지는 경향이 있다. 따라서 조사 기간이 짧을 때에는 비탄력적, 길 때에는 상대적으로 탄력적으로 나타난다.

25 ①

개념 카테고리 경제 > 시장과 경제 활동 > 수요와 공급의 가격 탄력성 > 수요의 가격 탄력성

| **정답 해설** | ① 감자의 경우 가격 변화율이 수요량 변화율보다 크므로 판매 수입이 증가한다. 호박의 경우 가격이 상승하고 수요량이 증가하였으므로 판매 수입이 증가한다. 상추는 가격 변화율과 수요량 변화율이 같은 단위 탄력적, 감자는 가격 상승률보다 수요량 감소율이 낮은 비탄력적, 당근은 수요량 변화율이 0%인 완전 비탄력적, 호박은 수요 법칙에서 예외인 재화이다.

| **오답 해설** | **매력적 오답** ② 당근의 경우 가격이 2% 상승하였음에도 수요량에 변화가 없으므로 수요의 가격 탄력성이 완전 비탄력적이다. 참고로 완전 탄력적인 재화는 탄력성이 무한대인 재화이며, 일정한 가격에 구입하는 경우에 해당한다.

③ 상추의 경우 가격 변화율과 수요량 변화율이 동일하므로 판매 수입에는 변화가 없다. 당근의 경우 수요량에 변화가 없으므로 판매량은 변하지 않는다.

④ 상추의 경우 가격 변화율과 수요량 변화율이 같으므로 수요의 가격 탄력성이 단위 탄력적이다.

26 ③

개념 카테고리 경제 > 시장과 경제 활동 > 수요와 공급의 가격 탄력성 > 수요와 공급의 가격 탄력성

| **정답 해설** | ③ Y재의 경우 수요 법칙이 적용되고, 공급의 가격 탄력성이 0이므로 완전 비탄력적이다. Y재의 공급이 증가하면 균형 거래량이 증가하고 균형 가격은 하락한다.

| **오답 해설** | ① X재 공급의 가격 탄력성은 무한대의 값을 가지므로 완전 탄력적이다.

매력적 오답 ② X재의 경우 수요 법칙이 적용되고, 공급의 가격 탄력성이 완전 탄력적이며 공급 곡선은 수평이다. X재의 수요가 증가하면 균형 거래량은 증가하고 균형 가격은 변동이 없다.

④ X재의 경우 수요가 증가하면 균형 가격은 변동이 없고, Y재의 경우 수요가 증가하면 균형 가격이 상승한다.

27 ①

개념 카테고리 경제 > 시장과 경제 활동 > 수요와 공급의 가격 탄력성 > 수요의 가격 탄력성

| **정답 해설** | ① A가 B보다 크다는 것은 가격이 올랐음에도 판매 수입의 감소분보다 판매 수입의 증가분이 크다는 것을 의미한다. 따라서 가격 상승에도 불구하고 판매 수입이 증가한 것이므로 수요의 가격 탄력성은 비탄력적이다.

| **오답 해설** | ② B는 판매 수입의 감소를 의미한다.

③ A는 판매 수입의 증가분, B는 판매 수입의 감소분을 나타낸다.

④ 가격 인상의 기회비용은 B이다. A는 가격 인상에 따른 판매 수입의 증가분이다.

28 ②

개념 카테고리 경제 > 시장과 경제 활동 > 수요와 공급의 가격 탄력성 > 수요의 가격 탄력성

| **정답 해설** | 〈보기 1〉에서 제시된 과일과 말총의 수요는 가격에 대해 비탄력적이다.

ㄴ. 대체재가 적으면 수요가 가격에 대해 비탄력적이다.

ㄷ. 과일과 말총의 수요는 가격에 대해 비탄력적이므로 수요의 가격 탄력성은 1보다 작다.

| **오답 해설** | ㄱ. 수요의 가격 탄력성이 탄력적인 경우에 대한 설명이다.

매력적 오답 ㄹ. 생산 기간이 길거나 저장의 어려움이 따르는 경우는 공급의 가격 탄력성이 비탄력적인 경우이다.

29 ②

개념 카테고리 경제 > 시장과 경제 활동 > 수요와 공급의 가격 탄력성 > 수요의 가격 탄력성

| 정답 해설 | ② 수요의 가격 탄력성이 무한대(∞)이면 수요 곡선은 수평이 된다. 수요 곡선이 수직인 경우에는 완전 비탄력적인 재화이다.

30 ③

개념 카테고리 경제 > 시장과 경제 활동 > 수요와 공급의 가격 탄력성 > 수요의 가격 탄력성

| 정답 해설 | A 집단은 가격이 10만 원(10%) 변동할 때 수요량은 5만 명씩(50%) 변동하였으므로 수요의 가격 탄력성은 5로, 탄력적이다. B 집단은 가격이 10만 원(10%) 변동할 때 수요량은 5천 명씩(5%) 변동하였으므로 수요의 가격 탄력성은 0.5로, 비탄력적이다.

③ B 집단은 가격이 10% 변동할 때 수요량은 5%씩 변동하므로 수요의 가격 탄력성이 비탄력적이다. 즉, 가격 변동률보다 수요량 변동률이 작다. 수요의 가격 탄력성이 비탄력적인 경우 가격 인상 시 판매 수입은 증가하고, 가격 인하 시 판매 수입은 감소한다.

| 오답 해설 | ① A 집단의 수요의 가격 탄력성은 5이다.

② A 집단의 경우 100만 원에서는 수요량이 10만 명이므로 판매 수입은 1,000억 원이다. 가격이 90만 원으로 10% 하락할 경우 수요량은 15만 명으로 변동하고 이에 따라 판매 수입은 1,350억 원이 된다. 따라서 판매 수입 변동률(35%)이 가격 변동률(10%)보다 크다.

④ A 집단은 수요의 가격 탄력성이 탄력적이므로 판매 수입 증대를 위해서는 가격을 인하해야 한다. B 집단은 수요의 가격 탄력성이 비탄력적이므로 판매 수입 증대를 위해서는 가격을 인상해야 한다.

31 ④ 中

개념 카테고리 경제 > 시장과 경제 활동 > 수요와 공급의 가격 탄력성 > 수요의 가격 탄력성과 판매 수입

| 정답 해설 | X재 가격이 10% 상승하면 매출액이 8% 증가할 것으로 예상하고 있다는 것은 가격 인상률보다 거래량 감소율이 작다고 보고 있음을 의미한다. 이를 통해 X재 수요의 가격 탄력성이 비탄력적임을 알 수 있다.

ㄷ. 증권사들은 가격 인상 시 기업의 매출액이 가격 상승률보다 작은 비율로 상승한다고 예상하고 있다. 이를 통해 증권들은 X재의 수요가 가격에 대해 비탄력적이라고 보고 있음을 알 수 있다.

ㄹ. 대체재의 수가 증가할수록 X재 수요의 가격 탄력성은 커진다. 즉, 대체재의 수가 증가할수록 거래량 감소율은 커지므로 매

출액 증가폭은 작아지거나 매출액이 감소할 것이다. 따라서 A 기업의 매출액은 증권사들의 예상에 미치지 못할 것이다.

| 오답 해설 | ㄱ. 원료 가격 및 물류비 상승은 생산비 상승으로, 이는 공급 측면의 요인에 해당한다.

매력적 오답 ㄴ. 모든 가격에서 수요량이 동일한 경우의 수요의 가격 탄력성을 혼동할 수 있다. 모든 가격에서 X재 수요량이 동일한 경우는 수요가 가격에 대해 완전 비탄력적인 경우이다. X재는 가격 상승 시 거래량이 감소한다.

| 플러스 이론 | 수요의 가격 탄력성과 판매 수입

구분		Ed > 1(탄력적)	Ed = 1(단위 탄력적)	Ed < 1(비탄력적)
가격 상승		판매 수입 감소 (가격 상승률보다 판매량 감소율이 큼)	판매 수입 변동 없음 (가격 상승률과 판매량 감소율이 같음)	판매 수입 증가 (가격 상승률보다 판매량 감소율이 작음)
가격 하락		판매 수입 증가 (가격 하락률보다 판매량 증가율이 큼)	판매 수입 변동 없음 (가격 하락률과 판매량 증가율이 같음)	판매 수입 감소 (가격 하락률보다 판매량 증가율이 작음)

32 ④ 中

개념 카테고리 경제 > 시장과 경제 활동 > 수요와 공급의 가격 탄력성 > 수요의 가격 탄력성과 판매 수입

| 정답 해설 | 수요의 가격 탄력성은 A재의 경우 2, B재의 경우 1, C재의 경우 0.5, D재의 경우 0, E재의 경우 1이다.

④ D재 수요의 가격 탄력성은 0이므로 D재의 수요는 가격에 대해 완전 비탄력적이다.

| 오답 해설 | ① A재 수요의 가격 탄력성은 2이므로 A재의 수요는 가격에 대해 탄력적이다.

② B재의 경우 가격이 1% 상승할 때 수요량은 1% 감소하였으므로 판매량이 감소한다.

③ C재 수요의 가격 탄력성은 0.5로, 가격 인상률이 수요량 감소율보다 크므로 C재의 판매 수입은 증가한다. E재는 가격 인상 시 수요량이 증가하므로 판매 수입이 증가한다.

33 ② 中

개념 카테고리 경제 > 시장과 경제 활동 > 수요와 공급의 가격 탄력성 > 수요의 가격 탄력성과 판매 수입

| 정답 해설 | X재의 경우 수요 곡선은 우하향하고 공급이 가격에 대해 완전 비탄력적이므로 공급 곡선은 수직선 형태이다. Y재의 경우 수요 곡선은 우하향하고 공급이 가격에 대해 완전 탄력적이므로 공급 곡선은 수평선 형태이다.

② Y재 수요가 증가하면 수요 곡선이 우측으로 이동하므로 균형 거래량은 증가한다.

| 오답 해설 | ① Y재 수요가 증가하면 수요 곡선이 우측으로 이동하므로 균형 가격은 변하지 않는다.

③ 수요 증가 시 X재의 경우 균형 거래량은 변하지 않고 균형 가격이 상승하므로 판매 수입은 증가한다. Y재의 경우 균형 가격은 변하지 않고 균형 거래량이 증가하므로 판매 수입은 증가한다.

④ X재 공급이 증가하면 공급 곡선이 우측으로 이동하므로 균형 가격은 하락하고 균형 거래량은 증가한다.

34 ②

中

| 개념 카테고리 | 경제 > 시장과 경제 활동 > 수요와 공급의 가격 탄력성 > 수요의 가격 탄력성과 판매 수입

| 정답 해설 | ㄱ. 갑국에서 담배 가격이 인상되었으나 소비자들의 소비 지출액이 증가하였으므로 기업의 판매 수입은 증가하였다. 따라서 갑국의 담배 수요는 가격에 대해 비탄력적이다.

ㄷ. 을국에서 풍년으로 대추 공급이 증가하였으나 농가 수입은 감소하였으므로 을국 대추 수요의 가격 탄력성은 비탄력적이다. 따라서 대추 수요의 가격 탄력성은 1보다 작다.

| 오답 해설 | 매력적 오답 ㄴ. 수요의 가격 탄력성과 정부의 정책 효과를 연관 지어 판단하지 못할 수 있다. 담배 수요가 비탄력적인 경우, 담배 가격이 인상되어도 담배 수요량 감소폭이 작으므로 금연 정책의 효과가 크지 않다. 대체재가 많을수록 수요의 가격 탄력성이 보다 탄력적이 되어 가격 변화에 대해 수요량이 민감하게 반응하게 되므로 갑국 정부의 정책 효과가 커지게 된다.

ㄹ. 제시된 자료를 통해 대추 공급의 가격 탄력성은 알 수 없다.

35 ④

中

| 개념 카테고리 | 경제 > 시장과 경제 활동 > 수요와 공급의 가격 탄력성 > 수요의 가격 탄력성과 판매 수입

| 정답 해설 | 수요 곡선의 기울기가 급할수록 수요의 가격 탄력성이 작다. 따라서 A 소비자 집단의 수요의 가격 탄력성이 B 소비자 집단의 수요의 가격 탄력성보다 크다.

④ 가격 인하 정책은 수요가 가격에 대해 더 탄력적인 소비자를 대상으로 할 때 효과적이다. 따라서 수요가 가격에 대해 더 탄력적인 A를 대상으로 가격 인하 전략을 실시하는 것이 B를 대상으로 하는 것보다 효과적이다.

| 오답 해설 | ① 수요의 가격 탄력성은 A보다 B가 더 작다.

② 공급이 감소하면 가격이 상승한다. A의 수요는 가격에 대해 탄력적이므로 가격 상승률보다 수요량 감소율이 커 소비 지출액, 즉 판매 수입은 감소한다.

매력적 오답 ③ 생산자 잉여에 해당하는 면적을 찾지 못할 수 있다. 생산자 잉여는 A와의 거래와 B와의 거래 모두에서 같다.

시장의 한계와 보완
문제편 P.104

36	③	37	③	38	③	39	③	40	③
41	③	42	①	43	④				

36 ③

| 개념 카테고리 | 경제 > 시장과 경제 활동 > 시장의 한계와 보완 > 경합성과 배제성

| 정답 해설 | A는 사적 재화, B는 케이블 TV, 안 막히는 유료 도로 등, C는 공유 자원, D는 공공재이다.

③ C는 비배제성과 경합성의 성격을 갖는 공유 자원으로, 바다 속의 물고기 등이 이에 해당한다.

| 오답 해설 | ① A는 배제성과 경합성이 모두 있는 사적 재화이다.

② 무임승차자의 문제는 비배제성으로 인해 나타난다. 따라서 무임승차자의 문제는 C와 D에서 모두 발생한다.

매력적 오답 ④ D는 비배제성과 비경합성이 나타나는 공공재로, 재화의 속성상 시장에서 사회적 최적 수준만큼 충분히 거래되지 않아 과소 생산된다. 시장 실패의 사례로 공공재의 부족이 나타난다.

37 ③

| 개념 카테고리 | 경제 > 시장과 경제 활동 > 시장의 한계와 보완 > 외부 효과

| 정답 해설 | 생산 측면의 외부 효과에서 사회적 최적 가격보다 시장 균형 가격이 낮은 경우는 외부 불경제이고, 소비 측면의 외부 효과에서 사회적 최적 가격보다 시장 균형 가격이 낮은 경우는 외부 경제이다.

③ 생산 측면의 외부 불경제 상황에서는 사회적 최적 수준보다 과다 생산되고, 소비 측면의 외부 경제 상황에서는 사회적 최적 수준보다 과소 소비된다. 따라서 ⓒ은 '과다 생산', ⓔ은 '과소 소비'이다.

| 오답 해설 | ① (가)는 '외부 불경제', (나)는 '외부 경제'이다.

② 생산 측면의 외부 불경제 상황에서는 사회적 비용이 사적 비용보다 크고, 소비 측면의 외부 경제 상황에서는 사회적 편익이 사적 편익보다 크다. 따라서 ⓐ, ⓑ은 모두 '크다'이다.

④ 생산 측면의 외부 불경제를 해결하기 위해서는 생산자에게 세금을 부과해야 하고, 소비 측면의 외부 경제를 해결하기 위해서는 소비자에게 보조금을 지급해야 한다. 따라서 ⓜ은 '생산자에게 세금 부과', ⓗ은 '소비자에게 보조금 지급'이다.

38 ③

개념 카테고리 경제 > 시장과 경제 활동 > 시장의 한계와 보완 > 외부 효과

| 정답 해설 | A는 긍정적 외부 효과, B는 부정적 외부 효과에 대한 설명이다.

③ 부정적 외부 효과의 경우 소비의 외부 불경제는 사회적 편익이 사적 편익보다 작다.

| 오답 해설 | ① A는 긍정적 외부 효과이다.

② 독감 백신 접종은 소비의 외부 경제로 긍정적 외부 효과에 대한 예이다.

④ 생산 측면의 긍정적 외부 효과는 생산의 외부 경제로, 생산에 대한 보조금 지급을 통해 과소 생산의 외부 효과를 개선할 수 있다.

39 ③

上

개념 카테고리 경제 > 시장과 경제 활동 > 시장의 한계와 보완 > 외부 효과

| 정답 해설 | 외부 효과를 개선하기 위한 정책으로 인해 생산자가 부담하는 비용이 증가하고 제3자가 부담하는 비용이 감소하였다. 이는 생산 측면의 외부 불경제 문제가 발생하였을 때 생산자의 비용 부담을 늘려 그 생산량을 줄이기 위한 정책에 해당한다.

③ A 정책의 시행으로 인해 생산자가 부담하는 비용이 증가하였으므로 X재의 생산량은 감소하였다.

| 오답 해설 | ① ㉠은 외부 불경제로, 외부 불경제를 해결하기 위한 정책으로 세금 부과 등이 있다.

② A 정책으로 사회적 비용이 감소하였으므로 외부 불경제 개선에 기여하였다고 볼 수 있다.

매력적 오답 ④ 추가 생산의 사회적 비용을 생산자 부담 비용과 제3자 부담 비용을 합한 것이라고 판단하지 못할 수 있다. X재 1단위 추가 생산의 사회적 비용은 생산자 부담 비용과 제3자 부담 비용을 합한 것으로, 정책 시행 전 12달러에서 정책 시행 후 11달러로 감소하였다.

40 ③

中

개념 카테고리 경제 > 시장과 경제 활동 > 시장의 한계와 보완 > 시장 실패

| 정답 해설 | ③ 오염 물질 정화 장치 설치 의무화는 외부 불경제의 문제점을 해결하는 방안으로 적절하므로 ㉢의 사례에 해당한다.

| 오답 해설 | 매력적 오답 ① 탄소 배출권 거래제에 대한 내용을 알지 못했을 수 있다. 탄소 배출권 거래제 시행은 시장 유인을 통해 환경오염, 즉 외부 불경제를 줄이려는 해결 방안으로 적절하다.

② 외부 경제에서 과소 소비가 발생하는 이유는 사회적 편익보다 사적 편익이 작기 때문이다.

④ 불완전 경쟁 시장에서는 과소 생산으로 비효율성이 발생한다.

41 ③

中

개념 카테고리 경제 > 시장과 경제 활동 > 시장의 한계와 보완 > 경합성과 배제성

| 정답 해설 | (가)는 경합성이 있지만 배제성이 없으므로 공유 자원, (나)는 경합성과 배제성이 모두 있으므로 사적 재화, (다)는 경합성과 배제성이 모두 없으므로 공공재, (라)는 경합성이 없지만 배제성이 있으므로 자연 독점에 해당한다.

③ 사적 재화에 비해 공유 자원은 배제성이 없으므로 남용으로 인한 자원 고갈 문제가 더 많이 발생한다.

| 오답 해설 | ① 공유 자원은 배제성이 없지만 경합성이 있으므로 한 사람의 소비가 다른 사람의 소비를 제한한다.

② 주로 정부에서 공급하는 재화는 공공재이다. 공공재는 경합성과 배제성이 모두 없으므로 공공재 생산을 시장에 맡길 경우 사회적 최적 수준보다 적게 생산되거나 아예 생산되지 않는 시장 실패가 발생할 수 있다.

매력적 오답 ④ 자연 독점과 공공재의 특성을 혼동할 수 있다. 자연 독점은 배제성이 있는 재화이므로 대가를 지불하지 않은 사람을 소비하지 못하게 할 수 있으나, 공공재는 배제성이 없으므로 대가를 지불하지 않은 사람을 소비에서 배제시킬 수 없으므로 무임승차의 문제가 더 많이 발생한다.

42 ①

上

개념 카테고리 경제 > 시장과 경제 활동 > 시장의 한계와 보완 > 최고 가격제

| 정답 해설 | 최고 가격이 P_2일 경우 공급이 S_1일 때에는 시장 균형 가격이 P_3이므로 최고 가격제가 실효성이 없어 거래 가격은 P_3이 되고, 공급이 S_2일 때에는 시장 균형 가격이 P_1이므로 최고 가격제가 실효성이 있어 거래 가격은 P_2가 된다.

ㄱ. 공급이 S_1일 경우 균형 가격은 P_3로, 이는 최고 가격 수준보다 낮으므로 최고 가격제는 실효성이 없다.

ㄴ. 공급이 S_2일 경우 거래량은 최고 가격인 P_2에서의 공급량인 Q_1이다.

| 오답 해설 | 매력적 오답 ㄷ. 제시된 그림에서 소비자 잉여 부분을 파악하지 못할 수 있다. 공급이 S_1에서 S_2로 이동할 경우 거래량은 감소하고 거래 가격은 상승하므로 소비자 잉여는 감소한다.

ㄹ. 공급이 S_1일 때 거래 가격은 P_3이고, 공급이 S_2일 때 거래 가격은 P_2이다.

43 ④

下

개념 카테고리 경제 > 시장과 경제 활동 > 시장의 한계와 보완 > 최고 가격제와 최저 가격제

| **정답 해설** | (가) 시장에서는 최저 가격제가, (나) 시장에서는 최고 가격제가 시행되고 있다.

④ 최고 가격제가 실시되는 경우 최고 가격 수준에서 수요량이 공급량보다 많으므로 초과 수요가 발생한다. 이를 해결하기 위해 선착순이나 추첨에 의한 배분이 나타날 수 있다.

| **오답 해설** | ① 최고 가격제가 실시되는 경우 초과 수요가 발생한다.

② (가) 시장에서는 균형 임금보다 높은 수준에서 최저 가격이 설정되어 있으므로 최저 가격제는 실효성이 있다. 따라서 가격 규제 전보다 임금이 상승한다.

매력적 오답 ③ 가격 규제 정책에 따른 거래량을 파악하지 못할 수 있다. (가)에서는 최저 가격 수준의 수요량만큼 거래되고, (나)에서는 최고 가격 수준의 공급량만큼 거래되므로 (가)와 (나) 모두 가격 규제 전의 거래량보다 감소한다.

| 플러스 이론 | **최고 가격제와 최저 가격제**

구분	최고 가격제	최저 가격제
의미	시장 균형 가격보다 낮은 수준에서 가격 상한선을 정하고, 이를 초과하는 가격 수준에서 거래하지 못하도록 규제하는 정책	시장 균형 가격보다 높은 수준에서 가격 하한선을 정하고, 이보다 낮은 가격 수준에서 거래하지 못하도록 규제하는 정책
목적	소비자(수요자) 보호	생산자(공급자) 보호
사례	분양가 상한제, 이자율 상한제 등	최저 임금제 등
문제점	초과 수요, 암시장 발생	초과 공급, 암시장 발생

CHAPTER

03 국가와 경제 활동

출제 비중 26%

약점진단표

	1회독				2회독				3회독			
	○	△	×	총	○	△	×	총	○	△	×	총
국민 경제의 순환과 경제 성장★★				13				13				13
실업과 인플레이션★★★				13				13				13
경기 변동과 경제 안정화 정책★★★				11				11				11

＊문제풀이 후 약점진단 결과를 적어 보세요!

필수기출 & 출제예상 문제

국민 경제의 순환과 경제 성장

문제편 P.106

01	③	02	②	03	②	04	②	05	③
06	②	07	④	08	③	09	③	10	③
11	①	12	④	13	③				

01 ③

경제 > 국가와 경제 활동 > 국민 경제의 순환과 경제 성장 > 총수요와 총공급

| 정답 해설 | A는 총수요, B는 총공급이다.

③ 총공급만 증가하면 물가는 하락하고 실질 GDP는 증가한다. 따라서 (가)에는 'B만 증가'가 들어갈 수 있다.

| 오답 해설 | ① A는 총수요, B는 총공급이다.

② 총수요만 증가하면 실질 GDP가 증가하고, 총공급만 감소하면 실질 GDP는 감소한다. 따라서 ㉠은 증가, ㉡은 감소이다.

매력적 오답 ④ 정부 지출이 증가하면 총수요가 증가하므로 물가가 상승하고 실질 GDP가 증가한다. 총수요는 가계의 민간 소비, 기업의 민간 투자, 정부 지출, 외국의 순수출의 합이다.

| 플러스 이론 | 총수요와 총공급의 변동

변동 내용	변동 결과	
	물가	실질 GDP
총수요만 증가	상승	증가
총수요만 감소	하락	감소
총공급만 증가	하락	증가
총공급만 감소	상승	감소
총수요 증가, 총공급 증가	불분명	증가
총수요 증가, 총공급 감소	상승	불분명
총수요 감소, 총공급 증가	하락	불분명
총수요 감소, 총공급 감소	불분명	감소

02 ②

경제 > 국가와 경제 활동 > 국민 경제의 순환과 경제 성장 > 총수요와 총공급의 변동

| 정답 해설 | ② 총공급만 증가하면 물가는 하락하고 실질 GDP는 증가하며, 총공급만 감소하면 물가는 상승하고 실질 GDP는 감소한다.

| 오답 해설 | ① 스태그플레이션은 경기 침체와 인플레이션이 동시 발생하는 경우이다. 스태그플레이션은 비용 인상 인플레이션이 발생할 경우 나타난다.

③ 원자재의 가격 상승은 총공급 감소 요인이므로 총공급 곡선이 좌측으로 이동한다.

매력적 오답 ④ 총수요와 총공급이 모두 증가하면 물가 변동은 불분명하고, 실질 GDP는 증가한다. 총수요와 총공급의 동시 변화 시 상대적인 증감폭을 알 수 없을 경우에는 물가와 실질 GDP를 모두 파악할 수 없다.

03 ②

경제 > 국가와 경제 활동 > 국민 경제의 순환과 경제 성장 > 실질 GDP와 명목 GDP

| 정답 해설 | ② (가)가 실질 GDP이면, (나)는 명목 GDP이다. 2017년 GDP 디플레이터는 100이고, 2018년 GDP 디플레이터는 (120억 달러/80억 달러) × 100 = 150이다. 따라서 GDP 디플레이터는 2018년이 2017년보다 높다.

| 오답 해설 | ① GDP 디플레이터는 2017년과 2019년이 각각 100으로 같다.

③ (가)가 명목 GDP라면, (나)는 실질 GDP이다. 경제 성장률은 실질 GDP 증가율이며 {(금년도 실질 GDP − 기준 연도 실질 GDP)/기준 연도 실질 GDP} × 100이다. 2019년의 경제 성장률은 {(100억 달러 − 120억 달러)/120억 달러} × 100으로 음 (−)의 값을 가진다.

④ (나)가 실질 GDP이면, (가)는 명목 GDP이다. 2019년 GDP 디플레이터는 100, 2020년 GDP 디플레이터는 (120억 달

러/80억 달러) × 100 = 150이다. 따라서 2020년에 물가 상승률은 양(+)의 값을 가진다.

04 ②

| 개념 카테고리 | 경제 > 국가와 경제 활동 > 국민 경제의 순환과 경제 성장 > 실질 GDP와 명목 GDP

| 정답 해설 | 제시된 자료를 바탕으로 연도별 GDP 디플레이터를 나타내면 다음과 같다.

구분	2016년	2017년	2018년
GDP 디플레이터	100	100	110

② 2016년보다 2017년에 실질 GDP가 크므로 생산량은 2017년이 2016년에 비해 증가하였다.

| 오답 해설 | ① 2016년과 2017년의 GDP 디플레이터가 같으므로 2017년의 물가와 2016년의 물가는 같다.
③ 2018년의 물가는 2016년에 비해 상승하였다.
④ 2018년의 생산량은 2017년에 비해 감소하였다.

05 ③

| 개념 카테고리 | 경제 > 국가와 경제 활동 > 국민 경제의 순환과 경제 성장 > 실질 GDP와 명목 GDP

| 정답 해설 | GDP 디플레이터는 (명목 GDP/실질 GDP) × 100, 경제 성장률(실질 GDP 증가율)은 {(금년도 실질 GDP − 기준 연도 실질 GDP)/기준 연도 실질 GDP} × 100으로 구한다. 제시된 자료를 통해 연도별 명목 GDP와 실질 GDP를 나타내면 다음과 같다.

(단위: 달러)

구분	2013년	2014년	2015년
명목 GDP	1,200	1,600	2,600
실질 GDP	1,200	1,000	1,300

③ 2015년의 GDP 디플레이터는 (2,600달러/1,300달러) × 100 = 200이다.

| 오답 해설 | ① 2014년의 물가 지수는 160이다.
② 2013년의 실질 GDP는 1,200달러이고, 2014년의 실질 GDP는 1,000달러이므로 2014년의 경제 성장률은 약 −16.7%이다.
④ 2014년의 실질 GDP는 1,000달러, 2015년의 실질 GDP는 1,300달러이다. 따라서 2015년의 경제 성장률은 30%이다.

06 ②

| 개념 카테고리 | 경제 > 국가와 경제 활동 > 국민 경제의 순환과 경제 성장 > GDP의 한계

| 정답 해설 | ② 국내 총생산은 생산 활동으로 창출된 재화와 서비스의 가치를 포함한다.

| 오답 해설 | ① 시장을 통하지 않은 거래는 국내 총생산에서 제외된다. 따라서 지하 경제에서 거래되는 부분은 국내 총생산에 포함되지 않는다.
매력적 오답 ③ 국내 총생산은 총량의 개념이므로 이를 통해 경제 규모를 파악할 수 있다. 1인당 GDP는 'GDP/인구'로 구하는데 이를 통해 평균적인 생활 수준을 알 수 있다.
④ 환경오염, 교통사고, 범죄, 노동 시간 등의 증가와 같이 국내 총생산은 증가하지만 복지 후생 수준이 낮아지는 경우도 있다.

07 ④

| 개념 카테고리 | 경제 > 국가와 경제 활동 > 국민 경제의 순환과 경제 성장 > 거시 경제 지표

| 정답 해설 | ④ GDP 디플레이터는 (명목 GDP/실질 GDP) × 100이다. 실질 GDP 증가율(%)은 명목 GDP 증가율(%) − 물가 상승률(%)이다. 물가가 지속적으로 상승하였으므로 GDP 디플레이터는 T+2년이 가장 크다.

| 오답 해설 | ① 기준 연도인 T−1년의 GDP 디플레이터는 100이다. T년은 물가 변동이 발생하지 않았으므로 T년의 GDP 디플레이터는 100이다.
②, ③ T년과 T+1년의 실질 GDP 증가율은 0%, T+2년의 실질 GDP 증가율은 −2%이다. 즉, T년과 T+1년의 실질 GDP는 같고, T+1년 대비 T+2년에 실질 GDP는 −2% 감소하였다. 따라서 T+2년에 실질 GDP가 가장 작다.

08 ③

| 개념 카테고리 | 경제 > 국가와 경제 활동 > 국민 경제의 순환과 경제 성장 > 거시 경제 지표

| 정답 해설 | ③ 2016년에 갑국은 전년보다 경제 성장률과 물가 상승률이 모두 상승하였다. 이는 총수요가 증가한 것으로 볼 수 있다. 참고로 실질 GDP 증가율(%)은 '명목 GDP 증가율(%) − 물가 상승률(%)'이다.

| 오답 해설 | ① 갑국의 2015년 경제 성장률은 −5%이다. 이는 2014년에 비해 2015년에 실질 GDP가 5% 감소한 것을 의미한다.
② 을국의 경우 전년 대비 2015년에 명목 GDP 증가율은 5.5%이고, 경제 성장률(실질 GDP 증가율)은 3%이다. 따라서 명목 GDP 증가율이 실질 GDP 증가율보다 높다.
④ 2017년에 갑국과 을국은 모두 경제 성장률과 물가 상승률이 양(+)의 값을 나타낸다. 이는 총수요가 증가했음을 의미한다.

09 ③

개념 카테고리 경제 > 국가와 경제 활동 > 국민 경제의 순환과 경제 성장 > 국민 총소득과 국내 총생산

| **정답 해설** | (가)는 국민 총소득(GNI), (나)는 국내 총생산(GDP)이다.

을. 생산 주체와 상관없이 우리나라에서 생산한 냉장고는 GDP에 포함된다.

정. 우리나라 기업이 국내에서 생산한 반도체이므로 이는 GNI와 GDP 모두에 포함된다.

| **오답 해설** | 갑. 국내에서 외국인 선수가 벌어들인 소득은 우리나라의 GNI에 포함되지 않으며, 그 외국인 선수의 국가의 GNI에 포함된다.

병. 우리나라에서 생산한 자동차는 GDP에 포함된다.

10 ③

개념 카테고리 경제 > 국가와 경제 활동 > 국민 경제의 순환과 경제 성장 > GDP의 구성

| **정답 해설** | 지출 측면에서의 국내 총생산은 '민간 소비＋민간 투자＋정부 지출＋순수출(수출－수입)'로 구성된다.

ㄴ. 2020년과 2021년 모두 순수출의 비중이 양(＋)의 값이므로 수출액이 수입액보다 많다.

ㄹ. 지출 측면의 국내 총생산은 가계의 민간 소비, 기업의 민간 투자, 정부 지출, 순수출의 합으로 구성된다. 따라서 ㉠은 재화와 서비스에 대한 가계의 민간 소비 지출을 나타내는 항목에 해당한다.

| **오답 해설** | **매력적 오답** ㄱ. 항목별 비중과 절대액을 혼동할 수 있다. 2020년과 2021년의 국내 총생산 항목별 비중이 제시되어 있으나, 구체적인 수치는 알 수 없다.

ㄷ. 민간 부문의 투자 지출액의 비중은 감소하였으나, 연도별 국내 총생산을 알 수 없다. 따라서 민간 부문의 투자 지출액 증감 여부는 알 수 없다.

| **플러스 이론** | **지출 측면의 국내 총생산 구성**

- 민간 소비: 가계가 재화와 서비스를 구매하는 데 쓴 지출
- 민간 투자: 기업이 생산에 필요한 자본재를 구매하는 데 쓴 지출
- 정부 지출: 정부가 재화와 서비스를 구매하는 데 쓴 지출
- 순수출: 외국으로 수출한 금액에서 외국으로부터 수입한 금액을 뺀 것

11 ①

개념 카테고리 경제 > 국가와 경제 활동 > 국민 경제의 순환과 경제 성장 > 국민 소득

| **정답 해설** | (가)는 생산 국민 소득, (나)는 지출 국민 소득, (다)는 분배 국민 소득이다.

① 수입 재화에 대한 국내 소비는 가계의 소비 지출에 포함된다.

| **오답 해설** | ② 이자율은 가계의 소비 지출과 기업의 투자 지출에 모두 영향을 끼친다.

③ 이윤은 기업이 지출한 임대료 등의 비용을 제외한 순이익을 의미한다.

④ 삼면 등가의 법칙에 따라 국민 소득은 생산, 지출, 분배 중 어느 측면에서 측정하더라도 동일하다.

12 ④

개념 카테고리 경제 > 국가와 경제 활동 > 국민 경제의 순환과 경제 성장 > 실질 GDP와 명목 GDP

| **정답 해설** | 제시된 자료를 바탕으로 2020년과 2021년의 명목 GDP와 실질 GDP를 나타내면 다음과 같다.

구분	명목 GDP	실질 GDP
2020년	(4달러×20개)+(5달러×10개) =130달러	(4달러×20개)+(5달러×10개) =130달러
2021년	(5달러×30개)+(6달러×20개) =270달러	(4달러×30개)+(5달러×20개) =220달러

④ 실질 GDP에서 Y재가 차지하는 비중은 2020년의 경우 {(5달러×10개)/130달러}×100이고, 2021년의 경우 {(5달러×20개)/220달러}×100이다. 따라서 실질 GDP에서 Y재가 차지하는 비중은 2020년에 비해 2021년에 증가하였다.

| **오답 해설** | ① 명목 GDP는 2020년의 경우 130달러이고, 2021년의 경우 270달러이다. 따라서 2021년의 명목 GDP는 2020년의 2배 이상이다.

② 실질 GDP는 2020년의 경우 130달러이고, 2021년의 경우 220달러이다. 따라서 실질 GDP는 2020년에 비해 2021년에 증가하였다.

③ 2021년에 명목 GDP는 270달러이고, 실질 GDP는 220달러로, 명목 GDP가 실질 GDP보다 크다. 따라서 2020년 대비 2021년에 물가가 상승하였다. 이는 화폐 가치의 하락을 의미한다.

| **플러스 이론** | **명목 GDP와 실질 GDP**

실질 GDP는 기준 연도의 가격으로 당해 연도 생산물의 가치를 나타낸 것으로, 당해 연도의 물가 수준이 기준 연도보다 높으면 실질 GDP는 명목 GDP보다 작고, 당해 연도의 물가 수준이 기준 연도보다 낮으면 실질 GDP는 명목 GDP보다 크다.

13 ③

개념 카테고리 경제 > 국가와 경제 활동 > 국민 경제의 순환과 경제 성장 > 경제 성장률과 물가 상승률

| **정답 해설** | GDP 디플레이터는 2019년의 경우 100, 2020년의 경우 110, 2021년의 경우 100이다.

③ 2020년의 물가 상승률은 {(110－100)/100}×100=10%이다.

| **오답 해설** | ① 2019년의 경우 명목 GDP와 실질 GDP가 각각 500억 달러로 같으므로 GDP 디플레이터는 100이다.

② 경제 성장률은 실질 GDP 증가율을 통해 구할 수 있다. 2019년과 2020년의 실질 GDP는 각각 500억 달러로 같으므로 경제 성장률은 0%이다.

④ GDP 디플레이터는 2020년의 경우 110이고, 2021년의 경우 100이다. 따라서 2021년의 물가 수준은 전년보다 하락하였다.

실업과 인플레이션　　　　문제편 P.109

14	②	15	②	16	④	17	②	18	③
19	③	20	①	21	③	22	③	23	②
24	②	25	③	26	④				

14 ②

개념 카테고리　경제 > 국가와 경제 활동 > 실업과 인플레이션 > 고용 지표

| **정답 해설** | ② 15세 이상 인구가 일정한 상태에서 취업자가 실업자로 변화하면 실업률은 상승한다. 따라서 ㉠은 실업자이다. 고용률이 불변하는 상태에서 실업률이 하락하는 것은 실업자가 비경제 활동 인구로 분류된 것이므로 ㉡은 실업자이다. 비경제 활동 인구가 실업자가 된 것이고, 취업자는 변함없으므로 고용률은 변하지 않는다. 따라서 ㉢은 불변이다.

15 ②

개념 카테고리　경제 > 국가와 경제 활동 > 실업과 인플레이션 > 고용 지표

| **정답 해설** | (가)의 경우 갑은 취업자에서 실업자가 되었고, (나)의 경우 을은 취업자에서 비경제 활동 인구가 되었다.

② (나)의 경우 취업자의 감소로 실업률은 상승하고, 고용률은 이전보다 하락한다.

| **오답 해설** | ① (가)의 경우 취업자가 감소하고 실업자가 증가하므로 이전보다 실업률은 상승하고 고용률은 하락한다.

③ 갑은 취업자에서 실업자가 되었으므로 취업자는 감소하고 실업자는 증가하였다. 을은 취업자에서 비경제 활동 인구가 되었으므로 취업자는 감소하고, 비경제 활동 인구는 증가하였다.

④ (가)의 경우 취업자가 감소하고 실업자가 증가하였으나 경제 활동 인구는 변동이 없으므로 경제 활동 참가율은 이전과 동일하다. (나)의 경우 취업자의 감소로 경제 활동 인구가 감소하였으므로 경제 활동 참가율은 이전보다 하락한다.

16 ④

개념 카테고리　경제 > 국가와 경제 활동 > 실업과 인플레이션 > 고용 지표

| **정답 해설** | 경제 활동 참가율(%)은 (경제 활동 인구/15세 이상 인구)×100이다.

④ 경제 활동 참가율이 80%이므로 15세 이상 인구가 100명이라면, 경제 활동 인구는 80명이다. 고용률이 60%라면, 취업자는 60명, 실업자가 20명이다. 실업률은 실업자 수/경제 활동 인구(취업자＋실업자)×100이므로 실업률은 25%이다.

17 ②

개념 카테고리　경제 > 국가와 경제 활동 > 실업과 인플레이션 > 고용 지표

| **정답 해설** | 생산 가능 인구는 경제 활동 인구(취업자＋실업자)와 비경제 활동 인구의 합이다. 고용률(%)은 (취업자 수/생산 가능 인구)×100, 경제 활동 참가율(%)은 (경제 활동 인구/생산 가능 인구)×100이다.

A국. 생산 가능 인구 10,000명 중 비경제 활동 인구가 40%이면 경제 활동 인구는 60%(6,000명)이다. 이때 실업자가 200명이면 취업자가 5,800명이므로 고용률은 58%가 되고, 실업자가 300명이면 취업자가 5,700명이므로 고용률은 57%가 된다.

B국. 실업률이 2%이고 실업자가 300명일 때 경제 활동 인구는 15,000명이다. 이때 생산 가능 인구가 25,000명이면 경제 활동 참가율은 60%가 되고, 30,000명이면 경제 활동 참가율은 50%가 된다.

18 ③

개념 카테고리　경제 > 국가와 경제 활동 > 실업과 인플레이션 > 고용 지표

| **정답 해설** | ③ 15세 이상 인구는 변화가 없는 상태에서 2016년 고용률이 증가했으므로 취업자는 증가했다. 2016년의 실업률이 2015년과 같다는 것은 취업자와 실업자가 모두 증가했음을 의미한다.

| **오답 해설** | ① 2014년과 2015년에 15세 이상 인구가 변하지 않은 상태에서 고용률이 같다면, 이는 취업자 수에 변화가 없음을 나타낸다.

② 2015년에 취업자 수는 변화가 없는데 실업률이 하락하였으므로 실업자 수가 감소하였다. 경제 활동 인구가 감소하였다면 이는 비경제 활동 인구의 증가를 의미한다.

④ 2016년에는 취업자 수와 실업자 수가 모두 증가하였으므로 2015년보다 경제 활동 인구 수가 증가하였다.

19 ③

개념 카테고리 경제 > 국가와 경제 활동 > 실업과 인플레이션 > 인플레이션

| 정답 해설 | ㄴ. 인플레이션이 발생하면 수출 상품의 가격이 상승하여 수출은 감소하고, 수입 상품의 가격이 하락하여 수입은 증가한다. 이에 따라 경상 수지는 악화된다.

ㄷ. 인플레이션이 발생하면 가계의 실질 소득은 감소한다.

| 오답 해설 | ㄱ. 인플레이션이 발생하면 채권자는 불리해지고, 채무자는 유리해진다.

매력적 오답 ㄹ. 물가가 상승하면 화폐 가치는 하락하고, 실질 소득은 감소한다. 따라서 화폐 자산을 보유한 사람이 실물 자산을 보유한 사람에 비해 불리해진다.

20 ①

개념 카테고리 경제 > 국가와 경제 활동 > 실업과 인플레이션 > 인플레이션

| 정답 해설 | (가)는 수요 견인 인플레이션, (나)는 비용 인상 인플레이션이다.

① 수요 견인 인플레이션이 발생하면 물가가 상승하고 실질 GDP가 증가한다. 물가 상승과 경기 침체가 함께 발생하는 스태그플레이션은 비용 인상 인플레이션이 발생했을 때 나타날 수 있다.

| 오답 해설 | 매력적 오답 ② 비용 인상 인플레이션은 총공급의 감소로 인해 발생하는 인플레이션이다.

③ 수요 견인 인플레이션이 발생하면 총수요가 증가하여 실질 GDP가 증가하고, 비용 인상 인플레이션이 발생하면 총공급이 감소하여 실질 GDP가 감소한다.

④ 수요 견인 인플레이션이 발생하면 총수요가 증가하여 총수요 곡선이 우측으로 이동하고, 비용 인상 인플레이션이 발생하면 총공급이 감소하여 총공급 곡선이 좌측으로 이동한다.

21 ③

개념 카테고리 경제 > 국가와 경제 활동 > 실업과 인플레이션 > 스태그플레이션

| 정답 해설 | 스태그플레이션은 인플레이션과 경기 침체가 동시에 발생하는 현상으로, 1970년대 석유 파동 때 발생했다.

ㄴ. 비용 인상 인플레이션은 스태그플레이션을 초래한다.

ㄷ. 물가 상승과 경기 침체가 동시에 일어나는 불황 속의 인플레이션이 스태그플레이션이다.

| 오답 해설 | 매력적 오답 ㄱ. 1930년대 미국의 대공황 때는 총수요 감소로 인해 발생한 디플레이션으로 물가가 하락하고, 실업이 증가했다.

22 ③

中

개념 카테고리 경제 > 국가와 경제 활동 > 실업과 인플레이션 > 고용 지표

| 정답 해설 | 15세 이상 인구는 경제 활동 인구와 비경제 활동 인구로 구성되고, 경제 활동 인구는 취업자와 실업자로 구성된다. A는 15세 이상 인구이고, 실업률은 (실업자 수/경제 활동 인구) ×100이다. 따라서 B는 비경제 활동 인구, C는 경제 활동 인구, D는 취업자 수, E는 실업자 수이다.

③ 비경제 활동 인구가 취업자가 되면, 경제 활동 인구가 증가한다. 경제 활동 인구가 증가하고 실업자 수가 일정하면 실업률은 감소한다.

| 오답 해설 | ① 비경제 활동 인구였던 사람이 구직 활동을 하면 경제 활동 인구로 전환된다. 따라서 경제 활동 인구는 증가한다.

② 실업자가 비경제 활동 인구가 되면, 경제 활동 인구는 감소하고 취업자 수가 불변이므로 취업률은 증가한다.

④ 비경제 활동 인구가 감소하면, 15세 이상 인구는 일정하므로 경제 활동 인구는 증가한다. 따라서 경제 활동 참가율은 증가한다.

| 플러스 이론 | 비경제 활동 인구

> 15세 이상 인구 중에서 집안에서 가사 또는 육아를 전담하는 주부, 학교에 다니는 학생, 일을 할 수 없는 연로자 및 심신 장애자, 자발적으로 자선 사업이나 종교 단체에 관여하는 사람, 그리고 구직 단념자 등을 의미한다.

23 ②

上

개념 카테고리 경제 > 국가와 경제 활동 > 실업과 인플레이션 > 고용 지표

| 정답 해설 | 갑국의 15세 이상 인구는 변화가 없으므로 15세 이상 인구를 100명이라고 하면, 연도별 갑국의 경제 활동 인구와 비경제 활동 인구는 다음과 같다.

(단위: 명)

구분		2018년	2019년	2020년	2021년
경제 활동 인구	취업자	80	78	75	72
	실업자	5	5	5	2
비경제 활동 인구		15	17	20	26

ㄴ. 15세 이상 인구가 100명이라면 비경제 활동 인구는 2019년의 경우 17명, 2020년의 경우 20명이다. 따라서 2019년에 비해 2020년에 비경제 활동 인구는 증가하였다.

ㄷ. 실업률은 2020년의 경우 (5명/80명)×100 = 6.25%이고, 2021년의 경우 (2명/74명)×100 ≒ 2.7%이다. 따라서 2020년에 비해 2021년에 실업률은 감소하였다.

| 오답 해설 | ㄱ. 15세 이상 인구가 100명이라면 실업자 수는 2018년의 경우 5명, 2019년의 경우 5명이다. 따라서 2018년과 2019년의 실업자 수는 동일하다.

매력적 오답 ㄹ. 취업자 수의 감소폭과 취업자 수 감소율을 혼동할 수 있다. 취업자 수의 전년 대비 감소율은 2020년의 경우 $(3명/78명) \times 100$이고, 2021년의 경우 $(3명/75명) \times 100$이다. 따라서 취업자 수의 전년 대비 감소율은 2020년보다 2021년이 크다.

24 ② 下

개념 카테고리 경제 > 국가와 경제 활동 > 실업과 인플레이션 > 실업의 유형

| **정답 해설** | 금융 위기로 인한 실업은 경기적 실업, 적성에 더 맞는 일자리를 찾기 위한 실업은 마찰적 실업, 설비 자동화로 인한 실업은 구조적 실업에 해당한다.
② 경기적 실업과 구조적 실업은 비자발적 실업에 해당하지만, 마찰적 실업은 자발적 실업에 해당한다.

| **오답 해설** | ① 갑의 대답에 나타난 실업은 불경기로 인한 노동력에 대한 수요 부족으로 발생하는 경기적 실업이다.
③ 마찰적 실업은 직장 이동이나 직종 전환 과정에서 일시적으로 발생하는 것으로, 호황기에도 발생할 수 있다.
④ 구조적 실업은 산업 구조의 변화와 기술 혁신에 따라 낮은 기술 수준의 기능 인력에 대한 수요 감소로 발생하므로 직업 훈련을 통해 새로운 산업에 적응하도록 하는 것은 적절한 대책이 될 수 있다.

| **플러스 이론** | **실업의 유형**

기준	유형	내용
자발성의 여부에 따라	자발적 실업	근로 조건 등의 이유로 스스로 일을 하지 않음으로써 발생하는 실업
	비자발적 실업	일할 의사가 있으나 일자리가 없어 발생하는 실업
발생 원인에 따라	경기적 실업	불황으로 인한 노동 수요의 부족으로 발생하는 실업
	계절적 실업	계절적 요인으로 발생하는 실업
	구조적 실업	산업 구조의 고도화, 기술 혁신에 의한 낮은 기술 수준의 기능 인력에 대한 수요 감소로 발생하는 실업
	마찰적 실업	직업 탐색 과정에서 일시적으로 발생하는 실업

25 ③ 中

개념 카테고리 경제 > 국가와 경제 활동 > 실업과 인플레이션 > 인플레이션

| **정답 해설** | 원자재의 가격 폭등으로 인한 인플레이션은 총공급 감소가 원인인 비용 인상 인플레이션이고, 지속적인 민간 소비 증가로 인한 인플레이션은 총수요 증가가 원인인 수요 견인 인플레이션이다.

③ 총수요 조절을 통한 물가 안정 정책은 총수요 증가가 원인인 을국에 더 적합하다. 갑국의 경우 경기 침체와 물가 상승이 동시에 나타나므로 총수요 조절로는 해결이 어려울 수 있다.

| **오답 해설** | ① 인플레이션이 발생하면 화폐 가치가 하락하므로 채무자보다 채권자가 불리해진다.
② ㉠은 비용 인상 인플레이션에 해당하고, ㉡은 수요 견인 인플레이션에 해당한다.
④ 인플레이션이 발생하면 화폐 가치가 하락하므로 실물 자산 소유자보다 화폐 자산 소유자가 불리해진다.

26 ④ 中

개념 카테고리 경제 > 국가와 경제 활동 > 실업과 인플레이션 > 인플레이션

| **정답 해설** | (가)는 총공급의 감소로 인해 나타나는 비용 인상 인플레이션이고, (나)는 총수요의 증가로 인해 나타나는 수요 견인 인플레이션이다.
ㄷ. 투자 지출은 총수요를 구성하는 항목이다. 투자 지출이 증가하면 총수요가 증가하므로 수요 견인 인플레이션이 발생할 수 있다.
ㄹ. 기준 금리 인상은 통화량 감소를 통해 민간 소비와 민간 투자를 감소시켜 총수요를 억제하기 위한 정책이다. 따라서 기준 금리 인상은 수요 견인 인플레이션의 대책에 해당한다.

| **오답 해설** | **매력적 오답** ㄱ. 인플레이션의 유형에 따른 총수요와 총공급 곡선의 이동 방향을 혼동할 수 있다. 수요 견인 인플레이션이 발생하면 실질 GDP는 증가하고, 비용 인상 인플레이션이 발생하면 실질 GDP는 감소한다.
ㄴ. 국제 곡물가가 하락하면 총공급이 증가한다. 따라서 ㉠에는 '국제 곡물가 상승'이 들어갈 수 있다.

| **플러스 이론** | **인플레이션의 유형**

구분	내용
수요 견인 인플레이션	• 총수요의 증가로 인해 발생하는 인플레이션 • 주로 경기 호황기에 나타남 • 총수요 곡선의 우측 이동 → 물가 상승, 실질 GDP 증가
비용 인상 인플레이션	• 생산비의 상승으로 인해 총공급이 감소하여 발생하는 인플레이션 • 스태그플레이션을 야기할 수 있음 • 총공급 곡선의 좌측 이동 → 물가 상승, 실질 GDP 감소

경기 변동과 경제 안정화 정책									문제편 P.113
27	④	28	①	29	④	30	①	31	③
32	③	33	③	34	③	35	③	36	③
37	②								

27 ④

| 개념 카테고리 | 경제 > 국가와 경제 활동 > 경기 변동과 경제 안정화 정책 > 경제 안정화 정책 |

| 정답 해설 | ④ 소득세율 인상은 긴축 재정 정책, 지급 준비율 인상은 긴축 통화 정책으로 총수요를 감소시키기 위한 정책이다.

| 오답 해설 | ① 소득세율 인상은 긴축 재정 정책이다.

② 소득세율 인상은 가계의 가치분 소득을 감소시킨다.

③ 지급 준비율 인상은 긴축 통화 정책으로 총수요를 감소시켜, 통화량이 감소한다.

28 ①

| 개념 카테고리 | 경제 > 국가와 경제 활동 > 경기 변동과 경제 안정화 정책 > 경제 안정화 정책 |

| 정답 해설 | 〈보기 1〉은 경기 침체를 보여 준다. 경기 침체 시 정부는 확대 재정 정책을, 중앙은행은 확대 통화 정책을 실시하여 총수요를 증가시킬 수 있다.

ㄱ. 소득세율 인하는 확대 재정 정책에 해당한다.

ㄴ. 기준 금리 인하는 확대 통화 정책에 해당한다.

| 오답 해설 | ㄷ. 지급 준비율 인상은 경기 과열 시 경기 진정을 위한 긴축 통화 정책에 해당한다.

ㄹ. 국·공채 매각은 경기 과열 시 경기 진정을 위한 긴축 통화 정책에 해당한다.

29 ④

| 개념 카테고리 | 경제 > 국가와 경제 활동 > 경기 변동과 경제 안정화 정책 > 경제 안정화 정책 |

| 정답 해설 | 중앙은행의 확대 통화 정책은 경기를 활성화시키고자 하는 것으로 재할인율 인하, 지급 준비율 인하, 국·공채 매입 등이 이에 해당한다.

④ 중앙은행의 국·공채 매각은 긴축 통화 정책에 해당한다.

| 오답 해설 | ① 갑국은 가계 소비와 기업 투자의 감소로 총수요가 감소하여 물가는 하락하고, 실질 GDP는 감소한다.

② 갑국은 가계 소비와 기업의 투자가 감소한 불경기로, 총수요가 감소하였다.

③ 정부의 소득세율 인하는 확대 재정 정책에 해당한다.

| 플러스 이론 | 재정 정책과 금융 정책

1. 재정 정책(세입, 세출과 관련)
   • 호경기: 세입 > 세출, 긴축(흑자) 재정 정책 → 총수요 감소
   • 불경기: 세입 < 세출, 확대(적자) 재정 정책 → 총수요 증가
2. 금융 정책
   • 재할인율 정책
     − 호경기: 재할인율 인상 → 시중 금리 상승 → 통화량 감소, 총수요 감소
     − 불경기: 재할인율 인하 → 시중 금리 하락 → 통화량 증가, 총수요 증가
   • 지급 준비율 정책
     − 호경기: 지급 준비율 인상 → 통화량 감소
     − 불경기: 지급 준비율 인하 → 통화량 증가
   • 공개 시장 조작 정책(국·공채)
     − 호경기: 국·공채 매각 → 자금 흡수 → 통화량 감소, 총수요 감소
     − 불경기: 국·공채 매입 → 자금 방출 → 통화량 증가, 총수요 증가

30 ①

| 개념 카테고리 | 경제 > 국가와 경제 활동 > 경기 변동과 경제 안정화 정책 > 경제 안정화 정책 |

| 정답 해설 | ① 경기 과열 시에 중앙은행이 실시할 수 있는 통화 정책에는 국·공채 매각, 재할인율 인상, 지급 준비율 인상 등이 있다.

| 오답 해설 | ②, ③, ④ 경기 침체 시 중앙은행이 실시할 수 있는 통화 정책에는 국·공채 매입, 재할인율 인하, 지급 준비율 인하 등이 있다.

31 ③

| 개념 카테고리 | 경제 > 국가와 경제 활동 > 경기 변동과 경제 안정화 정책 > 경제 안정화 정책 |

| 정답 해설 | A 시기는 경기가 과열되는 호경기로 생산, 소비, 투자 등 경제 활동이 활발한 시기이다.

③ A 시기에는 총수요 증가로 인해 인플레이션이 발생할 가능성이 있으므로 긴축 정책을 시행해야 한다. 즉, 재정 정책으로는 세율을 높이고 정부 지출을 줄여야 하고, 금융(통화) 정책으로는 국·공채 매각, 재할인율 인상, 지급 준비율 인상을 통해 경기를 안정시켜야 한다.

| 오답 해설 | ①, ②, ④ 세율 인하, 정부 지출 증가는 확대 재정 정책, 국·공채 매입은 확대 통화 정책으로 불경기에 요구되는 경제 안정화 정책이다.

32 ③

개념 카테고리 경제 > 국가와 경제 활동 > 경기 변동과 경제 안정화 정책 > 경제 안정화 정책

| **정답 해설** | ③ 인터뷰를 통해 현재 갑국의 경제 상황이 경기 과열기, 호경기임을 알 수 없다. 그러므로 경기를 진정시키기 위한 정책으로 기준 금리의 인상이 필요하다.

| **오답 해설** | ① 국·공채 매입은 통화량 증대를 위한 정책으로 불경기에 필요하다.

② 지급 준비율 인하는 통화량 증대를 위한 정책으로 불경기에 필요하다.

④ 정부의 소득세율 인상은 호경기에 적합한 긴축 재정 정책이다. 하지만 인터뷰에서 전문가는 호경기에 대한 중앙은행의 금융 정책의 필요성을 제시하였으므로 옳지 않은 내용이다. 호경기에 대한 금융 정책은 재할인율 인상, 지급 준비율 인상, 국·공채 매각 정책 등이 있다.

33 ③ 中

개념 카테고리 경제 > 국가와 경제 활동 > 경기 변동과 경제 안정화 정책 > 경제 안정화 정책

| **정답 해설** | 수입 원자재 가격의 상승은 총공급 감소 요인이고, 순수출 감소는 총수요 감소 요인이며, 국내 투자 증가는 총수요 증가 요인이다.

③ 수입 원자재 가격이 상승하면 총공급이 감소하여 실질 GDP가 감소하고, 순수출이 감소하면 총수요가 감소하여 실질 GDP가 감소한다.

| **오답 해설** | ① 수입 원자재 가격 상승은 총공급 감소 요인이다.

② 수입 원자재 가격이 상승하면 총공급이 감소하여 물가가 상승하고, 국내 투자가 증가하면 총수요가 증가하여 물가가 상승한다.

④ 순수출 감소는 총수요 감소 요인이고, 국내 투자 증가는 총수요 증가 요인이다.

| **플러스 이론** | **총수요를 순수출로 계산하는 이유**

> 한 나라의 국내 경제 주체들이 재화와 서비스를 구입하기 위해 지출한 금액에는 국내에서 생산된 재화와 서비스뿐만 아니라 다른 나라에서 생산된 재화와 서비스를 구입하기 위해 지출한 금액도 포함된다. 지출 국민 소득을 계산하기 위해서는 다른 나라에서 생산된 재화와 서비스를 구입하기 위해 지출한 금액을 차감해야 하므로 수출에서 수입을 빼야 한다. 이는 그 나라의 순수출이 된다.

34 ③ 中

개념 카테고리 경제 > 국가와 경제 활동 > 경기 변동과 경제 안정화 정책 > 총수요와 총공급의 변동 요인

| **정답 해설** | 국내 여건에서 민간 부문의 소비 감소와 설비 투자 감소는 총수요 감소 요인에 해당한다. 국외 여건에서 수출 상대

국의 소비 심리가 위축된다면 수출이 감소하여 순수출이 감소하므로 이러한 예상은 총수요 감소 요인에 해당한다. 또한 석유 가격의 상승은 생산비를 상승시키므로 총공급의 감소 요인에 해당한다.

③ 보고서의 전망이 모두 현실화된다면, 총수요와 총공급이 모두 감소하므로 총수요 곡선과 총공급 곡선이 모두 왼쪽으로 이동하여 국민 소득은 감소한다.

| **오답 해설** | ① 갑국은 현재 총수요가 감소하고 총공급이 감소하면서 경기 침체를 겪게 될 전망이다. 따라서 법인세율을 인하하여 기업의 투자 지출 증가를 유도할 필요성이 있다.

② 국외 여건의 전망이 현실화된다면, 수출 상대국의 소비 위축으로 수출이 위축되므로 순수출이 감소할 수 있다. 따라서 갑국의 경상 수지가 개선될 것이라고 단정할 수 없다.

④ 민간 부문의 소비 감소는 총수요 감소 요인이고, 석유 가격의 상승은 생산비 상승을 초래하므로 총공급 감소 요인이다.

35 ③ 下

개념 카테고리 경제 > 국가와 경제 활동 > 경기 변동과 경제 안정화 정책 > 국민 경제의 균형 변동

| **정답 해설** | 기술 발전으로 인한 생산성 향상은 총공급 증가 요인이고, 갑국 제품의 해외 수출 증가는 총수요 증가 요인이다.

③ 총수요와 총공급이 모두 증가하면 총수요 곡선과 총공급 곡선이 모두 오른쪽으로 이동한다. 이때 국민 총생산은 증가하고, 물가 수준은 불분명하다.

36 ③ 中

개념 카테고리 경제 > 국가와 경제 활동 > 경기 변동과 경제 안정화 정책 > 경제 안정화 정책

| **정답 해설** | 정부의 세율 인하는 확대 재정 정책에 해당하고, 중앙은행의 재할인율 인하 정책은 확대 통화 정책에 해당하며, 중앙은행의 국채 매각은 긴축 통화 정책에 해당한다.

③ 갑국과 을국 모두 물가 상승을 유발할 수 있는 확대 정책을 실시하였다.

| **오답 해설** | ① 갑국은 확대 재정 정책을 실시하였다. 이는 경기 침체에 대처하기 위함이다.

② 을국에서는 확대 통화 정책을 실시하였으므로 이는 이자율을 하락시키는 정책이다. 반면, 병국에서는 긴축 통화 정책을 실시하였으므로 이는 이자율을 상승시키는 정책이다.

④ 병국은 긴축 통화 정책을 실시하였다. 이는 통화량 감소 정책이다.

| 플러스 이론 | 경제 안정화 정책

구분	주체	수단	종류
재정 정책	정부	정부 지출, 조세	확대 재정 정책, 긴축 재정 정책
통화 정책	중앙은행	통화량이나 이자율 조절	확대 통화 정책, 긴축 통화 정책

37 ②
下

개념 카테고리 경제 > 국가와 경제 활동 > 경기 변동과 경제 안정화 정책 > 경제 안정화 정책

| 정답 해설 | 정부의 재정 지출 축소는 긴축 재정 정책에 해당하고, 통화량을 줄이는 정책은 긴축 통화 정책에 해당한다. 경기 과열 시 정부와 중앙은행은 각각 긴축 재정 정책과 긴축 통화 정책을 통해 총수요를 감소시켜 물가를 안정시키고자 한다.
② 긴축 재정 정책과 긴축 통화 정책은 모두 총수요 감소 요인이다.

| 오답 해설 | ① 정부의 재정 지출 축소는 긴축 재정 정책의 수단에 해당한다.
③ 시중의 통화량을 줄이는 긴축 통화 정책을 위해서는 국·공채를 매각해야 한다. 국·공채를 매입하면 시중의 통화량이 증가하므로 이는 확대 통화 정책의 수단에 해당한다.
④ 갑과 을은 모두 긴축 정책을 주장하고 있다. 이를 통해 갑과 을 모두 현재의 경제 상황을 경기 과열 상태로 보고 있음을 알 수 있다.

04 세계 시장과 교역

출제 비중 21%

	1회독				2회독				3회독			
약점진단표	○	△	×	총	○	△	×	총	○	△	×	총
무역 원리와 무역 정책★★★				15				15				15
환율의 결정과 변동★★★				12				12				12
국제 수지★★				6				6				6

＊문제풀이 후 약점진단 결과를 적어 보세요!

필수기출 & 출제예상 문제

무역 원리와 무역 정책

문제편 P.116

01	④	02	②	03	④	04	③	05	④
06	②	07	②	08	④	09	③	10	④
11	①	12	②	13	③	14	③	15	④

01 ④

개념 카테고리 경제 > 세계 시장과 교역 > 무역 원리와 무역 정책 > 비교우위

| **정답 해설** | 갑국과 을국의 X재와 Y재 1개 생산의 기회비용은 다음과 같다.

구분	갑국	을국
X재 1개 생산의 기회비용	Y재 4/5개	Y재 1/2개
Y재 1개 생산의 기회비용	X재 5/4개	X재 2개

④ 을국은 X재 1개 생산에 2명, Y재 1개 생산에 4명의 노동자가 필요하고 노동자 수가 100명이므로 X재 10개(노동자 수 20명)와 Y재 20개(노동자 수 80명)를 동시에 생산할 수 있다.

| **오답 해설** | ① 갑국은 Y재 1개 생산에 5명의 노동자가 투입되므로 Y재를 최대 20개 생산할 수 있다.

매력적 오답 ② 생산비가 제시된 경우의 기회비용은 선택한 재화 생산비/포기한 재화 생산비로 구한다. 생산량이 제시된 경우에 기회비용은 포기한 재화/선택한 재화로 구한다. 갑국의 X재 1개 생산의 기회비용은 Y재 4/5개이다.

③ 기회비용이 작은 재화에 특화하므로 갑국은 Y재 생산에, 을국은 X재 생산에 비교 우위를 가진다.

02 ②

개념 카테고리 경제 > 세계 시장과 교역 > 무역 원리와 무역 정책 > 비교우위

| **정답 해설** | 제시된 자료를 통해 갑과 을의 신발과 의류 1단위 생산의 기회비용을 나타내면 다음과 같다.

구분	갑	을
신발 1단위 생산의 기회비용	의류 2단위	의류 4단위
의류 1단위 생산의 기회비용	신발 1/2단위	신발 1/4단위

② 갑의 신발 1단위 생산의 기회비용은 의류 2단위이다.

| **오답 해설** | ① 갑은 신발과 의류 생산 모두에 절대 우위가 있다.

③ 갑은 신발 생산에, 을은 의류 생산에 비교 우위가 있다.

매력적 오답 ④ 생산비가 제시될 때 기회비용은 선택한 재화 생산비/포기한 재화 생산비와 같다. 신발 1단위 생산의 기회비용은 을(의류 4단위)이 갑(의류 2단위)보다 크다.

03 ④

개념 카테고리 경제 > 세계 시장과 교역 > 무역 원리와 무역 정책 > 비교우위와 교역 조건

| **정답 해설** | 갑과 을의 물고기 1마리와 나무열매 1개 생산의 기회비용은 다음과 같다.

구분	갑	을
물고기 1마리 생산의 기회비용	나무열매 3/10개	나무열매 4/5개
나무열매 1개 생산의 기회비용	물고기 10/3마리	물고기 5/4마리

④ 나무열매 1개 : 물고기 3마리의 비율로 교환하면 갑과 을은 모두 이익을 얻을 수 있다.

| **오답 해설** | ① 갑은 물고기 생산에, 을은 나무열매 생산에 절대 우위가 있다.

매력적 오답 ② 생산량이 제시될 때 기회비용은 포기한 재화 생산량/선택한 재화 생산량으로 구한다. 나무열매 1개 생산의 기회비용은 갑의 경우 물고기 10/3마리, 을의 경우 물고기 5/4마리로, 갑이 을보다 크다.

③ 갑은 물고기에, 을은 나무열매에 특화하여 서로 교환하는 것이 이익이다.

04 ③

개념 카테고리 경제 > 세계 시장과 교역 > 무역 원리와 무역 정책 > 비교 우위와 교역 조건

| 정답 해설 | 제시된 자료를 통해 갑국과 을국의 X재와 Y재 1개 생산의 기회비용을 나타내면 다음과 같다.

구분	갑국	을국
X재 1개 생산의 기회비용	Y재 4/5개	Y재 2/3개
Y재 1개 생산의 기회비용	X재 5/4개	X재 3/2개

③ 갑국과 을국이 모두 이익을 얻을 수 있는 교역 조건의 범위는 Y재 $\frac{2}{3}$개 < X재 1개 < Y재 $\frac{4}{5}$개이다. 따라서 양국이 비교 우위를 가진 재화에 특화할 경우 X재 1개당 Y재 $\frac{11}{15}$개의 교역이 가능하다.

| 오답 해설 | ① X재 1개 생산의 기회비용은 을국이 갑국보다 작다.
② 갑국은 Y재 생산에 비교 우위가 있고, X재 생산에 비교 열위가 있다.
④ 양국이 비교 우위를 가진 재화에 특화할 경우 갑국은 Y재를, 을국은 X재를 생산한다.

05 ④

개념 카테고리 경제 > 세계 시장과 교역 > 무역 원리와 무역 정책 > 비교 우위와 교역 조건

| 정답 해설 | 제시된 자료를 바탕으로 A국과 B국의 각 재화 1단위 생산의 기회비용을 나타내면 다음과 같다.

구분	A국	B국
신발 1단위 생산의 기회비용	전화기 7/9단위	전화기 6/5단위
전화기 1단위 생산의 기회비용	신발 9/7단위	신발 5/6단위

ㄱ. B국은 신발과 전화기 생산 모두에 절대 우위를 지닌다. 따라서 절대 우위론에 따르면 두 국가 간 무역은 이루어질 수 없다.
ㄷ. A국은 신발 생산에, B국은 전화기 생산에 비교 우위를 지닌다. B국은 신발과 전화기 생산 모두에 절대 우위를 지닌다.

| 오답 해설 | **매력적 오답** ㄴ. 생산비가 제시될 때 비교 우위는 상대적으로 생산비가 낮고, 기회비용이 작은 재화가 지닌다. 따라서 A국이 신발 생산에 비교 우위가 있다.

06 ②

개념 카테고리 경제 > 세계 시장과 교역 > 무역 원리와 무역 정책 > 비교 우위와 교역 조건

| 정답 해설 | 갑국과 을국의 X재와 Y재 1개 생산의 기회비용을 나타내면 다음과 같다.

구분	갑국	을국
X재 1개 생산의 기회비용	Y재 1/3개	Y재 1/2개
Y재 1개 생산의 기회비용	X재 3개	X재 2개

② 갑국과 을국 모두에게 이익이 되는 교역 조건은 Y재 1/3개 < X재 1개 < Y재 1/2개이다. 따라서 X재 교환 비율은 Y재 1/3개에서 Y재 1/2개 사이에서 결정된다.

| 오답 해설 | ① 갑국은 X재 1개 : Y재 1/3개이다. X재 50개와 Y재 15개의 동시 생산이 불가능하다.
③ Y재 1개 생산의 기회비용은 갑국은 X재 3개, 을국은 X재 2개로, 갑국이 을국보다 크다.
매력적 오답 ④ 무역 발생 시 비교 우위 재화를 특화하고, 수출한다. 따라서 무역 발생 시 갑국은 X재를 수출하고 Y재를 수입한다.

07 ②

개념 카테고리 경제 > 세계 시장과 교역 > 무역 원리와 무역 정책 > 비교 우위와 교역 조건

| 정답 해설 | 갑국과 을국의 곡물과 육류 1톤 생산의 기회비용을 나타내면 다음과 같다.

구분	곡물 1톤 생산의 기회비용	육류 1톤 생산의 기회비용
갑국	육류 2톤	곡물 1/2톤
을국	육류 5/2톤	곡물 2/5톤

② 곡물 1톤 생산의 기회비용은 갑국이 을국보다 작고, 육류 1톤 생산의 기회비용은 을국이 갑국보다 작다. 따라서 갑국은 곡물 생산에, 을국은 육류 생산에 비교 우위가 있다.

| 오답 해설 | ① 갑국은 곡물 생산에 비교 우위가 있다.
③ 을국의 육류 1톤 생산의 기회비용은 곡물 2/5톤이다.
④ 곡물과 육류를 1 : 1의 비율로 교환하면 갑국은 교역 전 기회비용이 특화 재화 곡물 1 : 육류 2이므로 손해가, 을국은 특화 재화 육류 1 : 곡물 2/5이므로 이익이 발생한다. 즉, 갑국은 손해, 을국은 이익이 발생한다.

08 ④

개념 카테고리 경제 > 세계 시장과 교역 > 무역 원리와 무역 정책 > 자유 무역

| 정답 해설 | ④ T+1년에 갑국 총잉여는 무역을 하지 않는 경우와 비교하여 $\frac{(P_0P_2 \times Q_1Q_2)}{2}$ 만큼 증가한다.

| 오답 해설 | **매력적 오답** ① P_0보다 높은 P_1의 T년 국제 가격은 수출 가격, P_0보다 낮은 P_2의 T+1년 국제 가격은 수입 가격이다. 따라서 T년에 갑국은 X재를 수출한다.
② T+1년에 갑국의 X재 교역량은 수입량인 Q_1Q_2이다.
③ 갑국 소비자 잉여는 T+1년이 T년보다 크다.

09 ③

개념 카테고리 경제 > 세계 시장과 교역 > 무역 원리와 무역 정책 > 관세 부과

| 정답 해설 | T+1기에 X재의 국제 시장 가격은 P_1이다.

ㄴ, ㄷ. T기에 소비자 잉여는 a, 생산자 잉여는 b+e+j이다. T+1기에 소비자 잉여는 a+b+c+d+e+f+g+h+i이고, 생산자 잉여는 j이다. T+2기에 소비자 잉여는 a+b+c+d이고, 생산자 잉여는 e+j이다. 따라서 정부의 조세 수입은 g+h이고, 사회적 손실은 f+i이다.

| 오답 해설 | ㄱ. T+1기에는 T기에 비해 갑국의 사회적 잉여가 c+d+f+g + h+i만큼 증가한다.

ㄹ. T+2기에 갑국의 생산자 잉여는 T+1기에 비해 e만큼 증가한다.

10 ④ 中

개념 카테고리 경제 > 세계 시장과 교역 > 무역 원리와 무역 정책 > 비교 우위와 교역 조건

| 정답 해설 | X재 1개 생산의 기회비용은 갑국의 경우 Y재 1/2개이고, 을국의 경우 Y재 1개이다. Y재 1개 생산의 기회비용은 갑국의 경우 X재 2개이고, 을국의 경우 Y재 1개이다. 따라서 갑국은 X재 생산에 비교 우위가 있고, 을국은 Y재 생산에 비교 우위가 있다.

④ 갑국은 교역을 통해 교역 전 X재 1개 생산의 기회비용인 Y재 1/2개보다 Y재를 많이 얻는다면 이득을 볼 수 있다. 1 : 1의 교역 조건이라면 교역을 통해 X재 1개로 Y재 1개를 얻을 수 있으므로 이득이 된다.

| 오답 해설 | ① 갑국은 X재 생산에 비교 우위가 있다.

② 을국은 X재와 Y재 생산 모두에 절대 우위가 있다.

③ X재 1개 생산의 기회비용은 을국보다 갑국이 작다.

| 플러스 이론 | **절대 우위와 절대 열위**

> 절대 우위란 어떤 개인, 기업이나 국가가 동일한 상품을 생산하는 데 있어 상대방보다 낮은 생산비로 생산할 수 있는 능력을 말한다. 즉, 동일한 양의 생산물을 생산할 때 생산 요소의 투입량이 적은 것 또는 동일한 양의 생산 요소를 투입하여 더 많은 생산물을 만들어 내는 것을 의미한다. 반대로 동일한 양의 생산물을 생산할 때 생산 요소의 투입량이 많은 경우 또는 동일한 양의 생산 요소를 투입하여 더 적은 생산물을 만들어 내는 경우 절대 열위에 있다고 한다.

11 ① 上

개념 카테고리 경제 > 세계 시장과 교역 > 무역 원리와 무역 정책 > 비교 우위와 교역 조건

| 정답 해설 | 갑국의 경우 X재 1단위 생산의 기회비용이 을국보다 작으므로 갑국은 X재 생산에 비교 우위가 있고, 을국은 Y재 생산에 비교 우위가 있다.

① 갑국의 경우 X재 1단위를 생산하는 것은 Y재 3단위를 생산하는 것과 같다. 따라서 단위당 생산비는 X재가 Y재보다 크다.

| 오답 해설 | ② 갑국은 X재 생산에 비교 우위가 있고, 을국은 Y재 생산에 비교 우위가 있다. 따라서 Y재 1단위 생산의 기회비용은 갑국보다 을국이 작다.

매력적 오답 ③ 교역으로 인한 이득을 얻기 위한 교역 조건을 판단하지 못했을 수 있다. 갑국은 비교 우위에 있는 X재를 1단위 생산하기 위해 Y재 3단위를 포기해야 한다. 교역이 이루어지기 위해서는 X재 1단위의 기회비용인 Y재 3단위보다 많이 수입할 수 있어야 무역에 응하게 된다.

④ 갑국은 Y재 단위당 생산비가 X재보다 작으므로 한 재화만을 생산할 때 X재보다 Y재를 더 많이 생산할 수 있다.

12 ② 上

개념 카테고리 경제 > 세계 시장과 교역 > 무역 원리와 무역 정책 > 비교 우위와 교역 조건

| 정답 해설 | 무역 이전과 무역 이후 갑국은 X재 10개를 포기하여 Y재 생산을 20개 늘리므로 갑국의 X재 1개 생산의 기회비용은 Y재 2개이고, Y재 1개 생산의 기회비용은 X재 1/2개이다. 을국은 무역 이후 Y재 10개 생산을 포기하고 X재 10개를 생산하므로 을국의 X재 1개 생산의 기회비용은 Y재 1개이고, Y재 1개 생산의 기회비용은 X재 1개이다. 따라서 갑국은 Y재 생산에, 을국은 X재 생산에 비교 우위가 있다.

ㄴ. 무역 이후 갑국은 X재 1개를 얻기 위해 Y재 2개를 포기해야 하는데, 무역이 성립되기 위해서는 무역을 통한 이득이 발생해야 하므로 갑국은 X재 1개를 얻기 위해 포기해야 하는 Y재의 양이 2개보다 작을 때에만 무역에 응할 것이다. 따라서 무역 이후 갑국에서 X재 1개 소비의 기회비용은 감소한다.

ㄷ. 무역 이전의 생산량과 무역 이후의 생산량을 비교하면 Y재 생산량이 10개 증가하였음을 알 수 있다.

| 오답 해설 | ㄱ. X재 1개 생산의 기회비용은 을국이 갑국보다 작으므로 을국은 X재 생산에 비교 우위가 있고, Y재 1개 생산의 기회비용은 갑국이 을국보다 작으므로 갑국은 Y재 생산에 비교 우위가 있다.

매력적 오답 ㄹ. 교역으로 인한 무역의 이익을 계산하지 못했을 수 있다. 무역 이전 갑국은 X재 1개 생산을 위해 Y재 2개를 포기해야 했다. 하지만 무역 이후 X재 1개 생산의 기회비용은 Y재 1개가 되므로 무역의 이익이 발생한다. 을국의 경우 무역 이전에도 Y재 1개를 얻기 위해서 X재 1개를 포기해야 하므로 무역의 이익이 발생하지 않는다.

| 플러스 이론 | **교역 조건과 교역의 이익**

- 교역 조건: 국가 간 교역에서 일어나는 상품 교환의 비율을 의미하며, 일반적으로 수출 상품 1단위의 교환으로 얻을 수 있는 수입 상품의 단위 수로 표시한다.

• 교역의 이익(무역의 이익): 각국이 자신의 비교 우위 상품만을 특화하여 생산한 후 무역을 할 경우 이전에 비해 각국의 재화의 소비 가능 범위가 넓어지는데, 이를 교역의 이익이라고 한다.

13 ③ 中

개념 카테고리 경제 > 세계 시장과 교역 > 무역 원리와 무역 정책 > 자유 무역 정책과 보호 무역 정책

| **정답 해설** | 갑, 병, 정은 보호 무역의 필요성을 강조하고 있고, 을은 자유 무역의 필요성을 강조하고 있다.

③ 관세 부과, 수입 할당제 등의 정책은 보호 무역의 수단으로, 갑, 병, 정이 이 정책을 지지할 것이다.

| **오답 해설** | ① 갑, 병, 정은 보호 무역을, 을은 자유 무역을 지지하고 있다.

② 대체재가 적을수록 그 재화나 서비스를 수입하여 사용해야 할 확률이 커진다. 수출국이 수출을 중단하면 혼란과 국가 안보의 위협이 발생할 위험이 커지게 되므로 갑의 주장은 설득력이 커진다.

④ ㉡의 상황에서 교역을 하면 수입품의 가격이 낮아질 수 있으므로 수입국의 소비자 후생은 증가할 수 있다.

| **플러스 이론** | **자유 무역의 이익**

구분	내용
소비 가능 영역의 확대	비교 우위에 따라 무역을 할 경우 소비할 수 있는 재화의 양이 증가함
소비자의 이익 증대	소비자들은 다양한 상품을 저렴한 가격에 구입하여 소비할 수 있음
국내 산업의 생산성 증대	외국 기업과의 경쟁 과정에서 기술 개발과 품질 관리로 생산성과 효율성이 향상됨
규모의 경제 실현	기업은 국내 시장을 벗어나 전 세계를 상대로 대량 생산할 수 있으므로 평균 생산비가 낮아짐
선진 기술의 습득	무역을 통해 재화뿐만 아니라 새로운 아이디어나 기술이 전파됨
물가 안정	외국의 값싼 원자재, 부품 등이 수입되면 국내 물가 안정에 기여함

14 ③ 中

개념 카테고리 경제 > 세계 시장과 교역 > 무역 원리와 무역 정책 > 관세 부과의 경제적 효과

| **정답 해설** | 제시된 자료를 바탕으로 X재 관세 부과에 따른 갑국 경제 상황을 나타내면 다음과 같다.

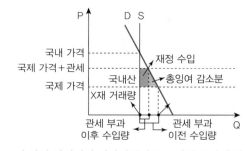

③ 수요의 가격 탄력성이 비탄력적이므로 관세 부과에 따른 수입량의 감소 효과보다 가격 상승 효과가 더 크게 나타난다. 따라서 X재의 총판매 수입은 증가한다.

| **오답 해설** | ① 관세가 부과됨에 따라 총잉여는 감소한다.

② 정부의 재정 수입은 수입량에 관세를 곱한 것만큼 증가한다.

매력적 오답 ④ 공급의 가격 탄력성이 완전 비탄력적인 경우 공급 곡선의 모양을 파악하지 못했을 수 있다. 국내산 X재는 공급의 가격 탄력성이 완전 비탄력적이므로 공급량에는 변화가 없다.

| **플러스 이론** | **관세 부과의 효과 및 영향**

구분	내용
효과	• 수입품의 가격 상승으로 수입에 대한 국내 소비 감소 • 수입품과 경쟁 관계에 있는 국내 산업의 생산 증가 • 관세 징수에 따라 정부의 조세 수입 증가
영향	• 생산자: 국내 생산량 증가, 생산자 잉여 증가 • 소비자: 국내 소비량 감소, 소비자 잉여 감소 • 정부: 관세 수입 증가

15 ④ 上

개념 카테고리 경제 > 세계 시장과 교역 > 무역 원리와 무역 정책 > 비교 우위와 교역 조건

| **정답 해설** | 갑국, 을국의 각 재화의 단위당 생산비를 구하면 다음과 같다.

구분	갑국	을국
A재	2달러	2달러
B재	4달러	6달러

④ 갑국은 특화 상품 B재 1단위에 대해서 그 기회비용인 A재 2단위 이상을 요구하게 되므로 1:1의 교환 조건을 거부할 것이다.

| **오답 해설** | ① A재 생산에 대해서 을국이 기회비용이 작으므로 을국이 비교 우위를 가지고 있다.

② 갑국은 B재 생산에 대한 단위당 생산 비용이 적기 때문에 절대 우위를 가지고 있다.

③ 을국의 B재 단위당 생산 비용은 6달러이다.

환율의 결정과 변동								문제편 P.121	
16	③	17	②	18	④	19	②	20	②
21	③	22	①	23	①	24	①	25	③
26	②	27	①						

16 ③

경제 > 세계 시장과 교역 > 환율의 결정과 변동 > 환율 변동

| 정답 해설 | ③ 미국 달러화 대비 병국 통화 가치가 10% 하락하였으므로 미국에서 부품을 수입하는 병국 기업의 대금 지급 부담은 증가하였다.

| 오답 해설 | ① 미국 달러화 대비 갑국 통화 가치가 10% 상승하였으므로 미국에서 유학 중인 자녀에게 학비를 보내야 하는 갑국 학부모의 부담은 감소하였다.

② 미국 달러화 대비 병국 통화 가치는 10% 하락, 미국 달러화 대비 을국 통화 가치는 5% 하락하였으므로 병국 통화 대비 을국 통화 가치는 상대적으로 상승하였다.

④ 미국 달러화 대비 정국 통화 가치는 5% 상승하였으므로 정국 기업이 상환해야 하는 미국 달러화 표시 채무 부담은 감소하였다.

17 ②

경제 > 세계 시장과 교역 > 환율의 결정과 변동 > 환율 변동

| 정답 해설 | ② 갑국 화폐/엔화 환율 상승으로 엔화 대비 갑국 통화 가치가 하락하였다. 따라서 자녀가 일본 유학 중인 갑국 부모의 경제적 부담은 커졌다.

| 오답 해설 | ① 갑국 화폐/달러 환율 하락으로 갑국 통화 대비 미국 달러화 가치가 하락하였다.

③ 갑국 화폐/위안화 환율 하락으로 갑국 화폐 대비 중국 화폐 가치가 하락하였다.

④ 갑국 화폐/달러 환율 하락으로 미국 달러화 대비 갑국 통화 가치가 상승하였으므로 갑국 국민의 미국 여행 경비 부담은 감소하였다.

18 ④

경제 > 세계 시장과 교역 > 환율의 결정과 변동 > 환율 변동

| 정답 해설 | t년 대비 t+1년에 원/달러 환율은 상승하였다.

④ 원화 대비 달러화 가치 상승, 달러화 대비 원화 가치 하락으로 미국 시장에서 우리나라 수출품의 가격 경쟁력은 높아져 수출이 증가한다.

| 오답 해설 | 매력적 오답 ① 원/달러 환율이 상승하면 달러화 대비 원화 가치는 하락, 통화량은 증가, 물가는 상승한다.

② 원/달러 환율 상승으로 우리나라에서 달러화 예금 자산 가치가 상승할 것이다.

③ 원/달러 환율 상승으로 우리나라 사람의 미국 여행 경비 부담은 증가할 것이다.

19 ②

경제 > 세계 시장과 교역 > 환율의 결정과 변동 > 환율 변동

| 정답 해설 | ② 미국 달러화 대비 원화 가치는 상승하였고, 미국 달러화 대비 엔화 가치는 하락하였으므로 엔화 대비 원화 가치는 상승하였다. 따라서 일본 유학 중인 자녀에게 송금하는 한국 학부모의 학비 부담은 감소한다.

| 오답 해설 | ① 미국 달러화 대비 원화 가치가 상승하였으므로 한국 기업의 달러화 표시 외채 상환 부담은 감소한다.

③ 미국 달러화 대비 원화 가치가 상승하였으므로 상대적으로 미국 달러화 가치는 하락하였다. 따라서 한국으로 여행을 오는 미국 사람들의 여행 경비 부담은 증가한다.

④ 미국 달러화 대비 원화 가치는 상승하였고, 미국 달러화 대비 엔화 가치는 하락하였으므로 미국 시장에서 한국산 제품의 달러화 표시 가격은 상승하고, 일본산 제품의 달러화 표시 가격은 하락한다. 따라서 미국 시장에서 일본산 제품과 경쟁하는 한국산 제품의 가격 경쟁력은 약화된다.

20 ②

경제 > 세계 시장과 교역 > 환율의 결정과 변동 > 환율 변동

| 정답 해설 | ㉠ 원/유로 환율과 원/달러 환율이 모두 상승하므로 국내 상품의 유로화 및 달러화 표시 가격이 하락한다. 따라서 미국과 EU에 대한 수출이 증가한다.

㉢ 원/달러 환율이 상승하여 미국산 자동차의 원화 표시 가격이 높아지므로 수입이 불리하다. 원/유로 환율이 하락하여 EU산 자동차의 가격 경쟁력이 높아진다. 따라서 미국산 자동차보다 EU산 자동차의 가격 경쟁력이 높아진다.

| 오답 해설 | ㉡ 원/달러 환율이 하락하므로 미국 부품을 수입하여 완제품을 생산하는 한국 기업들은 유리해진다. 원/유로 환율이 상승하면 수출품의 가격 경쟁력이 높아져 수출이 증가한다.

㉣ 원/달러 환율이 하락하면 원화 가치는 상승, 달러 가치는 하락한다. 따라서 미국 채권의 원화 환산 금액은 감소한다.

21 ③

경제 > 세계 시장과 교역 > 환율의 결정과 변동 > 환율 변동의 원인

| 정답 해설 | A군의 경우 엔화를 구입하기 위해 매달 지불해야 하는 원화의 양이 증가하였으므로 원/엔 환율은 상승하였다. B

군의 경우 달러화를 구입하기 위해 매달 지불해야 하는 원화의 양이 감소하였으므로 원/달러 환율은 하락하였다.

③ 원/엔 환율 상승으로 엔화 대비 원화 가치가 하락하였으므로 일본에 대한 수출이 증가하고 수입이 감소한다. 이는 우리나라 대일 상품 수지를 개선시키는 요인이다.

| 오답 해설 | ① 엔화의 수요 감소 요인은 수입의 감소, 해외여행의 감소, 해외 투자의 감소, 원/엔 환율 하락 등이 있다.

② 달러화의 공급 감소는 원/달러 환율 상승 요인이다.

④ 원/달러 환율 하락은 우리나라 국민의 미국 유학 경비 부담을 감소시키는 요인이다.

22 ①

개념 카테고리 경제 > 세계 시장과 교역 > 환율의 결정과 변동 > 이자율과 환율

| 정답 해설 | ㉠ 중앙은행이 이자율을 인하할 경우 이자 수입이 줄어드므로 저축보다는 부동산이나 주식 등에 대한 투자가 증가하게 된다. 따라서 주식, 부동산 등의 자산 가격은 상승하게 된다.

㉡ 이자율이 낮아질 경우 국내 금융 상품에 대한 투자 수익이 낮아지므로 해외 금융 상품에 대한 투자가 증가한다. 이는 외화의 유출 요인으로 작용하므로 환율은 상승한다. 환율 상승에 따라 외국에서의 국내 상품 가격이 하락하여 순수출은 증가한다.

㉢ 이자율이 인하된 결과 대출은 증가하고 저축은 감소함에 따라 가계의 소비와 기업의 투자가 증가한다. 또한 수출 증가에 따라 벌어들인 외화를 환전하여 국내 소비가 증가하게 됨으로써 총수요는 증가한다.

23 ①

개념 카테고리 경제 > 세계 시장과 교역 > 환율의 결정과 변동 > 환율 변동

| 정답 해설 | 제시된 자료는 5년간 각국의 물가 상승률을 나타낸 것이다. 물가가 상승할수록 화폐의 구매력은 하락하게 되므로 화폐 가치는 하락한다. 미국, 한국, 일본이 각각 10%, 5%, 2%의 물가 상승률을 보이고 있으므로 미국 > 한국 > 일본 순으로 화폐 가치의 하락 정도가 크다.

ㄱ. 한국에 비해 미국의 물가 상승률이 크므로 화폐 가치는 한국보다 미국이 많이 하락하게 된다. 따라서 원/달러 환율은 하락한다.

ㄷ. 일본보다 미국의 물가 상승률이 크므로 엔화 대비 달러화 가치는 하락하여 엔/달러 환율은 하락한다. 따라서 1달러와 교환되는 엔화의 양은 감소한다.

| 오답 해설 | ㄴ. 일본보다 한국의 물가 상승률이 크므로 엔화 대비 원화 가치는 하락하였다.

ㄹ. 미국의 물가 상승률이 10%, 일본의 물가 상승률이 2%이므로 화폐 가치의 하락 정도는 미국보다 일본이 작다.

24 ①

개념 카테고리 경제 > 세계 시장과 교역 > 환율의 결정과 변동 > 환율 변동

| 정답 해설 | 갑이 미국 여행을 1년 뒤로 미룬 것은 1년 후 엔화 대비 달러화의 가치가 하락(엔/달러 환율 하락)하여 더 적은 엔화로 여행을 할 수 있을 것이라고 예상했기 때문이다. 을이 국내 채권의 수익률이 더 높음에도 불구하고 미국 채권을 구입하였다는 것은 1년 후 원화 대비 달러화의 가치가 상승(원/달러 환율 상승)하여 달러화를 원화로 바꿨을 때 더 많은 원화를 얻을 수 있을 것이라고 예상했기 때문이다.

① 1년 후 갑은 엔/달러 환율이 하락할 것이라고 예상하였고, 을은 원/달러 환율이 상승할 것이라고 예상하였다.

25 ③

개념 카테고리 경제 > 세계 시장과 교역 > 환율의 결정과 변동 > 환율 변동의 영향

| 정답 해설 | 갑국 통화/달러 환율은 상승(달러화 대비 갑국 통화 가치 하락)하고 있고, 을국 통화/달러 환율은 하락(달러화 대비 을국 통화 가치 상승)하고 있다.

③ 달러화 대비 갑국 통화의 화폐 가치는 하락하고 있고, 을국 통화의 화폐 가치는 상승하고 있으므로 갑국의 화폐 가치가 을국보다 더 높아진다고 볼 수 없다.

| 오답 해설 | ① 갑국 통화/달러 환율이 지속적으로 상승하고 있으므로 갑국 여행을 계획하는 미국 사람은 여행 일정을 미룰수록 더 적은 양의 달러로 갑국 통화를 얻을 수 있다.

② 을국의 경우 을국 통화/달러 환율이 지속적으로 하락할 것이므로 외채 상환을 미룰수록 더 적은 양의 을국 통화로 외채를 상환할 수 있다.

④ 갑국 통화/달러 환율이 지속적으로 상승하고 있으므로 수출 대금으로 받은 달러화를 늦게 환전할수록 더 많은 양의 갑국 통화를 얻을 수 있다.

26 ②

개념 카테고리 경제 > 세계 시장과 교역 > 환율의 결정과 변동 > 환율 변동의 영향

| 정답 해설 | (가)에서는 일본의 확대 통화 정책으로 인해 원/엔 환율이 하락하여 엔화 대비 원화 가치가 상승한다. (나)에서는 국내의 외국인 투자 자금 유출이 증가하여 외화의 수요가 증가하므로 원/달러 환율이 상승하여 달러화 대비 원화 가치가 하락한다.

② 원/달러 환율이 상승하고, 원/엔 환율이 하락하므로 원화 대비 달러화 가치는 상승하고, 원화 대비 엔화 가치는 하락하여 엔/달러 환율은 상승한다. 따라서 미국인이 일본으로 여행할 경우 비용 부담은 감소할 것이다.

| **오답 해설** | ① 원/엔 환율이 하락하므로 엔화 대비 원화 가치가 상승하여 우리나라 상품의 일본 수출이 감소하고 수입이 증가한다. 따라서 우리나라의 대일 상품 수지는 악화될 것이다.

③ 원/엔 환율이 하락하므로 일본에서 원자재를 수입하는 우리나라 기업의 생산 비용 부담은 감소할 것이다.

매력적 오답 ④ 달러화, 원화, 엔화 가치의 크기를 비교할 때 혼동했을 수 있다. 원/달러 환율이 상승하므로 달러화 대비 원화 가치는 하락하고, 원/엔 환율이 하락하므로 원화 대비 엔화 가치는 하락한다. 따라서 미국 시장에서 우리나라 상품보다 일본 상품의 달러화 표시 가격이 상대적으로 하락하므로 미국 시장에서 일본 상품과 경쟁하는 우리나라 상품의 가격 경쟁력은 약화될 것이다.

| **플러스 이론** | **환율 변동과 자국 화폐 가치의 변화**

> 환율은 자국 화폐와 외국 화폐의 교환 비율이므로 환율이 변동한다는 것은 국가 간 화폐 가치에 변화가 생겼다는 것을 의미한다. 예를 들어, 우리나라에서 원/달러 환율이 상승했다면 달러화 가치에 비해 원화 가치가 상대적으로 하락했다는 것을 의미한다. 3국 이상의 통화를 서로 비교하는 경우에는 각국 화폐 가치의 변화를 기준으로 변화 양상을 파악하는 것이 용이하다. 예를 들어, 원/달러 환율이 하락하고 엔/달러 환율이 상승했다면 달러화 대비 원화 가치는 상승하고, 엔화 가치는 하락한 것이므로 원/엔 환율은 하락할 것임을 추론할 수 있다.

27 ①

上

개념 카테고리 경제 > 세계 시장과 교역 > 환율의 결정과 변동 > 환율 변동의 영향

| **정답 해설** | 환율 변동 전 갑은 100달러를 구입하기 위해 10만 원을 지불했으나, 환율 변동 후 14만 원을 지불해야 같은 양의 달러화를 구입할 수 있게 되었다. 이를 통해 원/달러 환율이 상승하였음을 알 수 있다. 환율 변동 전 을은 1만 엔을 구입하기 위해 10만 원을 지불했으나, 환율 변동 후 8만 원을 지불하고도 1만 엔을 구입할 수 있게 되었다. 이를 통해 원/엔 환율이 하락하였음을 알 수 있다.

ㄱ. 엔화의 수요가 감소하면 원/엔 환율이 하락한다.

ㄷ. 원/엔 환율 하락은 엔화 대비 원화 가치 상승을 의미한다. 따라서 원/엔 환율이 하락하면 우리나라 상품의 엔화 표시 가격이 상승하여 수출이 감소하므로 우리나라의 대일 상품 수지는 악화된다.

| **오답 해설** | ㄴ. 달러화 공급이 증가하면 원/달러 환율이 하락한다.

ㄹ. 원/달러 환율이 상승하면 동일한 양의 달러화를 얻기 위해 더 많은 원화가 필요하게 된다. 이는 우리나라 국민의 미국 여행 경비 부담을 증가시키는 요인이 된다.

---

28 ④

개념 카테고리 경제 > 세계 시장과 교역 > 국제 수지 > 경상 수지

| **정답 해설** | A국 기업의 경상 거래를 다음과 같이 정리할 수 있다.

• A국 기업의 상품 수출 20억 달러 → 상품 수지 20억 달러 흑자
• A국 국민의 해외 직접 투자를 통한 배당 소득 50억 달러 수취 → 본원 소득 수지 50억 달러 흑자
• A국 기업이 사용한 해외 저작권 사용료 50억 달러 지급 → 서비스 수지 50억 달러 적자
• B국 국민이 A국 여행에 150억 달러 지출 → 서비스 수지 150억 달러 흑자
• C국의 지진 피해에 대한 응급 복구 비용 100억 달러 지원 → 이전 소득 수지 100억 달러 적자
• D국 기업으로부터 원자재 수입 30억 달러 → 상품 수지 30억 달러 적자

④ A국의 경상 수지는 40억 달러 흑자이다. 오차 및 누락이 0이므로 경상 수지와 자본 수지 및 금융 계정의 합은 0이 된다. 2016년 A국의 경상 수지는 0이므로 자본 수지 및 금융 계정도 0이다. 2017년의 경우는 경상 수지가 40억 달러 흑자이므로 자본 수지 및 금융 계정은 −40억 달러가 된다. 즉, 자본·금융 계정은 2016년 대비 2017년에 40억 달러 감소하였다.

| **오답 해설** | ① 서비스 수지는 100억 달러 흑자이므로 양(+)의 값을 갖는다.

② 본원 소득 수지는 50억 달러 흑자이고, 이전 소득 수지는 100억 달러 적자이므로 합은 −50억 달러이다.

③ 2017년 상품 수지는 10억 달러 적자인데, 이는 2017년 상품의 수출보다 수입이 10억 달러만큼 더 많다는 것을 나타낼 뿐, 2016년과의 비교 수치가 아니다. 따라서 2016년 대비 상품 수지가 10억 달러 감소했다고 할 수 없다.

29 ③

개념 카테고리 경제 > 세계 시장과 교역 > 국제 수지 > 경상 수지

| **정답 해설** | ③ 경상 수지 흑자는 외환 보유고 증가 요인이다.

| **오답 해설** | ① 수출 > 수입인 경우 경상 수지는 흑자가 되고, 수출 < 수입인 경우 경상 수지는 적자가 된다. 제시된 표만으로는 수출이 증가한 것인지, 수입이 감소한 것인지 알 수 없다.

② 해외여행은 서비스 수지에 포함된다. 2014년에는 2013년에 비해 서비스 수지의 적자폭이 감소하였다. 그러나 서비스 수지에는 해외여행 외에도 운수, 통신, 특허권 사용료 등이 포함되므로 해외여행이 감소했다고 단정할 수 없다.

④ 경상 수지 흑자는 원/달러 환율 하락 요인이다.

30 ④

下

개념 카테고리 경제 > 세계 시장과 교역 > 국제 수지 > 외화의 수취와 지급

| **정답 해설** | 외국 투자자들이 국내 주식을 매입하면 외화를 수취할 수 있고, 우리나라 기업이 미국의 보험에 가입하면 외화를 지급하게 된다.

④ (가)는 외화를 수취하므로 외환 보유고가 증가하고, (나)는 외화를 지급하므로 외환 보유고를 감소시킨다.

| **오답 해설** | ① 주식의 거래와 관련된 것은 금융 계정에 해당한다.

② 미국 회사의 보험 가입은 외화를 유출시키므로 서비스 수지를 악화시킨다.

③ (가)는 외화의 수취로, 이는 국내 통화량을 증가시키는 요인이다.

31 ③

中

개념 카테고리 경제 > 세계 시장과 교역 > 국제 수지 > 국제 수지의 구성

| **정답 해설** | ③ 우리나라 구단에 고용된 외국인 선수가 자국 은행 계좌로 연봉을 받은 것은 본원 소득 수지의 지급 사례에 해당한다.

| **오답 해설** | ① 우리 가족이 해외여행을 가서 현지 호텔에 숙박비를 지불한 것은 서비스 수지의 지급 사례에 해당한다.

② 우리나라 기업이 자동차를 수출하고 받은 대금은 상품 수지의 수취 사례에 해당한다.

매력적 오답 ④ 주식에 대한 배당금이 아니라 주식 투자로 잘못 이해했을 수 있다. 우리나라 국민이 보유 중인 해외 주식에 대해 받은 배당금은 본원 소득 수지의 수취 사례에 해당한다.

32 ④

上

개념 카테고리 경제 > 세계 시장과 교역 > 국제 수지 > 경상 수지

| **정답 해설** | ④ 2019년에 경상 수지는 흑자를 기록하고 있으므로 외화 수취액이 외화 지급액보다 많다. 따라서 환율은 하락할 것이다.

| **오답 해설** | **매력적 오답** ① 상품 수지가 상품 수출액이라고 잘못 판단했을 수 있다. 제시된 자료만으로는 2019년에 비해 2020년에 상품 수출액이 증감했는지의 여부를 알 수 없다.

② 특허권 사용료는 서비스 수지에 해당한다. 서비스 수지는 2021년에 흑자를 기록하였다.

③ 대가 없이 이루어진 거래는 이전 소득 수지에 해당한다. 2021년 이전 소득 수지는 적자이므로 수취한 외화가 지급한 외화보다 적다.

33 ③

上

개념 카테고리 경제 > 세계 시장과 교역 > 국제 수지 > 상품 수지

| **정답 해설** | 상품 수지는 상품 수출액에서 상품 수입액을 뺀 값이다. 2020년의 경우 상품 수지는 200억 달러이고 상품 수출액은 500억 달러이므로 상품 수입액은 300억 달러이고, 2021년의 경우 상품 수지는 100억 달러, 상품 수출액은 300억 달러이므로 상품 수입액은 200억 달러이다. 갑국과 을국 간에만 교역이 이루어지므로 갑국의 수출액은 을국의 수입액이 되고, 갑국의 수입액은 을국의 수출액이 된다.

③ 갑국의 상품 수출액은 200억 달러만큼 감소하였고, 을국의 상품 수출액은 100억 달러만큼 감소하였다. 따라서 갑국이 을국보다 상품 수출액 감소폭이 더 크다.

| **오답 해설** | ① 갑국의 상품 수지는 200억 달러에서 100억 달러로 감소하였고, 을국의 상품 수지는 −200억 달러에서 −100억 달러로 적자폭이 감소하였다. 따라서 을국의 상품 수지는 개선되었다고 볼 수 있다.

② 갑국의 상품 수입액은 300억 달러에서 200억 달러로 100억 달러만큼 감소하였다.

④ 갑국의 상품 수입액 변동폭은 100억 달러이고, 상품 수출액 변동폭은 200억 달러이다. 따라서 갑국의 상품 수출액 변동폭이 상품 수입액 변동폭보다 크다.

CHAPTER 05

경제생활과 금융 출제 비중 8%

	1회독				2회독				3회독			
약점진단표	○	△	×	총	○	△	×	총	○	△	×	총
화폐와 금융 제도★				2				2				2
금융 생활과 신용★				1				1				1
자산 관리와 금융 상품★				7				7				7
생애 주기와 재무 설계★				1				1				1

＊문제풀이 후 약점진단 결과를 적어 보세요!

필수기출 & 출제예상 문제

화폐와 금융 제도 문제편 P.126

01	③	02	④					

01 ③

개념 카테고리 경제 > 경제생활과 금융 > 화폐와 금융 제도 > 명목 이자율과 실질 이자율

| **정답 해설** | 실질 금리(%)는 명목 금리(%) − 물가 상승률(%)이다.
③ 물가 상승률은 '명목 금리(%) − 실질 금리(%)'로 구한다. 물가 상승률이 음(−)이면 전년 대비 물가 하락, 양(+)이면 전년 대비 물가 상승을 나타낸다. 2020년의 경우 물가 상승률이 − 1%이므로 2020년 물가 수준은 2019년보다 더 낮아졌다.

| **오답 해설** | ① 물가 상승률은 2018년의 경우 1%, 2019년의 경우 2%로, 2019년보다 2018년이 낮다.

매력적 오답 ② 물가가 상승하면 화폐 가치가 하락하므로 화폐 소유자는 불리해진다. 2019년의 경우 예금을 하면 명목 이자율이 1%이지만, 현금 보유는 수익이 없고 예금과 같이 화폐 가치는 하락하므로 불리하다.

④ 2020년에 물가 상승률은 −1%로 2019년보다 물가가 하락하였다. 물가가 하락하면 화폐 가치는 상승하므로 2019년보다 2020년에 화폐 가치가 상승하였다.

02 ④

개념 카테고리 경제 > 경제생활과 금융 > 화폐와 금융 제도 > 명목 이자율과 실질 이자율

| **정답 해설** | ④ 2020년과 2021년 모두 명목 이자율이 양(+)의 값이므로 2020년과 2021년 모두 현금 보유보다 예금이 유리하다.

| **오답 해설** | ① 2020년에 명목 이자율은 양(+)의 값이므로 2020년에 예금한다면 원리금이 원금보다 작아질 수 없다.

②, ③ 2020년에 실질 이자율은 음(−)의 값이고, 2021년에 실질 이자율은 양(+)의 값이다. 2021년보다 2020년에 실질 이자율이 낮으므로 2021년보다 2020년에 예금하려는 유인이 작다.

금융 생활과 신용 문제편 P.126

03	②							

03 ②

中

개념 카테고리 경제 > 경제생활과 금융 > 금융 생활과 신용 > 수입과 지출

| **정답 해설** | ② 비경상 소득의 증가율은 2020년의 경우(40만 원/140만 원)×100이고, 2021년의 경우 (40만 원/180만 원)×100이다. 따라서 비경상 소득의 증가율은 2020년이 2021년보다 크다.

| **오답 해설** | ① 주식 배당금이 포함되는 소득은 재산 소득이다. 전년에 비해 2021년에는 재산 소득이 증가하였다.

③ 전년에 비해 2021년에 근로 소득과 이전 소득은 각각 10% 증가하였다.

④ 전체 소득 중 사업 소득이 차지하는 비중은 2019년의 경우 (1,000만 원/4,180만 원) × 100이고, 2020년의 경우 (1,200만 원/4,800만 원) × 100이다. 따라서 2020년은 전년에 비해 전체 소득 중 사업 소득이 차지하는 비중이 증가하였다.

| **플러스 이론** | 소득의 분류

구분		내용
경상 소득	근로 소득	근로자로 고용되어 노동을 제공한 대가로 얻은 소득
	사업 소득	자영업자나 고용주의 지위에서 사업을 경영하여 얻은 소득
	재산 소득	금융 자산과 실물 자산을 운용하여 얻은 소득
	이전 소득	생산 활동과 관계없이 무상으로 주어지는 소득
비경상 소득		비정기적이고 일시적 요인에 의해 발생하는 소득

자산 관리와 금융 상품								문제편 P.127	
04	③	05	③	06	①	07	④	08	②
09	③	10	③						

04 ③

개념 카테고리 경제 > 경제생활과 금융 > 자산 관리와 금융 상품 > 금융 시장의 유형

| 정답 해설 | (가)는 직접 금융 시장으로, 자금의 수요자와 공급자가 금융 시장을 통해 직접 자금을 거래하는 시장이다. 증권 시장, 채권 시장이 대표적인 직접 금융 시장이다. 직접 금융 시장에서는 자금 공급자가 금융 거래의 위험을 직접 부담한다. (나)는 간접 금융 시장으로, 금융 기관을 통해 자금의 수요자와 공급자 간에 거래가 이루어지는 금융 시장이다. 은행이나 보험 시장이 대표적인 간접 금융 시장이다.

③ 간접 금융 시장에서는 예금자가 기업의 성격과 수익, 위험 요소에 관계없이 금융 기관으로부터 안정적으로 이자를 받는다.

| 오답 해설 | ① 정기 적금은 간접 금융 시장에서 거래된다.

② 자금 공급자가 금융 거래로 인해 발생하는 위험을 전액 부담하는 것은 직접 금융 시장이다.

④ 직접 금융 시장에서는 자금 공급자가 직접 자금을 공급하기 때문에 자금이 어느 기업으로 투자되었는지 알 수 있다. 그러나 간접 금융 시장에서는 자금 공급자들이 투자한 자금을 금융 기관이 운용하기 때문에 자금 공급자는 자신의 자금이 어느 기업으로 투자되었는지 알기 어렵다.

05 ③

개념 카테고리 경제 > 경제생활과 금융 > 자산 관리와 금융 상품 > 금융 상품

| 정답 해설 | A는 요구불 예금, B는 채권, C는 주식이다.

③ 채권의 수익 형태는 이자와 시세 차익이며, 주식의 수익 형태는 배당금과 시세 차익이다. 따라서 채권과 주식은 모두 시세 차익을 얻을 수 있다.

| 오답 해설 | ① 예금은 예금자 보호 제도의 적용을 받는다.

② 채권은 타인 자본으로, 부채이다.

매력적 오답 ④ 예금의 수익 형태는 이자이며, 채권의 수익 형태는 이자와 시세 차익이다. 즉, 요구불 예금과 채권은 모두 이자 수익을 얻을 수 있다. 따라서 (가)에는 '이자 수익을 얻을 수 있는가?'가 들어갈 수 있다.

06 ①

개념 카테고리 경제 > 경제생활과 금융 > 자산 관리와 금융 상품 > 금융 상품

| 정답 해설 | A는 주식, B는 채권, C는 요구불 예금이다.

① 주식은 시세 차익과 배당 수익을 얻을 수 있는 금융 상품이다.

| 오답 해설 | ② 예금은 크게 요구불 예금과 저축성 예금으로 구분되는데, 정기 적금은 저축성 예금 중 적립식 예금에 해당된다.

③ 시세 차익은 채권뿐 아니라 주식 상품을 통해서도 얻을 수 있다.

④ 만기가 있는 것은 채권의 특징 중 하나이다.

07 ④

개념 카테고리 경제 > 경제생활과 금융 > 자산 관리와 금융 상품 > 금융 상품

| 정답 해설 | ④ (가)가 '기업 소유 지분을 표시하는 증서인가?'라면, A는 주식, B는 채권이다. 채권의 소유자는 확정 이자를 기대할 수 있다.

| 오답 해설 | ① A가 주식이라면, B는 채권이다. 주식은 만기가 없고, 채권은 만기가 있다. 따라서 (가)는 '만기가 정해져 있는가?'가 될 수 없다.

매력적 오답 ② B가 채권이라면, A는 주식이다. 발행 기업의 입장에서 부채에 해당하는 것은 채권이며, 주식은 자기자본이다.

③ 주식과 채권은 모두 시세 차익을 기대할 수 있다. 참고로 주식의 수익 형태는 시세 차익과 배당금이며, 채권의 수익 형태는 시세 차익과 이자이다.

08 ②

개념 카테고리 경제 > 경제생활과 금융 > 자산 관리와 금융 상품 > 금융 상품

| 정답 해설 | ② 채권은 국가나 공공기관, 금융기관 또는 기업 등이 일정한 이자 지급을 약속하고 투자자들로부터 돈을 빌린 후 그 반대급부를 제공하는 채무 증서이다. 이러한 채권은 돈이 필요한 우리나라 사람이면 누구나 발행할 수 있는 것이 아니라 발행 기준이 있다.

| 오답 해설 | ① 펀드는 다수의 투자자에게서 모은 자금을 전문적인 운용 기관이 주식이나 채권 등의 유가 증권에 투자하여 그 수익을 투자자들에게 분배하는 간접 투자 상품이다.

③ 주식은 다른 금융 상품보다 시장 가격의 변동에 따른 위험이 큰 상품으로 수익성이 높으나 안전성이 낮다. 또한 주식의 수익은 배당금과 시세 차익이다.

④ 연금은 노후 생활의 안정을 도모하기 위한 상품으로, 공적 연금과 사적 연금으로 구분한다.

09 ③

中

개념 카테고리 경제 > 경제생활과 금융 > 자산 관리와 금융 상품 > 금융 상품

| 정답 해설 | 갑은 주식, 채권, 정기 예금에 분산하여 투자하였고, 을은 주식에 모두 투자하였으며, 병은 채권과 정기 예금에 분산하여 투자하였다.

③ 병이 투자한 상품은 채권과 정기 예금으로, 채권과 정기 예금은 모두 이자 수익을 기대할 수 있다.

| **오답 해설** | ① 갑의 투자 상품 중 주식과 채권은 시세 차익을 기대할 수 있다.

② 주식의 수익 형태는 배당금과 시세 차익이다. 따라서 을은 배당금을 받을 수 있는 상품에 투자하였다.

④ 을은 갑보다 수익성이 높은 상품을 선호하고, 병은 을보다 안전성이 높은 상품을 선호한다.

| **플러스 이론** | **안전성과 수익성 간의 상충 관계**

> 어떤 금융 상품이 다른 금융 상품들에 비해 안전성이 높으면서 수익성도 높다면 금융 상품의 수요자들은 해당 금융 상품만을 구매하려고 할 것이다. 일반적으로 안전성이 높은 금융 상품은 낮은 수익성을 가지고, 수익성이 높은 상품은 낮은 안전성을 가지는 안전성과 수익성 간의 상충 관계가 나타나게 된다.

10 ③

中

| **개념 카테고리** | 경제 > 경제생활과 금융 > 자산 관리와 금융 상품 > 자산 관리

| **정답 해설** | ③ 예금, 펀드, 주식, 보험은 모두 금융 상품에 해당한다. 따라서 갑은 여유 자금인 1,000만 원 모두를 금융 상품 구입에 지출하였다.

| **오답 해설** | **매력적 오답** ① 고정 금리 예금과 고정 금리 대출을 혼동했을 수 있다. 갑은 고정 금리의 예금 상품을 구입하였다. 이는 예금 이자율이 하락할 것으로 예상하였기 때문이다.

② 갑은 주식을 구입하였으므로 주주의 지위를 갖게 된다.

④ 시세 차익을 얻을 수 있는 금융 상품은 주식이다. 갑은 여유 자금 1,000만 원 중 550만 원을 주식 구입에 지출하였다.

생애 주기와 재무 설계	문제편 P.129
11	③

11 ③

中

| **개념 카테고리** | 경제 > 경제생활과 금융 > 생애 주기와 재무 설계 > 생애 주기 곡선

| **정답 해설** | ③ 누적 소비액은 일생이 끝나는 시점에서 최대가 된다.

| **오답 해설** | ① 누적 저축액이 0이므로 평생의 저축 크기의 합이 0이다. 따라서 음(−)의 저축의 합인 (가)+(다)의 크기는 양(+)의 저축의 합인 (나) 크기와 같다.

② A~B 기간에는 소비 곡선이 소득 곡선보다 위에 있으므로 소비가 소득보다 크다.

④ C~D 기간에 소득은 감소하고 소비는 증가한다. 따라서 소득 대비 소비의 크기는 지속적으로 커진다.

에듀윌이
너를
지지할게
ENERGY

별은 바라보는 자에게 빛을 준다.

– 이영도, 『드래곤 라자』, 황금가지

CHAPTER

01 | 사회·문화 현상의 탐구

출제 비중 23%

약점진단표

	1회독				2회독				3회독			
	○	△	×	총	○	△	×	총	○	△	×	총
사회·문화 현상의 이해★★				6				6				6
사회·문화 현상의 탐구 방법★★★				24				24				24
사회·문화 현상을 탐구하는 태도와 윤리★				3				3				3

*문제풀이 후 약점진단 결과를 적어 보세요!

필수기출 & 출제예상 문제

사회·문화 현상의 이해

문제편 P.132

01	②	02	②	03	①	04	④	05	③
06	②								

01 ②

개념 카테고리 사회·문화 > 사회·문화 현상의 탐구 > 사회·문화 현상의 이해 > 사회·문화 현상을 바라보는 관점

| **정답 해설** | (가)는 기능론, (나)는 갈등론, (다)는 미시적 관점의 상징적 상호 작용론이다.

② 기능론은 사회 문제를 사회 병리적인 현상으로 인식하는 반면, 상징적 상호 작용론은 상호 작용의 관계로 이해한다.

| **오답 해설** | ① 상징적 상호 작용론에 대한 설명이다.

③ 사회 제도 간의 상호 의존적인 관계에 주목하는 것은 기능론에 대한 설명이다.

④ 갈등론은 희소가치의 배분과 관련하여 각 계급의 이익은 양립할 수 없다고 본다.

02 ②

개념 카테고리 사회·문화 > 사회·문화 현상의 탐구 > 사회·문화 현상의 이해 > 사회·문화 현상과 자연 현상

| **정답 해설** | ㉠과 ㉢은 사회·문화 현상, ㉡은 자연 현상이다.

② 자연 현상은 확실성의 원리가 적용되고, 사회·문화 현상은 확률성의 원리가 적용된다.

| **오답 해설** | ① 사회·문화 현상은 가치 함축적이며, 자연 현상은 몰가치적이다.

③ 자연 현상은 존재 법칙의 지배를, 사회·문화 현상은 당위 법칙의 지배를 받는다.

④ 자연 현상은 보편성이 강하게 나타나나, 사회·문화 현상은 보편성과 특수성이 공존한다.

03 ①

개념 카테고리 사회·문화 > 사회·문화 현상의 탐구 > 사회·문화 현상의 이해 > 사회·문화 현상을 바라보는 관점

| **정답 해설** | 〈보기〉에서는 올림픽을 통해 개인들이 하나의 공동체를 형성한다고 보고 있으므로 기능론에 해당한다.

① 기능론은 사회 존속에 필요한 기능적 요건이 충족되지 않았을 때 사회 갈등이 발생한다고 본다.

| **오답 해설** | ② 기능론은 행위자에게서 파악될 수 없는 사회적 속성, 즉 사회 구조를 중시하는 거시적 관점에 해당한다.

③ 갈등론에 대한 설명이다.

④ 상징적 상호 작용론에 대한 설명이다.

04 ④

中

개념 카테고리 사회·문화 > 사회·문화 현상의 탐구 > 사회·문화 현상의 이해 > 사회·문화 현상과 자연 현상

| **정답 해설** | ㉠과 ㉢은 자연 현상, ㉡과 ㉣은 사회·문화 현상에 해당한다.

④ 반드시 발생할 것이라고 단정할 수 없으나 발생할 가능성을 갖고 있는 것을 개연성이라고 한다. 개연성의 원리가 작용하는 것은 사회·문화 현상이다.

| **오답 해설** | ① 자연 현상은 존재 법칙의 지배를 받고, 사회·문화 현상은 당위 법칙의 적용을 받는다.

② 자연 현상은 확실성의 원리가 작용하고, 사회·문화 현상은 확률의 원리가 작용한다.

③ 자연 현상은 사회·문화 현상에 비해 통제된 실험과 예측이 용이하다.

- 개연성: 어떤 현상의 영향으로 다른 현상이 발생할 가능성이 있지만 반드시 발생한다고 단정할 수 없는 성질을 의미한다.
- 필연성: 특정 원인에 따라 특정 결과가 반드시 발생하는 성질을 의미한다.

05 ③ 　中

| 개념 카테고리 | 사회·문화 > 사회·문화 현상의 탐구 > 사회·문화 현상의 이해 > 사회·문화 현상을 바라보는 관점

| 정답 해설 | 제시문은 기능론의 관점에서 사회 문제를 설명한다.
③ 기능론은 사회의 본질이 조화와 균형에 있다고 본다. 사회 구성 요소가 제 역할을 제대로 수행하지 못하거나 사회에 필요한 사회 구성 요소가 미처 정립되지 못하면 사회가 조화와 균형 상태로부터 이탈하여 각종 사회 문제들이 발생한다고 본다.
| 오답 해설 | ①, ④ 갈등론에 부합하는 주장이다.
② 상징적 상호 작용론에 부합하는 주장이다.

| 플러스 이론 | 기능론과 갈등론의 전제 비교

기능론	갈등론
• 사회는 사회적 요소들의 비교적 안정적이고 지속적인 묶음으로 이루어짐 • 사회는 상호 의존적인 부분들의 잘 통합된 체계 • 사회 체계의 모든 요소는 그 체계의 존속에 공헌한다는 점에서 기능적임 • 사회는 그 구성원들 사이의 가치 합의에 기초하고 있음	• 사회에는 어느 시점에서나 변화의 원동력이 내재되어 있음 • 사회는 모든 시점에서 이해관계의 불일치와 갈등을 보임 • 사회의 모든 요소들은 잠재적으로 그 사회의 해체와 변화에 기여함 • 사회는 어떤 집단의 다른 집단에 대한 강제에 기초하고 있음

06 ② 　下

| 개념 카테고리 | 사회·문화 > 사회·문화 현상의 탐구 > 사회·문화 현상의 이해 > 사회·문화 현상을 바라보는 관점

| 정답 해설 | 제시문에 나타난 사회·문화 현상을 바라보는 관점은 상징적 상호 작용론이다.
② 상징적 상호 작용론은 상황 맥락에 대한 행위 주체의 의미를 중시한다. 상징적 상호 작용론은 개인의 행위가 사회 구조나 제도의 영향에 의해 나타날 수 있음을 간과한다는 비판을 받는다.
| 오답 해설 | ①, ③, ④ 상징적 상호 작용론은 상황 맥락에 따른 행위 주체의 의미 규정을 중시하여 사회·문화 현상이 개개인에게 주관적으로 인지된다고 본다.

| 플러스 이론 | 상황 맥락

상황 맥락이란 개인의 특정 행위를 둘러싼 외부의 시간적·공간적·인적 배경으로, 특정 행위가 발생하게 된 동기나 목적, 그 행위에 부여된 주관적인 의미를 이해하는 데 중요한 역할을 한다.

| 사회·문화 현상의 탐구 방법 | 문제편 P.134

07	③	08	①	09	①	10	③	11	②
12	③	13	②	14	④	15	②	16	①
17	②	18	④	19	③	20	③	21	③
22	①	23	③	24	④	25	④	26	①
27	③	28	②	29	④	30	④		

07 ③

| 개념 카테고리 | 사회·문화 > 사회·문화 현상의 탐구 > 사회·문화 현상의 탐구 방법 > 양적 연구와 질적 연구

| 정답 해설 | A는 양적 연구, B는 질적 연구이다.
③ 양적 연구는 방법론적 일원론을 바탕으로 하고, 질적 연구는 방법론적 이원론을 바탕으로 한다.
| 오답 해설 | ① 연구자의 직관적 통찰을 통한 이해를 강조하는 것은 질적 연구이다.
② 변인 간 관계에 대한 법칙 발견을 목적으로 하는 것은 양적 연구이다.
④ 양적 연구와 질적 연구 모두 경험적 관찰을 통해 자료를 수집한다. 따라서 해당 질문은 (가)에 들어갈 수 없다.

08 ①

| 개념 카테고리 | 사회·문화 > 사회·문화 현상의 탐구 > 사회·문화 현상의 탐구 방법 > 양적 연구

| 정답 해설 | (가)는 자료 수집 단계, (나)는 문제 제기 단계, (다)는 가설 설정 단계, (라)는 가설 검증 단계이다.
① '부모의 자율적 양육 태도'는 원인으로 작용하는 독립 변수이고, '초등학생 자녀의 시험 불안감'은 독립 변수의 영향을 받아 변화하는 종속 변수이다.
| 오답 해설 | ② 제시된 연구에서는 질문지법을 사용하여 자료를 수집하였다. 연구자와 연구 대상 간에 정서적 교감이 중요한 방법은 면접법이다.
③ (가)와 (라) 단계에서는 연구자의 엄격한 가치 중립이 요구되고, (나)와 (다) 단계에서는 연구자의 가치가 개입된다.
④ (나) – (다) – (가) – (라)의 순서로 진행된다. (라)의 결과로 보아 가설은 검증되었다.

09 ①

| 개념 카테고리 | 사회·문화 > 사회·문화 현상의 탐구 > 사회·문화 현상의 탐구 방법 > 양적 연구와 질적 연구

| 정답 해설 | ① (가)는 양적 연구로, 사회·문화 현상에도 자연 현상처럼 인과 법칙이 존재하고 실증적 방법(실험이나 측정)을 이용하여 법칙을 발견할 수 있다고 본다. (나)는 질적 연구로, 사

회·문화 현상은 인간의 의식과 의지를 바탕으로 일어나고, 인간의 행위에는 주어진 환경과 조건, 자신의 행위에 대한 해석과 의미가 담겨 있어 자연 과학적 방법과는 다른 방법을 이용하여 탐구해야 한다고 본다.

| 오답 해설 | ② (가)는 양적 연구, (나)는 질적 연구에 해당한다.
③ 계량화를 바탕으로 통계적 분석이 가능한 것은 양적 연구이다.
④ 양적 연구는 방법론적 일원론을 바탕으로 하고, 질적 연구는 방법론적 이원론을 바탕으로 한다.

10 ③

| 개념 카테고리 | 사회·문화 > 사회·문화 현상의 탐구 > 사회·문화 현상의 탐구 방법 > 양적 연구

| 정답 해설 | (가)는 자료 분석 단계, (나)는 문제 제기 단계, (다)는 가설 설정 단계, (라)는 자료 수집 단계, (마)는 연구 설계 단계이다.
③ 문제 제기 단계와 연구 설계 단계에서는 연구자의 가치가 개입된다.

| 오답 해설 | ① 자료 분석 단계에서는 가치 중립을 요하지만, 가설 설정 단계에서는 가치 개입을 요한다.
② 자료 분석 단계에서는 가치 중립을 요하므로 연구자의 직관적 통찰이 필요하지 않다. 또한 가설 설정 단계에서도 가치 개입은 요하지만 반드시 연구자의 직관적 통찰이 필요한 것은 아니다.
④ 사회·문화 현상의 연구는 '문제 제기 → 가설 설정 → 연구 설계 → 자료 수집 → 자료 분석'의 순서로 진행된다.

11 ②

| 개념 카테고리 | 사회·문화 > 사회·문화 현상의 탐구 > 사회·문화 현상의 탐구 방법 > 양적 연구

| 정답 해설 | ② '과거 6개월간 동아리 활동 참여 횟수'는 '대학 내 사회적 관계의 정도'에 대한 조작적 정의에 해당한다.

| 오답 해설 | ① ㉠은 종속 변수, ㉡은 독립 변수이다.
③ 모집단은 '우리나라 대학생'이다. ㉣은 표본 집단 선정 과정에서의 조사 대상 범주이고, ㉤은 표본 집단이다.
④ 제시된 연구는 실험법을 실시하지 않았다.

12 ③

| 개념 카테고리 | 사회·문화 > 사회·문화 현상의 탐구 > 사회·문화 현상의 탐구 방법 > 양적 연구와 질적 연구

| 정답 해설 | (가)는 양적 연구, (나)는 질적 연구이다.
③ 양적 연구는 질적 연구보다 인과 관계의 설명에 유리하다.

| 오답 해설 | ① 일기, 편지 등 비공식적 자료를 주로 활용하는 것은 질적 연구이다.

② 방법론적 일원론을 전제로 하는 것은 양적 연구이다.
④ 개념의 조작적 정의를 중시하는 것은 양적 연구이다.

13 ②

| 개념 카테고리 | 사회·문화 > 사회·문화 현상의 탐구 > 사회·문화 현상의 탐구 방법 > 양적 연구

| 정답 해설 | ② 경험적 검증을 측정하기 위해서는 계량화 및 수치화된 자료의 획득이 중요하다.

| 오답 해설 | ① 사기 진작 프로그램은 독립 변수, 직무 만족도는 종속 변수이다.
③ A 집단이 실험 집단, B 집단이 통제 집단이다.
④ 가설이 채택될 가능성을 높이려면 1차 측정 결과는 평균값의 차이가 작아야 하고, 2차 측정 결과 평균값의 차이가 커야 한다.

14 ④

| 개념 카테고리 | 사회·문화 > 사회·문화 현상의 탐구 > 사회·문화 현상의 탐구 방법 > 양적 연구와 질적 연구

| 정답 해설 | (가)는 양적 연구, (나)는 질적 연구이다.
④ 질적 연구는 연구자의 직관적 통찰에 의해 사회 현상의 의미를 분석하는 것으로 비공식적 자료의 수집을 중시한다.

| 오답 해설 | ① 양적 연구는 방법론적 일원론의 입장을, 질적 연구는 방법론적 이원론의 입장을 바탕으로 한다.
② 연구 대상자의 내면 세계를 중시하는 것은 질적 연구이고, 변인 간 법칙 발견을 목적으로 하는 것은 양적 연구이다.
③ 객관적인 관찰이 불가능하다는 것은 질적 연구의 한계이다. 양적 연구는 사회 현상을 객관적으로 관찰하여 법칙을 발견하는 것을 목표로 한다.

15 ②

| 개념 카테고리 | 사회·문화 > 사회·문화 현상의 탐구 > 사회·문화 현상의 탐구 방법 > 자료 수집 방법

| 정답 해설 | (가)는 문헌 연구법, (나)는 면접법, (다)는 참여 관찰법, (라)는 질문지법이다.
② 면접법과 참여 관찰법은 글을 모르더라도 대화나 행동 등으로 자료를 수집할 수 있으므로 문맹자에게 사용하기가 용이하다.

| 오답 해설 | 매력적 오답 ① 문헌 연구법은 시·공간의 제약을 극복할 수 있는 자료 수집 방법으로, 양적 연구와 질적 연구 모두에서 활용될 수 있다.
③ 면접법은 질문지법에 비해 자료 수집 과정에서 연구자의 유연성이 높다.
④ 면접법과 질문지법은 언어를 매개로 한 상호 작용이 필수적이다.

16 ①

개념 카테고리 사회 · 문화 > 사회 · 문화 현상의 탐구 > 사회 · 문화 현상의 탐구 방법 > 자료 수집 방법

| **정답 해설** | (가)는 질문지법, (나)는 면접법, (다)는 참여 관찰법이다.

① 질문지법은 양적 연구에서, 면접법과 참여 관찰법은 질적 연구에서 주로 활용된다.

| **오답 해설** | ② 시간과 비용 측면에서 효율적인 자료 수집 방법은 질문지법이다.

③ 인위적인 상황을 만들어 변수 간의 인과 관계를 파악하는 방법은 실험법이다.

④ 질문지법은 양적 연구에 주로 활용되고, 면접법과 참여 관찰법은 질적 연구에 주로 활용된다.

17 ②

개념 카테고리 사회 · 문화 > 사회 · 문화 현상의 탐구 > 사회 · 문화 현상의 탐구 방법 > 자료 수집 방법

| **정답 해설** | A는 참여 관찰법, B는 문헌 연구법, C는 질문지법이다.

② 문헌 연구법은 수집된 자료를 해석하는 과정에서 연구자의 주관이 개입될 여지가 있다.

| **오답 해설** | ① 조사 대상자와 연구자의 의사소통을 전제로 하는 자료 수집 방법은 면접법이다.

③ 질문지법은 양적 자료의 수집에 적합하다.

④ 참여 관찰법은 질문지법과 달리 문맹자를 대상으로 자료를 수집할 수 있다.

18 ④

개념 카테고리 사회 · 문화 > 사회 · 문화 현상의 탐구 > 사회 · 문화 현상의 탐구 방법 > 자료 수집 방법

| **정답 해설** | A는 참여 관찰법, B는 실험법, C는 질문지법, D는 문헌 연구법이다.

④ 문헌 연구법은 연구자의 주관적 가치에 따라 문헌(자료)에 대한 다양한 해석이 존재할 수 있다.

| **오답 해설** | ① 통제의 정도가 가장 높은 방법은 실험법이다.

② 방법론적 이원론에 기반한 연구 방법은 질적 연구로, 이와 관련 있는 자료 수집 방법으로는 참여 관찰법과 면접법이 있다.

③ 질문지법은 문맹자에게 실시하기가 어렵다.

19 ③

개념 카테고리 사회 · 문화 > 사회 · 문화 현상의 탐구 > 사회 · 문화 현상의 탐구 방법 > 양적 연구

| **정답 해설** | ③ 조작적 정의란 측정이 어려운 추상적 개념을 수치화하는 과정으로 실증적 연구에서 중시한다. ⓒ은 종속 변수인 청소년의 수업 참여도에 대한 조작적 정의에 해당한다.

| **오답 해설** | ① 청소년 중에서 고등학생 100명만을 대상으로 하였으므로 ㉠이 모집단의 특성을 대표한다고 볼 수 없다.

② 제시된 연구에서는 가설이 설정되어 있지 않다. 또한 비주얼 씽킹 수업은 수업 참여도와 정(+)의 상관관계임을 검증하였다.

④ '(라) 선행 연구 – (가) 연구 설계 – (다) 자료 수집 – (나) 자료 분석'의 순서로 연구가 진행되는 것이 적절하다.

20 ③

개념 카테고리 사회 · 문화 > 사회 · 문화 현상의 탐구 > 사회 · 문화 현상의 탐구 방법 > 양적 연구

| **정답 해설** | ㄴ. ㉠은 독립 변수의 영향을 받아 변화하므로 종속 변수, ㉡은 원인으로 작용하므로 독립 변수이다.

ㄹ. ㉣은 학교 적응 정도에 대한 개념의 조작적 정의에 해당한다.

| **오답 해설** | ㄱ. 제시된 연구는 양적 연구로, 이는 방법론적 일원론에 기초한 연구 방법이다.

ㄷ. 모집단은 청소년이고, ㉢과 ㉣은 표본 집단이다.

21 ③   中

개념 카테고리 사회 · 문화 > 사회 · 문화 현상의 탐구 > 사회 · 문화 현상의 탐구 방법 > 문헌 연구를 통한 양적 연구

| **정답 해설** | 제시된 연구는 난폭·보복 운전과 범죄 경력 간의 상관관계를 계량적으로 분석한 양적 연구이다. 즉, 난폭·보복 운전을 일삼는 사람들은 주로 범죄 경력이 있는 전과자들이라는 규칙성을 도출하고자 한 연구이다.

③ 조사 대상자의 일상생활 세계를 심층적으로 이해하고자 하는 연구는 질적 연구이다.

| **오답 해설** | 매력적 오답 ④ 제시된 연구에서 활용한 자료 수집 방법이 문헌 연구법임을 파악하지 못했을 수 있다. 문헌 연구법은 양적 자료와 질적 자료를 수집하는 데 모두 활용되는 자료 수집 방법이다.

22 ③   中

개념 카테고리 사회 · 문화 > 사회 · 문화 현상의 탐구 > 사회 · 문화 현상의 탐구 방법 > 양적 연구와 질적 연구

| **정답 해설** | A는 질적 연구, B는 양적 연구에 해당한다.

③ 연구 결과의 일반화 및 법칙 발견에 유리한 연구는 양적 연구이다.

| **오답 해설** | ① 사회·문화 현상에 대한 통계적 분석을 중시하는 연구 방법은 양적 연구이다. 질적 연구는 사회·문화 현상에 대한 통계적 분석이 무의미하다고 본다.

② 주로 참여 관찰법이나 면접법 등을 통해 자료를 수집하는 연구는 질적 연구이다.

④ 방법론적 일원론을 연구의 전제로 하는 연구는 양적 연구이다. 질적 연구는 방법론적 이원론을 연구의 전제로 한다.

| **플러스 이론** | **방법론적 일원론과 방법론적 이원론**

- **방법론적 일원론**: 사회·문화 현상에도 자연 현상과 마찬가지로 일정한 법칙이 존재하므로 자연 과학적 연구 방법으로 사회·문화 현상에 내재한 법칙을 발견해야 한다는 입장이다.
- **방법론적 이원론**: 자연 현상과 달리 사회·문화 현상에는 인간의 의도나 동기가 담겨 있으므로 자연과학적 연구 방법보다는 본질적으로 다른 사회과학만의 고유한 방법으로 연구해야 한다는 입장이다.

23 ③ 中

개념 카테고리 사회·문화 > 사회·문화 현상의 탐구 > 사회·문화 현상의 탐구 방법 > 면접법

| **정답 해설** | 제시문에서 활용된 자료 수집 방법은 면접법이다.

③ 면접법의 단점으로 연구 주제에 부합하는 전형적인 조사 대상자 선정의 어려움을 들 수 있다.

| **오답 해설** | ① 2차 자료의 수집용으로 활용되는 자료 수집 방법은 문헌 연구법이다.

② 다수를 대상으로 수행하는 경우가 일반적인 자료 수집 방법은 질문지법이다.

④ 양적 자료를 수집하여 통계 분석을 목적으로 하는 연구는 양적 연구이다. 양적 연구에서 주로 활용하는 자료 수집 방법에는 질문지법, 실험법, 문헌 연구법이 있다.

| **플러스 이론** | **1차 자료와 2차 자료**

연구자가 활용하는 자료 중 연구자 자신에 의해 직접 수집되어 최초로 분석되는 자료를 1차 자료라고 하고, 다른 연구에서 이미 수집되고 분석된 자료를 2차 자료라고 한다.

24 ④ 中

개념 카테고리 사회·문화 > 사회·문화 현상의 탐구 > 사회·문화 현상의 탐구 방법 > 양적 연구

| **정답 해설** | 제시된 연구는 정보 활용 능력에 대한 자기 효능감과 학업 성취도 간에 어떤 상관관계가 있는지를 밝히려는 양적 연구이다.

④ 사회·문화 현상에 대해 깊이 있게 이해·기술하고자 하는 연구는 질적 연구이다.

| **오답 해설** | ① 개인의 성과를 나타내는 구체적인 지표로 평균 평점을 채택하는 개념의 조작적 정의가 이루어졌다.

② 정보 활용 능력에 대한 자기 효능감은 원인에 해당하므로 독립 변수이다.

③ 500명의 대학생은 조사 대상이므로 표본 집단에 해당한다.

25 ④ 中

개념 카테고리 사회·문화 > 사회·문화 현상의 탐구 > 사회·문화 현상의 탐구 방법 > 면접법과 참여 관찰법

| **정답 해설** | 질적 자료를 수집하는 데 주로 활용되는 자료 수집 방법은 면접법과 참여 관찰법이고, 이 중 언어에 의존하여 자료를 수집하는 방법은 면접법이다. 따라서 A는 면접법, B는 참여 관찰법이다.

④ 면접법과 참여 관찰법은 모두 주관적 해석의 우려가 크다는 비판을 받는다. 따라서 ㉠과 ㉡이 모두 '예'라면 해당 질문은 (가)에 들어갈 수 있다.

| **오답 해설** | ① 참여 관찰법은 과거에 발생한 현상을 대상으로 정보를 수집하는 데 한계가 있다.

매력적 오답 ② 현상의 발생과 정보 수집의 동시성이 참여 관찰법의 특징이라고 파악하지 못했을 수 있다. 참여 관찰법은 면접법에 비해 현상의 발생과 정보 수집이 동시에 이루어지는 특징이 강하다.

③ 참여 관찰법은 연구자가 연구 대상자의 일상생활 속에서 상호 작용하지만, 면접법은 언어적 상호 작용을 바탕으로 한다. 따라서 해당 질문이 (가)에 들어가면, ㉠은 '아니요'이다.

26 ① 上

개념 카테고리 사회·문화 > 사회·문화 현상의 탐구 > 사회·문화 현상의 탐구 방법 > 자료 수집 방법

| **정답 해설** | 면접법, 질문지법, 참여 관찰법 중에서 자료의 실제성을 확보하기 가장 용이한 자료 수집 방법은 참여 관찰법이며, 질적 자료 수집의 용이성이 가장 낮은 자료 수집 방법은 질문지법이다. 따라서 A는 참여 관찰법, B는 질문지법, C는 면접법이다.

ㄱ. 참여 관찰법은 면접법과 질문지법에 비해 조사 대상자의 일상생활에 대한 심층적인 자료를 수집하는 데 유리하다.

ㄴ. 질문지법은 표준화된 도구로 자료를 수집하며, 시간과 비용 측면에서 효율적인 자료 수집 방법이다.

| **오답 해설** | ㄷ. 질문지법과 면접법 모두 언어적 상호 작용이 필수적인 자료 수집 방법이다.

ㄹ. 질문지법은 면접법에 비해 자료 수집 상황에 대한 통제 수준이 높기 때문에 (가)에는 '자료 수집 상황에 대한 통제 수준'이 들어갈 수 없다.

27 ③

개념 카테고리 사회·문화 > 사회·문화 현상의 탐구 > 사회·문화 현상의 탐구 방법 > 자료 수집 방법

| **정답 해설** | ③ 질문지법, 면접법, 실험법 모두 1차 자료 수집 방법에 해당하므로 '1차 자료 수집 방법에 해당하는가?'는 (가)에 들어갈 수 없다.

| **오답 해설** | ① 질문지법, 면접법, 실험법 모두 경험적 자료를 수집하는 것이다.

② 질문지법과 면접법은 언어적 수단이 필수적이다. 따라서 C는 실험법이며, 실험법은 자료의 실제성이 가장 낮다.

④ 연구자의 주관 개입 가능성이 높은 것은 면접법의 특징이다. 따라서 '연구자의 주관 개입 가능성이 낮은가?'는 (가)에 들어갈 수 있다.

28 ②

개념 카테고리 사회·문화 > 사회·문화 현상의 탐구 > 사회·문화 현상의 탐구 방법 > 양적 연구

| **정답 해설** | ㄱ. 분석 결과가 가설과 일치하므로 연구자는 가설을 수용하였을 것이다.

ㄷ. 독립 변수인 지속적인 도서관 이용은 1주일에 3회 이상 꾸준히 1년 이상을 이용, 종속 변수인 학업 능력은 성적 등급 변화로 개념을 조작적으로 정의하였다.

| **오답 해설** | ㄴ. 연구자는 통계 분석을 통해 자료를 분석하였다.

ㄹ. 조사 대상자의 수가 너무 적고 특정 지역에 편중되어 있어 전체 고등학생을 대상으로 일반화하기는 어렵다.

29 ④

개념 카테고리 사회·문화 > 사회·문화 현상의 탐구 > 사회·문화 현상의 탐구 방법 > 양적 연구

| **정답 해설** | A 연구 방법은 양적 연구이다.

ㄱ. 개념의 조작적 정의는 계량화를 위해 필요하며 양적 연구의 특징이다.

ㄷ. 양적 연구는 방법론적 일원론에 해당한다.

ㄹ. 양적 연구는 법칙 발견과 일반화, 사회 현상에 대한 설명과 미래 예측을 목적으로 한다.

| **오답 해설** | ㄴ. 질적 연구의 특징이다.

30 ④

개념 카테고리 사회·문화 > 사회·문화 현상의 탐구 > 사회·문화 현상의 탐구 방법 > 자료 수집 방법

| **정답 해설** | A는 실험법, B는 면접법, C는 참여 관찰법, D는 질문지법이다.

④ 실험법, 면접법, 참여 관찰법, 질문지법 모두 경험적 자료를 수집하는 방법에 해당한다.

| **오답 해설** | ① 실제성이 확보되는 자료를 수집하는 데 용이한 것은 참여 관찰법이다.

② 다수를 대상으로 한 자료를 수집하는 데 주로 쓰는 것은 질문지법이다.

③ 질문지법이 참여 관찰법보다 결과의 통계 분석에 유리하다.

사회·문화 현상을 탐구하는 태도와 윤리				문제편 P.141
31	④	32	③	33	①

31 ④

개념 카테고리 사회·문화 > 사회·문화 현상의 탐구 > 사회·문화 현상을 탐구하는 태도와 윤리 > 사회·문화 현상의 탐구 태도

| **정답 해설** | 〈보기〉에서 강조하고 있는 사회·문화 현상의 탐구 태도는 성찰적 태도이다.

④ 성찰적 태도는 탐구 과정에서 겉으로 드러나는 현상뿐만 아니라 현상의 이면까지 성찰해야 한다는 태도이다.

| **오답 해설** | ① 객관적 태도에 대한 설명이다.

매력적 오답 ② 개방적 태도에 대한 설명이다. 개방적 태도는 여러 가능성을 인정하는 태도이다.

③ 상대주의적 태도에 대한 설명이다.

32 ③

개념 카테고리 사회·문화 > 사회·문화 현상의 탐구 > 사회·문화 현상을 탐구하는 태도와 윤리 > 연구 윤리

| **정답 해설** | ③ (나)에서는 연구자의 객관적 태도를 유지할 것을 강조하고 있다.

| **오답 해설** | ① 연구 대상자에게 연구의 목적 등을 알려줄 경우 연구 대상자가 이를 의식하면서 행동할 수 있다.

② (나)에서 상관관계가 없다는 것은 가설이 기각되었음을 의미한다.

④ (가)는 연구 대상자에게 자발적 참여를 보장해야 한다는 연구 윤리에 대해 언급하고 있고, (나)는 연구 과정에서 지켜야 할 연구 윤리에 대해 언급하고 있다.

33 ① 中

개념 카테고리 사회 · 문화 > 사회 · 문화 현상의 탐구 > 사회 · 문화 현상을 탐구하는 태도와 윤리 > 사회 · 문화 현상의 탐구 태도

| **정답 해설** | ① (가)에서는 사회·문화 현상을 탐구할 때에는 있는 그대로의 모습을 파악해야 함을 강조하고 있으므로, 이는 객관적 태도와 관련 있다. (나)에서는 다양한 시각과 방법론이 공존하고 있는 사회 과학을 강조하고 있으므로, 이는 개방적 태도와 관련 있다.

| **오답 해설** | ② 성찰적 태도는 단순히 겉으로 드러나는 현상이 아니라 현상의 이면에 담긴 원인이나 원리 등을 이해하기 위해 필요하다.

④ 상대주의적 태도는 사회·문화 현상을 탐구할 때 연구자 자신의 문화적 맥락이나 배경을 떠나 사회·문화 현상이 발생한 맥락이나 배경 속에서 연구하려는 태도를 말한다.

CHAPTER 02 개인과 사회 구조

출제 비중 29%

약점진단표

	1회독				2회독				3회독			
	○	△	×	총	○	△	×	총	○	△	×	총
인간의 사회화★★★				9				9				9
사회 집단과 사회 조직★★★				12				12				12
사회 구조와 일탈 행동★★★				20				20				20

＊문제풀이 후 약점진단 결과를 적어 보세요!

필수기출 & 출제예상 문제

인간의 사회화

문제편 P.142

01	②	02	③	03	②	04	③	05	②
06	①	07	③	08	④	09	②		

01 ②

개념 카테고리 사회·문화 > 개인과 사회 구조 > 인간의 사회화 > 지위와 역할

| 정답 해설 | ㄱ. ⊙은 개인의 노력이나 능력과 관계없이 선천적, 자연적으로 갖게 되는 귀속 지위이고, ⓒ과 ⑭은 개인의 의지나 노력에 의해 후천적으로 얻게 되는 성취 지위이다.

ㄷ. ⓔ은 갑의 세대 내 이동이자 세대 간 이동이다.

| 오답 해설 | ㄴ. 역할 갈등은 여러 역할 간의 발생하는 긴장 또는 갈등으로, 개인의 직장 선택의 고민은 역할 갈등에 해당하지 않는다.

ㄹ. 준거 집단은 자신의 행동의 기준이 되는 집단이다. 은행장은 갑의 준거 집단이지만, ○○은행은 갑의 준거 집단으로 파악할 수 없다.

02 ③

개념 카테고리 사회·문화 > 개인과 사회 구조 > 인간의 사회화 > 지위와 역할

| 정답 해설 | ㄴ. 갑이 다니는 자동차 회사는 2차적 사회화 기관이다.

ㄷ. 자동차 회사의 회사원은 갑이 후천적으로 획득한 성취 지위이다.

| 오답 해설 | ㄱ. 갑은 수소 자동차를 개발하여 칭송을 받고 있는데, 이는 역할 행동에 대한 보상이다.

ㄹ. 갑은 아버지 을의 뜻을 거역하고 병과의 결혼을 강행하였다. 그러나 이는 역할 갈등에 해당하지 않는다.

03 ②

개념 카테고리 사회·문화 > 개인과 사회 구조 > 인간의 사회화 > 지위와 역할

| 정답 해설 | ② 담임 선생님, 아버지, 수험생은 성취 지위이고, 막냇동생은 본인의 능력과 후천적 노력이 아닌 선천적으로 얻는 지위이므로 귀속 지위이다.

| 오답 해설 | ① 수험생에게 내일 시험의 유의 사항을 알려주는 것은 예기 사회화이고, 담임 교사는 이에 대한 역할을 실행하였으므로 역할 행동이다.

③ 수험생이라는 지위에 따라 여러 역할이 부여되고, 그중 특정한 행동(고사장 확인)을 한 것은 역할 행동이다.

④ 대학은 공식적 사회화 기관, 직장은 비공식적 사회화 기관이다.

04 ③

개념 카테고리 사회·문화 > 개인과 사회 구조 > 인간의 사회화 > 사회화를 바라보는 관점

| 정답 해설 | 갑은 쿨리의 '거울에 비친 자아' 개념을 통해 사회화 과정을 설명하고 있고, 을은 미드의 '일반화된 자아' 개념을 통해 사회화 과정을 설명하고 있다. 즉, 갑과 을 모두 상징적 상호 작용론의 관점에서 사회화를 보고 있다.

③ 상징적 상호 작용론은 다른 사회 구성원과 상징을 통해 상호 작용하여 사회화가 이루어진다고 본다.

| 오답 해설 | ①, ④ 갈등론은 한 사회의 보편적인 가치나 규범이 사회의 지배 집단에 의하여 규정되며, 사회화가 기존의 불평등한 사회 구조를 정당화하려는 것이라고 본다.

② 기능론에 대한 설명이다.

05 ②

上

개념 카테고리 사회·문화 > 개인과 사회 구조 > 인간의 사회화 > 지위와 역할, 사회화 기관

| **정답 해설** | ② 주방장 보조로의 승진은 중국집 배달원으로서의 역할을 성실히 수행한 결과이다. 이는 역할 행동이 사회적 기대를 충족시켜 보상을 받은 것이다.

| **오답 해설** | ① 장남은 귀속 지위에 해당하고, 부모와 셰프는 모두 성취 지위에 해당한다.

매력적 오답 ③ 단순한 개인적 고민을 역할 갈등과 혼동했을 수 있다. 중국집에서 계속 일을 할지 자신만의 가게를 창업할지 고민하는 것은 역할 갈등에 해당하지 않는다.

④ 초등학교는 2차적 사회화 기관이면서 공식적 사회화 기관에 해당한다. TV는 2차적 사회화 기관이면서 비공식적 사회화 기관에 해당한다.

| **플러스 이론** | **사회화 기관의 유형**

	유형	내용
사회화의 내용에 따라	1차적 사회화 기관	기초적인 수준의 사회화를 담당하는 기관
	2차적 사회화 기관	전문적인 지식과 기능의 사회화를 담당하는 기관
설립 목적에 따라	공식적 사회화 기관	사회화를 목적으로 설립된 기관
	비공식적 사회화 기관	사회화를 목적으로 하는 기관은 아니나 부수적으로 사회화 기능을 수행하는 기관

06 ①

中

개념 카테고리 사회·문화 > 개인과 사회 구조 > 인간의 사회화 > 지위와 역할, 사회화 기관

| **정답 해설** | ① 기초 자치 단체 청소년 문제 해소 분야에서 최우수상을 받은 것은 갑의 역할 행동에 대한 보상이다.

| **오답 해설** | ② 고등학교, 대학교의 사회교육과, 정당은 모두 공식 조직에 해당한다.

③ 아내와 시장은 성취 지위에 해당하고, 아들은 귀속 지위에 해당한다.

④ 사회화를 목적으로 설립된 사회화 기관을 공식적 사회화 기관이라고 하고, 사회화를 목적으로 설립되지 않았으나 사회화를 부수적으로 담당하는 사회화 기관을 비공식적 사회화 기관이라고 한다. 고등학교는 공식적 사회화 기관에 해당하고, 정당은 비공식적 사회화 기관에 해당한다.

07 ③

中

개념 카테고리 사회·문화 > 개인과 사회 구조 > 인간의 사회화 > 사회화

| **정답 해설** | ㉠은 재사회화, ㉡은 예기 사회화에 해당한다.

③ 재사회화는 기존 사회화의 내용을 대체하는 성격이 강하다. 미래의 지위 변화에 따른 새로운 역할을 수행하기 위해 미리 대비하는 사회화인 예기 사회화는 기존 사회화의 내용을 반드시 대체할 필요는 없다.

| **오답 해설** | ① 재사회화는 사회 변화에 적응하기 위해 새롭게 등장한 정보나 가치 등을 습득하는 과정을 말하고, 예기 사회화는 미래에 속하게 될 집단에서 요구되는 행동 양식을 미리 학습하는 과정을 말한다.

② 갑과 을의 사회화는 모두 2차적 사회화에 해당한다.

매력적 오답 ④ 문화센터를 공식적 사회화 기관으로 혼동했을 수 있다. 친구와 문화센터 모두 비공식적 사회화 기관이다.

08 ④

中

개념 카테고리 사회·문화 > 개인과 사회 구조 > 인간의 사회화 > 지위와 역할

| **정답 해설** | ④ 성취 지위인 장군에게 기대되는 역할과 귀속 지위인 민족 구성원에게 기대되는 역할이 충돌하여 나타난 역할 갈등에 해당한다.

| **오답 해설** | **매력적 오답** ① 역할과 역할 행동의 개념을 혼동했을 수 있다. 테러 단체를 진압하는 것은 A국 장군으로서의 갑의 역할에 해당한다.

② 장군과 아버지는 모두 개인의 의지나 노력에 의해 후천적으로 얻게 되는 지위인 성취 지위에 해당한다.

③ 장학금은 갑이 학생으로서 기대되는 역할을 잘 수행하였기 때문에 받은 보상에 해당한다.

09 ②

中

개념 카테고리 사회·문화 > 개인과 사회 구조 > 인간의 사회화 > 사회화를 바라보는 관점

| **정답 해설** | 제시문은 사회화를 상징적 상호 작용론의 관점에서 보고 있다.

② 상징적 상호 작용론은 사회화를 타인과의 상호 작용을 통해 자아를 형성화는 과정으로 본다.

| **오답 해설** | ① 갈등론은 사회화를 지배 계급의 기득권 유지를 위한 수단에 불과하다고 본다.

③ 기능론은 사회화의 내용이 사회 구성원 전체가 사회적 필요에 따라 합의한 것으로 본다.

④ 상징적 상호 작용론은 사회 규범이 일방적으로 전수된다고 보지 않고, 상호 작용을 통해 전수된다고 본다.

사회 집단과 사회 조직									문제편 P.145
10	①	11	③	12	③	13	④	14	②
15	③	16	③	17	②	18	④	19	④
20	①	21	③						

10 ①

| 개념 카테고리 | 사회 · 문화 > 개인과 사회 구조 > 사회 집단과 사회 조직 > 사회 집단 |

| **정답 해설** | ① (가)에는 1차 집단이자 공동 사회인 가족이, (나)에는 2차 집단이자 이익 사회인 정당이 들어갈 수 있다.
| **오답 해설** | ② 가족과 전통 사회의 마을 공동체는 모두 (가)에 해당한다.
| 매력적 오답 | ③ 친족은 1차 집단이자 공동 사회로 (가)에 해당한다.
④ 회사는 2차 집단이자 이익 사회로 (나)에 해당한다.

11 ③

| 개념 카테고리 | 사회 · 문화 > 개인과 사회 구조 > 사회 집단과 사회 조직 > 관료제와 탈관료제 |

| **정답 해설** | 제시문에 나타난 사회 조직은 관료제 조직이다.
ㄴ. 관료제 조직은 구성원의 능력을 보여 주는 지표로 경력 및 연공서열을 중시한다.
ㄹ. 관료제 조직은 문서에 의한 업무 수행을 중시한다.
| **오답 해설** | ㄱ. 관료제 조직에서는 비공식적 조직(대학 동아리, 회사 동호회 등)의 중요성을 강조하지 않는다.
ㄷ. 관료제 조직은 업무 수행 결과에 대한 책임 소재가 분명하다.

12 ③

| 개념 카테고리 | 사회 · 문화 > 개인과 사회 구조 > 사회 집단과 사회 조직 > 사회 집단 |

| **정답 해설** | ③ 고등학교는 선택 의지에 의해 결합된 이익 사회이자 전문적인 지식과 기능의 사회화가 이루어지는 2차적 사회화 기관이다.
| **오답 해설** | ① 회사는 2차적 사회화 기관이자 비공식적 사회화 기관이다.
② ⓒ과 ⓔ은 모두 A의 성취 지위에 해당한다.
④ ⓜ은 ⓒ으로서 역할 행동에 대한 보상이다.

13 ④

| 개념 카테고리 | 사회 · 문화 > 개인과 사회 구조 > 사회 집단과 사회 조직 > 사회 집단 |

| **정답 해설** | ④ 회사 내 노동조합, 직장 내 등산 동호회, 환경 정책을 감시하는 시민 단체는 모두 공동의 목표나 이해관계를 같이

하는 사람들이 자발적으로 결성한 자발적 결사체로서 사회의 다원화에 기여하는 이익 사회에 해당한다.
| **오답 해설** | ① 회사 내 노동조합은 자발적 결사체이자 일정한 목적 달성을 위해 의도적으로 형성된 공식 조직에 해당한다.
② 직장 내 등산 동호회는 공식 조직 내에서 공동의 관심사나 취미에 따라 자발적으로 형성된 비공식 조직으로 친밀하고 전인격적인 접촉이 일어나는 1차 집단의 성격이 강하다.
③ 회사 내 노동조합과 환경 정책을 감시하는 시민 단체는 모두 특정 목표 달성을 위해 선택적 의지로 형성된 이익 사회에 해당한다.

14 ②

| 개념 카테고리 | 사회 · 문화 > 개인과 사회 구조 > 사회 집단과 사회 조직 > 관료제와 탈관료제 |

| **정답 해설** | 〈보기 1〉은 탈관료제에 대한 설명으로, 탈관료제는 관료제의 역기능을 해결하기 위해 등장하였다.
ㄱ, ㄴ. 관료제의 역기능으로는 목적 전치 현상, 무사 안일주의, 인간 소외 현상, 변화에 대한 낮은 대응력 등이 있다.
| **오답 해설** | ㄷ. 수평적 분업 체계에 기초한 업무는 탈관료제에 대한 설명이다. 관료제는 수직적 업무 체계가 나타난다.

15 ③

| 개념 카테고리 | 사회 · 문화 > 개인과 사회 구조 > 사회 집단과 사회 조직 > 관료제와 탈관료제 |

| **정답 해설** | ⓐ은 관료제, ⓑ은 탈관료제이다.
③ 과업 수행 과정에서 예측 가능성이 상대적으로 높은 것은 안정적인 관료제이다.
| **오답 해설** | ① 관료제는 탈관료제보다 중간 관리층의 역할이 크다.
② 관료제는 탈관료제에 비해 구성원이 교체되어도 상대적으로 안정적인 과업 수행이 가능하다.
④ 탈관료제는 관료제와 달리 승진에서 연공서열이 차지하는 비중이 상대적으로 낮고 능력을 중시한다.

16 ③

| 개념 카테고리 | 사회 · 문화 > 개인과 사회 구조 > 사회 집단과 사회 조직 > 관료제와 탈관료제 |

| **정답 해설** | 제시된 사례는 탈관료제 조직 중 팀제 조직에 해당한다.
ㄱ, ㄴ. 팀제 조직은 결재 라인을 축소하여 팀장과 팀원 중심으로 운영되며 전통적인 관료제에 비해 분권화되고 수평적인 조직 운영 체계를 가진다.
ㄷ. 팀제 조직은 변화에 빠르게 적응하며 특정 문제나 과업이 생길 경우 신속하게 조직되고 과제 수행 완료 시 해체되기도 한다.

| **오답 해설** | ㄹ. 전통적인 관료제 조직은 다양한 외부 환경 변화에 신속하게 대응하기가 어렵다.

17 ②

中

개념 카테고리 사회·문화 > 개인과 사회 구조 > 사회 집단과 사회 조직 > 사회 집단과 사회 조직

| **정답 해설** | ② 시민 단체는 과업 지향적인 사회 집단이지만, 가족은 이에 해당하지 않는다.

| **오답 해설** | 매력적 오답 ① 공식 조직과 비공식 조직의 개념을 혼동했을 수 있다. 학교 학생회, 지역 국악 동호회, 시민 단체는 모두 비공식 조직에 해당하지 않는다.

③ 지역 국악 동호회는 구성원 간 취미나 여가를 공유하고 친밀감과 유대감을 갖기 위해 결성한 친목 집단으로, 공익을 추구한다고 볼 수 없다. 반면, 시민 단체는 사회 문제의 해결이나 봉사 활동을 통해 공익을 추구하기 위한 목적으로 결성된 공식 조직이며 이익 사회에 해당한다.

④ 가족은 구성원의 본질 의지에 의해 자연 발생적으로 형성된 집단인 공동 사회에 해당한다. 구성원들의 선택 의지에 따라 형성된 집단은 이익 사회이다.

18 ④

中

개념 카테고리 사회·문화 > 개인과 사회 구조 > 사회 집단과 사회 조직 > 사회 집단과 사회 조직

| **정답 해설** | 자발적 결사체, 공식 조직, 비공식 조직 모두 이익 사회에 해당한다. 따라서 D는 이익 사회이다. 비공식 조직은 공식 조직을 전제로 인정되므로 B는 공식 조직, C는 비공식 조직이다. 따라서 A는 자발적 결사체이다.

④ 이익 사회와 자발적 결사체는 모두 현대 사회에 들어와서 증가하고 있다.

| **오답 해설** | 매력적 오답 ① 비공식 조직은 모두 자발적 결사체에 해당함을 알지 못했을 수 있다. 비공식 조직은 일반적으로 공식 조직 내에서 자발적으로 형성되는 조직이나 집단으로, 이는 모두 자발적 결사체에 해당한다.

② 시민 단체는 자발적 결사체이면서 공식 조직에 해당한다.

③ 학교는 이익 사회에 해당하지만 자발적 결사체로 볼 수 없다.

| **플러스 이론** | **공식 조직과 비공식 조직의 차이점**

> 비공식 조직은 일반적으로 공식 조직 내에서 자발적으로 형성되는 조직이나 집단을 말하는 데, 구성원 간의 사적·정서적 상호 작용을 통해 친밀한 인간 관계를 추구한다는 점에서 공식 조직과 다르다. 정부 조직이나 기업 조직 내에서 취미, 학교, 지역, 경력 등의 공통성을 바탕으로 친밀성을 추구하는 비교적 규모가 작은 집단을 비공식 조직이라고 볼 수 있다.

19 ④

上

개념 카테고리 사회·문화 > 개인과 사회 구조 > 사회 집단과 사회 조직 > 사회 집단과 사회 조직

| **정답 해설** | 가족은 공동 사회이자 1차 집단에 해당하고, 기업은 이익 사회이자 2차 집단, 공식 조직에 해당하며, 동호회는 이익 사회이자 자발적 결사체에 해당한다.

④ ©이 '예'라면 C는 기업, A와 B는 각각 가족과 동호회 중 하나이다. (가)에 '자발적 결사체인가?'가 들어가면 동호회는 자발적 결사체에 해당하므로 A는 동호회, B는 가족이다. 구성원 간 친밀도는 동호회보다 가족이 크다.

| **오답 해설** | 매력적 오답 ① 공식 조직 내에서 동호회가 형성되면 이는 비공식 조직에 해당함을 알고 있지 못할 수 있다. ⑤이 '예'라면, A는 기업, B와 C는 각각 가족과 동호회 중 하나이다. 공식 조직 내에 형성된 동호회인 경우 비공식 조직에 해당할 수 있다.

② ⓒ이 '예'라면 B는 기업, A와 C는 각각 가족과 동호회 중 하나이다. 가족은 1차 집단에 해당한다.

③ ©이 '예'라면 C는 기업, A와 B는 각각 가족과 동호회 중 하나이다. 기업은 선택적 의지에 의해 결합된 이익 사회이다. (가)에 '선택적 의지에 의해 결합되었는가?'가 들어가면 ⓔ에 들어갈 답변은 '예'이다.

20 ①

下

개념 카테고리 사회·문화 > 개인과 사회 구조 > 사회 집단과 사회 조직 > 관료제와 탈관료제

| **정답 해설** | A는 업무 처리 과정에서 매뉴얼 의존 정도가 높으므로 관료제에 해당하고, B는 업무 처리 과정에서 매뉴얼 의존 정도가 낮으므로 탈관료제에 해당한다.

① 관료제와 탈관료제 모두 업무 수행에서 효율성을 추구하는 정도가 높다.

| **오답 해설** | ② 관료제는 규칙과 절차만을 지나치게 강조하며 경직된 조직 구조를 갖고 있어 외부의 변화에 유연하게 대처하지 못한다.

③ 관료제에서는 중간 관리층의 역할 비중이 높은 반면, 탈관료제에서는 중간 관리층의 역할이 감소한다. 따라서 '중간 관리층의 역할 비중'은 (가)에 들어갈 수 없다.

④ 관료제는 자율적 판단보다 지시에 따른 업무 처리를 중시한다.

21 ③

中

개념 카테고리 사회·문화 > 개인과 사회 구조 > 사회 집단과 사회 조직 > 관료제

| **정답 해설** | 제시된 자료에서 무사안일주의와 복지부동의 문제, 목적 달성에 방해되는 각종 규약과 절차 등을 통해 A는 관료제임을 알 수 있다.

③ 규약과 절차를 지나치게 강조한 나머지 오히려 본래의 조직 목적 달성을 방해하는 현상을 목적 전치 현상이라고 한다.

| 오답 해설 | ① 네트워크형 조직은 평등한 구성원인 각각의 전문가들이 점과 점으로 이어진 수평적 조직으로, 네트워크를 통해 구성원들이 가진 자원과 정보를 공유하며, 조직의 유연성과 적응력을 높여 준다.

② 갑은 연공서열에 따른 보상 체계의 문제점에 대해 언급하였다.

④ 병은 구성원들의 창의력이나 자율성을 발휘할 수 있는 탈관료제 조직으로의 개혁을 주장하고 있다.

| 오답 해설 | 매력적 오답 ㄴ. 극단적인 개인주의를 조장할 우려가 있는 관점은 사회 명목론이다.

ㄹ. 사회 실재론은 개인 행위에 대한 사회 구조의 영향력을 중시한다.

사회 구조와 일탈 행동									문제편 P.148
22	③	23	①	24	①	25	①	26	③
27	②	28	②	29	③	30	①	31	③
32	②	33	①	34	①	35	④	36	③
37	①	38	④	39	③	40	②	41	④

22 ③

개념 카테고리 | 사회·문화 > 개인과 사회 구조 > 사회 구조와 일탈 행동 > 사회의 관계를 바라보는 관점

| 정답 해설 | (가)는 사회 명목론, (나)는 사회 실재론이다.

③ 사회 명목론은 개인의 노력과 의식 변화를 통해 사회 문제를 해결할 수 있다고 보는 이론으로, 개인주의와 자유주의를 설명할 수 있다.

| 오답 해설 | ① 사회를 개인의 외부에 존재하는 실체라고 보는 것은 사회 실재론으로, 사회 명목론은 사회가 개개인의 합 그 이상도 그 이하도 아니라고 본다.

매력적 오답 ② (나)는 사회 실재론이다. 사회 실재론은 사회 유기체설을 전제로 이해할 수 있는 이론으로, 사회의 독자적인 특성이 존재한다고 본다.

④ 사회 실재론은 사회 구조의 중요성을 강조하며, 전체주의를 설명할 수 있는 이론이다.

23 ①

개념 카테고리 | 사회·문화 > 개인과 사회 구조 > 사회 구조와 일탈 행동 > 사회 실재론

| 정답 해설 | 〈보기 1〉에는 사회 실재론의 관점이 나타나 있다.

ㄱ. 사회 실재론은 사회를 위한 개인의 희생을 정당화하는 전체주의를 설명할 수 있다.

ㄷ. 사회 실재론은 인간의 능동적인 사고와 행위의 측면을 간과한다.

24 ①

개념 카테고리 | 사회·문화 > 개인과 사회 구조 > 사회 구조와 일탈 행동 > 개인과 사회의 관계를 바라보는 관점

| 정답 해설 | 갑의 관점은 사회 명목론, 을의 관점은 사회 실재론이다.

① 사회 명목론은 집단의 속성이 개인 속성의 총합과 같다고 본다.

| 오답 해설 | ② 개인주의와 자유주의를 토대로 한 이론은 사회 명목론, 사회 유기체설에 기반을 둔 관점은 사회 실재론이다.

③ 사회가 개인들 간의 합의에 따라 움직인다고 보는 관점은 사회 명목론이다.

④ 사회를 개인의 행복과 자유를 추구하기 위한 단순한 수단으로 보는 관점은 사회 명목론이다.

25 ①

개념 카테고리 | 사회·문화 > 개인과 사회 구조 > 사회 구조와 일탈 행동 > 사회 실재론

| 정답 해설 | 제시문에 나타난 관점은 사회 실재론이다.

① 사회 실재론은 행위의 능동성보다 구조의 영향력을 강조한다.

| 오답 해설 | ②, ③, ④ 사회 명목론에 대한 설명이다.

26 ③

개념 카테고리 | 사회·문화 > 개인과 사회 구조 > 사회 구조와 일탈 행동 > 사회 실재론

| 정답 해설 | 제시문에 나타난 관점은 사회 실재론이다.

③ 사회 명목론에 대한 설명이다.

| 오답 해설 | ① 사회 실재론은 사회가 개인들로 환원될 수 없는 독자적인 특성을 지닌다고 본다.

② 사회 실재론은 한 사회의 제도, 이념 등이 개별 구성원의 의식과 행동을 구속한다고 본다.

④ 사회 실재론은 사회의 구조적인 특성을 강조하고 사회 구성원을 전체를 구성하는 부분으로 본다.

27 ②

개념 카테고리 | 사회·문화 > 개인과 사회 구조 > 사회 구조와 일탈 행동 > 사회 실재론

| 정답 해설 | 제시문은 사회 실재론에 해당한다.

② 사회 실재론은 사회를 구성하는 개인의 주체성과 능동성을 간과한다.

| **오답 해설** | ① 사회 실재론은 사회가 개인에게 끼치는 영향력을 지나치게 강조한다.

③, ④ 사회 명목론에 대한 설명이다.

28 ②

| 개념 카테고리 | 사회 · 문화 > 개인과 사회 구조 > 사회 구조와 일탈 행동 > 일탈 이론

| **정답 해설** | A는 낙인 이론, B는 차별 교제 이론, C는 아노미 이론이다.

② 차별 교제 이론은 타인과의 상호 작용 과정에서 일탈 행동을 학습한다고 본다.

| **오답 해설** | 매력적 오답 ① 머튼의 아노미 이론에 대한 설명이다.

③ 차별 교제 이론에 대한 설명이다.

④ 뒤르켐의 아노미 이론에 대한 설명이다. 이는 기능론의 일탈에 대한 대책이다.

29 ③

| 개념 카테고리 | 사회 · 문화 > 개인과 사회 구조 > 사회 구조와 일탈 행동 > 일탈 이론

| **정답 해설** | A는 차별 교제 이론, B는 아노미 이론, C는 낙인 이론이다.

③ 상호 작용을 통한 2차적 일탈 행동의 발생에 주목하는 것은 낙인 이론이다. 낙인 이론은 일탈의 원인을 부정적 시선의 내면화 결과로 이해하기 때문에 재범과 누범을 설명하기에 용이하다.

| **오답 해설** | ① 무규범 상태를 일탈 행동의 원인으로 보는 것은 아노미 이론이다.

② 미시적 관점에서 일탈 행동을 설명하는 것은 낙인 이론이다.

④ 일탈 행동의 해결 방안으로 사회 규범의 통제력 회복을 강조하는 것은 아노미 이론이다.

30 ①

| 개념 카테고리 | 사회 · 문화 > 개인과 사회 구조 > 사회 구조와 일탈 행동 > 일탈 이론

| **정답 해설** | (가)는 낙인 이론, (나)는 아노미 이론, (다)는 차별 교제 이론이다.

① 낙인 이론은 일탈 행동의 상대성을 강조한다.

| **오답 해설** | ② 낙인 이론은 미시적 관점, 아노미 이론은 거시적 관점에 해당한다.

③ 개인의 욕구와 행동을 조정하는 기준이 되는 지배적 규율이 없기 때문에 일탈이 발생한다고 보는 이론은 아노미 이론이다.

④ 일탈 행동이 어떠한 과정을 거쳐 학습되고 반복되는지에 주목하는 이론은 차별 교제 이론이다.

31 ③

| 개념 카테고리 | 사회 · 문화 > 개인과 사회 구조 > 사회 구조와 일탈 행동 > 일탈 이론

| **정답 해설** | (가)는 아노미 이론, (나)는 차별 교제 이론이다.

③ ㄴ, ㄷ은 아노미 이론과 관련 있으며, ㄱ, ㄹ, ㅁ은 차별 교제 이론과 관련 있는 표현이다.

32 ②

| 개념 카테고리 | 사회 · 문화 > 개인과 사회 구조 > 사회 구조와 일탈 행동 > 일탈 이론

| **정답 해설** | (가)는 낙인 이론, (나)는 차별 교제 이론, (다)는 아노미 이론이다.

② 낙인 이론은 일탈이 일탈 행동 자체의 속성에 의해서가 아니라 사회적 반응에 의해 상대적으로 결정된다고 본다.

| **오답 해설** | ① 낙인 이론은 사회의 부정적인 반응으로 낙인이 찍히게 되고 이에 따라 일탈이 발생한다고 본다. 사회의 지배적 가치와 규범을 사회화하지 못해서 일탈 행동이 발생한다고 보는 것은 기능론적 관점이다.

③ 지배 집단의 기득권 보호를 위한 사회 제도 때문에 일탈 행동이 발생한다고 보는 것은 갈등론이다.

④ 아노미 이론은 거시적 관점에서, 낙인 이론은 미시적 관점에서 일탈 행동을 설명한다.

33 ①

| 개념 카테고리 | 사회 · 문화 > 개인과 사회 구조 > 사회 구조와 일탈 행동 > 일탈 이론

| **정답 해설** | ① 제시문은 낙인 이론에 해당한다. 1차적 일탈에 대해 일탈자로 낙인찍히게 되면 자신이 일탈자라는 자아상 및 정체감을 가지게 되어 계속적으로 일탈을 저지르게 되는데, 이를 2차적 일탈이라고 한다.

34 ① 中

| 개념 카테고리 | 사회 · 문화 > 개인과 사회 구조 > 사회 구조와 일탈 행동 > 개인과 사회의 관계를 바라보는 관점

| **정답 해설** | 제시문은 사회가 우리를 둘러싸고 있으며, 우리의 생활을 포위하고 있다고 보고 있다. 이는 사회 실재론과 관련 있다.

① 사회 실재론은 사회가 개인의 외부에 실제로 존재하며, 독자적인 특성을 지니고 있다고 본다.

| 오답 해설 | ② 사회 명목론은 사회가 단지 개인들이 모여 있는
것으로 실제로 존재하지 않는다고 본다.

매력적 오답 ③ 사회 실재론은 사회가 개인으로 환원될 수 없다고
보지만, 사회 명목론은 사회가 개인으로 환원될 수 있다고 본다.
④ 사회 명목론은 사회가 개인들의 집합체에 붙여진 이름에 불과
하다고 본다.

35 ④

개념 카테고리 | 사회·문화 > 개인과 사회 구조 > 사회 구조와 일탈 행동 > 개
인과 사회의 관계를 바라보는 관점

| 정답 해설 | 갑의 관점은 사회 실재론에 해당하고, 을의 관점은
사회 명목론에 해당한다.
④ 사회 명목론은 사회가 단지 개인들이 모여 있는 것으로 실제
로 존재하지 않는다고 본다.
| 오답 해설 | ① 사회 명목론은 사회가 개인의 목표를 실현시켜
주는 수단에 불과하다고 본다.
② 사회 실재론은 사회가 개인의 외부에 실제로 존재하며, 독자
적인 특성을 지니고 있다고 본다.
③ 사회 명목론은 개인의 행동은 사회와 관계없이 자신의 자율적
인 의지에 따라 이루어진다고 본다.

36 ③

개념 카테고리 | 사회·문화 > 개인과 사회 구조 > 사회 구조와 일탈 행동 > 일
탈 이론

| 정답 해설 | (가)는 차별 교제 이론, (나)는 낙인 이론과 관련 있다.
③ 낙인 이론은 일탈 행동을 규정하는 객관적인 기준은 없으며,
사람들이 일탈 행동을 하는 이유는 사회적으로 특정한 행위를
일탈로 규정하고 이러한 행위를 한 사람을 일탈자로 낙인찍기
때문이라고 본다.
| 오답 해설 | ① 문화적 목표와 제도적 수단 간의 괴리를 일탈 행
동의 원인으로 보는 이론은 머튼의 아노미 이론이다.
② 차별 교제 이론은 일탈 행동이 일탈 행위자와의 상호 작용을
통해 학습된다고 본다.
④ 낙인 이론은 1차적 일탈이 부정적 시선의 내면화를 통해 2차
적 일탈로 반복되는 과정에 주목한다.
| 플러스 이론 | 1차적 일탈과 2차적 일탈

낙인 이론은 일시적이고 비의도적으로 발생하는 바람직하지 않은 행동
을 1차적 일탈이라고 분류하였다. 1차적 일탈이 발생한 상황에서 주위
사람들이 그 행위자가 계속해서 일탈 행동을 할 가능성이 있다고 단정하
면 행위자가 정상적으로 생활할 수 있는 기회가 감소하고 행위자는 스스
로 일탈자로 인식하게 된다. 자신이 일탈자라는 부정적 자아를 갖게 된
개인은 일탈 행동을 습관화하게 되는데, 이를 2차적 일탈이라고 한다.

37 ①

개념 카테고리 | 사회·문화 > 개인과 사회 구조 > 사회 구조와 일탈 행동 > 일
탈 이론

| 정답 해설 | A는 낙인 이론, B는 차별 교제 이론, C는 아노미 이
론에 해당한다.
① 타인들과의 상호 작용이 일탈 발생 과정에 미치는 영향력을
중시하는 이론은 낙인 이론과 차별 교제 이론이다. 따라서 ㉠
과 ㉡에는 모두 '예'가 들어간다.
| 오답 해설 | ② 낙인 이론은 사람들이 일탈 행동을 하는 이유는
사회적으로 특정한 행위를 일탈로 규정하고 이러한 행위를 한 사
람을 일탈자로 낙인찍기 때문이라고 본다.
③ 차별 교제 이론은 일탈자와의 접촉을 차단하고 정상적인 사회
집단과의 교류를 촉진할 것을 강조한다.
④ 아노미 이론은 사회 규범의 통제력 회복, 새로운 가치관의 확
립, 문화적 목표를 이룰 수 있는 적합한 수단의 제공 등을 일
탈 행동의 해결 방안으로 제시한다.

38 ④

개념 카테고리 | 사회·문화 > 개인과 사회 구조 > 사회 구조와 일탈 행동 > 일
탈 이론

| 정답 해설 | (가)는 뒤르켐의 아노미 이론, (나)는 차별 교제 이
론, (다)는 낙인 이론이다.
④ 우범 지역에서 일탈 집단과의 접촉이 쉽게 이루어지고 이로
인해 일탈자가 된다고 보는 이론은 차별 교제 이론이다.
| 오답 해설 | ① 뒤르켐의 아노미 이론은 급속한 사회 변동으로
인해 기존의 지배적인 사회 규범이 약화되고 새로운 가치관이 미
처 정립되지 못하였거나, 기존의 규범과 새로운 규범이 혼재되면
서 나타나는 도덕적 혼란 또는 무규범 상태인 아노미 상태에서
일탈 행동이 발생한다고 본다. 이에 대한 대책으로 사회 규범의
통제력 회복, 새로운 가치관의 확립 등을 주장한다.
② 낙인 이론은 일탈을 규정하는 객관적 기준이 없다고 본다.
매력적 오답 ③ 상호 작용이라는 단어를 보고 차별 교제 이론에만
해당한다고 생각했을 수 있다. 차별 교제 이론은 일탈 행위자
와의 접촉 과정에서의 상호 작용을, 낙인 이론은 부정적 시선
을 내면화하는 과정에서의 상호 작용을 일탈 발생의 중요 요
인으로 본다. 따라서 차별 교제 이론과 낙인 이론은 모두 타
인들과의 상호 작용이 일탈 발생 과정에 미치는 영향을 중시
한다.
| 플러스 이론 | 아노미 이론

뒤르켐은 일탈 행동의 원인으로 무규범이나 규범의 혼란 상태인 아노
미를 제시하였다. 머튼은 이를 발전시켜 다양한 사회적 적응 유형 중 문
화적 목표와 제도적 수단 간에 괴리가 발생한 경우를 아노미로 보고, 이
것이 일탈 행동의 원인이라고 설명하였다.

39 ③

개념 카테고리 사회 · 문화 > 개인과 사회 구조 > 사회 구조와 일탈 행동 > 일탈 이론

| 정답 해설 | A는 차별 교제 이론, B는 머튼의 아노미 이론, C는 낙인 이론이다.

③ 일탈 행동 자체보다 일탈자로 규정되는 과정이나 사회적 여건을 중시하는 것은 낙인 이론이다.

| 오답 해설 | ① 뒤르켐의 아노미 이론에 대한 설명이다.

② 차별 교제 이론에 대한 설명이다.

④ 사회 규범의 통제력 회복을 중시하는 것은 뒤르켐의 아노미 이론에 대한 설명이다.

40 ②

개념 카테고리 사회 · 문화 > 개인과 사회 구조 > 사회 구조와 일탈 행동 > 일탈 이론

| 정답 해설 | 갑은 차별 교제 이론, 을은 낙인 이론, 병은 머튼의 아노미 이론의 관점을 가지고 있다.

② 낙인 이론은 부정적 자아의 내면화로 인해 반복적인 일탈이 발생한다고 본다.

| 오답 해설 | ① 일탈자로 규정되는 과정과 상황 맥락을 중시하는 것은 낙인 이론이다.

③ 급격한 사회 변동으로 인한 무규범 상태가 일탈 행동을 발생시킨다고 보는 것은 뒤르켐의 아노미 이론이다.

④ 낙인 이론은 일탈 행동의 객관적 기준이 존재하지 않는다고 보지만, 머튼의 아노미 이론은 일탈 행동의 객관적 기준이 존재한다고 본다.

41 ④

개념 카테고리 사회 · 문화 > 개인과 사회 구조 > 사회 구조와 일탈 행동 > 개인과 사회의 관계를 바라보는 관점

| 정답 해설 | A는 사회 실재론, B는 사회 명목론이다.

④ 사회 명목론은 개인의 행위에 초점을 두고 사회를 이해해야 한다고 본다.

| 오답 해설 | ① 사회에 대하여 개인이 지닌 불가항력성을 간과한다고 보는 관점은 개인 행위를 중시하는 사회 명목론이다.

② 사회의 구속성을 강조하여 개인이 전체 사회와의 관련 속에서만 존재의 의미를 갖는다고 보는 관점은 사회 실재론이다. 반면 사회 명목론은 사회로부터의 개인의 자율성을 중시한다.

③ 사회 명목론은 사회 현상을 개인 행위로 환원하여 설명할 수 있다고 본다.

CHAPTER 03 | 문화와 일상생활

출제 비중 13%

약점진단표

	1회독				2회독				3회독			
	○	△	×	총	○	△	×	총	○	△	×	총
문화의 이해★★				9				9				9
하위문화와 대중문화★★				5				5				5
문화의 변동★★★				10				10				10

＊문제풀이 후 약점진단 결과를 적어 보세요!

필수기출 & 출제예상 문제

문화의 이해

문제편 P.155

01	②	02	②	03	③	04	①	05	②
06	①	07	③	08	③	09	①		

01 ②

개념 카테고리 사회 · 문화 > 문화와 일상생활 > 문화의 이해 > 문화의 속성

| 정답 해설 | 〈보기〉에는 문화의 공유성이 나타나 있다.

② 문화의 공유성은 상대방의 행동을 예측하고 대응할 수 있게 해준다.

| 오답 해설 | ① 문화의 변동성에 대한 설명이다.

③ 문화의 축적성에 대한 설명이다.

매력적 오답 ④ 문화의 연쇄적인 변화를 강조하는 속성은 총체성이며, 문화는 고정불변하지 않으며 변화한다고 보는 속성은 변동성이므로 이 두 속성을 구분할 필요가 있다. ④는 문화의 총체성에 대한 설명이다.

02 ②

개념 카테고리 사회 · 문화 > 문화와 일상생활 > 문화의 이해 > 문화의 속성

| 정답 해설 | ② 문화의 전체성에 대한 설명으로, 이는 문화의 각 부분이 유기적인 상호 작용의 전체로서 하나의 체계를 이룬다고 본다.

| 오답 해설 | ① 문화의 축적성에 대한 설명으로 한 세대의 경험과 지식이 다음 세대로 전송되어 인류의 문명이 발달하다고 본다.

③ 한 사회 구성원들이 같은 생활양식을 공유하며, 다른 구성원과의 상호 작용이 안정적으로 이루어지게 하는 것은 문화의 공유성에 대한 설명이다.

④ 문화의 변동성에 대한 설명이다.

03 ③

개념 카테고리 사회 · 문화 > 문화와 일상생활 > 문화의 이해 > 문화를 바라보는 관점

| 정답 해설 | 〈보기〉는 캐나다가 실시한 다문화 수용 정책을 보여 주고 있다.

③ 문화 간 차이와 다양성을 인정하는 관용의 자세를 중시하는 정책이다.

| 오답 해설 | ① 문화적 다양성을 추구하기 위한 정책이다.

② 이민자의 문화 정체성을 유지할 수 있는 정책이다.

④ 문화의 다양성을 인정해 주고 유지하는 것을 목적으로 하는 정책이다.

04 ①

개념 카테고리 사회 · 문화 > 문화와 일상생활 > 문화의 이해 > 문화 이해의 태도

| 정답 해설 | A는 문화 상대주의, B는 문화 사대주의, C는 자문화 중심주의이다.

① 문화 상대주의는 문화의 다양성을 보존하는 데 기여할 수 있다.

| 오답 해설 | ② 자기 문화에 대한 자부심을 강화시킬 수 있는 문화 이해 태도는 자문화 중심주의이다.

③ 문화 사대주의는 자기 문화의 정체성을 상실할 우려가 있다.

매력적 오답 ④ 문화 사대주의와 자문화 중심주의는 모두 문화의 우열을 가릴 수 있다고 보는 문화 절대주의이다.

05 ②

개념 카테고리 사회 · 문화 > 문화와 일상생활 > 문화의 이해 > 문화 이해의 태도

| 정답 해설 | (가)는 자문화 중심주의, (나)는 문화 사대주의, (다)는 문화 상대주의이다.

② 문화 사대주의는 자문화의 정체성을 약화시킬 우려가 있다.

| 오답 해설 | ① 문화 상대주의에 대한 설명이다.

③ 자문화 중심주의와 문화 사대주의에 대한 설명이다.

④ (가)는 자문화 중심주의, (나)는 문화 사대주의, (다)는 문화 상대주의이다.

06 ①

中

개념 카테고리 사회 · 문화 > 문화와 일상생활 > 문화의 이해 > 문화의 속성

| **정답 해설** | 밑줄 친 '이것'의 문화의 속성은 문화의 학습성이다.
① 시어머니의 음식 솜씨를 그대로 물려받은 며느리는 문화의 학습성 사례로 적절하다.
| **오답 해설** | ② 마차, 증기 기관차, 자동차 등의 운송 수단의 변화는 문화의 변동성 사례로 적절하다.
③ 인터넷 발명이 초래한 정치, 경제, 사회적 측면의 변화는 문화의 전체성 사례로 적절하다.
④ 다른 나라와 달리 정월 대보름에 오곡밥을 지어먹는 우리나라는 문화의 공유성 사례로 적절하다.

07 ③

中

개념 카테고리 사회 · 문화 > 문화와 일상생활 > 문화의 이해 > 문화의 의미와 속성

| **정답 해설** | ③ 다른 문화를 가진 사회에서 낯선 문화에 당황하는 것은 해당 사회의 문화를 공유하지 않았기 때문이다. 이는 문화의 공유성과 관련 있다.
| **오답 해설** | ① 좁은 의미의 문화는 고상하거나 세련된 것, 고급스러운 것 등 특별한 의미를 가지고 있는 생활양식을 가리킬 때 사용되고, 넓은 의미의 문화는 한 사회에서 나타나는 인간의 모든 생활양식을 의미한다. 가족 문화에서 '문화'는 넓은 의미의 문화에 해당한다.
② 경제 생활 양식이 가족 문화에 반영된 것은 문화의 전체성과 관련 있다.
매력적 오답 ④ 문화의 변동성과 학습성을 혼동했을 수 있다. 이방인이 다른 사회의 문화에 익숙해졌다고 해서 해당 사회의 문화가 변동한 것이 아니다. 이는 문화의 학습성과 관련 있다.

08 ③

中

개념 카테고리 사회 · 문화 > 문화와 일상생활 > 문화의 이해 > 문화의 의미와 속성

| **정답 해설** | ③ 갑은 원숭이들의 행동에 축적성이 나타나지 않음을 지적하고 있다. 문화의 축적성은 문화가 발전할 수 있는 원동력이 되며, 인간의 문화와 여타 동물의 후천적으로 학습된 행동을 구별해 주는 기준이 된다.
| **오답 해설** | ① 총체적인 생활양식을 말할 때 사용하는 문화는 넓은 의미의 문화에 해당한다.
② 제시된 자료를 통해서는 갑과 을의 문화 이해 태도를 알 수 없다.

④ 문화는 여러 구성 요소들이 상호 유기적으로 결합된 하나로서의 총체이므로 부분이 아닌 전체로서 의미를 갖는 생활양식임을 의미하는 것과 관련 있는 문화의 속성은 전체성이다. 을의 말에는 문화의 전체성이 나타나 있지 않다.

09 ①

下

개념 카테고리 사회 · 문화 > 문화와 일상생활 > 문화의 이해 > 문화 이해의 태도

| **정답 해설** | 갑의 문화 이해 태도는 문화 상대주의이고, 을의 문화 이해 태도는 자문화 중심주의이다.
① 갑은 거부감이 느껴지는 문화에 대해서도 존중해야 한다는 태도를 지니고 있다. 즉, 갑은 문화 상대주의적 태도를 지니고 있는데, 문화 상대주의는 문화의 다양성 보존에 기여한다.
| **오답 해설** | ②, ③ 을은 자문화 중심주의적 태도를 지니고 있다. 자문화 중심주의는 자문화의 정체성을 강화시키지만, 외부 문화의 수용에 소극적이다.
④ 갑은 각 문화 요소는 존재해야 할 이유와 가치가 있으므로 특정 기준으로 문화의 우열을 판단하는 것이 바람직하지 않다고 보는 반면, 을은 문화를 우열 평가의 대상으로 간주한다.

하위문화와 대중문화									문제편 P.158
10	④	11	③	12	③	13	④	14	①

10 ④

개념 카테고리 사회 · 문화 > 문화와 일상생활 > 하위문화와 대중문화 > 주류 문화와 하위문화

| **정답 해설** | A는 주류 문화, B는 하위문화이다.
ㄷ. 사회 변화에 따라 하위문화는 주류 문화가 되기도 한다.
ㄹ. 하위문화는 주류 문화가 추구하는 가치와 다른 가치를 추구하기도 한다.
| **오답 해설** | ㄱ. 하위문화의 총합은 주류 문화가 아니다.
ㄴ. 하위문화는 사회 전체의 문화적 다양성을 증진시킨다.

11 ③

中

개념 카테고리 사회 · 문화 > 문화와 일상생활 > 하위문화와 대중문화 > 하위문화와 반문화

| **정답 해설** | ㉠은 하위문화이면서 반문화에 해당하고, ㉡은 하위문화에 해당한다.
③ 히피 문화와 할렘 문화 모두 하위문화이므로 사회 전체의 문화적 역동성을 높이는 데 기여할 수 있다.

| 오답 해설 | ① 반문화는 기존 주류 문화를 대체하면서 기존 주류 문화의 문제점을 성찰하는 계기가 되기도 하며, 사회 변동을 가져오기도 한다.

매력적 오답 ② 하위문화의 상대성을 이해하지 못했을 수 있다. 할렘 문화 안에서도 여러 하위문화가 존재할 수 있다. 따라서 범주를 어떻게 설정하느냐에 따라 할렘 문화는 주류 문화가 될 수 있다.

④ 히피 문화와 할렘 문화는 모두 미국 사회의 하위문화에 해당한다.

| 플러스 이론 | **주류 문화와 하위문화**

> 주류 문화는 한 사회에서 집단 및 영역과 상관없이 전체 구성원들이 공유하는 문화이다. 이와 달리 하위문화는 한 사회의 일부 구성원들만 공유하는 문화이다. 주류 문화의 공유성은 전체 사회의 범위에서 나타나므로 하위문화를 갖는 집단의 구성원들 역시 주류 문화의 요소를 향유한다. 이와 달리 하위문화의 공유성은 해당 문화를 향유하는 특정 집단의 범위로 한정된다.

12 ③

中

개념 카테고리 사회·문화 > 문화와 일상생활 > 하위문화와 대중문화 > 주류 문화, 하위문화, 반문화

| 정답 해설 | ③ d는 갑국의 주류 문화 요소이고, a, b, c는 갑국의 하위문화 요소이다.

| 오답 해설 | ① b는 갑국의 하위문화 요소이지만, B의 하위문화 요소로 볼 수 없다.

② A의 인구가 B에 속한 C의 인구보다 많은지는 알 수 없다.

매력적 오답 ④ 소수 인종이 향유하는 문화를 반문화에 해당한다고 오해했을 수 있다. 소수 인종이 향유하는 문화 요소를 반문화 요소라고 볼 수 없다.

13 ④

中

개념 카테고리 사회·문화 > 문화와 일상생활 > 하위문화와 대중문화 > 대중 매체

| 정답 해설 | A는 쌍방향 정보 전달에 가장 유리한 매체이므로 뉴 미디어에 해당하고, B는 시각 장애인의 정보 접근 가능성이 가장 낮으므로 인쇄 매체에 해당한다. 따라서 C는 영상 매체에 해당한다.

④ 사회 관계망 서비스(SNS)는 뉴 미디어에, 종이 신문은 인쇄 매체에, 텔레비전은 영상 매체에 해당한다.

| 오답 해설 | ① 인쇄 매체는 정보 생산자와 소비자 간 경계가 뚜렷한 반면, 뉴 미디어는 정보 생산자와 소비자 간 경계가 모호하다.

② 정보 복제가 가장 용이한 매체는 뉴 미디어이다. 따라서 '정보 복제가 가장 용이함'은 (가)에 들어갈 수 없다.

매력적 오답 ③ 영상 매체와 인쇄 매체의 특징을 혼동했을 수 있다. 뉴 미디어와 영상 매체는 시각 정보와 청각 정보를 모두 전달할 수 있다.

14 ①

下

개념 카테고리 사회·문화 > 문화와 일상생활 > 하위문화와 대중문화 > 대중문화의 문제점

| 정답 해설 | ① 제시문은 정치권력이나 자본의 필요에 의해 만들어진 정보를 일방적으로 소비하는 과정에서 대중문화가 지배층의 대중 조작 수단으로 악용될 수 있음을 강조하고 있다.

| 오답 해설 | ② 대중문화의 지나친 상업성 추구로 인해 대중문화의 질적 저하를 초래할 우려가 있으나, 제시문에서는 알 수 없는 내용이다.

③ 제시문에서는 대중의 관심사를 대중문화가 반영하지 못하고 있음을 강조하고 있다.

④ 제시문에서 강조하고 있는 문제점으로 볼 수 없다.

문화의 변동								문제편 P.159
15	④	16	①	17	②	18	①	19	②
20	③	21	④	22	②	23	④	24	④

15 ④

개념 카테고리 사회·문화 > 문화와 일상생활 > 문화의 변동 > 문화 변동의 양상

| 정답 해설 | T 시기에서 T+1 시기로 넘어갈 때 A 민족에서는 자민족의 의복 문화와 B 민족의 의복 문화가 공존하는 문화 공존이 나타났고, B 민족에서는 음식 문화에서 문화 공존이 나타났다. T+1 시기에서 T+2 시기로 넘어갈 때 A 민족에서는 자민족과 B 민족의 의복 문화 성격을 모두 지니면서 새로운 성격이 가미된 문화(◎)가 생기는 문화 융합이 나타났고, B 민족에서는 자민족의 주거 문화가 A 민족의 주거 문화로 대체되는 문화 동화가 나타났다.

④ T+2 시기에 A 민족에서는 의복 문화에서 문화 융합이 나타났다.

| 오답 해설 | ① T+1 시기에 A 민족과 B 민족에서는 모두 문화 공존(병존)이 나타났다.

매력적 오답 ② T 시기에서 T+1 시기로 넘어갈 때 A, B 민족 모두 문화 공존(병존)이 나타났다. 이는 외재적 요인(전파)에 의한 문화 변동에 해당한다. 참고로 내재적 요인에 의한 문화 변동으로는 발명과 발견이 있다.

③ T+1 시기에서 T+2 시기로 넘어갈 때 A 민족의 의복 문화에서는 문화 융합이 일어났다. 따라서 A 민족과 B 민족 모두 의복 문화에서 자문화 요소가 유지되고 있다.

16 ①

| 개념 카테고리 | 사회 · 문화 > 문화와 일상생활 > 문화의 변동 > 문화 변동의 양상

| **정답 해설** | ① 갑국은 을국과 문화 접변 후 의복에서 갑국의 의복 문화를 그대로 유지하고 있으므로 문화 동화가 나타났다고 볼 수 없다. 문화 동화가 일어나면 기존의 문화인 전통문화가 새로운 문화로 대체된다.
| **오답 해설** | ② 갑국에서 새로 나타난 ■은 문화 융합에 해당한다.
③ 갑국은 문화 교류 이후에도 ○, □ 문화를 유지하고 있다.
④ 을국의 경우, 갑국과 문화 접변 후 기존 을국의 음식 문화와 갑국의 음식 문화가 모두 나타나므로 이는 문화 병존에 해당한다.

17 ②

| 개념 카테고리 | 사회 · 문화 > 문화와 일상생활 > 문화의 변동 > 문화 변동의 양상

| **정답 해설** | ② 재즈는 아프리카 흑인들의 음악과 유럽의 악기가 결합하여 새롭게 만들어진 것으로, 이는 문화 융합에 해당한다.
| **오답 해설** | ① 문화 공존은 각 문화가 고유한 속성을 유지하고 있는 것이고, 문화 동화는 하나의 문화로 대체 또는 흡수되는 것이다.
③ 한의학과 서양 의학이 각각 병존하고 있으므로 문화 공존에 해당한다.
④ 서양 의학이 브라질 원주민들의 전통적 방법을 대체하였으므로 이는 문화 동화에 해당한다.

18 ①

| 개념 카테고리 | 사회 · 문화 > 문화와 일상생활 > 문화의 변동 > 문화 변동의 양상

| **정답 해설** | ① A국에서는 문화 융합이 나타났고, B국에서는 문화 동화가 일어났다.
| **오답 해설** | ② 간접 전파는 매개체에 의한 문화 변동으로, TV나 인터넷 등을 통해 일어난다. A국과 B국에서는 모두 직접 전파가 일어났다.
③ 강제적 문화 접변은 정복이나 식민 지배와 같이 강제성을 띤 외부 압력에 의해 일어나는 문화 변동이다. A국과 B국 모두 강제적 문화 접변은 일어나지 않았다.
④ A국과 B국은 모두 외재적 변동(문화 전파)에 의한 문화 변동이 일어났다. 참고로 내재적 변동에는 발명과 발견이 있다.

19 ②

| 개념 카테고리 | 사회 · 문화 > 문화와 일상생활 > 문화의 변동 > 문화 변동의 양상

| **정답 해설** | ㄴ. ⓒ은 직접 전파로, 이는 외재적 변동에 해당한다.
ㄹ. ㉣에서 아프리카 고유의 토속신앙이 사라지고 기독교로 종교가 대체된 것은 문화 동화의 사례에 해당한다.
| **오답 해설** | ㄱ. ㉠은 발명에 해당한다.
ㄷ. ⓒ은 직접 전파에 해당한다.

20 ③ 上

| 개념 카테고리 | 사회 · 문화 > 문화와 일상생활 > 문화의 변동 > 문화 변동의 양상

| **정답 해설** | 갑국에서는 발명에 의한 문화 변동이 나타났고, 을국, 병국, 정국에서는 전파에 의한 문화 변동이 나타났다.
③ 을국에서는 문화 병존이, 병국에서는 문화 동화가 나타났다. 문화 병존과 문화 동화는 모두 전파된 문화 요소가 변형되지 않고 정착되는 현상이다.
| **오답 해설** | ① 병국에서는 문화 동화가, 정국에서는 문화 융합이 나타났다. 문화 융합이 나타나면 제3의 문화 요소에 자문화의 문화 요소가 녹아들어 있기 때문에 자문화의 정체성이 상실되지 않는다.
② 을국, 병국, 정국 모두 갑국의 문화 요소를 수용하였다.
매력적 오답 ④ 문화 변동의 내재적 요인과 외재적 요인을 혼동했을 수 있다. 갑국에서는 내재적 요인인 발명에 의한 문화 변동이 나타났고, 을국에서는 문화 병존, 병국에서는 문화 동화, 정국에서는 문화 융합이 나타났다. 즉, 을국, 병국, 정국에서는 외재적 문화 변동이 나타났다.

21 ④ 中

| 개념 카테고리 | 사회 · 문화 > 문화와 일상생활 > 문화의 변동 > 문화 변동의 양상

| **정답 해설** | 제시된 사례를 통해 갑국에서는 직접 전파로 인한 문화 융합이 나타났음을 알 수 있다.
④ 갑국에서는 갑국의 음성 언어 체계와 세계관이 을국의 문자와 결합되었다. 이를 통해 고유한 체계를 가진 새로운 문자가 등장하였는데, 이는 문화 융합에 해당한다. 문화 융합은 전통문화의 정체성이 유지되면서도 새로운 문화가 만들어지는 문화 변동을 말한다.
| **오답 해설** | ① 을국의 문자는 을국의 선교사들에 의해 갑국에 전파되었으므로 직접 전파되었다.
② 을국의 문자가 전파되어 갑국의 문자가 소멸한 것이 아니므로 문화 동화가 나타났다고 볼 수 없다.
③ 갑국의 말과 을국의 문자가 함께 사용되는 것을 문화 병존으로 볼 수 없다.

③ 새로운 문화 요소가 만들어지는 문화 융합은 외래문화로 대체되는 문화 동화와 달리 한 사회의 문화 다양성을 높이는 데 기여한다.

22 ②

개념 카테고리 사회·문화 > 문화와 일상생활 > 문화의 변동 > 문화 변동의 요인

| 정답 해설 | A는 직접 전파, B는 간접 전파에 해당한다.
② 직접 전파와 간접 전파는 모두 문화 변동의 외재적 요인으로, 한 사회의 외부에서 제공되어 문화 요소를 수용한 사회의 문화 체계에 변동을 초래하는 요인이다.

| 오답 해설 | ① 직접 전파는 문화 요소를 제공하는 사회와 그것을 수용하는 사회 구성원들 간의 직접적인 접촉 과정에서 문화 요소가 전달되는 현상을 말한다.
③ 간접 전파는 문화 요소를 제공하는 사회와 그것을 수용하는 사회 구성원들 간의 직접적인 접촉이 아닌 매개체를 통해 간접적으로 문화 요소가 전달되는 현상을 말한다.
④ 직접 전파와 간접 전파는 모두 전파된 문화 요소 자체가 그것을 수용하는 사회에 정착되는 현상이다.

23 ④

개념 카테고리 사회·문화 > 문화와 일상생활 > 문화의 변동 > 문화 변동의 요인

| 정답 해설 | A는 발명, B는 발견, C는 자극 전파, D는 직접 전파와 간접 전파에 해당한다.
④ 상호 인적 교류가 없는 사회도 매개체를 통한 간접 전파를 통해 공통된 문화 요소를 가질 수 있다.

| 오답 해설 | **매력적 오답** ① 발명은 물질적인 것뿐만 아니라 비물질적인 것도 가능하다는 것을 모르고 있었을 수 있다. 발명은 존재하지 않았던 기술이나 사물 등을 만들어 내는 행위나 그 결과물을 말한다. 비물질적인 것뿐만 아니라 새로운 기술이나 사물과 같은 물질적인 것을 만들어 내는 행위와 그 결과물도 발명에 해당한다.
② 고려 말 문익점에 의해 목화씨가 전래된 것은 직접 전파에 해당한다.
③ 방송을 통해 해외에 확산된 한류 문화는 간접 전파에 해당한다.

24 ④

개념 카테고리 사회·문화 > 문화와 일상생활 > 문화의 변동 > 문화 변동의 양상

| 정답 해설 | (가)는 문화 동화, (나)는 문화 융합이다.
④ 문화 동화는 자기 문화의 정체성을 유지할 수 없으나, 문화 융합은 자기 문화의 정체성을 유지할 수 있다. 즉, 문화 융합은 자기 문화의 정체성을 유지하면서 제3의 문화 요소가 만들어지는 것이다.

| 오답 해설 | ① 문화 동화와 문화 융합은 모두 외재적 변동 요인에 의한 결과이다.
② '각국의 차이나타운'은 문화 병존의 사례에 해당한다.

04 | 사회 계층과 불평등

출제 비중 21%

약점진단표

	1회독				2회독				3회독			
	○	△	×	총	○	△	×	총	○	△	×	총
사회 불평등 현상과 계층★★★				16				16				16
다양한 사회 불평등 양상★★				6				6				6
사회 복지와 복지 제도★★★				12				12				12

＊문제풀이 후 약점진단 결과를 적어 보세요!

필수기출 & 출제예상 문제

사회 불평등 현상과 계층
문제편 P.163

01	②	02	④	03	②	04	④	05	④
06	④	07	④	08	④	09	③	10	④
11	④	12	②	13	③	14	②	15	③
16	④								

01 ②

개념 카테고리 사회·문화 > 사회 계층과 불평등 > 사회 불평등 현상과 계층 > 계층론과 계급론

| 정답 해설 | A는 베버의 계층 이론, B는 마르크스의 계급 이론이다.
② 베버의 계층 이론은 다원론적 관점에서, 마르크스의 계급 이론은 일원론적 관점에서 사회 계층화 현상을 설명한다.
| 오답 해설 | ①, ④ 마르크스의 계급 이론에 대한 설명이다.
③ 베버의 계층 이론은 지위 불일치 현상을 설명하기 용이하다.

02 ④

개념 카테고리 사회·문화 > 사회 계층과 불평등 > 사회 불평등 현상과 계층 > 계층론과 계급론

| 정답 해설 | A 이론은 계층 이론, B 이론은 계급 이론이다.
④ 계급 이론은 정치적 불평등이 경제적 불평등에 종속되는 것으로 본다.
| 오답 해설 | ① 계급 이론에 대한 설명이다.
매력적 오답 ② 계층 이론에 대한 설명이다. 계층 이론은 연속적 서열화를, 계급 이론은 불연속적 서열화를 설명할 수 있다.
③ 계층 이론과 계급 이론은 모두 사회 불평등 현상에 경제적 요인이 작용한다고 본다.

03 ②

개념 카테고리 사회·문화 > 사회 계층과 불평등 > 사회 불평등 현상과 계층 > 계층론과 계급론

| 정답 해설 | A는 계급 이론, B는 계층 이론이다.
ㄱ. 갈등과 대립이 사회 변동의 원동력이 된다고 보는 것은 계급 이론이다.
ㄷ. 계층 이론은 다양한 요인에 의한 희소가치의 불평등한 분배를 범주화하여 설명한다.
| 오답 해설 | ㄴ. 경제적 지위에 따른 강한 귀속 의식을 중시하는 것은 계급 이론과 관련된 설명이다.
ㄹ. 사회 계층화 현상의 원인으로 경제적 요인만을 중시하는 것은 계급 이론이다. 계층 이론은 사회 계층화 현상의 원인을 경제적·사회적·정치적 요인으로 이해한다.

04 ④

개념 카테고리 사회·문화 > 사회 계층과 불평등 > 사회 불평등 현상과 계층 > 계층 구성

| 정답 해설 | ④ 갑국의 하층 비율과 을국의 중층 비율이 동일하다면, C는 하층, A는 중층이다. 사회 통합에 유리한 계층 구조를 가진 국가는 다이아몬드형의 을국이다.
| 오답 해설 | ① 갑국의 계층 구조가 피라미드형이라면, A는 중층, B는 상층, C는 하층이므로 을국은 다이아몬드형의 계층 구조를 보인다.
② 갑국의 하층 비율이 상층 비율의 2배이면, A는 상층, B는 중층, C는 하층이므로 갑국은 모래시계형 계층 구조를 보인다.
③ B에서 A로의 이동이 하강 이동이고 B에서 C로의 이동이 상승 이동이라면, A는 하층, B는 중층, C는 상층이므로 을국은 피라미드형 계층 구조를 보인다.

05 ④

개념 카테고리 사회·문화 > 사회 계층과 불평등 > 사회 불평등 현상과 계층 > 계층 구성

| 정답 해설 | 계층별 인구 구성은 2005년의 경우 상층 10%, 중층 40%, 하층 50%이고, 2010년의 경우 상층 20%, 중층 55%, 하층 25%이며, 2015년의 경우 상층 30%, 중층 20%, 하층 50%이다.

④ 2005년에는 피라미드형 계층 구조, 2010년에는 다이아몬드형 계층 구조, 2015년에는 모래시계형 계층 구조를 가진다. 따라서 다이아몬드형 계층 구조를 가진 2010년이 가장 안정적이다.

| 오답 해설 | ① 2015년의 계층 구조는 모래시계형이다.

② 2005년의 하층 인구는 상층과 중층 인구를 합한 것과 같다.

③ 2010년의 상층 인구는 200만 명이고, 2015년의 상층 인구는 300만 명이다.

06 ④

개념 카테고리 사회·문화 > 사회 계층과 불평등 > 사회 불평등 현상과 계층 > 계층 구성

| 정답 해설 | ④ 부모가 중층인 경우 세대 간 상승 이동 비율과 세대 간 하강 이동 비율은 8%로 같다.

| 오답 해설 | ① 자녀 세대의 계층 구조는 다이아몬드형이다.

② 부모 세대 상층 비율은 10%인데, 부모가 상층이고 자녀 또한 상층인 비율은 2%이다. 따라서 부모가 상층이지만 자녀가 중층이나 하층인 8%는 세대 간 이동을 하였다.

③ 제시된 자료를 통해 세대 내 이동은 파악할 수 없다.

07 ④

개념 카테고리 사회·문화 > 사회 계층과 불평등 > 사회 불평등 현상과 계층 > 계층 구성

| 정답 해설 | ④ 갑국의 계층 구조는 1980년의 경우 피라미드형 계층 구조이고, 2010년의 경우 다이아몬드형 계층 구조이므로 안정적인 사회 계층 구조로 변화하였다고 할 수 있다.

| 오답 해설 | ① 을국의 계층 구조는 1980년의 경우 다이아몬드형 계층 구조이고, 2010년의 경우 모래시계형 계층 구조이다. 이는 복지 제도 확충의 결과로 볼 수 없다.

매력적 오답 ② 제시된 자료를 통해 갑국의 계층 구조가 폐쇄적 계층 구조인지는 파악할 수 없다.

③ 을국은 2010년에 모래시계형 계층 구조로 변화하였다.

08 ④

개념 카테고리 사회·문화 > 사회 계층과 불평등 > 사회 불평등 현상과 계층 > 계층 구성

| 정답 해설 | 제시된 자료를 바탕으로 갑국과 을국의 계층별 인구 비율을 나타내면 다음과 같다.

(단위: %)

구분	갑국	을국
상층	20	20
중층	30	60
하층	50	20

ㄱ. ㉠은 을국의 하층을 제외한 비율이므로 80%이다.

ㄴ. 갑국은 하층 인구 비율이 50%로 가장 높다.

ㄷ. 을국은 중층 비율이 가장 높은 다이아몬드 계층 구조를 띠고 있다.

| 오답 해설 | ㄹ. 갑국과 을국의 상층 비율은 20%로 같으나, 각 국의 전체 인구 수를 알 수 없으므로 상층 인구 수가 같다고 단정할 수 없다.

09 ③

개념 카테고리 사회·문화 > 사회 계층과 불평등 > 사회 불평등 현상과 계층 > 계층 구성

| 정답 해설 | A국은 상층 20%, 중층 60%, 하층 20%로 이루어져 있고, B국은 상층 20%, 중층 30%, 하층 50%로 이루어져 있다.

③ 상층 대비 하층의 비는 A국이 1, B국이 5/2로, B국이 A국보다 높다.

| 오답 해설 | ① 상층이 차지하는 비율은 A국과 B국이 같다.

② 하층이 차지하는 비율은 A국보다 B국이 높다.

④ A국은 다이아몬드형 계층 구조, B국은 피라미드형 계층 구조이다.

10 ④

개념 카테고리 사회·문화 > 사회 계층과 불평등 > 사회 불평등 현상과 계층 > 사회 계층 구조

| 정답 해설 | ④ 부모 세대에 비해 자식 세대의 계층 구조가 다이아몬드형 계층 구조로 안정적이다.

| 오답 해설 | ① 세대 간 계층 이동이 발생하고 있으므로 폐쇄적 계층 구조가 아니다.

② 자녀 세대에서 양극화 현상이 완화되고 있다.

③ 상승 이동은 32%, 하강 이동은 5%이므로 하강 이동 비율이 더 낮다.

| 플러스 이론 | 사회 이동과 계층 비율에 따른 구분

1. 사회 이동에 따른 구분

구분		내용
방향	수직 이동	상승 이동과 하강 이동
	수평 이동	동일한 계층 내에서의 이동
범위	세대 간 이동	두 세대 이상에 걸쳐 계층적 위치가 변하는 이동
	세대 내 이동	한 개인의 생애 동안에 나타나는 계층적 위치 변화
원인	개인적 이동	개인의 계층적 위치 변화
	구조적 이동	전쟁, 산업화 등으로 기존 계층 구조가 변화됨
이동 가능성 (유/무)	개방적 구조	자유롭게 수직 이동, 수평 이동이 가능
	폐쇄적 구조	수직 이동이 불가능

2. 계층 비율에 따른 구분
- 피라미드형: 상 < 중 < 하
- 다이아몬드형: 복지사회, 안정적 구조
- 모래시계형: 양극화 심화

11 ④

中

개념 카테고리 사회 · 문화 > 사회 계층과 불평등 > 사회 불평등 현상과 계층 > 사회 계층화 이론

| **정답 해설** | 생산 수단의 소유 여부에 따라 지배 계급과 피지배 계급으로 구분하는 이론은 계급 이론이다. 따라서 A는 계급 이론, B는 계층 이론이다.

④ 계급 이론은 계층 이론과 달리 사회적·정치적 불평등이 경제적 불평등에 종속된다고 본다. 따라서 '경제적 불평등과 정치적 불평등의 발생 기원이 다르다고 보는가?'는 (나)에 들어갈 수 있다.

| **오답 해설** | ① 계급 이론보다 계층 이론이 지위 불일치 현상을 설명하기에 적절하다.

② 계급 이론은 계급을 불연속적·이분법적으로 구분하는 반면, 계층 이론은 계층이 연속적이고 복합적으로 서열화되어 나타남을 강조한다.

매력적 오답 ③ 계급 이론과 계층 이론의 공통점이 경제적 요인을 사회 불평등 현상의 원인으로 본다는 것임을 알지 못했을 수 있다. 계급 이론과 계층 이론 모두 경제적 요인을 사회 불평등 현상의 원인으로 본다. 따라서 '경제적 요인을 사회 불평등 현상의 원인으로 보는가?'는 (가)에 들어갈 수 있다.

| 플러스 이론 | 베버의 계층 이론과 지위 불일치

베버는 계급, 위신, 권력이 서로에게 영향을 주면서도 상대적으로 독립적으로 존재한다고 본다. 따라서 개인은 한 영역에서 높은 위치를 가지면서 다른 영역에서는 낮은 위치 또는 중간 위치를 가질 수 있다. 즉, 계층 이론은 개인의 계급, 위신, 권력의 각 측면에서 나타나는 계층 서열이 일치하지 않는 현상인 지위 불일치 현상을 설명하기에 적합하다.

12 ②

中

개념 카테고리 사회 · 문화 > 사회 계층과 불평등 > 사회 불평등 현상과 계층 > 사회 계층화 이론

| **정답 해설** | A는 계급 이론, B는 계층 이론이다.

② 계급 이론은 계급에 대한 개인의 소속감이나 연대 의식, 즉 계급 의식을 중시한다. 따라서 '집단 귀속 의식'은 (가)에 들어갈 수 있다.

| **오답 해설** | ① 계급은 생산 수단의 소유 여부에 따라 구분되므로 집단 경계가 명확하지만, 계층은 다양한 요인에 따라 분류되므로 집단 구분이 모호하다.

③ 계층 이론은 계급 이론보다 지위 불일치 현상을 설명하기에 용이하다.

④ 다른 집단에 속한 구성원 간에 적대감이 있다고 보는 이론은 계급 이론이다.

13 ③

中

개념 카테고리 사회 · 문화 > 사회 계층과 불평등 > 사회 불평등 현상과 계층 > 기능론과 갈등론

| **정답 해설** | ㉠은 기능론의 입장이고, ㉡은 갈등론의 입장이다.

③ 사회적 희소가치의 배분 기준에 대해 기능론은 사회적 합의에 의해 성립되었으므로 공정하다고 보는 반면, 갈등론은 지배 집단에 의해 강제되는 것이므로 불공정하다고 본다.

| **오답 해설** | **매력적 오답** ① 기능론은 차등 보상을, 갈등론은 균등 보상을 강조함을 알지 못했을 수 있다. 기능론은 차등적으로 보상이 이루어질 때 사회적 효율성이 높아진다고 본다.

② 계층 결정 요인으로 기능론은 개인의 노력과 능력을 중시하고, 갈등론은 가정 배경과 같은 귀속적 요인을 중시한다.

④ 사회 계층화 현상을 지배 집단과 피지배 집단의 대립 관계, 즉 이분법적 구조로 설명하는 관점은 갈등론이다.

14 ②

中

개념 카테고리 사회 · 문화 > 사회 계층과 불평등 > 사회 불평등 현상과 계층 > 계층 구성

| **정답 해설** | ② 부모 계층과 자녀 계층이 일치하는 경우는 상층이 7명, 중층이 18명, 하층이 30명이므로 총 55명이다. 따라서 계층적 지위를 세습한 경우는 과반수이다.

| **오답 해설** | ① 상층인 자녀는 16명(7명＋3명＋6명)이고, 상층인 부모는 10명이다. 따라서 상층인 자녀가 상층인 부모보다 많다.

③ 세대 간 상승 이동을 한 경우는 33명(3명＋6명＋24명)이고, 세대 간 하강 이동을 한 경우는 12명(2명＋1명＋9명)이다. 따라서 세대 간 상승 이동이 세대 간 하강 이동보다 많다.

④ 부모 세대의 계층 구조는 피라미드형이고, 자녀 세대의 계층 구조는 다이아몬드형이다. 다이아몬드형 계층 구조는 중층의 비율이 가장 높으므로 사회 통합에 유리하다.

15 ③

개념 카테고리 사회·문화 > 사회 계층과 불평등 > 사회 불평등 현상과 계층 > 계층 구성

| **정답 해설** | A는 상승 이동만 발생하였으므로 하층에 해당하고, B는 상승 이동과 하강 이동이 모두 발생하였으므로 중층에 해당하며, C는 하강 이동만 발생하였으므로 상층에 해당한다. 갑국의 부모 세대와 자녀 세대의 상층 : 중층 : 하층의 비가 모두 1 : 1 : 1이므로 제시된 자료를 재구성해 보면 다음과 같다.

(단위: 명)

구분		부모의 계층			계
		상층	중층	하층	
자녀의 계층	상층	30	20	50	100
	중층	40	50	10	100
	하층	30	30	40	100
계		100	100	100	300

③ 자녀가 상층인 하층 부모 수는 50명이고, 자녀가 중층인 중층 부모 수는 50명이다. 따라서 자녀가 상층인 하층 부모 수와 자녀가 중층인 중층 부모 수는 같다.

| **오답 해설** | ① 세대 간 상승 이동은 80명이고, 세대 간 하강 이동은 100명이다. 따라서 세대 간 상승 이동이 세대 간 하강 이동보다 적다.

② 계층이 세습된 비율은 부모가 상층인 경우 30%이고, 부모가 중층인 경우 50%이며, 부모가 하층인 경우 40%이다. 따라서 계층이 세습된 비율은 부모가 중층인 경우가 가장 높다.

④ 부모의 계층이 자녀에게 세습된 경우는 120명이고, 그렇지 않은 경우는 180명이다. 따라서 부모의 계층이 자녀에게 세습된 경우가 그렇지 않은 경우보다 적다.

16 ④

개념 카테고리 사회·문화 > 사회 계층과 불평등 > 사회 불평등 현상과 계층 > 사회 계층화 이론

| **정답 해설** | ④ 계급 이론과 계층 이론은 모두 사회 불평등 현상의 원인으로 경제적 요인을 고려한다.

| **오답 해설** | ① A가 계층 이론이라면, (다)에는 계급 이론의 특징이 들어가야 한다. '중간 계급의 존재를 인정한다.'는 계층 이론의 특징이다.

② '지위 불일치를 설명하기에 적합하다.'와 '사회 불평등 현상을 연속적인 위계화로 파악한다.'는 모두 계층 이론의 특징이다.

③ '위계를 구분하는 기준이 다차원적이다.'와 '현대 사회의 불평등 현상을 설명하기에 적합하다.'는 모두 계층 이론의 특징이다.

다양한 사회 불평등 양상									문제편 P.168
17	③	18	④	19	②	20	②	21	④
22	①								

17 ③

개념 카테고리 사회·문화 > 사회 계층과 불평등 > 다양한 사회 불평등 양상 > 빈곤

| **정답 해설** | A는 절대적 빈곤, B는 상대적 빈곤이다.

ㄴ. 상대적 빈곤선은 중위 소득의 50%를 기준으로 하므로 중위 소득이 높아지면 상대적 빈곤의 빈곤선도 높아진다.

ㄹ. 우리나라에서는 절대적 빈곤과 상대적 빈곤을 객관적인 기준에 의해 분류한다. 절대적 빈곤은 최저 생계비를 기준으로, 상대적 빈곤은 중위 소득의 50%를 기준으로 분류한다.

| **오답 해설** | **매력적 오답** ㄱ. 절대적 빈곤 가구는 상대적 빈곤 가구일 수 있다. 최저 생계비보다 중위 소득의 50%가 더 높을 경우 절대적 빈곤 가구는 상대적 빈곤 가구에 포함된다.

ㄷ. 절대적 빈곤은 주로 저개발국에서, 상대적 빈곤은 주로 선진국에서 나타난다.

18 ④

개념 카테고리 사회·문화 > 사회 계층과 불평등 > 다양한 사회 불평등 양상 > 빈곤

| **정답 해설** | ④ 2015년의 경우 절대적 빈곤율은 5.9%, 상대적 빈곤율은 11.7%이므로 최저 생계비가 중위 소득의 50%보다 작다.

| **오답 해설** | ① 2012년~2015년 동안 절대적 빈곤율과 상대적 빈곤율은 모두 감소하고 있으므로 소득 격차는 작아지고 있다.

② 제시된 자료만으로는 가구 수를 알 수 없다.

③ 2014년에 상대적 빈곤율은 12%이고, 절대적 빈곤율은 6%이다. 이를 통해 상대적 빈곤율의 기준인 중위 소득의 50%가 절대적 빈곤율의 기준인 최저 생계비보다 높은 것은 알 수 있다. 하지만 중위 소득의 25%와 최저 생계비가 일치하는지는 알 수 없다.

19 ②

개념 카테고리 사회·문화 > 사회 계층과 불평등 > 다양한 사회 불평등 양상 > 사회적 소수자

| **정답 해설** | ② A국에서 □□족 사람들은 주류 집단에 해당하지만, 국제 사회에서는 사회적 소수자로 분류되고 있다. 이를 통해 사회적 소수자 해당 여부는 상대적으로 규정됨을 알 수 있다.

| **오답 해설** | ① A국에서 ○○족 사람들은 다수를 차지하고 있지만, 사회적 소수자에 해당한다. 이를 통해 사회적 소수자가 수적으로 반드시 소수(少數)인 것은 아님을 알 수 있다.

③ 사회가 다원화되면서 다양한 유형의 사회적 소수자가 나타나고 있으나, 제시문을 통해 도출할 수 있는 내용은 아니다.

④ 사회적 소수자 문제 해결을 위해서는 의식 개선뿐만 아니라 제도 개선도 필요하다. 그러나 제시된 대화를 통해 이를 도출할 수 없다.

20 ②

中

개념 카테고리 사회 · 문화 > 사회 계층과 불평등 > 다양한 사회 불평등 양상 > 사회적 소수자

| **정답 해설** | ② 갑국의 사례에서는 성(性), 을국의 사례에서는 인종, 병국의 사례에서는 종교에 따라 사회적 소수자가 규정되고 있다. 즉, 사회적 소수자는 다양한 기준에 따라 규정된다.

| **오답 해설** | ① 갑국의 사례는 성(性), 을국의 사례는 인종, 병국의 사례는 종교의 차이라는 뚜렷한 특징을 보여 주고 있다.

③ 제시된 사례에서는 단지 여성, 흑인, 또는 국교가 아닌 다른 종교를 믿는다는 이유로 차별을 받고 있다.

④ 제시된 사례에서 여성, 흑인, 국교가 아닌 다른 종교를 믿는 사람들은 취업과 같은 부분에서 차별을 받고 있음을 알 수 있다.

21 ④

上

개념 카테고리 사회 · 문화 > 사회 계층과 불평등 > 다양한 사회 불평등 양상 > 빈곤

| **정답 해설** | A는 절대적 빈곤, B는 상대적 빈곤이다.

④ 최저 생계비와 중위 소득의 50%에 해당하는 값이 같은 경우 절대적 빈곤율과 상대적 빈곤율은 같다.

| **오답 해설** | ① 상대적 박탈감은 소득에 차이가 있는 경우 발생할 수 있다. 따라서 절대적 빈곤과 상대적 빈곤은 모두 상대적 박탈감을 유발할 수 있다.

② 상대적 빈곤의 기준인 중위 소득의 50%도 객관적 기준이다. 따라서 절대적 빈곤과 상대적 빈곤 모두 객관적인 기준에 의해 분류되는 빈곤이다.

③ 상위 10%의 소득이 증가하더라도 소득 순으로 일렬로 세웠을 때 중앙에 있는 중위 소득은 변하지 않는다.

22 ①

上

개념 카테고리 사회 · 문화 > 사회 계층과 불평등 > 다양한 사회 불평등 양상 > 빈곤율

| **정답 해설** | ① 갑국의 상대적 빈곤 가구의 비율은 40%이고, 을국의 상대적 빈곤 가구의 비율은 30%이다. 따라서 갑국과 을국의 상대적 빈곤 가구의 비율은 같지 않다.

| **오답 해설** | ② 갑국의 상대적 빈곤 가구의 비율은 40%, 을국의 상대적 빈곤 가구의 비율은 30%, 병국의 상대적 빈곤 가구의 비율은 35% 이하이다. 따라서 상대적 빈곤 가구의 비율은 갑국이 을국, 병국보다 높다.

③ 을국의 상대적 빈곤 가구의 비율은 30%, 절대적 빈곤 가구의 비율은 20%로, 상대적 빈곤 가구의 비율이 절대적 빈곤 가구의 비율보다 10% 높다. 따라서 을국에서 절대적 빈곤 가구가 아닌 상대적 빈곤 가구는 전체 가구의 10%이다.

④ 갑국은 상대적 빈곤 가구의 비율이 절대적 빈곤 가구의 비율보다 높은 반면, 병국은 상대적 빈곤 가구의 비율이 절대적 빈곤 가구의 비율과 같거나 낮다. 따라서 갑국에서는 절대적 빈곤 가구가 아닌 상대적 빈곤 가구가 존재하지만, 병국에서는 상대적 빈곤 가구는 모두 절대적 빈곤 가구에 해당한다.

사회 복지와 복지 제도								문제편 P.170	
23	②	24	③	25	③	26	②	27	④
28	③	29	①	30	③	31	③	32	③
33	④	34	①						

23 ②

개념 카테고리 사회 · 문화 > 사회 계층과 불평등 > 사회 복지와 복지 제도 > 사회 보장 제도

| **정답 해설** | (가)는 공공 부조, (나)는 사회 보험이다.

② 사회 보험은 사전 예방적 성격이 강하다.

| **오답 해설** | ① 공공 부조와 사회 보험은 모두 금전적 지원을 원칙으로 한다.

③ 공공 부조와 사회 보험은 모두 소득 재분배 효과가 나타나는데, 공공 부조가 사회 보험보다 소득 재분배 효과가 높다.

④ 사회 보험은 수혜 정도가 아닌 소득과 능력에 따라 비용을 부담하며, 공공 부조는 정부가 비용을 전액 부담한다.

24 ③

개념 카테고리 사회 · 문화 > 사회 계층과 불평등 > 사회 복지와 복지 제도 > 사회 보장 제도

| **정답 해설** | A는 사회 서비스, B는 사회 보험, C는 공공 부조이다.

③ 공공 부조는 대상자 선정 과정에서 부정적 낙인이 발생할 수 있다.

| **오답 해설** | ① 사회 서비스는 강제 가입을 원칙으로 하지 않는다. 강제 가입을 원칙으로 하는 사회 보장 제도는 사회 보험이다.

② 사회 보험은 수혜 정도가 아닌 소득, 능력에 따라 비용을 부담한다.

④ 사회 서비스는 비금전적 지원을 원칙으로 하며, 사회 보험과 공공 부조는 금전적 지원을 원칙으로 한다.

25 ③

개념 카테고리 | 사회·문화 > 사회 계층과 불평등 > 사회 복지와 복지 제도 > 사회 보장 제도

| **정답 해설** | A는 사회 서비스, B는 사회 보험, C는 공공 부조이다.
③ 공공 부조와 사회 보험은 모두 소득 재분배 효과가 있다. 다만, 공공 부조는 사회 보험에 비해 소득 재분배 효과가 크다.

26 ②

개념 카테고리 | 사회·문화 > 사회 계층과 불평등 > 사회 복지와 복지 제도 > 사회 보장 제도

| **정답 해설** | ㉠은 공공 부조, ㉡은 사회 보험, ㉢은 사회 서비스이다.
ㄴ. 공공 부조의 수혜자와 사회 서비스의 수혜자는 중복될 수 있다.
ㄹ. ㉣은 국민 기초 생활 보장 제도이고, ㉤은 산업 재해 보상 보험이다.
| **오답 해설** | ㄱ. 공공 부조와 사회 보험은 모두 소득 재분배 효과가 있고, 공공 부조가 사회 보험보다 소득 재분배 효과가 크다.
ㄷ. 기초 연금 제도는 공공 부조에 해당한다.

27 ④

개념 카테고리 | 사회·문화 > 사회 계층과 불평등 > 사회 복지와 복지 제도 > 사회 보장 제도

| **정답 해설** | A는 사회 서비스, B는 공공 부조, C는 사회 보험이다.
④ 사회 보험은 사회 보험 가입자와 기업, 국가가 함께 비용을 부담하는 상호 부조 성격의 복지 제도이다. 국가와 지방 자치 단체가 비용을 전액 부담하는 제도는 공공 부조이다.

28 ③

개념 카테고리 | 사회·문화 > 사회 계층과 불평등 > 사회 복지와 복지 제도 > 사회 보장 제도

| **정답 해설** | A는 사회 서비스, B는 사회 보험, C는 공공 부조이다.
③ 공공 부조는 국가 및 지방 자치 단체의 책임 아래에 생활 유지 능력이 없거나 생활이 어려운 국민들을 대상으로 이들의 최저 생활을 보장하고 자립을 지원하는 제도를 의미한다. 국가와 지방 자치 단체가 비용을 전액 부담하여 저소득층에게 혜택을 주기 때문에 사회 보험에 비해 소득 재분배 효과가 크다.
| **오답 해설** | ① 강제 가입의 원칙이 적용되는 것은 사회 보험이다.
② 사회 보험의 경우 소득에 따라 보험료 부담 수준이 결정된다.
④ 사회 서비스는 국가, 지방 자치 단체 및 민간 부문의 도움을 필요로 하는 모든 국민에게 재활, 직업 소개 및 지도, 사회 복지 시설 이용 등을 제공함으로써 국민들이 자립할 수 있는 생활 능력을 높여 정상적인 사회생활이 가능하도록 지원하는 제도이다.

29 ①

개념 카테고리 | 사회·문화 > 사회 계층과 불평등 > 사회 복지와 복지 제도 > 사회 보장 제도

| **정답 해설** | (가)는 기초 연금 제도로 공공 부조이며, (나)는 노인 장기 요양 보험 제도로 사회 보험이다.
① 공공 부조는 사회 보험과 달리 국가 또는 지방 자치 단체가 비용 전액을 부담하므로 소득 재분배 효과가 크다.
| **오답 해설** | ② 사회 보험은 강제 가입의 원칙이 적용된다.
③ 사회 보험의 성격을 가진 제도는 (나)이다.
④ 공공 부조는 복지병을 유발하기 쉽다.

30 ③   下

개념 카테고리 | 사회·문화 > 사회 계층과 불평등 > 사회 복지와 복지 제도 > 사회 서비스

| **정답 해설** | 제시된 응급 환자 이송 제도는 사회 서비스이다.
③ 사회 서비스는 금전 자체의 제공이 아닌 서비스의 제공을 원칙으로 한다.
| **오답 해설** | ① 사회 보장 제도는 모두 소득 재분배 효과가 있다. 사회 서비스도 조세로 그 비용을 충당하므로 소득 재분배 효과가 있다.
② 사회 서비스는 빈곤층에게만 한정된 사회 보장 제도가 아니다.
④ 수혜자 간 상호 부조의 원리를 바탕으로 하는 제도는 사회 보험이다.
| 플러스 이론 | **상호 부조**

> 한 공동체나 집단에 속하는 구성원들끼리 서로 돕는 것을 상호 부조라고 한다. 사회 보험은 가입자 중 사회적 위험에 처한 사람이 있을 때 가입자끼리 서로 돕는 원리를 바탕으로 한다는 점에서 상호 부조의 원리를 적용하고 있다.

31 ③   中

개념 카테고리 | 사회·문화 > 사회 계층과 불평등 > 사회 복지와 복지 제도 > 사회 보험과 공공 부조

| **정답 해설** | (가)는 의료 급여 제도로 공공 부조이며, (나)는 노인 장기 요양 보험 제도로 사회 보험이다.
③ 공공 부조는 사후 처방적 성격을 가지는 반면, 사회 보험은 사전 예방적 성격을 가진다.
| **오답 해설** | ① 사회 보험은 상호 부조의 원리를 기반으로 한다.
② 공공 부조는 사회 보험에 비해 수혜 대상자의 범위가 좁다.
④ 사회 보험은 의무(강제) 가입의 원칙이 적용된다. 공공 부조는 국가가 대상자를 결정하므로 임의 가입의 원칙이 적용되지 않는다.

32 ③ 〔下〕

개념 카테고리 사회 · 문화 > 사회 계층과 불평등 > 사회 복지와 복지 제도 > 사회 보험과 공공 부조

| **정답 해설** | A는 공공 부조, B는 사회 보험이다.

③ 공공 부조와 사회 보험은 모두 금전적 지원을 원칙으로 하고, 사회 서비스는 비금전적 지원을 원칙으로 한다.

| **오답 해설** | ① 사회 보험은 공공 부조와 달리 의무 가입을 원칙으로 한다.

매력적 오답 ② 공공 부조가 사회 보험보다 소득 재분배 효과가 크다는 의미로 해석했을 가능성이 있다. 사회 보험과 공공 부조는 모두 소득 재분배 효과가 있다.

④ 상호 부조의 원리를 바탕으로 하는 사회 보장 제도는 사회 보험이다.

33 ④ 〔中〕

개념 카테고리 사회 · 문화 > 사회 계층과 불평등 > 사회 복지와 복지 제도 > 사회 보장 제도

| **정답 해설** | A는 사회 서비스, B는 사회 보험, C는 공공 부조이다.

④ 공공 부조와 달리 사회 보험과 사회 서비스는 원칙적으로 모든 국민을 대상으로 한다. 따라서 '전국민을 대상으로 하는 복지 제도인가?'는 (가)에 들어갈 수 있다.

| **오답 해설** | ① 기초 연금 제도는 공공 부조에 해당한다.

② 강제 가입을 원칙으로 하는 사회 보장 제도는 사회 보험이다.

③ 사회 보험과 공공 부조는 모두 소득 재분배 효과가 발생한다.

34 ① 〔上〕

개념 카테고리 사회 · 문화 > 사회 계층과 불평등 > 사회 복지와 복지 제도 > 사회 보장 제도

| **정답 해설** | A는 사회 보험, B는 사회 서비스, C는 공공 부조이다.

① 사회 보험의 가입자는 원칙적으로 수혜 정도와 무관하게 각자의 능력에 따라 비용을 부담한다.

| **오답 해설** | ② 사회 서비스는 공공 부문만이 아니라 민간 부문도 참여할 수 있다.

매력적 오답 ③ 사회 보장 제도는 모두 소득 재분배 효과가 있음을 알지 못했을 수 있다. 사회 보험과 공공 부조는 모두 소득 재분배 효과가 있다. 따라서 '소득 재분배 효과가 발생하는가?'는 (가)에 들어갈 수 없다.

④ 사회 보험은 강제 가입을 원칙으로 한다. 따라서 '강제 가입을 원칙으로 하는가?'는 (나)에 들어갈 수 없다.

05 | 현대의 사회 변동

출제 비중 14%

약점진단표

	1회독				2회독				3회독			
	○	△	×	총	○	△	×	총	○	△	×	총
사회 변동과 근대화★★★				13				13				13
사회 변동과 사회 문제★★				6				6				6

＊문제풀이 후 약점진단 결과를 적어 보세요!

필수기출 & 출제예상 문제

사회 변동과 근대화
문제편 P.173

01	①	02	④	03	④	04	①	05	④
06	①	07	④	08	②	09	④	10	②
11	④	12	②	13	④				

01 ①

개념 카테고리 사회 · 문화 > 현대의 사회 변동 > 사회 변동과 근대화 > 농업 사회, 산업 사회, 정보 사회

| 정답 해설 | A는 산업 사회, B는 농업 사회, C는 정보 사회이다.
① 산업 사회에서는 노동력과 자본이 생산의 중심이 되고, 농업 사회에서는 토지와 노동력이 생산의 중심이 된다.
| 오답 해설 | ② 산업에서 제조업이 차지하는 비중이 가장 높은 사회는 산업 사회이다.
③ 인간 관계에서 면대면 접촉이 차지하는 비중은 B > A > C이다.
④ (가)는 소품종 대량 생산, (나)는 다품종 소량 생산이다.

02 ④

개념 카테고리 사회 · 문화 > 현대의 사회 변동 > 사회 변동과 근대화 > 농업 사회, 산업 사회, 정보 사회

| 정답 해설 | ㉠은 근대화론, ㉡은 종속 이론이다.
④ 근대화론은 종속 이론과 달리 국가의 발전이 선진국 모델의 근대화 과정과 동일하다고 본다.
| 오답 해설 | ① 근대화론은 진화론을 기초로 한다.
② 종속 이론은 낙후된 국가의 저발전 원인을 선진국의 종속 문제 등 외부에서 찾는다.
③ 종속 이론은 개별 국가의 주체적 발전을 강조한다.

03 ④

개념 카테고리 사회 · 문화 > 현대의 사회 변동 > 사회 변동과 근대화 > 사회 변동 이론

| 정답 해설 | (가)는 근대화론, (나)는 종속 이론이다.
④ 종속 이론은 제3세계 국가들의 저발전의 원인을 중심 국가(서구 선진국)와 주변 국가(제3세계 국가)의 국제적인 힘의 관계, 즉 외부에서 찾는다.
| 오답 해설 | ① 근대화론은 진화론을 바탕으로 한 서구 중심적 태도로서 사회마다 다양한 발전 경로가 있다는 것을 인정하지 않는다.
② 근대화론에는 전통성과 근대성의 공존을 경시하는 이분법적 시각이 반영되어 있다.
③ 근대화론은 아시아 신흥 공업 국가들의 경제 성장을 설명할 수 있다.

04 ①

개념 카테고리 사회 · 문화 > 현대의 사회 변동 > 사회 변동과 근대화 > 사회 변동 이론

| 정답 해설 | A는 진화론, B는 순환론이다.
① 진화론은 사회가 변화하는 데에는 일정한 방향이 있으며, 단순한 사회에서 복잡한 사회로 변화한다는 것에 기본 전제를 두고 있다. 따라서 서구 제국주의를 정당화한다는 비판을 받을 수 있다.
| 오답 해설 | ② 진화론에서는 모든 사회가 같은 방향으로 변화한다고 본다.
③ 진화론은 사회가 같은 방향으로 변화한다고 보기 때문에 다양한 경로의 사회 발전 양상을 설명하기 어렵다.
④ 진화론은 사회가 일정한 방향, 즉 단순한 사회에서 복잡한 사회로 변화한다고 이해하므로 앞으로의 사회 변동 방향을 예측할 수 있다. 반면 순환론은 사회 변동 방향을 예측하기 어렵다는 비판을 받을 수 있다.

05 ④

개념 카테고리 사회·문화 > 현대의 사회 변동 > 사회 변동과 근대화 > 사회 변동 이론

| 정답 해설 | (가)는 진화론, (나)는 순환론이다.

④ 순환론은 미래의 사회 변동을 예측하여 대응하기에 적합하지 않다.

| 오답 해설 | ①, ③ 순환론에 대한 설명이다.

매력적 오답 ② 진화론에 대한 설명이다. 진화론은 사회가 이전보다 발전된 모습으로 변동한다고 보며, 사회 변동을 단선적·표준화된 경로로 바라본다.

06 ①

개념 카테고리 사회·문화 > 현대의 사회 변동 > 사회 변동과 근대화 > 진화론

| 정답 해설 | 제시문에 나타난 이론은 진화론이다.

ㄱ. 진화론은 서구 중심적이라는 비판을 받는다.

ㄴ. 진화론은 사회 변동이 일정한 방향성을 가진다고 본다.

| 오답 해설 | **매력적 오답** ㄷ, ㄹ. 순환론에 대한 설명이다. 순환론은 단기적 사회 변동을 설명하기 어렵다는 단점이 있다.

07 ④

개념 카테고리 사회·문화 > 현대의 사회 변동 > 사회 변동과 근대화 > 사회 변동 이론

| 정답 해설 | ④ 종속 이론은 주변주가 중심부에 종속되어 있기 때문에 발전이 이루어지지 않는다고 본다.

| 오답 해설 | ① 근대화론은 모든 사회가 일정한 단계를 거쳐 발전한다고 본다.

② 근대화론은 서구 중심적인 관점을 반영하고 있다.

③ 종속 이론은 세계 체계를 중심부와 주변부로 구분한다.

08 ②

개념 카테고리 사회·문화 > 현대의 사회 변동 > 사회 변동과 근대화 > 사회 변동 이론

| 정답 해설 | 제시문은 종속 이론에 해당한다.

㉠ 종속 이론은 사회 발전을 중심부와 주변부의 국제적인 힘의 관계 속에서 조명한다.

㉣ 종속 이론은 주변부 국가가 중심부 국가의 착취 구조에서 벗어나야 경제 발전이 가능하다고 본다.

| 오답 해설 | ㉡ 종속 이론은 신흥 공업 국가들의 경제 발전을 합리적으로 설명하기가 어려운 한계점이 있다.

㉢ 종속 이론은 국내 요인이 아닌 중심부와 주변부의 국제적 관계에 주목한다.

09 ④

下

개념 카테고리 사회·문화 > 현대의 사회 변동 > 사회 변동과 근대화 > 사회 변동 이론

| 정답 해설 | 제시문에 공통적으로 나타나 있는 사회 변동 이론은 진화론이다.

④ 진화론은 사회 변동이 일정한 방향을 가지고 있고, 변화의 방향을 진보와 발전으로 본다.

| 오답 해설 | ① 진화론은 서구 사회가 발전된 선진 사회임을 전제하고 있으므로 서구 중심적인 관점에 해당한다.

② 순환론은 사회가 결국 소멸된다는 것을 강조하므로 운명론적인 관점에 해당한다.

③ 순환론은 사회가 생성, 성장, 쇠퇴, 소멸의 과정을 반복한다고 본다.

| 플러스 이론 | 진화론의 전제

진화론은 모든 사회가 일정한 방향으로 단계적으로 진보 또는 발전해 가고, 각 단계는 이전 단계보다 더욱 복잡하고 분화된 단계이며, 현재의 사회는 과거의 사회보다 더 나은 사회라고 전제한다.

10 ②

中

개념 카테고리 사회·문화 > 현대의 사회 변동 > 사회 변동과 근대화 > 사회 변동 이론

| 정답 해설 | 갑은 사회가 시간의 흐름에 따라 생성, 성장, 쇠퇴, 소멸의 과정을 반복한다고 보고 있으므로 이는 순환론에 해당한다. 을은 사회가 항상 바람직한 방향으로 변화한다고 보고 있으므로 이는 진화론에 해당한다.

② 진화론은 사회 변동이 바람직한 방향으로의 변화 즉, 진보와 발전을 의미한다고 본다.

| 오답 해설 | ① 진화론은 사회 변동이 일정한 방향을 가지고 있다고 본다.

③ 진화론은 사회 변동을 긍정적으로 본다.

④ 순환론이 전제하는 순환 과정은 매우 오랜 시간에 걸쳐 일어나는 것이므로 단기적 사회 변동 과정을 설명하기가 어렵다.

11 ④

中

개념 카테고리 사회·문화 > 현대의 사회 변동 > 사회 변동과 근대화 > 사회 변동 이론

| 정답 해설 | A는 모든 사회에서 반드시 같은 방향으로 변동이 이루어지는 것은 아니라는 점에서 비판을 받고 있으므로 진화론에 해당한다. B는 사회 변동을 예측하여 대응하기 어렵다는 비판을 받고 있으므로 순환론에 해당한다.

④ 순환론은 사회가 단선적으로 진보하는 것이 아니라 퇴보와 소멸의 운명을 지닌다고 보고 운명론적 관점에서 사회 변동을 설명한다.

| **오답 해설** | ① 진화론은 사회 변동이 일정한 방향을 가지고 있으며 바람직한 방향으로의 변화를 의미한다고 본다.
② 서구 제국주의의 발전을 정당화한다는 비판을 받는 이론은 진화론이다.
③ 순환론은 사회가 시간의 흐름에 따라 생성, 성장, 쇠퇴, 소멸의 과정을 반복한다고 본다.

12 ②

| 개념 카테고리 | 사회 · 문화 > 현대의 사회 변동 > 사회 변동과 근대화 > 사회 변동 이론

| **정답 해설** | A는 순환론, B는 진화론이다.
② 순환론은 지난 역사 속에서 반복되는 사회 변동을 설명하고 해석하는 데 유용하나, 앞으로의 변동 방향을 예측하여 대응하기에는 적합하지 않다.
| **오답 해설** | 매력적 오답 ① 사회 변동의 방향을 진보와 발전이라고만 단정하여 생각했을 수 있다. 진화론과 순환론은 모두 사회 변동의 방향에 대한 관점이다.
③ 진화론은 서구 사회가 진보된 사회임을 전제한다.
④ 진화론은 다양한 경로의 사회 발전 양상을 설명하는 데 적합하지 않다. 따라서 '다양한 경로의 사회 변동을 설명하기에 용이한가?'는 (가)에 들어갈 수 없다.

13 ④

| 개념 카테고리 | 사회 · 문화 > 현대의 사회 변동 > 사회 변동과 근대화 > 사회 변동 이론

| **정답 해설** | A는 진화론, B는 순환론이다.
④ 순환론은 현존하는 사회가 성장이나 쇠퇴 중 어느 단계에 있는지 판단할 수 없어 미래에 나타날 사회 변동 방향을 예측하는 데 한계가 있다.
| **오답 해설** | ① 사회가 퇴보와 소멸의 운명을 지닌다고 보는 이론은 순환론이다.
② 사회 변동이 일정한 방향을 갖는다고 보는 이론은 진화론이다.
③ 순환론은 역사 속에서 반복되는 사회 변동을 설명하는 데 적합하다.

사회 변동과 사회 문제

문제편 P.177

14	①	15	②	16	②	17	④	18	③
19	②								

14 ①

| 개념 카테고리 | 사회 · 문화 > 현대의 사회 변동 > 사회 변동과 사회 문제 > 저출산 · 고령화

| **정답 해설** | 제시된 자료를 바탕으로 갑국의 연도별 인구 구성 비율을 나타내면 다음과 같다.

(단위: %)

구분	t년	t+50년
유소년 인구	28	20
부양 인구	60	50
노인 인구	12	30
전체	100	100

① t년의 유소년 부양비는 약 46%이다.
| **오답 해설** | ② t+50년의 노령화 지수는 150%이다.
③ 전체에서 부양 인구가 차지하는 비율은 t년의 경우 60%, t+50년의 경우 50%로, t+50년이 t년보다 낮다.
④ 전체 인구에서 노년 인구가 차지하는 비율은 t년이 12%, t+50년이 30%이므로 t년은 고령화 사회, t+50년은 초고령 사회이다.

15 ②

| 개념 카테고리 | 사회 · 문화 > 현대의 사회 변동 > 사회 변동과 사회 문제 > 인구 문제

| **정답 해설** | ㄱ. (가)는 후기 산업 사회로 감산소사형으로 나타나고, (나)는 고도 산업 사회로 소산소사형으로 나타난다.
ㄷ. 소산소사형 단계에서는 출산율과 사망률이 모두 낮으므로 노인층의 인구 비율이 가장 높게 나타난다.
| **오답 해설** | ㄴ. (나)는 출생률과 사망률이 모두 낮은 소산소사형으로 인구 증가가 정체되고 노년층의 인구 비율이 증가하는 단계로 고도 산업 사회이다. 우리나라는 1960년대에 다산감사형의 초기 산업 사회에 가까웠다. 그로 인해 산아 제한 정책이 시행되었다.

16 ②

| 개념 카테고리 | 사회 · 문화 > 현대의 사회 변동 > 사회 변동과 사회 문제 > 가족의 비교

| **정답 해설** | ② 전체 가구 수 대비 한부모 가구가 차지하는 비율이 6.09%에서 6.81%로 증가하였으므로 전체 가구 수보다 한부모 가구 수가 더 큰 비율로 증가했다.
| **오답 해설** | ① 한부모 가구에 몇 명의 인구가 속했는지는 알 수 없다.
③ 2000년에 모+미혼 자녀 가구 수가 부+미혼 자녀 가구 수의 4배 이상이지만, 2005년과 2010년에는 4배 이상이 아니다.

④ 제시된 자료만으로는 2000년의 한부모 가구가 2010년의 한부모 가구에 포함한다고 단정할 수 없다.

| 플러스 이론 | **가족의 의미와 형태**

1. **가족**: 혈연, 혼인, 입양의 관계로 맺어진 두 사람 이상의 집단
2. **가족의 형태**
   • 확대 가족: (한)부모와 그들의 기혼 자녀로 이루어진 2세대 이상의 가족 ⇒ 2세대 이상의 부부
   • 핵가족: 부부(1세대), (한)부모와 그들의 미혼 자녀(2세대)로 이루어진 가족

17 ④   [中]

개념 카테고리 사회·문화 > 현대의 사회 변동 > 사회 변동과 사회 문제 > 농업 사회, 산업 사회, 정보 사회

| **정답 해설** | ④ 가정과 일터의 결합 정도는 '농업 사회 > 정보 사회 > 산업 사회' 순이다. (가)에 '가정과 일터의 결합 정도'가 들어간다면, A는 농업 사회, B는 산업 사회, C는 정보 사회가 된다. 사회적 관계를 맺는 공간적 범위는 '정보 사회 > 산업 사회 > 농업 사회' 순이다. (나)에 '사회적 관계를 맺는 공간적 범위'가 들어간다면, A는 농업 사회, B는 산업 사회, C는 정보 사회가 된다.

| **오답 해설** | ① 3차 산업의 비중은 정보 '사회 > 산업 사회 > 농업 사회' 순이다. 따라서 A가 정보 사회라면, '3차 산업의 비중'은 (가)에 들어갈 수 있다.

② 사회 변화의 속도는 '정보 사회 > 산업 사회 > 농업 사회' 순이다. 따라서 B가 산업 사회라면, '사회 변화의 속도'는 (나)에 들어갈 수 있다.

③ 면대면 접촉의 비중은 '농업 사회 > 산업 사회 > 정보 사회' 순이다. 따라서 C가 농업 사회라면, '면대면 접촉의 비중'은 (나)에 들어갈 수 있다.

18 ③   [中]

개념 카테고리 사회·문화 > 현대의 사회 변동 > 사회 변동과 사회 문제 > 정보 격차

| **정답 해설** | 제시된 표에서 우리나라의 정보 취약 계층의 디지털 정보 접근 지수, 디지털 정보 역량 지수, 디지털 정보 활용 지수는 모두 높아지고 있다.

③ 디지털 정보 역량 지수의 값이 다른 지수에 비해 낮다. 따라서 일반 국민과 정보 취약 계층의 격차는 디지털 정보 역량 수준에서 가장 크게 나타나고 있다.

| **오답 해설** | ① 디지털 정보 기기의 보유 정도는 디지털 정보 접근 지수에 반영된다. 하지만 제시된 자료만으로 정보 취약 계층 중 84.5%가 디지털 정보 기기를 보유하고 있다고 단정할 수 없다.

② 일반 국민 대비 정보 취약 계층의 디지털 정보화 수준은 모든 영역에서 높아지고 있다.

④ 일반 국민과 정보 취약 계층의 격차는 디지털 정보 접근 지수보다 디지털 정보 활용 지수에서 더 크게 나타나고 있다. 따라서 정보 취약 계층의 디지털 정보 활용 수준을 높이는 것보다 디지털 정보 접근 기회를 높이는 것이 더 시급한 과제라고 볼 수 없다.

19 ②   [上]

개념 카테고리 사회·문화 > 현대의 사회 변동 > 사회 변동과 사회 문제 > 인구 구성

| **정답 해설** | 제시된 갑국의 인구 통계 자료를 바탕으로 0~14세 인구 수를 10명으로 가정하여 연령대별 인구 수를 나타내면 다음과 같다.

(단위: 명)

구분	2001년	2011년	2021년
0~14세 인구	10	10	10
15~64세 인구	30	20	20
65세 이상 인구	3	4	5

② 2001년 0~4세 인구가 10명일 경우 15~64세 인구는 30명이므로 15~64세 인구는 0~14세 인구의 3배이다.

| **오답 해설** | ① 0~14세 인구 비율의 경우 2001년에 비해 2011년에는 높아졌고, 2011년에 비해 2021년에는 낮아졌다.

③ 2011년 0~14세 인구가 10명일 경우 15~64세 인구는 20명이고, 65세 이상 인구는 4명이다. 따라서 65세 이상 인구 1명당 15~64세 인구는 5명이다.

④ 15~64세 인구 대비 0~14세 인구의 비는 2011년에 10/20이고, 2021년에 10/20이다. 따라서 15~64세 인구 대비 0~14세 인구의 비는 2011년과 2021년이 같다.

편저자 안기선

■ 약력
(現) 에듀윌 사회 대표 교수
(現) 이투스 강남청솔 사회 전임강사

2023

에듀윌 9급공무원
단원별 기출&예상 문제집

특별부록
실전동형 모의고사

사회

적정시간	20분	풀이시간	시작:	시	분	완료:	시	분	총	분

1초 합격예측! 모바일 성적분석표

QR 코드로 접속하여 문제 풀이시간을 측정하고, 〈1초 합격예측 & 모바일 성적분석표〉 서비스를 통해 지금 바로! 실력을 점검해 보세요.

http://eduwill.kr/dUtF

01

정치를 바라보는 A, B의 관점에 대한 설명으로 옳은 것만을 〈보기〉에서 모두 고르면?

> A: 오늘날에는 국가 이외에도 다양한 집단이 이해관계의 조정, 정부 정책에 대한 감시와 비판, 정치적 의사 형성 과정 등에 참여하고 있으며, 국가뿐만 아니라 다양한 집단을 정치의 주체로 간주하고 있다.
> B: 전형적인 정치 주체는 국가이며, 사회적 갈등을 해결하고 질서를 유지하는 것이 국가의 기능이자 곧 정치의 기능이다.

보기

> ㄱ. B 관점은 국무회의에서 정책을 심의하는 것을 정치로 보지 않는다.
> ㄴ. A, B 관점 모두 사회적 갈등의 조정과 해결을 정치의 기능으로 본다.
> ㄷ. B 관점은 고등학교 학생회에서 구성원들 간의 합의를 도출하는 과정을 정치로 본다.
> ㄹ. A 관점은 B 관점에 비해 다원화된 현대 사회의 정치적 특징을 설명하기에 적합하다.

① ㄱ, ㄴ
② ㄴ, ㄷ
③ ㄴ, ㄹ
④ ㄷ, ㄹ

02

(가)에 대한 법적 판단으로 옳은 것은?

> 자신에게 고의나 과실 없이는 책임을 부담하지 않는다는 근대 「민법」의 원칙은 현대에서 (가) (으)로 수정·보완되었다.

① 현대 사회에서는 과실이 없는 경우에도 대부분 (가)의 원칙이 인정되고 있다.
② 「민법」에서 불공정한 법률 행위를 무효로 하는 것은 (가) 원칙의 한계와 관련 있다.
③ 공작물의 보존상 하자로 인해 타인에게 발생한 손해에 대하여 점유자가 지는 특수 불법 행위 책임에는 (가)가 적용된다.
④ 제조물의 결함으로 인한 소비자의 신체상 손해에 대하여 「제조물 책임법」에 따라 제조업자가 지는 손해 배상 책임에는 (가)가 적용된다.

03

다음은 법치주의의 유형에 대한 설명이다. 이에 대한 설명으로 옳은 것은?

> 국가가 국민의 자유와 권리를 제한하거나 국민에게 새로운 의무를 부과하려면 반드시 법률에 근거가 있어야 할 뿐 아니라 법률의 목적과 내용도 정의에 합치되어야 한다. 즉 법에 정해진 입법 절차에 따라 법이 제정되고 그 법의 목적과 내용이 기본권을 보장하는 헌법 이념에 부합되면 법으로서의 효력을 갖게 된다.

① 정당성을 상실한 정치권력에 대한 국민들의 저항권을 인정하지 않을 것이다.
② 형식적 합법성을 갖춘 법이라도 자유와 권리의 본질적 내용을 침해할 수 있다고 본다.
③ 정의에 부합하는 법률에 따라 국가 권력이 행사되어야 기본권의 실질적 보장이 가능하다고 본다.
④ 법에 근거하여 국가 권력의 행사가 이루어지기만 한다면 기본권이 실질적으로 보장된다고 본다.

04

다음은 정치 참여 집단 (가)~(다)에 대한 설명이다. 이에 대한 특징으로 옳은 것만을 〈보기〉에서 모두 고르면? (단, (가)~(다)는 각각 정당, 이익 집단, 시민 단체 중 하나이다.)

- (가) 은/는 대의제 정부의 출현과 선거권의 확대를 배경으로 등장하였다. 이는 초반에 정치적 견해를 같이하는 소수 명사의 집단 또는 파벌로 인식되었다. 현재 (가) 의 주요 기능 중 하나는 정권 획득과 정치 사회화이다.
- (나) 은/는 공동체의 문제 해결을 위해 시민들이 자발적으로 참여하여 만들었다. 이는 비정부·비영리·비당파적인 성격을 지닌다.
- (다) 은/는 사회 분화에 따른 집단들의 욕구와 이해가 분출하면서 형성되었다. 이는 개인과 집단의 참여를 증진시키는 민주주의의 필수 요소이다.

보기

ㄱ. (가)는 국정 감사 및 조사권을 가진다.
ㄴ. (나)와 달리 (다)는 정치적 책임을 지지 않는다.
ㄷ. (나)와 (다)는 정부의 정책을 비판하고 정치권력을 견제한다.
ㄹ. (나), (다)와 달리 (가)는 정치권력의 획득과 유지를 목적으로 한다.

① ㄱ, ㄴ   ② ㄱ, ㄷ
③ ㄴ, ㄷ   ④ ㄷ, ㄹ

05

다음은 정부 형태에 대한 설명이다. 이에 대한 설명으로 옳은 것은?

A국과 B국은 각각 전형적인 대통령제와 의원내각제 중 하나를 채택하고 있다.
- A국의 의회 의원 선거에서 ◇◇당이 전체 의석의 52%를 획득하여 원내 제1당이 되었다. ◇◇당의 대표는 의회에서 행정부 수반으로 선출된 후 새로운 내각 구성원을 발표했다.
- B국의 의회 의원 선거에서 야당인 △△당이 과반 의석을 확보하면서 원내 제1당이 되었다. 이에 따라 여당인 □□당이 의회 내 소수당으로 전락하면서 행정부 수반의 국정 운영에 어려움이 예상된다.

① A국은 B국과 달리 국가 원수와 행정부 수반이 같다.
② A국에서는 행정부 수반이 법률안 거부권을 행사할 수 있다.
③ A국은 의회 의원이 각료로 임명되기 위해서는 의원직을 사임하여야만 한다.
④ A국에서는 내각 불신임권, B국에서는 탄핵 소추권을 통해 의회가 행정부를 견제한다.

06

다음 사례에서 밑줄 친 ⊙~@에 대한 설명으로 옳은 것만을 〈보기〉에서 모두 고르면?

사례

배우 갑은 공개된 자신의 인터넷 팬클럽 자유게시판에 근거 없이 자신을 비방하는 글을 을이 수차례 올린 것을 발견하고, 을을 ⊙ 고소하였다. 이후 을에 대한 ⓒ 수사가 이루어졌으며, 수사 과정에서 검사는 을에 대해 구속 영장을 청구하였고, 판사는 구속 영장을 발부하였다. 구속된 을은 ⓒ 구속 적부 심사를 청구하였지만 기각되었다. 을은 기소되어 재판을 받았고, 재판부는 을에게 @ 징역 1년에 집행 유예 2년을 선고하였다.

보기

ㄱ. ⊙은 범죄 피해자 또는 제3자가 할 수 있다.
ㄴ. ⓒ은 구속 수사를 원칙으로 한다.
ㄷ. ⓒ은 법원에 청구하며 심사에 따른 최종 판단도 법원이 한다.
ㄹ. @이 확정된 후 유예 기간 동안 일정한 범행이 없으면 형 선고 효력이 상실된다.

① ㄱ, ㄴ
② ㄱ, ㄷ
③ ㄴ, ㄷ
④ ㄷ, ㄹ

07

다음은 국제 사회를 바라보는 관점 A, B를 비교한 것이다. 이에 대한 설명으로 옳은 것은? (단, (가), (나)는 국제연합의 주요 기관이다.)

구분	A	B
주요 입장	국제 사회는 보편적인 가치나 질서에 의해서 지배되는 것이 아닌 오로지 힘에 의해 주도될 뿐이다. 각국은 자국의 이익을 최우선적으로 추구하며 국가 간 관계에서는 동맹이나 갈등이 반복될 뿐이다.	국제 사회에는 보편적인 선이나 국제 규범이 존재한다. 따라서 국제 사회는 다양한 문제들을 국가 간 연합이나 협력을 통해서 해결할 수 있고 이로써 국가 간 평화와 번영을 이룩하는 것이 가능하다.
사례	15개 이사국으로 구성된 (가)의 상임 이사국인 ○○국은 거부권을 행사할 수 있다.	(나)는 국제연합의 모든 회원국으로 구성되며 1국 1표를 행사할 수 있다.

① (가)는 (나)와 달리 국제사법재판소의 재판관을 선출할 수 있다.
② (가)의 ○○국은 실질 사항을 제외한 안건에 대한 거부권이 있다.
③ A와 달리 B는 집단 안보 체제를 통해 국제 평화를 실현할 수 있다고 본다.
④ (가)는 주권 평등의 원칙이 적용되는 국제연합의 최고 의사 결정 기관이다.

08

다음 자료에 대한 설명으로 옳지 <u>않은</u> 것은?

> 고등학생 A와 B는 커피숍 아르바이트를 하기로 하고, ○○ 커피숍 사장 C와 각각 근로 계약을 체결하였다. 다음은 A와 B가 C와 체결한 근로 계약의 공통된 내용 중 일부이다.
>
> - 근로 기간: 2022년 3월 6일~2022년 4월 30일
> - 근로 시간: 09시~17시(휴게 시간: 13시~14시)
> - 근무일: 매주 수요일~토요일
> - 휴일: 매주 월요일, 화요일, 일요일
> - 임금: 시간당 8,000원
>
> ※ 2022년 법정 최저 임금은 시간당 9,160원이다.
> ※ A와 B는 근로 계약 체결 시 취직 인허증은 필요하지 않다.
> ※ A는 친권자 또는 후견인 동의서, 연령을 증명하는 가족 관계 기록 사항에 관한 증명서가 필요하지 않고, B는 필요하다.

① A와 B의 친권자 또는 후견인은 A와 B의 근로 계약을 대리할 수 없다.

② 근로 계약이 이미 체결되었지만 A는 C에게 법정 최저 임금을 요구할 수 있다.

③ A와 B는 친권자 또는 후견인의 동의 없이 C에게 단독으로 임금을 청구할 수 있다.

④ B와 C가 근무일의 연장 근로에 대해 추가적으로 합의하면 C는 B를 1일 2시간씩 더 근로하게 할 수 있다.

09

다음 사례에 대한 설명으로 옳은 것만을 〈보기〉에서 모두 고르면?

사례

> (가)~(다)는 범죄 성립 요건인 구성 요건 해당성, ☐ A ☐, ☐ B ☐ 중 어느 하나가 갖춰지지 않아 해당 범죄가 성립하지 않는 사례이다. (단, A와 B는 각각 위법성과 책임 중 하나이다.)
>
> (가) 갑(21세)이 평소 삶을 비관해 오던 을의 부탁을 받아 을을 살해한 경우 구성 요건 해당성이 인정되지 않아 살인죄가 성립하지 않는다.
>
> (나) 을(50세)은 자식을 살해하겠다는 저항할 수 없는 협박을 못 이겨 하는 수 없이 자신이 근무하는 회사의 신제품 재료 배합 기술을 넘겨주었다면, ☐ A ☐가 인정되지 않아 범죄가 성립하지 않는다.
>
> (다) 경찰관 병(45세)이 적법한 절차에 따라 현행범인을 체포한 경우에는 ☐ B ☐가 인정되지 않아 체포죄가 성립하지 않는다.

보기

ㄱ. (가)는 행위자의 법적 비난 가능성이 인정되지 않아 범죄가 성립하지 않는다.

ㄴ. (나)는 법률로 정해 놓은 범죄 행위 유형이 아니므로 범죄가 성립하지 않는다.

ㄷ. (다)는 법질서 전체의 관점에서 볼 때, 부정적으로 판단되지 않아 범죄가 성립하지 않는다.

ㄹ. 저항할 수 없는 폭력에 의하여 강요된 행위로 타인에게 상해를 입힌 경우는 ☐ A ☐가 인정되지 않아 범죄가 성립하지 않는다.

① ㄱ, ㄷ　　　　　　② ㄴ, ㄷ

③ ㄴ, ㄹ　　　　　　④ ㄷ, ㄹ

10

그림은 우리나라 국가 기관 간 견제 관계를 나타낸다. (가)~(다)에 대한 설명으로 옳은 것은? (단, (가)~(다)는 각각 국회, 대법원, 헌법 재판소 중 하나이다.)

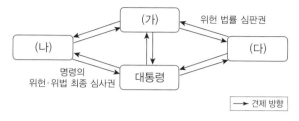

① (가)는 탄핵 심판권으로 (다)를 견제할 수 있다.
② (나)는 국정 감사권과 특정한 국정 사안에 대하여 조사권이 있다.
③ (다)가 위헌 법률 심판권을 행사하기 위해서는 (가)의 위헌 법률 심판 제청이 있어야 한다.
④ (다)는 정당의 목적이나 활동이 민주적 기본 질서에 위배된다는 정부의 제소가 있을 때 그 정당의 해산 심판을 담당한다.

11

표는 사회 집단 또는 사회 조직을 (가)~(라)로 구분한 것이다. 이에 대한 설명으로 옳은 것은?

구분	지향 가치	
	과업 중심	친목 중심
자발적 결사체	(가)	(나)
공식 조직	(다)	(라)

① (가)는 회사, (나)는 회사 내 동호회, (라)는 노동조합이 들어갈 수 있다.
② (가)와 (나)는 '구성원의 선택적 의지에 따라 형성된 집단인가?'라는 질문으로 구분할 수 있다.
③ (다)와 (라)는 '구성원의 의지와 무관하게 자연 발생적으로 형성된 집단인가?'라는 질문으로 구분할 수 없다.
④ (가)와 (나)는 '형식적·수단적 인간 관계가 지배적으로 나타나는가?'라는 질문으로 구분할 수 있으며, (가)에는 회사, (나)는 가족이 들어갈 수 있다.

12

다음은 일탈 이론 (가)~(다)를 도식화한 것이다. 이에 대한 설명으로 옳은 것만을 〈보기〉에서 모두 고르면? (단, (가)~(다)는 각각 낙인 이론, 뒤르켐의 아노미 이론, 차별 교제 이론 중 하나이다.)

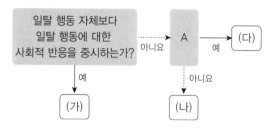

보기
ㄱ. (가)는 문화적 목표에 도달할 수 있는 제도적 수단의 제공을 일탈 행동의 해결 방안으로 본다.
ㄴ. A에 '일탈 행위자와의 교류 차단을 일탈 행동에 대한 해결 방안으로 보는가?'가 들어간다면, (나)는 뒤르켐의 아노미 이론, (다)는 차별 교제 이론이다.
ㄷ. (다)가 일탈 행동을 학습의 산물로 본다면, A에는 '사회 불평등 구조의 개혁을 통해 일탈 행동을 완화할 수 있다고 보는가?'가 들어갈 수 없다.
ㄹ. (나)가 새로운 가치관의 확립으로 일탈 행동을 줄일 수 있다고 본다면, A에는 '일탈 행동을 규정하는 객관적 기준이 존재한다고 보는가?'가 들어갈 수 있다.

① ㄱ, ㄴ
② ㄱ, ㄹ
③ ㄴ, ㄷ
④ ㄷ, ㄹ

13

사회 불평등을 바라보는 갑, 을의 관점에 대한 설명으로 옳은 것만을 〈보기〉에서 모두 고르면?

> 갑: ○○대회 우승 상금을 차등 분배하는 것은 선수들 사이에 위화감을 조성하여 경기력을 떨어뜨린다. 또한 단체 경기에 참가한 선수들의 기여도를 평가하는 것은 불가능하며 학연과 지연 등 경기 외적 기준이 적용될 가능성이 높다.
>
> 을: 상금을 균등하게 분배하면 선수들은 다음 대회에서 열심히 하려는 의지가 사라질 것이다. 선수들의 활약상은 객관적 자료로 충분히 서열화할 수 있으며 이를 통해 합리적 등급 설정이 가능하다.

보기

ㄱ. 갑의 관점과 달리 을의 관점은 교육과 위계적인 직업 구조가 사회 통합에 기여한다고 본다.

ㄴ. 을의 관점과 달리 갑의 관점은 가정 배경이 교육적 성취의 차이에 결정적인 영향을 미친다고 본다.

ㄷ. 갑, 을의 관점은 모두 교육적 성취의 차이에 따른 사회적 희소가치의 차등 배분이 정당하다고 본다.

ㄹ. 을의 관점과 달리 갑의 관점은 교육 주체들이 교육에 대해 부여하는 의미가 불일치할 때 갈등이 발생할 수 있다고 본다.

① ㄱ, ㄴ   ② ㄱ, ㄷ

③ ㄴ, ㄹ   ④ ㄷ, ㄹ

14

그림은 사회 변동 방향에 대한 관점을 나타낸다. A, B에 대한 설명으로 옳은 것은? (단, A, B는 각각 순환론과 진화론 중 하나이다.)

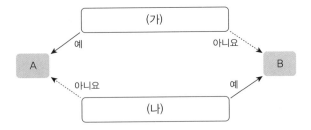

① A가 순환론이라면 (나)에는 '사회는 생성과 몰락의 과정을 반복하는가?'가 들어갈 수 있다.

② B가 순환론이라면 (가)에는 '사회 변동은 일정한 방향을 가지고 있는가?'가 들어갈 수 없다.

③ A가 진화론이라면 (가)에는 '미래의 사회 변동에 대한 역동적 대응이 곤란하다는 비판을 받는가?'가 들어갈 수 있다.

④ (나)가 '사회 변동 과정에서 문명이 퇴보할 수 있는가?'라면, (가)에는 '사회가 단순한 것에서 복잡한 것으로 분화한다고 보는가?'가 들어갈 수 있다.

15

표는 (가), (나) 지역 간의 문화 접변으로 나타날 수 있는 결과 A~D를 비교한 것이다. 이에 대한 설명으로 옳은 것은? (단, +는 수용을, −는 거부를 의미한다.)

문화 접변의 양상	(가) 지역 문화의 정체성 유지	(나) 지역 문화의 수용
A	+	+
B	+	−
C	−	+
D	−	−

① A는 전파된 문화 요소가 수용 지역의 문화 체계 안에서 정착하여 하나의 특질로 나타난 결과이다.
② B는 (가) 지역 종교의 교리와 체계를 응용하여 신흥 종교를 창시한 사례가 해당한다.
③ C는 강제적 문화 접변 과정을 통해 (가) 문화가 (나) 문화로 대체되었음을 보여준다.
④ D는 (가) 지역 문화 요소보다 (나) 지역 문화 요소가 우수하다고 인식될 때 주로 나타난다.

16

(가), (나)에 대한 설명으로 옳은 것만을 〈보기〉에서 모두 고르면? (단, (가), (나)는 각각 수요 견인 인플레이션과 비용 인상 인플레이션 중 하나이다.)

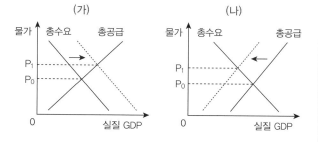

보기

ㄱ. (가)와 달리 (나)는 실질 소득의 감소가 나타난다.
ㄴ. (가)를 억제하기 위한 대책으로 중앙은행의 재할인율 인상을 들 수 있다.
ㄷ. (가)의 경우, 실업률과 인플레이션율 간에 정(+)의 관계가 나타날 수 있다.
ㄹ. (나)를 억제하기 위한 대책으로 중앙은행의 국·공채 매입 확대를 들 수 있다.

① ㄱ, ㄴ   ② ㄱ, ㄷ
③ ㄴ, ㄷ   ④ ㄴ, ㄹ

17

다음은 A국의 연도별 실질 이자율과 물가 상승률을 나타낸 것이다. 이에 대한 설명으로 옳은 것은?

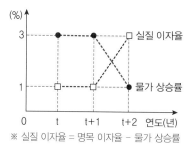

※ 실질 이자율 = 명목 이자율 − 물가 상승률

① t+1년의 화폐 가치는 t년보다 높다.
② t+2년의 물가 수준은 t+1년보다 낮다.
③ t+1년과 t+2년의 명목 이자율은 같다.
④ t+2년에는 현금을 보유하는 것이 은행에 예금하는 것보다 유리하다.

18

다음 자료의 A재, B재 시장에서 나타나는 변화에 대한 설명으로 옳은 것은? (단, A, B재의 수요 곡선은 우하향하고, 공급 곡선은 우상향한다.)

- 최근 A재를 생산하는 기업의 수가 늘어났다. 단, A재 수요의 가격 탄력성은 1보다 크다.
- 최근 B재에 대한 소비자의 선호가 낮아졌다. 단, B재 수요의 가격 탄력성은 1보다 작다.

① A는 균형 가격은 하락하고, 판매 수입은 감소한다.
② A는 균형 가격은 하락하고, 판매 수입은 증가한다.
③ B는 균형 가격은 상승하고, 판매 수입은 감소한다.
④ B는 균형 가격은 하락하고, 판매 수입은 증가한다.

19

(가), (나)는 원/달러 외환 시장에서 균형 환율의 변화를 나타낸 그림이다. 이에 대한 분석으로 옳은 것만을 〈보기〉에서 모두 고르면? (단, 환율 변동 이외의 다른 조건은 고려하지 않는다.)

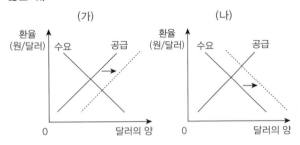

(가)   (나)

보기

ㄱ. (가)의 경우 미국에서 한국산 상품의 달러 표시 가격이 하락한다.
ㄴ. (가)의 경우 한국 기업의 달러화 표시 외채 상환 부담이 감소한다.
ㄷ. (나)의 경우 원인은 해외여행, 해외 투자, 수출의 증가 등이다.
ㄹ. (나)의 경우 달러 예금의 원화 환산 금액은 증가한다.

① ㄱ, ㄴ   ② ㄴ, ㄷ
③ ㄴ, ㄹ   ④ ㄷ, ㄹ

20

다음은 외부 효과를 나타낸 그림이다. 이에 대한 설명으로 옳은 것은? (단, S, S′는 사적 비용과 사회적 비용 중 하나이며, E, E′는 균형점과 최적점 중 하나이다.)

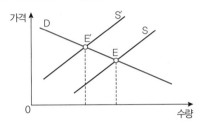

① 사회적 최적 상태가 E′라면 공급의 외부 경제가 나타난다.
② 균형점 E가 균형 생산량이라면 S는 사회적 비용을 반영한 공급 곡선이다.
③ S′가 사적 비용만을 반영한 공급 곡선일 때 공급의 외부 불경제가 나타난다.
④ S′가 사적 비용을 반영한 공급 곡선일 때 정부가 생산자에게 보조금을 지급하면 자원 배분의 효율성이 달성된다.

| 적정시간 | 20분 | 풀이시간 | 시작: 시 분 완료: 시 분 총 분 |

01

우리나라 국가 기관 (가)~(다)에 대한 설명으로 옳은 것만을 〈보기〉에서 고르면?

- (가) 은/는 상고심 관할권과 대통령과 국회의원, 시·도지사 선거 소송에 대한 재판권을 가진다.
- (나) 은/는 대통령이 의장이 되고 국무총리가 부의장이 되어 정부의 권한에 속하는 중요 정책을 심의한다.
- (다) 은/는 공무원이 그 직무 집행에 있어서 헌법이나 법률을 위배한 때에는 탄핵의 소추를 의결할 수 있다.

보기

ㄱ. (가)는 위헌 법률 심판 제청권이 있다.
ㄴ. (가)의 장(長)은 (다)의 동의를 얻어 임명된다.
ㄷ. (다)는 국가 예산안 심의, 결산 검사권의 권한이 있다.
ㄹ. (다)는 국정 감사권 및 조사권을 통해 (나)를 견제한다.

① ㄱ, ㄴ
② ㄱ, ㄷ
③ ㄴ, ㄷ
④ ㄷ, ㄹ

02

표는 국제법의 법원(法源) A~C를 질문에 따라 분류한 것이다. 이에 대한 설명으로 옳은 것은? (단, A~C는 조약, 국제 관습법, 법의 일반 원칙 중 하나이다.)

질문 \ 유형	A	B	C
국가 간에 체결한 법적 구속력을 가진 약속인가?	아니요	예	아니요
문명국들이 공통적으로 승인하여 따르는 법의 보편적 원칙인가?	아니요	아니요	예
(가)	아니요	예	아니요

① A에는 신의 성실의 원칙, 권리 남용 금지의 원칙 등이 있다.
② B는 국제 사회에서의 반복적 관행이 규범화된 것이다.
③ C는 우리나라의 경우 대통령이 비준권을 행사한다.
④ (가)에는 '국내에서 효력이 발생되려면 별도의 입법 절차가 필요한가?'가 들어갈 수 있다.

03

다음 사례에 대한 법적 판단으로 옳은 것은?

사례

병(현재 16세)을 자녀로 두고 있는 을은 남편 갑의 부정(不貞) 행위를 이유로 이혼하기로 합의하고, 가정 법원으로부터 이혼 의사의 확인을 받았다. 갑과 을이 혼인 중에 협력하여 모은 재산은 을의 이름으로 등기된 집을 포함하여 4억 원이다.

① 을과 재혼한 배우자는 병을 친양자로 입양할 수 없다.
② 을은 갑을 상대로 가정 법원에 재산 분할을 청구할 수 없다.
③ 만약 갑이 재혼한 후 사망하면 병은 갑의 재산을 상속받을 수 있다.
④ 갑과 을은 이혼 숙려 기간을 거치지 않아도 배우자의 관계가 소멸될 수 있다.

04

다음 자료에 대한 설명으로 옳은 것은?

> 〈우리나라 헌법의 기본 원리〉
>
> (가) 제32조 ① 모든 국민은 근로의 권리를 가진다.
>   제34조 ① 모든 국민은 인간다운 생활을 할 권리를 가진다.
>   ② 국가는 사회 보장·사회 복지의 증진에 노력할 의무를 진다.
> (나) 제1조 ① 대한민국은 민주 공화국이다.

① 사유 재산의 절대적 보장으로 (가)를 실현할 수 있다.
② (가)와 (나) 모두 근대 입헌주의 헌법에서부터 강조되었다.
③ (가)는 국민 경제의 성장 및 안정을 위해 국가의 간섭이 최소화되어야 한다는 원리이다.
④ (나)의 실현을 위해 일정한 요건을 갖춘 재외국민에게 대통령 선거권을 인정하고 있다.

05

밑줄 친 ⊙, ⓒ에 대한 설명으로 옳은 것은?

> • ○○군 주민들은 ⊙ ○○군수를 임기 중에 주민 투표를 통해 해임할 수 있는 절차를 밟고 있다.
> • □□시 의회는 석면 피해 노동자에 대한 지원과 관련한 ⓒ 조례를 제정하였다.

① ⊙은 주민 소환 제도로 간접 민주 정치 요소에 해당한다.
② ⓒ의 '조례'는 주민 투표로 확정된다.
③ ⓒ의 권한은 집행 기관이 독점적으로 가진다.
④ ⊙과 ⓒ 모두 중앙 정부와의 수직적 권력 분립에 기여한다.

06

다음 자료에 대한 분석 및 추론으로 옳은 것만을 〈보기〉에서 모두 고르면?

> 현재 갑국의 의회는 지역구 의원으로만 구성되어 있고 의석수는 100석이며 선거구는 총 100개이다. 갑국은 향후 의회의 의석수를 현재 지역구 100석에 비례대표 100석을 추가해 총 200석으로 변경하고자 한다. 비례대표 의석은 각 정당의 지역구 후보들 전체가 전국적으로 얻은 득표율에 비례하여 배분된다.
>
> 〈갑국의 최근 의회 의원 선거 결과〉
>
> (단위: %, 석)
>
> | 구분 | A당 | B당 | C당 |
> |------|-----|-----|-----|
> | 득표율 | 45 | 35 | 20 |
> | 의석수 | 70 | 25 | 5 |

> **보기**
>
> ㄱ. 현행 대표 결정 방식은 소수대표제로 군소 정당의 난립이 나타날 수 있다.
> ㄴ. 최근 선거 결과에 따르면, 득표율에 비해 의석수를 가장 적게 획득한 정당은 B당이다.
> ㄷ. 변경될 선거 제도를 최근 선거 결과에 적용한다면, A당은 과반 의석을 확보하게 된다.
> ㄹ. 변경될 선거 제도를 최근 선거 결과에 적용한다면, 각 정당의 득표율과 의석률 간의 격차가 줄어든다.

① ㄱ, ㄴ
② ㄱ, ㄷ
③ ㄴ, ㄷ
④ ㄷ, ㄹ

07

다음 (가)와 (나)의 정부 형태에 대한 설명으로 옳은 것만을 〈보기〉에서 모두 고르면?

> 정부 형태는 (가) 와 (나) 로 구분된다. 일반적으로 (가) 에서 정부는 의회에 의하여 구성되고, (나) 에서 정부 수반과 의회 의원은 각각 국민의 선거에 의해 선출된다. (가) 에서 행정부가 의회를 견제하는 권한은 ㉠ 이며, (나) 에서 의회가 행정부를 견제하는 권한은 ㉡ 이다.

보기
ㄱ. ㉡에는 '내각 불신임권'이 들어갈 수 있다.
ㄴ. (가) 정부의 소속 의원은 각료를 겸직할 수 있다.
ㄷ. (나)에서는 행정부 수반과 국가 원수가 동일인이다.
ㄹ. ㉠에는 '법률안 거부권'이, ㉡에는 '탄핵 소추권'이 들어갈 수 있다.

① ㄱ, ㄴ
② ㄱ, ㄷ
③ ㄴ, ㄷ
④ ㄴ, ㄹ

08

다음 사례에 대한 법적 판단으로 옳은 것은?

사례
갑과 을은 「근로기준법」에서 정한 기준에 미치지 못하는 근로 조건으로 자동차 회사인 S사와 근로 계약을 체결한 후 S사의 노동조합에 가입하였다. 이를 알게 된 S사의 노동조합은 사용자 측과 근로 조건 개선을 위하여 단체 교섭을 시도하였으나, S사는 정당한 이유 없이 이를 거부하였다. 노동조합은 노동쟁의의 조정을 거쳐 파업에 들어갔다. 이후 사용자에 의해 적법한 쟁의행위를 이유로 갑과 을은 근로관계가 종료되었다.

① S사의 교섭 거부는 노동조합의 단결권을 침해하는 것이다.
② 갑의 근로관계 종료 사안은 중앙 노동 위원회의 구제 절차를 거칠 수 없다.
③ 을은 해고 무효 확인 소송을 제기하기 전에 지방 노동 위원회의 구제 절차를 거쳐야 한다.
④ 갑, 을 해고에 대해 S사의 노동조합은 지방 노동 위원회에 구제 신청을 할 수 있다.

09

다음 사례에 대한 법적 판단으로 옳은 것은?

사례
선박을 납치하고 선장에게 총상을 입힌 혐의로 체포되어 ㉠구속 중인 해적들에게 법원이 중형을 ㉡선고하였다. ○○ 지방 법원 합의부는 ㉢국민참여재판을 신청한 해적 4명에 대한 1심 선고 공판에서 A에게 무기징역을, 나머지 해적 1명에게는 15년, 2명에게는 13년의 유기징역을 선고하였다. 한편 국민 참여 재판을 신청하지 않은 해적 B에게는 일반 형사 재판을 통해 징역 15년을 선고하였다. 해적들은 모두 1심 판결에 불복하여 ㉣항소를 준비하고 있다.

① ㉠ 단계 이후 A는 법원에 영장 실질 심사를 청구할 수 있다.
② ㉡으로 인해 A와 B는 피고인, 검사는 소송 당사자로서의 지위를 갖게 된다.
③ A는 ㉢을 신청하였으므로 변호인의 조력을 받을 권리가 없다.
④ 검사는 1심 판결에 불복하여 ㉣을 할 수 있다.

10

다음 사례에 대한 법적 판단으로 옳은 것은?

사례
고등학교 2학년인 갑은 평소 갖고 싶었던 A사의 휴대 전화를 매수하는 계약을 법정 대리인인 을의 동의 없이 병(28세)과 체결하였다. 거래를 마치고 집으로 돌아오는 길에 갑은 정이 운영하는 문구점에서 자신의 용돈으로 샤프를 샀다.

① 갑은 을의 동의를 얻어야만 병과의 계약을 취소할 수 있다.
② 을은 갑의 동의가 없어도 갑과 정의 계약을 취소할 수 있다.
③ 병은 미성년자인 갑에게 계약을 취소할 것인지에 대한 확답을 촉구할 수 있다.
④ 갑이 병과의 계약 당시 법률상 혼인한 상태라면 을은 해당 계약을 취소할 수 없다.

11

A~D에 해당하는 사회 집단 유형에 대한 설명으로 옳은 것은?

사회 집단 유형	설명
A	공통의 이해관계와 관심을 가진 사람들이 자발적으로 만든 집단
B	구성원의 의도와 무관하게 형성된 집단
C	공식적 조직 목표와 명시적 규범에 의해 운영되는 집단
D	공식적 조직 내에서 자발적으로 형성한 집단

① 가족은 B이면서 C에 해당한다.
② 노동조합, 시민 단체는 A이면서 B에 해당한다.
③ B는 공식적 제재가 일반적으로 적용되는 1차 집단이다.
④ D는 C의 과업 효율성을 향상시키는 데에 기여할 수 있다.

12

우리나라의 사회 보장 제도인 (가)~(다)의 특징에 대한 설명으로 옳은 것은? (단, (가)~(다)는 각각 공공 부조, 사회 보험, 사회 서비스 중 하나이다.)

(가) 도움이 필요한 대상자들에게 가정이나 지역사회의 재가복지 센터를 통해 일상생활을 위한 도움을 주거나 자립할 수 있도록 프로그램을 제공하는 제도이다.
(나) 재해, 질병, 노령, 실업 등의 사회적 위험이나 미래 생활의 불안에 대처하기 위해 국가, 기업, 개인이 부담한 분담금을 재원으로 급여를 제공한다.
(다) 소득이나 재산이 최저 생계비 이하인 가구의 생활을 보장하기 위해 자산 조사 등의 절차를 거쳐 급여를 제공한다.

① (가)는 (나), (다)와 달리 소득 재분배 효과가 있다.
② (나)는 능력별 비용 부담 및 임의 가입 원칙이 우선 적용된다.
③ (나)는 위험에 대한 사전 예방적 기능을, (다)는 사후 대응적 기능을 강조한다.
④ (가)와 (다)는 국가와 지방 자치 단체가 비용을 전액 부담하는 것을 원칙으로 한다.

13

다음은 문화 변동 요인 A~D를 분류한 것이다. 이에 대한 설명으로 옳은 것은? (단, A~D는 각각 발명, 직접 전파, 간접 전파, 자극 전파 중 하나이다.)

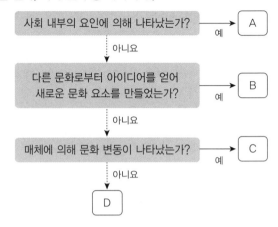

① A는 직접 전파, B는 자극 전파, C는 간접 전파, D는 발명이다.
② B 또는 C의 결과로 문화 병존이 나타난다면 갑국은 자문화의 정체성이 상실된다.
③ 독일에서 구텐베르크가 인쇄 기술을 만들어 자국 내 지식 보급에 기여한 사례는 C에 해당한다.
④ 미국에서 배구가 처음 고안된 사례는 A, 미국인 선교사가 한국 청년들에게 처음 배구를 지도한 사례는 D에 해당한다.

14

밑줄 친 ㉠~㉢에 대한 설명으로 옳은 것은?

연구자 갑은 타인의 기대가 있으면 이에 부응하는 쪽으로 행동이 변할 것이라는 가설을 세웠다. 이를 검증하기 위해 □□ 기업 사원을 대상으로 업무 수행 능력 검사를 한 후, 각 부서에서 무작위로 ㉠20%의 사원을 선정하였다. 그 명단을 부장에게 주면서 ㉡'업무 수행 능력 점수가 높은 사원들'이라고 믿게 하였고, 부장은 이들을 지속적으로 격려하였다. 1년이 지난 후 ㉢동일한 전체 사원을 대상으로 업무 수행 능력 검사를 실시하였다. 그 결과 명단에 속한 사원 집단이 다른 사원 집단보다 ㉣업무 수행 능력 점수의 향상 정도가 높았다.

① ㉠은 실험 집단, ㉡은 통제 집단이다.
② ㉡은 독립 변수, ㉣은 종속 변수이다.
③ ㉢은 사후 검사를 통해 1차 자료를 수집하는 방법이다.
④ 실제성이 높은 현장 자료를 얻기 용이한 자료 수집 방법을 사용하였다.

15

(가), (나)는 사회 불평등 현상을 설명하는 이론을 구분한 것이다. 이에 대한 설명으로 옳은 것은?

> • 　(가)　은/는 역사적으로 생산 수단의 소유 여부에 의해 계급이 결정되며 이에 따라 지배와 피지배 관계가 형성된다고 본다.
> • 　(나)　은/는 계층이 부와 더불어 위신, 권력의 요인들에 의해 중첩적으로 형성된다고 본다.

① (가)는 지위 불일치 현상을 설명하는 데 적합하다.
② (나)는 사회 불평등 현상을 불연속적인 위계화로 파악한다.
③ (가)와 (나)는 '사회 불평등 현상의 원인으로 경제적 요인을 고려하는가?'로 구분할 수 있다.
④ (가)와 (나)는 '사회 불평등 현상의 발생 원인을 다원론적 관점으로 보는가?'로 구분할 수 있다.

16

다음은 외부 효과의 유형에 대한 설명이다. A, B에 대한 설명으로 옳은 것만을 〈보기〉에서 모두 고르면?

> ◎ 외부 효과의 유형
> • 소비 측면
> 　– A 시장 균형 거래량이 사회적 최적 거래량보다 적다.
> 　– B 시장 균형 거래량이 사회적 최적 거래량보다 많다.
> • 생산 측면: 〈중략〉

> **보기**
> ㄱ. A의 시장 가격은 사회적 최적 가격보다 낮다.
> ㄴ. B의 해결 방안으로 소비자에 대한 보조금 지급을 들수 있다.
> ㄷ. 공동 주택에서 층간 소음으로 인해 발생하는 피해는 B의 사례에 해당한다.
> ㄹ. 한 회사가 개발한 기술이 다른 회사에 전파되어 이득을 주는 것은 A의 사례에 해당한다.

① ㄱ, ㄴ　　　　　② ㄱ, ㄷ
③ ㄴ, ㄷ　　　　　④ ㄴ, ㄹ

17

다음 자료에 대한 설명으로 옳은 것은?

> (가)는 X재 공급 변동에 따른 X재 시장 균형점의 변화를, (나)는 (가)에 따른 Y재와 Z재의 시장 균형 변화를 나타낸다. (단, Y재와 Z재는 X재의 연관재이며, X~Z재는 모두 수요와 공급의 법칙을 따른다.)

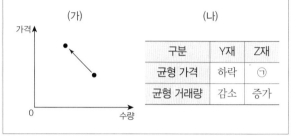

구분	Y재	Z재
균형 가격	하락	㉠
균형 거래량	감소	증가

① Z재는 X재의 보완재이다.
② ㉠에는 '하락'이 들어간다.
③ Y재와 달리 Z재의 판매 수입은 증가하였다.
④ X재의 수요의 가격 탄력성이 1보다 클 경우, 판매 수입이 증가한다.

18

다음 (가)와 (나) 두 시점 사이의 환율 변화가 우리나라에 미칠 수 있는 영향으로 옳은 것은?

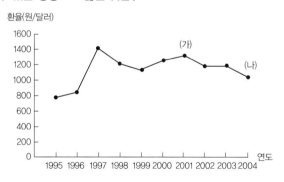

① 100달러를 예금하기 위해서는 이전보다 적은 금액의 원화가 필요하다.
② 매달 원화를 환전하여 100달러를 예금하는 국내 직장인은 불리해진다.
③ 원화 표시 금융 상품에 투자한 미국인 기업가의 달러 환산 금액은 감소한다.
④ 매달 달러를 원화로 환전하여 유학 경비로 100만 원을 우리나라에 보내주시는 부모님의 부담은 감소한다.

19

다음은 A를 기준으로 B와 C의 수익성과 안정성을 나타낸 것이다. 이에 대한 옳은 설명만을 〈보기〉에서 고른 것은? (단, A, B, C는 주식, 예금, 채권 중 하나이다.)

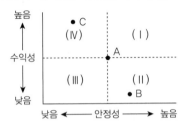

보기

ㄱ. A가 채권이라면 B는 예금으로, A, B 모두 C와 달리 이자 수익을 기대할 수 있다.

ㄴ. A가 채권이라면 C는 주식으로, A는 투자자에게 기업 소유권의 일부가 있다.

ㄷ. A가 채권이라면 C가 주식으로, 모두 시세 차익을 기대할 수 있다.

ㄹ. C가 주식이라면 A는 자기 자본 형태이며, 소유자는 경영 참가권을 갖는다.

① ㄱ, ㄴ   ② ㄱ, ㄷ
③ ㄴ, ㄷ   ④ ㄷ, ㄹ

20

그림은 갑국의 X재 시장 상황을 나타낸 것이다. 이에 대한 설명으로 옳은 것만을 〈보기〉에서 모두 고르면?

자료 1

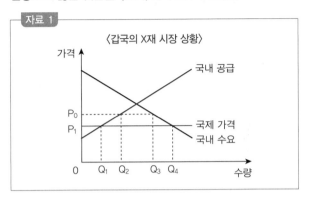

자료 2

갑국은 t, t+1 시기별로 다음과 같은 정책을 실시하였다. (단, 갑국 기업이 생산한 X재는 전량 국내 시장에서 판매되며, 갑국은 국제 가격으로 X재를 무제한 수입할 수 있다.)

구분	정책
t	국제 가격에 1개당 $P_0 P_1$의 관세를 부과하여 수입
t+1	수입국과의 자유 무역 협정 체결로 관세 철폐

보기

ㄱ. t 시기 갑국 기업의 공급량은 Q_1이다.

ㄴ. t+1 시기의 갑국의 X재 수입량은 $Q_2 Q_3$이다.

ㄷ. t+1 시기가 t 시기보다 국내 거래량이 많다.

ㄹ. t 시기가 t+1 시기보다 갑국 기업의 생산자 잉여가 크다.

① ㄱ, ㄴ   ② ㄱ, ㄷ
③ ㄴ, ㄷ   ④ ㄷ, ㄹ

적정시간	20분	풀이시간	시작:	시	분	완료:	시	분	총	분

01

다음은 우리나라 국가 기관 A~E와 관련한 헌법 조항이다. A~E에 대한 설명으로 옳은 것만을 〈보기〉에서 고르면?

> 제54조 ①   A 은/는 국가의 예산안을 심의·확정한다.
> 제88조 ③   B 은/는 국무회의의 의장이 되고,   C 은/는 부의장이 된다.
> 제99조   D 은/는 세입·세출의 결산을 매년 검사하여   B 와/과 차년도   A 에 그 결과를 보고하여야 한다.
> 제107조 ② 명령·규칙 또는 처분이 헌법이나 법률에 위반되는 여부가 재판의 전제가 된 경우에는   E 은/는 이를 최종적으로 심사할 권한을 가진다.

보기

ㄱ. A는 탄핵 소추권, E는 탄핵 심판권을 가진다.
ㄴ. A와 C는 B에게 국무총리, 국무위원의 해임을 건의할 수 있다.
ㄷ. C와 달리 D의 장(長), E의 장(長)은 A의 동의를 얻어 B가 임명해야 한다.
ㄹ. D는 B의 소속하에 있으며 공무원의 직무에 관한 감찰과 예산의 결산 검사를 담당한다.

① ㄱ, ㄴ ② ㄱ, ㄷ
③ ㄴ, ㄹ ④ ㄷ, ㄹ

02

표는 전형적인 정부 형태를 채택하고 있는 갑국 의회의 정당 의석률을 시기별로 나타낸 것이다. 이에 대한 설명으로 옳은 것만을 〈보기〉에서 모두 고르면?

(단위: %)

구분	T기	T+1기	T+2기	T+3기
A당	30	55	35	30
B당	40	25	55	40
C당	20	15	5	10
D당	10	5	5	20

※ T기와 T+1기의 정부 형태가 같고, T+2기와 T+3기의 정부 형태가 같다.
※ T기 행정부 수반은 의회에서 선출한다.

보기

ㄱ. T+2기와 T+3기에는 여소야대 현상이 나타났다.
ㄴ. T+3기에는 T기와 달리 연립 정부가 구성되었다.
ㄷ. T기~T+3기의 행정부 수반 소속 정당은 A당이다.
ㄹ. T+3기와 달리 T기에는 의회의 법률안 제출권이 인정된다.

① ㄱ, ㄴ ② ㄱ, ㄷ
③ ㄴ, ㄹ ④ ㄷ, ㄹ

03

표는 기본권 유형 A~C를 구분한 것이다. 이에 대한 설명으로 옳은 것은? (단, A~C는 각각 사회권, 자유권, 청구권 중 하나이다.)

질문 \ 유형	A	B	C
적극적 권리인가?	㉠	아니요	예
다른 기본권을 보장하기 위한 기본권인가?	아니요	㉡	㉢
(가)	예	아니요	㉣

① ㉠과 ㉡에는 모두 '아니요'가 들어간다.
② A~C 중 C는 현대 복지 국가에 등장한 적극적 권리이다.
③ (가)에는 '헌법에 열거되지 않아도 보장받을 수 있는 권리인가?'가 들어갈 수 있다.
④ (가)에 '국가의 존재를 전제로 하는가?'가 들어가면, ㉢과 ㉣의 응답 내용은 '예'로 같다.

04

다음 사례에 대한 설명으로 옳은 것은?

> **사례**
>
> 갑은 운전 중 좌석 안전띠를 의무적으로 매야 하고 이를 어기면 범칙금을 부과하는 「도로교통법」 규정이 자신의 기본권을 침해한다며 □A□ 심판을 청구하였다. 이에 대해 □B□은/는 우선 이 규정이 행복 추구권에서 도출되는 일반적 행동 자유권을 제한하고 있다고 판단하였다. 그리고 이 규정은 교통사고에서 국민을 보호하고 사회적 부담을 줄이려는 공익을 위한 것이므로 목적이 정당하고, 안전띠를 매는 것은 이를 달성할 수 있는 적절한 수단이라고 보았다. 또한 이보다 덜 제한적인 방법이 없으며, 운전자의 답답함이나 경미한 범칙금에 비하여 달성하려는 공익이 크다고 보아 갑의 청구를 기각하였다.

① A 심판은 위헌 심사형 헌법 소원 심판이다.
② 갑은 B의 결정에 대하여 대법원에 상고할 수 없다.
③ B는 B의 장(長)을 제외한 9인의 재판관으로 구성된다.
④ 갑이 B에 헌법 소원을 청구하기 위해서는 재판의 전제성이 충족되어야 한다.

05

법치주의를 바라보는 갑, 을의 관점에 대한 설명으로 옳은 것을 〈보기〉에서 모두 고르면?

> 갑: 최근 의회에서 의결된 「△△법」은 인간의 존엄성을 부정하고 정의에 부합하지 않으므로 이 법을 지키도록 하는 것은 진정한 법치주의라고 볼 수 없어.
> 을: 아니야. 「△△법」은 법의 내용과 상관없이 의회가 적법한 절차를 거쳐 제정하였으므로 이 법을 지키도록 하는 것은 법치주의에 어긋나지 않아.

> **보기**
>
> ㄱ. 갑의 관점과 달리 을의 관점은 '인(人)의 지배'를 인정한다.
> ㄴ. 을의 관점과 달리 갑의 관점은 위헌 법률 심사제의 중요성을 강조한다.
> ㄷ. 갑, 을의 관점 모두 국민의 기본권을 제한할 경우 법률에 근거해야 한다고 본다.
> ㄹ. 갑의 관점은 을의 관점과 달리 법에 근거하지 않은 국가 권력 행사를 부당하다고 본다.

① ㄱ, ㄴ
② ㄱ, ㄹ
③ ㄴ, ㄷ
④ ㄷ, ㄹ

06

다음 자료에 대한 법적 판단으로 옳은 것은?

> 갑과 을은 혼인 신고를 한 후에 A를 출산하고, 갑의 어머니 병과 함께 살고 있었다. 갑과 A는 함께 여행하던 중 교통사고를 당해 사망하였으며, 갑은 '모든 재산을 ○○ 복지 재단에 물려준다.'라는 취지의 유언을 남겼고, A는 유언을 남기지 않았다. 그러나 유가족은 갑의 유언에 대한 법적 효력에 의문을 갖고 있으며, 사고 당시 갑이 남긴 재산은 채무 없이 10억 원이고, A의 재산은 없다.

사망 시점	㉠ 갑이 먼저 사망함	㉡ A가 먼저 사망함
유언의 법적 효력	㉢ 효력 있음	㉣ 효력 없음

① ㉠, ㉣의 경우 을이 10억 원의 재산을 물려받는다.
② ㉡, ㉣의 경우 법정 상속액은 을이 병보다 3억 원 많다.
③ ㉠, ㉢의 경우 병은 ○○ 복지 재단에 유류분 반환을 청구할 수 있다.
④ ㉡, ㉢의 경우 ○○ 복지 재단은 최대 5억 원의 재산을 받을 수 있다.

07

다음 사례에 대한 법적 판단으로 옳은 것만을 〈보기〉에서 고르면? (단, 갑~병은 모두 만 19세 미만이다.)

사례

같은 동네에서 사는 갑, 을, 병은 셋이 함께 다니며 동네에 있는 편의점에서 물건을 훔치고, 주인이 있는 자전거를 훔쳐 이를 중고로 판매한 혐의로 경찰에 붙잡혔다. 이후 갑은 연령을 이유로 형벌 및 「소년법」상 보호 처분을 모두 받지 않았고, 을은 「소년법」상 보호 처분을 받았으며, 병은 형벌을 받았다.

보기

ㄱ. 갑의 연령은 10세 이상~14세 미만이다.
ㄴ. 을은 경찰서장이 가정법원 소년부로 송치하였다.
ㄷ. 을은 10세 이상~19세 미만, 병은 14세 이상~19세 미만이다.
ㄹ. 병은 「소년법」상 보호 처분을 받을 수 있는 연령이다.

① ㄱ, ㄴ
② ㄱ, ㄷ
③ ㄴ, ㄹ
④ ㄷ, ㄹ

08

국제연합의 주요 기관 A~C에 대한 설명으로 옳은 것은?

국제연합의 주요 기관으로는 A, B, C가 있다. A는 국제연합의 최고 의결 기관으로 모든 회원국으로 구성되며, B는 국제 평화와 안전 유지에 관한 국제연합의 실질적 의사 결정 기관으로 5개의 상임 이사국과 10개의 비상임 이사국으로 구성된다. C는 국가 간의 분쟁에 대해 국제법을 적용하여 해결하는 국제연합의 사법 기관으로 A와 B에서 선출한 서로 국적이 다른 15명으로 구성된다.

① A와 B에서는 표결 시 1국 1표주의가 적용된다.
② B의 상임 이사국의 거부권 행사는 자유주의적 관점으로 설명하기에 용이하다.
③ C는 분쟁 당사국 간 합의가 없어도 재판이 가능하다.
④ C의 판결에 불복하는 국가에 대해 A, B는 강제적 집행권을 가진다.

09

밑줄 친 ㉠~㉣에 대한 설명으로 옳은 것은?

갑과 을은 법률혼 상태에서 A를 낳고 살다가 ㉠ 협의상 이혼을 하였고, ㉡ 갑이 A의 양육자와 친권자로 정해졌다. 갑은 병과 재혼을 하였고, ㉢ 병은 A를 친양자로 입양하였다. 을은 정과 재혼을 하였으나 ㉣ 재판상 이혼을 하였다.

① ㉠의 과정에서 갑과 을은 법원에서 이혼 의사의 확인을 받지 않아도 된다.
② ㉡으로 인해 을은 A에 대한 면접 교섭권을 가진다.
③ ㉢에도 불구하고 을과 A의 친자 관계는 종료되지 않는다.
④ ㉣의 효력은 행정 기관에 이혼 신고를 한 때 발생한다.

10

다음 자료에 대한 설명으로 옳은 것만을 〈보기〉에서 고른 것은? (단, A~C는 각각 국제 관습법, 법의 일반 원칙, 조약 중 하나이다.)

교사: 국제법의 법원(法源) A~C에 대해 발표해 봅시다.
갑: A는 주로 문서 형식으로 이루어진 합의입니다.
을: 국내 문제 불간섭은 C에 해당합니다.
병: _____(가)_____
교사: 갑과 병만 옳게 답해 주었네요.

보기

ㄱ. 국가와 달리 국제 기구는 A의 체결 당사자가 될 수 없다.
ㄴ. 신의 성실의 원칙, 권리 남용 금지의 원칙은 C에 해당한다.
ㄷ. A~C 모두 국회에서 의결되어야 국내에서 효력을 가진다.
ㄹ. (가)에는 'C는 문명국들이 공통적으로 승인하여 따르는 보편적인 법 원칙입니다.'가 들어갈 수 있다.

① ㄱ, ㄴ
② ㄱ, ㄷ
③ ㄴ, ㄹ
④ ㄷ, ㄹ

11

자료 수집 방법 A~C의 특징에 대한 설명으로 옳은 것만을 〈보기〉에서 모두 고르면? (단, A~C는 각각 면접법, 질문지법, 참여 관찰법 중 하나이다.)

- 연구자 갑은 초등학생들의 사회성 형성에 또래 집단이 미치는 영향을 파악하기 위해 [A]을/를 적용하고자 하였으나, 성인인 갑이 초등학생들과 함께 생활하며 그들의 상호 작용하는 모습을 살펴보는 것이 쉽지 않아 개별 면담의 방식인 [B]를 통해 자료를 수집하고 있다.
- 연구자 을은 초등학생들의 급식이 식습관에 미치는 영향을 파악하기 위해 학부모를 대상으로 [B]을/를 적용하고자 하였으나, 다수의 학부모들과 개별적으로 질의응답을 나눌 시간을 마련하기 어려워 학교 알리미 서비스를 활용하여 [C]을/를 통해 질문에 대한 응답을 회신 받고 있다.

보기

ㄱ. A는 B와 달리 질적 연구에서 주로 사용된다.
ㄴ. C는 A와 달리 계량화된 자료의 수집에 주로 사용된다.
ㄷ. B는 C에 비해 실제성이 높은 자료를 수집하기에 용이하다.
ㄹ. B와 C는 A와 달리 언어를 매개로 한 상호 작용이 필수적이다.

① ㄱ, ㄴ 　　　② ㄱ, ㄷ
③ ㄴ, ㄹ 　　　④ ㄷ, ㄹ

12

다음 자료에 대한 설명으로 옳은 것은? (단, A, B는 각각 진화론, 순환론 중 하나이다.)

사회 변동 이론 A, B의 한계에 대해 각각 한 가지씩 서술하라는 과제에 대해 학생 갑, 을은 다음과 같이 답안을 작성하였다. 옳게 서술할 경우 진술 하나당 1점씩 부여하였고, 그 결과 갑은 총 1점, 을은 총 0점을 받았다.

구분	갑	을
A의 한계	인간 행위의 역동성을 과소평가한다.	흥망성쇠를 거듭한 국가의 사례를 설명하기 어렵다.
B의 한계	(가)	(나)

① A는 B와 달리 사회 변동에 일정한 방향이 있다고 본다.
② B는 A에 비해 사회 변동에 대해 단선적, 표준화된 경로를 설명할 수 있다.
③ (가)에는 '미래 사회의 변동 방향에 대한 예측이 어렵다.'가 들어갈 수 없다.
④ (나)에는 '운명론적 관점에 치우쳐 사회 변동을 바라본다.'가 들어갈 수 없다.

13

다음 자료에 대한 설명으로 옳은 것은?

㉠ ○○고등학교에서 교사로 근무 중인 갑은 주말이면 ㉡ 재직 중인 학교의 교사 축구 동호회 모임에 참여하거나, 친한 지인들로 구성된 ㉢ 학습 소모임에 참여하여 시간을 보내고 있다. 주말 저녁에는 보통 ㉣ 가족과 함께 시간을 보내지만, 이번 주말 저녁에는 ㉤ 대학교 동창회 회원들로 구성된 동창회 산하 ㉥ 봉사 소모임 행사에 참여할 예정이다.

〈질문 (가)와 (나)로 구분한 ㉠~㉥〉

구분		(가)	
		예	아니요
(나)	예	–	㉣
	아니요	㉡, ㉢, ㉤, ㉥	㉠

① ㉡은 ㉢과 달리 이익 사회에 해당한다.
② (가)에는 '자발적 결사체에 해당하는가?'가 들어갈 수 없다.
③ ㉠~㉥ 중 비공식 조직에 해당하는 자발적 결사체는 2개이다.
④ (나)에는 '본질 의지에 의해 자연 발생적으로 형성되었는가?'가 들어갈 수 없다.

14

다음 두 사례에 대한 분석으로 옳은 것만을 〈보기〉에서 모두 고르면?

사례

- 갑은 회사원으로 일하던 중 어린 시절부터 꿈꿔 왔던 가수의 길을 걷고자 오디션 프로그램에 지원서를 제출하였다. 부모님의 반대로 고민하였지만 결국 갑은 오디션 프로그램에 참가하였고, 방송국 관계자에게 방송 출연과 관련된 기본적인 음악 교육을 받기도 하였다. 비록 1회전에서 탈락하여 다시 회사원 생활을 하고 있지만, 갑은 자신의 도전에 자부심을 느끼고 있다.
- 공무원으로 일하며 두 아이를 키우고 있는 을은 더 좋은 아빠가 되기 위해 시청에서 운영하는 교양 강좌에 등록하여 부모의 역할을 배우고 있다. 첫눈이 내리는 날 아이와 눈사람을 만들기로 약속하였는데, 첫눈을 앞두고 제설 작업을 위해 비상근무 명령을 받아 을은 고민에 빠졌다. 결국 을은 제설 작업을 마친 후 늦은 밤 아이들 몰래 눈사람을 집 앞에 만들어 두었고, 다음 날 아이들은 을에게 '고마운 아빠상'을 만들어 주었다.

보기

ㄱ. 갑은 하나의 지위에 상반되는 역할의 요구로 갈등을 경험하였다.
ㄴ. 을은 갑과 달리 성취 지위와 귀속 지위를 모두 가지고 있다.
ㄷ. 갑과 을은 비공식적 사회화 기관에서 사회화를 경험하였다.
ㄹ. 을은 성취 지위 사이에서 발생한 역할 갈등을 경험하였다.

① ㄱ, ㄴ   ② ㄱ, ㄷ
③ ㄴ, ㄹ   ④ ㄷ, ㄹ

15

밑줄 친 ㈀~㈂에 대한 설명으로 옳은 것만을 〈보기〉에서 모두 고르면?

코로나 19의 확산으로 인해 신학년 등교 개학이 연기되고 원격 수업이 실시되었다. 그동안 수업이라고 하면 교실에서 학생과 교사가 만나 이루어지는 활동으로 생각하였으나, 이제는 ㈀ 온라인 공간으로 수업의 장소가 확대된 것이다. 원격 수업이라고 하면 ㈁ 초등학생부터 대학생까지 누구나 온라인 플랫폼상의 비대면 수업을 떠올리고 있으며, 전면 ㈂ 원격 수업의 실시로 인해 사회 전체적으로 스마트 기기의 보급이 확산되었고, 온라인상에서의 상호 작용을 바라보는 사회 구성원의 인식 또한 크게 변화하게 되었다.

보기

ㄱ. ㈀에 부각된 문화의 속성은 한 문화 요소의 변화가 다른 요소의 변화를 초래함을 의미한다.
ㄴ. ㈁에 부각된 문화의 속성은 문화 요소들이 관련을 맺으며 하나의 체계를 형성함을 의미한다.
ㄷ. 문화가 사회 구성원의 사고와 행동을 구속함은 ㈂이 아닌 ㈁에 부각된 문화의 속성을 통해 설명할 수 있다.
ㄹ. ㈀과 ㈂에 부각된 문화의 속성은 모두 문화의 형태와 내용이 변화할 수 있음을 전제로 한다.

① ㄱ, ㄴ   ② ㄱ, ㄷ
③ ㄴ, ㄹ   ④ ㄷ, ㄹ

16

A국에서 나타난 다음의 환율 변화를 초래할 수 있는 원인과 상황에 대한 설명으로 옳은 것만을 〈보기〉에서 모두 고르면?

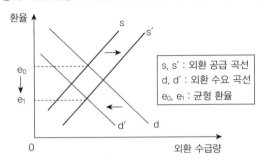

s, s′ : 외환 공급 곡선
d, d′ : 외환 수요 곡선
e₀, e₁ : 균형 환율

보기

ㄱ. 위의 환율 변화로 인해 A국 수출품의 외화 표시 가격이 하락한다.
ㄴ. 위의 환율 변화는 A국 정부가 외환 시장에서 달러를 계속 매각했기 때문이다.
ㄷ. 위의 환율 변화는 미국 여행을 하는 A국 사람들의 지출이 큰 폭으로 감소했기 때문이다.
ㄹ. 위의 환율 변화는 A국 기업들의 해외 원자재 수입 대금 결제 규모가 증가했기 때문이다.

① ㄱ, ㄴ ② ㄱ, ㄷ
③ ㄴ, ㄷ ④ ㄷ, ㄹ

17

다음은 어느 나라의 경기 변동 추이를 나타낸 것이다. 이에 대한 설명으로 옳은 것만을 〈보기〉에서 모두 고르면?

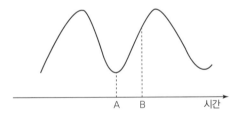

보기

ㄱ. A 시기에는 경기 침체로 인해 물가 하락과 실업 감소가 나타난다.
ㄴ. A 시기 중앙은행은 국·공채 매입 등의 정책을 선호할 것이다.
ㄷ. B 시기 중앙은행은 재할인율 인상 등의 정책을 선호할 것이다.
ㄹ. B 시기에는 스태그플레이션이 발생할 가능성이 높다.

① ㄱ, ㄴ ② ㄱ, ㄷ
③ ㄴ, ㄷ ④ ㄷ, ㄹ

18

다음은 수요의 가격 탄력성이 다른 두 재화 (가)와 (나)의 수요 곡선이다. 두 재화에 대한 설명으로 옳은 것만을 〈보기〉에서 모두 고르면?

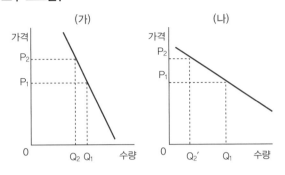

보기

ㄱ. (가)는 쌀과 같은 생활 필수재이며, 가격 하락 시 수입이 증가한다.
ㄴ. (나)가 (가)보다 더 많은 대체재를 가지고 있으며, 가격 상승 시 수입이 감소한다.
ㄷ. 광고를 통한 기업 이미지 제고는 (가) 재화의 매출액을 감소시키지만, (나) 재화의 매출액은 증가시킬 것이다.
ㄹ. (가) 재화와 (나) 재화를 같은 비율로 가격을 인하할 경우 판매량의 증가율은 (가) 재화보다 (나) 재화가 클 것이다.

① ㄱ, ㄴ ② ㄱ, ㄹ
③ ㄴ, ㄹ ④ ㄷ, ㄹ

19

표는 A국과 B국이 밀 1톤과 감자 1톤을 생산하는 데 필요한 노동자 수를 나타낸 것이다. 이에 대한 설명으로 옳은 것은?

(단위: 명)

구분	A국	B국
밀 1톤	1	2
감자 1톤	3	4

① A국에 비해 B국은 밀 생산에 절대 우위가 있다.
② 밀 1톤의 기회비용은 A국은 감자 3톤, B국은 감자 2톤이다.
③ A국과 B국이 서로 교역을 할 경우 A국은 B국에 밀을 수출하고 감자를 수입한다.
④ A국과 B국이 감자 생산에 동일한 수의 노동자를 투입하면, B국이 A국에 비해 감자를 더 많이 생산하게 된다.

20

다음 자료에 대한 옳은 설명만을 〈보기〉에서 고른 것은?

그림은 생산 혹은 소비 활동에서 외부 효과가 발생하고 있는 X재와 Y재의 시장 상황을 나타낸다. Q_E는 시장 균형 거래량, Q_O는 사회적 최적 거래량이다. (단, X재와 Y재는 수요와 공급의 법칙을 따르며 각 시장에서는 하나의 외부 효과만 발생한다.)

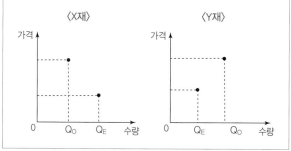

〈X재〉 〈Y재〉

보기

ㄱ. X재는 사적 비용보다 사회적 비용이 더 크며, 균형 가격이 최적 가격보다 낮다.

ㄴ. Y재는 사회적 편익보다 사적 편익이 더 작으며, 균형 가격이 최적 가격보다 낮다.

ㄷ. Y재의 예로 과수원 옆에서 양봉업자가 생산하는 벌꿀을 들 수 있다.

ㄹ. X재는 소비자에게 세금을 부과하고, Y재는 생산자에게 보조금을 지급하면 최적 거래량을 유도할 수 있다.

① ㄱ, ㄴ ② ㄱ, ㄷ
③ ㄴ, ㄷ ④ ㄷ, ㄹ

난이도	합격선	맞힌 개수
중	18개	

문제 P.2

01	③	02	④	03	③	04	④	05	④
06	④	07	③	08	④	09	④	10	④
11	③	12	③	13	①	14	④	15	①
16	①	17	③	18	②	19	③	20	④

※ 선지의 50% 표시는 〈1초 합격예측 서비스〉를 통해 수집된 선지 선택률을 나타냅니다.

01 ③

| 개념 카테고리 | 정치와 법 > 민주주의와 헌법 > 정치의 의미와 기능 > 정치를 바라보는 관점 | 오답률 12% |

| **정답 해설** | A 관점은 넓은 의미로 정치를 바라보는 관점, B 관점은 좁은 의미로 정치를 바라보는 관점이다.

ㄴ. A, B 관점 모두 이해관계의 조정과 갈등 해결을 정치의 기능으로 본다.

ㄹ. A 관점은 B 관점에 비해 다원화된 현대 사회의 정치 현상을 설명하기에 적합하다.

| **오답 해설** | ㄱ. A, B 관점 모두 국무회의에서 정책을 심의하는 것을 정치로 본다.

ㄷ. B 관점에서는 고등학교 학생회 활동을 정치로 보지 않는다.

02 ④

| 개념 카테고리 | 정치와 법 > 개인생활과 법 > 민법의 의의와 기본 원리 > 민법의 기본 원리 | 오답률 12% |

| **정답 해설** | (가)에는 「민법」의 기본 원칙 중 무과실 책임의 원칙이 들어간다.

④ 88% 제조물의 결함으로 인한 소비자의 신체상 손해에 대하여 「제조물 책임법」에 따라 제조업자가 지는 손해 배상 책임에는 무과실 책임의 원칙이 적용된다.

| **오답 해설** | ① 0% 현대 사회에서는 대부분 과실 책임의 원칙을 기본으로 인정하고 있다. 예외적인 경우에 무과실 책임의 원칙을 적용할 수 있다.

② 6% 「민법」의 기본 원칙 중 계약 공정의 원칙에 대한 설명이다.

③ 6% 특수 불법 행위 책임 중 공작물 등의 1차 점유자 책임은 과실 책임의 원칙이 적용된다. 2차 소유자 책임은 무과실 책임의 원칙이 적용된다.

03 ③

| 개념 카테고리 | 정치와 법 > 민주주의와 헌법 > 정치권력과 법치주의 > 법치주의의 유형 | 오답률 19% |

| **정답 해설** | 제시문에서는 실질적 법치주의에 대하여 설명하고 있다.

③ 81% 실질적 법치주의는 합법적 절차로 법률이 제정되고, 법률의 목적과 내용이 인간의 존엄성 존중, 국민의 자유와 권리 보장에 부합해야 한다고 본다.

| **오답 해설** | ① 6% 실질적 법치주의는 정당성을 상실한 정치권력에 대한 국민들의 저항권을 인정한다.

② 13% 실질적 법치주의에 따르면 형식적 합법성을 갖춘 법이라 하더라도 국민의 자유와 권리의 본질적 내용을 침해할 수는 없다고 본다.

④ 0% 형식적 법치주의와 달리 실질적 법치주의는 법의 목적과 내용이 정의에 부합해야 기본권의 실질적 보장이 가능하다고 본다.

04 ④

| 개념 카테고리 | 정치와 법 > 정치 과정과 참여 > 정치 과정과 정치 참여 > 정치 참여 집단 | 오답률 12% |

| **정답 해설** | 정치 참여 집단 중 (가)는 정당, (나)는 시민 단체, (다)는 이익 집단이다.

ㄷ. 시민 단체와 이익 집단은 모두 정부의 정책을 비판하고 정치권력을 견제하는 기능이 있다.

ㄹ. 정당은 정치적 견해를 같이 하는 사람들이 정권 획득 및 정강 실현을 목적으로 조직한 단체이다.

| **오답 해설** | ㄱ. 국회는 국정 감사 및 조사권을 가진다.

ㄴ. 시민 단체, 이익 집단은 모두 정치적 책임을 지지 않는다.

05 ④

| 개념 카테고리 | 정치와 법 > 민주국가와 정부 > 민주 정치의 정부 형태 > 대통령제와 의원내각제 | 오답률 6% |

| **정답 해설** | A국은 의원내각제, B국은 대통령제를 채택하고 있다.

④ 94% 의원내각제에서는 내각 불신임권을 통해, 대통령제에서는 탄핵 소추권을 통해 의회가 행정부를 견제한다.

| **오답 해설** | ① 0% 대통령제에서는 국가 원수와 행정부 수반이 동일인이다.

② 6% 행정부 수반의 법률안 거부권 행사는 대통령제에 관한 특징이다.

③ 0% 의원내각제에서는 의회 의원이 각료를 겸직할 수 있다.

06 ④

개념 카테고리 정치와 법 > 사회생활과 법 > 범죄의 성립과 형사 절차 > 형사 절차   오답률 19%

| 정답 해설 | ㄷ. 구속 적부 심사는 피의자 측이 법원에 청구하며 석방 여부에 대한 최종 판단도 법원이 한다.

ㄹ. 집행 유예는 유예 기간 동안 일정한 범행이 없으면 형 선고의 효력을 상실시키는 제도이다.

| 오답 해설 | ㄱ. 고소는 범죄 피해자가 할 수 있고, 고발은 범죄 피해자가 아닌 제3자가 수사 기관에 범죄 사실을 신고하여 처벌을 요청하는 것이다.

ㄴ. 수사는 불구속 수사가 원칙으로, 증거 인멸과 도주의 위험이 있을 때에는 구속 수사를 할 수 있다.

07 ③

개념 카테고리 정치와 법 > 국제 관계와 한반도 > 국제 관계와 국제법 > 국제 사회를 바라보는 관점   오답률 19%

| 정답 해설 | A는 현실주의 관점, B는 자유주의 관점이다. (가)는 안전보장이사회, (나)는 총회이다.

③ 81% 자유주의 관점에서는 집단 안보 체제를 통해 국제 평화를 실현할 수 있다고 본다.

| 오답 해설 | ① 0% 안전보장이사회와 총회 모두 국제사법재판소의 재판관을 선출하는 권한이 있다.

② 13% 안전보장이사회에서 상임 이사국은 절차 사항을 제외한 사항에 관한 결정에서 거부권을 행사할 수 있다.

④ 6% 총회는 주권 평등의 원칙에 따라 1국 1표로 표결하는 국제연합의 최고 의사 결정 기관이다.

08 ④

개념 카테고리 정치와 법 > 사회생활과 법 > 근로자의 권리와 법 > 미성년자의 근로   오답률 19%

| 정답 해설 | C와 근로 계약을 체결할 때 A와 B는 취직 인허증이 필요하지 않으므로 15세 이상인 자라는 것을 알 수 있다. A는 친권자 또는 후견인 동의서와 연령을 증명하는 가족 관계 기록 사항에 관한 증명서가 요구되지 않으므로 18세 이상인 근로자에 해당하고, 반면 B는 필요하므로 18세 미만인 연소 근로자에 해당한다.

④ 81% 18세 미만인 연소 근로자 B의 근로 시간은 원칙적으로 1일 7시간, 1주일 35시간을 넘을 수 없다. 또한 연장 근로도 1일 1시간, 1주 5시간을 초과해서는 안 된다.

| 오답 해설 | ① 13% 연소 근로자의 근로 계약은 친권자나 후견인의 동의를 얻어 본인이 직접 맺어야 하므로 친권자나 후견인이 대리할 수 없다.

② 6% 임금은 법정 최저 임금 이상이 되어야 하므로 최저 임금 미만을 받도록 근로 계약이 체결된 경우 해당 조항은 무효가 된다. 따라서 A와 B는 근로 계약이 체결된 이후에도 법정 최저 임금을 C에게 요구할 수 있다.

③ 0% A, B 모두 친권자 또는 후견인의 동의 없이 C에게 단독으로 임금을 청구할 수 있다.

09 ④

오답률 TOP 1

개념 카테고리 정치와 법 > 사회생활과 법 > 범죄의 성립과 형사 절차 > 범죄의 성립 요건   오답률 94%

| 정답 해설 | 범죄의 성립 요건 중 A는 책임성, B는 위법성이다.

ㄷ. 위법성이 있다는 것은 범죄의 구성 요건에 해당하는 행위가 법질서 전체의 관점에서 부정적이라고 판단된다는 것이다.

ㄹ. 저항할 수 없는 폭력에 의하여 강요된 행위는 책임 조각 사유에 해당한다.

| 오답 해설 | ㄱ. 법적 비난 가능성이 인정되지 않는다는 것은 책임이 없다는 것이다.

ㄴ. 법률로 정해 놓은 범죄 행위 유형에 해당하지 않는다는 것은 범죄의 구성 요건 해당성이 없다는 것을 의미한다. (나)는 구성 요건 해당성에 충족한다. 강요에 의한 행위로 책임성 조각 사유이다.

10 ④

개념 카테고리 정치와 법 > 민주국가와 정부 > 국가 기관의 구성과 기능 > 국가 기관의 기능   오답률 19%

| 정답 해설 | (가)는 국회, (나)는 대법원, (다)는 헌법 재판소이다.

④ 81% 헌법 재판소는 정당의 목적이나 활동이 민주적 기본 질서에 위배된다는 정부의 제소가 있으면 정당의 해산 여부를 심판할 수 있다.

| 오답 해설 | ① 0% 탄핵 심판권은 헌법 재판소의 권한으로, 국회는 탄핵 소추권이 있다.

② 0% 국회는 국정을 감사하거나 특정한 국정 사안에 대하여 조사할 수 있다.

③ 19% 헌법 재판소가 위헌 법률 심판권을 행사하기 위해서는 법원의 위헌 법률 심판 제청이 전제되어야 한다.

11 ③

개념 카테고리 사회·문화 > 개인과 사회 구조 > 사회 집단과 사회 조직 > 사회 집단과 사회 조직   오답률 25%

| 정답 해설 | ③ 75% (다)와 (라)는 공식 조직이므로 구성원의 의지와 무관하게 자연 발생적으로 형성된 공동 사회가 아닌 이익 사회에 해당한다.

| 오답 해설 | ① 6% 회사 내 동호회는 (나)에 들어갈 수 있으나 회사는 (가)가 아닌 (다)에 들어갈 수 있다. 노동조합은 자발적 결사체이자 공식 조직에 해당하므로 (라)에 들어갈 수 없다.

② 13% (가)와 (나)는 자발적 결사체이며 구성원의 선택적 의지에 따라 형성된 이익 사회이다.

④ 6% (가)에는 시민 단체, 노조 등이, (나)에는 동호회, 학교 내 동아리 등이 해당된다. 회사는 (다)에 들어갈 수 있다.

12 ③

개념 카테고리 | 사회·문화 > 개인과 사회 구조 > 사회 구조와 일탈 행동 > 일탈 이론   오답률 6%

| 정답 해설 | 일탈 행동 자체보다 일탈 행동에 대한 사회적 반응을 중시하는 (가)는 낙인 이론이다. (나)와 (다)는 각각 뒤르켐의 아노미 이론과 차별 교제 이론 중 하나이다.
ㄴ. 일탈 행동에 우호적인 집단과의 교류 차단을 일탈 행동에 대한 대책으로 제시하는 것은 차별 교제 이론이므로, (나)는 뒤르켐의 아노미 이론, (다)는 차별 교제 이론이다.
ㄷ. 일탈 행동을 학습의 산물로 보는 것은 차별 교제 이론이다. 사회 불평등 구조의 개혁을 통해 일탈 행동을 완화할 수 있다고 보는 것은 갈등론이므로 A에는 '사회 불평등 구조의 개혁을 통해 일탈 행동을 완화할 수 있다고 보는가?'가 들어갈 수 없다.

| 오답 해설 | ㄱ. 문화적 목표에 도달할 수 있는 제도적 수단의 제공을 일탈 행동의 해결 방안으로 보는 것은 머튼의 아노미 이론이다.
ㄹ. 새로운 가치관의 확립으로 일탈 행동을 줄일 수 있다고 보는 것은 뒤르켐의 아노미 이론이다. 뒤르켐의 아노미 이론과 차별 교제 이론은 일탈 행동을 규정하는 객관적 기준이 존재한다고 보므로 A에는 '일탈 행동을 규정하는 객관적 기준이 존재한다고 보는가?'라는 질문이 들어갈 수 없다.

13 ①

개념 카테고리 | 사회·문화 > 사회·문화 현상의 탐구 > 사회·문화 현상의 이해 > 사회·문화 현상을 바라보는 관점   오답률 31%

| 정답 해설 | 갑은 갈등론, 을은 기능론이다.
ㄱ. 교육과 직업의 위계 구조가 사회 통합에 기여한다고 보는 것은 기능론이다.
ㄴ. 갈등론은 가정의 배경이, 기능론은 개인의 능력과 노력이 교육적 성취를 가져온다고 본다.

| 오답 해설 | ㄷ. 교육적 성취의 차이에 따른 차등 보상이 정당하다고 보는 것은 기능론이다. 갈등론은 균등 분배가 바람직하다고 이해한다.
ㄹ. 교육에 대한 의미 불일치로 인한 갈등에 주목하는 것은 상징적 상호 작용론이다.

14 ④

오답률 TOP 2

개념 카테고리 | 사회·문화 > 현대의 사회 변동 > 사회 변동과 근대화 > 진화론과 순환론   오답률 43%

| 정답 해설 | ④ 57% 사회 변동 과정에서 문명이 퇴보할 수 있다고 보는 관점은 순환론, 사회가 단순한 것에서 복잡한 것으로 분화한다고 보는 관점은 진화론이다.

| 오답 해설 | ① 6% 사회가 생성과 몰락의 과정을 반복한다고 보는 관점은 순환론이다.
② 31% 사회 변동이 일정한 방향을 가지고 있다고 보는 관점은 진화론이다.
③ 6% 순환론은 미래의 사회 변동에 대한 역동적 대응이 곤란하다는 비판을 받을 수 있다.

15 ①

개념 카테고리 | 사회·문화 > 문화와 일상생활 > 문화의 변동 > 문화 변동의 양상   오답률 25%

| 정답 해설 | ① 75% A는 (가) 지역과 (나) 지역의 문화 접변 결과 (나) 지역의 문화를 수용하고, (가) 지역의 정체성을 유지한 경우에 해당한다. 예를 들어 문화 융합, 문화 병존을 적용할 수 있다.

| 오답 해설 | ② 0% (가) 지역 종교의 교리와 체계를 응용해 신흥 종교를 창시한 사례는 문화 융합인 A에 해당한다. B는 문화 저항, 문화 복고를 적용할 수 있다.
③ 25% C는 문화 동화이다. 하지만 문화 동화는 강제적 문화 접변, 자발적 문화 접변으로 모두 나타날 수 있다.
④ 0% D는 (가) 지역 문화의 정체성 유지도 낮고, (나) 지역 문화의 수용도 거부하였다. 따라서 자문화 요소보다 타문화 요소가 우수하다고 인식될 때 주로 나타나는 문화 동화를 적용하기 어렵다.

16 ①

개념 카테고리 | 경제 > 국가와 경제 활동 > 경기 변동과 경제 안정화 정책 > 경제 안정화 정책   오답률 19%

| 정답 해설 | (가)는 총수요의 증가로 인하여 나타나는 수요 견인 인플레이션이고, (나)는 총공급의 감소로 인하여 나타나는 비용 인상 인플레이션이다.
ㄱ. (나)는 생산비 증가로 인한 스태그플레이션 상황으로 불황 속 인플레이션이 발생하여 물가 상승, 실질 소득 감소가 나타난다.
ㄴ. 수요 견인 인플레이션을 억제하기 위한 대책으로 통화량을 감소시킬 수 있는 중앙은행의 재할인율 인상을 들 수 있다.

| 오답 해설 | ㄷ. (가)의 경우 물가가 상승하고 실업률이 감소하는 물가와 실업의 반비례 관계가 나타난다.
ㄹ. 비용 인상 인플레이션을 억제하기 위한 대책으로는 생산비 절감 및 생산성 향상 등이 있다.

17 ③

개념 카테고리 경제 > 경제생활과 금융 > 자산 관리와 금융 상품 > 실질 금리 분석   오답률 12%

| 정답 해설 | 다음 표는 갑국의 연도별 명목 이자율, 실질 이자율, 물가 상승률을 나타낸다.

(단위: %)

구분	t년	t+1년	t+2년
명목 이자율	4	4	4
실질 이자율	1	1	3
물가 상승률	3	3	1

※ 실질 이자율(%) = 명목 이자율 − 물가 상승률

③ 88% 명목 이자율은 '실질 이자율 + 물가 상승률'로 구한다. t+1년과 t+2년의 명목 이자율은 4%로 같다.

| 오답 해설 | ① 0% t+1년의 물가 상승률은 3%로 t년보다 물가가 높고 화폐 가치는 하락하였다.

② 12% t+2년의 물가 수준은 t+1년보다 1% 높다.

④ 0% t+2년의 명목 이자율은 양(+)의 값을 가지므로 은행에 예금하는 것이 현금을 보유하는 것보다 유리하다.

18 ②

개념 카테고리 경제 > 시장과 경제 활동 > 수요와 공급의 가격 탄력성 > 수요와 공급의 가격 탄력성   오답률 19%

| 정답 해설 | ② 81% A재는 공급은 증가, 균형 가격은 하락, 거래량은 증가한다. 수요의 가격 탄력성은 탄력적이므로 수입은 증가한다. B재는 수요는 감소, 균형 가격은 하락, 거래량은 감소한다. 수요의 가격 탄력성은 비탄력적이므로 수입은 감소한다.

19 ③

개념 카테고리 경제 > 세계 시장과 교역 > 환율의 결정과 변동 > 환율의 변화   오답률 25%

| 정답 해설 | (가)는 원/달러 외환 시장의 공급 증가로 인한 환율 하락을 나타내고, (나)는 원/달러 외환 시장의 수요 증가로 인한 환율 상승을 나타낸다.

ㄴ. (가)의 원/달러 환율 하락은 달러화 대비 원화 가치 상승으로 한국 기업의 달러화 표시 외채 상환 부담은 감소한다.

ㄹ. (나)의 경우 환율 상승, 원화 가치 하락, 달러 가치 상승으로 달러 예금의 원화 환산 금액은 증가한다.

| 오답 해설 | ㄱ. (가)의 경우 원/달러 환율 하락은 미국 시장에서 한국산 상품의 가격 경쟁력 하락 요인이 된다. 즉 미국에서 한국산 상품의 달러 표시 가격이 상승한다.

ㄷ. (나)의 외화 수요 증가 요인으로는 해외여행 및 해외 투자의 증가 등이 있다. 수출의 증가는 외화 공급 증가 요인이다.

20 ④

오답률 TOP 3

개념 카테고리 경제 > 시장과 경제 활동 > 시장의 한계와 보완 > 외부 효과의 비교   오답률 37%

| 정답 해설 | ④ 63% S'가 사적 비용을 반영한 공급 곡선일 때 E'는 균형 생산량으로 생산의 외부 경제가 나타난다. 정부가 생산자에게 보조금을 지급하면 자원 배분의 효율성이 달성된다.

| 오답 해설 | ① 12% 사회적 최적 생산량이 E'이라면 균형 생산량은 E이므로 공급의 외부 불경제가 나타난다.

② 6% E가 균형 생산량이라면 S는 사적 비용을 반영한 공급 곡선이다.

③ 19% S'가 사적 비용만을 반영한 공급 곡선일 때 S는 사회적 비용을 반영한 공급 곡선이므로 공급의 외부 경제가 나타난다.

제2회 실전동형 모의고사 정답과 해설

난이도	합격선	맞힌 개수
중	18개	

문제 P.10

01	①	02	④	03	③	04	④	05	④
06	④	07	③	08	④	09	④	10	④
11	④	12	③	13	③	14	④	15	④
16	②	17	③	18	④	19	②	20	④

※ 선지의 50% 표시는 〈1초 합격예측 서비스〉를 통해 수집된 선지 선택률을 나타냅니다.

01 ①

오답률 TOP 2

개념 카테고리 정치와 법 > 민주국가와 정부 > 국가 기관의 구성과 기능 > 국가 기관의 기능 　오답률 36%

| 정답 해설 | (가)는 대법원, (나)는 국무회의, (다)는 국회이다.

ㄱ. 위헌 법률 심판 제청권은 법원의 권한이다.

ㄴ. 대법원의 장(長)은 국회의 동의를 얻어 임명된다.

| 오답 해설 | ㄷ. 국회는 국가의 예산안에 대한 심의·의결권 및 결산 심사권이 있다. 예산 결산 검사권은 감사원의 권한이다.

ㄹ. 국회는 국정 감사권 및 조사권을 통해 정부를 견제한다.

02 ④

개념 카테고리 정치와 법 > 국제 관계와 한반도 > 국제 관계와 국제법 > 국제법 　오답률 26%

| 정답 해설 | A는 국제 관습법, B는 조약, C는 법의 일반 원칙이다.

④ 74% 법의 일반 원칙, 국제 관습법과 달리 조약은 국내에서 효력이 발생하려면 별도의 입법 절차가 필요하다. 따라서 (가)에는 '국내에서 효력이 발생되려면 별도의 입법 절차가 필요한가?'라는 질문이 들어갈 수 있다.

| 오답 해설 | ① 26% 국제 관습법은 국제 사회의 반복적인 관행이 국제 사회에서 법 규범으로 승인되어 효력을 가지게 된 관습 법규로, 내정 불간섭, 외교관의 면책 특권 등이 해당된다. 신의 성실의 원칙, 권리 남용 금지의 원칙, 손해 배상 책임의 원칙 등은 법의 일반 원칙에 해당한다.

② 0% 국제 사회의 반복적인 관행이 국제 사회에서 법 규범으로 승인되어 효력을 가지게 된 관습 법규는 국제 관습법이다.

③ 0% 우리나라의 경우 조약에 대한 체결·비준권은 대통령이 갖는다. 조약에 대한 체결, 비준에 대한 동의권은 국회의 권한이다.

03 ③

개념 카테고리 정치와 법 > 개인생활과 법 > 생활 속의 법 > 이혼과 상속 　오답률 0%

| 정답 해설 | 제시된 사례의 갑과 을은 법률혼 관계이며, 협의 이혼을 하였다.

③ 100% 만약 갑이 재혼한 후 사망할 경우, 병은 직계비속이므로 갑의 재산을 상속받을 수 있다.

| 오답 해설 | ① 0% 을과 재혼한 배우자의 경우 병을 친양자로 입양할 수 있다.

② 0% 을은 갑을 상대로 재산 분할을 청구할 수 있다.

④ 0% 협의 이혼의 경우 이혼 숙려 기간을 거쳐야 한다. 이혼 숙려 기간은 미성년자 자녀가 있으면 3개월, 없으면 1개월이다.

04 ④

개념 카테고리 정치와 법 > 민주주의와 헌법 > 우리나라 헌법의 기초 이해 > 헌법의 기본 원리 　오답률 0%

| 정답 해설 | 우리나라 헌법의 기본 원리 중 (가)는 복지 국가주의, (나)는 국민 주권주의이다.

④ 100% 헌법 제1조 제1항 '대한민국은 민주 공화국이다.'는 국민 주권주의와 관련된다. 재외국민에게 대통령 선거권을 보장하는 것은 국민 주권주의를 실현할 수 있는 방안이다.

| 오답 해설 | ① 0% 복지 국가주의를 실현하기 위해 사유 재산에 대한 제한이 가해질 수 있으므로 재산권을 절대적 권리로 볼 수 없다.

② 0% 복지 국가주의는 근대 입헌주의 헌법이 아닌 현대 입헌주의 헌법에서부터 강조되었다.

③ 0% 복지 국가주의는 국민 경제의 성장 및 안정을 위해 국가의 간섭이 필요하다는 원리이다.

05 ④

오답률 TOP 3

개념 카테고리 정치와 법 > 민주국가와 정부 > 지방 자치 > 지방 자치 제도 　오답률 27%

| 정답 해설 | ④ 73% 지방 자치는 중앙 정부와의 수직적 권력 분립에 기여한다.

| 오답 해설 | ① 0% 주민 소환 제도는 위법·부당한 행위를 저지르거나 직무가 태만한 지방 자치 단체장 및 지방의회의원(지역구 의원)을 주민들이 투표를 통해 해임할 수 있는 제도로, 직접 민주 정치 요소에 해당한다.

② 9% 조례는 지방 의회에서 제정한다. 지방 자치 단체장은 주민에게 과도한 부담을 주거나 중대한 영향을 미치는 지방

자치 단체의 주요 결정 사항 등에 대하여 주민 투표에 부칠 수 있다.

③ 18% 조례는 의결 기관인 지방 의회에서 제정하며, 집행 기관은 지방 자치 단체장이다.

06 ④

개념 카테고리 정치와 법 > 정치 과정과 참여 > 선거와 선거 제도 > 선거 제도   오답률 0%

| 정답 해설 | 변경될 선거 제도를 최근 선거 결과에 적용한다면 다음과 같은 선거 결과가 나타난다.

(단위: %, 석)

구분	A당	B당	C당
득표율	45	35	20
지역구 의석수	70	25	5
비례대표 의석수	45	35	20
총 의석수	115	60	25
의석률	57.5	30	12.5

ㄷ. 변경될 선거 제도를 최근 선거 결과에 적용한다면, A당은 총 115석을 획득하여 과반수를 확보하게 된다.

ㄹ. 변경될 선거 제도를 최근 선거 결과에 적용한다면, A당은 의석률이 줄어 득표율과 의석률 간의 격차가 줄어들고, B당과 C당은 의석률이 늘기 때문에 득표율과 의석률 간의 격차가 줄어든다.

| 오답 해설 | ㄱ. 현재 갑국의 의석수는 100석이고 선거구도 100개이므로 갑국은 소선거구 다수대표제 방식이다. 군소 정당의 난립은 중·대선거구제의 일반적 특징에 해당한다. 소선거구제에서는 양당제가 확립될 가능성이 높다.

ㄴ. 득표율과 지역구 선거에 의한 의석률을 비교하여 판단할 때, 득표율에 비해 의석 수를 가장 적게 획득한 정당은 C당이다.

07 ③

개념 카테고리 정치와 법 > 민주국가와 정부 > 민주 정치의 정부 형태 > 대통령제와 의원내각제   오답률 9%

| 정답 해설 | (가)는 의원내각제, (나)는 대통령제이다.

ㄴ. 전형적인 대통령제에서는 의회 의원이 각료를 겸직할 수 없지만, 의원내각제에서는 의회 의원이 각료를 겸직할 수 있다.

ㄷ. 전형적인 대통령제에서는 행정부 수반과 국가 원수가 동일 인물이다.

| 오답 해설 | ㄱ. ⓒ에는 대통령제에서 의회가 행정부를 견제하는 권한이므로 탄핵 소추권이 들어갈 수 있다. 내각 불신임권은 의원내각제에서 의회가 행정부를 견제하는 권한이다.

ㄹ. 전형적인 의원내각제에서 행정부가 의회를 견제하는 권한은 의회 해산권이고, 전형적인 대통령제에서 의회가 행정부를 견제하는 권한은 탄핵 소추권이다. 법률안 거부권은 대통령제에서 행정부가 의회를 견제하는 수단이다.

08 ④

개념 카테고리 정치와 법 > 사회생활과 법 > 근로자의 권리와 법 > 근로자 권리 구제 절차   오답률 0%

| 정답 해설 | ④ 100% 갑과 을의 해고에 대해 S사의 노동조합도 지방 노동 위원회에 구제 신청을 할 수 있다.

| 오답 해설 | ① 0% S사의 교섭 거부는 노동조합의 단체 교섭권을 침해하는 것이다.

② 0% 갑과 노조는 부당 노동 행위에 대해서 지방 노동 위원회를 거쳐 중앙 노동 위원회의 구제 철차를 거칠 수 있다.

③ 0% 해고 무효 확인 소송은 민사 소송으로 지방 노동 위원회의 구제 절차를 거치지 않아도 가능하다.

09 ④

개념 카테고리 정치와 법 > 사회생활과 법 > 범죄의 성립과 형사 절차 > 형사 절차   오답률 0%

| 정답 해설 | ④ 100% 소송 당사자는 1심 판결에 대해 항소(2심에 불복하면 상고)할 수 있다. 형사 소송의 당사자는 검사와 피고인이다.

| 오답 해설 | ① 0% 영장 실질 심사는 구속 전에 검사의 청구로 판사가 피의자를 직접 심문해 구속 여부를 결정하는 제도이다.

② 0% 수사 후에 기소로 인해 검사와 피고인은 소송 당사자로서의 지위를 갖게 된다.

③ 0% 피의자는 수사 단계부터 변호인의 조력을 받을 권리가 있다.

10 ④

개념 카테고리 정치와 법 > 개인생활과 법 > 생활 속의 법 > 미성년자의 계약   오답률 18%

| 정답 해설 | 만 18세 이상이면 혼인이 가능하며 만 18세인 자는 부모의 동의를 받아 혼인할 수 있다.

④ 82% 갑이 부모의 동의를 받고 혼인한 만 18세라면 성인으로 간주한다. 따라서 미성년자가 법률상 혼인을 하면 성년의제되어 행위 능력이 인정되므로 갑의 부모인 을은 갑과 병의 계약을 취소할 수 없다.

| 오답 해설 | ① 0% 미성년자인 갑은 대리인의 동의 없이 단독으로 계약을 취소할 수 있다.

② 18% 용돈의 사용은 미성년자가 단독으로 할 수 있는 법률 행위로, 을은 샤프를 구매하는 갑의 계약을 취소할 수 없다.

③ 0% 계약을 취소할 것인지에 대한 확답을 촉구할 권리는 미성년자가 아니라 미성년자의 법정 대리인에게 행사할 수 있다.

11 ④

개념 카테고리 사회·문화 > 개인과 사회 구조 > 사회 집단과 사회 조직 > 사회 집단　오답률 0%

| 정답 해설 | A는 자발적 결사체, B는 공동 사회, C는 공식 조직, D는 비공식 조직이다.

④ 100% 비공식 조직은 공식 조직의 과업 효율성을 향상시키는 데에 기여할 수 있다.

| 오답 해설 | ① 0% 가족은 공동 사회에 해당하나, 공식 조직은 아니다.

② 0% 노동조합과 시민 단체는 공식 조직, 자발적 결사체이면서 이익 사회에 해당한다.

③ 0% B는 공동 사회로 가족, 문중 등이 해당한다. 공동 사회는 공식적 제재를 적용하기 어렵다.

12 ③

개념 카테고리 사회·문화 > 사회 계층과 불평등 > 사회 복지와 복지 제도 > 사회 보장 제도　오답률 0%

| 정답 해설 | (가)는 사회 서비스, (나)는 사회 보험, (다)는 공공 부조이다.

③ 100% 사회 보험은 사전 예방적 성격이 강하나, 공공 부조는 사후 처방적 성격이 강하다.

| 오답 해설 | ① 0% 사회 보험, 공공 부조 모두 소득 재분배 효과가 있다.

② 0% 사회 보험은 능력별 비용 부담 및 강제 가입을 원칙으로 한다.

④ 0% 정부가 비용을 전액 부담하는 것은 공공 부조이다. 사회 서비스는 비금전적 지원의 보장 제도로, 민간 단체와 정부가 함께 비용을 부담하는 것이 원칙이다.

13 ④

개념 카테고리 사회·문화 > 문화와 일상생활 > 문화의 변동 > 문화 변동의 요인　오답률 18%

| 정답 해설 | A는 발명, B는 자극 전파, C는 간접 전파, D는 직접 전파이다.

④ 82% 미국에서 배구가 처음 고안된 사례는 발명에 해당하며, 미국인 선교사가 한국 청년들에게 처음 배구를 지도한 사례는 직접 전파에 해당한다.

| 오답 해설 | ① 0% A는 발명, B는 자극 전파, C는 간접 전파, D는 직접 전파이다.

② 9% 문화 병존은 각각의 문화가 모두 공존하는 것으로 자문화의 정체성이 유지된다.

③ 9% 독일에서 구텐베르크가 인쇄 기술을 만들어 자국 내 지식 보급에 기여한 사례는 발명에 해당한다.

14 ③

오답률 TOP 1

개념 카테고리 사회·문화 > 사회·문화 현상의 탐구 > 사회·문화 현상의 탐구 방법 > 양적 연구　오답률 37%

| 정답 해설 | ③ 63% ⓒ은 실험법 중 사후 검사를 통해 1차 자료(연구자가 직접 수집한 자료)를 수집하는 방법이다.

| 오답 해설 | ① 0% ㉠은 표본 집단이다.

② 9% '업무 수행 능력 점수가 높은 사원들'이라고 믿게 하는 것, 즉 타인의 기대가 독립 변수에 해당한다.

④ 28% 실제성이 높은 현장 자료를 얻기 용이한 자료 수집 방법은 참여 관찰법이다.

15 ④

개념 카테고리 사회·문화 > 사회 계층과 불평등 > 사회 불평등 현상과 계층 > 계급론과 계층론　오답률 18%

| 정답 해설 | (가)는 마르크스의 계급 이론, (나)는 베버의 계층 이론이다.

④ 82% 사회 불평등 현상의 발생 원인을 일원론적 관점으로 보는 것은 계급 이론, 다원론적 관점으로 보는 것은 계층 이론이다.

| 오답 해설 | ① 0% 지위 불일치 현상을 설명하는 데 적합한 이론은 계층 이론이다.

② 0% 사회 불평등 현상을 불연속적인 위계화로 파악하는 것은 계급 이론이다.

③ 18% 계급 이론과 계층 이론 모두 사회 불평등 현상의 원인으로 경제적 요인을 고려하므로 '사회 불평등 현상의 원인으로 경제적 요인을 고려하는가?'로 구분할 수 없다.

16 ②

개념 카테고리 경제 > 시장과 경제 활동 > 시장의 한계와 보완 > 외부 효과　오답률 0%

| 정답 해설 | 외부 불경제가 발생한 경우 시장 거래량은 사회적 최적 거래량보다 많다. 외부 경제가 발생한 경우 시장 거래량은 사회적 최적 거래량보다 적다. 따라서 A 시장은 소비의 외부 경제, B 시장은 소비의 외부 불경제이다.

ㄱ. 소비의 외부 경제의 경우 시장 가격은 사회적 최적 가격보다 낮다. 소비의 외부 불경제의 시장 가격은 사회적 최적 가격보다 높다.

ㄷ. 공동 주택에서 층간 소음으로 인해 발생하는 피해는 소비의 외부 불경제 사례에 해당한다.

| 오답 해설 | ㄴ. 소비자에 대한 보조금 지급은 소비 활동으로 발생한 외부 경제의 해결 방안에 해당한다.

ㄹ. 한 회사가 개발한 기술이 다른 회사에 전파되어 이득을 주는 것은 생산의 외부 경제이다.

17 ③

개념 카테고리 경제 > 시장과 경제 활동 > 시장 균형 가격의 결정과 변동 > 연관재 관계의 분석   오답률 9%

| 정답 해설 | (가)를 통해 X재의 공급이 감소하여 균형 가격이 상승, 거래량이 감소한 것을 파악할 수 있다. X재의 균형 가격 상승은 연관재인 Y재와 Z재의 수요 변동에 영향을 주게 된다. Y재는 (가)로 인해 균형 거래량이 감소하였으므로 Y재의 수요가 감소하였음을 알 수 있다. Z재는 (가)로 인해 균형 거래량이 증가하였다는 단서를 통해 Z재의 수요가 증가한 것을 알 수 있으므로 Y재는 X재의 보완재, Z재는 X재의 대체재인 것을 파악할 수 있다.

③ 91% Y재의 판매 수입은 감소하였고, Z재의 판매 수입은 증가하였다.

| 오답 해설 | ① 9% X재의 가격 상승으로 Z재의 수요가 증가하는 비례 관계를 보이므로 Z재는 X재의 대체재이다. 또한 X재의 공급 감소로 가격 상승, 거래량 감소가 나타나자, 이로 인해 Y재는 수요가 감소하여 가격 하락, 거래량 감소가 나타났다. 즉, X재 가격과 Y재 수요는 반비례 관계를 보이므로 Y재는 X재의 보완재이다.

② 0% ㉠에는 '상승'이 들어간다.

④ 0% X재가 탄력적이라면, 가격 상승 시 판매 수입이 감소한다.

18 ①

개념 카테고리 경제 > 세계 시장과 교역 > 환율의 결정과 변동 > 환율의 변화   오답률 18%

| 정답 해설 | (가)와 (나) 시기에 원/달러 환율이 지속적으로 하락하여 달러화 대비 원화 가치의 상승, 원화 대비 달러 가치의 하락을 파악할 수 있다.

① 82% 원/달러 환율이 하락할 경우 100달러를 예금하기 위해 환전에 드는 원화의 금액은 감소한다.

| 오답 해설 | ② 9% 원/달러 환율이 하락하는 경우 매달 원화를 환전하여 100달러를 예금하는 국내 직장인은 유리해진다.

③ 0% 원/달러 환율이 하락하는 경우 달러화로 환산한 원화 표시 금융 상품의 수익은 증가하게 된다.

④ 9% 원/달러 환율이 하락하는 경우 동일한 양의 달러화로 환전할 수 있는 원화가 감소하므로 우리나라에서 유학 중인 유학생의 부모가 달러화를 원화로 환전하여 보내줄 때의 부담은 증가하게 된다.

19 ②

개념 카테고리 경제 > 경제생활과 금융 > 자산 관리와 금융 상품 > 금융 상품의 비교   오답률 0%

| 정답 해설 | ㄱ. 채권의 수익은 시세 차익과 이자이다. 주식의 수익은 시세 차익과 배당금이다.

ㄷ. 채권과 주식 모두 시세 차익을 기대할 수 있다.

| 오답 해설 | ㄴ. 채권은 타인 자본이므로 투자자에게 기업 소유권이 없다. 주식은 투자자에게 기업 소유권의 일부가 있다.

ㄹ. 주식은 자기 자본, 채권은 타인 자본이다. 소유자의 경영 참가권은 주식의 성격에 해당한다.

20 ④

개념 카테고리 경제 > 세계 시장과 교역 > 무역 원리와 무역 정책 > 무역 자료 분석   오답률 9%

| 정답 해설 | ㄷ. 국내 거래량은 $t+1$ 시기에 Q_4, t 시기에는 Q_3으로 $t+1$ 시기가 t 시기보다 많다.

ㄹ. $t+1$ 시기가 t 시기보다 갑국 기업의 생산자 잉여가 작다.

| 오답 해설 | ㄱ. t 시기 X재의 국내 가격은 P_0이다. 따라서 갑국 기업의 공급량은 Q_2이다.

ㄴ. $t+1$ 시기의 국내 공급량은 Q_1, 국내 수요량은 Q_4이므로 수입량은 Q_1Q_4이다.

제3회 정답과 해설

난이도	합격선	맞힌 개수
중	17개	

문제 P.16

01	③	02	②	03	④	04	②	05	③
06	①	07	④	08	①	09	②	10	③
11	③	12	②	13	①	14	②	15	④
16	③	17	②	18	③	19	③	20	①

※ 선지의 50% 표시는 〈1초 합격예측 서비스〉를 통해 수집된 선지 선택률을 나타냅니다.

01 ③

개념 카테고리 정치와 법 > 민주국가와 정부 > 국가 기관의 구성과 기능 > 국가 기관 간의 관계 　오답률 46%

| **정답 해설** | A는 국회, B는 대통령, C는 국무총리, D는 감사원, E는 대법원이다.

ㄴ. 국회와 국무총리는 대통령에게 국무총리, 국무위원의 해임을 건의할 수 있다.

ㄹ. 감사원은 대통령의 소속하에 있으며 공무원의 직무에 관한 감찰 및 국가 예산의 결산 검사를 담당한다.

| **오답 해설** | ㄱ. 탄핵 소추권을 갖는 것은 국회이며, 탄핵 심판권을 갖는 것은 헌법 재판소이다.

ㄷ. 국무총리, 감사원장, 대법원장 모두 국회의 동의를 얻어 대통령이 임명한다.

02 ②

오답률 TOP 1

개념 카테고리 정치와 법 > 민주국가와 정부 > 민주 정치의 정부 형태 > 대통령제와 의원내각제 　오답률 67%

| **정답 해설** | T기의 행정부 수반은 의회에서 선출되었으므로 T기와 T+1기는 의원내각제의 정부 형태를, T+2기와 T+3기는 대통령제의 정부 형태를 띤다.

ㄱ. 대통령제인 T+2기와 T+3기 모두 행정부 수반 소속 정당이 A당이고, A당은 과반수 의석을 확보하지 못하였다. 따라서 T+2기, T+3기 모두 여소야대 현상이 나타났다.

ㄷ. 행정부 수반 소속 정당은 T기~T+3기까지 변함이 없고, 의원내각제인 T+1기의 A당이 과반수 정당이므로 행정부 수반의 소속 정당은 A당이다.

| **오답 해설** | ㄴ. 연립 정부는 대통령제가 아닌 의원내각제에서 구성될 수 있다.

ㄹ. 의원내각제, 대통령제 모두 의회의 법률안 제출권이 인정된다.

03 ④

개념 카테고리 정치와 법 > 민주주의와 헌법 > 국민의 기본권과 의무 > 국민의 기본권 　오답률 46%

| **정답 해설** | A는 사회권, B는 자유권, C는 청구권이다.

④ 54% 청구권은 다른 기본권의 보장을 위한 기본권이므로 ㉢은 '예'이다. 사회권과 청구권은 자유권과 달리 국가의 존재를 전제로 한다. 따라서 (가)에 '국가의 존재를 전제로 하는가?'가 들어가면 ㉣은 '예'이다.

| **오답 해설** | ① 15% 사회권은 적극적 권리이며, 다른 기본권을 보장하기 위한 기본권은 청구권이므로 ㉠에는 '예'가, ㉡에는 '아니요'가 들어간다.

② 31% 현대 복지 국가에 등장한 기본권은 사회권으로, 삶의 질 향상을 목표로 한다.

③ 0% 사회권, 자유권, 청구권 중 헌법에 열거되지 않아도 보장받을 수 있는 권리는 자유권이다. 따라서 '국가의 존재를 전제로 하는가?'는 (가)에 들어갈 수 없다.

04 ②

개념 카테고리 정치와 법 > 민주국가와 정부 > 국가 기관의 구성과 기능 > 헌법 재판소 　오답률 31%

| **정답 해설** | A 심판은 권리 구제형 헌법 소원 심판, B는 헌법 재판소이다.

② 69% 헌법 재판소의 결정에 대해서는 대법원에 상고할 수 없다.

| **오답 해설** | ① 8% A는 권리 구제형 헌법 소원 심판이다.

③ 8% 헌법 재판소는 헌법 재판소장을 포함한 9인의 재판관으로 구성된다.

④ 15% 재판의 전제성은 위헌 심사형 헌법 소원, 위헌 법률 심판의 충족 요건이다.

05 ③

개념 카테고리 정치와 법 > 민주주의와 헌법 > 정치권력과 법치주의 > 법치주의의 유형 　오답률 15%

| **정답 해설** | 갑의 관점은 실질적 법치주의, 을의 관점은 형식적 법치주의이다.

ㄴ. 형식적 법치주의와 달리 실질적 법치주의는 위헌 법률 심사제의 중요성을 강조한다.

ㄷ. 실질적 법치주의와 형식적 법치주의 모두 국민의 기본권을 제한할 경우 법률에 근거해야 한다고 본다.

| **오답 해설** | ㄱ. 실질적 법치주의와 형식적 법치주의 모두 인(人)의 지배를 부정하고 법(法)의 지배를 강조한다.
ㄹ. 실질적 법치주의와 형식적 법치주의는 모두 법에 근거하지 않은 국가 권력 행사를 부당하다고 본다.

06 ①

개념 카테고리 정치와 법 > 개인생활과 법 > 생활 속의 법 > 상속   오답률 23%

| **정답 해설** | ① 77% 유언이 효력이 없는 경우에는 법정 상속이 이루어진다. 갑이 먼저 사망하면 갑의 재산을 을과 A가 1.5 : 1의 비율로 상속받으므로 을이 6억 원, A가 4억 원을 상속받는다. 그러나 A도 사망했으므로 A의 재산 4억 원을 직계 존속인 을이 단독으로 상속받는다. 따라서 을은 10억 원의 재산을 물려받게 된다.

| **오답 해설** | ② 8% 유언의 효력이 없는 경우에는 법정 상속이 이루어지고, A가 먼저 사망한 경우 갑이 사망하면 갑의 재산에 대해 을과 병이 1.5 : 1의 비율로 상속받는다. 따라서 을이 6억 원, 병이 4억 원을 상속받는다.
③ 15% 유언의 효력이 있는 경우에는 유언의 내용으로 재산이 분배되나 법정 상속권자에게 법정 상속액의 일정 비율에 해당하는 유류분 반환 청구권이 인정된다. 갑이 먼저 사망한 경우의 법정 상속권자는 최종적으로 배우자인 을이다. 따라서 병은 유류분 반환 청구를 할 수 없다.
④ 0% A가 먼저 사망한 경우의 법정 상속권자는 을과 병으로, 을과 병은 유류분 반환 청구권을 행사하지 않을 수도 있다. 이 경우 ○○ 복지 재단은 최대 10억 원의 재산을 받을 수 있다.

07 ④

오답률 TOP 2

개념 카테고리 정치와 법 > 사회생활과 법 > 범죄의 성립과 형사 절차 > 형사 미성년자   오답률 61%

| **정답 해설** | 만 10세 미만인 자는 형벌 및 「소년법」상 보호 처분을 부과할 수 없고, 만 10세 이상~만 14세 미만인 자에 대해서는 「소년법」상 보호 처분만 부과할 수 있다. 만 14세 이상~만 19세 미만인 자에 대해서는 형벌 또는 「소년법」상 보호 처분을 부과할 수 있다.
ㄷ. 을은 「소년법」상 만 10세 이상~만 19세 미만, 병은 「소년법」상 범죄 소년(만 14세 이상~만 19세 미만)이다.
ㄹ. 「소년법」상 보호 처분을 받을 수 있는 연령은 만 10세 이상~만 19세 미만이다. 병은 형벌을 받았으므로 만 14세 이상~만 19세 미만임을 알 수 있다. 따라서 「소년법」상 보호 처분을 받을 수 있는 연령이다.

| **오답 해설** | ㄱ. 갑은 연령을 이유로 형벌 및 「소년법」상 보호 처분을 모두 받지 않았으므로 만 10세 미만이다.
ㄴ. 을이 만 10세 이상~만 14세 미만이면, 경찰서장이 가정법원 소년부로 송치한다. 그러나 만 14세 이상~만 19세 미만이면, 검사가 가정법원 소년부로 송치한다. 따라서 경찰서장이 가정법원 소년부로 송치하였다고 단정지을 수 없다.

08 ①

개념 카테고리 정치와 법 > 국제 관계와 한반도 > 국제 관계와 국제법 > 국제연합   오답률 16%

| **정답 해설** | A는 총회, B는 안전보장이사회, C는 국제사법재판소이다.
① 84% 총회와 안전보장이사회에서는 표결 시 1국 1표주의가 적용된다.

| **오답 해설** | ② 8% 상임 이사국의 거부권 행사는 힘의 원리를 보여 주며, 현실주의 관점으로 설명할 수 있다.
③ 8% 국제사법재판소는 원칙적으로 분쟁 당사국 간 합의가 있어야 재판이 가능한 임의적 관할권을 가진다.
④ 0% 국제사법재판소의 판결에 불복한 국가에 대한 강제적 집행권을 갖는 기관은 존재하지 않는다. 안전보장이사회 등에서 제재 수단을 강구하는 정도이다.

09 ②

개념 카테고리 정치와 법 > 개인생활과 법 > 생활 속의 법 > 이혼   오답률 8%

| **정답 해설** | ② 92% 이혼 시 미성년자를 양육하지 않는 부 또는 모는 미성년인 자녀에 대해 면접 교섭권을 가진다.

| **오답 해설** | ① 0% 협의상 이혼이라도 가정 법원에서 이혼 의사의 확인을 받아야 한다.
③ 8% 친양자로 입양하면 친생부모와 친양자로 입양된 자녀와의 친자 관계는 종료된다.
④ 0% 재판상 이혼은 법원의 판결로 효력이 발생하며, 협의상 이혼은 행정 기관에 이혼 신고를 한 때에 효력이 발생한다.

10 ③

개념 카테고리 정치와 법 > 국제 관계와 한반도 > 국제 관계와 국제법 > 국제법   오답률 23%

| **정답 해설** | 국제법의 법원 중 주로 문서 형식으로 이루어진 합의는 조약인데, 갑의 진술은 옳다고 하였으므로 A는 조약이다. 국내 문제 불간섭은 국제 관습법에 해당하는데, 을의 진술은 옳지 않다고 하였으므로 B가 국제 관습법, C가 법의 일반 원칙이다.
ㄴ. 법의 일반 원칙에는 신의 성실의 원칙, 권리 남용 금지의 원칙이 있다.
ㄹ. 문명국들이 공통적으로 승인하여 따르는 보편적 법 원칙은 법의 일반 원칙이다. 따라서 'C는 문명국들이 공통적으로 승인하여 따르는 보편적인 법 원칙입니다.'라는 서술은 (가)에 들어갈 수 있다.

| **오답 해설** | ㄱ. 국가와 국제 기구는 모두 조약의 체결 당사자가 될 수 있다.
ㄷ. 국제 관습법과 법의 일반 원칙은 국회에서 의결되어야 국내에서 효력을 갖는 것이 아니며 별도의 체결 절차가 존재하지 않는다. 조약은 조약에 대한 체결, 비준권은 대통령의 권한이며, 동의권은 국회의 권한이다. 하지만 모든 조약이 국회의 동의를 거쳐야 하는 것은 아니다.

11 ③

개념 카테고리 사회·문화 > 사회·문화 현상의 탐구 > 사회·문화 현상의 이해 > 자료 수집 방법   오답률 8%

| **정답 해설** | A는 참여 관찰법, B는 면접법, C는 질문지법이다.

ㄴ. 질문지법은 계량화된 자료를 수집하는 데에 주로 사용된다.

ㄹ. 면접법과 질문지법은 각각 대화와 질문지를 활용한 언어적 상호 작용을 통해 자료를 수집한다.

| **오답 해설** | ㄱ. 참여 관찰법과 면접법 모두 질적 연구에서 주로 사용되는 자료 수집 방법이다.

ㄷ. 참여 관찰법은 다른 자료 수집 방법에 비해 실제성이 높은 자료를 수집하기가 좋다.

12 ②

개념 카테고리 사회·문화 > 현대의 사회 변동 > 사회 변동과 근대화 > 진화론과 순환론   오답률 15%

| **정답 해설** | 을은 총 0점을 받았으므로 A의 한계에 대한 을의 진술은 옳지 않다. 따라서 A는 순환론, B는 진화론이다.

② 85% 진화론은 단순한 사회에서 복잡한 사회로의 변화가 이루어지며, 사회 변동에 일정한 방향이 있다고 이해한다. 그러므로 사회 변동에 대해 단선적, 표준화된 경로를 설명할 수 있다.

| **오답 해설** | ① 15% 진화론은 사회 변동에 일정한 방향이 있다고 본다.

③ 0% (가)에는 진화론의 한계에 해당하지 않는 진술이 들어가야 한다. 미래 사회의 변동 방향에 대한 예측이 어려운 것은 순환론의 한계이다. 따라서 해당 진술은 (가)에 들어갈 수 있다.

④ 0% (나)에는 진화론의 한계에 해당하지 않는 진술이 들어가야 한다. 순환론은 운명론적 관점에 치우쳐 사회 변동을 이해한다. 따라서 해당 진술은 (나)에 들어갈 수 있다.

13 ③

개념 카테고리 사회·문화 > 개인과 사회 구조 > 사회 집단과 사회 조직 > 사회 집단의 비교   오답률 23%

| **정답 해설** | ③ 77% 재직 중인 학교의 교사 축구 동호회와 대학교 동창회 회원들로 구성된 동호회 산하 봉사 소모임은 비공식 조직에 해당하는 자발적 결사체이다. 따라서 비공식 조직에 해당하는 자발적 결사체는 2개이다.

| **오답 해설** | ① 0% ⓒ과 ⓔ은 모두 선택 의지에 의해 인위적으로 형성된 이익 사회에 해당한다.

② 15% ⓒ, ⓓ, ⓜ, ⓗ은 자발적 결사체이므로 (가)에는 '자발적 결사체에 해당하는가?'라는 질문이 들어갈 수 있다.

④ 8% 가족은 본질 의지에 의해 자연 발생적으로 형성된 공동 사회이다. 그러므로 '본질 의지에 의해 자연 발생적으로 형성되었는가?'라는 질문은 (나)에 들어갈 수 있다.

14 ④

개념 카테고리 사회·문화 > 개인과 사회 구조 > 인간의 사회화 > 지위와 역할   오답률 23%

| **정답 해설** | ㄷ. 갑과 을은 모두 비공식적 사회화 기관(회사 등)에서 사회화를 경험하고 있다.

ㄹ. 을은 공무원과 부모라는 두 가지 성취 지위를 가지고 있는데, 공무원과 부모의 역할 사이에서의 역할 갈등, 즉 역할 모순을 경험하였다.

| **오답 해설** | ㄱ. 하나의 지위에 상반되는 역할의 요구로 인한 갈등은 역할 갈등 중 역할 긴장에 해당한다. 갑은 역할 갈등을 경험하지 않았다.

ㄴ. 을은 공무원과 부모라는 두 가지 성취 지위를 가지고 있다.

15 ④

오답률 TOP3

개념 카테고리 사회·문화 > 문화와 일상생활 > 문화의 이해 > 문화의 속성   오답률 54%

| **정답 해설** | 문화의 속성 중 ㉠에는 변동성, ㉡에는 공유성, ㉢에는 전체성이 나타나 있다.

ㄷ. 문화가 사회 구성원의 사고와 행동을 구속함은 문화의 공유성에 대한 설명이다.

ㄹ. 문화의 변동성은 시간의 흐름에 따라 문화의 내용과 의미가 변화함을 의미하고, 문화의 전체성은 한 부분의 변동이 다른 부분의 변동을 초래함을 의미한다. 따라서 변동성과 전체성은 모두 문화가 변화함을 전제로 한다.

| **오답 해설** | ㄱ, ㄴ. 한 부분이 다른 부분과 관련성이 있다는 것은 문화의 전체성에 대한 설명이다.

16 ③

개념 카테고리 경제 > 세계 시장과 교역 > 환율의 결정과 변동 > 환율 변동   오답률 31%

| **정답 해설** | 제시된 그래프를 통해 외화의 수요 감소와 외화의 공급 증가로 인한 환율의 하락을 파악할 수 있다.

ㄴ. A국 정부가 외환 시장에서 달러를 매각하면 외화의 공급이 증가한다.

ㄷ. A국 국민의 미국 여행이 감소하면 해외여행이 줄어 들어 외화의 수요가 감소한다.

| **오답 해설** | ㄱ. 환율 하락으로 원화 가치가 상승하여 A국 수출품의 외화 표시 가격이 상승한다.

ㄹ. A국 기업들의 해외 원자재 수입 대금 결제 규모 증가는 외화의 수요 증가 요인이다.

17 ③

개념 카테고리 경제 > 국가와 경제 활동 > 경기 변동과 경제 안정화 정책 > 경제 안정화 정책　　오답률 23%

| 정답 해설 | A 시기는 불경기, B 시기는 호경기이다.

ㄴ. A 시기는 불경기이므로 이 시기의 중앙은행은 국·공채 매입, 재할인율 인하, 지급 준비율 인하 등의 정책을 선호할 것이다.

ㄷ. B 시기는 호경기이므로, 이 시기의 중앙은행은 재할인율 인상, 지급 준비율 인상, 국·공채 매각 등의 정책을 선호할 것이다.

| 오답 해설 | ㄱ. A 시기에는 경기 침체로 물가 하락, 실업 증가가 나타난다.

ㄹ. B 시기는 호경기로, 인플레이션이 발생할 가능성이 높다. 스태그플레이션은 비용 인상 인플레이션이 나타나는 시기로 물가 상승과 실업 증가가 나타난다.

18 ③

개념 카테고리 경제 > 시장과 경제 활동 > 수요와 공급의 가격 탄력성 > 수요의 가격 탄력성　　오답률 31%

| 정답 해설 | 수요의 가격 탄력성이 (가)는 비탄력적, (나)는 탄력적인 그래프이다.

ㄴ. 대체재가 많은 경우 수요의 가격 탄력성이 탄력적이며, 가격 상승률보다 수요량 변화율이 더 크므로 가격 상승 시 수입이 감소한다.

ㄹ. 비탄력적인 재화는 가격 변화율보다 수요량 변화율이 작고, 탄력적인 재화는 가격 변화율보다 수요량 변화율이 더 크다. 그러므로 같은 비율로 가격을 인하할 경우 판매량의 증가율은 (나) 재화가 더 크다.

| 오답 해설 | ㄱ. (가)는 비탄력적인 재화로 쌀과 같은 필수재가 해당하며, 가격 하락 시 수입이 감소한다.

ㄷ. (가)는 비탄력적인 재화로 비가격 경쟁(상품 차별화) 전략이 필요하며, (나)는 탄력적인 재화로 가격 경쟁(가격 차별화) 전략을 중시한다. 그러므로 광고를 통한 기업 이미지 제고 등의 상품 차별화 전략은 (가) 재화의 매출액(수입)을 증가시키는 방법에 해당한다.

19 ③

개념 카테고리 경제 > 세계 시장과 교역 > 무역 원리와 무역 정책 > 무역 발생 이론　　오답률 15%

| 정답 해설 | ③ 85% A국과 B국이 교역을 할 경우, A국은 비교 우위 상품인 밀을 수출하고, 비교 열위 상품인 감자를 수입한다. 밀 1톤의 기회비용은 A는 감자 $\frac{1}{3}$ 톤, B는 감자 $\frac{1}{2}$ 톤이다. 감자 1톤의 기회비용은 A는 밀 3톤, B는 밀 2톤이다. 비교 우위는 기회비용이 작은 재화로 계산한다. 따라서 기회비용이 작은 A국이 밀 생산에 비교 우위를 가지며, B국은 반대로 감자 생산에 비교 우위를 가진다.

| 오답 해설 | ① 0% A국은 B국에 비해 밀과 감자 생산에 필요한 노동자 수가 적기 때문에 절대적으로 많은 생산을 할 수 있다. 따라서 A국은 B국에 비해 밀과 감자 생산에 절대 우위가 있다.

② 15% 밀 1톤의 기회비용은 A국은 감자 $\frac{1}{3}$ 톤, B국은 감자 $\frac{1}{2}$ 톤이다.

④ 0% 예를 들어 A국과 B국이 4명의 노동자를 투입할 경우 A국의 감자 생산량은 $\frac{4}{3}$ 톤이며, B국은 1톤이다. 따라서 A국이 B국에 비해 감자를 더 많이 생산하게 된다.

20 ①

개념 카테고리 경제 > 시장과 경제 활동 > 시장의 한계와 보완 > 외부 효과의 비교　　오답률 39%

| 정답 해설 | 그래프를 적용하면 X재는 균형 거래량이 최적 거래량보다 많은 생산의 외부 불경제, Y재는 균형 거래량이 최적 거래량보다 부족한 소비의 외부 경제이다.

ㄱ. X재는 생산의 외부 불경제로 사적 비용보다 사회적 비용이 더 크며, 균형 가격이 최적 가격보다 낮다.

ㄴ. Q_E는 시장 균형 거래량, Q_0는 사회적 최적 거래량이므로 Y재는 소비의 외부 경제로 사적 편익보다 사회적 편익이 더 크며, 균형 가격이 최적 가격보다 낮은 것을 알 수 있다. 소비자에게 보조금 지급 등으로 수요 증가를 유도하여 소비의 외부 경제를 해결할 수 있다.

| 오답 해설 | ㄷ. 과수원 옆에서 벌꿀을 생산하는 양봉업자는 의도하지 않은 이익을 줄 수 있으므로, 생산의 외부 경제의 예에 해당한다. 이 경우 사적 비용보다 사회적 비용이 크다.

ㄹ. X재는 생산의 외부 불경제, Y재는 소비의 외부 경제이다. X재는 생산자에게 세금을 부과하고, Y재는 소비자에게 보조금을 지급하면 Y재의 최적 거래량을 유도할 수 있다. 생산자에게 보조금을 지급하는 것은 생산의 외부 경제에 대한 해결책이다.

〈2023 에듀윌 9급공무원 단원별 기출&예상 문제집〉 실전동형 모의고사 답안지

컴퓨터용 흑색사인펜만 사용

성명	본인 성명 기재

성 명	
자필성명	본인 성명 기재
응시직렬	
응시지역	
시험장소	

응시번호

생년월일

※ 시험감독관 서명
(성명을 정자로 기재할 것)

책형 표기란

[책형]

[필적감정용 기재]
*아래 예시문을 옮겨 적으시오
본인은 OOO(응시자성명)임을 확인함

기 재 란

각 회차별 답안 (제1회, 제2회, 제3회, 연습용)

문번	① ② ③ ④
1	① ② ③ ④
2	① ② ③ ④
3	① ② ③ ④
4	① ② ③ ④
5	① ② ③ ④
6	① ② ③ ④
7	① ② ③ ④
8	① ② ③ ④
9	① ② ③ ④
10	① ② ③ ④
11	① ② ③ ④
12	① ② ③ ④
13	① ② ③ ④
14	① ② ③ ④
15	① ② ③ ④
16	① ② ③ ④
17	① ② ③ ④
18	① ② ③ ④
19	① ② ③ ④
20	① ② ③ ④

응시자 준수사항

□ 답안지 작성요령

※ 다음 사항을 준수하지 않을 경우에 발생하는 불이익은 응시자의 귀책사유가 되므로 기재된 내용대로 이행하여 주시기 바랍니다.

1. 득점은 OCR 스캐너 판독결과에 따라 산출합니다. 모든 기재 및 표기사항은 "컴퓨터용 흑색 사인펜"을 사용하여 반드시 〈보기〉의 올바른 표기 방식으로 답안을 작성해야 합니다.
이를 준수하지 않아 발생하는 불이익(득점처리 불인정 등)은 응시자 본인 책임입니다.
특히, 답안을 전부 제우지 않고 정답 찍어 표기한 경우, 변점 등으로 두 개 이상의 답란에 표기된 경우, 농도가 엷은 컴퓨터용 사인펜을 사용하여 답안을 흐리게 표기한 경우 등에는 불이익(득점 불인정 등)을 받을 수 있으니 유의하시기 바랍니다.
〈보기〉 올바른 표기: ● 잘못된 표기: ⊗ ◐ ◑ ⊕ ◔ ◕ ③

2. 적색볼펜, 연필, 샤프펜 등 펜의 종류와 상관없이 예비표기를 하여 중복 답안으로 판독될 경우에는 불이익을 받을 수 있으므로 각별히 주의하시기 바랍니다.

3. 답안지를 받으면 상단에 인쇄된 성명, 응시직렬, 응시지역, 시험장소, 응시번호, 생년월일이 응시자 본인 정보와 일치하는지 확인하시기 바랍니다.
※ 채용 및 인적사항을 기재하지 않을 경우 불이익(응시시험무효처리 등)을 받을 수 있습니다.
가. (책 형) 응시자는 시험 시작 전 감독관 지시에 따라 문제책 앞면에 인쇄된 책형을 확인한 후, 답안지 책형란에 해당 책형(1개)을 "●"로 표기하여야 합니다.
나. (필적감정용 기재) 예시문과 동일한 내용을 본인의 필적으로 직접 작성해야 합니다.
다. (자필성명) 본인의 한글성명을 정자로 직접 기재하여야 합니다.
라. (교체답안지 작성) 답안지를 교체하면 반드시 교체답안지 상단 책형란에 해당 책형(1개)을 "●"로 표기하고, 필적감정용 기재란, 성명, 응시직렬, 응시지역, 시험장소, 응시번호, 생년월일을 빠짐없이 작성(표기)해야 하며, 작성한 답안지는 1인 1매만 유효합니다.

4. 시험이 시작되면 문제책 편철과 표지의 과목순서의 일치 여부, 문제 누락·파손 등 문제책 인쇄 상태를 반드시 확인하여야 합니다.

5. 답안은 반드시 문제책 표지의 과목순서에 맞추어 표기하여야 하며, 과목 순서를 바꾸어 표기한 경우에도 문제책 표지의 과목순서대로 채점되므로 각별히 유의하시기 바랍니다.

- 선택과목이 있는 행정직군 응시자는 본인이 선택한 과목이 인쇄된 선택과목 순서에 따라 제1과목과 제2과목의 답안을 표기하여야 합니다. 원서접수 시 선택한 과목이 아닌 다른 과목을 선택하여 답안을 표기하거나, 선택과목 순서를 바꾸어 표기한 경우에도 응시표에 기재된 선택과목 순서대로 채점되므로 유의하시기 바랍니다.

6. 답안을 매 문항마다 반드시 하나의 답란에 답만을 골라 그 숫자에 "●"로 표기해야 하며, 답안을 잘 못 표기하였을 경우에는 답안지를 교체하여 작성하거나 수정테이프를 사용하여 수정할 수 있습니다.
- 표기한 답안을 수정하는 경우에는 응시자 본인이 가져온 수정테이프만 사용하여 해당 부분을 완전히 지우고 수정할 부분을 다시 표기하여야 합니다(수정액 또는 수정스티커 등은 사용 불가).
- 불량 수정테이프의 사용과 불완전한 수정처리로 인해 발생하는 문제는 응시자 본인에게 책임이 있음을 유념하시기 바랍니다.

7. 답안지는 훼손·오염되거나 구겨지지 않도록 주의해야 하며, 특히 답안지 상단의 타이밍 마크(▮▮▮▮)를 절대 훼손해서는 안됩니다.

□ 부정행위 등 금지

※ 다음 사항을 위반한 경우에는 공무원임용시험령 제51조(부정행위자 등에 대한 조치)에 따라 그 시험의 정지, 무효, 합격취소, 5년간 공무원임용시험응시자격정지 등의 처분을 받게 됩니다.

1. 시험시작 전까지 문제내용을 보아서는 안됩니다.

2. 시험시간 중 일체의 통신기기(휴대폰, 태블릿PC, 스마트시계, 이어폰 등) 및 전자기기(전자계산기, 전자사전 등)를 소지할 수 없습니다.

3. 응시표 출력사항 외 시험과 관련된 내용이 인쇄 또는 메모된 응시표를 시험시간 중 소지하고 있는 경우 당해시험 무효 처분을 받을 수 있으며, 특히 부정한 자료로 판단되는 경우에는 5년간 공무원임용시험 응시자격 정지 처분을 받을 수 있습니다.

4. 시험종료 후에도 계속하여 답안지를 작성하거나, 시험감독관의 답안지 제출 지시에 불응할 경우에는 무효처분을 받게 됩니다.
- 답안, 채점 및 인적사항 등 모든 기재(표기) 사항 작성은 시험종료 전까지 해당 시험실에서 완료하여야 하며, 특히 답안지 교체 작성 시 누락되는 항목이 없도록 유의하시기 바랍니다.

5. 답안 기재가 끝났더라도 시험종료 후 시험감독관의 지시가 있을 때까지 퇴실할 수 없으며, 사용한 모든 답안지는 반드시 제출해야 합니다.

6. 그 밖에 공고문의 응시자 준수사항이나 시험감독관의 정당한 지시 등을 따르지 않을 경우 부정행위자로 간주될 수 있습니다.

여러분의 작은 소리
에듀윌은 크게 듣겠습니다.

본 교재에 대한 여러분의 목소리를 들려주세요.
공부하시면서 어려웠던 점, 궁금한 점,
칭찬하고 싶은 점, 개선할 점, 어떤 것이라도 좋습니다.

에듀윌은 여러분께서 나누어 주신 의견을
통해 끊임없이 발전하고 있습니다.

에듀윌 도서몰 book.eduwill.net
• 부가학습자료 및 정오표: 에듀윌 도서몰 → 도서자료실
• 교재 문의: 에듀윌 도서몰 → 문의하기 → 교재(내용, 출간) / 주문 및 배송

2023 에듀윌 9급공무원 단원별 기출&예상 문제집 사회

발 행 일	2023년 1월 8일 초판
편 저 자	안기선
펴 낸 이	권대호, 김재환
펴 낸 곳	(주)에듀윌
등록번호	제25100-2002-000052호
주 소	08378 서울특별시 구로구 디지털로34길 55
	코오롱싸이언스밸리 2차 3층

www.eduwill.net

대표전화 1600-6700